本丛书系国家社科基金"一带一路"建设研究专项"'一带一路'沿线国别研究报告"（批准号：17VDL002）的成果，并得到上海社会科学院"一带一路"建设专项经费资助。

总主编 王振

副总主编 王健 李开盛 王震

"一带一路"国别研究报告

伊朗卷

赵建明 等著

The Belt and Road Country Studies

(The Islamic Republic of Iran)

中国社会科学出版社

图书在版编目（CIP）数据

"一带一路"国别研究报告. 伊朗卷／赵建明等著.
北京：中国社会科学出版社，2024. 8. —— ISBN 978-7
-5227-3825-3

Ⅰ．D52；D737. 3

中国国家版本馆 CIP 数据核字第 2024F076W6 号

出 版 人	赵剑英	
责任编辑	周晓慧	
责任校对	刘 念	
责任印制	郝美娜	

出 版	中国社会科学出版社
社 址	北京鼓楼西大街甲 158 号
邮 编	100720
网 址	http://www.csspw.cn
发 行 部	010-84083685
门 市 部	010-84029450
经 销	新华书店及其他书店

印 刷	北京明恒达印务有限公司
装 订	廊坊市广阳区广增装订厂
版 次	2024 年 8 月第 1 版
印 次	2024 年 8 月第 1 次印刷

开 本	710×1000 1/16
印 张	43.75
插 页	2
字 数	713 千字
定 价	258.00 元

总　序

　　自习近平总书记 2013 年分别在哈萨克斯坦和印度尼西亚提出建设"丝绸之路经济带"和"21 世纪海上丝绸之路"以来，"一带一路"倡议得到了沿线国家的普遍欢迎，以政策沟通、设施联通、贸易畅通、资金融通、民心相通为代表的"五通"成为连接中国与世界的新桥梁与新通道。习近平总书记在第二届"一带一路"国际合作高峰论坛开幕式上发表的主旨演讲中特别指出：共建"一带一路"，顺应经济全球化的历史潮流，顺应全球治理体系变革的时代要求，顺应各国人民过上更好日子的强烈愿望。面向未来，我们要聚集重点、深耕细作，共同绘制精谨细腻的"工笔画"，推动共建"一带一路"沿着高质量发展方向不断前行。

　　2014 年以来，上海社会科学院积极推进"一带一路"相关研究和国别数据库建设。2017 年 4 月，正值第一届"一带一路"国际合作高峰论坛召开之际，我们与中国国际经济交流中心紧密合作，联合推出了智库型"丝路信息网"。在创建"一带一路"数据库的过程中，我们深感以往学术界、智库对"一带一路"沿线国家的国情、市情研究在广度和深度上都存在着明显不足。比如，传统的区域国别研究或以历史、语言等为背景，或主要局限于国际问题领域，往往缺乏国情、市情研究的多学科特点或专业性调研；对于当下"一带一路"建设中的实际需求也考虑较少。"一带一路"沿线国家各有其不同的历史文化和国情，只有深入了解和认识这些国家的国情、市情，才能为"一带一路"建设和相关决策提供较为扎实的智力保障和知识依托。

　　全国哲学社会科学工作办公室为推进"一带一路"国情研究，于 2017 年专门设立了"一带一路"国别与数据库建设研究专项，并组织上海社会科学院、中国人民大学国家发展与战略研究院、兰州大学中亚研究所三家智库组成联合课题组，系统开展"一带一路"国别研究。2018年正式启动第一期研究，三家智库根据各自专业优势，分别选择不同国家开展研究，并在合作交流中逐步形成了体现国情研究特征的国别研究框架体系。

上海社会科学院高度重视"一带一路"相关研究，并具有较为扎实的国际问题研究和国别研究基础。在王战教授（原院长）、张道根研究员（原院长）、于信汇教授（原党委书记）等原领导和权衡党委书记、王德忠院长、干春辉副院长的支持和指导下，由副院长王振研究员牵头，组成了跨部门研究团队。其中，既囊括了本院国际问题研究所、世界经济研究所、应用经济研究所、城市与人口研究所、宗教研究所、社会学研究所、本院数据中心等相关研究部门的科研骨干，还特邀上海外国语大学、同济大学、复旦大学等上海高校的学者担任国别研究首席专家。在各位首席专家的牵头下，不仅有我院各个领域的科研骨干加入各国别研究团队，还吸收了国内外的一流专家学者参与国别研究，真正形成了跨学科、跨领域的国际化研究格局。

为深化"一带一路"国别研究，有力地推动"一带一路"国别数据库建设，我们在充分总结、评估和吸收现有各类研究文献基础上，更为突出国情研究的特定类型和方式，并在课题研究和数据库建设中特别重视以下几方面特征。一是内容的相对全面性。即除了研究各个国家的资源禀赋、对外开放、人口结构、地域政治外，还要研究各个国家的综合国力、中长期战略、产业结构、市场需求、投资政策、就业政策、科教文化、政治生态、宗教文化等，同时涉及重点城市、产业园区的研究等。特别是用了较大篇幅来梳理、分析我国与这些国家关系的发展。二是调研的一线性。课题组既要收集、整理对象国政府和智库的最新报告，并动员这些国家的优秀专家参与部分研究，增强研究的客观性和实地性，又要收集、整理来自国际组织、国际著名智库的最新国别研究报告，以便多角度地进行分析和判断。三是观察的纵向时序性。课题研究中既有对发展轨迹的纵向梳理和评价，同时还包括对未来发展的基本展望和把握。四是数据库建设内容更新的可持续性与实用性。课题组既要研究国情信息来源渠道的权威性、多样性和长期性，确保国情研究和数据库建设基础内容的需要，同时还要研究如何把汇集起来的大量国情内容，经过专业人员的分析研究，形成更加符合政府、企业和学者需要的国情研究成果。

在研究过程中，课题组经过多次讨论、反复推敲，最终形成了包括基本国情、重大专题和双边关系三方面内容的基本研究框架，这一框架所蕴含的研究特色至少体现在以下三个方面：一是通过跨学科协作，突出基本国情研究的综合性。在第一篇"基本国情"部分，我们组织了来自经济学、地理学、人口学、政治学、国际关系学、宗教学等学科和领域的专家，分别从综合国力、人口结构、资源禀赋、基础设施、产业结构、政治生态、民族宗教、对外关系等方面对"一带一路"沿线国家的基本国情进行深度剖析。二是结合"一带一路"建设需要，突出重大专题研究的专业性。本书第二篇为"重大专题"，我们采取了"3＋X"模式，其中"3"为各卷均需研究的基本内容，包括国家中长期战略、投资与营商环境、中心城市与区域影响力。"X"为基于各国特定国情，以及"一带一路"建设在该国的特定需要而设置的主题。三是着眼于务实合作，突出双边关系研究的纵深度。第三篇主要侧重于"双边关系"领域，我们同样采取了"3＋X"模式。其中，"3"仍为各卷均需研究的基本内容，具体内容包括双边关系的历史与前瞻、对象国的"中国观"、"一带一路"与双边贸易。这些内容对于了解中国和"一带一路"沿线国家双边关系的历史与现实有着非常重要的意义。"X"则着眼于"一带一路"背景下的双边关系特色，以突出每一对双边关系中的不同优先领域。

经过科研团队的共同努力，首期6项国别研究成果（波兰、匈牙利、希腊、以色列、摩洛哥和土耳其）在2020年、2021年由中国社会科学出版社出版，并得到了学界和媒体的较高评价。第二期课题立项后，我们立即组织国内外专家分别对埃及、阿尔及利亚、印度尼西亚、巴基斯坦、菲律宾、斯里兰卡、伊朗、沙特、捷克、马来西亚10国进行了全面研究。第二期课题在沿用前述研究思路和框架的同时，还吸取了首期课题研究中的重要经验，进一步增强了研究的开放性和规范性，强化了课题研究质量管理和学术要求，力求在首期研究成果的基础上"更上一层楼"。

我们特别感谢全国哲学社会科学工作办公室智库处和国家哲学社会科学基金（以下简称"全国社科规划办"）对本项目第二期研究所给予的更大力度的资助。这不仅体现了全国社科规划办对"一带一路"国别研究和数据库建设的高度重视，也体现了对我们首期研究的充分肯定。我们要感谢上海社会科学院有关领导对本项研究的高度重视和大力支持，感谢参与这个大型研究项目的全体同仁，特别要感谢共同承担这一专项研究课题的中国人民大学和兰州大学研究团队。五年来，三家单位在各自擅长的领域共同研究、分别推进，这种同侪交流与合作既拓展了视野，也弥补了研究中可能出现的盲点，使我们获益良多。最后，还要感谢中国社会科学出版社提供的出版平台，他们的努力是这套丛书能够尽早与读者见面的直接保证。

王 振

上海社会科学院副院长、丝路信息网负责人

2022 年 2 月 25 日

本卷作者

第一篇

第一章　周琢，上海社会科学院世界经济研究所，副研究员

第二章　周海旺，上海社会科学院城市与人口发展研究所，副所长、
　　　　研究员

　　　　郭正忠，上海社会科学院城市与人口发展研究所，硕士研究生

第三章　王倩倩，上海市科技创新服务中心工程师

　　　　海骏娇，上海社会科学院信息研究所，助理研究员

第四章　马双，上海社会科学院信息研究所，副研究员

第五章　卢晓菲，江苏省社会科学院世界经济研究所，助理研究员

第六章　来庆立，上海社会科学院中国马克思主义研究所，副研究员

第七章　田艺琼，上海社会科学院宗教研究所，助理研究员

第八章　赵建明，上海社会科学院国际问题研究所，研究员

第二篇

第一章　穆罕默德·达赫士利博士（Dr. Mohammad Reza Dehshiri），伊朗
　　　　国际关系学院，政治科学全职教授

　　　　玛尔亚姆·法赫米法尔女士（Ms. Maryam Fahimifar），伊朗国际
　　　　关系学院，地区研究专业硕士研究生

　　　　阿里·马格哈姆（Ali Karimi Magham），伊朗国际关系学院，外
　　　　交与国际组织专业硕士研究生

第二章　康姣姣，上海财经大学城市与区域科学学院、上海财经大学城乡
　　　　发展研究院，助理研究员

邓智团，上海社会科学院城市与人口发展研究所，研究员

第三章　倪文卿，上海社会科学院国际合作处项目官，二级翻译

第四章　陈安全，淮北师范大学历史文化旅游学院，副教授

第五章　宋江波，阿拉梅塔巴塔巴依大学，国际关系专业博士研究生

陆瑾，中国社会科学院西亚非洲研究所，副研究员

第六章　李宝林，浙江越秀外国语学院，讲师

第七章　王昕祎，北京外国语大学亚洲学院，博士研究生

李福泉，西北大学中东研究所，副所长、伊朗研究中心主任、教授

第八章　穆罕默德·达赫士利博士（Dr. Mohammad Reza Dehshiri），伊朗国际关系学院，政治科学全职教授

穆贾塔巴·法赫雷吉（Mojtaba Hosseini Fahraji），伊朗德黑兰塔尔比阿特·莫达雷斯大学，国际关系专业博士研究生

穆斯塔法·马贾德（Mostafa Pakdel Majd），伊朗国际关系学院，东亚研究专业硕士研究生

第九章　邢文海，合肥工业大学马克思主义学院，硕士研究生导师，西南大学伊朗研究中心特聘研究员

第十章　雷湘平，中央广播电视总台拉美总站记者、主任编辑，中央广播电视总台前驻伊朗记者

第三篇

第一章　冀开运，西南大学历史文化学院教授，中希文明互鉴中心特聘研究员、伊朗研究中心主任，博士研究生导师

第二章　穆罕默德·达赫士利博士（Dr. Mohammad Reza Dehshiri），伊朗国际关系学院，政治科学全职教授

侯赛因·沙赫莫拉迪（Hossein Shahmoradi），伊朗国际关系学院，区域研究专业硕士研究生

艾哈迈德雷扎·法亚兹（Ahmadreza Fayyazi），伊朗国际关系学院，区域研究专业硕士研究生

赛义德·卡里米（Saeid Karimi），伊朗国际关系学院，区域研究专业硕士研究生

第三章　张健，佩琪人力资源有限公司，副研究员

第四章　王彦搏，中国铁建国际集团，主任业务经理，中铁建驻伊朗代表处前负责人

第五章　程金敏，深圳市南京师范大学附属龙岗学校，教师

第六章　朱宁，上海文汇报主任记者，德黑兰大学特聘文化大使、文汇报驻伊朗前首席记者

第七章　穆罕默德·达赫士利博士（Dr. Mohammad Reza Dehshiri），伊朗国际关系学院

　　　　萨纳·戈雷拉里（Sana Mousavi Gharalari），伊朗国际关系学院，外交与国际组织专业硕士研究生

第八章　杜林泽，西南大学历史文化学院，副教授、伊朗研究中心副主任

第九章　张阳，华东师范大学历史学系，世界史博士研究生

目　　录

第一篇　基本国情研究

第二篇　重大专题研究

第三篇　"一带一路"背景下的中伊双边关系

第一篇
基本国情研究

第一章 综合国力及其评估

综合国力评估是对一个国家基本国情的总体判断，也是我们进行国与国之间比较的基础。综合国力是一个系统的概念，涉及基础国力、消费能力、贸易能力、创新能力和营商环境。如何将其度量、量化是本章的主要工作。本章试图通过数量化的指标体系对伊朗的综合国力进行评估，进而认识伊朗在"一带一路"国家中的排名和在全世界国家和地区中的排名。

第一节 指标体系构建原则

指标体系构建的原则是反映一国在一个时期内的综合国力。本节参考国际指标体系和竞争力指标，立足于"一带一路"国家的特点，提出了"一带一路"国家综合国力指数。本节揭示的"一带一路"国家综合国力和基本国情，是为了便于读者更好地判断"一带一路"的现实。

国际指标体系构建的主要原则有五条①：第一，系统性原则；第二，典型性原则；第三，客观性原则；第四，开放性原则；第五，实用性原则。本节在充分考虑这五点原则的基础上，结合"一带一路"国家偏重创新、偏重营商和偏重发展的特点，提出了"一带一路"国家综合国力指数。

本节所提出的综合国力指数比较偏向于经济发展的考虑，侧重于比较"一带一路"国家间经济方面的综合国力情况。经济方面的综合国力可以从国际贸易的角度理解，一国能展开国际贸易的逻辑是该国具备国际竞争力。经典理论指出，国际竞争力的来源是比较优势。一国或企业之所以比

---

① 何传启、刘雷、赵西君：《世界现代化指标体系研究》，《中国科学院院刊》2020年第11期。

其他国家或企业有竞争优势，主要是因为其在生产率、生产要素方面具有比较优势。从企业角度而言，国际竞争力其实是企业的一种能力，国际经济竞争实质上是企业之间的竞争。从国家角度出发，国际竞争力被视为一国提高其居民收入和生活水平的能力。美国总统产业竞争力委员会在1985年的总统经济报告中将国家竞争力定义为"在自由和公平的市场环境下，保持和扩大其国民实际收入的能力"①。

裴长虹和王镭②指出，所谓国际竞争力，包括产品竞争力、企业竞争力、产业竞争力以及国家竞争力。从经济学视角来看，关于各类竞争力的讨论分别对应着微观、中观和宏观层次。不同于以往的国家综合国力指数，"一带一路"国家综合国力评估立足于创新、营商和发展。创新、营商和发展是"一带一路"国家的本质特征，本节试图从基础国力、消费能力、贸易能力、创新能力和营商环境五个方面来评估"一带一路"国家发展的综合实力和潜力。

本节要建立一个科学、合理的"一带一路"国家国情评估体系，必须有一个明晰、明确的构建原则：（1）系统性原则。指标体系的设置要能全面反映沿线"一带一路"国家的发展水平，形成一个层次分明的整体。（2）通用性原则。指标体系的建立需要实现统一标准，以免因指标体系混乱而导致无法进行对比分析，指标的选取要符合实际情况和大众的认知，要有相应的依据。（3）实用性原则。评估"一带一路"国家国情的目的在于反映"一带一路"沿线各国的发展状况，为宏观调控提供可靠的依据。因此设置的评估指标数据要便于搜集和处理，要合理控制数据量，以免指标所反映的信息出现重叠的情况。（4）可行性原则。在设置评估指标时，要考虑到指标数据的可获得性，需要舍弃难以获取的指标数据，采用其他相关指标进行弥补。

合理地选取指标和构建"一带一路"国家综合国力指数评估体系，有利于真实、客观地反映"一带一路"国家质量与综合水平。本书在回顾既有研究成果的基础上，聚焦"国情"和"综合"方面，结合"一带

---

① 参见 https：//fraser. stlouisfed. org/title/economic-report-president-45/1985－8156。
② 裴长洪、王镭：《试论国际竞争力的理论概念与分析方法》，《中国工业经济》2002年第4期。

一路"国家发展实际，提出"一带一路"国家综合国力指数的构建原则，并据此构建一套系统、科学、可操作的评估指标体系。

构建方法，第一步，本书将原始数据进行标准化处理；第二步，本书按照各级指标进行算术加权平均；第三步，得出相应数值，进行排名。

本节指数的基础数据主要来源于世界贸易组织（WTO）、国际竞争力报告（GCR）、联合国贸发会议（UNCTAD）、世界银行（WB）、国际货币基金组织（IMF）、世界知识产权组织（WIPO）、联合国开发计划署（UNDP）、联合国教科文组织（UNESCO）、世界能源理事会（WEC）、社会经济数据应用中心（SEDAC）以及"一带一路"数据分析平台①。

关于数据可得性的解释，指数所涉及的统计指标存在缺失的情况，特别是一些欠发达国家。为了体现指数的完整性和强调指数的横向比较性，对缺失数值，我们参考过去年份的统计数据，采取插值法来使得指数更为完整。

第二节　指标体系构建内容

本书构建了三级指标体系对一个国家的综合国力进行评估。

一　一级指标

本章的综合国力主要是基于"一带一路"国家的发展特点提出的，在选择基本指标时，倾向于关注国家的发展潜力，所以一级指标体系包括四个"力"和一个"环境"，分别为基础国力、消费能力、贸易能力、创新能力和营商环境。

二　二级指标

在基础国力（A）上，本书设置了四个二级指标，分别是资源禀赋（A1）、人口状况（A2）、教育水平（A3）和基础设施（A4）。

在消费能力（B）上，本书设置了两个二级指标，分别是消费总量（B1）和消费结构（B2）。

---

① 丝路信息网，http://www.silkroadinfo.org.cn。

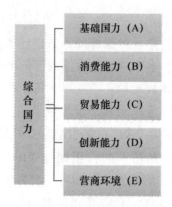

图Ⅰ-1-1 "一带一路"国家综合国力的一级指标

在贸易能力（C）上，本书设置了两个二级指标，分别是进口能力（C1）和出口能力（C2）。

在创新能力（D）上，本书设置了三个二级指标，分别是创新人才（D1）、研发投入（D2）和创新成果（D3）。

在营商环境（E）上，本书设置了四个二级指标，分别是制度环境（E1）、投资安全（E2）、外商政策（E3）和公共服务（E4）。

三 三级指标

本书的三级指标共有 139 个（具体见表Ⅰ-1-1）。

表Ⅰ-1-1   "一带一路"国家综合国力指标

一级指标	二级指标	三级指标	三级指标代码
基础国力（A）	资源禀赋（A1）	地表面积	A101
		可再生内陆淡水资源总量	A102
		耕地面积	A103
	人口状况（A2）	总人口数	A201
		城市人口数	A202
		农村人口数	A203
		少儿人口抚养比	A204
		老龄人口扶养比	A205

一级指标	二级指标	三级指标	三级指标代码
基础国力（A）	教育水平（A3）	中学教育入学率	A301
		教育体系的质量	A302
		数学和科学教育质量	A303
		管理类教育质量	A304
		学校互联网普及程度	A305
		基础教育质量	A306
		基础教育入学率	A307
	基础设施（A4）	总体基建水平	A401
		公路长度	A402
		铁路长度	A403
		港口效率	A404
		空中运输	A405
		航线客座千米（百万/每周）	A406
		电力供应	A407
		手机普及程度（每百人）	A408
		固定电话数（每百人）	A409
消费能力（B）	消费总量（B1）	GDP（PPP）（百万美元）	B101
		国内市场规模指数	B102
	消费结构（B2）	人均消费（底层40%的人口）（美元/天）	B201
		人均消费（总人口）（美元/天）	B202
		人均实际消费年化增长率（底层40%的人口）（%）	B203
		人均实际消费年化增长率（总人口）（%）	B204
贸易能力（C）	进口能力（C1）	保险和金融服务占商业服务进口的比例（%）	C101
		商业服务进口（现价美元）	C102
		运输服务占商业服务进口的比例（%）	C103
		旅游服务占商业服务进口的比例（%）	C104
		货物进口（现价美元）	C105
		农业原料进口占货物进口总额的比例（%）	C106
		食品进口占货物进口的比例（%）	C107
		燃料进口占货物出口的比例（%）	C108
		制成品进口占货物进口的比例（%）	C109
		矿石和金属进口占货物进口的比例（%）	C110
		通信、计算机和其他服务占商业服务进口的比例（%）	C111

续表

一级指标	二级指标	三级指标	三级指标代码
贸易能力（C）	出口能力（C2）	保险和金融服务占商业服务出口的比例（%）	C201
		商业服务出口（现价美元）	C202
		运输服务占商业服务出口的比例（%）	C203
		旅游服务占商业服务出口的比例（%）	C204
		货物出口（现价美元）	C205
		农业原料出口（占货物出口总额的比例）（%）	C206
		食品出口占货物出口的比例（%）	C207
		燃料出口占货物出口的比例（%）	C208
		制成品出口占货物出口的比例（%）	C209
		矿石和金属出口占货物出口的比例（%）	C210
		通信、计算机和其他服务占商业服务出口的比例（%）	C211
创新能力（D）	创新人才（D1）	高等教育入学率（%）	D101
		留住人才能力	D102
		吸引人才能力	D103
		科学家和工程师水平	D104
		每百万人中 R&D 研究人员（人）	D105
		每百万人中 R&D 技术人员（人）	D106
	研发投入（D2）	研发支出占 GDP 的比例（%）	D201
		最新技术有效利用程度	D202
		企业的科技运用能力	D203
		科学研究机构的质量	D204
		企业研发投入	D205
		产学研一体化程度	D206
		政府对高科技产品的采购	D207
		FDI 和技术转化	D208
		互联网使用者人口（%）	D209
		固定宽带用户（每百人）	D210
		互联网带宽	D211
		移动互联网用户（每百人）	D212

一级指标	二级指标	三级指标	三级指标代码
创新能力 （D）	创新成果 （D3）	非居民专利申请数（个）	D301
		居民专利申请数（个）	D302
		商标申请（直接申请，非居民）（个）	D303
		商标申请（直接申请，居民）（个）	D304
		商标申请合计（个）	D305
		高科技产品出口（现价美元）	D306
		在科学和技术学术期刊上发表的论文数（篇）	D307
		高科技产品出口占制成品出口的比例（%）	D308
		工业设计应用数量，非居民（个）	D309
		工业设计应用数量，居民（个）	D310
		非居民商标申请（个）	D311
		居民商标申请（个）	D312
		中高技术产品出口占制成品出口的比例（%）	D313
营商环境 （E）	制度环境 （E1）	有形产权保护	E101
		知识产权保护	E102
		公共基金的多样性	E103
		政府公信力	E104
		政府的廉政性	E105
		公正裁决	E106
		政府决策偏袒性	E107
		政府支出效率	E108
		政府管制负担	E109
		争端解决机制的法律效力	E110
		改变陈规的法律效力	E111
		政府政策制定透明程度	E112
		审计和披露标准力度	E113
		公司董事会效能	E114
		金融服务便利程度	E115
		金融服务价格合理程度	E116
		股票市场融资能力	E117
		贷款便利程度	E118
		风险资本便利程度	E119

续表

一级指标	二级指标	三级指标	三级指标代码
营商环境 （E）	投资安全 （E2）	公安机关的信任度	E201
		恐怖事件的商业成本	E202
		犯罪和暴力的商业成本	E203
		有组织的犯罪	E204
		中小股东利益保护	E205
		投资者保护（0—10分）	E206
		银行的安全性	E207
	外商政策 （E3）	当地竞争充分程度	E301
		市场的主导地位	E302
		反垄断政策力度	E303
		税率对投资刺激的有效性	E304
		总体税率（%）	E305
		开办企业的步骤	E306
		开办企业的耗时天数	E307
		农业政策成本	E308
		非关税壁垒的广泛程度	E309
		关税	E310
		外资企业产权保护	E311
	公共服务 （E4）	当地供应商数量	E401
		当地供应商质量	E402
		产业集群发展	E403
		自然竞争优势	E404
		价值链宽度	E405
		国际分销控制能力	E406
		生产流程成熟度	E407
		营销的能力	E408
		授权的意愿	E409
		劳动和社会保障计划的覆盖率占总人口的百分比（%）	E410

一级指标	二级指标	三级指标	三级指标代码
营商环境（E）	公共服务（E4）	劳动和社会保障计划的充分性占受益家庭总福利的百分比（％）	E411
		20％的最贫困人群的劳动和社会保障计划的受益归属占总劳动和社会保障计划受益归属的百分比（％）	E412
		失业救济和积极劳动力市场计划的覆盖率占总人口的百分比（％）	E413
		20％的最贫困人群的失业救济和积极劳动力市场计划的受益归属占总失业救济和积极劳动力市场计划受益归属的百分比（％）	E414
		社会安全网计划的覆盖率占总人口的百分比（％）	E415
		社会安全网计划的充分性占受益家庭总福利的百分比（％）	E416
		20％的最贫困人群的社会安全网计划的受益归属占总安全网受益归属的百分比（％）	E417
		社会保险计划的覆盖率占总人口的百分比（％）	E418
		社会保险计划的充分性占受益家庭总福利的百分比（％）	E419

伊朗位于亚洲西南部，同土库曼斯坦、阿塞拜疆、亚美尼亚、土耳其、伊拉克、巴基斯坦和阿富汗相邻，南濒波斯湾和阿曼湾，北隔里海与俄罗斯和哈萨克斯坦相望，素有"欧亚陆桥"和"东西方空中走廊"之称。2004—2007 年，伊朗经济一度保持较快增势，但自 2008 年世界经济危机及 2012 年西方国家对伊朗实施石油禁运和金融制裁以来，原油出口被限制在 100 万桶/天左右，较制裁加剧前减少近一半，其国内生产总值（GDP）增速明显放缓，对外贸易增长缺乏后劲，外国投资大幅缩水，通胀率和失业率也长期在高位徘徊。2018 年 5 月，美国重新对伊朗实施制裁后，伊朗经济再次进入衰退，特别是 2019 年 5 月美国取消伊朗石油出口豁免以及持续加大对伊朗制裁后，2019 年伊朗经济负增长率达 7.6％。从原油出口来看，伊朗日均出口为 57 万桶，原油产量大幅下降。

在军事上，伊朗是中东和海湾地区的军事大国，2020 年初，美伊围绕苏莱曼尼遇袭事件发生军事摩擦，伊朗袭击美国驻伊拉克军事基地，伊美两国一度到了战争边缘。

在外交上，伊朗一直奉行独立、不结盟的对外政策，反对霸权主义、强权政治和单极世界。特朗普上台以后,伊朗的外交环境发生急剧变化,2017 年 10 月 13 日,特朗普发表讲话,他认为,第一,1979 年伊斯兰革命后伊朗建立的是一个奉行恐怖主义和扩张政策的独裁政权;第二,指责奥巴马政府谈判达成的伊核协议存在诸多缺陷;第三,宣布对伊朗核问题及伊朗实施新的政策,包括团结盟友应对伊朗破坏地区稳定和支持恐怖主义的行为、对伊朗追加新的制裁、要阻断导弹扩散以及伊朗政权获得核武器的所有路径等。

在军事和外交的双重不利环境下,2019 年,美国加大对伊朗制裁,将伊朗伊斯兰革命卫队认定为外国恐怖主义组织,结束相关国家和地区进口伊朗石油豁免,宣布对伊朗金属产业、马汉航空、伊朗中央银行实施制裁。此后,美伊对抗不断升级,一度走在战争边缘。此后,美国陆续宣布制裁伊朗多名高官和多家伊朗企业,涉及建筑、矿业、制造业和纺织业在内的多个经济行业,制裁范围现几乎已覆盖伊朗所有重要经济领域。

从图 Ⅰ-1-2 中我们看到,伊朗的综合国力在"一带一路"国家中排第 39 位,在世界 141 个国家和地区中排第 89 位。本节对于综合实力的评估比较偏重对国家经济实力的评估,在体系上保持与其他国家评估的一致。所以在综合评估中对于军事和外交的关注度相对较少。但是这一部分内容恰恰是伊朗综合国力的重要组成部分,因此,本节的综合国力评估结果或许不全面,并不能完全反映伊朗的综合国力,但至少目前的评估体系可以给读者提供一个横向的参考标准。

图 Ⅰ-1-2　伊朗的综合国力排名 (名)

资料来源:作者计算所得。

本书认为,美国对于伊朗的制裁将直接影响伊朗的综合国力变化。在未来一段时间内,在美国的制裁下伊朗的经济活动会进一步收缩。图 Ⅰ-

1-3为我们展现了五大指标的排名顺序。从图Ⅰ-1-3中我们可以发现，伊朗的基础国力在"一带一路"国家中排第31名，在世界141个国家和地区中排第73名。伊朗的消费能力在"一带一路"国家中排第25名，在世界141个国家和地区中排第85名。伊朗的贸易能力在"一带一路"国家中排第56名，在世界141个国家和地区中排第130名。伊朗的创新能力在"一带一路"国家中排第35名，在世界141个国家和地区中排第59名。伊朗的营商环境在"一带一路"国家中排第60名，在世界141个国家和地区中排第132名。

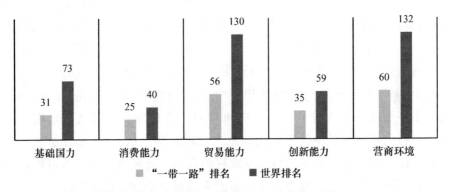

图Ⅰ-1-3　伊朗综合国力一级指标排名（名）

资料来源：作者计算所得。

第三节　指标分类评估

一　基础国力评估

基础国力是衡量一国在资源禀赋、人口状况、教育水平和基础设施方面的能力。从图Ⅰ-1-7中我们可以看到，伊朗的资源禀赋在"一带一路"国家中排第5名，在世界141个国家和地区中排第15名。伊朗国土面积有近165万平方千米，全国可耕地面积超过5200万公顷，占国土面积的30.1%，其中已耕地面积占10.8%，永久性作物耕地面积占1.2%，永久性草场面积占18.1%。森林覆盖率为6.8%，其他类型的土地面积占63.1%。伊朗石油、天然气和煤炭蕴藏丰富。截至2019年底，已探明石油储量为2086亿桶，居世界第三位，已探明天然气储量为31.9万亿立方米，居世界第二位。根据世界银行数据，自 2018 年美国重新实施制裁以来，伊朗石油产量大幅下降，2019 年 12 月原油产量跌至每日 200 万桶的创纪录低点。

伊朗的人口状况在"一带一路"国家中排第 43 名，在 141 个国家和地区中排第 86 名。伊朗人口数量为 8384.5 万人，列世界第 18 位。年龄中位数为 32 岁，15 岁以下人口占比为 24.1%，15—64 岁人口占比为 70.9%，65 岁以上人口占比为 5%。从性别结构来看，男性人口约占 50.7%。从城乡分布来看，德黑兰常住人口数为 715.3 万人，占全国总人口的 10.3%。其他主要经济中心城市包括（常住人口超过 100 万人）：马什哈德（230.7 万人）、伊斯法罕（154.7 万人）、卡拉季（144.8 万人）、设拉子（125.0 万人）、大不里士（142.5 万人）。伊朗城市人口占全国总人口的 75.5%。

图 I – 1 – 4 为伊朗的人口增长率，本书研究发现，伊朗的人口增长率从 1983 年开始下滑，到 1994 年开始保持平稳，但是一直在 1%—1.5% 的低水平上波动。从图 I – 1 – 5 中可以看到人口增长率降低的原因主要在于农村的人口增长率低于伊朗的总人口增长率，从 1992 年开始进入负增长，这一现象出现的原因可能是农村的人口在向城市转移，也可能是自然生长率的下降，这一现象会在后面的人口章节里加以具体分析。

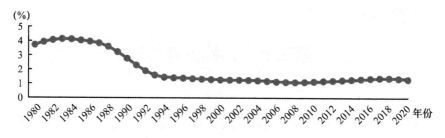

图 I – 1 – 4　1980—2020 年的伊朗人口增长率

资料来源：https：//data. worldbank. org. cn/country/iran-islamic-rep。

伊朗的教育水平在"一带一路"国家中排第 29 名，在世界 141 个国家和地区中排第 60 名。伊朗施行 12 年免费教育，即学龄前 1 年（5 岁），小学 5 年（6—10 岁），初中 3 年（11—13 岁），高中（含职高、普通师范）3 年（14—17 岁）。从小学到高中，男生、女生不同校。国家现有学

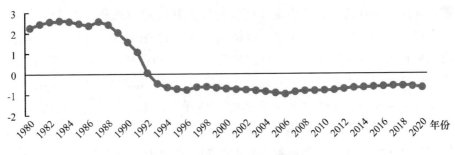

图 Ⅰ-1-5　伊朗的农村人口增长率（%）

资料来源：https：//data. worldbank. org. cn/country/iran-islamic-rep。

校约 9 万所，其中大部分为 1979 年之后所建。目前儿童入学率为 95%。
15—24 岁青年人受教育比率为 97%，无明显性别差异。在高等教育方面，
大学预科 1 年、大学 4 年（包括大专、本科、硕士和博士四种学位），国
立大学也实行免费教育。伊朗高等院校有 300 余所。为满足中高收入阶层
的需要，伊朗允许设立从小学到大学的收费学校，这类学校均属私立学
校，收费较高，但学校条件较好，教育质量相对较高。从图 Ⅰ-1-6 中
可以看到 1999 年至 2018 年公共教育支出占政府支出的比重大致维持在
20% 上下。

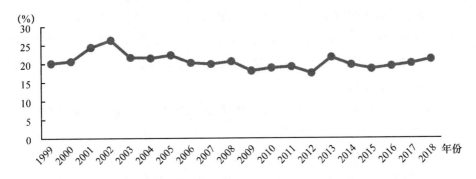

图 Ⅰ-1-6　1999 年至 2018 年伊朗公共教育支出占政府支出的比重

资料来源：CEIC, https：//insights. ceicdata. com。

伊朗的基础设施在"一带一路"国家中排第 49 名，在世界 141 个国
家和地区中排第 92 名。伊朗和邻国公路连接情况较好，与土库曼斯坦、
阿富汗、巴基斯坦、伊拉克、土耳其、亚美尼亚、阿塞拜疆均有公路相连

接，陆路运输便捷。目前印度在阿富汗境内建设迪拉纳姆—扎兰吉公路，未来将连接至伊朗恰巴哈尔港。据伊朗央行 2017/2018 年度报告，伊朗铁路总里程为 11061 千米，铁路网以德黑兰为中心向周边放射，连接主要城市马什哈德、大不里士、伊斯法罕、阿瓦士、阿巴斯港等。伊朗铁路轨距主要为 1.435 米，靠近巴基斯坦边境的 94 千米铁路为 1.676 米宽轨。

因受"伊核制裁"的影响，伊朗难以购买西方科技，在运客机老旧，伊朗共有 309 架客机，在运客机共 165 架。在美国宣布退出"伊核协议"后，美国财政部吊销了之前发放给波音和空客公司对伊朗出售飞机的许可证。2018 年 5 月 8 日，美国退出"伊核协议"，宣布启动对伊朗制裁，只有伊朗国航（伊朗伊斯兰共和国国家航运）还在承接伊朗海运业务，其他船运公司都已停止承接海运业务。伊朗的霍梅尼港、阿萨卢耶港、布什尔港等与阿巴斯之间没有正式的水路货运，集装箱母船主要挂靠阿巴斯港，伊朗国内用小型驳船把货物运往各地。

二　消费能力评估

消费能力是指衡量一国内需的能力，消费能力包括了市场规模、人均 GDP 和人均消费增长等能力。伊朗人口接近 8300 万人，是中东地区第二人口大国，仅次于埃及。根据国际货币基金组织数据，2018 年 3 月至 2019 年 3 月伊朗家庭消费总支出约为 6000 万亿里亚尔。伊朗的消费总量在"一带一路"国家中排第 23 名，在世界 141 个国家和地区中排第 38 名。伊朗的消费结构在"一带一路"国家中排第 28 名，在世界 141 个国家和地区中排第 41 名。

从图 I – 1 – 8 中可以发现，伊朗的最终消费支出在 2011 年出现顶点之后，开始下滑，背后的原因可能是该指标以美元定价，2011 年后，伊朗里亚尔对于美元急剧贬值，所以导致以美元计价的最终消费支出不断下滑。

结合图 I – 1 – 8 可以发现，以本币计价的伊朗居民最终消费支出不断上升，从一定层面上讲，消费支出的不同变化趋势，反映的可能是美元相对伊朗货币的升值。

进一步探察居民最终支出剧烈上升的原因，从图 I – 1 – 10 中可以看到伊朗的消费者价格指数不断上升，2010 年该指数的基准为 100，到 2018 年该指数已经为 550 了，上升了 4 倍多。

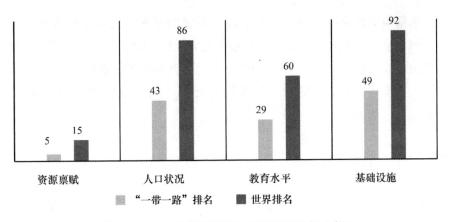

图 I −1−7　伊朗基础国力二级指标排名（名）

资料来源：作者计算所得。

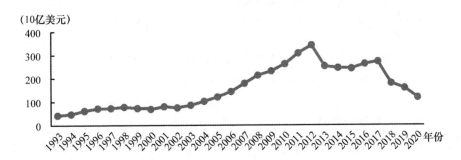

图 I −1−8　1993 年至 2020 年伊朗最终消费支出变化趋势

资料来源：https：//data. worldbank. org. cn/country/iran-islamic-rep。

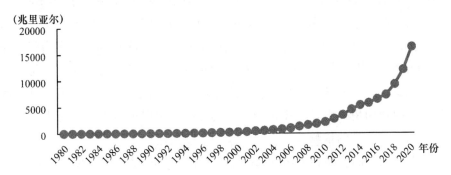

图 I −1−9　1993 年至 2020 年伊朗居民最终消费支出变化趋势

资料来源：https：//data. worldbank. org. cn/country/iran-islamic-rep。

根据伊朗国家统计中心发布的数据和伊朗家庭收入和支出统计报告，伊朗城镇家庭平均年支出为3.93亿里亚尔（约3389美元）。食品和烟草类支出占总支出的24%，平均为814美元，其中肉类比重最大，为21%；非食品类支出占总支出的76%，平均为2575美元，其中住房和燃料费用比重最大，为45%。

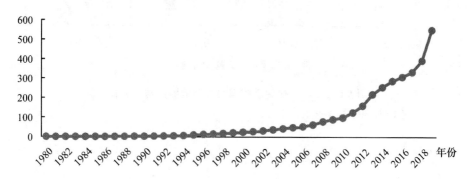

图Ⅰ-1-10　1980年至2018年伊朗消费者价格指数变化趋势

资料来源：https：//data. worldbank. org. cn/country/iran-islamic-rep。

三　贸易能力评估

贸易能力是衡量一国对外开放的能力，是指一国为全世界提供产品和为全世界提供消费市场的能力。伊朗的进口能力在"一带一路"国家中排第59名，在世界141个国家和地区中排第128名。伊朗的出口能力在"一带一路"国家中排第50名，在世界141个国家和地区中排第130名。对外贸易在伊朗国民经济中占有重要地位。由于工业欠发达，农业较落后，伊朗每年需使用大量外汇进口生产资料、零配件和生活必需品等。在20世纪90年代初期和中期，由于国际市场石油价格大幅下跌，伊朗石油收入减少、外汇紧缺。为应对美国等国家的经济制裁，2012年8月，伊朗领袖哈梅内伊提出发展抵抗型经济的战略，以促进经济自力更生，减少对石油出口收入的依赖。

本书用商品贸易占GDP的比重来衡量一国的对外依赖度，从图Ⅰ-1-12中可以发现，伊朗的对外依存常年保持30%以上，对外依存度较高，在样本观测期内，1993年后对外依存度有所下降，但是，随着近十年来的地缘政治紧张形势，伊朗的对外依存度又开始上升，2018年该指标更是超过了 50%。

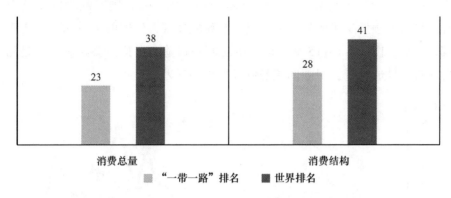

图 I-1-11 伊朗消费能力二级指标排名（名）

资料来源：作者计算所得。

根据联合国贸易发展组织的数据，伊朗向世界上 128 个国家和地区出口了商品，从 112 个国家和地区进口商品。伊朗的贸易伙伴依次包括亚洲、欧洲和非洲大陆。伊朗的出口产品主要以石油为主，除去石油，伊朗的出口产品主要有液化天然气、液化丙烷、甲醇、轻油、聚乙烯、液化丁烷、尿素、钢铁制品及石油沥青等；进口产品主要有玉米、机动车辆及零附件、大米、大豆、通信设备、肉类、机械设备、香蕉、药品及医疗设备等。图 I-1-13 显示了伊朗的商品出口变化趋势，从中可以发现，以美元计价的伊朗产品出口在过去十年里呈现出下降趋势。

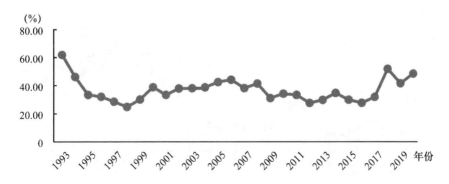

图 I-1-12 伊朗的商品贸易占 GDP 的比重

资料来源：世界银行，https：//data. worldbank. org. cn/country/IR。

图Ⅰ-1-14展示了伊朗的进口额变化情况，可以发现在观察期内，伊朗的进口额基本趋势与出口额基本趋势相同，随着国际制裁的不断上升，进出口额发生了明显下滑。进一步研究发现，伊朗的出口额一直大于其进口额，图Ⅰ-1-15显示出，伊朗的外贸基本保持顺差状态。但是随着新冠疫情的发展，伊朗的贸易额开始出现逆差。

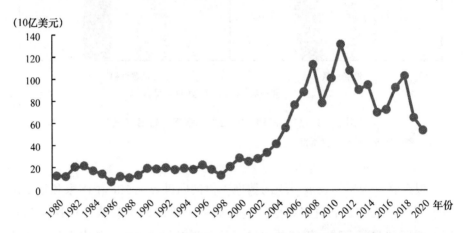

图Ⅰ-1-13　1980年至2020年伊朗商品出口额变化趋势

资料来源：https://data.worldbank.org.cn/country/iran-islamic-rep。

进一步分析对伊朗贸易差额的来源国家，可以发现，伊朗的贸易顺差主要来自于新兴和发展中经济体。从2013年开始，伊朗对于发达经济体出现了贸易逆差。

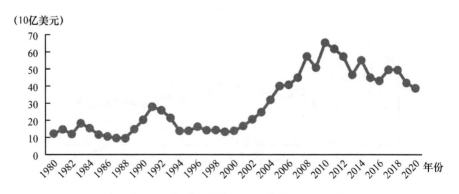

图Ⅰ-1-14　1980年至2020年伊朗的进口额变化情况

资料来源：https://data.worldbank.org.cn/country/iran-islamic-rep。

从区域内贸易来看，伊朗从阿拉伯世界的进口比重在样本期内分为两个阶段，分水岭为 2010 年，2010 年进口比重上升为 35%，2010 年以后，伊朗从阿拉伯世界的进口量开始下降。这也从一个侧面说明，伊朗与区域内国家的经贸关系开始降温。由于伊朗最近十年一直受到国际社会的制裁，其进口主要部分为中间品和原材料，中间品和原材料所占比重在样本期内一直保持在 60% 以上，进口的第二大部分是资本货物，第三大部分为消费品。

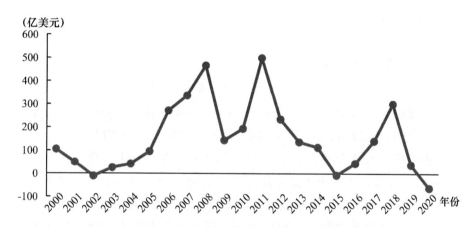

图Ⅰ-1-15　2020 年至 2020 年伊朗的贸易差额变化情况

资料来源：https://data.worldbank.org.cn/country/iran-islamic-rep。

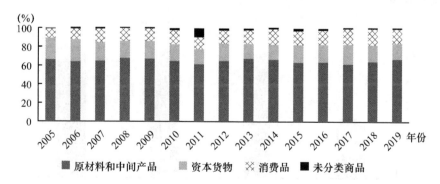

　■ 原材料和中间产品　　▨ 资本货物　　⊠ 消费品　　■ 未分类商品

图Ⅰ-1-16　1980 年至 2018 年伊朗来自阿拉伯世界出口额占总进口额的比重

资料来源：https://data.worldbank.org.cn/country/iran-islamic-rep。

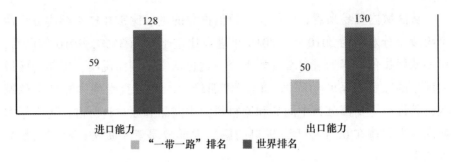

图Ⅰ-1-17 伊朗贸易能力二级指标排名（名）

资料来源：作者计算所得。

四 创新能力评估

创新能力是一个国家高质量发展的基础动力。伊朗的研发投入在"一带一路"国家中排第 36 名，在世界 141 个国家和地区中排第 55 名。根据世界银行的相关数据，2017 年伊朗的研发支出仅占 GDP 的 0.83%。每百万人中的研发人员为 1475 人。伊朗的创新人才在"一带一路"国家中排第 30 名，在世界 141 个国家和地区中排第 65 名。图Ⅰ-1-18 显示了伊朗的人力资本指数，该指数的取值范围为 0 到 1，越接近于 1，说明该国的人力资本发展水平越高，可以看到，伊朗的人力资本发展水平还不及0.6，在该指数上新加坡的得分为 0.81，美国的得分为 0.76，中国的得分为 0.67。

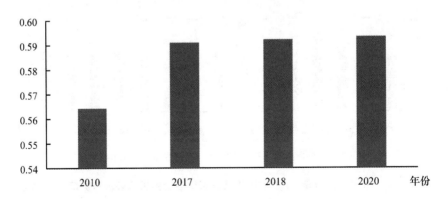

图Ⅰ-1-18 伊朗的人力资本指数

资料来源：世界银行，https://data.worldbank.org.cn/country/iran-islamic-rep。

伊朗的创新成果在"一带一路"国家中排第 23 名，在世界 141 个国家和地区中排第 50 名。从专利数量上看，2019 年伊朗的居民专利申请量为 11569 件，中国的专利申请量为 58990 件，美国的专利申请量达 57840 件。伊朗的专利申请量仅为中国的 19.6%，为美国的 20%。[①] 从国家间的比较可知，伊朗的居民专利申请量还是相对较少的。

进一步来看伊朗的科学和技术期刊文章，从图Ⅰ-1-19 中可以看到在观测期内，2018 年伊朗的科学和技术的期刊文章相比 2000 年而言，上涨了接近 30 倍，但是从绝对量上看，伊朗的科学和技术期刊文章还是相对较少。根据中国科学技术信息研究所的统计分析[②]，2019 年共有 394 种国际科技期刊入选世界各学科代表性科技期刊，发表高质量国际论文共计 190661 篇。以此推算，伊朗的发表量占比接近 25%。

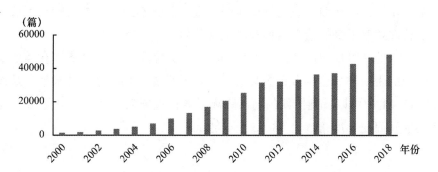

图Ⅰ-1-19　2000 年至 2018 年伊朗的科技期刊文章发表量变化趋势

资料来源：https：//data. worldbank. org. cn/country/iran-islamic-rep。

五　营商环境评估

营商环境是指市场主体在准入、生产经营、退出等过程中涉及的政务环境、市场环境、法治环境、人文环境等有关外部因素和条件的总和。图Ⅰ-1-21 展示了伊朗的营商环境便利度指数。从整体上看，由于受制裁和疫情的双重影响，目前伊朗内外交困，面临着较大的经济发展压力，国内经济社会形势存在较多的不确定因素。另据在伊企业反映，伊朗还存在

---

① 参见 http：//www. xinhuanet. com/2020-04/08/c_ 1125824962. htm。

② 参见 https：//www. istic. ac. cn/。

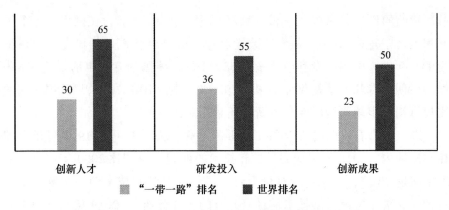

图Ⅰ-1-20   伊朗创新能力二级指标排名（名）

资料来源：作者计算所得。

包括法律执行不透明、政府资金紧张、金融服务不到位、外汇管制不合理以及行政效率不高等诸多营商环境欠佳问题。

根据世界银行的定义，"营商环境便利度指数"捕捉经济体在商业监管领域的表现和最佳实践的差距。0 为最低性能，100 为前沿水平。从图Ⅰ-1-21 中可以看到伊朗的前沿距离指数在观测期内有所上升，2019 年伊朗的营商便利度指数为 58.55，不足 60。

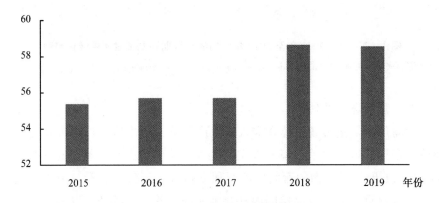

图Ⅰ-1-21   伊朗的营商环境便利度指数

资料来源：https：//data. worldbank. org. cn/country/iran-islamic-rep。

伊朗的制度环境在"一带一路"国家中排第 55 名，在世界 141 个国家和地区中排第 120 名。图Ⅰ-1-22 展示了伊朗的政府效能、监管质量和法治程度的变化情况，这三个指数由世界银行的《世界治理指标报告》制定，三个指数的波动范围为 − 2.5 到 2.5。三个指数越接近 2.5，说明该国相关方面的水平越高。在观测期内，伊朗的这三个指数并没有发生明显的趋势性变化，在样本期内都处于负值，说明在这三个方面，伊朗向外界呈现出的形象需要进一步改进。

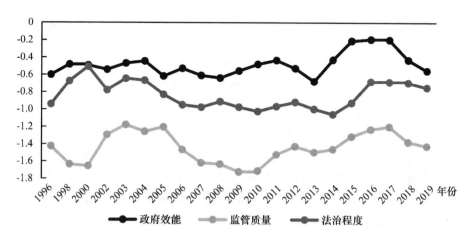

图 I − 1 − 22　伊朗的政府效能、监管质量和法治程度变化情况

资料来源：https：//data. worldbank. org. cn/country/iran-islamic-rep。

伊朗的投资安全在"一带一路"国家中排第 59 名，在世界 141 个国家和地区中排第 130 名。目前伊朗的局势还处于多方博弈之中，时有冲突事件发生，投资的安全性相当难以保障。图 I − 1 − 23 显示的指数来自世界银行的《世界治理指标报告》，三个指数的波动范围为 − 2.5 到 2.5。三个指数越接近 2.5，说明该国相关方面的水平越高。伊朗政府在这三个指标上的表现都有恶化的趋势，特别是在政治稳定性方面。

伊朗的外商政策在"一带一路"国家中排第 55 名，在世界 141 个国家和地区中排第 125 名。联合国贸发会议发布的《2020 年世界投资报告》显示，2019 年，伊朗吸收外资流量为 15.08 亿美元；截至 2019 年底，伊朗吸收外资存量为 573.69 亿美元。据伊朗 2020 年 3 月的最新报告，因全球抗击疫情、实施封禁政策所带来的冲击、跨国公司利润连续下降等因素，2020 年全球的外国直接投资（FDI）同比下降了 30% —40%。伊朗吸收外资主要集中在原油、天然气、汽车、铜矿、石化、食品和药品行

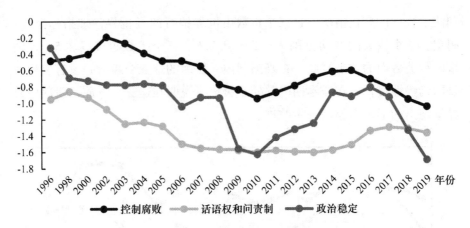

图Ⅰ-1-23 伊朗的控制腐败、问责制和政治稳定变化情况

资料来源：https：//data. worldbank. org. cn/country/iran-islamic-rep。

业。从外资来源地上看，亚洲和欧洲是伊朗主要的外资来源地。但由于 2018 年 5 月美国重启制裁，目前欧洲外资企业纷纷撤出伊朗，亚洲企业 也不断撤出或持续缩小经营规模。从图Ⅰ-1-24 中可以发现伊朗的净 FDI 流入规模非常小，且 2000 年后，波动非常大。这也从一个侧面说明 伊朗的外资环境比较动荡。

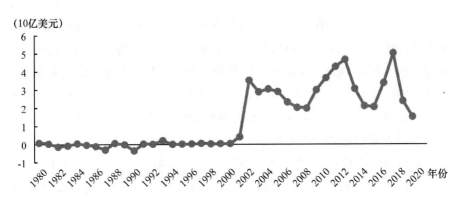

图Ⅰ-1-24 1980 年至 2020 年伊朗的外国直接投资净流入变化情况

资料来源：https：//data. worldbank. org. cn/country/iran-islamic-rep。

伊朗的公共服务在"一带一路"国家中排第 60 名，在世界 141 个国家 和地区中排第 135 名。图Ⅰ-1-25 为 2005 年至 2019 年伊朗企业建立仓库的程序数量变化，建造仓库的程序①背后是政府的公共服务，从图中可以看到该指标从 2005 年的 17 个下降到了 2019 年的 15 个，下降幅度不大，说明伊朗总的公共服务状况有所改善。同时，图Ⅰ–1–26 中展现的是 16 年间在伊朗开设企业所需要的时间，可以看出这一指标几乎没有发生大的变化。

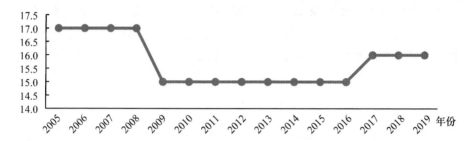

图Ⅰ–1–25 2005 年至 2019 年伊朗建立仓库的程序数量变化情况

资料来源：https：//data. worldbank. org. cn/country/iran-islamic-rep。

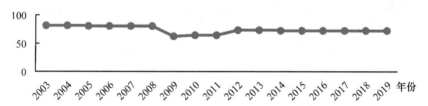

图Ⅰ–1–26 2003 年至 2019 年伊朗公司设立所需的时间变化趋势

资料来源：https：//data. worldbank. org. cn/country/iran-islamic-rep。

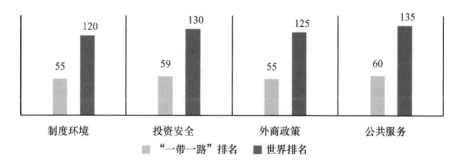

图Ⅰ–1–27 伊朗营商环境二级指标排名（名）

资料来源：作者计算所得。

---

① 建立仓库程序的数量是指公司员工或经理人员与外部各方互动的次数，除建筑师和工程师外还包括政府机构人员、检察官、公证人、土地注册和清册人员以及技术专家。

　　本章对伊朗的综合国力进行了评估,但是本次综合国力评估相对比较重视经济方面的考虑。伊朗目前的情况是经济方面的综合国力取决于其军事外交方面的综合国力,特别是与美国外交方面的变化。不过,本章可以确定的是,经济方面的综合国力是伊朗整体综合国力变化的一面镜子,指标的变化趋势在一定程度上也反映出伊朗的军事外交综合国力。在2018年美国实施制裁之后,伊朗经济情况逐步恶化,在本书的评估中可以看到伊朗的多数指标都处于世界排名的后三分之一。

第二章　人口结构

伊朗在人口结构上是一个多民族国家，其中主要是波斯人，约占66%。最大的少数民族是阿塞拜疆人，人口约占25%。此外，还有吉拉基马赞德兰人、库尔德人、阿拉伯人、俾路支人、卢尔人、土库曼人、亚美尼亚人、犹太人及其他民族。约10%的人口信奉伊斯兰教逊尼派，剩下约1%的人口信奉其他教派，包括基督教、犹太教、巴哈教、罗马教等。

第一节　人口发展状况

人口是一个国家的基础，人是国家的主体。一定数量的人口是一个国家存在和发展的前提，没有一定数量的人口，就不能构成国家。人口因素在影响一个国家经济、社会、政治、文化发展中发挥着至关重要的作用。

凡是与人口相关的国家问题、凡是与国家相关的人口问题都应该是研究一个国家基本国情所要关注的重点内容。本节首先介绍伊朗人口总量的变化发展情况，其次全面分析伊朗人口结构，主要包括人口的自然结构和人口的分布情况。

一　人口总量及其发展变化趋势

根据世界银行统计数据可知，2018年伊朗的总人口数为8180.03万人，其中男性人口数为4044.13万人，占总人口的比例为50.56%，女性人口数为4135.89万人，占总人口的比例为49.44%。从性别分布上看，伊朗男女人口结构占比合理（见图Ⅰ-2-1）。

在人口数量变化趋势上，从伊朗总人口上看，1960—2018年，其总人口数量呈上升趋势，可分为两个阶段：1960—1990年，伊朗总人口

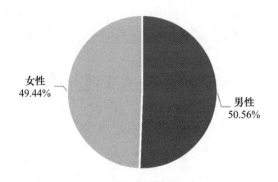

图 Ⅰ - 2 - 1　2018 年伊朗人口性别结构（单位:%）

资料来源：世界银行，https：//data. worldbank. org. cn/，2018 年。

迅速上升，从 1960 年的 2190. 70 万人增加到 1990 年的 5636. 62 万人，30 年里增加了 157% ；1991—2018 年，伊朗总人口呈上升趋势，增速较前一个阶段放缓，2018 年总人口达到 8180. 03 万人，比 1990 年总人数增加了 2543. 40 万人。从伊朗分性别人口来看，1960—2018 年，伊朗男女性别人口均呈上升趋势，1960—1990 年，男女性别人口呈上升趋势，1990 年男性人口数为 2874. 46 万人、女性人口数为 2762. 16 万人。1991—2018 年增长速度放缓，男性人口数增加了 1261. 43 万人、女性人口数增加了 1281. 97 万人。对比伊朗男女人数变化，1960—2018 年，伊朗男性人口数一直略高于伊朗女性人口数，从人口绝对量上观察，伊朗男女性别人口数量较为接近，性别比例合理。从人口相对量上观察，伊朗男女人口占比差距在缩小（见图 Ⅰ - 2 - 2）。

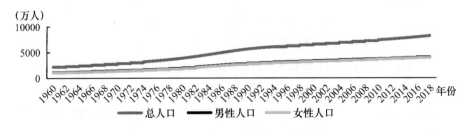

图 Ⅰ - 2 - 2　1960—2018 年伊朗人口数变化

资料来源：世界银行，https：//data. worldbank. org. cn/，2018 年。

从伊朗总人口性别比的变化趋势来看，它大致可以分为五个阶段：第一阶段为1960—1978年，伊朗总人口性别比呈缓慢上升趋势，1878年伊朗总人口性别比为106.29；第二阶段为1979—1986年，伊朗总人口性别比呈快速下降趋势，2000—1986年伊朗总人口性别比为104.21；第三阶段为1987—2004年，伊朗总人口性别比稳中有降，2004年伊朗总人口性别比为103.72；第四阶段为2005—2010年，伊朗总人口性别比呈快速下降趋势，2010年伊朗总人口性别比为101.63；第五阶段为2010—2018年，伊朗总人口性别比稳中回升，2018年伊朗总人口性别比为102.27（见图Ⅰ-2-3）。

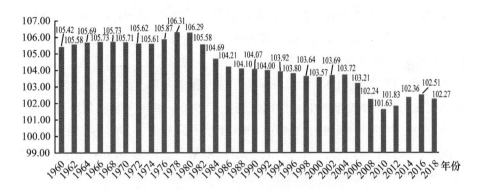

图Ⅰ-2-3 1960—2018年伊朗总人口性别比

说明：总人口性别比，即人口中每100名女性所对应的男性人数。

资料来源：世界银行，https://data.worldbank.org.cn/，2018年。

根据联合国编撰的《2019世界人口展望》，2020年伊朗总人口数为8399.3万人，其中男性人口数为4240.8万人，女性人口数为4158.5万人；2025年伊朗总人口数为8960.9万人，其中男性人口数为4517.7万人，女性人口数为4443.2万人；2050年伊朗总人口数为11200.1万人，其中男性人口数为5641万人，女性人口数为5559.1万人。从联合国的人口预测结果可以得出，伊朗人口总数将呈上升趋势（见表Ⅰ-2-1）。

表 I -2 -1　　　　　　　　　　伊朗人口发展预测　　　　　　　　　　（万人）

年份	总人口数	男性人数	女性人数	总人口性别比
2020	8399.3	4240.8	4158.5	101.98
2025	8960.9	4517.7	4443.2	101.68
2050	11200.1	5641.0	5559.1	101.47

说明：总人口性别比，即人口中每 100 名女性所对应的男性人数。

资料来源：联合国《2019 世界人口展望》，https：//population. un. org/wpp/。

二　人口自然变动情况及其趋势

根据联合国人口司统计数据，截至 2018 年，伊朗的人口出生率为 18.78‰，人口死亡率为 4.84‰，人口自然增长率为 13.94‰。根据 1960— 2018 年的人口数据，从人口出生率来看，整体上呈波动下降趋势，有所起 伏，1960—1974 年呈缓慢下降趋势，1975—1982 年呈上升趋势，1983— 1998 年呈下降趋势，1999 年以来保持平缓，缓中有降。从人口死亡率来看， 整体变化与出生率变动相似，但比率较低，1960—1974 年呈缓慢下降趋势， 1975—1982 年呈上升趋势，1983—1998 年呈下降趋势，1999 年以后呈现轻 微波动，保持平缓趋势。从人口自然增长率来看，1960—1984 年呈上升趋 势，1985 年以后呈逐年下降趋势（见图 I -2 -4）。

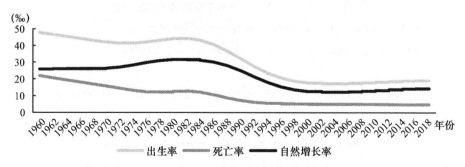

图 I -2 -4　1960—2018 年伊朗人口出生率、死亡率和自然增长率变化

资料来源：联合国人口司统计数据，https：//dataexplorer. unescap. org，2019 年。

新生儿死亡率在一定程度上反映了一个国家的医疗健康水平和经济社 会发展水平，1986—2018 年，伊朗的新生儿死亡人数整体上呈现下降趋

势，可大致分为两个变化阶段：第一阶段为 1986—2000 年，伊朗新生儿
死亡人数快速下降，1986 年伊朗新生儿死亡人数为 60143 人，2000 年新
生儿死亡人数为 22065 人，比 1986 年新生儿死亡人数下降了 63.31%；
第二阶段为 2001—2018 年，伊朗新生儿死亡人数降速放缓，2001 年新生
儿死亡人数为 21034 人，2018 年新生儿死亡人数为 13590 人，比 2001 年
新生儿死亡人数下降了 35.39%（见图Ⅰ–2–5）。

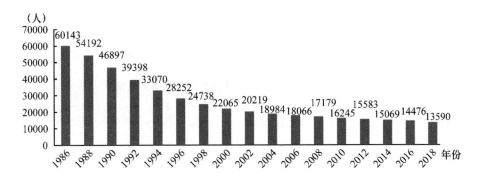

图Ⅰ–2–5　1960—2018 年伊朗新生儿死亡人数

说明：新生儿指出生后 1 月内的婴儿。

资料来源：世界银行，https://data.worldbank.org.cn/，2019 年。

在伊朗的生育水平变化趋势上，从总和生育率来看，2018 年伊朗的
总和生育率为 2.14，1960—2018 年的伊朗总和生育率变化趋势可分为三
个阶段：第一阶段为 1960—1982 年，伊朗总和生育率呈波动下降趋势，
1960 年总和生育率为 6.93，1982 年总和生育率为 6.52，比 1960 年下降
了 6%；第二阶段为 1983—2002 年，伊朗总和生育率呈快速下降趋势，
2002 年总和生育率为 1.92，比 1983 年下降了 70%；第三阶段为 2003—
2018 年，伊朗总和生育率呈稳中有升的趋势，维持在更替水平附近（见
图Ⅰ–2–6）。

截至 2018 年，伊朗的总人口预期寿命为 76.48 岁，女性预期寿命为
77.67 岁，男性预期寿命为 75.41 岁。1960—2018 年，伊朗总人口预期寿
命整体上呈上升趋势，1960 年总人口预期寿命为 45 岁，其中女性预期寿
命为 44.1 岁、男性预期寿命为 45.8 岁。从总人口预期寿命来看，伊朗总
人口预期寿命在 1978—1988 年出现了明显的下降，这主要是由于伊朗伊

斯兰革命和长达八年的两伊战争所导致的大量伊朗男性人口死亡。值得注意的是，在战争期间，女性预期寿命的增长趋势并没有发生明显的改变（见图Ⅰ-2-7）。

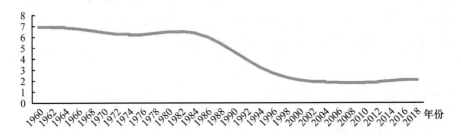

图Ⅰ-2-6　1960—2018年伊朗总和生育率变化情况

说明：总和生育率指一个国家或地区的妇女在育龄期间，每个妇女平均生育的子女个数。

资料来源：世界银行，https：//data.worldbank.org.cn/，2019年。

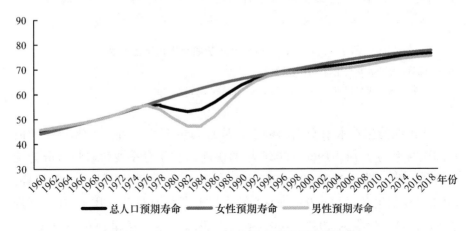

图Ⅰ-2-7　1980—2018年伊朗预期寿命变化

说明：预期寿命指一个人从现在的年龄算起，预期可以继续存活的平均年数。

资料来源：联合国人口司统计数据，https：//dataexplorer.unescap.org，2019年。

三　人口城乡分布情况

根据联合国人口司统计数据，截至2018年，伊朗总人口数为8180.03万人，其中城镇人口为6126.68万人，约占75%；乡村人口为2053.35万人，约占25%。根据1980—2018年伊朗的城乡人口数据，从城镇人口数量变动上看，城镇人口总体上呈现逐年增加趋势，1980年伊朗城镇人口数为 1920.64 万人，1980—2018 年其城镇人口呈现平缓上升趋势，城镇人口年增长率在 1% 左右。从乡村人口数量变动上看，伊朗乡村人口数量变动可分为两个阶段，第一阶段为 1980—1992 年，乡村人口数量呈现上升趋势，1980 年乡村人口为 1944.38 万人，1992 年乡村人口为 2489.17 万人；第二阶段为 1993—2018 年，乡村人口数量呈下降趋势，2018 年下降至 2053.35 万人，大约相当于 1982 年的乡村人口数量。从比重上看，1980 年城镇人口占总人口的比重为 49.69%，乡村人口占总人口的比重为 50.31%，1980—2018 年城镇人口比重不断上升，2018 年城镇人口占总人口的比重为 75%，并具有不断上升的趋势（见图Ⅰ-2-8）。

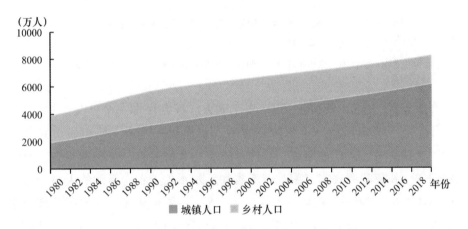

图Ⅰ-2-8　1980—2018 年伊朗城乡人口数量变动

资料来源：联合国人口司统计数据，https://dataexplorer.unescap.org，2019 年。

根据联合国统计数据可知，伊朗的城镇化水平相对一般的发展中国家而言较高。从历史趋势来看，1980—2018 年伊朗的城镇化水平不断上升，2018 年城镇化水平将近 75%，达到一般发达国家的城镇化水平（见图Ⅰ-2-9）。

四　人口地区分布情况

伊朗全国共划分为 31 个省份，分别是德黑兰省、库姆省、中央省、加兹温省、吉兰省、阿尔达比勒省、赞詹省、东阿塞拜疆省、西阿塞拜疆省、库尔德斯坦省、哈马丹省、克尔曼沙汗省、伊拉姆省、洛雷斯坦省、

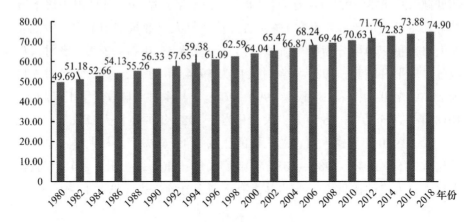

图 I –2 –9 1980—2018 年伊朗城市化水平变动（单位：百分比）

说明：人口城市化水平 = 城镇人口/全国总人口＊100％。

资料来源：联合国人口司统计数据，https：//dataexplorer. unescap. org，2019 年。

胡齐斯坦省、恰哈马哈勒—巴赫蒂亚里省、科吉卢耶—博韦艾哈迈德省、布什尔省、法尔斯省、霍尔木兹甘省、锡斯坦—俾路支斯坦省、克尔曼省、亚兹德省、伊斯法罕省、塞姆南省、马赞德兰省、戈勒斯坦省、北呼罗珊省、礼萨呼罗珊省、南呼罗珊省和厄尔布尔士省。伊朗的人口分布特征总体上呈现为西多东少，北多南少，人口主要聚集在伊朗的西北部和西南部。从人口数量上看，伊朗人口数量前五位的省份为德黑兰省、礼萨呼罗珊省、伊斯法罕省、法尔斯省和胡齐斯坦省。

德黑兰省位于伊朗北部，北邻马赞德兰省，西接加兹温省，东接塞姆南省，南边与库姆省接壤。德黑兰省面积为 18814 平方千米，2005 年统计人口数为 1215.07 万人。礼萨呼罗珊省位于伊朗的东北部，北面与土库曼斯坦为邻，东面与阿富汗交界，西接塞姆南省，南接南呼罗珊省。礼萨呼罗珊省面积为 144681 平方千米，2005 年统计人口数为 520.28 万人。伊斯法罕省是伊朗的中部省份，北面与库姆省为邻，东面与亚兹德省交界，西面与洛雷斯坦省接壤，南面是科吉卢耶—博韦艾哈迈德省。伊斯法罕省面积为 107027 平方千米，2016 年统计人口数为 512.09 万人。法尔斯省位于伊朗南部，面积为 122608 平方千米，是伊朗面积第四大省份，2004 年统计人口数为 438.59 万人，首府位于设拉子市。胡齐斯坦省位于伊朗的西南部，与伊拉克接壤，临波斯湾，面积为 63238 平方千米，根据 1996 年的人口普查数据，该省人口数约为 370 万人，其中城市人口占总人口的比重为 62.5%，农村人口占总人口的比重为 37.5%。2005 年，该省人口数增长到 434.56 万人。

以上五省是伊朗人口数量排名前五的省份，五省总人口占伊朗总人口数超过 38%。伊朗 31 个省份的人口分布情况如表 I-2-2 所示。

表 I-2-2　　　　　　　　伊朗人口地区分布情况　　　　　　　（万人）

省份	总人口数
库姆省	106.45
中央省	136.14
加兹温省	116.69
吉兰省	241.05
阿尔达比勒省	125.76
赞詹省	97.09
东阿塞拜疆省	350.02
西阿塞拜疆省	294.94
库尔德斯坦省	157.41
哈马丹省	173.88
克尔曼沙汗省	193.81
伊拉姆省	54.51
洛雷斯坦省	175.86
胡齐斯坦省	434.56
恰哈马哈勒—巴赫蒂亚里省	84.20
科吉卢耶—博韦艾哈迈德省	69.51
布什尔省	81.61
法尔斯省	438.59
霍尔木兹甘省	157.82
锡斯坦—俾路支斯坦省	253.43
克尔曼省	243.29

续表

省份	总人口数
亚兹德省	104.10
伊斯法罕省	512.09
塞姆南省	58.95
马赞德兰省	281.88
戈勒斯坦省	163.71
北呼罗珊省	78.69
礼萨呼罗珊省	520.28
南呼罗珊省	51.02
德黑兰省	1215.07
厄尔布尔士省	265.41

资料来源：伊朗统计局，https://www.amar.org.ir/，2019 年。

第二节　人口年龄结构

年龄结构是人口最基本的构成。人口年龄结构是在过去几十年里人口自然增长和迁移变动的基础上形成的，也是今后人口再生产变动的基础和起点，既会影响未来人口发展的类型、速度和趋势，也会影响一个国家未来的经济社会发展。本节主要分析伊朗各年龄段人口变化和抚（扶）养负担情况。

一　人口年龄构成及变化情况

根据联合国人口司统计数据，截至 2018 年，伊朗的人口结构呈现为棒槌形：中间大，两头小。15—64 岁人口数量占总人口数量的比例较高，为 69.34%。从人口数量上看，2018 年伊朗 0—14 岁人口总数为 2002.23 万人，占总人口数的比重为 24.47%；15—59 岁人口数为 5671.95 万人，占总人口数的比重为 69.34%；65 岁及以上人口数为 505.93 万人，占总人口数的比重为 6.19%。①

---

① 联合国人口司统计数据，https://dataexplorer.unescap.org，2019 年。

根据世界银行统计数据可知，2018 年伊朗 0—14 岁人口数量为 2002.23 万人，占总人口的比例为 24.47%。0—14 岁人口数量情况可分为三个变化阶段：第一阶段为 1960—1992 年，0—14 岁人口数量呈快速增长趋势，1992 年比 1960 年人口数量增长了 178.83%；第二阶段为 1993—2010 年，0—14 岁人口数量呈下降趋势，2010 年比 1993 年人口数量下降了 32.05%；第三阶段为 2011—2018 年，0—14 岁人口数量呈缓慢上升趋势，2018 年比 2011 年人口数量增加了 12.89%（见图 I - 2 - 10）。

伊朗 0—14 岁人口数占比变化趋势可分为四个阶段：第一阶段为 1960—1976 年，0—14 岁人口数占比变动平缓，基本维持在 43.93%；第二阶段为 1977—1988 年，0—14 岁人口数占比呈上升趋势；第三阶段为 1989—2006 年，0—14 岁人口数占比呈快速下降趋势；第四阶段为 2007—2018 年，0—14 岁人口数变动再次趋于平缓，基本维持在 25%（见图 I - 2 - 10）。

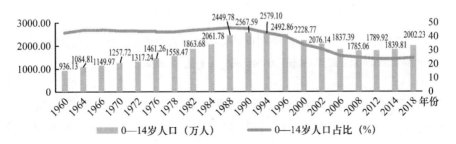

图 I - 2 - 10　1960—2018 年伊朗 0—14 岁人口数量变动及占比变动

资料来源：世界银行，https://data.worldbank.org.cn/，2019 年。

根据世界银行统计数据可知，2018 年伊朗 15—64 岁人口数为 5671.95 万人，占总人口的比重为 69.34%。15—64 岁人口数量变动可分为两个阶段：第一阶段为 1960—2000 年，15—64 岁人口数量呈增长趋势，2000 年 15—64 岁人口数为 4046.08 万人，比 1960 年增加了 246.82%；第二阶段为 2001—2018 年，15—64 岁人口数量继续保持增长趋势，但增长速度放缓，2018 年 15—64 岁人口数为 5671.95 万人，比 2001 年增加 40.18%（见图 I - 2 - 11）。

15—64岁人口数占比变动可分为三个阶段。第一阶段为1960—1994年，15—64岁人口占比变动平缓，基本维持在52.42%左右；第二阶段为1995—2012年，15—64岁人口数占比呈上升趋势，2012年15—64岁人口数占比为70.93%；第三阶段为2012—2018年，15—64岁人口数占比呈下降趋势，2018年15—64岁人口数占比为69.34%（见图Ⅰ-2-11）。

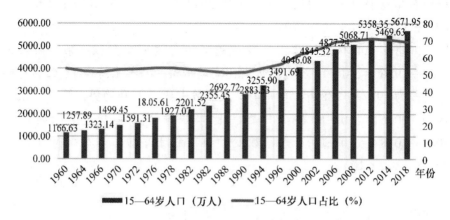

图Ⅰ-2-11　1960—2018年伊朗15—64岁人口数量变动及占比变动

资料来源：世界银行，https：//data.worldbank.org.cn/，2019年。

根据世界银行统计数据，2018年伊朗65岁及以上人口数量为505.93万人，占总人口比例为6.19%。65岁及以上人口数量变动可分为两个阶段：第一阶段为1960—1984年，65岁及以上人口数量呈现缓慢增长趋势，1984年65岁及以上人口数为130.05万人，比1960年增加了42.12万人；第二阶段为1985—2018年，65岁及以上人口数量继续保持增长趋势，增长速度加快，2018年65岁及以上人口数量比1985年增加了375.88万人（见图Ⅰ-2-12）。

65岁及以上人口数占比变动，也可以分为两个阶段：第一阶段为1960—1984年，65岁及以上人口数占比呈现下降趋势；第二阶段为1985—2018年，65岁及以上人口数占比呈现上升趋势，在未来几年内将很快突破7%（见图Ⅰ-2-12）。

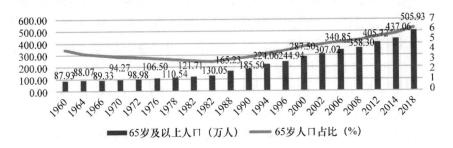

图 I - 2 - 12 1960—2018 年伊朗 65 岁及以上人口数量变动及占比变动

资料来源：世界银行，https：//data. worldbank. org. cn/，2019 年。

二 抚（扶）养系数

根据世界银行统计数据可知，2018 年伊朗的少儿抚养比系数为 35.3%、老年扶养系数为 8.92%、总抚（扶）养系数为 44.22%。少儿抚养系数变化趋势可分为三个阶段：第一阶段为 1960—1978 年，伊朗少儿抚养系数先呈小幅上升然后呈下降趋势，1978 年少儿抚养系数回落到 1960 年的水平；第二阶段为 1979—1988 年，伊朗少儿抚养系数呈上升趋势，1988 年伊朗少儿抚养系数为 90.98%；第三阶段为 1989—2018 年，

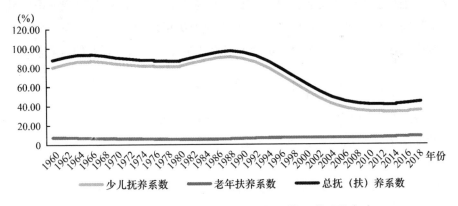

图 I - 2 - 13 1960—2018 年伊朗抚（扶）养系数变动

说明：总抚（扶）养系数计算公式为（0—14 岁人口数量 + 65 岁以上人口数量）/ 15—64 岁人口数量，少儿抚养系数计算公式为 0—14 岁人口数量/ 15—64 岁人口数量，老年扶养系数计算公式为 65 岁以上人口数量/ 15—64 岁人口数量。

资料来源：世界银行，https：//data. worldbank. org. cn/，2019 年。

伊朗少儿抚养系数先呈下降趋势，后趋于平稳，基本维持在35%。老年扶养系数变动趋势可分为两个阶段：第一阶段为1960—1984年，伊朗老年扶养系数呈下降趋势；第二阶段为1985—2018年，伊朗老年扶养系数呈上升趋势。伊朗总抚（扶）养系数整体变化较大，保持在40%—100%，可分为三个变化阶段。第一阶段为1960—1978年，伊朗总抚（扶）养系数先小幅上升然后呈下降趋势；第二阶段为1979—1988年，伊朗总抚（扶）养系数呈上升趋势，1988年伊朗总抚（扶）养系数为97.12%；第三阶段为1989—2018年，伊朗总抚（扶）养系数先呈下降趋势，后趋于平稳，基本维持在42%（见图Ⅰ-2-13）。

第三节 人口受教育情况及就业状况

人口是数量和质量统一的社会群体，人口质量既是国家发展进步的基础、手段和力量，又是发展进步的结果、目的和表现。人口质量体现着一个国家社会生产力发展的水平以及精神文明的发达程度。就业是民生之本，了解一个国家人口的就业状况对社会生产和发展具有重要意义。一方面就业能够使劳动力和生产资料相结合，生产出社会所需的物质财富和精神财富，促进社会生产的发展；另一方面，就业问题关系到社会稳定，国家政权的巩固与和谐社会目标的实现。本节首先从伊朗人口受教育程度角度全面分析其人口素质，其次分析伊朗人口就业情况，包括分行业的就业情况。

一 人口文化程度构成情况

根据联合国教科文组织统计数据，1984—2017年伊朗初等教育入学率情况如下：伊朗小学总入学率变动情况可分为三个阶段：第一阶段为1984—1992年，小学总入学率呈上升趋势；第二阶段为1993—1999年，小学总入学率呈下降趋势；第三阶段为2000—2017年，小学总入学率呈上升趋势。从性别角度看伊朗小学入学率可知，男性入学率变化趋势与女性入学率相似。男性入学率与女性入学率相比较变动情况，可分为三个阶段：第一阶段为1984—2007年，女性入学率低于男性入学率；第二阶段为2008—2013年，女性入学率与男性入学率数值接近；第三阶段为2014—2017年，女性入学率超过男性入学率（见图Ⅰ-2-14）。

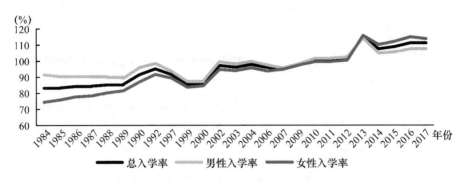

图Ⅰ-2-14 1984—2017年伊朗小学入学率

说明：小学入学率是指无论年龄大小，小学的总入学人数与官方规定的小学适龄总人口的百分比值。入学率可能超过100%，因为包含了较早或较晚入学及复读的超龄和小龄学生。

资料来源：联合国科教文组织，http：//www.unesco.org，2018年。

根据联合国教科文组织统计数据，1987—2017年伊朗中等教育入学率情况如下：从总入学率的变动情况来看，1987—2017年总入学率整体上呈上升趋势，可分为三个变化阶段：第一阶段为1987—1994年，总入学率呈上升趋势，1994年总入学率为88.06%；第二阶段为1995—2004年，总入学率先降后升，2004年总入学率达到96.85%；第三阶段为2005—2017年，总入学率先小幅下降而后稳中有升，保持在90%—95%的水平。从分性别入学率来看，伊朗中学男女入学率的变化趋势与总入学率的变化趋势保持一致，1987—2007年，男性入学率高于女性入学率，2007年以后男女入学率接近，男性略高于女性（见图Ⅰ-2-15）。

根据联合国教科文组织统计数据，1971—2017年伊朗高等院校入学率情况如下：从总入学率的变动情况来看，高等院校总入学率可分为两个变化阶段：第一阶段为1971—1978年，总入学率呈缓慢上升趋势；第二阶段为1979—1998年，由于伊朗发生伊斯兰革命和两伊战争，这一阶段的统计数据缺失；第三阶段为1999—2017年，总入学率呈快速上升趋势，2017年伊朗高等院校入学率为68.09%。从分性别角度来看，伊朗男女入学率变化与总入学率变化趋势相似，1971—1978年，男性入学率高于女性入学率，2001—2011年女性入学率高于男性入学率，2011年以后男性入学率高于女性入学率（见图Ⅰ-2-16）。

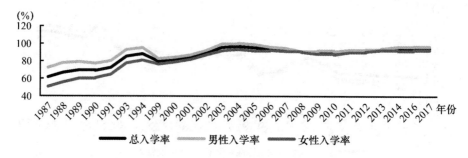

图Ⅰ-2-15　1987—2017年伊朗中学入学率

说明：中学入学率，是指不论年龄大小，中学在校生总数占符合中学官方入学年龄人口的百分比。总入学率可能超过100%，因为包含了较早或较晚入学及复读的超龄和小龄学生。

资料来源：联合国科教文组织，http：//www.unesco.org，2018年。

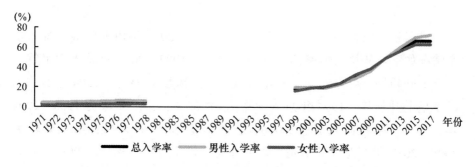

图Ⅰ-2-16　1971—2017年伊朗高等院校入学率

说明：高等院校入学率，是指不论年龄大小，大学（ISCED 5和6）在校生总数，占中学之后5年学龄人口总数的百分比。

资料来源：联合国科教文组织，http：//www.unesco.org，2018年。

二　就业情况

根据联合国人口司统计数据，截至2018年，伊朗劳动就业人口总数为2427.17万人，其中女性就业人口数为419.05万人，男性就业人口数为2008.12万人。根据伊朗2000—2018年劳动就业人口数据，劳动就业人口总数整体上呈上升趋势，2000年就业总人数为1675.80万人，其中女性就业人数为240.14万人，男性就业人数为1435.66万人；2007年劳动就业人口数量达到第一个峰值，为2208.74万人，其中女性就业人口数为397.46万人，男性就业人口数为1811.28万人；2008—2018年劳动就业人口数平稳上升（见图Ⅰ-2-17）。

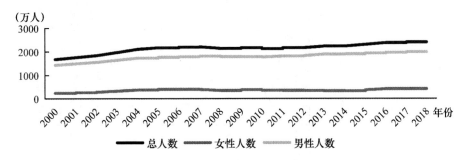

图Ⅰ-2-17　2000—2018 年伊朗劳动就业人口变动

资料来源：联合国人口司统计数据，https：//dataexplorer. unescap. org，2019 年。

根据联合国人口司统计数据，2018 年伊朗就业人口的行业就业情况如下：以农业、工业、服务业为主的就业人口总数为 2056.63 万人，其中女性就业人数为 412.72 万人，占比为 20.07%，男性就业人数为 1643.91 万人，占比为 79.93%；农业就业人数为 422.11 万人，占就业人口总数的比重为 20.52%，其中女性就业人数为 88.19 万人，占农业就业人口的比重为 20.92%，男性就业人数为 333.82 万人，占农业就业人口的比重为 79.08%；工业就业人数为 405.56 万人，占就业人口总数的比重为 19.72%，其中女性人数为 99.62 万人，占工业就业人口的比重为 24.56%，男性人数为 305.94 万人，占工业就业人口的比重为 75.44%；服务业就业人数为 1228.96 万人，占就业人口总数的比重为 59.76%，其中女性人数为 224.82 万人，占服务业就业人口的比重为 18.29%，男性人数为 1004.15 万人，占服务业就业人口的比重为 81.71%（见表Ⅰ-2-3）。

表Ⅰ-2-3　　　　　　　　2018 年伊朗分行业就业人数　　　　　　　　（万人）

行业	类别	人数
总就业人口	总人口	2056.63
	女性人口	412.72
	男性人口	1643.91

续表

行业	类别	人数
农业	总人口	422.11
	女性人口	88.19
	男性人口	333.82
工业	总人口	405.56
	女性人口	99.62
	男性人口	305.94
服务业	总人口	1228.96
	女性人口	224.82
	男性人口	1004.15

资料来源：联合国人口司统计数据，https：//dataexplorer. unescap. org，2019 年。

1. 历年趋势

根据 2000—2018 年就业人口数据，2000 年总就业人口数为 1675.8 万人，其中，农业就业人口数为 403.33 万人，工业就业人口数为 516.12 万人，服务业就业人口数为 756.35 万人。总就业人口数在 2000—2018 年呈上升趋势，2007 年达到第一个峰值，总就业人口数为 2208.74 万人，其中农业就业人口数为 503.85 万人，工业就业人口数为 708.26 万人，服务业就业人口数为 996.64 万人（见图Ⅰ-2-18）。

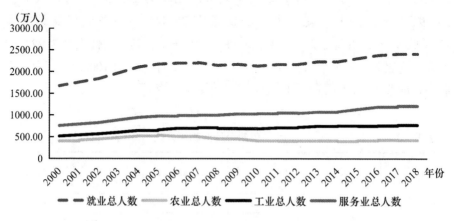

图Ⅰ-2-18　2000—2018 年伊朗分行业就业情况

资料来源：联合国人口司统计数据，https：//dataexplorer. unescap. org，2019 年。

　　从农业、工业、服务业的人数变动中可知，农业就业人数历年变化幅度较小，就业人数从 2005 年开始逐年下降并保持在 500 万人以下；工业就业人数历年波动不大，保持在 700 万人左右，从 2000 年起工业就业人数逐年上升；服务业就业人数历年呈增长趋势，整体变动趋势与总就业人口变动趋势类似，从 2000 年起呈上升趋势（见图 I -2 -18）。

　　根据世界劳工组织数据，伊朗失业率自 1991 年以来一直保持在 11%—12.45%，2019 年失业率为 11.14%。分性别来看，女性失业率远远大于男性失业率，1991 年以来，女性失业率呈现出波动下降趋势，1991 年女性失业率为 24.45%，2019 年女性失业率为 18.12%，男性失业率保持在 8.59%—10.55%（见图 I -2 -19）。

图 I -2 -19　1991—2019 年伊朗失业率

资料来源：联合国人口司统计数据，https：//dataexplorer. unescap. org，2019 年。

2. 青年失业率及变化趋势

　　伊朗青年失业率自 1991 年以来呈现出快速上升趋势。根据世界劳工组织数据，1991 年伊朗青年失业率为 10.85%，2019 年为 15.28%。在近 30 年里伊朗青年失业率上升了 4.43 个百分点。分性别来看，伊朗青年女性失业率高于男性，2019 年伊朗青年女性失业率为 17.12%，比青年男性失业率 14.82% 高出 2.3 个百分点（见图 I -2 -20）。

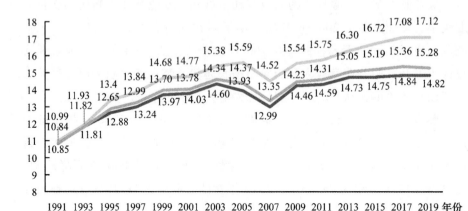

图Ⅰ-2-20　1991—2019年伊朗青年人失业率

说明：青年失业率＝青年人群失业人数占15—24岁所有劳动力数量的比例。

资料来源：联合国人口司统计数据，https：//dataexplorer. unescap. org，2019年。

第四节　国际移民

最新的全球移民报告显示，在全世界70多亿人口当中，移民人数超过两亿人。经济在朝着全球化发展，世界越来越小，联系越来越密切。国际移民已经成为影响经济、社会、安全等多个方面的重要因素。随着全球化的日益深入，移民对国家和居民的影响比过去的任何时候都要深刻。本节将全面分析伊朗国际移民数量和主要国际移民来源地构成情况。

一　国际移民数量

根据联合国人口司统计数据，截至2019年，伊朗国际移民数量为268. 22万人。国际移民主要来源地为阿富汗、伊拉克、阿塞拜疆、巴基斯坦、美国、土耳其和土库曼斯坦等国。其中，来自阿富汗的国际移民数量为231. 03万人，占伊朗国际移民数量的比重为86. 13%；来自伊拉克的国际移民数量为8. 41万人，占移民总数的3. 14%。伊朗的国际移民来源地集中在伊朗和伊拉克两国，移民量较大（见图Ⅰ-2-21）。

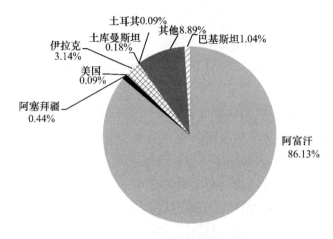

图Ⅰ-2-21　2019 年伊朗国际移民来源国构成（%）

资料来源：http：//www. un. org/en/development/data/population/migration/，2019 年。

二　历年变化趋势分析

从 1990—2019 年的国际移民数据可知，伊朗 1990 年国际移民数量为
429. 16 万人，2019 年国际移民数量为 268. 22 万人，减少了 160. 94 万人。
其中 1990 年国际难民流入数量为 351. 22 万人，2019 年国际难民流入数
量为 97. 95 万人，减少了 253. 27 万人。排除国际难民流入来看，伊朗国
际移民数量呈上升趋势，1990 年为 77. 94 万人，2019 年为 170. 27 万人
（见图Ⅰ-2-22）。

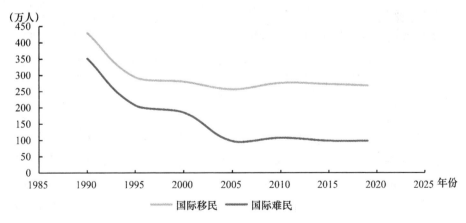

图Ⅰ-2-22　1990—2019 年伊朗移民数量变动

资料来源：http：//www. un. org/en/development/data/population/migration/，2019 年。

三 国际移民的来源地构成

选取 1990 年、2000 年、2010 年、2019 年国际移民主要来源地国家数据，分析伊朗国际移民来源地构成的变化。从数据中可以看出，阿富汗、伊拉克、巴基斯坦和阿塞拜疆四个国家为伊朗稳定的移民迁入国家，在 1990—2019 年均位于伊朗国际移民来源地前四名。美国在 1990—2019 年迁入伊朗的人数虽然增加了，但是增速下降，排名逐渐下降，土库曼斯坦在 1990—2019 年迁入伊朗的人数不断增加，排名上升至第五名。通过分析可以看出，伊朗的国际移民来源地相对简单、稳定，两伊地区的难民所占比例较大（见表Ⅰ-2-4）。

表Ⅰ-2-4 伊朗国际移民主要来源地比较 （人）

1990		2000		2010		2019	
阿富汗	3123968	阿富汗	2087864	阿富汗	2372090	阿富汗	2310292
伊拉克	1153969	伊拉克	540400	伊拉克	86387	伊拉克	84136
巴基斯坦	10729	巴基斯坦	8144	巴基斯坦	28689	巴基斯坦	27941
阿塞拜疆	817	阿塞拜疆	937	阿塞拜疆	12128	阿塞拜疆	11812
美国	521	土耳其	683	土库曼斯坦	4950	土库曼斯坦	4821
土耳其	277	美国	599	美国	2504	美国	2438
土克曼斯坦	216	土库曼斯坦	248	土耳其	2472	土耳其	2407
其他	1104	其他	164930	其他	207790	其他	238367

资料来源：http://www.un.org/en/development/data/population/migration/，2019 年。

其中，阿富汗是伊朗国际移民主要来源国家，除了国际移民以外，阿富汗难民进入伊朗已经持续了 40 年之久。根据联合国难民署数据，1979—1990 年，约有 300 万名以上的阿富汗人逃往伊朗，此后这一数字继续保持增长，虽然每年不断有难民被遣返回阿富汗，但是阿富汗依然有大批难民通过各种途径流入伊朗。根据联合国难民署和国际移民组织数据，截至 2018 年底，伊朗境内依然有超过 300 万名阿富汗人，包括正式移民和非法移民。

伊朗境内的阿富汗人结构比较年轻，根据伊朗统计中心 2016 年数据，伊朗境内的 34.75% 的阿富汗人为 14 岁及以下的青少年儿童，15—59 岁的劳动力人群约占 61.24%，60 岁及以上人口仅占 4.01%（见图 Ⅰ-2-23）。

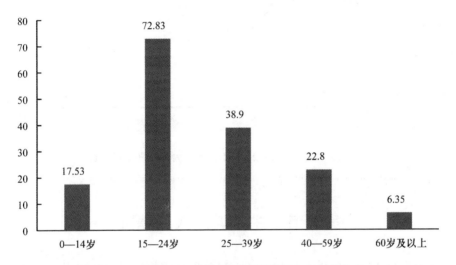

图 Ⅰ-2-23　2016 年伊朗境内阿富汗人口年龄构成

资料来源：http://www.un.org/en/development/data/population/migration/，2019 年。

四　在伊朗的阿富汗难民情况

在所有接收阿富汗难民的国家中，伊朗是除巴基斯坦外第二大阿富汗难民接收国。根据联合国难民署数据，自 1979 年以来，在伊朗的阿富汗难民人数呈现出先增后减的趋势，可分为两个阶段。第一阶段为 1979—1990 年，在这一阶段，由于苏联—阿富汗战争的爆发，阿富汗难民人数迅速增加，在伊朗的阿富汗难民人数也随着快速增加，从 10 万人增加至 318.66 万人，增加了 30 多倍；第二阶段为 1991—2018 年，1991 年由于苏联解体，苏联—阿富汗战争出现转机，联合国提出通过政治途径解决阿富汗问题，此后，阿富汗在外难民出现了一波回流，在伊朗的阿富汗难民人数也随之下降，截至 2018 年底，在伊朗的阿富汗难民数量约为 95.11 万人（见图 Ⅰ-2-24）。

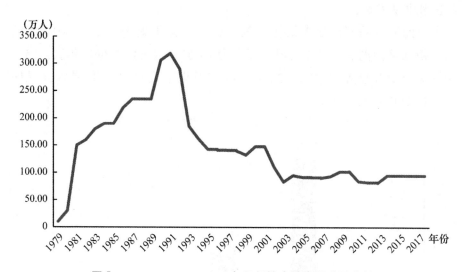

图 I −2 −24　1979—2018 年伊朗境内阿富汗难民人数

资料来源：http：//www. un. org/en/development/data/population/migration/，2019 年。

第五节　主要城市人口情况

　　城市是人类赖以生存的家园，它不仅仅是居民的衣食起居之地，还是生产要素的聚集地、经济活动的主要载体。要想理解一个国家的发展状况，可以从理解该国主要城市的发展入手。本节将全面分析伊朗主要城市——德黑兰的人口数、人口历史、人口发展和预测。

　　作为伊朗的行政中心和最大的就业市场，德黑兰的人口规模不断扩大，在 21 世纪初期就居住着约十分之一的国民。德黑兰人口增长在 1950—1960 年达到峰值。之后增速开始放缓，除去 20 世纪 80 年代革命和战争原因外还有城市扩张和周边城市兴起的原因。从总体上而言，德黑兰是一个年轻的城市，人口平均年龄在 31 岁左右，其中男性多于女性，原因是周边地区和邻国有大量的男性来此寻找工作。

　　在 20 世纪末伊朗迁移人口中有超过五分之三的人选择迁往德黑兰，移民来自全国各地，特别是来自比较富裕的地区，如中部和北部地区。在 20 世纪 80 年代伊拉克入侵和阿富汗战争期间，大量的国际移民流向德黑兰。21 世纪初，在德黑兰出生的大部分孩子的父母来自伊朗的其他地区，这意味着德黑兰是一个混居城市，其中波斯人占绝大多数，阿塞拜疆人占少数，还有一部分库尔德人和阿拉伯人。

根据伊朗国家统计局数据可知，1955—2018 年，德黑兰的人口数量整体上呈上升趋势。1955 年德黑兰总人口数为 139.6 万人，1980 年总人口突破 500 万人。1955—1985 年，德黑兰人口增长速度较快，1985 年总人口数为 583.9 万人。根据德黑兰的历年人口发展状况，联合国预测德黑兰在 2020 年人口数将达到 913.5 万人，2025 年人口数将达到 973 万人，2030 年总人口数将达到 1024 万人（见表 I－2－5）。

表 I－2－5　　　　　1955—2030 年德黑兰人口数量变动及预测　　　　　（万人）

年份	人口（万人）	增长率（%）	增长人数（万人）
2030	1024.0	5.24	51.0
2025	973.0	6.51	59.5
2020	913.5	2.69	23.9
2018	889.6	3.99	34.1
2015	855.5	1.52	49.6
2010	805.9	5.32	40.7
2005	765.2	7.35	52.4
2000	712.8	6.15	44.1
1995	668.7	4.82	32.2
1990	636.5	9.00	52.6
1985	583.9	14.96	76.0
1980	507.9	18.86	80.6
1975	427.3	29.88	98.3
1970	329.0	31.02	77.9
1965	251.1	34.06	63.8
1960	187.3	34.17	47.7
1955	139.6		

资料来源：联合国人口司统计数据，https：//dataexplorer. unescap. org，2019 年。

根据伊朗统计局数据，截至 2019 年底，德黑兰的失业率下降了约 1.3 个百分点，为 10.8%，低于 2018 年的 12.1%。但是对于 15—29 岁年龄组来说，失业率仍然很高，这一年龄组的失业率为 23.7%，其中男性为 20.5%，女性为 35.3%，这表明女性可能在寻找工作中受到不公正的对待。此外，2019 年德黑兰的劳动参与率为 40.6%，相比上年下降 0.5%，据统计中心研究估计，在今后一个时期里失业率将继续上升，将上升约 1.6%，至 12.4%。[1]

第六节　伊朗的人口政策演变

伊朗自古以来都是一个鼓励生育的国家，在建国以前，政府对生育行为没有过多的干预。到了 1979 年建国后，新政府宣布禁止妇女堕胎和流产，同时设置了男女两性的最低结婚年龄，妇女在怀孕和生育期间享受孕产假。1980 年两伊战争爆发，伊朗政府不断放开人口政策，伊朗的生育率在这一时期也不断升高，1979 年伊朗人口约为 3700 万人，而到了 1987 年两伊战争结束后，伊朗人口达到了 5037 万人，增长了 36.13%。由于人口的快速膨胀，战后的伊朗政府发现资源与环境无法承载快速增长的人口需求，1988 年拉夫桑贾尼政府开启了伊朗的计划生育政策，政府鼓励每个家庭生育 2 个孩子，最多生育 4 个孩子。在政府和全社会的共同努力下，伊朗的生育率得到了很好的控制。

1990 年，伊朗计划生育政策更加严格，政府开始实施"安排家庭计划"，提倡每个家庭生育 2 个孩子，最多生育 3 个孩子，并成立了生育率调节委员会，专门负责计划生育政策的实施。

1993 年伊朗议会通过了《人口与安排家庭法》，规定每个家庭最多生育 3 个孩子，3 个以内的孩子可以享受免费的医疗和教育，超生的孩子无法享受这一福利。这一政策产生了非常大的效果，1995 年伊朗总和生育率下降到了 2.9，2000 年下降到 1.7，而同期的伊拉克和沙特阿拉伯的总和生育率约为 4，与邻国相比，伊朗人口政策大见成效。但是由于伊朗的人口基数在中东地区较大，到 2000 年底，伊朗人口已经达到了 6375

---

① 根据伊朗统计局的数据整理，https://www.amar.org.ir/，2019 年。

万人。

2005 年，艾哈迈迪·内贾德被推举为新的总统，他对拉夫桑贾尼的"安排家庭计划"提出了质疑，他反对政府提倡每个家庭生育两个孩子，他在 2005 年 6 月的议会演讲中宣称伊朗人口要继续快速增长至 1.5 亿人，并提出降低男性结婚年龄到 20 岁，女性到 16 岁。他的言论在当时引起了轩然大波，大部分学者和议员表示反对，并认为伊朗的工作岗位、住房无法满足 1.5 亿人口的需要。也有一部分学者和议员对内贾德表示支持，他们认为，前总统的人口政策严重阻碍了伊朗经济社会的发展，如果计划政策继续执行，伊朗将面临人口老龄化和人口减少的问题。在这一部分人的支持下，伊朗 2006 年出台了一系列刺激生育的政策，包括为新生儿提供现金补贴，为新生儿的家庭提供生育津贴等。在内贾德主政期间，伊朗的人口政策得到了一定程度的放开。

2012 年 7 月，伊朗最高领袖哈梅内伊发表演讲称，伊朗的计划生育政策在前 20 年是合理的，但是后来的继续执行是错误的。由于哈梅内伊是伊朗最有权力和权威的人，他的话也为伊朗制定人口政策指明了方向。同年 8 月，伊朗卫生部梅氏达吉尼亚表示，"伊朗的人口控制政策已经属于过去，在伊朗的文化中，从来没有干预家庭生育的部分，多孩家庭是一种传统，应当回到我们的传统文化中去。"自此，伊朗的人口计划生育政策告一段落。然而，事实上，随着人口城市化水平的提高和教育的普及，伊朗年轻的男女初婚年龄不断推迟，除了个别农村地区外，伊朗已经很少有生育 3 个以上孩子的家庭，大多数家庭只考虑生育 1—2 个孩子。[1]

---

① B. Andrew, Iran, Melbourne: Lonely Planet, 2012.

第三章 资源禀赋

伊朗处在亚洲的西南部，北接土库曼斯坦、阿塞拜疆和亚美尼亚，濒临里海，与俄罗斯和哈萨克斯坦隔海相望；西与土耳其和伊拉克接壤；东邻巴基斯坦和阿富汗；南隔波斯湾、阿曼湾与科威特、巴林、卡塔尔、阿拉伯联合酋长国、阿曼和沙特阿拉伯等国相望。伊朗是一个高原和山地相间的国家，平均海拔在 1305 米，最高峰达马万德海拔 5625 米，海拔最低点在里海，低于海平面 28 米。境内 1/4 为沙漠。伊朗境内主要河流有卡伦河（全长 850 千米）和塞菲德河（全长约 1000 千米）。全国可耕地面积超过 5200 万公顷，占国土面积的 30.1%。伊朗不仅是石油、天然气资源大国，也是世界上矿产资源十分丰富的国家之一，素有"世界矿产博物馆"之美誉。伊朗矿产资源主要有煤炭、铬、铜、铁、铅、锰、锌以及硫等，仅仅占世界人口总量 1% 的伊朗，自然资源储备却占全球总量的 7%。

第一节 土地资源

伊朗是一个高原和山地相间的国家，山脉和高原占伊朗国土面积的 90%，境内 1/4 为沙漠，平原只限于西南部沿海和北部里海沿岸。全国可耕地面积超过 5200 万公顷，占国土面积的 30.1%。[①] 已耕地面积为 1800 万公顷，其中水浇地 700 万公顷，水稻田 56 万公顷。森林面积超过 1000 万公顷。[②]

一 林地资源

伊朗大部分地区属亚热带荒漠，植物稀少，以生长稀疏草类和多刺植

---

① 参见 http：//ir. mofcom. gov. cn/article/ddgk/201809/20180902787490. shtml。
② 张超阳、杨兴礼、艾少伟：《浅析中伊农业合作前景》，《世界农业》2005 年第 7 期。

物为主。根据伊朗宪法，一切自然资源归国家所有，由政府负责管理。伊朗的森林面积由 1990 年的 907.606 万公顷增长至 2019 年的 1073.989 万公顷（见表Ⅰ-3-1）

表Ⅰ-3-1　　　　　1990—2019 年伊朗林地面积　　　　　（千公顷）

年份	面积	年份	面积
1990	9076.06	2005	10008.82
1991	9101.02	2006	10145.45
1992	9125.98	2007	10282.08
1993	9150.94	2008	10418.72
1994	9175.90	2009	10555.35
1995	9200.86	2010	10691.98
1996	9225.82	2011	10691.98
1997	9250.78	2012	10691.98
1998	9275.74	2013	10691.98
1999	9300.70	2014	10691.98
2000	9325.66	2015	10691.98
2001	9462.29	2016	10703.96
2002	9598.92	2017	10715.94
2003	9735.56	2018	10427.91
2004	9872.19	2019	10739.89

资料来源：联合国粮食和农业组织数据库，http://www.fao.org/faostat/zh/#data/GF。

全国可划分为五个森林植物生长区。（1）里海森林区。该区分布在伊朗北部，为天然实生混交林，以阔叶林为主，占该区的 95%。主要树种为各种栎、紫衫、榆、桧、槭、鹅耳枥、桦、椴、花楸、槐、栗、核桃、椵、桤及扁柏等。里海区是伊朗唯一供应木材的地方，这里的森林具有开发价值。（2）阿拉斯巴伦森林区。该区分布在伊朗西北部东阿塞拜疆省，属气候较凉爽的半湿润带。该区森林发挥着主要的保护土壤和水源调节功能，对保持良好的自然环境和生物多样性意义重大。这里可以在合理开展矮林作业的条件下，促进森林质与量的改善。（3）伊朗—图拉年斯克森林区。

该区分布在霍拉桑、阿塞拜疆和中、西部省。因地形和植物不同，该区可划分为草原亚区和山地亚区。山地亚区气候干燥、寒冷，但夏季气候温和，生长着多种桧柏；草原亚区属沙漠气候，夏季炎热。该区无论人工造林还是天然更新林，都需要严格规划设计，否则难以成功。（4）札格罗斯森林区。该区分布在伊朗西部和南部的札格罗斯山脉，包括西阿塞拜疆、库尔德斯坦、卡尔曼沙赫、洛雷斯坦、法尔斯、恰哈马哈勒—马赫蒂亚里、亚兹德省以及胡泽斯坦省北部。该区森林因土壤瘠薄和经营不当而产材质次量小，但仍具多种防护功能，主要树种为各种栎，次要树种有黄连木、扁桃、朴、山楂等。（5）波斯湾和阿曼湾森林区。该区分布于伊朗南部，包括胡泽斯坦、布什尔、霍尔木兹甘及锡斯坦—俾路支斯坦省。该区为半赤道性气候，主要树种有相思、牧豆、枣、红树及杨等。①

伊朗北部森林分布着约 80 个乔木树种和 180 个灌木树种，厄尔布尔士山脉北坡森林茂密，多阔叶林，是主要的木材产地。据联合国粮食和农业组织数据库数据显示，伊朗的林业生产量随着时间的推移产量逐渐提升（见表Ⅰ-3-2）。

表Ⅰ-3-2   伊朗林业生产量   （立方米）

年份	2011	2013	2015	2017	2019
非针叶木燃料	46000	52000	34000	3000	3000
非针叶锯材和单板原木	254000	286000	201000	162000	162000
圆木和劈木纸浆	176000	196000	99000	116000	116000
其他工业圆木，非针叶	230000	248000	165000	138000	138000
锯材，非针叶	31000	33000	25000	21000	21000
贴面板	553	1000	6000	6000	6000
胶合板	1000	300	5000	5000	5000
刨花板	802000	981000	797000	832000	840000
硬木	14000	6500	4000	3000	3000
中密度纤维板/高密度纤维板	302000	430000	634000	1136000	2100000

资料来源：联合国粮食和农业组织数据库，http://fao.org/faostat/zh/#data/FO。

———————————

① 沈照仁：《伊朗的森林概况》，《世界林业动态》2003 年第 36 期。

二　农用地资源

农业在伊朗的国民经济中占有重要地位。伊朗农耕资源丰富，全国可耕地面积超过 5200 万公顷，占其国土面积的 30% 以上。已耕地面积为 1800 万公顷，其中可灌溉耕地为 830 万公顷，旱田为 940 万公顷。农业人口占总人口的 43%，农民人均耕地面积为 5.1 公顷。农业机械化程度较低。近年来，伊朗政府高度重视、大力发展农业，目前粮食生产已实现 90% 的自给自足。农业主产区集中在里海和波斯湾沿岸平原地带，大部分地区干旱缺水。伊朗主要农产品包括小麦、大米、大麦、棉花、茶叶、甜菜、水果、干果、奶制品、鱼子酱、羊毛等。为支持本地大米种植和生产，伊朗从 2015/2016 财年起将大米关税从 18% 提高至 40%。伊朗是中东地区主要的干鲜果品生产和出口国，其中，开心果、核桃、柠檬、橘、柑、猕猴桃、无花果和石榴是主要出口产品。此外，伊朗还是世界上第一大藏红花生产国，总产量占世界总量的 95%（见表 I −3 −3）。

表 I −3 −3　　　　　　　伊朗农产品收获面积及变化　　　　　　　（公顷）

年份	2011	2013	2015	2017	2019
小麦	6377003	6399992	5715616	6526587	8035937
稻谷	529998	564997	529967	396877	437231
土豆	170290	158564	160217	122578	104192
玉米	265012	290015	166163	103627	204305
西瓜	123224	139103	125550	70340	69013
核桃	112855	109759	142000	53952	44780
西红柿	154953	151283	151946	105943	121203
烟草	12230	9312	9980	9677	9682
茶叶	27284	26899	18620	15848	16229
柑	34125	35730	24862	9519	21572
橘	134738	147440	67207	60013	62138
葵花子	54868	62402	43905	40000	78000
甘蔗	65953	86588	87160	89271	113150

续表

年份	2011	2013	2015	2017	2019
甜菜	109495	82516	105036	134759	78999
草莓	3233	4518	4129	4075	4100
菠菜	6266	6972	5571	6148	6359
大豆	67899	66376	61537	83000	67000
芝麻	79294	69620	40000	42000	42000
杏仁	125811	180027	93000	50856	79597
八角	5700	3403	6862	6399	6381
苹果	197284	197983	240000	119528	100759
杏子	40567	53205	54500	54346	56090
芦笋	762	861	833	864	884
香蕉	3732	3719	4212	4561	4795
大麦	1588002	1635001	1762616	1765538	2161219
绿豆	5867	13553	7235	7171	7727
萝卜	10099	8483	10656	15461	11577
蓖麻籽	9	42	16	61	57
花椰菜	1607	1707	1808	1826	1884
樱桃	28166	32110	21300	19188	28330
黄瓜	96581	97115	66480	27231	29402
茄子	19078	16838	21242	21216	21350
无花果	48045	50865	33921	15209	18655
大蒜	3545	6542	4821	4768	4701
葡萄	209389	273426	202000	141914	155203

资料来源：联合国粮食和农业组织数据库，http：//www.fao.org/faostat/zh/#data/QC。

三　建设用地资源

伊朗议会研究中心发布报告，回顾了过去 40 年伊朗住房与城市发展情况。该报告称，随着城市化推进和人口结构的变化，自 1979 年伊斯兰革命以来，全国住房需求迅速增加。根据 1977 年 3 月和 2017 年 3 月两次全国性人口和住房普查的数据，伊朗人口在 40 年内增长了两倍，家庭总数从 670 万户增长到 2410 万户；人口超过 10 万人的城市数量从 23 座增加到 98 座，城市化率从 47% 提高到 74%；住房数量从 530 万套增加至 2280 万套。与此同时，每户家庭平均人数从 1977 年的 5 个减少到了 2017 年的 3.3 个，这也是人口数增长两倍但家庭数增加四倍的原因。家庭数与住房数比率从 1.26 降到了 1.06，城市人口密度从 1.37 降到了 1.04。在房屋质量方面，金属架构住宅比例从 1977 年的 0.3% 增加到了 2017 年的 57%（该比例如果较低，意味着贫民窟规模较大）。传统上伊朗人对是否拥有住房十分重视，拥有住房的家庭比例一直在 70% 以上，但是近年来该比例有所降低。在提供住房的主体方面，政府从 20% 降到了 4%，目前私营部门占比高达 90%。

根据道路和城市发展部起草的《住房综合计划 2017—2027》，至 2027 年 3 月，伊朗人口将达到 8820 万人。预测表明，届时将有 6820 万人居住在城市，2000 万人居住在农村；总家庭数将达到 2870 万户，其中 2210 万户居住在城市，615 万户居住在农村。在该计划实施的十年内，新组建的家庭将需要 407.6 万套住房（城市 399.7 万套，农村 7.9 万套），至 2027 年需要修理或重建的住房为 531.3 万套（城市 300.3 万套，农村 231 万套）。[①]

第二节　矿产资源

伊朗矿产资源丰富，已探明矿产品有 60 多种，各类矿产储量约为 580 亿吨，可采储量约为 380 亿吨。伊朗已探明铜矿储量达 33 亿吨，居世界第三位。有松贡、萨尔切什曼和梅杜克等大型露天铜矿，其中萨尔切什曼和哈通阿巴德矿已开发，年产量约为 26 万吨。锌矿已探明储量为 2.3 亿吨，居世界第一位，主要分布在三大矿山，其中，安古朗矿山锌矿储量达 2200 万吨。铬矿已探明储量为 1500 万吨，煤炭储量为 21 亿吨，铁矿储量为 47 亿吨。此外，伊朗金、铝、铀、锰、锑、铅、硼、重晶石、大理石等资源比较丰富。[②]

---

① 参见 http://ir. mofcom. gov. cn/article/ddgk/202007/20200702980352. shtml。

② 参见 http://ir. mofcom. gov. cn/article/ddgk/201707/20170702609103. shtml。

一　矿产资源概况

伊朗位于全球三大巨型成矿域之一的特提斯成矿域上。[①] 在区域构造上属于阿尔卑斯—喜马拉雅造山带的重要组成部分，全国可分为三个构造单元，从南至北分别为扎格罗斯构造区、中东部新生代构造区以及科佩斯构造区。伊朗矿产资源主要形成于五个成矿期，分别为前寒武纪成矿期、志留纪—泥盆纪成矿期、二叠纪—三叠纪成矿期、侏罗纪—早白垩世成矿期、晚侏罗世—早第三纪成矿期。[②]

伊朗良好的成矿地质背景形成了大量的矿产资源。按照其成矿地质特点主要分为八个成矿省，分别是中部成矿省、乌尔米耶—达科塔成矿省、萨南达季—锡尔詹成矿省、伊朗东北部成矿省、柯尔曼沙阿成矿省、伊朗东南部成矿省、扎格罗斯油气省和科佩斯油气省（见表Ⅰ-3-4）。

表Ⅰ-3-4　　　　　　　　　　伊朗成矿带划分

成矿省	成矿区	主要矿产
中部成矿省	Bafgh 成矿带	火山沉积型铁矿、块状硫化物铅锌矿、岩浆成因舰矿床
	Anarak 成矿区	斑岩型铜矿、矽卡岩型铁矿、海相沉积型猛矿
乌尔米耶—达科塔成矿省	Takab 成矿区	3000 万吨级铅锌矿、5000 万吨级铁矿、100 吨级金矿、10 万吨级铜矿
	Kerman 成矿区	伊朗最大的斑岩型铜矿潜力区
萨南达季—锡尔詹成矿省	Malayer-Esfahan 成矿带	伊朗重要的铅锌矿产地，主要为 MVT 型铅锌矿，储量超过6000 万吨
	Abadeh 成矿带	
	Esfandaghe-Faryab 成矿带	伊朗最大的铬矿床，主要为阿尔卑斯型格铁矿
伊朗东北部成矿省	Taknar 成矿区	被认为是伊朗最古老的成矿区，主要产出火山沉积型矿床
	Toroud 成矿区	产出大量小规模金属矿床，如金、铜、铅锌、铁等

---

① 张洪瑞、侯增谦、杨志明：《特提斯成矿域主要金属矿床类型与成矿过程》，《矿床地质》2010 年第 1 期。

② 李锦平、吴良士：《伊朗地质构造及其区域成矿》，《矿床地质》2008 年第 1 期。

续表

成矿省	成矿区	主要矿产
柯尔曼沙阿成矿省	Tarom-Hashtjin 成矿区	深层侵入体中发育大量铜、猛、铁矿床,中温斑岩型金矿
	Arasbaran 成矿区	伊朗最丰富的成矿区,主要产出斑岩型、矽卡岩型和麦状矿床
伊朗东南部成矿省	Taftan 成矿区	镁铁质岩层发生交代作用和硫化物矿化,还存在大量脉状富银铅锌矿
扎格罗斯油气省		蕴含丰富的油气资源
科佩斯油气省		蕴含丰富的油气资源

资料来源:中国地质调查局发展中心。

二 金属矿产资源

伊朗是整个中东地区少有的金属矿产资源品种相对齐全而又储量丰富的金属资源大国,在金属资源禀赋上远远优于周边其他国家。据伊朗地质调查局 2016 年的统计数据,伊朗目前已探明金属矿产资源约有 32 种,其中,铁、铜、铝、铅锌、铬、锰等金属资源储量在亚洲地区均居前列,而锌矿、铜矿、铁矿储量居世界前十(见表 I – 3 – 5)。其金属矿床主要有斑岩型、热液型、岩众型、火山岩型、层控型五种类型。从地理位置上看,铜、铅、锌、金、银等资源主要分布于伊朗中东部地区。

表 I – 3 – 5 **伊朗主要金属矿产资源概况**

主要矿产	储量(亿吨)	典型矿床
铁矿石	46	恰道尔马柳(Chador Malu)、乔加赫特(Choghart)、戈尔戈哈尔(Gole Gohar)、三甘(Sangan)、霍母兹(Hormoz)
铜矿石	26.6	萨尔切什梅(Sar Chesmch)、松贡(Sungun)
铝土矿	0.2	加佳母铝矿(Jajrom)
铅矿石	0.05	安古兰(Angouran)、梅亥德阿巴德(Mehdiabad)
锌矿石	2	
铬矿石	0.37	阿米尔(Amir)、沙赫里阿尔(Shahriar)、雷扎(Reza)、阿布达什特(Abdasht)

资料来源:USGS、伊朗地质调查局。

伊朗铁矿石储量为46亿吨，居中东第一位，世界第10位。伊朗约有铁矿床40个，矿石品位高，受到国际市场的青睐。伊朗的铁矿资源主要集中分布在东北部的呼罗珊省、中南部的亚兹德省和克尔曼省以及西北部的赞詹省、库尔德斯坦省和哈马丹省。伊朗东北部铁矿资源主要分布在呼罗珊省的桑甘地区，该地区低磷、低硫磁铁矿资源丰富。中南部的亚兹德省和克尔曼省是伊朗主要的铁矿分布区。其中亚兹德省铁矿石磷含量高，硫含量较低，克尔曼省则相反。其典型的矿床有恰道尔马柳、戈尔戈哈尔、乔加赫特等。西北部的赞詹省、库尔德斯坦省和哈马丹省以中小型矿山居多，主要的矿床有巴夫格、沙姆斯巴德等。

伊朗铜矿石储量为26.6亿吨，居全球第九位，亚洲第四位。伊朗国内已发现铜矿矿床及成矿矿床超过1000个，其中斑岩型矿床最具有开发价值。目前伊朗国内主要的铜矿床是位于克尔曼省的萨尔切什梅矿床、梅杜克矿床和位于东阿塞拜疆省的松贡矿床。萨尔切什梅斑岩型铜矿是伊朗最主要的金属矿床，是亚洲第二大铜矿，铜矿储量约为亚洲总储量的四分之一，铜品位在2%—6%，并具有厚度约50米的派生富矿区。梅杜克斑岩型铜矿床已探明矿石储量约为1.5亿吨，但铜品位远不及萨尔切什梅铜矿床，平均品位为0.85%，主要的矿石有辉铜矿、蓝铜矿、黄铜矿和斑铜矿，并伴生着一定量的黄铁矿和方铅矿。松贡斑岩型铜矿，矿石储量约为3.8亿吨，平均品位约为0.7%。[1]

伊朗铅矿石储量为500万吨，锌矿石储量为2亿吨，锌矿石储量居世界第二位，伊朗境内的锌矿床不仅储量丰富，且品位很高（20%—35%），而铅品位则不超过3%—7%。目前安古兰矿床和梅亥德阿巴德矿床是伊朗主要的铅锌矿产地。安古兰矿床位于赞詹省，矿石储量约为2600万吨，铅品位高达20%，锌品位约10%。梅亥德阿巴德矿床位于亚兹德省，矿石储量约为1.5亿吨，锌品位约4%，铅品位约1%。由于对麦赫佳巴德矿床仍然在勘查中，因此其铅锌矿石储量有望进一步增加。

伊朗铝土矿储量约为2000万吨，分布范围相对集中在东阿塞拜疆省、西阿塞拜疆省、呼罗珊省和克尔曼省。目前伊朗国内最为著名的铝土矿矿床是加佳姆铝土矿矿床。伊朗黄金储量约为150吨，含金矿床约为30个，

---

① 张志东、王晓民：《伊朗金属矿产工业现状与开发前景》，《世界有色金属》2012年第4期。

除穆杰金矿外，均为小型矿床。穆杰金矿是伊朗最主要的金矿床，金矿石储量约为 700 万吨，平均品位为 8 克/吨。此外，伊朗国内还有铬、锰、铀、银、钨、锡、钼、钛等金属资源，均具有一定的储量。

三 非金属矿产资源

伊朗国内共有非金属矿产资源 36 种，比较丰富的有磷矿、硼矿、膨润土、石膏、长石等。伊朗磷矿储量近 4 亿吨，占全球总量的 3.3%，主要的磷矿床约有 80 个。硼矿储量约为 2.5 万吨，主要分布在 7 个已经发现的硼矿床中。伊朗膨润土储量超过 1 亿吨，是亚洲重要的膨润土资源国。此外，伊朗国内还有石膏约 17 亿吨、高岭土约 3.8 亿吨、膨润土约 1 亿吨、云母约 100 万吨、重晶石约 530 万吨、珍珠岩约 1750 万吨，等等。

第三节　能源资源

伊朗能源资源蕴藏丰富，尤其是石油、天然气等化石能源储藏大国。伊朗的石油资源按照现在的开采速度，可持续开采 90 年以上，主要分布在与伊拉克接壤的西南部省份胡齐斯坦的大型陆上油田及波斯湾地区。伊朗已探明天然气储量约为 33.5 万亿立方米，占世界总储量的 16.6%，居世界第二位（仅次于俄罗斯）。[①] 受此影响，伊朗的可再生能源发展程度相对滞后，但是，由于区位优势，近年来太阳能、风能等领域逐渐发展起步，正在引领中东地区的可再生能源转型。

一 石油

伊朗拥有丰富的石油资源，是世界上唯一横跨两大油气富集区域——里海和波斯湾（分别占世界油气总储量的 18% 和 55%）的国家。1908 年，英国在伊朗马斯基德苏莱曼发现高产油田，英波石油公司宣告成立，英国政府垄断了全伊朗的石油开采和经营业务。1951 年，伊朗民族资产阶级代表穆罕默德·摩萨台领导了石油国有化运动，提出将所有的石油勘探、开采和提炼工作都归伊朗政府经营。1953 年，伊朗国家石油公司与

---

① 参见 http://ir.mofcom.gov.cn/article/ddgk/201709/20170902642793.shtml。

政府达成石油协议，规定伊朗国家石油公司作为企业主雇用国际石油财团作为承包商。在国际财团的股份中，英伊石油公司占40%，英荷壳牌公司占10%，美国的9个公司占40%，法兰西石油公司占6%。[①] 20 世纪60 年代，伊朗发现了大量新油田，石油收入迅速增加。1973 年第四次中东战争爆发，石油输出国组织（欧佩克）决定以减产、禁运石油支持反以色列战争，伊朗石油收入随之大增。1980 年两伊战争爆发，受战争的破坏和影响，伊朗的石油日产量从 1979 年的 317 万桶急剧下降到 1980 年的 181.7 万桶。在战争结束后，伊朗实行经济发展和产业多元化计划，决定恢复和发展石油生产，伊朗的石油产量开始回升。1991 年，伊朗石油产量恢复到战前水平，至 21 世纪初，伊朗石油产量一直保持平稳上升趋势（见表Ⅰ–3–6）。21 世纪以来，伊朗核问题引发了美欧对其制裁和外交孤立，这造成大批国际石油公司纷纷撤离伊朗，打击了伊朗的石油工业，在很大程度上隔绝了伊朗与世界的金融联系。

表Ⅰ–3–6　　　　　　1979—2019 年伊朗石油产量　　　　　　（百万吨）

年份	产量	年份	产量
1979	160.5	2000	191.7
1980	74.2	2001	189.8
1981	66.2	2002	179.1
1982	120.1	2003	202.1
1983	122.8	2004	208.8
1984	102.5	2005	207.9
1985	110.4	2006	210.6
1986	102.7	2007	213.3
1987	116.7	2008	215.4
1988	117.4	2009	207.2
1989	143.8	2010	212.0
1990	162.8	2011	212.5

① 王新中、冀开运：《中东国家通史：伊朗卷》，商务印书馆 2002 年版。

续表

年份	产量	年份	产量
1991	174.4	2012	180.5
1992	175.7	2013	169.7
1993	184.3	2014	174.0
1994	185.0	2015	180.2
1995	185.5	2016	216.1
1996	186.6	2017	235.5
1997	187.0	2018	224.7
1998	190.8	2019	160.8
1999	178.1		

资料来源：BP 世界能源统计年鉴（2020），http：//bp. com/en/global/corporate/energy-eco-nomics/statistical-review-of-world-energy/year-in-review. html。

二　天然气

伊朗大量的天然气资源存在于非伴生气田中，一直未开发，有着巨大的潜力。鉴于天然气储量丰富，减少石油消费的替代能源主要靠天然气，加之世界对清洁能源天然气的需求旺盛，天然气已成为伊朗能源政策的关键。近年来，伊朗天然气产量增长很快（见表Ⅰ-3-7）。

表Ⅰ-3-7　　　　　　　1979—2019 年伊朗天然气产量　　　　　　（十亿立方米）

年份	产量	年份	产量
1979	8.5	2000	56.3
1980	4.5	2001	62.6
1981	4.9	2002	74.4
1982	6.7	2003	78.1
1983	7.7	2004	91.0
1984	9.0	2005	96.6
1985	9.7	2006	105.3
1986	9.3	2007	118.0
1987	11.4	2008	123.6

续表

年份	产量	年份	产量
1988	12.4	2009	135.7
1989	15.6	2010	143.9
1990	24.7	2011	151.0
1991	29.2	2012	156.9
1992	30.9	2013	157.5
1993	16.5	2014	175.5
1994	26.2	2015	183.5
1995	31.9	2016	199.3
1996	37.5	2017	219.5
1997	39.4	2018	238.3
1998	44.5	2019	244.2
1999	53.0		

资料来源：BP 世界能源统计年鉴（2020），http：//bp. com/en/global/corporate/energy-eco-nomics/statistical-review-of-world-energy/year-in-review. html。

伊朗开发天然气的历史可分为两个阶段。第一阶段主要是回收轻质原油的伴生气，用于城市燃气和石化原料。以此为基础建设了伊玛姆工业区，并建立了伊玛姆石化公司。该公司已有一套 31 万吨/年的乙烯装置在运转，目前正在建设两套合计产能 162 万吨/年的乙烯装置。第二阶段主要是开发南帕斯气田。该气田位于卡塔尔半岛北部顶端至伊朗约 200 千米海上（波斯湾）国境线上，卡塔尔称北部气田，伊朗称南帕斯气田。南帕斯气田的发现始于 1988 年，目前估计储量为7.9 万亿立方米，大部分为可采储量，并有储量 170 亿桶以上的凝析油。南帕斯气田海上采气装置采出的天然气经管道输送至陆上处理设备，分离得到甲烷、乙烷、丙烷、丁烷、凝析油等，并以此为基础建立了阿萨卢耶工业区。

除了南帕斯气田外，伊朗的北帕斯气田、基什气田等也拥有规模巨大的天然气储量等待开发（见表Ⅰ-3-8）。

表 I - 3 - 8   伊朗主要未开发天然气田

气田名称	未开发天然气（万亿立方米）	未开发原油（亿桶）
南帕斯气田	8.45	141.4
北帕斯气田	1.33	18.8
基什气田	0.85	18

资料来源：Woodmac.

其中，北帕斯气田于 1967 年被发现，是世界上较大的独立气田之一。该气田位于波斯湾的布什尔省东南 120 千米处，天然气储量为 35382bcf。目前该油田正由伊朗国家石油公司（NIOC）的子公司——帕尔斯石油天然气公司（POGC）开发，其开发研究工作仍在进行中。2006 年 9 月，中国海洋石油总公司曾与 NIOC 签署了谅解备忘录，以开发北帕斯（North Pas）气田。该项目后因遭遇地缘政治风险而进展缓慢，最后被伊方叫停。2022 年，俄罗斯天然气工业股份公司（俄气）与 NIOC 签订油气田开发备忘录，对包含北帕斯气田在内的多处油气田进行开发作业。

三　煤炭

伊朗的煤炭储量约为 76 亿吨。由于石油和天然气资源非常丰富，动力煤基本无须使用，只需开采部分焦煤用于炼焦。

伊朗的煤炭储量虽然非常丰富，但是全国加工处理厂只有三处，加工能力极度欠缺。目前，全国精煤年产量仅有约 150 万吨，而精煤年需求量高达 450 万吨，本地产量远不能满足冶炼需要，每年需从中国、澳大利亚、印尼大量进口。

四　可再生能源

由于油气资源丰富，伊朗长期以来严重依赖天然气和石油发电，是世界上能源使用十分密集的国家之一。然而，随着全球温室气体净零排放倡议的推行，伊朗在风能、太阳能等可再生能源赛道上逐渐呈现出新的区位优势。

一方面，伊朗锡斯坦—俾路支斯坦省的扎布尔地区处于全球著名风洞，是全球十分适合建造具有超高单机容量的大型风电场的地区之一。同时，伊朗处于气象学上的低压区，整个国家的气候环境和地理条件都非常适合开发风能。另一方面，伊朗地处中东太阳辐射带，80% 的土地每年至少有 300 天阳光照射。

然而，伊朗可再生能源仍处于高度未开发状态。据国际可再生能源署和伊朗可再生能源和能源效率组织（SATBA）发布的相关数据，2021 年伊朗可再生能源发电量为 903.36 兆瓦，占总发电量的 10%。其中，风电装机总量约为 300 兆瓦，而伊朗风力发电能力估计为 10 万兆瓦；太阳能发电量为 455.48 兆瓦，2021 年全国新增光伏装机量仅为 26 兆瓦。

目前，伊朗政府已将发展可再生能源发电列为特别优先事项，计划在 2022—2025 年增加 10000 兆瓦的可再生能源发电能力。然而，目前伊朗可再生能源发电成本总体上仍高于化石燃料发电，在风电机组、光伏电板、电力存储等方面的人才与技术装备仍存在较大缺口。

第四节 生物资源

伊朗位于北纬 25 度到 40 度之间，地跨亚热带和热带，具有多样的自然条件特点。在湿润的亚热带气候区域生长着阔叶林，主要树种为山毛榉、千金榆、栎树和铁树等；伊朗高原地区则以温带大陆性气候和亚热带荒漠气候占优势；中部广阔的盐土荒漠和沙漠地区往往是不毛之地。伊朗的动物资源相对丰富，栖居着地中海区、中亚区和印度区的代表动物。在千金榆—栎树阔叶林区栖居着棕熊、赤鹿和虎；在开阔的半荒漠地区则有豹、山羊和绵羊；在荒漠平原上拥有荒漠羚羊——瞪羚，以及小群的、业已稀少的野驴（或库兰驴）等物种。①

一 植物资源

尽管水资源总体上匮乏，但是由于气候、纬度、土壤、地形和水温条件的巨大差别，伊朗的动植物种类较为丰富，已经确认的植物大约有 10000 种，其中许多品种是伊朗独有的，包括多种牧草类、紫草科植物、蕨类，以及栎树、榆树、桧属植物和柽柳属植物。总体而言，根据植物群

---

① ［苏］M. П. 彼得洛夫：《伊朗》，郑敏雅译，商务印书馆 1963 年版。

落的特点，伊朗可以划分为九个植物区和 11 种植物类型。

（一）伊朗北部和西部的阔叶林植物区

该区域存在两种主要植物类型。

1. 阔叶林植物。常见树种有栎树、铁树、山毛榉、千金榆等，主要分布在里海南岸和伊朗西南山地的最湿润地区。其中，里海南岸的阔叶林是带有显著地方特征的残遗种（第三纪）植物区系，是伊朗植物类型最丰富的区域；西南部的森林则是土耳其东南部山地森林的延续。

2. 阔叶林与草原植物、佛里干那型群落混合林。分布在伊朗西部（克尔迪斯坦、卢里斯坦、巴赫迪阿里亚）区域，其中，阔叶林植物主要分布在高约 2000 米的山地中带，草原植物或佛里干那型群落主要分布在峡谷区域中。

（二）山地草原植物区

该区域存在一种主要植物类型，即通常与佛里干那植物混杂的山地草原植物，主要分布在土库曼—侯腊散山北脉的上部，所占面积不大。

（三）山地佛里干那植物区（高原旱生植物区）

该区域存在一种主要植物类型，即佛里干那植物，广泛分布在整个伊朗山区，是伊朗植物的主要类型之一。原生的垫状小灌木是伊朗北部和中部高原旱生植物区系的最主要代表，例如致密如石的石竹科、丛生的驴喜豆，以及若干种能生产出口用树胶的紫云英等；再如，矮生的桧树、葡萄树、樱桃和忍冬；草本植物中有针茅属、蒲公英属、库西英属等；还有相当大量巨大的伞形科的短命植物——阿魏属，这种植物的树脂被广泛地应用在医药上。

（四）伊朗高原荒漠植物区

该区域存在四种主要植物类型。

1. 砂生植物。主要分布在卢特荒漠，在卡维尔荒漠中也存在少量的砂生植物。这一区域植物成分非常贫乏，以新疆沙拐枣、硬叶猪毛菜、球状麻黄为代表。

2. 盐生植物。主要分布在盐土漠和山间谷地与盆地的盐渍土区域，以极稀疏的小灌木植物群落和草本植物群落为代表，如灌木猪毛菜等。

3. 小灌木植物和短命植物。通常分布在伊朗高原的砾石—碎石山麓、山间谷地上，仅覆盖伊朗国土面积的 3%—5%。以小灌木林、半灌木林为主，如矮生蔷薇属、莴苣属，以及草本植物早熟禾等。

4. 砂生—盐生植物等混合群落。主要分布在贾兹木里安盆地与哈利耳河谷、班普尔河谷，从河床到山地依次是由香蒲和芦苇覆盖的河漫滩、沼泽草甸、沙生植物、小灌木和草本荒漠植物覆盖的山前地带。

（五）伊朗南部沿海低地的混合植物区

该区域存在两种主要植物类型。

1. 草甸、盐生、砂生植物混合群落。位于波斯湾和阿曼湾沿海平原（包括卡隆河低地）的砂岸堤和砾石—碎石山前地带。这一区域的特点是从极湿润的河漫滩地区和沿海地带变化到干旱的毗邻阶地和山麓平原，拥有草甸—盐生植物、砂生植物、荒漠半灌木等混合的植物群落，如天芥菜属、山扁豆、骆驼刺等。在多雨时期，丘陵中的盆地也会生长短命的草本植物。

2. 草甸—盐土植物混合群落。位于卡隆河低地，由于这一区域拥有河床、沼泽、山麓、荒漠等多种地形，湿度变化很大，植物种类呈现出混合性。

（六）里海南岸草甸—盐生植物区

该区域存在一种主要植物类型，即短命—禾本科—盐生植物。分布于古尔甘—阿特腊克低地，其中，沿着阿特腊克河左岸的北部区域，是具有显著盐渍冲积特征的三角洲，分布着稀疏的盐生植物和各种短命杂草；在沿海区域，主要散布着一年生的猪毛菜；在南部卡勒河谷区域，短命的禾本科的半荒漠植物占据着主要地位，如雀麦、草芦等。①

二 动物资源

伊朗拥有大约 800 种脊椎动物和几万种无脊椎动物。其中包括大约 100 种哺乳动物、400 种鸟类和 80 种爬虫类动物，以及大量海洋和淡水鱼类。根据这些动物群落特征，伊朗可以划分为九个地理分区。

（一）里海南部分区

这一区域位于里海南岸，处于伊朗正北部，从刚斯塔腊城到贡巴德—卡布斯城，呈狭窄的半圆形。区域内拥有丰富的森林植被，冬季温暖湿

---

① ［苏］M. П. 彼得洛夫：《伊朗》，郑敏雅译，商务印书馆 1963 年版。

润，是伊朗动物种类最丰富的区域。按动物区系的成分来说，这一区域的动物接近高加索种。在哺乳动物中，特有物种有虎、高加索鹿、野猪、豹、猞猁、獾等；在两栖动物中，有雨蛙、小亚细亚蛙、蟾蜍等；在爬行动物中，可以见到草原蝰蛇、高加索蝰蛇等毒蛇。区域内湖泊与沼泽星罗棋布，为多种水鸟提供了栖息地，如鸊、鹈鹕、灰鹭等；在冬季里，数量众多的候鸟——火烈鸟、鸨、雁等会飞到里海南岸过冬。在水生动物方面，上游山地河流地区通常有淡水蛙、突吻鮈等；下游水系里则常见到大约28种鱼类，如红眼鱼、狗鱼、鲈鱼等。在里海中，里海拟水龟较为著名，此外，还有多种鱼类，包括很多特有种和亚种，如里海八目鳗。除此以外，还能见到60多种虾端足目和约20种糠虾目。软体动物有50余种，为鱼类和鸟类提供了丰富的食饵。

（二）伊朗西北分区

这一区域靠近高加索地区，地形受到强烈的切割，山势陡峭，属于山地草原气候和半荒漠气候，植物稀少。代表动物有山绵羊、瞪羚、野猪等，以及半荒漠气候特有的小型哺乳动物沙狐、大耳猬。较具特色的鸟类有里海吐绶鸡、玫瑰色椋鸟等，以及多种多样、数量众多的蛇和蜥蜴。

（三）侯腊散和帕勒帕迈塞斯分区

这一区域位于伊朗东北部，区内包含土库曼—侯腊散山地与广阔的山间谷地，同样属于山地草原气候和半荒漠气候，植物稀疏而贫乏。在哺乳动物中，常见栖居在悬崖和山坡上的山角羝、野绵羊、高加索鹿等。区内的鸟类以营巢种为主，侯腊散山区也常见一些大型食肉鸟类，如髭兀鹰。区内鱼类较少，在昆虫类中则以各种蝗虫居多。

（四）库希斯坦—克尔曼分区（伊朗中部分区）

这一区域位于伊朗中部的荒漠平原，包括卡维尔盐土荒漠、卢特荒漠及荒漠周围部分山脉，是伊朗内陆最干燥的地区，属于荒漠气候。区内动物种群较为特殊。代表性动物有瞪羚、羚羊、库兰驴、叙利亚棕熊、狞猫、鬣狗、沙狐等。在地下营巢的啮齿类动物为数众多，如跳鼠、沙鼠、黄鼠等。分布较广泛的鸟类有凤头云雀、荒漠松鸡、荒漠莺等，其中食肉鸟类常以捕食沙鼠、跳鼠等为生。爬虫类动物数量较大，如草原龟、蛇和蜥蜴，其中较具特色的是体长150厘米的巨蜥。该区河流动物非常贫乏，仅有约45个亚种的鱼类；沿着沟渠和河岸，有部分湖蛙。此外，在荒漠里独特的无脊椎动物区系中，有不少有毒动物。

（五）札格罗斯分区（伊朗西南分区）

与伊朗中部分区相比，这一区域具有更加湿润的气候和更加丰富的植物。在札格罗斯山系中生长着砾树林，因此这里有相对丰富的、适应森林山地环境的动物物种。例如，区内约有 175 种鸟类，如山地吐绶鸟等。山间河流属于卡隆河流域，生活着几十种淡水鱼，其中含有一些特有种。此外，该区域野猪众多，致使区内的狮子种群基本灭绝。

（六）锡斯坦分区

这一区域位于伊朗中东部的锡斯坦低地，区域面积较小，属于荒漠气候。在锡斯坦的荒漠平原上，有瞪羚、胡狼、狐以及多种啮齿类动物。在靠近赫尔曼德河沿岸，常见水獭和多种野猫。区域内鸟类相对丰富，约有 200 种，其中较具代表性的是在赫尔曼德河谷三角洲上的沼泽化区域，有多种因季节迁徙而来的水鸟，如鹈鹕、鹭、火烈鸟等。由于这里属于砾石覆盖的荒漠栖居地，区内爬虫多种多样，与伊朗高原荒漠区域的爬虫种类相似。

（七）俾路支分区

这一区域位于伊朗东南部，拥有高大的山脉和宽阔的山间谷地。沿着山地峡谷地区，延伸着稠密的亚热带乔木和灌木丛林。这一分区的动物区系不同于伊朗其他地区，而与印度和阿拉伯动物区系较为相似。这里栖居着各种各样的蝙蝠；在啮齿类动物中，有棕榈松鼠、板齿鼠、印度沙鼠等；在大型哺乳动物中，豹类较为常见。区内大约巢居着 150 种鸟类，其中很多种类起源于印度，较为常见的有阿富汗欧夜鹰、印度鸢、印度松鸡、印度鹃等。

（八）美索不达米亚分区

这一区域位于卡隆河下游低地，是美索不达米亚平原上属于伊朗境内的部分区域，属于炎热干燥的亚热带气候，植物相对贫乏。这里栖居的动物多适应荒漠环境和河谷环境，例如獴、胡狼等肉食动物，沙鼠、大跳鼠等啮齿动物，野猪、羚羊、鹿等偶蹄动物。这一分区的鸟类以水鸟和荒漠鸟类为主，山鸟则十分罕见。爬行动物和两栖动物种类与伊朗中部荒漠地区的动物区系有许多类似之处，同时也常见一些源自非洲的种类。卡隆河流域和阿拉伯河流域的鱼类约有 64 种，其中大约有 19 种是特有种，如鲟鱼、龙落子、突吻鱼、鲌鱼等。

（九）波斯湾和阿曼湾沿岸分区

这一区域位于伊朗南部沿海的狭长地带，拥有珊瑚等多种热带海洋动物。在沿岸一些生长着红树林的地方，由于营养基质适宜且具有遮阳屏障，能见到数量很大的特有两栖动物。此外，较具特色的动物有弹涂鱼，它们身长不小于 15 厘米，身体以淡褐色和灰绿色为主，并带有银色、浅蓝色和褐色斑点；可以飞到空中，部分生活习性与蛙类相似。在退潮以后，在沿岸区域可以遇到大量暗紫色的海胆，各种各样的海星、海葵，以及各种海生蠕虫、软体动物、节足动物等。丰富的无脊椎动物引来了火烈鸟、鹈鹕、海鸥等大量鸟类。

第五节　历史文化资源

伊朗自 1975 年 2 月 26 日加入《保护世界文化与自然遗产公约》的缔约国行列以来，截至 2019 年，经联合国教科文组织审核被批准列入《世界遗产名录》的伊朗世界遗产共有 24 项，其中文化遗产 22 项，自然遗产 2 项，在数量上居世界第 10 位。

一　世界文化遗产资源

（一）伊朗伊斯法罕王侯广场（MeidanEmam，Esfahan）

1979 年，联合国教科文组织将伊朗伊斯法罕王侯广场作为文化遗产列入《世界遗产名录》。伊斯法罕王侯广场由阿拔斯一世大帝建于 17 世纪初，该遗址以它的皇家清真寺、希克斯罗图福拉清真寺、盖塞尔伊耶希门廊和提姆瑞德宫而闻名。该广场被称为仅次于北京天安门广场的世界第二大广场，反映了萨非王朝时期波斯的社会文化生活。

（二）伊朗恰高·占比尔（Tchogha Zanbil）遗址

1979 年，联合国教科文组织将伊朗恰高·占比尔遗址作为文化遗产列入《世界遗产名录》。恰高·占比尔的古建筑距今约有 3000 年历史，主要由宫殿、陵墓和祭祀建筑组成，大部分建筑被严重损毁，现存祭祀殿的主要建筑材料为土坯和砖结构，砖上存有大量楔形文字。恰高·占比尔遗址与古埃兰文化密不可分，在遗址中的三堵巨大的同心墙内，可以找到埃兰王国圣城的遗址。

（三）伊朗波斯波利斯（Persepolis）古城

1979 年，联合国教科文组织将伊朗波斯波利斯古城作为文化遗产列入《世界遗产名录》。波斯波利斯是伊朗古城，是波斯帝国阿契美尼德王朝的第二大都城。这座显赫一时的都城规模宏大，始建于前 522 年，前后共花费了 60 年的修建时间，历经三个朝代才得以完成。波斯波利斯古城遗址提供了许多关于古代波斯文明的珍贵资料，城中出土文物有浮雕、圆雕、石碑、金饰物、印章和泥板文书等，具有重要的考古价值。

（四）伊朗塔赫特苏莱曼（Takht-e Soleyman）遗迹

2003 年，联合国教科文组织将伊朗塔赫特苏莱曼遗迹作为文化遗产列入《世界遗产名录》。塔赫特苏莱曼遗迹是迄今为止出土的规模最大的萨桑王朝时期的建筑，也是 6 世纪萨桑王朝末期伟大的集宗教、政治、文化的标志性建筑之一。该遗址包括萨桑王朝时期奉献给安哈希塔的神殿和部分重建于（蒙古）可汗尼德时期（13 世纪）的祆教（拜火教）主圣堂。其整体设计体现了 2500 年以来该地区对火和水的崇拜，是远古信仰融合以及圣经原型和神话传说的见证，是萨桑王朝富丽堂皇的建筑特点的完美统一。

（五）伊朗巴姆城及其文化景观（Bam and its Cultural Landscape）

2004 年，联合国教科文组织将伊朗巴姆城及其文化景观作为文化遗产列入《世界遗产名录》。巴姆城位于伊朗平原地带的巴姆市，是伊朗十分古老的城市之一，大约形成于 6000 年前，曾是"丝绸之路"和"香料之路"的必经之地。巴姆古堡曾是历史上规模最大的土结构建筑，其历史可追溯到 2500 年以前。虽然 2003 年的地震让巴姆古堡毁于一旦，但经过近十年的努力修复，巴姆古城已经从废墟中走出来，成为国际社会保护世界遗产的成功案例。

（六）伊朗帕萨尔加德（Pasargadae）遗址

2004 年，联合国教科文组织将伊朗帕萨尔加德遗址作为文化遗产列入《世界遗产名录》。帕萨尔加德是波斯阿契美尼德帝国（Achaemenid）这一多文化帝国的首都，帝国疆域从地中海东部、埃及延伸到印度河地区。该遗址占地面积为 160 公顷，包括赛勒斯二世的陵墓、防御看台塔勒塔克、皇家门楼建筑、谒见厅、寝宫和花园等部分。其宫殿、花园和陵墓都突出地反映了皇家艺术和建筑特色，以及波斯人的文明程度，反映出对不同文化的融会贯通。

（七）伊朗苏丹尼叶城（Soltaniyeh）

2005年，联合国教科文组织将伊朗苏丹尼叶城作为文化遗产列入《世界遗产名录》。苏丹尼叶城是伊卡哈尼德王朝的首都，由蒙古人所建。其中，完者都（成吉思汗身后的第五个继承人）陵墓不仅是波斯建筑成就的良好典范，还是伊斯兰建筑发展史上的一个重要纪念碑。完者都陵墓建立于1302—1312年，号称世界上最古老的双层圆顶建筑，在伊斯兰世界具有重要地位，能够与基督教中的布鲁内莱斯基式圆顶建筑相提并论。其内部仍然完好地保存着马赛克、彩陶、壁画，具有很高的历史文化价值，被波普等学者形容为"泰姬陵的先驱"。

（八）伊朗比索顿古迹（Bisotun）

2006年，联合国教科文组织将伊朗比索顿古迹作为文化遗产列入《世界遗产名录》。比索顿位于连接伊朗高原和美索不达米亚平原的古商路上，拥有从史前时期到米堤亚、阿契美尼德、萨桑、伊卡哈尼德时代的遗迹。遗迹中最主要的纪念物是前521年大流士一世为纪念其执掌波斯王朝而下令建造的纪念碑，碑上有浅浮雕和楔形文字铭文，这些铭文用巴比伦文、古波斯文和埃兰文（Elamite）三种文字写成。这是大流士第一次用古波斯语言记录他的丰功伟绩，也是已发现的唯一一份能够证明大流士重建了帝国的重要阿契美尼德文本。

（九）伊朗亚美尼亚修道院（Armenian Monastic Ensembles of Iran）

2008年，联合国教科文组织将伊朗亚美尼亚修道院作为文化遗产列入《世界遗产名录》。亚美尼亚修道院主要有三座：圣达太修道院、圣斯泰帕诺斯修道院与佐佐尔修道院。修道院建筑群突出体现了亚美尼亚建筑和装饰传统的价值，见证了与其他区域文化，特别是与拜占庭、东正教和波斯文化之间的重要交流，在完整性和真实性方面具有重要价值。此外，作为朝圣地，修道院群是亚美尼亚人留下的唯一遗迹，是数百年来亚美尼亚宗教传统的鲜活见证，表明波斯和亚美尼亚文明有着很深的联系。

（十）伊朗舒什塔尔的古代水利系统（Shushtar Historical Hydraulic System）

2009年，联合国教科文组织将伊朗舒什塔尔的古代水利系统作为文化遗产列入《世界遗产名录》。舒什塔尔的古代水利系统位于伊朗西部的胡齐斯坦省，是一个多功能、大规模的水利工程，堪称天才之杰作。它的历史可追溯到大流士大帝所在的前 5 世纪，并在 3 世纪进行重建。该水利系统在土木工程结构以及多样性用途（城市供水、磨坊、灌溉、内河运输、防御系统）方面出类拔萃，是早期依拉密特人与美索不达米亚人专有技术的结合。

（十一）伊朗阿尔达比勒市的谢赫萨菲·丁圣殿与哈内加建筑群（Sheikh Safi al-din Khānegāh and Shrine Ensemble in Ardabil）

2010 年，联合国教科文组织将伊朗阿尔达比勒市的谢赫萨菲·丁圣殿与哈内加建筑群作为文化遗产列入《世界遗产名录》。谢赫萨菲·丁圣殿与哈内加建筑群是伊斯兰教苏菲派的精神休憩之所。这一建筑群建于 16 世纪初至 18 世纪后期，采用伊朗传统的建筑形式，将有限的空间最为有效地加以利用，因而集诸多功能于一身，包括一个图书馆、一所清真寺、一所学校、几个大型陵墓、一个地下蓄水池、一所医院、若干厨房、一个糕饼店和一些办公室。前往神庙的道路被八道门分为七段，分别代表着苏菲神秘主义的八个理念和七个发展阶段。在这一保存完好的遗址中，人们可以看到丰繁精美的建筑外观与内部装饰，以及收藏的一批出色的古董。这一建筑群作为中世纪伊斯兰建筑元素的大集合，在当今是非常罕见的。

（十二）伊朗大不里士的集市区（Tabriz Historic Bazaar Complex）

2010 年，联合国教科文组织将伊朗大不里士的集市区作为文化遗产列入《世界遗产名录》。自古以来，位于东阿塞拜疆省的大不里士就是文化交流之地，城中的历史集市区更是丝绸之路上重要的贸易中心之一。它由一系列相互连接、顶部覆盖砖石结构的建筑房屋以及功能各异的封闭空间组成。13 世纪，大不里士就因繁盛一时而闻名于世，并成为萨法维王国的首都。尽管从 16 世纪起，这座城市已不再是首都，但它却将商业中心的地位一直保持到 18 世纪后期奥斯曼帝国崛起之时。大不里士的集市区是伊朗传统商业与文化体系保存十分完整的实例之一。

（十三）伊朗波斯园林（The Persian Garden）

2011 年，联合国教科文组织将伊朗波斯园林作为文化遗产列入《世界遗产名录》。波斯园林这一遗产共包括九座来自伊朗不同省份的花园，分别是帕萨尔加德古代花园、伊斯法罕的四十柱花园、卡尚的菲恩花园、设拉子的天堂花园、马汉的王子花园、亚兹德的杜拉特阿巴德花园、马赞德兰省的阿巴斯阿巴德花园、南呼罗珊省的阿克巴里耶花园以及帕赫鲁普尔花园。这九座园林分别建设于不同时期，最早的可以追溯到前 6 世纪。它们一方面体现了自前 6 世纪居鲁士大帝时期以来形成的波斯园林设计原则，另一方面也展现了波斯园林为适应各种气候条件而发展出来的多样风格。波斯园林的主要设计理念突出了对伊甸园及琐罗亚斯德教四大元素——天空、水、大地、植物的象征意象，所有园林都分为四个部分，水在园林的灌溉与装饰中发挥了重要的作用。楼台、亭榭、墙垣以及精密的水流灌溉系统是园林的重要特征。波斯园林对印度及西班牙园林艺术都产生了重要影响。

（十四）伊朗贡巴德·卡武斯高塔（Gonbad-e Qābus）

2012 年，联合国教科文组织将伊朗贡巴德·卡武斯高塔作为文化遗产列入《世界遗产名录》。贡巴德·卡武斯高塔于 1006 年由齐亚尔王朝的统治者卡武思下令修建，是一座巨大的砖制陵墓高塔，是伊朗精致的古迹之一。贡巴德·卡武斯高塔塔身呈十边形，塔顶为圆锥形，塔高 70 米（包括底座高度），塔身净高 53 米，是全世界最高的砖塔。贡巴德·卡武斯高塔是伊斯兰建筑技术的杰出代表，显示了 1000 年左右伊斯兰数学和科学的水平，并影响了安纳托利亚和中亚地区的宗教建筑。

（十五）伊朗伊斯法罕聚礼清真寺（Masjed-e Jāmé of Isfahan）

2012 年，联合国教科文组织将伊朗伊斯法罕聚礼清真寺作为文化遗产列入《世界遗产名录》。伊斯法罕聚礼清真寺位于伊斯法罕的中心，又称"礼拜五清真寺"或"贾玛清真寺"。清真寺包括四座不同时代的宗教建筑，集中体现了 800 多年来伊斯兰宗教建筑的演变，同时具备塞尔柱克、蒙古和萨法维时代的特点，是伊朗现存此类建筑中最大、最古老、最富历史内涵的清真寺复合体，也是其后整个中亚地区清真寺设计的原型。

（十六）伊朗戈勒斯坦宫（Golestan Palace）

2013 年，联合国教科文组织将伊朗戈勒斯坦宫作为文化遗产列入《世界遗产名录》。戈勒斯坦宫又称玫瑰宫，也译作古列斯坦宫，位于伊朗首都德黑兰市中心的老城。戈勒斯坦宫始建于萨非王朝，1779 年卡札尔王朝定都德黑兰后，开始扩建，并成为卡札尔王朝的权力中心，是波斯卡札尔时期的建筑经典。戈勒斯坦宫成功融合了早期波斯工艺与来自西方的影响，代表了 18 世纪建筑科技与传统波斯艺术、工艺结合的新式样，也是德黑兰较早的建筑群之一。

（十七）伊朗被焚之城（Shahr-iSokhta）

2014 年，联合国教科文组织将伊朗被焚之城作为文化遗产列入《世界遗产名录》。被焚之城于前 3200 年建立，仅遗留了土坯古城及相关考古发现，为大型青铜器时代的考古遗址，与吉罗夫特文化息息相关，代表着伊朗东部复杂社会群体的出现。被焚之城占地 120 公顷，分为住宅、工业和墓地三个区域。根据遗址规模和考古发现，被焚之城被认为是伊朗迄今为止最早的城市，与苏美尔文明属同一时期。被焚之城有大量深埋于地下的物品被挖掘出土，由于气候干燥，这些文物保存得十分完好，使得这片区域成为研究前 3000 年社会群体的最理想之地。该城市的历史名称无从考证，因曾两次毁于火灾而得名被焚之城。

（十八）伊朗苏萨（Susa）遗址

2015 年，联合国教科文组织将伊朗苏萨遗址作为文化遗产列入《世界遗产名录》。苏萨城已有 8000 多年历史，比伊朗人建国还要早 5000 多年，曾作为埃兰、波斯、帕提亚的重要都城。苏萨遗址包括自前 5 世纪晚期至 13 世纪的数层叠加的城市遗迹，主要包括管理机构、住宅和宫殿等建筑物结构。这处遗址是基本消失的埃兰人、波斯人和帕提亚人文化传统的特殊见证。1901 年，著名的汉谟拉比法典（现存于法国卢浮宫）在此出土。

（十九）伊朗梅满德（Cultural Landscape of Maymand）遗址

2015 年，联合国教科文组织将伊朗梅满德遗址作为文化遗产列入《世界遗产名录》。梅满德遗址位于伊朗的克尔曼省，是一座生活在洞穴里的古村落，为伊朗高原主要的人类聚集区，其历史可以追溯至 12000 年前。这里的居民居住在人工挖掘的洞穴房屋中，这样的房屋有 350 多座，有些甚至已被居住 3000 年之久。由于这一区域夏季高温、冬季寒冷，生活条件艰苦，窑洞便成为半干旱条件下人类适应自然环境的最佳居住方式。在这座古村落的附近发现了石刻，已有 10000 多年的历史。

（二十）伊朗波斯坎儿井（The Persian Qanat）

2016 年，联合国教科文组织将伊朗波斯坎儿井作为文化遗产列入

《世界遗产名录》。在伊朗的干旱地区，坎儿井这一古老水利系统使得农业和定居成为可能。坎儿井利用重力，将上游河谷的水通过长达数千米的地下暗渠引到下游。这一遗产地不仅包括 11 条坎儿井，还有工人休息区、小水库以及水磨坊。坎儿井是干旱气候下沙漠地带传统文化和文明的独特证明。

（二十一）伊朗亚兹德历史城区（Historic City of Yazd）

2017 年，联合国教科文组织将伊朗亚兹德历史城区作为文化遗产列入《世界遗产名录》。亚兹德历史城区位于伊朗高原的中部，始建于 5 世纪，靠近香料和丝绸之路，是伊朗拜火教的最大中心。直至今日，圣火依然在拜火教的祆祠里燃烧不息，其市郊有两座著名的拜火教 "寂没塔" 遗迹，古时用作教徒的墓地。亚兹德居民主要为波斯人，由于沙漠性气候的影响，这里水源十分珍贵，当地居民开发出一种地下水渠系统，称为 Ghanat，为这座城市提供水源，并形成了独特的城市建筑风貌。当地亦是伊朗的手工业重镇，出产丝织品等高质量的手工艺品。

（二十二）伊朗法尔斯地区的萨珊王朝考古遗址（Sassanid Archaeological Landscape of Fars Region）

2018 年，联合国教科文组织将伊朗法尔斯地区的萨珊王朝考古遗址作为文化遗产列入《世界遗产名录》。该遗址分布在法尔斯省东南部的三个地区，主要为带防御设施的建筑、宫殿和城市构筑物，形成于萨珊帝国时期（224—658 年）。这些建筑构造反映了对自然地貌的优化利用，见证了波斯和帕提亚文化传统以及罗马艺术对建筑和艺术风格的重大影响。

二　世界自然遗产资源

（一）伊朗卢特沙漠（Lut Desert）

2016 年，联合国教科文组织将伊朗卢特沙漠作为自然遗产列入《世界遗产名录》。卢特沙漠位于伊朗东南部，占地面积约 480 平方千米，最高气温可达 71 摄氏度，是地球上炎热的地方之一。这处遗产地代表了一种典型的地质过程。在每年的 6 月至 10 月，这一亚热带潮湿地区常有大风，使沉积物被输送堆积，从而形成大范围的风蚀景观，呈现出极为壮观的风蚀雅丹地貌（大规模起伏的垄脊），以及广袤的石漠和沙丘。卢特沙漠的东部是一片地势较低的盐滩；中心地带则是风化形成的一系列平行沟壑，延伸超过 150 千米，高度可达 75 米；东南部是一片辽阔沙漠，沙丘最高可达 300 米，是世界上很高的沙丘之一。

（二）伊朗希尔卡尼亚森林（Hyrcanian Forests）

2019 年，联合国教科文组织将伊朗希尔卡尼亚森林作为自然遗产列入《世界遗产名录》。希尔卡尼亚森林延伸至里海南部海岸线 850 千米处，是一处独特的森林群落，其历史可追溯至 2500 万—5000 万年前。这些古老的森林在冰川期收缩，在气候回暖时又重新扩张。该地区生物多样性显著：区域面积仅占伊朗国土面积的 7%，但是拥有伊朗 44% 已知的维管植物种类，并已发现 180 种典型鸟类和 58 种哺乳类动物，其中包括代表性的物种波斯豹。

第四章 基础设施

伊朗地处波斯湾核心地带，北濒里海，南望波斯湾，东邻巴基斯坦和阿富汗，西界土耳其与伊拉克，是连接东西方文明的重要走廊，地理位置十分优越，地缘优势突出，交通优势明显。伊朗同时也是"一带一路"沿线的重要节点国家，人口众多，交通需求量大，是西亚北非地区经济大国和交通强国，具有较大的发展潜力。

第一节 交通基础设施

伊朗优越的地理区位使其成为联通欧洲、中东和中亚运输的中转纽带，交通运输业在伊朗国民经济中占据着重要地位，创造的经济总产值超过伊朗国民生产总值的 10%，超过 100 万人口从事交通运输行业相关的工作（约占其总人口的 1.3%）。近年来，伊朗交通运输业的总产值每年都以 15% 的速度增长，铁路运量同样增长迅速，受益于"伊核协议"的达成，2014 年前 11 个月铁路货运同比增长 120%。近年来，为了与经济发展相匹配，发展和完善公路网、铁路网，以及提升海关的货物通行效率是伊朗政府五年发展计划的重要内容。[①]

一 公路

伊朗公路运输系统基础相对薄弱。国内的公路路网密度整体偏低，现有规划的道路资源集中布局在国土西北区域，对国土东南沿海部分的道路

---

① 雷洋、黄承锋、陈泽：《伊朗交通基础设施现状与发展前景评估》，《世界地理研究》2018 年第 2 期。

资源配置偏少，影响公路运输服务水平的提升，对东南沿海区域的港口集散功能的发挥存在着明显的制约。

近年来，伊朗政府加大了公路建设力度，伊朗公路基础设施发展任务集中在现有路网的等级提升与改造上，自 2013 年以来，伊朗政府已经建设了 700 千米的高速公路。2015 年 6 月，伊朗政府表示将在现有 2000 千米高速公路的基础上，扩展到 1 万千米，这意味着伊朗政府在道路基础设施领域至少需要投资 30 亿美元。① 伊朗还加速建设高速公路，其道路与城市发展部正加快推动建设多个高速公路项目（见图 Ⅰ - 4 - 1），如 121 千米长的德黑兰北部高速公路，预计六五规划（2016—2021 年）末伊朗高速公路通车里程将超过 7000 千米。

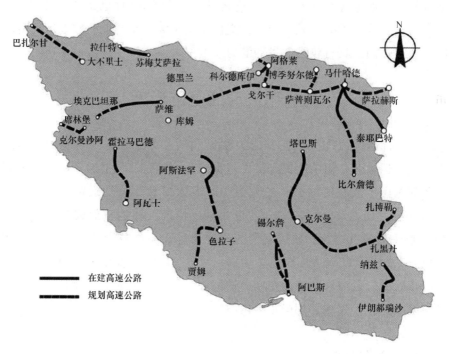

图 Ⅰ - 4 - 1　2015 年伊朗在建和规划的高速公路示意

---

① 中国商务部驻伊朗经商参处：《伊朗官方揭晓其公路发展规划 称需 30 亿美元投资》，中华人民共和国商务部网站（http://www.mofcom.gov.cn/article/i/jyjl/j/201506/20150601016898），2016 年 10 月。

伊朗不仅制订了国内大规模的发展计划，对道路运输的国际联通和合作也表现出极大兴趣。伊朗不仅规划了伊朗—土耳其—欧洲公路走廊，还启动了总投资额约 15 亿美元的伊朗连接中亚、欧洲跨境运输新走廊计划，该计划涉及亚美尼亚、阿塞拜疆、格鲁吉亚、土耳其、保加利亚和希腊六国，计划通过全长约 550 千米的公路实现货车通过中亚国家到达黑海港口，并通过驳船到达保加利亚和希腊，该项目计划按最高国际标准建设，北起格鲁吉亚边境，南连伊朗边境，进而通向世界市场。该计划从亚洲开发银行贷款 5 亿美元，从欧亚开发银行贷款 1.5 亿美元，从欧洲投资银行融资 6000 万欧元。

经过多年发展，伊朗和邻国公路连接情况已有较大好转。与土库曼斯坦、阿富汗、巴基斯坦、伊拉克、土耳其、亚美尼亚、阿塞拜疆均已有公路相连接，陆路运输便捷。目前印度在阿富汗境内建设迪拉纳姆—扎兰吉公路，未来将连接至伊朗恰巴哈尔港。

目前，得益于伊朗便宜的燃油价格（普通 92# 汽油价格约合 1 元人民币/升，95# 汽油价格约合 1.2 元人民币/升），伊朗道路建设的需求仍较大。据伊朗国家统计局发布的《伊朗统计年鉴 2018》数据，2017 年伊朗公路总里程约为 21.6 万千米，其中城市道路约为 8.8 万千米，乡村道路约为 12.8 万千米。

从发展历程来看，2000—2017 伊朗公路总里程从 174011 千米增加到 216150 千米，总里程增加了 42139 千米，年均复合增长率为 1.3%。公路路网密度从 2000 年的 10.58 千米/百平方千米上升至 2017 年的 13.14 千米/百平方千米，路网密度增加了 2.56 千米/百平方千米，路网发育水平低于周边邻国。城市道路从 81210 千米增加到 88012 千米，年均复合增长率仅为 0.5%，呈现出波动增长的态势。乡村道路从 92801 千米增加到 128138 千米，年均复合增长率为 1.9%，呈现出稳步上升的趋势。然而，2016 年纳入伊朗道路和城市发展部养护管理的公路总里程仅为 7.9 万千米，其中高速公路仅有 2053 千米，只占总里程的 2.6%，管理的绝大部分道路属于次干路（二级公路），占比为 54.2%。伊朗国内大约有 4.5 万千米的主要道路和 10 万千米的农村公路缺少改造和养护，而近年来国际油价的下跌给伊朗的道路交通基础设施发展和改善目标带来巨大挑战。总体而言，伊朗公路长度和路网建设发展势头较好，未来还有较大的发展空间，但是也面临着较大的建设资金压力。

表 I -4 -1　　　　　　　2000—2017 年伊朗公路路网情况

年份	公路总里程 （千米）	公路密度 （千米/百平方千米）	城市道路 （千米）	乡村道路 （千米）
2000	174011	10. 58	81210	92801
2001	174559	10. 61	80720	93839
2002	175198	10. 65	79657	95541
2003	175252	10. 65	78579	96673
2004	175343	10. 66	76581	98762
2005	175446	10. 67	74225	101221
2006	176186	10. 71	72611	103575
2007	180019	10. 94	73379	106640
2008	185889	11. 30	74320	111569
2009	192685	11. 71	75040	117645
2010	198866	12. 09	77964	120902
2011	206092	12. 53	79829	126263
2012	210717	12. 81	81642	129075
2013	215157	13. 08	85623	129534
2014	217901	13. 25	85893	132008
2015	214560	13. 04	86166	128395
2016	215560	13. 10	87167	128394
2017	216150	13. 14	88012	128138

资料来源：伊朗国家统计局《伊朗统计年鉴 2001—2018》，https：//www. amar. org. ir/english/Iran-Statistical-Yearbook；世界公路协会《世界公路统计 2020》，https：//worldroadstatistics. org/wrs-data/。

从道路类型和结构来看，2000—2017 年伊朗高速公路从 658 千米增加到 2401 千米，总里程增加了 2 倍多，年均复合增长率达 7.9%；长度占比从 0.38% 增长至 1.11%。快速公路从 4189 千米增加到 16820 千米，年均复合增长率达 8.5%；长度占比从 2.41% 增长至 7.78%。主要道路从 21527 千米增加到 25866 千米，年均复合增长率达 1.1%；长度占比从 12.37% 增长至 14.86%。支干道从 42123 千米小幅增加到 42926 千米，长度占比从 24.21% 小幅增长至 24.67%。城市内部道路从 12713 千米大幅下降至 1000 千米，年均降幅达 13.9%；长度占比从 7.31% 下降至 0.57%。乡村沥青道路长度年均增幅达 5.5%，砂砾道路长度降幅超过 4%，沥青道路占比从 45.6% 迅猛攀升至 81.4%。总体而言，伊朗道路结构优化升级效果显著，乡村路面改善进展迅速，高速公路、快速公路路网增速较快，但所占比重依然较低，未来道路更新改造的空间巨大。

表 I-4-2　　　　　　2000—2017 年伊朗各类型公路长度　　　　　　（千米）

年份	城市道路					乡村道路	
	高速公路	快速公路	主要道路	支干道	城市内部道路	沥青道路	砂砾道路
2000	658	4189	21527	42123	12713	42286	50515
2001	717	4267	21595	42050	12091	45332	48507
2002	833	4311	21650	42011	10852	48840	46701
2003	981	4485	21612	41695	9806	52744	43929
2004	1155	4513	21733	41509	7671	56875	41887
2005	1288	4954	21660	41456	4867	60161	41060
2006	1429	5468	21788	41129	2797	64287	39288
2007	1606	6180	21552	41192	2849	68435	38205
2008	1629	7516	21402	43174	599	74532	38207
2009	1770	9061	20794	42816	599	79430	38215
2010	1957	10669	21276	43264	798	86520	34382
2011	2052	11652	22052	43258	815	95164	31099
2012	2166	12969	21234	44454	819	99450	29625
2013	2203	14155	21628	46485	1151	101668	27867
2014	2401	14488	24886	43323	795	105100	26908
2015	2401	15462	23879	43628	795	103813	24582
2016	2401	16627	25538	42601	1000	103812	24581
2017	2401	16820	25866	42926	1000	104263	23875

资料来源：伊朗国家统计局《伊朗统计年鉴 2001—2018》，https：//www. amar. org. ir/english/Iran-Statistical-Yearbook。

从公路运量来看，2000—2017 年，伊朗公路客运总量从 22029 万人

次减少到 15397.5 万人次，年均降幅为 2.1%；其中，省内客运量从
13690.1 万人次下降到 8204.3 万人次，省际客运量从 8338.9 万人次下降
到 7193.2 万人次，年均降幅分别为 3% 和 0.9%。公路货运总量从
13964.3 万吨迅猛增长至 42834.7 万吨，年均增幅为 6.8%；其中，省内
货运量从 3813.3 万吨增加到 11546.2 万吨，省际货运量从 10151.0 万吨
上升到 31288.5 万吨，年均增幅分别为 6.7% 和 6.8%。总体而言，伊朗
公路客运量规模有所下降，公路货运量增长迅猛，省内客运和省际客运增
长基本呈现同步发展态势。

表 I –4–3　　　　　　2000—2017 年伊朗公路运量情况

年份	公路客运量（万人次）			公路货运量（万吨）		
	总量	省内客运	省际客运	总量	省内客运	省际客运
2000	22029.0	13690.1	8338.9	13964.3	3813.3	10151.0
2001	22104.4	13656.3	8448.1	14890.0	4054.6	10835.4
2002	22139.1	13511.2	8627.9	16609.8	4891.0	11718.8
2003	22236.1	13420.0	8816.1	19021.7	5421.8	13599.9
2004	22320.4	13291.7	9028.7	21835.6	6939.4	14896.2
2005	22258.2	13114.7	9143.5	24177.5	7427.2	16750.3
2006	22395.5	13076.9	9318.6	27360.0	8887.6	18472.4
2007	24761.0	14638.3	10122.7	30122.9	10009.5	20113.4
2008	26364.3	15712.8	10651.5	31906.7	10824.3	21082.4
2009	26695.4	15975.2	10720.2	33340.5	11133.7	22206.8
2010	24496.6	14578.7	9917.9	35070.0	10666.3	24403.7
2011	23578.8	13993.5	9585.3	35582.3	10434.3	25148.0
2012	22554.9	12894.9	9660.0	37450.3	10984.1	26466.2
2013	21127.9	11779.8	9348.1	38093.4	11208.6	26884.8
2014	19013.8	10703.3	8310.5	38507.0	11212.9	27294.1
2015	17894.8	9986.7	7908.1	35995.0	10108.7	25886.8
2016	16698.8	9052.5	7646.3	38751.5	10487.0	28264.5
2017	15397.5	8204.3	7193.2	42834.7	11546.2	31288.5

　　资料来源：伊朗国家统计局《伊朗统计年鉴 2001—2018》，https：//www.amar.org.ir/eng-
lish/Iran-Statistical-Yearbook。

得益于国内丰富的油气资源和相对较低的交通运输成本，目前伊朗每千人汽车拥有量已经超过 200 辆。其拥有具有通车功能的各类公路总计 22 万千米，其中乡村公路总里程为 13 万千米，尽管平均每年新建各类公路 1200—1300 千米，但逐年增加的汽车数量使伊朗的公路依然拥挤，公路建设发展水平仍显滞后；公路路网技术状况较差，加之普遍存在的不文明驾驶现象，导致各种交通事故频繁发生，使伊朗成为交通事故发生率较高的国家之一。

二 伊朗的铁路

伊朗铁路系统建设始于 1872 年，1887 年德黑兰至近郊的铁路建成通车，全长仅 8.7 千米。1927 年伊朗开始按照国际标准轨距（1435 毫米）对国家铁路网进行改建，此后伊朗新建的铁路系统基本上都采用了标准轨距，现行铁路系统大部分按照 UIC（International Union of Railway）标准建造维护及运营。第二次世界大战期间及战争结束后，伊朗铁路的发展比较缓慢。1979 年伊斯兰革命后，政府制订了 2000 千米铁路发展计划，伊朗全国铁路的总长度在 2000 年超过 9000 千米，路网规模扩大了一倍，但是铁路技术装备水平、运营速度以及运营效率并没有明显进步，至今仍然呈现出复线率低、电气化率低等现象，铁路系统的低效率影响了经济运行效率。

经过多年的发展，2017 年伊朗铁路总里程已达 14077 千米，其中主干线 11061 千米，支干线 1957 千米，工商业运输线 1059 千米。铁路网以德黑兰为中心向周边辐射，连接主要城市马什哈德、大不里士、伊斯法罕、阿瓦士、阿巴斯港等。伊朗铁路轨距主要为 1.435 米，靠近巴基斯坦边境的 94 千米铁路为 1.676 米宽轨。伊朗在建铁路总长约 7500 千米，据伊朗 20 年发展计划（2005—2025 年），2025 年伊朗铁路总长须达到 25000 千米。2017 年伊朗铁路客运量约为 2448 万人次，铁路货运量约为 4677 万吨。

伊朗铁路已连接土库曼斯坦、巴基斯坦、土耳其。据媒体报道，2014 年 12 月，连接伊朗—土库曼斯坦—哈萨克斯坦的南北通道（哈—土—伊铁）通车，使得中国能够在不依赖俄罗斯铁路网的前提下，通过哈—土—伊铁直接与欧洲对接；2014 年 12 月，塔吉克斯坦交通部宣称中国、阿富汗、塔吉克斯坦、哈萨克斯坦、伊朗五国签署协议，将建设连接中国至伊朗的铁路线，该铁路将从中国喀什出发，通过阿富汗、塔吉克斯坦、哈萨克斯坦，有望成为中国与伊朗之间一条便捷的铁路运输线路；2016 年 2 月，中国（义乌）—伊朗（德黑兰）班列经哈萨克斯坦、土库曼斯坦首抵德黑兰，标志着中国与伊朗通过铁路运输开展国际贸易成为现实。欧洲旅行团可乘坐豪华旅游专列从欧洲发车，经土耳其抵达伊朗进行旅游。目前伊朗与伊拉克正在建设两伊铁路（巴士拉—萨拉姆齐铁路线）；帮助阿富汗建设伊朗哈夫至赫拉特的铁路线；与阿塞拜疆、亚美尼亚推动铁路网互联互通。

从发展历程来看，2005—2017 年伊朗铁路总里程从 10851 千米增加到 14077 千米，总里程增加了 3226 千米，年均复合增长率为 2.2%，发展势头呈现出稳步增长趋势。其中，主干线从 8348 千米增长至 11061 千米，支干线从 1605 千米增长至 1957 千米，工商运输线从 898 千米增长至1059 千米，年均增幅分别为 2.4%、1.7% 和 1.4%。铁路路网密度从 660千米/万平方千米上升至 856 千米/万平方千米，年均复合增长率达2.2%。总体而言，伊朗铁路基础设施建设较为平稳，增速较快，发展潜力和未来上升空间巨大。

表 I－4－4　　　　　　　　2005—2017 年伊朗铁路里程及构成

年份	铁路总里程 （千米）	主干线 （千米）	支干线 （千米）	工商业运输线 （千米）	铁路路网密度 （千米/万平方千米）
2005	10851	8348	1605	898	660
2006	11107	8565	1597	945	675
2007	11439	8702	1656	1081	695
2008	11752	9036	1665	1051	714
2009	12093	9482	1625	986	735
2010	12620	9795	1822	1003	767
2011	12785	9992	1827	966	777
2012	13011	10223	1839	949	791
2013	13241	10407	1889	945	805
2014	13217	10376	1869	972	803
2015	13348	10459	1873	1016	811
2016	13437	10475	1938	1024	817
2017	14077	11061	1957	1059	856

资料来源：伊朗国家统计局《伊朗统计年鉴 2006—2018》，https://www.amar.org.ir/english/Iran-Statistical-Yearbook。

从铁路运量的发展历程来看，2005—2017 年，伊朗铁路客运总量从 1940 万人次增加到 2448 万人次，年均增幅为 2%；铁路货运量从 3028 万吨增加到 4677 万吨，年均复合增长率达 3.7%。铁路客运周转量从 11149 百万人·千米增长至 13272 百万人·千米，年均增幅为 1.5%；铁路货运周转量从 19127 百万吨·千米增加至 30299 百万吨·千米，年均增幅为 3.9%。总体而言，伊朗铁路运量取得长足进步，客运货运规模呈现出稳步增长态势，货运量和货运周转量增幅均快于客运量和客运周转量。

表 I – 4 – 5 　　　　　 2005—2017 年伊朗铁路运量情况

年份	铁路客运量（万人次）	铁路货运量（万吨）	铁路客运周转量（百万人·千米）	铁路货运周转量（百万吨·千米）
2005	1940	3028	11149	19127
2006	2135	3298	12549	20542
2007	2446	3100	13900	20229
2008	2623	3304	15312	20540
2009	2771	3282	16814	20247
2010	2881	3346	17611	21779
2011	2856	3310	17877	21008
2012	2702	3428	17172	22604
2013	2553	3269	17409	22400
2014	2480	3492	16272	24461
2015	2445	3565	14938	25014
2016	2304	4028	12982	27243
2017	2448	4677	13272	30299

资料来源：伊朗国家统计局《伊朗统计年鉴 2006—2018》，https://www.amar.org.ir/english/Iran-Statistical-Yearbook。

从空间分布来看（见图 I – 4 – 2），伊朗铁路线路主要分布在以德黑兰为中心的区域，向南向北延伸至各大港口（如马赫沙尔港、阿巴丹港、内卡港、安扎利港等）。向东向西则延伸至各主要节点城市，如桑甘、马什哈德、戈图尔、大不里士等。铁路线路以首都德黑兰为中心呈四面放射状结构，未形成很好的闭环结构，铁路网通达性和自闭环性较差。

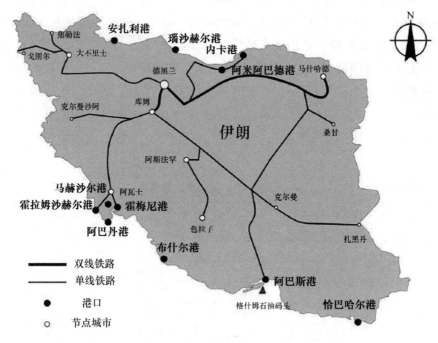

图 I - 4 - 2 伊朗主要铁路线路及港口分布示意

德黑兰—库姆—伊斯法罕高铁作为伊朗发展高铁的示范线，连接首都德黑兰至伊朗西南部经济中心伊斯法罕，项目全长约 350 千米，标准为设计时速 160 千米的复线电气化快速铁路，客货共线可开行动车组，总投入估算为 21 亿美元，每千米投入约折合人民币 4000 万元，目前已与中方签订合作协议，其中一期工程德黑兰至宗教圣地库姆段已开工。

德黑兰与马什哈德之间的铁路系统除了计划进行电气化改造之外，还规划了一条设计时速为 160 千米能开行动车的快速铁路，投资估算约需66 亿欧元，每千米投入约折合 4500 万人民币。该项目正在寻求国外投资，但因投资规模大且效益差而一直无结果，该项目未来将进一步延伸至东北向土库曼斯坦的马雷，从而实现同中亚铁路网相连。若如此，这将是中国未来联通中东及东南欧甚至北非最便捷的铁路路线。

在城市轨道交通方面，为缓解城市交通拥堵、空气污染，伊朗正在大力推进城市地铁建设。目前德黑兰 1、2、4 号线，德黑兰 5 号线（德黑兰—卡拉季城地铁线），马什哈德 1、2 号线，伊斯法罕 1 号线，大不里士

1 号线，设拉子 1 号线已经开始运营，库姆、阿瓦士、卡拉季等城市也在推动地铁线、城郊铁路建设。

三　伊朗的航空业

目前，伊朗机场公司（IAC）管理着伊朗 54 个机场，其中国际航空港 13 个（主要在德黑兰、马什哈德、伊斯法罕、设拉子、大不里士、库姆、阿瓦士、阿拉克、阿巴斯港、基什岛和格什姆岛）。据伊朗央行 2017—2018 年度年报数据，伊朗机场年运送旅客达 3570 万人次，国内航空货运达 1.23 万吨，伊朗政府还计划对德黑兰霍梅尼国际机场、德黑兰梅赫拉巴德国际机场、马什哈德国际机场进行扩建，扩建后梅赫拉巴德国际机场旅客年运送能力将从 1400 万人次提升至 2800 万人次。[①]

因受伊核制裁的影响，伊朗难以购买西方科技，在运客机老旧，伊朗共有 309 架客机，在运客机共 165 架。近两年来伊朗一直拟购买空客、波音客机，但在美国宣布退出伊核协议后，美国财政部长姆努钦称，将吊销之前发放给波音和空客公司对伊朗出售飞机的许可证。

受伊核制裁的影响，部分航空公司已停飞伊朗航线。中国公民前往伊朗的主要航线为：北京—乌鲁木齐—德黑兰（中国南方航空公司），北京—迪拜—德黑兰（阿联酋航空公司），北京（上海、广州）—德黑兰（伊朗马汉航空公司），北京—多哈—德黑兰（卡塔尔航空公司），北京—伊斯坦布尔—德黑兰（土耳其航空公司）。

从发展历程来看，2000—2018 年伊朗航空运输次数从 82610 次增加到 228804 次，年均复合增长率为 6.2%。航空客运量从 2000 年的 872 万人次增加至 2018 年的 2560 万人次，航空客运量增加了 1688 万人次，年均复合增长率为 6.5%；航空货运周转量从 2000 年的 73.7 百万吨·千米增加至 2018 年的 290.7 百万吨·千米，增加了 217.0 百万吨·千米，年均复合增长率为 8.4%。总体而言，伊朗航空基础设施及其运输能力发展十分迅猛，航空运输次数、客运能力和货运能力均有显著提升。

---

① 中国商务部国际贸易经济合作研究院、中国驻伊朗大使馆经济商务处、中国商务部对外投资和经济合作司：《对外投资合作国别（地区）指南——伊朗（2019）》，http：//www.mofcom.gov.cn/dl/gbdqzn/upload/yilang.pdf。

表 I -4 -6 2000—2018 年伊朗航空运量情况

年份	航空运输量（次）	航空客运量（万人次）	航空货运周转量（百万吨·千米）
2000	82610	872	73.7
2001	141396	1649	152.1
2002	92621	989	75.5
2003	138537	1630	157.4
2004	109706	1188	89.0
2005	121235	1271	98.2
2006	136075	1362	91.9
2007	137645	1392	95.4
2008	122226	1203	97.3
2009	133932	1305	95.8
2010	158014	1876	96.5
2011	161192	1911	85.9
2012	153143	1769	66.2
2013	161029	1658	84.5
2014	162563	1683	96.4
2015	133663	1387	95.9
2016	159754	1708	139.2
2017	225399	2686	325.7
2018	228804	2560	290.7

资料来源：https：//data. worldbank. org. cn/indicator。

从航班进出机场情况来看，2005—2017 年，伊朗出发总人次从 1309.1 万人次上升至 2974.8 万人次，年均增幅达 7.1%；其中，国内出发从 1050.8 万人次上升至 2370.2 万人次，国际出发从 258.3 万人次上升至 604.6 万人次，年均增幅分别为 7% 和 7.3%。伊朗到达总人次从 1303.1 万人次上升至 2969.9 万人次，年均增幅达 7.1%。其中，国内出发从 1050.8 万人次上升至 2370.2 万人次，国际出发从 252.3 万人次上升至 599.7 万人次，年均增幅分别为 7% 和 7.5%。

表Ⅰ-4-7 2005—2017 年伊朗航班进出机场情况 （万人次）

年份	出发			到达		
	总计	国内出发	国际出发	总计	国内到达	国际到达
2005	1309.1	1050.8	258.3	1303.1	1050.8	252.3
2006	1528.6	1242.3	286.2	1524.5	1242.3	282.2
2007	1598.9	1241.4	357.5	1596.0	1241.4	354.5
2008	1643.5	1283.6	359.9	1654.2	1283.6	370.6
2009	1814.4	1444.0	370.4	1815.4	1444.0	371.4
2010	2015.7	1610.4	405.3	1995.1	1610.4	384.7
2011	2088.5	1648.1	440.4	2086.0	1648.1	437.9
2012	2079.3	1665.5	413.8	2073.4	1665.5	407.9
2013	1968.7	1661.7	307.0	1961.8	1661.7	300.1
2014	2282.2	1746.2	536.0	2281.2	1746.2	535.0
2015	2358.4	1825.2	535.2	2354.6	1825.2	529.4
2016	2754.2	2201.7	552.5	2737.9	2201.7	536.2
2017	2974.8	2370.2	604.6	2969.9	2370.2	599.7

资料来源：伊朗国家统计局《伊朗统计年鉴 2006—2018》，https://www.amar.org.ir/english/Iran-Statistical-Yearbook。

四 水运港口

伊朗北接里海，南临波斯湾、印度洋，海岸线长达 2440 千米，国内有大小港口近 200 个，其中重要的商用港口有 11 个。海港大部分集中在南部的波斯湾，例如霍梅尼港、阿巴丹港、阿巴斯港、布什尔港；位于国土北部的里海沿岸有重要港口 4 个，分别是安扎里港、瑙沙赫尔港、阿米阿巴德港以及内卡港口，并在波斯湾外新建了恰巴哈尔港。

在众多港口中，阿巴斯港和霍梅尼港吞吐能力分别位列第一和第二，吞吐量分别为 7624 万吨和 4293 万吨，这两个港口约占伊朗港口吞吐总量的 85%。据了解，目前集装箱母船主要挂靠阿巴斯港，通过驳船把货物从迪拜、阿巴斯运往霍梅尼港、阿赛卢耶港、布什尔港。远东地区到伊朗的集装箱船舶公司主要有长荣、万海、太平船务、现代、HDS，所用船型为 5000TEU、8000—10000TEU；杂货船运营公司主要有中远、长航国际、金希普、南远、鸿优，船舶一般在 3 万—5 万吨。

2016 年 6 月 12 日，中国与伊朗签署一项新的能源建设项目，合作修建波斯湾南部的邻近阿巴斯港的"格什姆石油码头"，将把"格什姆岛"打造成海湾地区石油生产和石油产品储备领域的一个重要枢纽。伊朗政府与中国方面共建格什姆石油码头，对双方均具有重要的战略价值。格什姆岛位于霍尔木兹海峡北侧，是伊朗乃至波斯湾最大的岛屿，也是波斯湾油轮过往的必经之地。这一石油码头的修建，对拉动伊朗南部的发展有着重要战略意义。同时，该项目的建设客观上提升了中国石油海外供应的保障能力，同时也为中国船舶企业在伊朗的贸易和运输提供了便利，为中国企业拓展伊朗石油市场创造了条件。2018 年 5 月 8 日，美国退出伊核协议宣布重启对伊朗制裁，丹麦马士基、托姆等企业将不停靠伊朗港口，中国中远航运、韩国高丽海运、法国达飞等航运公司已停止接伊朗业务新订单。

根据联合国贸易和发展会议（UNCTAD）的数据，伊朗班轮运输相关指数从 2004 年的 13.7 增加到 2019 年的 19.8。另据世界经济论坛发布的《全球竞争力报告》数据，伊朗港口基础设施质量指数从 2010 年的 3.9 增加到 2017 年的 4.1。总体而言，伊朗港口建设和港口运输效率都不断增长。

从发展历程来看，2005—2017 年伊朗千吨级及以上船舶进港数量从 8263 艘次增长至 9280 艘次，年均增幅近 1%。港口装货量从 3165 万吨上升至 8470.1 万吨，港口卸货量从 5875.9 万吨上升至 6067.8 万吨，增幅分别达到 8.5% 和 0.3%。港口集装箱吞吐量从 132.6 万标准箱增加到 309.3 万标准箱，年均复合增长率为 6.4%。总体而言，伊朗船舶进出港次数、货物吞吐量、集装箱吞吐量均呈现出稳定增长态势，发展速度较快，港口装货量增速快于港口卸货量增速。

表 I - 4 - 8　　　　　　　　2005—2017 年伊朗港口吞吐量情况

年份	千吨级及以上船舶进港数量（艘次）	港口装货量（万吨）	港口卸货量（万吨）	港口集装箱吞吐量（万标准箱）
2005	8263	3165.0	5975.9	132.6
2006	9169	3223.7	6980.8	152.9
2007	9266	3045.4	6890.4	172.3

续表

年份	千吨级及以上船舶进港数量（艘次）	港口装货量（万吨）	港口卸货量（万吨）	港口集装箱吞吐量（万标准箱）
2008	8971	3054.0	7070.8	200.0
2009	10220	4223.0	7774.4	220.6
2010	10092	5491.0	7210.2	304.6
2011	9172	5718.8	6447.1	342.6
2012	8808	5743.9	6767.3	265.6
2013	8512	6467.8	6131.9	212.9
2014	9196	6352.3	6921.8	227.0
2015	9028	6281.0	5716.7	216.5
2016	9020	7671.0	5761.2	255.5
2017	9280	8470.1	6067.8	309.3

资料来源：世界银行、《伊朗统计年鉴 2006—2018》。

第二节　通信基础设施

根据世界经济论坛（World Economic Forum）发布的《全球信息技术报告 2016》中的数据，2016 年伊朗的网络就绪指数（Networked Readiness Index，NRI）中网络空间综合就绪指数为 3.7，在 139 个国家和地区中排第 92位，较 2015 年的第 96 位和 2014 年的第 104 位，排位稳中有升。在该报告计算的伊朗各类信息通信指标中，只有"基础设施"一项与中上收入国家的平均水平有较大差距，其余各项指标已达到中上收入国家的平均水平。[①]

近年来，伊朗通信基础设施发展较为迅猛。2018 年 3 月，伊朗国家 IP 网络总容量达到 6968 千兆比特/秒，较上年增长 2.47%。2018 年 3 月，伊朗使用移动互联网人数达到 5324 万人，较上年同期增长 60.2%，普及率达到 110%；伊朗移动运营商出售 SIM 卡数量达 1.69 亿个，目前有 8800 万个处于活跃状态。使用有线互联网的家庭数量达到 1172.2 万户，较上年增加 24.6%。2018 年 3 月，伊朗固定电话用户数量达到 3094.4 万

① 《2016 年全球信息技术报告》，*Weforum Website*，November 2016，https：//www.weforum.org/reports/the-global-information-technology-report-2016。

户，较上年增加 1.4%，国内 97% 的村庄至少有一条电话线。

目前，伊朗固网运营商为伊朗国家电信公司（Telecommunications Company of Iran，TCI），移动通信运营商主要为 MTNI、伊朗移动网络公司（MCCI）、RighTel，国家骨干网运营商为伊朗电信基础设施公司（TIC）。2018 年，伊朗为打击手机走私，要求携带新手机入境超过一个月须缴纳有关税费，否则当地电信服务商将停止有关服务。

从发展历程来看，2000—2018 年伊朗互联网普及率从 2000 年的 0.9% 迅猛增加到 2018 年的 62.7%，年均复合增长率为 26.6%；每百万人拥有互联网服务器数从 2000 年的不到 1 个，快速增加到 2018 年的 495 个，年均复合增长率为 44%；每百万人拥有固定宽带数从 2000 年的三部迅猛增加到 2018 年的 119879 部，年均复合增长率为 80.2%。总体而言，伊朗互联网基础设施起步较晚，基础较差，但发展速度极快，未来发展前景广阔。

表 I - 4 - 9　　　　2000—2018 年伊朗互联网基础设施情况

年份	互联网普及率（%）	每百万人拥有互联网服务器数（个）	每百万人拥有固定宽带（部）
2000	0.9	0	3
2001	1.5	0	10
2002	4.6	0	240
2003	6.9	0	275
2004	7.5	0	391
2005	8.1	0	523
2006	8.8	1	1417
2007	9.5	1	2804
2008	10.2	1	4160
2009	11.1	1	5485
2010	16.0	1	13388
2011	21.2	2	28401
2012	26.6	2	50353
2013	53.0	3	67482

年份	互联网普及率（％）	每百万人拥有互联网服务器数（个）	每百万人拥有固定宽带（部）
2014	39.4	5	79328
2015	44.1	12	84195
2016	50.1	64	95628
2017	57.2	226	106601
2018	62.7	495	119879

资料来源：世界银行。

　　根据世界银行的统计数据，截至 2018 年，伊朗每百人拥有移动电话 108 部，每百人拥有固定电话 37 部。从发展历程来看，2000—2018 年伊朗每百人拥有移动电话数从 2000 年的 1 部增加到 2018 年的 108 部，年均复合增长率为 29.7%；伊朗每百人拥有固定电话数大致稳定在 38 部左右。伊朗人均固话移动电话拥有量的迅猛增加，得益于国家整体经济的快速增长，带动电信市场特别是移动业务的高速发展。

表 I－4－10　　2000—2018 年伊朗固定/移动电话人均拥有情况

年份	每百人拥有移动电话（部）	每百人拥有固定电话（部）
2000	1	14
2001	3	16
2002	3	19
2003	5	23
2004	7	24
2005	12	29
2006	22	32
2007	42	33
2008	60	34
2009	72	35
2010	73	35
2011	75	37

续表

年份	每百人拥有移动电话（部）	每百人拥有固定电话（部）
2012	77	38
2013	85	39
2014	89	38
2015	95	39
2016	101	39
2017	108	39
2018	108	37

资料来源：世界银行。

　　城乡发展不平衡是伊朗通信基础设施建设过程中存在的最大问题。一直以来，提升伊朗国内城市地区的信息化水平都是信息化建设的重点，而国内的农村、偏远地区的信息化建设力度远不及城市地区。根据迈赫尔通讯社的调查数据，2014 年伊朗国内有 44.7% 的城市家庭和 17.5% 的农村家庭能够连接到互联网。而国际电信联盟（ITU）发布的《衡量信息社会发展报告 2016》显示，截至 2015 年，伊朗国内的城市地区中约有 72% 的人口使用了移动电话，而在农村地区这一数据为 54%。[1]

　　伊朗农村及偏远地区的信息化建设是整个国家信息化建设中较为薄弱的一环。不仅是因为农村地区信息通信基础设施匮乏，还因为农村地区人群不能熟练使用信息设备，也会阻碍当地的信息化建设。伊朗全国接近 40% 的人口位于农村地区，如果城市与农村及偏远地区之间的技术鸿沟持续拉大的话，将会对伊朗的信息化战略的实现造成严重的阻碍。伊朗政府也意识到了这一困境，正在积极解决城市和农村地区的技术鸿沟，信息和通信技术部在 2014 年就曾表示将力争在 2017 年左右实现国内 25000 个村庄接入互联网。[2]

---

[1] 国际电信联盟：《2016 年全球信息化社会报告》，国际电信联盟网站（http://www.itu.int/en/ITU-D/Statistics/Pages/publications/mis2016.aspx），2016 年 11 月。

[2] 罗炯杰、冀开运：《伊朗信息化建设历程探析》，《内蒙古民族大学学报》（社会科学版）2018 年第 2 期。

第三节　能源基础设施

据伊朗央行 2017—2018 年度报告，伊朗总发电量达 3080 亿 kWh，其中 53.9% 来自私营部门电厂，43.5% 来自能源部所属电厂，2.6% 来自其他大型机构。2017 年，伊朗总用电量达到 2550 亿 kWh，出口邻国的电力达到 79 亿 kWh。目前伊朗向土库曼斯坦、亚美尼亚、土耳其、阿塞拜疆、巴基斯坦、阿富汗、叙利亚和伊拉克输送电力，每年通过向邻国输出电力获利约 10 亿美元。

从能源结构来看，2015 年伊朗 95% 的电力来源于火力发电，其中近 80% 的电力由天然气提供，其次是石油，约占 14%。从发展历程来看，2000—2015 年，伊朗煤炭发电量占比从 0.4% 下降到 0.2%，发电占比变化不大；石油发电量占比从 20.9% 大幅下降至 14.4%，年均降幅达 2.5%；天然气发电量占比从 75.7% 增加至 79.3%，上升了 3.6 个百分点。火力发电量占比从 2000 年的 97% 下降至 2015 年的 93.9%。水力发电量占比从 2000 年的 3% 小幅上升到 2015 年的 5%，其他能源发电量占比从无到有，2015 年发电量占比已达 1.1%。总体而言，由于本国丰富的油气资源，伊朗现阶段的能源供应主要还是依靠不可再生的天然气、石油等能源，水力、风电、地热等清洁能源和可再生能源基础设施建设取得了一定的成效，但发展水平仍较低，伊朗未来能源基础设施建设任重道远。

表 I-4-11　　2000—2015 年伊朗各能源基础设施发电量情况　　　（%）

年份	火力发电占比			水力发电量占比	其他能源发电量占比
	煤炭发电量占比	石油发电量占比	天然气发电量占比		
2000	0.4	20.9	75.7	3.0	0.0
2001	0.4	21.3	74.5	3.9	0.0
2002	0.4	18.6	75.3	5.7	0.0
2003	0.3	14.5	78.0	7.2	0.0
2004	0.3	16.2	77.1	6.4	0.0

续表

年份	火力发电占比			水力发电量占比	其他能源发电量占比
	煤炭发电量占比	石油发电量占比	天然气发电量占比		
2005	0.3	15.8	74.8	9.0	0.1
2006	0.3	19.9	70.3	9.5	0.0
2007	0.3	19.9	71.0	8.8	0.0
2008	0.2	19.4	78.0	2.3	0.1
2009	0.2	20.4	76.0	3.3	0.1
2010	0.2	19.8	75.9	4.1	0.0
2011	0.2	27.8	66.8	5.0	0.2
2012	0.2	27.3	66.9	4.9	0.7
2013	0.2	32.5	59.9	5.6	1.8
2014	0.2	21.7	71.3	5.0	1.8
2015	0.2	14.4	79.3	5.0	1.1

资料来源：世界银行。

石油是伊朗出口的主要商品，伊朗重要的产油区和炼油厂通过石油管道连接波斯湾沿岸的港口，通过大型油轮将石油运输至石油消费国。伊朗石油出口对象主要是中国、印度、日本等国，运输方式主要依赖海运，约93%的原油出口采用海运方式进行，石油出口额占伊朗出口总额的35%。此外，在非原油出口物资中，海运运载量占95%以上。据伊朗央行2017—2018财年年报数据，伊朗港口2017年共吞吐原油及其制成品4780万吨，非油产品1.09亿吨，集装箱运量达307.3万标准箱。

据《BP世界能源统计年鉴（2015）》数据，伊朗天然气储量达34万亿立方米，占世界总储量的16.6%，超过俄罗斯的储量（32.6万亿立方米），位居世界第一。南帕尔斯气田位于伊朗布什尔省的阿鲁萨，沿波斯湾海岸伸展约300千米，面积1万公顷，为目前世界上较大的油气田之一，是伊朗最大的非伴生气田，天然气的探测储量为10.2×10^{12}标准立方米。天然气作为一种重要的清洁能源，正越来越受到全球能源消费市场的青睐，根据预测，全球市场对天然气的消费需求年增长率为2.4%，为了满足这种持续增长的能源需求态势，伊朗正在计划将其最大的天然气田南帕尔斯的天然气通过管道输送到能源消费国。伊朗境内拥有近 2 万千米的输气管道，主要分布在国土的西南和西北地区（见图Ⅰ-4-3）。[①]

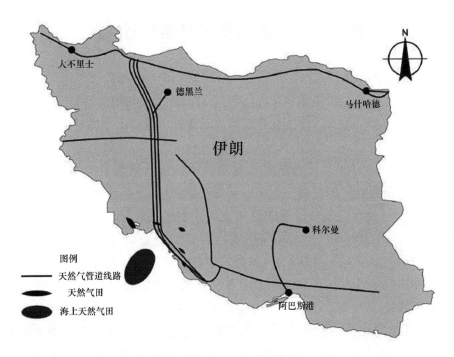

图Ⅰ-4-3　伊朗主要天然气管道分布示意

　　尽管伊朗天然气储量巨大，但多数天然气田有待开发。伊朗天然气实现自给自足后开始出口，目前邻国的土耳其和伊拉克是伊朗的主要天然气出口国。由于受与土耳其之间政治、经济以及技术等多重因素的影响，包括美国的反对，筹划多年的伊朗西北部的塔布里茨至土耳其安卡拉之间，全长约 2500 千米的输气管道于 2001 年底才完工通气，其中部分经过土耳其东部库尔德工人党经常袭击的地域，输气经常因此而中断。伊朗 2014 年 4 月与伊拉克达成了为其电厂供气协议，在协议期内通过输气管道，对伊拉克供气量将增至每日 2500 万立方米。2009 年，伊朗与巴基斯坦签署

---

　　① 雷洋、黄承锋、陈泽：《伊朗交通基础设施现状与发展前景评估》，《世界地理研究》2018 年第 2 期。

了价值 13 亿美元的天然气出口协议，伊朗—巴基斯坦天然气输送管道的伊朗国内段早在 2010 年就已经启动建设，该工程于 2016 年 3 月已完工，该项目因巴基斯坦方面资金困难未能建设位于巴方的输油管道而搁置。①

第四节　伊朗的基础设施发展规划

伊朗道路与城市发展部负责铁路、公路、港口、机场等领域基础设施建设，电信和信息技术部负责电信基础设施建设，能源部负责电力基础设施建设，石油部负责天然气管道基础设施建设，城市市政负责地铁、轻轨基础设施建设。

2018 年 5 月 8 日，美国宣布退出伊核协议，重启对伊朗的制裁。8 月，美国重启对伊朗金融、金属、矿产、汽车等一系列非能源领域的制裁，11 月，美国恢复对伊朗能源和银行等领域的制裁，并在制裁名单中增加 700 个实体和个人，50 家伊朗银行及其子公司（包括伊朗国家银行），通过国际融资、投资参与伊朗基础设施项目陷入了困局。

在油气管道方面，伊朗提出 10 年天然气发展规划，到 2025 年将其天然气产能提高 71%。伊朗将大力建设天然气管线，将天然气管线长度从 3.6 万千米增加至 2025 年的 4.5 万千米，输送能力从 2400 亿立方米提升至 4000 亿立方米。同时，伊朗国家天然气公司表示其天然气产业还需要 625 亿美元的投资。伊朗抨击巴基斯坦在伊巴天然气管线建设上不作为，称伊朗已完成其境内 900 千米管线建设，而巴基斯坦未完成其境内 700 千米管线建设。

伊朗国内重点规划了三个方向的油气管道：面向土耳其、欧洲的西北油气管道、面向中亚的东北方向油气管道以及连接南部阿巴斯港口的油气管道（见图Ⅰ-4-4）。伊朗目前正在与巴基斯坦、印度等国协商石油和天然气输送管道的建设项目，从伊朗南帕尔斯气田通向巴基斯坦、印度的天然气管道建设，其谈判历程曲折、复杂，其间不仅夹杂着伊朗、巴基斯坦、印度三方各自的利益诉求，而且集中了大国间的利益纷争和矛盾，彼

---

① 雷洋、黄承锋、陈泽：《伊朗交通基础设施现状与发展前景评估》，《世界地理研究》2018 年第 2 期。

此的碰撞和博弈异常激烈。虽然伊朗—巴基斯坦—印度天然气管道修建计
划早在 20 世纪 80 年代末就已提出，但是在短期之内印度是无法通过管道
从伊朗进口天然气的，时至今日，这条管道建设仍未取得实质性进展，究
其原因如下：美国的强烈反对；三国在天然气价格上存在分歧；印巴之间
互不信任；无法筹集到足够的建设资金。受这些因素的制约，这条管道要
真正建成投产仍然有很长的路要走。据世界石油新闻网 2015 年 12 月 8 日
报道，伊朗国家天然气出口公司（NIGEC）的一名高级官员表示，印度和
伊朗正在就投资 45 亿美元建造一条从伊朗到印度的海底输气管道一事进
行谈判，该输气管道计划经过阿曼海和印度洋，连接伊朗海岸和印度西海
岸的古吉拉特邦。显然，该条通道的技术难度和建设成本均高于陆上通
道，在短期内难以真正付诸实施。

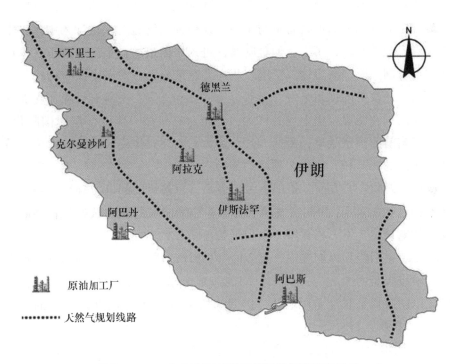

图Ⅰ-4-4 伊朗主要天然气管道的规划线路示意

欧洲被伊朗视为重要的天然气消费区域，从伊朗途经土耳其到欧洲的
天然气管线目前正在建设中，该管道将从伊朗的南帕斯天然气田经过土耳

其、希腊，将天然气运输至奥地利，土耳其有望成为伊朗与欧洲能源贸易的重要转运中心。2015 年 6 月，伊朗天然气工程开发公司与帕萨尔加德油气公司签署了 23 亿美元的天然气管道建设 BOT 合同，该项资金主要用于完成代号为 IGAT-6 的输气管道建设，该项工程的完工将提升伊朗向欧洲输送天然气的能力。然而，伊朗国家天然气公司（NIGC）总经理阿拉奇在接受采访时表示，伊朗可以通过 LNG 方式进入欧洲天然气市场，但是伊朗无意与俄罗斯在欧洲天然气市场上进行竞争。

自 20 世纪 80 年代以来，中国天然气需求持续高速增长，而中国国内的天然气资源并不丰富，需要从多方面保证天然气的稳定供应，伊朗无疑是一个值得关注的合作伙伴。伊朗与中国油气管道合作项目主要有三个方向可以考虑，第一，中国—中亚天然气管道（土库曼斯坦—乌兹别克斯坦—哈萨克斯坦—中国）已经通气，伊朗和土库曼斯坦接壤，伊朗可以通过规划中的东北方向油气管道与土库曼斯坦油气管道对接，加入中国—中亚天然气管道网络；第二，通过阿富汗进入中国市场；第三，将正在论证实施的伊朗—巴基斯坦输气管道工程向北继续延伸，对接中国喀什输气管道。从地缘政治的视角来看，显然，方案一和方案三更具有可操作性。尽管中伊两国在能源合作上潜力巨大，但也存在挑战。能源合作"国际化"是伊朗当前的国家战略，当西方经济势力重新回归伊朗市场后，中国很可能在伊朗的能源和其他诸多领域面临冲击。

在伊朗的电力方面，伊朗能源部表示，目前伊朗的电力领域需要多达 500 亿美元的投资，伊朗把发展电力工业作为国家的优先选择。目前，伊朗总发电量达 7.4 万兆瓦特，电力消费年增长约 7%。伊朗政府计划兴建天然气、太阳能和风能发电，在 20 年内共计新增 5000 兆瓦特。发电和电力传输将每年增加 7%—8%。伊朗能源部要求提高燃气电站能效，新建燃气电站必须是联合循环电站。伊朗计划至 2025 年，将其发电厂的能效从 33% 增加至 45%。

在伊朗的海运方面，伊朗每年将投入 50 万亿里亚尔用于改善海运基础设施和增加运力。2014 年 6 月，伊朗港口与海事组织宣布，计划将伊朗的年海运能力提高至 2 亿吨。2018 年 3 月，伊朗启动阿巴斯港口三期建设，项目建设期为 3 年，投资额约为 1.9 亿美元，建成后能使港口集装箱吞吐能力提升至 800 万标准箱/年。

在伊朗的铁路方面，鲁哈尼政府自 2013 年上台以来，一直将提高铁路运力作为拉动经济增长的重要手段。2014 年，伊朗经济委员会批准通过了《伊朗铁路发展规划》，目标是增强铁路客运和货运能力，对现有的铁路系统进行大规模改造，到 2025 年，现有铁路线将实现电气化和双轨道化，同时减少污染，提高燃油效率。这项规划执行期为 10 年，计划投资超过 75.3 亿美元。该规划提出，将新建 12000 千米长的铁路线，最终实现总里程翻番的目标。货运量、客运量将分别从 2013 年的 217 亿吨千米和 174 亿人千米提高到 2023 年的 758 亿吨千米和 342 亿人千米。该规划还包括新建 26 个车站、铁路复线以及扩建改建现有铁路。2015 年，政府计划新建 8 个铁路项目，共计长 1 万千米。目前，长达 4800 千米的铁路线已经开工，而 4700 千米的铁路线正在勘探研究之中，由于建设资金短缺，进展较缓慢。

同时，伊朗政府计划将国家铁路与邻国铁路相连，希望利用发达的铁路网络提升国际铁路通道运输能力，提升国际地位。目前伊朗政府规划了七个方向的国际铁路运输通道，分别为：（1）德黑兰—哈萨克斯坦贝雷克特；（2）伊朗到中国新疆；（3）伊朗到俄罗斯莫斯科；（4）德黑兰—库姆—伊斯法罕高铁示范线；（5）伊朗到伊拉克巴士拉；（6）东部走廊（恰巴哈尔港至南亚、里海和高加索地区）；（7）伊朗坎哈富—阿富汗赫拉特（见图 I−4−5）。

伊朗铁路系统中长期规划目标宏伟，七个方向的铁路线路不仅丰富和完善了国内铁路系统，而且组成了一个庞大的国际铁路运输通道，意图在国际中转贸易格局和国际运输通道中占据重要地位。其中，规划的第二个方向的铁路运输通道在伊朗国内联通德黑兰和马什哈德两个重要城市节点，沿途经济发达，人口相对密集，向西与土库曼斯坦、哈萨克斯坦的铁路联通，最终通向中国的新疆，向西沟通土耳其铁路，联通南欧，该条走向的线路是伊朗"新丝绸之路"计划的重要内容，伊朗计划对此条线路的国内段进行电气化改造，目标是把货运能力从现有 300 万吨提升到1000 万吨。该条线路是中欧国际铁路运输通道走向的一个理想线路，不仅可以直接联通中国与欧洲，而且比水运（中国上海港—伊朗阿巴斯港）节约 30 天左右的运输时间。"一带一路"倡议提倡共商共建，强调寻找和创新共同利益契合点，中国应通过与伊朗的深度合作，优先开展此条线

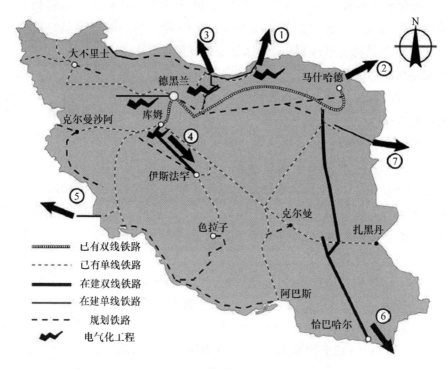

图 I - 4 - 5　伊朗在建及规划铁路示意

路的电气化改造工程，提高该通道的承运能力和运营效率。

伊朗铁路规划的南北通道向北联通俄罗斯，向南沟通重要节点恰巴哈尔港（规划中称为东部走廊），聚焦南亚新兴市场，通过海铁联运形式联通印度，规划的该条铁路不仅可以提高恰巴哈尔港的港口疏散能力，而且将把其经济腹地延伸到广阔的中部大陆。近些年来印度加大了对恰巴哈尔港的投资力度，并承诺为恰巴哈尔港项目投入 8500 万美元直接投资和 1.5 亿美元贷款，并计划在沿线与伊朗进行深度合作，建设工业园区，依靠伊朗规划的东部走廊铁路，可以直接与印度盟友阿富汗连接，因此伊朗东部走廊对印度同样具有重要的战略价值。

在伊朗的公路方面，2015 年 6 月，伊朗政府表示将在现有 2000 千米高速公路基础上，将其高速公路总里程扩至 1 万千米。自 2013 年以来，伊朗已经建设了 700 千米高速公路，另外还有 400 千米在建，道路基础设施领域预计需要 30 亿美元的投资。

　　在伊朗的航空方面，由于美伊关系趋紧，2017年9月，美国众议院投票禁止向伊朗销售商用客机。2018年4月，伊朗与俄罗斯苏霍伊公司签订协议购买40架客机。5月8日，美国宣布退出伊核协议后，美国财政部长姆努钦称，将吊销之前发放给波音和空客公司对伊朗出售飞机的许可证。鉴于美伊关系恶化会长期影响伊朗购买美国的波音客机和欧盟的空中客车客机，因此伊朗的航空行业未来发展有赖于伊朗对美关系的改善。

　　综上所述，伊朗交通基础设施总体发展水平相对滞后，在运输网络、技术状况、运营效率等方面存在诸多问题，伊朗国内迫切需要提升交通基础设施的发展水平。近年来，伊朗在铁路、公路、港口，以及跨国输气管道建设等方面制定了明确的发展战略，旨在全面提升本国基础设施建设水平，但融资问题成为伊朗交通基础设施建设的重要制约因素。伊朗对交通基础设施的全面升级和改造计划与"一带一路"倡议存在较高的契合度，中伊双方在交通基础设施领域的工程合作具有广阔的前景。因此，提升交通基础设施水平不仅是伊朗致力于经济社会发展目标的战略性措施，也是"一带一路"倡议框架下中伊合作的重要领域。

第五章　产业发展

近年来，伊朗通过"社会经济发展五年计划"规划和调控其经济发展，持续推动私有化进程，取得了显著成效。近十年来，伊朗第一、第二、第三产业占比结构分别保持在6%、43%和50%左右。农业主要以小麦、大米、干鲜果类、藏红花和鱼子酱等为主；第二产业以石油和天然气工业为主，能源工业是伊朗经济的支柱产业，汽车工业有所发展，其他工业基础相对薄弱；第三产业服务业主要以旅游业为主，信息通信服务业近年来发展较快。总体而言，尽管伊朗经济相较于其他石油出口国家已经较为多元化，但是国民经济和政府收入依然严重依赖石油收入，非石油产业本身基础薄弱且受美国制裁和疫情的双重影响而发展缓慢。

第一节　伊朗三大产业概况

一　三大产业概况

（一）农业概况

1. 基本情况

伊朗是传统的农牧业国家，农耕资源丰富。截至2019年底，伊朗农业用地面积为459540平方千米，占伊朗土地面积的28.21%。其中，耕地面积为146870平方千米，占土地面积的9.02%；森林面积为106919.80平方千米，占土地面积的6.56%。农业人口占总人口的24.61%，农民人均耕地面积为0.72公顷（按中国标准，人均10亩）。① 农业机械化程度较低，目前粮食不能自给自足，每年需进口大量食品。农

---

① 世界银行公开数据库农业与农村发展指标，https://data.worldbank.org.cn/indicator。

业主产区集中在里海和波斯湾沿岸平原地带。

农业在伊朗国民经济中占有重要地位。近年来,农业在伊朗三次产业中的比重保持在6%以上,2019年达7.7%,提供了全国17.82%的就业岗位。农产品外贸在国民经济和非油贸易中也占重要地位。

2. 农业产出

农作物产出是伊朗最为主要的农业产出。伊朗主要农产品包括小麦、大米、大麦、棉花、茶叶、甜菜、水果、干果、奶制品、鱼子酱、羊毛等。根据联合国粮食和农业组织(FAO)提供的伊朗主要农作物产出数据,就种植面积而言,伊朗种植面积较多的农作物主要是小麦、大麦、鹰嘴豆等,其中小麦种植面积呈现出逐年扩大的趋势,而作为伊朗经济作物——开心果——的种植面积也呈现出显著的扩张趋势。就农作物产量而言,伊朗产量较大的农作物主要是小麦、甘蔗、甜菜等,小麦种植面积依然遥遥领先于其他农作物,其产量逐年显著增加。此外,甘蔗作为伊朗重要的经济作物,近年来,其产量也显著增加。伊朗还是世界上最大的藏红花生产国,藏红花近年来的种植面积和产量也稳步增长。

表Ⅰ-5-1 伊朗主要年份农作物的种植面积和产出

	种植面积(万公顷)						
	小麦	大麦	鹰嘴豆	大米	开心果	玉米	藏红花
2015	571.56	176.26	46.28	53.00	33.40	16.62	0.42
2017	652.66	176.55	53.14	39.69	42.95	10.36	0.45
2019	803.59	216.12	45.64	43.72	41.14	20.43	0.48
	产量(万吨)						
	小麦	甘蔗	甜菜	西红柿	大麦	土豆	藏红花种子
2015	1152.23	740.70	559.42	601.31	320.16	514.06	0.52
2017	1270.47	763.19	838.85	489.50	274.67	411.75	0.60
2019	1680.00	928.49	529.71	524.89	360.00	348.34	0.63

资料来源:联合国粮食和农业组织数据库,http://www.fao.org/faostat/en/#data。

从农作物产出的价值来看,截至2021年1月,FAO数据库提供的数据显示,2018年,其开心果产值最大,高达107.43亿美元;其次是鸡肉

（79.29 亿美元）、土鸡肉（79.28 亿美元）、牛肉（52.85 亿美元）、土牛肉（51.23 亿美元）等，小麦（46.31 亿美元）、大米（23.61 亿美元）等粮食作物的产值相对开心果等经济作物而言较低。伊朗作为中东干鲜果品的生产大国，苹果、葡萄等水果的产值也相对较高，2018 年分别为19.34 亿美元和 14.14 亿美元。①

在活动物养殖方面，火鸡、鸭、鹅和珍珠鸡等家禽以及绵羊、山羊、牛及骆驼等家畜在伊朗普遍有所养殖。截至 2019 年，伊朗共养殖火鸡204 万只，鸭子 160 万只，绵羊 4000 多万头，山羊 1500 多万头。②

在渔业发展上，伊朗南临波斯湾，北濒里海，海岸线全长 2700 千米，渔业作业范围广，共分为三个主要渔业区：南部渔业区（波斯湾和阿曼海）、北部渔业区（里海沿岸）和内陆渔业区。近十几年来，伊朗出台了大量促进渔业发展的政策并积极采用先进的生产技术，水产品的数量和质量均得到提高。按渔业生产方式，可以分为捕捞渔业和水产养殖渔业，2009—2018 年，伊朗这两种渔业生产规模迅速扩张，2018 年捕捞渔业生产规模达 82.89 万吨，水产养殖规模达 43.97 万吨。尽管伊朗捕捞渔业规模明显大于水产养殖规模，但是前者近十年来的平均发展速度（7.4%）小于后者（11.2%）（见图Ⅰ-5-1）。总体而言，伊朗渔业发展缓慢，渔业对伊朗国民收入的贡献不足 1%，且由于伊朗的文化和饮食习惯，近期鱼类消费在伊朗不会迅速增加。

3. 农产品贸易

伊朗是农产品进口大国，农作物和牲畜贸易长期呈逆差状态。1961年以来，伊朗农作物和牲畜进口量显著、持续增大，而出口规模则增长缓慢，贸易逆差持续扩大，2019 年伊朗进口农作物和牲畜达 2283.92 万吨，出口仅为 407.76 万吨（见图Ⅰ-5-2）。就农产品贸易的价值而言，伊朗贸易逆差也持续扩大，近十年来，农产品贸易逆差额高达 70 亿美元左右，2019 年农产品进口额达 134.13 亿美元，出口额仅为 38.55 亿美元，贸易逆差额高达 95.58 亿美元。

在农产品贸易品类方面，伊朗是中东地区主要的干鲜果品生产和出口

---

① 联合国粮食和农业组织数据库，http：//www.fao.org/faostat/en/#data。

② 联合国粮食和农业组织数据库，http：//www.fao.org/faostat/en/#data。

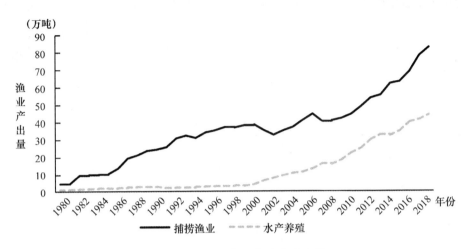

图Ⅰ－5－1 伊朗历年渔业产出量

资料来源：联合国粮食和农业组织渔业统计数据，http：//www. fao. org/fishery/facp/

IRN/en#CountrySector-Statistics。

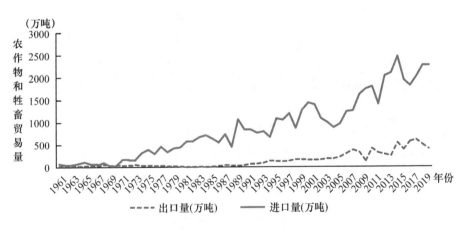

图Ⅰ－5－2 历年来伊朗农作物和牲畜贸易量（1961—2019）

资料来源：联合国粮食和农业组织数据库，http：//www. fao. org/faostat/en/#data。

国，其中，开心果、葡萄干和椰枣是伊朗出口的三种主要干果，尤其是开
心果，2016年和2017年受伊核全面协议生效的积极影响，伊朗外部制裁
困境部分解除，开心果年出口额一度高达10亿美元以上，近两年来受美
制裁等不利因素的影响，出口规模骤减，2018年出口额不足4亿美元，

2019 年有所回升，达 5.4 亿美元。此外，伊朗的椰枣和葡萄干也是重要的出口农产品，2016 年二者出口规模分别一度高达 2.09 亿多美元、0.15 亿美元，近两年来椰枣出口规模有所减小，而葡萄干出口规模则有所扩张（见表 I -5 -2）。

表 I -5 -2   伊朗主要农产品出口额   （百万美元）

	开心果	椰枣	葡萄干
2010	1159.35	134.00	37.33
2011	1010.87	160.25	13.65
2012	583.83	67.40	9.62
2013	335.24	74.70	9.73
2014	1649.37	226.17	9.26
2015	841.02	101.76	5.94
2016	1272.88	208.55	14.97
2017	1175.04	250.49	7.02
2018	326.04	138.83	15.68
2019	540.10	113.85	14.59

资料来源：联合国粮食和农业组织数据库，http：//www.fao.org/faostat/en/#data。

此外，伊朗鱼子酱在国际市场上也饱受欢迎，根据联合国贸易数据库（UN Comtarde）的数据，2015 年至 2018 年，伊朗鱼子酱出口规模持续增加，从 1497.8 吨增加到 3810.37 吨，创造出口价值从 811.39 万美元增加到 1950.93 万美元。[①]

在出口市场分布上，伊朗动物类农产品主要出口至伊拉克、中国香港和阿富汗等市场，蔬果类主要出口至伊拉克、阿联酋和阿富汗等市场。

在农产品进口方面，伊朗主要进口大米、玉米、大麦等谷物和牛肉等肉类以满足本国民众食品需求。联合国粮食和农业组织数据显示，2019 年，伊朗进口各类大米 32.9 亿美元，玉米 15.92 亿美元，大麦 7.06 亿美元，无骨牛肉 7.5 亿美元。其中，主要作物进口自巴西和乌克兰等地，主

———————

① 联合国贸易数据库，https：//comtrade.un.org/data/。

要动物类进口来源于巴西、阿联酋和中国等地，蔬果类进口主要来源于瑞士、印度和荷兰。

4. 伊朗藏红花

藏红花是伊朗最具特色的特种经济作物，是伊朗五宝之一（石油、地毯、黑鱼子酱、开心果和藏红花），在伊朗的农产品出口中占据重要地位。伊朗是藏红花较早出现的国家之一，也是世界上最大的藏红花生产国。伊朗人使用藏红花的历史悠久，加工藏红花所使用的独特工艺已流传千年。

藏红花是一种耐旱植物，适于生长在冬季最低气温不低于零下 20 度，夏季最高气温不高于零上 35 度且气候干燥的地区，在伊朗，藏红花主要产于南呼罗珊省（South Khorasan）、法尔斯省（Fars）、克尔曼省（Kerman）以及亚兹德省（Yazd）。伊朗不同年份藏红花的产量不同，主要取决于各产地的降水量。伊朗藏红花被大量用于烹饪行业、糖果、饮料和制药行业，尤其是藏红花的抗癌功效显著，其药用价值越来越被关注。

根据伊朗农业部提供的数据，全世界 90% 的藏红花产自伊朗。伊朗每年生产藏红花约 336 吨，种植面积约 10.5 万公顷，是世界上最大的藏红花生产国，目前，伊朗几乎所有地区（30 个省）都种植藏红花。伊朗藏红花直接或间接覆盖了全球几乎所有市场。[①]

根据联合国贸易数据库（UN Comtarde）的数据，2015 年至 2018 年，伊朗的藏红花出口额持续增加，从 1.65 亿美元增加到 3.51 亿美元，在全世界藏红花出口中的占比从 61.24% 提高到 74.5%，伊朗藏红花的主要出口市场是阿联酋、中国、西班牙、德国、法国和巴基斯坦。

5. 农业发展展望

基于地缘政治等原因，伊朗农业政策的重要目标是实现粮食自给自足，因此伊朗政府采取了一系列政策以促进农业发展，主要包括对肥料、杀虫剂、饲料、种子、农机以及基本投入（如水和能源）的价格提供补贴，对农业生产者提供低息贷款，并且特别针对畜牧生产者扩大了农业保险的理赔范围，以减少直接投入补贴所导致的市场扭曲等。政府的支持性政策为伊朗农业发展提供了重要助力。

---

① 伊朗农业部，https：//maj. ir/page-NewEnMain/en/0/form/pId15784。

但是，2018 年以来美国的制裁导致伊朗农产品出口市场受到重创，后续的不利影响持续发酵。同时，2020 年初蔓延全球的新冠疫情，使伊朗农业发展蒙上了更大的不确定性阴影，国内食品供应多次出现不足和价格上涨，伊朗政府开始采取限制农产品出口的政策。2020 年 3 月，限制枣的出口，提高枣出口关税。2020 年 7 月，伊朗工矿贸易部颁布法令，从 7 月 4 日起禁止鸡蛋出口以遏制伊朗国内不断上涨的鸡蛋价格。未来在疫情持续蔓延的危机之下，伊朗农业部门面临着不断加大的产出压力和挑战。

（二）工业概况

1. 基本情况

伊朗工业部门主要以石油工业为主，轻工业部门相对成熟，重工业起步较晚。在霍梅尼时期，伊朗指望通过进口限制推动工业发展，导致伊朗工业单一化，工业发展经历了一段低迷时期。直到 1989 年，拉夫桑贾尼政府开始采取市场开放和经济改革措施，通过需求刺激推动工业发展，借助石油工业的发展，推动其他工业部门的发展，促使工业门类逐渐齐全，重工业得到较快发展。

伊朗工业化始于 1929 年，此后，由于第二次世界大战而遭到中断，1950 年之后开始继续工业化进程，1955 年到 1960 年，伊朗的工业企业数量增加了约四倍，这期间工业发展主要得益于巴列维政府的保护性政策和实质性补贴[①]，建设了几个较大的纺织、制糖和水泥厂，进口替代政策对于工业发展起到了一定的推动作用。伊朗政府实现工业化的计划始于 20 世纪 60 年代，其标志性行动就是伊朗全国各地的重工业工厂，其中代表性的包括大不里士的机床工厂和阿拉克的机器制造工厂以及伊斯法罕的第一家钢铁厂。从 1963 年开始，伊朗受益于巴列维政权的稳固、外交关系融洽（尤其是和美国）、伊朗加入欧佩克且和外资企业争取石油权益的斗争取得重要胜利等利好因素，得以进入经济高速发展期，工业现代化建设进行得如火如荼。到 20 世纪 60 年代后期，伊朗已经初步形成了包括汽车和家用电器在内的现代制造业体系，但是大部分零部件依然基本来自进

---

① Bharier, Julian, *Economic Development in Iran: 1900 – 1970*, New York: Oxford University Press, 1971, p. 172.

口，仅在伊朗完成组装和加工。从总体上讲，在 20 世纪 60 年代到伊斯兰革命之前的这段时期，伊朗工业发展已经步入正轨，经济发展战略趋于成熟，进口限制等政策的实施也为本国工业体系的培育提供了重要扶持，同时，政府也开始开放国门以吸引外资，但这一期间伊朗经济出现了过度依赖石油工业和进口中间品的弊端。此后，工业发展由于伊斯兰革命以及与伊拉克爆发的战争而一度停滞。两伊战争之后，伊朗工业再次重新发展，这一期间石油、石化和重工业是主要的工业部门，提供了大量的工业就业岗位。1999 年，采矿、制造、公用部门（水电气）以及建筑业提供的就业岗位占比达 30.6%，在十年之后的 2009 年这一占比达 31.8%。[1]

伊朗第二产业主要是指工矿业，由伊朗工矿业部监管。按照伊朗统计中心（SCI，相当于伊朗的国家统计局）的划分，又可以分为采掘业（包括原油和天然气提取业）、制造业、水电气供应业和建筑业。根据伊朗统计中心公布的数据，2011 年以来，伊朗工业增加值呈逐年增长趋势。其中，采掘业占比逐年减小，制造业占比显著提高，水电气供应业也有所提升，而建筑业则相对稳定（见表 I - 5 - 3）。

伊朗采掘业主要以原油和天然气为主。2011 年 3 月至 2020 年 3 月，原油和天然气提取业在采掘业中的占比持续保持在 94% 以上，其他矿物在采掘业增加值总和中的占比不到 6%。但是近几年来，在采掘业中呈现出其他矿物的占比逐渐提高、原油和天然气提取业占比逐渐降低的趋势。

表 I - 5 - 3　　　　　　　　伊朗历年工业增加值分布

	工业增加值（万亿里亚尔）	工业增加值结构（%）			
		采掘业	制造业	水电气供应业	建筑业
2011/2012	3504.10	49.96	29.79	10.42	9.82
2012/2013	4128.62	47.15	33.26	10.43	9.16
2013/2014	5690.12	48.02	31.91	11.63	8.44
2014/2015	5579.89	40.92	36.28	12.87	9.93

[1] Akbar E. Torbat, "Industrialization and Dependency: The Case of Iran," *ECO Economic Journal*, Vol. 2, No. 3, September 2010.

续表

	工业增加值 （万亿里亚尔）	工业增加值结构（%）			
		采掘业	制造业	水电气供应业	建筑业
2015/2016	4376.78	31.41	43.74	12.75	12.10
2016/2017	5715.29	34.86	40.76	13.38	11.00
2017/2018	7219.21	37.53	39.14	13.09	10.24
2018/2019	11474.21	40.80	37.25	12.66	9.28
2019/2020	15191.53	35.07	39.31	15.31	10.31

说明：伊朗统计中心多采用伊朗历纪年，1398 年相当于公历 2019 年 3 月至 2020 年 3 月，按照通用方法简写作 2019/2020。如无特殊说明，本章此种写法均表示类似含义；表中数值为现价。

资料来源：伊朗统计中心国民账户，https：//www. amar. org. ir/english/Statistics-by-Topic/National-accounts。

2. 主要工业部门

从主要工业部门来看，伊朗采掘业在 2015/2016 年两个季度显著下滑，此后逐渐回升并保持相对稳定，在 2018 年美国实行经济制裁后再次下滑。而制造业在 2016 年 1 月制裁解除后发展较快，月度环比增长速度一度高达 10% 以上，但 2018 年 5 月美国单方面退出伊核协议并重新对伊朗实施制裁后，伊朗经济再次进入衰退，特别是 2019 年 5 月美国取消伊朗石油出口豁免以及持续加大对伊朗制裁后，制造业因受到较大牵连而加速下滑（见图 I－5－3）。

石油和天然气部门是伊朗最大的工业部门。伊朗在炼油、勘探和钻探方面拥有专业知识和能力。石化行业的扩张有助于使伊朗庞大的原油出口多样化。近年来，伊朗的石化产品出口大幅增长。在包括阿拉克（Arak）、设拉子（Shiraz）、大不里士（Tabriz）、阿巴斯港（Bandar Abbas）和伊斯法罕（Isfahan）等在内的主要城市，已经建立了大型石化厂和炼油厂。伊朗与卡塔尔共享南帕尔斯/北穹顶凝析气田，这是世界上最大的天然气田。伊朗在阿萨卢（Asalluyeh）建立了各种下游石化工业，这是距大油田最近的港口，是波斯湾 Pars 特别经济能源区的一部分。

汽车工业在伊朗取得了长足的进步。伊朗可以生产各种客车、汽车、

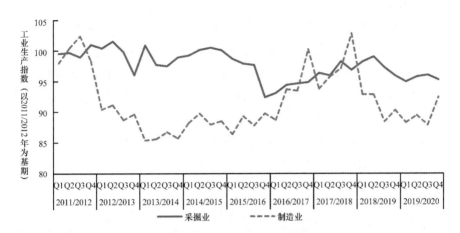

图 I -5-3　历年伊朗主要工业部门季度生产指数

资料来源：伊朗统计中心，https://www.amar.org.ir/english/Statistics-by-Topic/National-accounts。

拖拉机和卡车。汽车工业是伊朗仅次于石油和天然气的第二大活跃产业。根据国际民航组织的调查，2008 年伊朗生产了 105 万辆汽车。[①]

重工业发展为伊朗制造武器和国防相关材料提供了基础，尤其是钢铁工业。根据世界钢铁协会（World Steel Association）的数据，伊朗是中东最大的粗钢生产国，2010 年至 2019 年，伊朗粗钢产量逐年增加，2019 年达 2560.9 万吨，较上年增加 4.4%。[②] 持续增产的伊朗钢厂和其他设施将伊朗的大量原材料转变为工业产品，并通过机械化武器来增强防御能力。

3. 工业品贸易

伊朗工业出口主要以石油和天然气为主。根据伊朗统计中心公布的《伊朗统计年鉴 2018/2019（1397）》，自 2001 年以来，伊朗石油和天然气产品出口在伊朗总出口中的比重一度高达 80% 以上，2015/2016 年，这一占比最低也在 50% 以上，至 2018/2019 年，石油出口占比达 71.5%。非石油工业部门总体贸易占比较小，近两年保持在

①　Akbar E. Torbat，"Industrialization and Dependency：The Case of Iran," *ECO Economic Journal*，Vol. 2，No. 3，September 2010.

②　世界钢铁协会，https://www.worldsteel.org/zh/steel-by-topic/statistics/steel-statistical-yearbook.html。

30%—40%。

在非石油工业部门，伊朗主要出口矿物产品、金属制品和塑料制品等，主要进口机械设备、化工品和基础金属。《伊朗统计年鉴 2018/2019（1397）》数据显示，2018/2019 年，伊朗非石油工业总进口额为 1792.54 万亿里亚尔，较上年减少 3.1%，主要以机械设备进口为主，机械设备进口占非石油产品进口的比重达 26.54%。同年，伊朗非石油总出口额为 2593.91 万亿里亚尔，较上年大幅增长 60.1%，主要以矿物产品出口为主，矿物产品出口占非石油产品出口的比重达 36.69%。

表 I−5−4　　　　伊朗主要非石油工业品贸易额分布　　　　（万亿里亚尔）

	2001/2002	2016/2017	2017/2018	2018/2019
非石油产品总进口额	30.93	1368.60	1849.48	1792.54
其中：机械设备	10.11	241.58	473.17	475.69
化工品	3.29	147.02	200.95	227.80
基础金属	4.14	106.17	138.69	97.75
塑料制品	1.45	70.98	89.99	81.38
矿物产品	1.22	34.03	97.57	73.90
其他	10.73	768.82	849.11	836.02
非石油产品总出口额	7.41	1384.48	1620.01	2593.91
其中：矿物产品	1.34	595.87	650.25	951.71
基础金属	0.72	134.85	179.27	347.24
塑料制品	0.28	174.07	212.30	332.34
化工品	0.76	188.62	208.23	328.96
食品饮料	0.25	45.54	53.74	97.73
其他	4.04	245.55	316.23	535.93

资料来源：伊朗统计中心公布的《伊朗统计年鉴 2018/2019（1397）》，https://www.amar.org.ir/english/Iran-Statistical-Yearbook/Statistical-Yearbook-2018—2019。

4. 工业发展面临的挑战和趋势

中国商务部发布的《对外投资合作国别（地区）指南——伊朗（2020年）》指出，伊朗存在包括法律执行不透明、政府资金紧张、金融服务不到位、外汇管制不合理以及行政效率不高等诸多营商环境欠佳问题，这也进一步限制了伊朗非石油工业部门的发展。

（三）服务业概况

1. 基本情况

受益于政府对国民经济的调整政策和针对性的支持政策，伊朗服务业部门近年来有了一定的发展，服务业增加值在伊朗三大产业中的占比超过50%，且一直处于相对稳定的增长态势之中，吸纳了全国一半的就业人数。

伊朗较为典型、发展较好的服务业部门是旅游业、信息通信服务和金融服务业。其中旅游业发展有赖于伊朗具有五千多年的文明史，历史遗迹众多，旅游资源丰富。而信息通信服务业则是伊朗政府近些年的重点发展领域，得益于伊朗政府持续积极引进外国技术，对本国电信网络进行改造。伊朗金融服务业的发展始于伊斯兰革命后将全部银行收归国有，中央银行于1981年2月取消了原伊朗银行体制中的利率制度，逐渐建立了符合伊斯兰教义原则的新银行体制。

2. 服务业增加值结构分布

按照伊朗统计中心划分的细分服务领域，伊朗服务业主要以批发、零售和酒店餐饮，房地产和商业服务，公共服务、教育、保健和社会服务这三大服务部门为主，这三大领域占伊朗2019/2020年度服务业增加值的比重之和近80%。其中，批发、零售和酒店餐饮部门是伊朗近几年表现最好的服务部门，得益于其旅游业发展以及本国经济好转所导致的国内消费需求增长等利好因素，这一部门在2012—2020年的年均增长率为23.59%，尤其是2018/2019年和2019/2020年两年连续实现30%以上的高速增长，分别达到3024.2万亿里亚尔和4077.5万亿里亚尔的规模。此外，伊朗房地产和商业服务部门的表现同样值得注意，在2011/2012年至2019/2020年，这一部门的规模从784.41万亿里亚尔大幅增长至4192.75万亿里亚尔，年均增速高达23.64%，2019/2020年更是实现了36.8%的快速扩张（见表Ⅰ-5-5）。

表 I – 5 – 5　　　　　　伊朗服务业细分领域增加值分布　　　　（现价万亿里亚尔）

	服务业规模（现价万亿里亚尔）	服务业结构（%）					
		批发、零售和酒店餐饮	运输仓储和通信	金融保险	房地产和商业服务	公共服务、教育、保健和社会服务	其他服务
2011/2012	3021.84	26.47	15.48	5.83	25.96	24.43	1.84
2012/2013	3841.83	26.74	16.01	5.45	27.07	22.81	1.91
2013/2014	5220.93	28.77	16.00	5.58	26.42	21.41	1.81
2014/2015	6050.16	27.32	17.50	4.19	25.55	23.62	1.82
2015/2016	6676.87	23.97	17.48	4.08	27.03	25.60	1.83
2016/2017	7665.68	23.54	17.50	3.86	27.26	26.07	1.78
2017/2018	9042.30	23.94	16.75	3.93	26.63	26.96	1.80
2018/2019	12002.62	25.20	17.01	3.92	25.54	26.67	1.66
2019/2020	16012.89	25.46	17.39	4.16	26.18	25.32	1.49

资料来源：伊朗统计中心，https：//www.amar.org.ir/english/Statistics-by-Topic/ National-accounts。

　　总体而言，从行业增加值分布来看，伊朗服务业增长较快，其结构层次较低、主要以传统服务业为主、现代服务业滞后等固有的服务业体制有所升级优化，专业化的商业服务和金融服务等现代服务业已经逐渐完善。

　　3. 服务贸易

　　伊朗是服务贸易逆差国。根据伊朗中央银行公布的国际收支表，包括运输和保险服务、旅行服务、其他政府服务以及其他私人服务等在内的服务部门的总出口规模小于总进口规模。在 2018/2019 财年，伊朗服务出口总额达 122.76 亿美元，服务进口总额达 188.19 亿美元，服务贸易逆差规模达 65.43 亿美元（见图 I – 5 – 4）。

　　世界贸易组织提供了伊朗服务业中的商业服务业进出口数据，这里的商业服务业指的是政府服务之外的服务业，主要包括商品相关服务、运输、旅行和其他服务业。从图 I – 5 – 5 可以看出，伊朗商业服务贸易逆差也较为显著，在金融危机之后的几年里商业服务贸易逆差一度达到近100 亿美元，随后逆差规模虽有所缩减但也保持在 60 亿美元左右。2020

年，伊朗商业服务进口受疫情影响而大幅减少，导致商业服务贸易逆差减少至 23.56 亿美元，创伊朗服务贸易逆差近二十年来最低水平。

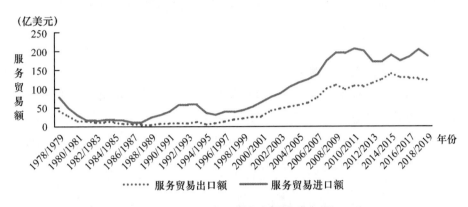

图 I - 5 - 4　伊朗服务贸易进出口额

资料来源：伊朗中央银行国际收支表历年数据，https：//tsd. cbi. ir/DisplayE n/Content. aspx。

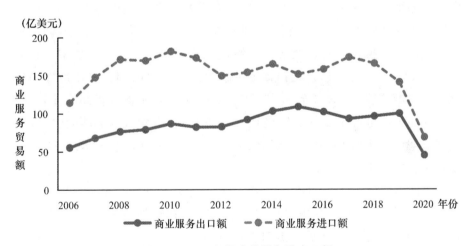

图 I - 5 - 5　伊朗商业服务进出口额

资料来源：WTO 数据库，https：//stats. wto. org/。

4. 服务业发展面临的挑战和趋势

在新冠疫情和美国制裁升级的不确定性交织之下，伊朗服务业投资流入会受到严重的负面影响，旅游业等服务部门受到显著的负面影响。中兴和华为被指控因违反美国对伊朗禁令而付出代价的"前车之鉴"历历在目，也影响了伊朗信息通信服务业的引资进程和进出口贸易。同时，伊朗金融业持续面临欧美的多轮金融跨境结算制裁，未来也将面临更大的国际压力。总体而言，伊朗服务业的未来发展将在严峻的复杂局势和不确定性的阴霾中艰难前行。

二　三大产业结构演变

伊朗三产结构保持在 6%、43% 和 50% 左右，呈现出第二产业占比递减、服务业占比递增、农业占比小幅波动增加的趋势。在就业占比结构中，第二产业就业稳定在 30% 左右，第一产业就业相对减少至不到 20%，第三产业就业相对增加至 50% 以上。

（一）增加值规模和结构

从三大产业增加值规模来看，自 1960 年以来，伊朗三大产业中第一产业和第三产业均实现波动增长，第二产业发展缓慢甚至时有萎缩。以农业为主的第一产业在伊朗国民经济中占有重要地位，占比长期较高。伊朗巴列维王朝强调工业兴国，相对不重视农业发展，且随着石油收入激增和工业化进程的推进，农业经济一度被边缘化，农业发展开始放缓，直至 1979 年伊斯兰革命之后，在霍梅尼—哈梅内伊政府时期，农业被作为伊朗经济发展的核心领域受到重视，政府采取多项措施促进伊朗农业发展，导致农业生产呈现出良好的发展趋势，20 世纪 80 年代和 90 年代，农业增加值增速都达到 4% 以上，至 2019 年，伊朗农业增加值达 491.47 万亿里亚尔，较上年增长 8.8%。

伊朗工业部门主要以石油工业为主，其他工业行业相对薄弱。1965 年至 1973 年，受油价飙升的影响，第二产业持续保持着 10% 以上的增速。1979 年伊斯兰革命后，伊朗实行石油工业国有化政策，导致大量外资和技术人员外流，工业整体严重衰退。同时，霍梅尼—哈梅内伊政府将"开放式"产业发展政策转向"封闭式"产业发展政策，指望通过严格的"进口替代"促进本国工业发展，摆脱本国经济对石油部门的严重依赖。但是，在此后数十年里，伊朗经济仍然表现出显著的"石油依赖症"，工业部门萎靡不振，仅有纺织业和食品加工业等轻工业部门发展较为成熟。1989 年之后，在拉夫桑贾尼政府的一系列经济改革、开放市场举措之下，伊朗工业迅速发展，1989 年至 1997 年，工业增加值年均增长率近 5%。

近年来，伊朗第二产业尽管依然处于大起大落的波动之中，但是钢铁、机械以及汽车工业等重工业部门已经逐渐发展起来。受美国制裁的影响，近两年伊朗工业部门有所震荡，2019 年增加值为 2396.03 万亿里亚尔，继2018 年之后持续萎缩，且萎缩幅度加大至 15.87%（见表 I−5−6）。

伊朗第三产业发展受益于政府经济结构调整政策而得到平稳发展。除了受伊斯兰革命后政局动荡的影响，服务业屡次出现 10% 以上的萎缩幅度之外，伊朗服务部门基本保持正增长。从 2018 年开始，受美国制裁的影响，伊朗服务业增加值出现小幅下滑，2019 年持续下滑，但是下滑幅度减小至 0.16%（见表 I−5−6）。

表 I−5−6　　　　伊朗三大产业增加值变化（1960—2019）

年份	第一产业		第二产业		第三产业	
	增加值（万亿里亚尔）	增速（%）	增加值（万亿里亚尔）	增速（%）	增加值（万亿里亚尔）	增速（%）
1960	47.42	555.72		220.95		
1970	66.85	3.34	1930.10	12.24	547.32	9.46
1980	114.17	3.69	818.76	−51.39	1573.91	−3.56
1990	186.38	11.03	1571.09	18.26	1223.41	9.97
2000	256.76	3.47	2066.42	9.20	1776.38	2.63
2010	335.92	6.12	3009.92	6.18	2992.70	5.33
2011	348.43	3.72	3065.25	1.84	3113.08	4.02
2012	364.66	4.66	2515.63	−17.93	3159.25	1.48
2013	384.63	5.48	2402.08	−4.51	3231.11	2.27
2014	405.43	5.41	2525.26	5.13	3277.19	1.43
2015	424.17	4.62	2489.27	−1.43	3201.96	−2.30
2016	441.97	4.20	3104.26	24.71	3316.42	3.57
2017	456.02	3.18	3198.54	3.04	3462.17	4.39
2018	451.71	−0.94	2848.14	−10.96	3442.16	−0.58
2019	491.47	8.80	2396.03	−15.87	3436.65	−0.16

说明：表中"增加值"均指世界银行公开数据库中用不变价本币计算的各产业增加值。如无特殊说明，本章里亚尔均指伊朗里亚尔；因篇幅所限，2005 年之前仅给出主要年份的增加值。

资料来源：世界银行公开数据库，https://data.worldbank.org.cn/。

从三大产业占比结构来看，20 世纪 60 年代以来，伊朗三产结构发生了显著变化。农业占比小幅增加，以石油工业为主的第二产业份额显著减小，从 1960 年的 67.43% 减小至 2019 年的 37.89%，而旅游业、信息通信业等服务业构成的第三产业占比逐渐增加，从 1960 年不足 30% 提高至 2019 年的 50% 以上。近十年来，伊朗三产结构保持在 6%、43% 和 50% 左右，呈现出石油产业为主的第二产业占比递减、服务业占比递增的趋势（见表 I -5 -7）。

表 I -5 -7   伊朗三大产业增加值结构演变（1960—2019）

年份	第一产业（%）	第二产业（%）	第三产业（%）
1960	5.75	67.43	26.81
1970	2.63	75.86	21.51
1980	4.55	32.66	62.78
1990	6.25	52.71	41.04
2000	6.26	50.41	43.33
2010	5.30	47.49	47.21
2011	5.34	46.96	47.70
2012	6.04	41.65	52.31
2013	6.39	39.92	53.69
2014	6.53	40.68	52.79
2015	6.94	40.70	52.36
2016	6.44	45.23	48.33
2017	6.41	44.94	48.65
2018	6.70	42.24	51.06
2019	7.77	37.89	54.34

资料来源：世界银行公开数据库，https：//data. worldbank. org. cn/。

（二）就业结构

伊朗总人口近年来持续增加，2019 年达 8291.39 万人，撇除存在大规模非正式就业、失业和统计误差等因素，就业总人数约为 3265.15 万人。从三大产业就业结构来看，1991 年至 2020 年，伊朗第一产业就业占比逐渐从 24.63% 降至 17.82%，第二产业就业占比基本稳定在 30% 以上，第三产业的就业占比逐渐从 44.08% 提高至 51.86%。从总体上讲，伊朗第一产业就业占比持续保持高位，第二产业自 1991 年以来的就业占比波动非常小，基本较为稳定。第三产业则小幅增加（见表 I-5-8）。

表 I-5-8　　　　伊朗三大产业就业结构演变（1991—2020）

	就业总人数（万人）	就业结构（%）		
		第一产业	第二产业	第三产业
1991	2343.73	24.63	31.29	44.08
1995	2423.73	23.98	30.89	45.14
2000	2569.16	24.53	30.36	45.12
2005	2910.63	24.75	30.37	44.88
2010	2736.52	19.22	32.20	48.58
2011	2775.97	18.69	32.85	48.46
2012	2778.66	18.60	33.06	48.34
2013	2858.44	18.29	33.28	48.43
2014	2863.83	17.89	33.76	48.35
2015	2963.08	18.03	32.53	49.44
2016	3061.62	17.98	31.88	50.14
2017	3181.62	17.58	32.04	50.38
2018	3234.38	17.65	31.43	50.92
2019	3281.82	17.95	30.58	51.47
2020	3265.15	17.82	30.33	51.86

　　资料来源：世界银行数据库截至 2020 年 9 月公布的基于国际劳工组织测算的三次产业就业结构数据。

第二节　重点工业

　　石油和天然气工业（简称"能源工业"）是伊朗经济的支柱产业，其他工业基础目前还相对薄弱，但是从总体上讲伊朗工业部门相对于其他石油出口国家更为多元化，除了能源工业外，汽车工业等其他工业呈现出快速增长态势。

一 能源工业

（一）概况

能源工业是伊朗的经济命脉。截至 2019 年，伊朗天然气储量为 33.99 万亿标准立方米，全球排名第二，仅次于俄罗斯；已探明原油储量为 2086 亿桶，位居全球第四，仅次于委内瑞拉、沙特和加拿大。[①] 其中，伊朗的石油储备分为三类：阿斯马里（Asmari）、班格斯坦（Bangestan）和哈马依（Khamay）。截至 2021 年 1 月，伊朗石油部统计数据显示，伊朗境内目前有 145 处油气田和 297 处油气储备，其中 45% 的石油储量和 77% 的天然气储量尚未开发。[②]

依托优越的天然资源禀赋，伊朗能源工业蓬勃发展，成为伊朗当之无愧的国民经济支柱产业，2015/2016 年，油气提取业一度贡献了四分之一以上的 GDP，此后对 GDP 的贡献虽然逐渐减小，但是至 2019/2020 年仍然保持着 15% 左右的份额。能源工业占出口的绝大部分份额，《伊朗统计年鉴 2018/2019（1397）》表明，2017/2018 年，油气产品出口额达 209.8 亿美元，占伊朗总出口的比重高达 70% 以上。

伊朗主要有十大原油精炼厂，分别是阿巴丹（Abadan）、阿拉克（Arak）、伊斯法罕（Esfahan）、阿巴斯港（Bandar Abbas）、大不里士（Tabriz）、德黑兰（Tehran）、设拉子（Shiraz）、克尔曼沙赫（Kermanshah）、拉万（Lavan）以及波斯湾之星（Persian Gulf Star）。《伊朗统计年鉴 2018/2019（1397）》表明，2017/2018 年，这十大原油精炼厂共计炼油 7.64 亿桶。其中，2017/2018 年产能超过 1 亿桶的炼油厂主要有三个，即阿巴丹（1.42 亿桶）、阿巴斯港（1.17 亿桶）和伊斯法罕（1.04 亿桶）。

基于能源工业的发展，伊朗石化工业体系也相对较为完善。伊朗石化

---

① OPEC 统计数据库，https：//asb. opec. org/ASB_ Chapters. html。

② 伊朗石油部，https：//en. mop. ir/portal/home/？ news/368984/368988/379465/oil-and-gas-fields。

工业发展可追溯到 1963 年成立于设拉子市的一家化肥厂，目前伊朗境内主要有两大石化产业园区，即马夏赫尔石化园区（Mahshahr）和阿萨耶卢石化园区（Assaluyeh）。马夏赫尔石化园区又称"石化经济特区"，是伊朗国家石化公司的附属园区。该园区成立于 1981 年，地理位置和自然条件得天独厚，园区内的石化工厂具有特区专享的政策特权，园区内主要有霍梅尼港石化工厂（Bandar Imam）、阿万德石化工厂（Arvand）、伊斯法罕石化工厂（Amir Kabir）等 21 个化工厂。阿萨耶卢石化园区又称"帕尔斯经济能源特区"，位于波斯湾，成立于 1998 年，是伊朗国家石油公司的附属园区，覆盖了南方帕尔斯、北方帕尔斯和坎甘三处油田。园区内主要有帕尔迪斯石化工厂（Pardis）、帕尔斯石化工厂（Pars）、扎格罗斯（Zagros）等 15 个化工厂。① 伊朗石化工业发展的优势明显，主要包括油气资源丰富，且石化园区政策提供了特殊的经营优势，包括原料充足、国际运输水道便利（如港口、机场、公路等基础设施条件完善）、专业园区特殊法律（如所有的生产和投资免税，进口原料、机器设备和零件的资金免关税、免利息，可以利用国外服务基金，土地之外的外国投资和股权可以达到100%）。

（二）能源工业演变进程

伊朗能源工业的演进过程和外资企业密不可分，能源领域最早的外资企业可追溯至 1908 年在伊朗马斯吉德苏莱曼（Masjed Soleyman）发现的一处大型油田后成立的、首家在中东开采石油的公司——英波石油公司（Anglo-Persian Oil Company），彼时伊朗政府与英国人威廉·诺克斯·达西签订租让协定（简称"达西协定"），使得英国人达西获得伊朗大部分地区的 60 年石油勘探权。1935 年，英波石油公司易名为英伊石油公司后继续在伊朗进行石油作业，1950 年，阿巴丹（Abadan）成为世界上最大的炼油厂。英伊石油公司石油供应的四分之三都来自伊朗的油田，该公司当时已全面控制了伊朗的石油生产。在英国人开采并逐渐控制伊朗石油资源的几十年里，英国人一直掌握着伊朗石油工业命脉，伊朗政府多次争取扩大伊朗在石油租让权方面的收益，但多以失败告终。

---

① 伊朗石油部，https：//en. mop. ir/portal/home/? news/368984/368988/369179/iran-petro-chemical-plants。

1951 年，伊朗议会通过《石油国有化方案》宣布对石油资源实行国有化，取消外资企业在伊朗石油领域的特许权。同年 6 月，政府成立伊朗国家石油公司，接管了英伊石油公司。石油国有化直接引发英国等西方国家对伊朗实行经济封锁，迫使伊朗失去了大量的石油出口市场，石油生产停顿。因此，第一次石油国有化并没有促进伊朗能源工业的进一步发展，反而由于本国缺乏石油生产和勘探的先进技术、遭到外国市场的经济制裁等因素而使得油气生产停滞。

在经历了石油工业发展危机之后，伊朗由于经济衰退而发生全国性暴动，在 1953 年政变之后，亲西方的总理法兹卢拉·扎赫迪上台，伊朗石油工业进入由国际财团共同控制的发展阶段，伊朗国家石油公司主要由八家国际石油巨头公司共同管理，其中英美两国石油公司各占股份 40%，荷兰皇家壳牌石油公司占 14%，法国石油公司占 6%，至此，伊朗第一次石油国有化运动宣告失败。20 世纪 50 年代中后期，伊朗实际上依然无法摆脱西方国际石油财团的控制，在这期间，财团和伊朗政府利润对半分成，石油生产设备和油井属于伊朗财产，依靠财团提供的大量资本、石油生产技术和管理经验，伊朗石油工业得以较快发展，石油产量大幅增加，石油收入从 1954/1955 年的 3400 万美元逐渐增加到 1958 年的 2.38 亿美元。[①]

20 世纪 60 年代至 70 年代，伊朗继续依靠和西方石油财团签订的石油协议发展石油产业，石油收入从 1961 年的 3.01 亿美元增至 1972 年的 23.8 亿美元。[②] 得益于石油协议下近二十年巨大的石油收入积累，伊朗维持了贸易平衡、国家预算并偿还外债，国家经济实力也逐渐增强，1974 年伊朗政府提出了在短期内要把伊朗建设成为世界第五强国的第五个国家发展计划修正案。1974 年 7 月，伊朗国家石油公司接管国际石油财团在伊朗的全部业务和设施，至此伊朗真正实现了石油国有化。同年，伊朗政府公布新石油法案，规定外资企业只能通过签订服务或承包合同的方式参与石油开发，禁止参与生产和产品分成，抑制了伊朗石油领域的外资注入。在此后几年里，伊朗政府在逐渐增强对石油工业控制权的同时，提高了石油生产加工

---

① 张帅：《1951—2015 年伊朗石油产业的发展历程与影响》，《西安石油大学学报》（社会科学版）2016 年第 4 期。

② 王新中、冀开运：《中东国家通史：伊朗卷》，商务印书馆 2002 年版。

的能力，促进了石油工业的飞速发展。直至 1978 年伊朗政局动荡，石油工人罢工频发导致石油工业发展再次陷入困境。1979 年，伊朗爆发伊斯兰革命，石油工业基本处于停滞状态。20 世纪 80 年代至 90 年代，伊朗伊斯兰共和国建立后，政府宣布废除国王时期与外国公司签订的所有油气合同，将能源工业收归国有，美国等西方国家开始对伊朗实行制裁，石油勘探活动几乎停止，相关设备也遭到破坏，伊朗石油工业受到重创，随后两伊战争的爆发更是雪上加霜，伊朗能源工业发展再次陷入停滞。

1989 年，在两伊战争之后，新上台的伊朗总统拉夫桑贾尼致力于摆脱战争阴影，重振经济，在经济自由化方针之下，伊朗奉行与外国公司合作开发油气资源的政策，伊朗开始引进先进技术和设备并恢复产能，能源工业得到重建并重新成为伊朗国民经济支柱的重要地位，尽管之后的石油市场自由化改革受到一些阻力，但伊朗政府仍于 1995 年进一步加大了对外合作力度，将本国的油气领域逐渐对外开放。这期间是伊朗能源工业再获发展的重要时期，但是仍旧受限于宪法明确规定的"绝对禁止向外国人提供租让地，以开办贸易、工业、农业、矿业和服务业公司与机构"。为此，伊朗国家石油公司为吸引外资合作发展能源工业，采取"产品回购合同"的变通方式，这种回购合同要求外国公司支付所有投资并承包开发油田工作，开发成功后以产量分成形式从伊朗国家石油公司获得报酬，并在一定年限之内把油田经营权移交给伊朗国家石油公司。同时，美国为制止外资企业进驻伊朗石油领域，于 1996 年颁发"达马托法"，制裁那些在伊朗石油领域年投资额超过 4000 万美元的外国公司，但实际上其威慑力非常有限。总之，尽管面对伊朗严苛的"产品回购合同"要求和美国的严厉制裁法案，仍有大量外国企业被伊朗巨大的能源市场吸引而进入。此后伊朗政府考虑到回购方式吸引外资的局限性，为了进一步吸引外资，于 2001 年出台了《吸引和保护外国投资法》，一年后生效，放宽了外资的法律、税收和义务条件。外资进入促进了伊朗老油田的升级改造和新油田的勘探开发，能源产量大大提升。1980/1981 年至 2000/2001 年，原油日产量从 144.1 万桶增加到 366 万桶，原油日出口量从 77 万桶增加到 234.5 万桶，石油产品日出口量从 14.1 万桶增加到 18.1 万桶。天然气产量从 166 亿立方米增加到 832 亿立方米，出口量从 94 亿立方米增加到 628 亿立方米（见表 I – 5 – 9）。

表 Ⅰ - 5 - 9   20 世纪 80—90 年代伊朗能源工业产出

	石油产出（万桶/天）			天然气产出（10 亿立方米）	
	原油产量	原油出口量	石油产品出口量	天然气产量	天然气出口量
1980/1981	147.6	77.0	14.1	16.6	9.4
1981/1982	144.1	79.1	14.0	15.7	9.7
1982/1983	268.4	168.6	18.1	30.4	18.0
1983/1984	270.9	204.5	5.7	27.8	15.5
1984/1985	237.1	160.7	6.7	30.9	21.5
1985/1986	250.4	146.0	5.4	34.4	24.1
1986/1987	217.6	125.0	0.5	25.3	15.6
1987/1988	246.0	154.6	0.0	30.9	20.3
1988/1989	255.7	164.7	0.0	30.7	20.2
1989/1990	294.7	182.3	5.2	32.2	21.3
1990/1991	323.1	222.4	6.0	37.0	23.5
1991/1992	336.6	246.0	9.9	46.2	32.2
1992/1993	348.4	239.7	9.8	48.0	35.1
1993/1994	360.9	218.4	12.4	48.4	36.9
1994/1995	360.3	222.0	13.6	54.9	35.3
1995/1996	361.2	229.0	17.5	59.4	39.0
1996/1997	361.0	244.1	18.6	64.2	42.4
1997/1998	362.3	234.2	22.2	69.5	47.6
1998/1999	366.6	230.0	11.3	72.5	51.5
1999/2000	337.3	207.9	19.7	80.0	58.7
2000/2001	366.0	234.5	18.1	83.2	62.8

资料来源：伊朗中央银行历年油气产业数据，https://tsd.cbi.ir/DisplayEn/Content.aspx。

总体而言，伊朗能源领域按照回购合同的方式引资取得了一定的成效，也吸引法国道得尔、意大利埃尼/阿吉普公司等不少外资企业进驻，促进了能源工业产值提升，但是引资进程颇为缓慢，不利于外资规模的扩大，远达不到伊朗政府的预期。这主要是以回购合同方式引资模式，存在明显的局限性，包括合同期限过短（投资及利润回收期只有 5 年左右）、政府强制规定外资企业所用投资超过初始计划投资的部分完全由外企自行承担、伊朗政务体系管理混乱，等等。

2003 年，伊朗宣布提炼出核电站燃料铀，伊朗核问题引发的美欧制裁再次对伊朗能源工业发展造成重创。在此后的十多年里，伊朗能源工业在国际经济制裁之下举步维艰，资金和技术短缺、设备和勘探过度依赖西方国家所导致的油气生产停滞等因素成为掣肘能源工业发展的重要限制因素，尽管 2004 年伊朗石油部长在博鳌亚洲论坛上释放了伊朗再次放松能源领域引资政策，宣称伊朗政府已制定了一系列特别的法律和法规，以保护境外投资者的利益、大量吸收外国投资，但因为制裁的巨大压力而导致伊朗石油产量总体下降，2011 年，伊朗原油出口量约为 260 万桶/天，2012 年 8 月已降至每日 90 万桶左右，创 1981 年以来伊朗原油出口最低值。[①]

直至 2015 年伊核协议签订，伊朗能源工业才再次迎来发展新机遇，国际社会开始对伊朗敞开大门，外资进入带来的技术和资金推动了能源工业的再次发展，原油产量增加至 315 万桶/天，原油出口回升至 108 万桶/天，此后两年的产量和出口量也持续提高。然而，2018 年，受美国制裁的影响，伊朗能源工业发展再次蒙上了不确定性的阴影，原油产量从 2017 年的 387 万桶/天降至 355 万桶/天，2019 年持续降低至 236 万桶/天；原油出口量从 2017 年的 212 万桶/天降至 185 万桶/天，2019 年大幅降至 65 万桶/天。在 2018 年美国实施制裁前后，伊朗原油产量降低了 39.02%、原油出口量降低了 69.33%（见图 Ⅰ - 5 - 6）。相较之下，伊朗的天然气产量相对稳定，OPEC 统计数据显示，2015 年至 2019 年，伊朗天然气产量从 2266.7 亿标准立方米稳步增加到 2537.7 亿标准立方米，年均增长 2.9%。

伊朗石油工业发展至今，其主要炼油厂的能源工业产品包括液化石油气、汽油、煤油、粗柴油、燃料油、喷气燃料和润滑油。根据《伊朗统计年鉴 2018/2019（1397）》，2018/2019 年，液化石油气、汽油、煤油、粗柴油、燃料油这五大石油产品的年度平均日产量分别达 9476 立方米、6488 立方米、21640 立方米、83857 立方米、73045 立方米。

（三）进出口贸易

就广义的燃料而言，伊朗碳氢燃料出口在总出口中的比重近年来逐渐减小。世界贸易组织统计了历年伊朗燃料进出口数据（如表 Ⅰ - 5 - 10）。可以看出，伊朗燃料出口规模在 2011 年前后达到一个高峰之后逐渐减小，

[①] 王海滨等：《伊朗因素将长期扰动国际石油市场》，《国际石油经济》2012 年第 12 期。

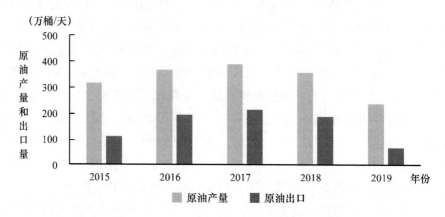

图 I - 5 - 6　2015—2019 年伊朗原油产量和原油出口量

资料来源：OPEC 统计数据库，https：//asb. opec. org/ASB_ Chapters. html。

燃料出口在总出口中虽然一直占据主导地位，但是占比份额逐渐减小，尤
其是 2019 年受美制裁影响相对于 1990 年已经大幅减小了 50 个百分点。
相对而言，伊朗燃料进口规模较小。从燃料进出口结构来看，伊朗原油及
石油产品等燃料出口市场主要是阿联酋、韩国和中国等地，主要进口地是
阿联酋、中国、瑞士、德国和印度。[1]

表 I - 5 - 10　　　　　　　主要年份伊朗总商品和燃料进出口额　　　　（现价百万美元）

年份	出口额			进口额		
	总商品	燃料	燃料出口占比（%）	总商品	燃料	燃料进口占比（%）
1990	19305	15307	79. 3	20322	—	
2000	28739	25611	89. 1	13898	311	2. 2
2005	56252	48269	85. 8	40041	3750	9. 4
2010	101316	72228	71. 3	65404	6834	10. 4
2011	132000	92039	69. 7	61760	974	1. 6
2012	108341	77206	71. 3	57292	684	1. 2
2013	90765	53101	58. 5	46571	560	1. 2
2014	95160	53652	56. 4	55106	706	1. 3

---

[1]　联合国贸易数据库，https：//comtrade. un. org/Data/。

续表

年份	出口额			进口额		
	总商品	燃料	燃料出口占比（%）	总商品	燃料	燃料进口占比（%）
2015	70275	27308	38.9	44937	366	0.8
2016	72903	41123	56.4	43080	180	0.4
2017	92764	52728	56.8	49499	261	0.5
2018	103422	60519	58.5	49353	434	0.9
2019	65718	19233	29.3	41828	292	0.7

资料来源：根据世界贸易组织门户数据（https：//data. wto. org/）整理得到。

仅就燃料出口中的原油和石油产品出口额来看，石油输出国组织（OPEC）《OPEC 年度统计数据公告（2020）》提供的数据显示，2019 年伊朗原油出口因受美国制裁的影响连续两年下滑，仅为 65 万桶/天（见图 I － 5 － 6）。石油产品出口额达 192.3 亿美元，在 OPEC 成员国中排名相对较为靠后（见图 I － 5 － 7）。

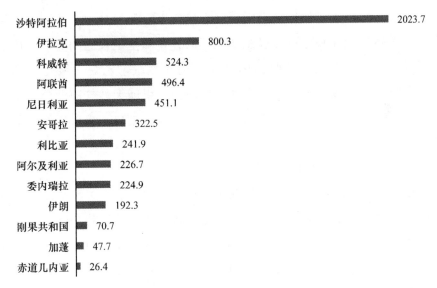

图 I － 5 － 7　2019 年 OPEC 成员国石油出口额（亿美元）

资料来源：《OPEC 年度统计数据公告（2020）》，https：//asb. opec. org/ASB_ Charts. html? chapter = 1。

（四）市场竞争主体

根据伊朗石油部（Ministry of Petroleum of the Islamic Republic of Iran）截至 2021 年 1 月公布的数据，伊朗能源市场上主要有四家国有公司：伊朗国家石油公司（NIOC）、伊朗国家天然气公司（NIGC）、伊朗国家石油精炼和分销公司（NIORDC）以及伊朗国家石化公司（NIPC），这四家公司不仅从事相关油气产品的生产、分销业务，同时也是相关油气细分领域的业务运营监管者。其中，NIOC 是伊朗能源工业的主导公司，下文将会对其做具体案例分析，这里仅对其他三家主要能源工业国有企业的情况进行分析。

1. 伊朗国家天然气公司（NIGC）

NIGC 成立于 1965 年，提供了伊朗 75% 的天然气需求，是中东地区综合排名前十的大型公司之一。根据 NIGC 官网公布的数据，截至 2018 年，该公司共有 31 家省级天然气公司，负责向伊朗境内城乡家庭、工商业用户等输送天然气。同时，NIGC 设立了八家天然气加工公司，进行天然气生产加工；设立伊朗天然气工程开发公司，负责输气管道、加气站的设计和建设，以及加工厂的开发和基础设施的建设；伊朗天然气输送公司，负责接收国内外生产的天然气、乙烷、液化石油气等，并将其转移到国内生产码头和出口码头；伊朗天然气商业公司负责天然气及其相关产品的市场营销、购买、销售、进口、出口以及商品和设备调试。

2. 伊朗国家石油精炼和分销公司（NIORDC）

NIORDC 是 1992 年伊朗石油部基于将石油产业链上下游活动分开的原则而成立的。该公司主营业务是油气产品生产、转移和分销，并努力提高产品质量，与邻国和地区国家交换或交易原油和石油产品，同时也负责监管全国范围内的加油站。NIORDC 目前主要有九大炼油厂，其中产能较大的炼油厂主要是伊斯法罕、阿巴丹、阿巴斯港、霍梅尼港以及德黑兰炼油厂，NIORDC 官网数据显示，2015 年这五大炼油厂日产原油和天然气凝结物分别达 37.8 万桶、36.5 万桶、29.1 万桶、24.1 万桶以及 23.7 万桶。①

3. 伊朗国家石化公司（NIPC）

NIPC 成立于 1963 年，旨在减少原油出口、完善石油生产价值链。该公司主营伊朗境内的化学品和石化产品的生产、销售、分销和出口。主要出口化学品，化肥，聚合物，芳烃，燃料和碳氢化合物，该公司目前在波斯湾沿岸的两个特别经济区（石化特别经济区和帕尔斯特别经济/能源区）运营多个项目。

（五）发展前景展望

依赖外资的伊朗能源工业在美国等西方国家的多轮制裁中艰难发展。伊朗能源工业目前主要的政策倾向是：通过进行必要的管理和投资来优化能源消耗，以减少国内碳氢化合物的国内消费并增加出口在生产中的比重；培训专业和高效的人力，特别是在石油行业的上游（如油藏工程、石油钻探、油藏勘探与管理），以及循环油藏和石油产品生产工艺和技术诀窍的生产领域开展石油工业研究；通过对比较优势的联合供资，以及对油气资源和炼油、石化工业、工业能源及其配套工程服务（包括相关航海工业和服务）的投资发展，使附加值最大化，促进国家的石油和天然气工业发展壮大。

为发展"抵抗型经济"，伊朗出台"20 年发展愿景规划"，其核心内容是减少对石油的依赖和创造更多的就业岗位，重要举措包括完善石油和天然气工业价值链，增加石油产品的附加值，提高电力、石化和石油产品的产量及出口等。

根据伊朗国家通讯社（IRNA）的报道，针对美国新一轮的严厉制裁，伊朗已经有所准备，伊朗政府批准了一项储存和增加石油产能的计划，未来将按照新情况的必要性努力落实这些计划。

但是，美国国内不乏反对伊核协议的声音，伊朗美伊关系修好尚需时日。总体上讲，国际局势的不确定性为伊朗能源工业发展蒙上了阴霾。

---

① NIORDC 官网，http：//en. niordc. ir/index. aspx？fkeyid = &siteid = 77&pageid = 2030。

案例：伊朗国家石油公司（NIOC）

伊朗国家石油公司（NIOC）是伊朗政府全资持有的国有企业，是目前世界上排名第二的石油公司，仅次于沙特阿美①。该公司拥有石油储备1590亿桶、天然气储备34万亿立方米，该公司拥有的南方帕尔斯气田独自拥有伊朗13万亿立方米的天然气，是伊朗最大的气田。NIOC是1951年伊朗政府实行石油资源国有化而专门成立的油气公司，代表伊朗政府主管伊朗能源工业各方面的业务，总部位于德黑兰，该公司主营业务是一系列石油行业的活动，包括勘探、钻探、生产炼制、研发、石油和天然气分销、出口以及相关的政策制定。

一　历史发展

NIOC作为伊朗能源工业的代理主管企业，其发展历史和伊朗能源工业的发展历史具有高度重合性，这里仅对NIOC发展历程中较为重要的关键事件进行分析。

20世纪40年代至50年代，伊朗的石油国有化运动促成了NIOC的成立。1951年，伊朗开始对其石油工业进行国有化，NIOC作为伊朗政府国有化政策的工具得以成立，直接接管了盎格鲁—伊朗石油公司（Anglo-Iranian Oil Company）的全部雇员和有形资产。1957年，NIOC开启了和外资企业合资、合作进行能源工业运营的进程。

20世纪60年代至70年代，NIOC开始通过与外企合资以及服务合同的方式进行独立发展。1965年，NIOC签署了九项合资协议。1966年，NIOC开始了自己的原油供应出口，但只占当时伊朗石油出口的很小一部分。20世纪60年代后期，NIOC开始采取服务合同的方式与外资企业合作，此时，外资企业在伊朗运营石油工业不再拥有所有权，而仅仅是作为NIOC工作的承包商而获取劳务报酬。从70年代开始，NIOC逐渐获取了越来越多的原油产出主导权和自主生产权，强化其作为伊朗政府工具的角色。1979年，NIOC被划入伊朗新成立的石油部并由其管辖。

---

① 美国《石油情报周刊》（Petroleum Intelligence Weekly，PIW）就石油储量、天然气储量、石油产量、天然气产量、炼油能力和油品销售六项指标，收集全球130余家公司的数据，进行综合排名。

20 世纪 80 年代至 90 年代，NIOC 在政治动荡中艰难生存。1979 年伊斯兰革命之后，新政府终止了此前的石油政策。1980 年，NIOC 的所有合资企业以及与外国石油公司签订的服务合同协议被终止。1986 年，NIOC 在 Sirri 岛的码头遭到伊拉克轰炸机的破坏。在此后十多年里，NIOC 一直在战火和地区动荡中艰难地维持着原油生产和炼制，其每一步发展都依赖于伊朗经济和地区政治局势。

20 世纪 90 年代至 21 世纪之初，NIOC 在国际制裁中奋力挣扎。在 90 年代之初，NIOC 努力重建并恢复在战火中丧失的炼油基础设施等，逐渐扩大炼油厂规模是其主要工作。此后，它逐渐开始尝试寻求与外资合作，尤其是美国企业。1996 年，美国颁布《伊朗—利比亚制裁法》，直至 2001 年该法又延长了五年，对 NIOC 的业务扩展造成了持续的重大打击，但是 NIOC 仍然通过回购合同等形式寻求意大利和日本等国家的外资合作。90 年代后期，NIOC 由于全球油价暴跌而陷入困境。至 21 世纪初，又由于油价高涨而获取了大量的石油收入，并得到稳定发展。

至今，NIOC 作为伊朗最大的企业、世界第二大石油公司，主管着伊朗能源工业的方方面面，在面临世界经济疲软、全球蔓延的疫情和美国新一轮的经济制裁时，仍在奋力实现增加外国投资和石油产量的目标。

二 主营业务

NIOC 下辖众多附属子公司，分别进行能源工业不同生产环节的业务，承揽了伊朗主要油气田的勘探和开发工作。按照能源工业产业链上下游划分，NIOC 包括的主要生产公司有：伊朗国家南方石油公司（NISOC）、伊朗中央油田公司（ICOFC）、帕尔斯石油和天然气公司（POGC）、伊朗海洋石油公司（IOOC）、阿凡丹油气生产公司（AOGPC）、卡扎尔勘探与生产公司（KEPC）；技术服务公司有：国家伊朗钻井公司（NIDC）、石油开发和工程公司（PDEC）、德黑兰卡拉纳夫采购与制造支持公司（MSPKNC）、伊朗石油码头公司（IOTC）。

伊朗的油气田按照性质可以分为陆上油田和海上油田。NIOC 的三家子公司负责开发陆上石油储备。伊朗国家南方石油公司是伊朗最大的石油厂商，自 1908 年伊朗发现第一口油井以来就一直进行伊朗石油和天然气的勘探工作，NISOC 又分设不同的子公司从事伊朗不同区域的油气勘探和生产业务，主要包括卡伦（Karoun）等五大油气生产公司。伊朗中央油田公司主营天然气生产，业务范围覆盖了伊朗境内75%的地区。主要分设三家子公司进行实际生产业务，包括南扎格罗斯（South Zagros）等三家油气生产公司。阿凡丹油气生产公司覆盖了胡齐斯坦省的西部直至伊拉克边境的油气生产业务。两家附属子公司负责勘探、开发伊朗的海上油田。主要是伊朗海洋石油公司和帕尔斯石油和天然气公司，前者主要负责波斯湾和阿曼湾的六处油气田勘探、开发，后者主要负责勘探和开发南帕尔斯油气田。

表 I – 5 – 11   伊朗国家石油公司下辖子公司

	子公司名称	子公司简称	成立年份	主营业务	附属公司
陆上油田	伊朗国家南部石油公司	NISOC	1971	油气生产、勘探	卡伦油气生产公司（Karoun）
					马龙油气生产公司（Maroun）
					阿加贾里油气生产公司（Aghajari）
					加奇萨兰油气生产公司（Gachsaran）
					马斯吉德苏莱曼油气生产公司（Masjed Soleiman）
	伊朗中央油田公司	ICOFC	1999	天然气	南扎格罗斯油气生产公司（South Zagros）
					东方油气生产公司
					西部油气生产公司
	阿凡丹油气生产公司	AOGPC	1985	油气生产、勘探	—
海洋油田	伊朗海洋石油公司	IOOC	1981	油气生产、勘探	巴里根作业区
					卡尔格作业区
					拉文作业区
					锡里作业区
					格什姆作业区
					基什作业区
	帕尔斯石油和天然气公司	POGC	1998	油气生产、勘探	—

资料来源：伊朗石油部，https：//en. mop. ir。

三 未来发展展望

NIOC 近期发展目标是将其石油日产能提高至 470 万桶，天然气日产能提高至 13 亿立方米，液态和气态凝析油日产能达到 110 万桶。[①] 同时，该公司在未来一段时间内，将致力于在油气行业采用新技术、实现这些技术的本地化和商业化。此外，NIOC 的其他国有子公司也确定了优先发展项目，以吸引外国资本和国际先进技术。

在美国新一轮制裁之下，自 2018 年以来，NIOC 不断尝试采取降低价格和放宽付款期限来吸引油气产品买家。2020 年，NIOC 宣布以大幅折扣价提供原油和凝析油，以应对制裁危机之下油气出口大幅削减的困境。而美国总统拜登发出了美伊关系缓和的信号，因此 NIOC 可能会因受到国际局势缓和的影响而增产原油。

二 汽车工业

（一）概况

汽车产业是伊朗仅次于能源工业的第二大支柱产业，对 GDP 增长的贡献率超过 10%，雇佣员工占劳动力的 4% 左右。2018 年以来，受美国对伊朗汽车产业施加制裁的影响，伊朗汽车产业因受制于金融渠道不畅以及各大外资汽车品牌纷纷暂缓或停止涉伊业务而导致的零配件供应紧缺，目前面临着较大的困难。[②]

（二）工业产能演变

伊朗汽车工业起源于 20 世纪 70 年代，第一条轿车生产线是从英国引进的"培康"牌轿车，当时汽车市场国产化程度达到 95% 以上；80 年代末，伊朗又引进了法国"标致"轿车生产线，国产化程度达 70% 以上；90 年代后期，伊朗又同日本的尼桑吉普车厂、韩国的大宇和起亚汽车以及法国的雷诺汽车合作，这些著名车企开始在伊朗设立合资公司以组装生产这些品

---

① NIOC 官网报告，https：//en. nioc. ir/portal/file/？219395/。
② 中国商务部国际贸易经济合作研究院、中国驻伊朗大使馆经济商务处、中国商务部对外投资和经济合作司：《对外投资合作国别（地区）指南——伊朗（2020 年）》，http：//www. mofcom. gov. cn/dl/gbdqzn/upload/yilang. pdf。

牌的轿车。伊朗轿车生产能力由 1989 年的近 3 万辆提高到 2002 年的 50 万辆，到 2005 年产量达 75 万辆，其中"培康"车年产 15 万辆。[1]

2006 年至 2010 年，伊朗汽车产量保持在 100 万辆以上，在中东地区始终居前两位。而在此后的几年里，受经济形势低迷以及新一轮对伊朗制裁等的影响，伊朗汽车产业呈萎缩态势。国际汽车组织网站（OICA）数据显示，2012 年至 2015 年，伊朗汽车年产量均不足 100 万辆，尤其是 2013 年因受美国制裁的影响而跌入低谷，仅为 63.06 万辆，较上年减少 25.64%，当年汽车市场销售额仅为 80.48 万美元，创伊朗汽车市场 2005 年以来的最低水平，直接导致伊朗在本地区第一汽车制造国的地位被土耳其所取代。

随着伊核协议的达成，中、日、韩及欧美汽车生产商纷纷重返伊朗，同时伊朗本土车企也不断发力，共同推动伊朗汽车行业快速发展，国际汽车组织网站数据显示，2017 年伊朗乘用车和商用车总产量为 151.54 万辆，较上年显著增长 30.11%，汽车市场销售额在 2016 年和 2017 年连续两年突破 140 万美元。中国驻伊朗大使馆经济商务处数据显示，伊朗 2016 年汽车行业产值占伊朗国内生产总值的 2.2%，为伊朗创造了 70 万个直接就业岗位和 240 万个间接就业岗位。2016 年 3 月至 2017 年 1 月的十个月里，伊朗共生产 100 万辆汽车，同比增长 40%。同期，伊朗进口汽车 45298 辆，同比增长 54%。伊朗海关数据显示，伊朗汽车进口数量约占国内市场的 5%。[2]

表 I -5 -12　　　　　　　　　伊朗历年汽车产量

	汽车产量（万辆）			总产量较上年变动（%）
	乘用车	商用车	总计	
1999	11.94	0.00	11.94	
2000	27.50	0.30	27.80	132.78
2005	92.38	15.34	107.72	36.59

---

①　中国驻伊朗大使馆经济商务处，http：//ir. mofcom. gov. cn/article/ztdy/200307/2003070 0112633. shtml。

②　中国驻伊朗大使馆经济商务处，http：//ir. mofcom. gov. cn/article/zxhz/201707/2017070 2609021. shtml。

续表

	汽车产量（万辆）			总产量 较上年变动（%）
	乘用车	商用车	总计	
2010	136.70	23.24	159.95	14.73
2011	141.28	23.65	164.93	3.12
2012	85.69	14.32	100.01	-39.36
2013	63.06	11.30	74.37	-25.64
2014	92.60	16.49	109.08	46.68
2015	88.49	9.75	98.23	-9.95
2016	107.40	9.07	116.47	18.57
2017	141.86	9.68	151.54	30.11
2018	102.73	6.82	109.55	-27.71
2019	77.00	5.11	82.11	-25.05

资料来源：国际汽车组织网站，https：//www. oica. net/category/production-statistics/。

2018 年至 2019 年，受经济不景气和新一轮国际制裁的影响，伊朗汽车产业受到重创，产量大幅下降，大量工人下岗，汽车产业在逆境中苦苦挣扎。OICA 发布的数据显示，2018 年，在伊朗境内，汽车公司共生产了 109.55 万辆乘用车和商用车，同比下降 40%，是 21 世纪以来伊朗汽车行业最严重的产量下滑。2019 年，美国制裁的恶劣影响仍在发酵，伊朗汽车行业的发展情况继续恶化，伊朗国内公司共生产了 82.11 万辆乘用车和商用车，同比下降 25%。2018 年和 2019 年，伊朗汽车市场销售额连续两年大幅下跌，2019 年已经跌至 65.55 万美元，低于伊朗 2005 年的汽车市场销售额，伊朗汽车市场可谓是进入了"寒冬"。伊朗政府采取的不利货币政策阻碍了汽车工业原材料的正常供应，同时美国对伊朗汽车制造商的外国合作伙伴的施压，共同构成汽车行业情况持续恶化的因素（见表Ⅰ-5-12）。在这种背景之下，伊朗主要的两家本地汽车公司——伊朗霍德罗和赛帕公司——产量均大幅下滑。2018 年 3 月 21 日至 2019 年 2 月 19 日，这两家公司的产量分别大幅下滑 40.9% 和 37%。[1]

---

[1] 中国驻伊朗大使馆经济商务处，http：//ir. mofcom. gov. cn/article/jmxw/201904/2019040 2851820. shtml。

2020 年，在疫情发生之后，伊朗汽车工业整体表现反而较制裁之下有所回升。根据伊朗工业部发布的最新数据，在伊朗的前五个月（2020年 3 月 21 日至 8 月 21 日）里，伊朗共生产 37.7 万辆轿车和商用车，较上年同期增长 21%。伊朗工业部副部长萨伊德·扎兰迪表示，汽车制造商计划到伊朗年底（2021 年 3 月）生产 120 万辆汽车，而上年伊朗汽车年产量为 92.7 万辆。①

（三）进出口贸易

伊朗汽车出口额在总商品出口额中的比重相对较小，2000 年以来不足 0.5%，近三年不足 0.1%。伊朗汽车出口随着汽车产业的发展，有两次较大规模的出口扩张：一次是 2000 年至 2010 年左右，在这段时间里伊朗汽车产业受到本国汽车产业支持政策和外资车企涌入的推动而得到较快发展，汽车出口额从 6100 万美元增加到 2012 年的 4.12 亿美元；另一次是随着伊核协议的谈判进程，伊朗开始逐渐扩大对外贸易市场，汽车出口额从 2013 年的 1.98 亿美元增加到 2015 年 2.12 亿美元。同时，早在 2017 年的汽车出口中就显现出对 2018 年美国制裁伊朗的预期效应，2017 年伊朗汽车出口骤减至不足 1 亿美元，在伊朗总商品出口额中的比重近二十年来首次降低至 0.1%，并在此后两年持续保持 0.1%的水平。

相较之下，伊朗汽车进口规模要大得多，在伊朗商品进口总额中的份额基本保持在 5% 左右。汽车进口额同样也经历了两次较大规模的明显扩张阶段。一次是 2000 年至 2012 年伊核协议达成前夕，伊朗汽车进口额从7.7 亿美元显著增加到 2012 年的 23.05 亿美元；另一次是进口额从 2013年的 21.41 亿美元增加到 2017 年的 35.74 亿美元。此后，受美国制裁的影响，伊朗汽车进口额显著、持续缩水，2018 年减少至 21.82 亿美元，2019 年继续减少至 10.5 亿美元（见表 I－5－13）。

在出口市场分布上，伊朗汽车类运输设备主要的出口市场是伊拉克、阿富汗、阿联酋、法国和阿塞拜疆，世界综合贸易解决方案（WITS）截至 2021 年 1 月的最新数据显示，2017 年，这五大出口市场的份额分别为

---

① 中国驻伊朗大使馆经济商务处，http：//ir. mofcom. gov. cn/article/jmxw/202009/20200903003527. shtml。

55.03%、8.39%、4.62%、2.76%和2.48%。在进口来源地分布上，伊
朗汽车类运输设备进口主要来源于阿联酋、中国、韩国、德国和土耳其，
2017年这五大进口来源国的份额分别为44.95%、23.48%、10.12%、
5.68%和3.64%。①

表 I - 5 - 13　　　　　主要年份伊朗总商品和汽车进出口额　　　（现价百万美元）

年份	出口额			进口额		
	总商品	汽车	汽车占比（%）	总商品	汽车	汽车占比（%）
1990	19305	—	—	20322	—	—
2000	28739	61	0.2	13898	770	5.5
2005	56252	145	0.3	40041	1596	4.0
2010	101316	484	0.5	65404	2688	4.1
2011	132000	336	0.3	61760	3261	5.3
2012	108341	412	0.4	57292	2305	4.0
2013	90765	198	0.2	46571	2141	4.6
2014	95160	181	0.2	55106	3714	6.7
2015	70275	212	0.3	44937	2624	5.8
2016	72903	120	0.2	43080	2910	6.8
2017	92764	97	0.1	49499	3574	7.2
2018	103422	124	0.1	49353	2182	4.4
2019	65718	56	0.1	41828	1050	2.5

资料来源：根据世界贸易组织门户数据（https：//data.wto.org/）整理得到。

（四）市场竞争主体

在伊朗汽车市场上主要有两股势力，即伊朗本地车企和跨国外资车
企。伊朗本地车企主要以三大国有汽车厂家为主，即伊朗霍德罗（Iran
Khodro）、赛帕（SAIPA）和萨姆汽车（SAM MOTOR），它们的生产量占

---

① WITS数据库，https：//wits.worldbank.org，https：//wits.worldbank.org/CountryProfile/en/
Country/IRN/Year/2017/TradeFlow/Import/Partner/all/Product/86-89_Transport。

伊朗汽车市场的90%以上。① 国际知名车企目前均已进入伊朗市场，包括奔驰、宝马、奥迪、大众、雷诺、丰田、现代、标致等，雷诺、丰田等品牌公司已与伊朗企业建立合资工厂，因而实现了本地生产或组装。

其中，伊朗霍德罗是中东地区最大的汽车制造商，也是伊朗仅次于伊朗国家石油公司的企业，总部位于德黑兰，成立于1962年。1966年，成立不久的霍德罗公司和英国罗特斯（Rootes）公司签订代工合同，负责制造后者的箭牌轿车（Paykan），到1977年，年产达到9.8万辆的产能水平。1973年，霍德罗开始致力于实现汽车零部件的本地化和本地市场自给自足。1974年，霍德罗开始代工标致汽车。此后，随着伊朗政局的动荡，霍德罗经历了伊斯兰革命和两伊战争，多次陷入经济和生产危机，濒临倒闭。幸存下来的霍德罗在1989年之后，开始了飞速发展，在和奔驰、标致、雷诺、铃木等全球领先的跨国车企合作的同时，霍德罗还不断进行自主研发，20世纪90年代开始自主设计、筹划生产伊朗国产车——萨曼德（Samand），2002年萨曼德汽车进入市场，伊朗的第二辆国产车——X12也处于霍德罗的项目规划之中。至2010年，霍德罗汽车年产已经达到近76万辆。② 根据国际汽车组织网站公布的数据，霍德罗在全球50家汽车制造商中基本排在25名左右，2015年至2017年，霍德罗汽车年产量从50.9万辆增加到71.1万辆，从第26名提高到第24名。③ 伊朗《金融论坛时报》数据显示，至2017年，霍德罗在伊朗汽车市场上的份额为39%，年收入达40亿美元。④ 至2021年，霍德罗主要有七大产品线，其中，自有品牌Irankhodro汽车产品线主要包括Dena、Dena +、Runna、Soren ELX、Samand LX、Arisun Pickup六款。此外还有标致、雷诺、东风风神H30 Cross、IKAP、海马等六个合资代工汽车产品线。历经数次战争烟火而屹立不倒的霍德罗，遭遇了2020年初疫情的沉重打击，3月12日，伊朗《法尔斯通讯社》报道，霍德罗公司因工人感染了新冠病毒，

---

① 中国驻伊朗大使馆经济商务处，http：//ir. mofcom. gov. cn/article/ztdy/200307/20030700 112633. shtml。

② 伊朗霍德罗官网，https：//www. ikco. ir/en/Intro. aspx。

③ 国际汽车组织网站，https：//www. oica. net/category/production-statistics/2017-statistics/。

④ 伊朗《金融论坛时报》，https：//financialtribune. com/articles/economy-auto/57870/iran-khodro-group-retains-39-market-share。

停止了所有工厂的生产活动，公司从当日起开始减产，在伊历新年假期前将产量降至零。

赛帕公司成立于 1965 年，总部位于德黑兰，主要业务是代工组装法国雪铁龙汽车。1968 年，赛帕开始生产第一辆汽车——雪铁龙的 2CV 汽车，发展至今，赛帕除了具备为跨国车企组装加工的代工生产能力外，还具备按照 OEM 订单为不同车辆制造所需零部件的能力（如铸造零件、锻造零件、冲压零件、塑料注射零件、聚合物零件等）。从赛帕成立到 1985 年，该公司均使用所代工汽车品牌的徽标，1985 年之后才开始拥有自己独立的徽标。目前，赛帕公司主要生产四种车型的汽车：轿车、SUV、轻型商用车以及重型商用车，同时也提供网上购物、二手车更换、报废计划、选件和配件的销售、在线状态检查、橙卡（服务包）以及车辆保险服务等。伊朗《金融论坛时报》数据显示，至 2017 年，赛帕在伊朗汽车市场上所占的份额为 28%，年收入达 28.5 亿美元。① 在海外市场发展上，赛帕汽车出口至委内瑞拉、叙利亚、伊拉克、阿塞拜疆、中国、阿联酋和黎巴嫩等市场。

2018 年以来，在美国威胁要对与伊朗进行贸易往来的所有公司实施制裁的压力之下，部分西方汽车企业开始考虑退出伊朗市场。离开伊朗的重要跨国公司包括美国波音和通用电气公司，法国道达尔、标致和空中客车公司，意大利埃尼集团，德国西门子和德国中央合作银行，丹麦马士基集团，以及其他数十家西方公司。在美国退出伊核协议的几个月内，所有欧洲公司都离开了伊朗。其中，与伊朗汽车工业联系十分密切的两家跨国公司法国汽车巨头标致和雷诺，在此次美国制裁伊朗的震荡之下，也彻底放弃了在伊朗的业务，对伊朗汽车市场造成了极大的打击。

与此同时，中资汽车企业加快了在伊朗汽车市场上的拓展步伐。2018 年 3 月 21 日至 7 月 20 日，伊朗共计生产了 82663 辆中国品牌汽车，同比增长 27.7%。13 家中国汽车公司通过与当地公司的合作在伊朗销售其车辆，包括奔腾、华晨、比亚迪、长安、奇瑞、东风、吉利、海马、哈弗、江淮、力帆、MG 和众泰。中国汽车制造商已将其在伊朗汽车产量中的份

---

① 伊朗《金融论坛时报》，https://financialtribune.com/articles/economy-auto/57870/iran-khodro-group-retains-39-market-share。

额提高至 20%，高于 2017 年的 16%。伊朗市场上的中国领先汽车品牌是奇瑞，在伊历 2019/2020 财年的前 4 个月里，奇瑞公司在伊朗制造了 23196 辆乘用车，同比增长 10.59%；IKCO 与海马和东风合作，共生产了 15867 辆乘用车，同比增长了 36.4%。赛帕公司与长安、众泰和华晨合作，共生产了 25290 辆乘用车，同比增长 40.28%。[①]

（五）发展前景展望

伊朗汽车制造业一直较为注重汽车的科技感，例如利用纳米技术提供防溅仪表盘、防水面和防划油漆，以提升客户满意度和安全度。2011 年，纳米技术倡议理事会宣布计划向黎巴嫩出口皮萨格曼—纳米—阿里公司（PNACO）生产的一系列"自制"纳米级发动机油，可以降低发动机腐蚀、燃料消耗以及发动机温度。未来伊朗在利用高科技提升汽车竞争力方面也会持续发展。

21 世纪初，伊朗汽车工业的产业政策是，严格限制国外品牌整车进口，伊朗海关公布 2002 年整车进口的商业利润为 100%，汽车零部件进口商业利润平均为 27%。其目的在于鼓励和保护发展民族汽车工业。[②] 为提升汽车行业本地化率，促进技术转移，2016 年伊朗政府继续提升整车进口关税，引导外资车企加大与当地车企合作。此外，伊朗计划进一步提高汽车尾气排放标准，拟采用欧 5、欧 6 等欧洲标准，对车企提出更高的要求。2010 年伊朗的补贴改革计划（Subsidy Reform Plan）逐步取消了对汽车产业的补贴政策。取消补贴至少在 2—3 年内可能会对汽车行业的盈利能力产生不利影响。

此外，伊朗汽车工业也面临着一系列挑战，主要包括：（1）通货膨胀率和失业率居高不下，抑制了本国居民的购买力。伊朗近几年来除了 2017 年通货膨胀率低于 10%，其他年份都在 10% 以上，2018 年和 2019 年两年连续攀升，2019 年高达 40%，失业率基本在 10% 以上。[③]（2）汽车市场缺乏竞争，价格由政府主导，价格不合理，导致报废车不能及时更

---

① 中国驻伊朗大使馆经济商务处，http：//ir. mofcom. gov. cn/article/jmxw/201808/2018080 2777873. shtml。

② 中国驻伊朗大使馆经济商务处，http：//ir. mofcom. gov. cn/article/ztdy/200307/20030700 112633. shtml。

③ 世界银行公开数据库，https：//data. worldbank. org. cn/。

新。(3) 受美国制裁的影响,外资车企纷纷退出伊朗市场,导致伊朗汽车市场损失大批汽车资金、技术、人才,阻碍了汽车工业的发展。

在种种不利因素的影响下,近几年来伊朗汽车工业遭受了巨大损失。一方面,西方车企的撤离导致伊朗国内汽车市场上欧美汽车价格攀升,从而部分伊朗居民可能会转向国产车或者中国产汽车,导致汽车市场份额在短时期内的重新分割。另一方面,这种形势也为伊朗汽车部门的民族工业发展提供了机遇。此外,尽管西方公司退出伊朗市场在现阶段给伊朗带来了重大损失,但是随着时局的变动,不排除美国新政府重新返回伊核协议或者重新谈判伊核协议之后西方车企重返伊朗市场的可能性。

第三节　重点服务业

伊朗服务部门整体发展势头较好,代表性服务部门包括旅游业和信息通信服务业。其中,伊朗是近年来世界上信息通信服务业的电信部门年增速超过20%的五个国家之一。[1]

一　旅游业

(一) 概况

伊朗具有五千多年的文明史,历史遗迹众多,波斯帝国首都波斯波利斯遗址、伊朗手工部落群等历史文化旅游资源丰富;且由于地理位置绝佳,里海和波斯湾的海洋旅游和生态旅游也吸引了大量境外游客;加上伊朗马什哈德和库姆作为宗教圣地,宗教旅游也是伊朗的旅游特色。中国商务部发布的《对外投资合作国别(地区)指南——伊朗(2020 年)》中的数据显示,除大量的自然景观外,伊朗有数万处历史、文化景观,登记在册的历史和文化遗迹多达 4000 多个。

1979 年伊斯兰革命是伊朗旅游业发展的分水岭。在伊斯兰革命之前,伊朗政府是世俗政府,国内价值观与西方价值观和谐统一,伊朗旅游业发展非常顺利,伊朗本身的历史古迹等旅游资源吸引了大量的欧美国家人

---

[1]　伊朗信息通信技术部官网,https://www.ict.gov.ir/en/introduction/affileted/telecommunication。

士，当时的伊朗政府在里海和波斯湾的海岸和岛屿上兴建了一批旅游场所，例如巴博勒萨尔（Babolsar）、基什岛（Kish Island）等。伊斯兰革命之后，亲美的巴列维政权所推崇的物质化、世俗化政策被取消，伊斯兰价值观成为建立伊朗社会法律法规的基础，旅游政策及其活动应遵循伊斯兰价值观、法律和法规，外国游客在伊朗旅游要遵守较多的伊斯兰法规限制。同时，伊朗本地居民对欧洲、美国、俄罗斯等地的外国游客的消极态度也在一定程度上限制了旅游业的发展——伊朗许多人认为，这些国家在过去的两、三个世纪中多次威胁到伊朗的独立性。[①]

因此，尽管拥有得天独厚的旅游资源，但是由于地区动荡问题以及伊斯兰革命之后的意识形态和价值观问题，伊朗的旅游业发展相对缓慢。在2019 年世界经济论坛发布的《旅游业竞争力》中，伊朗在世界 140 个参与排名的国家和地区中仅仅居第 89 名，处于靠后水平，较 2017 年提高了4 个名次。[②] 根据该竞争力报告，2019 年，伊朗旅游业在旅游产品价格这一项上的表现最佳，也是中东和北非地区表现最好的国家，主要得益于伊朗的旅游景点票价、客运价格等较低。除此之外，仅就 2019 年而言，世界经济论坛认为，伊朗在地区安全和健康卫生这两项上表现尚可，而在其他 10 项指标上表现较差，尤其是伊朗的旅游服务基础设施、空运基础设施以及国际开放度这三项，已经成为伊朗提升旅游业的突出障碍。

（二）游客规模

自 1991 年以来，伊朗凭借悠久的历史文化和自然风光等旅游资源吸引了大量游客，入境游客数量基本保持较为稳定的增长趋势。2006/2007年，伊朗入境游客数量稳步增加至 181.69 万人，尤其是 2012 年伊朗里亚尔的贬值也极大地促进了入境游客数量的增加，此后直至 2016/2017 年的十年间，基本保持逐渐增长的趋势，入境游客人数年均增速达 13.02%。2016/2017 年，入境人数小幅减少，2017/2018 年回升，2019/2019 年大幅增长 52.62%，达 780.41 万人（见图Ⅰ–5–8）。

---

① MrHafeznia，ShZarqhani，"The Process of Territorial Integrity and DistegrityIn Iran," *Geographical Research Quarterly*，Vol. 35，No. 45，2003.

② 这一报告根据机场设施、旅游服务基础设施及文化资源等 14 个指标对 140 个国家和地区的旅游竞争力进行打分、排名（https：//cn. weforum. org/reports/the-travel-tourism-competitiveness-report-2019）。

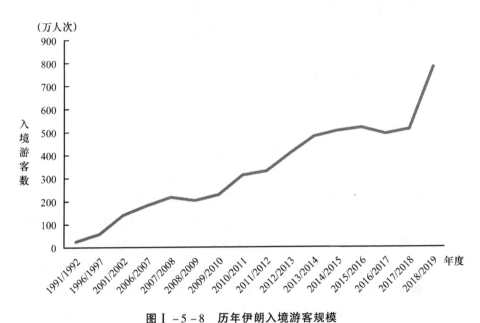

（万人次）

入境游客数

图 I - 5 - 8　历年伊朗入境游客规模

资料来源：伊朗统计中心历年统计年鉴，https：//www. amar. org. ir/english/Iran- Statistical-
Yearbook。

　　在历年入境游客中，陆路交通方式是入境游客抵达伊朗的主要交通方
式。《伊朗统计年鉴 2018/2019》数据显示，最近十多年来，采取陆路交
通抵达伊朗的游客占比高达 60% 以上，2018/2019 年为 79.9%，采取陆
路交通方式的游客人数达 623.23 万人次。其次是采取空运方式抵达伊朗，
这部分游客占比基本在 30% 以上，但是近两年远距离、空运抵达伊朗的
入境游客数量有所减少，2018/2019 年这部分游客占比仅为 19.9%，游客
人数达 155.01 万人次。相较之下，采取水运方式抵达伊朗的游客非常少，
在总入境游客人数中的占比基本不足 1%，2019 年仅为 0.3%。

　　在历年入境游客中，伊拉克、阿塞拜疆、土耳其、巴基斯坦和印度是
主要的游客来源国。世界旅行和旅游委员会数据显示，2019 年，这五大
国家的游客在伊朗入境游客总人数中的占比分别为 30%、21%、10%、
5% 和 1% [1]。

①　世界旅行旅游委员会，https：//wttc. org/Research/Economic-Impact。

伊朗旅游业的突出特点是宗教旅游。在历年入境游客和伊朗本地游客中,不少人是基于朝圣目的,伊朗有许多什叶派圣地,两个主要的圣地是马什哈德的伊玛目礼萨圣陵和库姆的法蒂玛圣陵。《伊朗统计中心历年统计年鉴 2018/2019》数据显示,2018/2019 年,伊朗朝圣旅游人数达 48.41 万人次,自 2011/2012 年以来逐年减少,在总游客中的比重已经从 57.55% 减少至 6.2%。2018/2019 年,朝圣和宗教旅游人数总和占比为 21.6%,而休闲旅游的游客数量则持续增加,占比达 34.6%。

得益于入境游客和本地居民的旅游出行人数逐年增多,伊朗酒店业作为旅游辅助行业也获得显著增长。伊朗统计中心发布的《伊朗统计年鉴 2019》第十一章"贸易和酒店"中的数据显示,2018/2019 年,伊朗酒店等住宿设施数量增加到 3134 家,较 2016/2017 年连续两年减少。其中,五星级酒店增加到 45 家,自 2014/2015 年以来逐年增加;从酒店等住宿设施的房间数和床位数来看,2018/2019 年,伊朗全部住宿设施的房间数共计 92752 间,基本与上年持平,床位数达 235630 张,较上年减少 4.1%。

(三)经济贡献

随着入境游客规模的扩张,入境游客在伊朗的旅游花费支出也逐渐增加。2005 年至 2017 年,入境游客在伊朗的支出年均增长 14.72%,尤其是 2016 年伊核协议即将签订前夕,入境游客总支出一度出现 26.95% 的年增长率。其中,入境游客支出主要花费在伊朗的酒店、景点等旅行项目上,由于客运价格低廉,花费在伊朗境内客运交通上的费用相对较少(见表 I-5-14)。

表 I-5-14　　　　伊朗入境游客在伊朗的支出　　　　(百万美元)

	支出	其中	
		旅行支出	客运支出
2005	1025	791	234
2006	1464	1216	248
2007	1950	1677	273
2008	1978	1737	241
2009	2259	2055	204

续表

	支出	其中	
		旅行支出	客运支出
2010	2631	2438	193
2011	2489	2348	141
2012	2483	2345	138
2013	3306	3054	252
2014	4197	3841	356
2015	4771	4388	383
2016	3914	3713	201
2017	4632	4402	230

资料来源：世界旅游组织数据库，https：//www. unwto. org/statistic/basic-tourism- statistics。

　　根据世界旅行旅游委员会发布的《旅游业经济影响力数据 2020》估计，2019 年，伊朗旅行和旅游业对其当年 GDP 的贡献率为 6.8%，远远低于世界平均水平 10.3%，伊朗旅游业仍具有较大的发展潜力。旅行和旅游业 GDP 达 1377.44 万亿里亚尔（约合 323 亿美元），较上年减少5.4%，小于实际 GDP 缩减幅度（9.3%）。此外，旅行和旅游业创造就业岗位 173.47 万个，占总就业的 7.3%。同年，国际入境游客共计在伊朗支出 2672320 亿里亚尔（63 亿美元），从而旅游服务出口在伊朗总出口中的比重达 8%。[①]

　　（四）发展前景展望

　　尽管伊朗历史悠久、古迹众多，生态旅游和文化历史旅游资源优势突出，但是由于中东局势的长期动荡、伊朗政府对旅游业缺乏重视，因而其缺乏战略规划、酒店住宿设施落后、旅游开发缺乏宣传、意识形态及价值观差异、伊朗当地居民和游客之间的文化交流限制以及伊朗各地政府对旅游业开发的否定态度等因素，共同导致了伊朗旅游业发展缓慢，无论是在世界经济论坛发布的旅游业竞争力排名还是世界旅行旅游委员会发布的《旅游业经济影响力数据 2020》上，伊朗旅游业的表现均不佳。结合

———————

① 世界旅行旅游委员会，https：//wttc. org/Research/Economic-Impact。

2019 年世界经济论坛发布的《旅游业竞争力》分析，未来伊朗要发展旅游业，需在提高空运服务设施、完善自然资源风光景观开发、提高国际开放度、完善便利化签证制度、提升旅游服务质量、翻新和开发文化资源古迹以提高文化旅游资源商业化服务等方面做出努力以促进旅游业发展。

实际上，伊朗国内对旅游业发展一直持两种不同的看法，两个派别之间的争论也对伊朗当前旅游业的发展造成了一定的阻碍。一个派别秉持世界旅游业发展的主流观点，认为旅游业是促进经济增长的重要推动力，应当大力支持、推动。另一个派别认为旅游业会威胁到伊朗的伊斯兰价值观和规范。受第二种观点的影响，伊朗不少地区政府不是保护和支持旅游业发展，反而是抑制本地文化企业从旅游业开发中受益。因此，伊朗对外地游客不友好的负面形象一直广受国际媒体的关注，是伊朗旅游业未来发展的重要障碍之一。[①]

2020 年初的新冠疫情也对伊朗本就发展缓慢的旅游业造成巨大冲击。中国驻伊朗大使馆经济商务处数据显示，自疫情暴发至 2020 年 9 月，疫情已经给伊朗旅游业造成约 120 万亿里亚尔（4.9 亿美元）的损失，伊历第一季度（3 月 20 日至 6 月 20 日），只有 74 名外国游客到访伊朗，而上年同期为 230 万人次，上年全年为 870 万人次。[②]

二　信息通信业

（一）概况

近年来，伊朗逐步放开了信息通信技术（ICT），20 世纪 90 年代开始启动私有化计划，移动电话、数据服务和互联网领域允许私营运营商进入。但是，固网市场仍然由政府垄断。为了实现《伊朗 2025 年愿景》的目标，伊朗当局正在寻求对 ICT 工业以及其他技术（如生物、纳米、航空、石油和天然气）进行投资。尽管近年来 ICT 的相关指标（例如，国际宽带和 Internet 普及率）大幅增长，但从全球范围来看，伊朗 ICT 发展水平依旧低得多。

---

① Maryam Bijamil, Albattat, Ahmad, "Challenges in Iran Tourism Industry," *Journal of Travel, Tourism and Recreation*, Vol. 1, No. 1, 2019.

② 中国驻伊朗大使馆经济商务处，http://ir. mofcom. gov. cn/article/jmxw/202009/2020090 2999820. shtml。

伊朗的 ICT 服务领域主要有三个系统：数字微波通信系统、光纤通信系统和卫星通信系统。ICT 行业发展受伊朗信息通信技术部指导和监管，信息通信技术部下属的伊朗国家电信公司（TCI）是伊朗最主要的电信企业。

近年来，伊朗电信行业取得了较快的发展。在通信基础设施建设上，2015—2017 年，伊朗投入了超过 37 亿美元的资金，其中 25 亿美元来自私营领域，12 亿美元来自政府。在高强度建设之下，伊朗全国光纤总长度超过 56644 千米，伊朗国家带宽约为 4 GB/s，并已在约 700 个城市提供 3G 网络服务，在约 350 个城市提供 4G 网络服务。[①] 在信息通信质量上，截至 2018 年 3 月，伊朗网络数据传输速率已达到 6968 千兆比特/秒，提高了 2.47%。[②]

2017 年，伊朗在 ITU 公布的 167 个国家的信息发展指数（IDI）中列第 81 名，较上年提高了 4 个名次。

（二）信息通信业发展演变

从历年伊朗信息通信业主要指标演变趋势来看，伊朗信息通信业近年来呈稳定发展趋势。伊朗统计中心为衡量伊朗境内信息通信业的发展，主要使用四个指标来衡量（见表 I – 5 – 15）。从这四个主要的信息通信指标来看，2008/2009 年至 2017/2018 年，伊朗信息通信技术服务接入的家庭数逐渐增加，其中，伊朗 2017/2018 年接入的信息通信技术服务的家庭数达到了 2469.4 万户，较伊朗两年前的 2015/2016 年增加了 4.62%；而使用信息通信技术的人数增加到 7231.84 万人，较伊朗两年前增加了 2.5%。

在伊朗 ICT 部门中，传统的固话和移动电话服务近年来均呈现出稳定发展态势。其中，从伊朗固话接入数量来看，2001/2002 年至 2018/2019 年，伊朗固话用户均逐渐增长，从 1217.04 万户增加到 3850.6 万户，2018/2019 年较上年增长 3%。固话使用数量总体趋势是增长的，但是 2018/2019 年，固话实际使用数量从上年的 3094.42 万户减少到 2956.82 万户，减少了 4.4%。相较之下，移动用户规模飞速扩张，从 2001/2002

---

① 中国驻伊朗大使馆，http：//ir. mofcom. gov. cn/article/zxhz/201707/20170702609021. shtml。

② 中国商务部国际贸易经济合作研究院、中国驻伊朗大使馆经济商务处、中国商务部对外投资和经济合作司：《对外投资合作国别（地区）指南——伊朗（2020 年）》，http：//www. mofcom. gov. cn/dl/gbdqzn/upload/yilang. pdf。

年的 208.74 万人大幅增长至 2018/2019 年的 9303.66 万人，远远超过固话使用用户规模，2018/2019 年较上年增长 5.3%（见表 I - 5 - 16）。此外，2018/2019 年，伊朗 3G 和 4G 用户数总计为 6413.71 万人。

表 I - 5 - 15　　　　伊朗历年信息通信业发展的主要指标

	接入信息通信技术服务的家庭数（万户）			
	总家庭数	接入固定电话的家庭数	有电脑的家庭数	家中可以联网的家庭数
2008/2009	1897.49	1785.09	572.49	344.70
2010/2011	2044.90	1965.93	720.35	437.14
2013/2014	2239.00	2184.16	1027.04	846.19
2015/2016	2359.40	2328.08	1353.41	1308.83
2017/2018	2468.40	2437.98	1721.61	1796.03
	使用信息通信技术的人数（万人）			
	总人数（6 岁及以上）	使用手机的人数	有电脑的人数	使用互联网的人数
2008/2009	6401.94	—	—	769.56
2010/2011	6588.79	3553.72	1743.81	1047.55
2013/2014	6869.53	4617.56	2358.03	2057.52
2015/2016	7055.43	5495.75	2903.33	3198.58
2017/2018	7231.84	5839.44	3503.71	4631.55

资料来源：伊朗统计中心《伊朗统计年鉴 2018/2019》，https：//www.amar.org.i r/english/Iran-Statistical-Yearbook。

表 I - 5 - 16　　　　伊朗固话和移动电话用户数量　　　　　　（万人）

	固话用户		移动用户
	接入数量	使用数量	使用数量
2001/2002	1217.04	1089.66	208.74
2006/2007	2714.36	2262.69	1538.53
2011/2012	3137.74	2654.02	5542.63
2014/2015	3370.32	2941.73	7092.02

续表

	固话用户		移动用户
	接入数量	使用数量	使用数量
2015/2016	3468.85	3026.22	7591.45
2016/2017	3559.41	3050.66	8288.34
2017/2018	3737.66	3094.42	8833.24
2018/2019	3850.60	2956.82	9303.66

资料来源：伊朗统计中心《伊朗统计年鉴 2018/2019》，https：//www.amar.org.i r/english/I-ran-Statistical-Yearbook。

在新兴信息通信领域，电子政务建设是伊朗近年来持续推进信息化建设的重要举措，智慧型政府是伊朗信息通信业重要发展目标之一。根据联合国发布的电子政务指数（EGD），受国际经济制裁等因素的影响，2020年伊朗在 193 个国家和地区中居第 89 名，较 2018 年（第 86 名）有所下滑。在 5G 发展布局上，伊朗第二大移动运营商 MCI 于 2021 年初发布消息称，伊朗自 2020 年 3 月开始调试 5G，已经于 2020 年 9 月开始提供 5G 覆盖。伊朗电信部长穆罕默德·贾瓦德·阿扎里·贾赫罗米（Mohammad Javad Azari Jahromi）在 2020 年 9 月的一次会议上表明，伊朗于 2021 年 2 月提供家庭接入 5G 宽带的服务。

（三）主要运营商

伊朗 ICT 产业由信息通信技术部下属的伊朗国家电信公司（TCI）主导。TCI 成立于 1979 年，2009 年进行了私有化改革，在德黑兰证交所公开上市，并以 78 亿美元的总市值成为伊朗最大的上市公司。TCI 主要负责伊朗境内整个电信部门的运营，目前已经建设了伊朗最先进的电信网络，包括光纤数字转换、移动、信息网络、卫星服务以及特殊电话服务等，根据伊朗信息通信技术部官网公布的数据，伊朗境内 80% 以上的电信网络所需设备都是由 TCI 制造的。

伊朗移动电信业务领域主要有三大运营商：伊朗移动电信公司（MCI）、MTN 集团伊朗移动公司（MTN Irancell）和瑞尔电话公司（Rightel）。其中，MCI 是 TCI 专门负责移动业务的子公司，又称 Hamrahe Aval。MCI 作为伊朗最大的移动电信运营商，其电话线铺设规模最大，尤其是仍在使用中的电话线规模，表 Ⅰ－5－17 显示，2018/2019 年其电话线达 5516.28 万根，远远高于其他两家运营商，3G 和 4G 用户数达 4265.38 万人。

表 Ⅰ－5－17　　　　　伊朗三大运营商移动业务电话线铺设规模　　　　　（万根）

	MCI		MTN Irancell		Rightel	
	已弃用	使用中	已弃用	使用中	已弃用	使用中
2014/2015	6291.70	4043.77	6988.87	2811.46	438.51	236.79
2015/2016	6348.59	4348.51	7988.39	3054.61	640.55	188.33
2016/2017	6757.99	4898.62	7968.75	3212.10	648.24	177.62
2017/2018	7334.15	5261.49	8543.46	3315.60	1075.04	256.16
2018/2019	8288.06	5516.28	8107.14	3391.02	951.37	394.79

资料来源：伊朗统计中心《伊朗统计年鉴 2018/2019》，https：//www. amar. org. i r/english/I-ran-Statistical-Yearbook。

　　MTN Irancell 是伊朗第二大移动运营商，由南非 MTN 集团（49%）和伊朗政府控制下的财团（51%）于 2006 年成立的合资公司。2018/2019 年，MTN Irancell 使用中的电话线铺设规模达 3391.02 万根，3G 和 4G 用户数达 1835.47 万人。

　　Rightel 是伊朗第三大移动网络运营商，由伊朗社会保障组织的投资公司于 2011 年建立。和前两家移动运营商相比，Rightel 市场份额相对小得多，其使用中的电话线规模在 2018/2019 年为 394.79 万根，3G 和 4G 用户数达 312.86 万人。尽管市场规模较小，但是 Rightel 是伊朗第一家提供 3G 移动网络服务的运营商（见表 Ⅰ－5－17）。

　　除了上述三家主要的移动运营商之外，伊朗信息通信业还有以下通信服务公司：（1）塔利亚通讯公司（Taliya），成立于 2004 年，是伊朗第一家私立的预付费移动网络运营商，主营业务是提供 SIM 卡拨打电话、收发短信以及移动数据等通信服务。（2）莫斌公司（Mobinnet），成立于 2008 年，是伊朗最大的无线宽带互联网服务提供商，2019 年该公司建立了基于 TD-LTE 的全国无线网络技术，该公司主营业务是提供高速 TD-LTE 互联网、宽带上网、虚拟专用网、数据中心以及物联网等网络服务。

（四）经济贡献

自 20 世纪 90 年代以来，信息通信技术（ICT）为促进发达国家和发展中国家的国内生产总值（GDP）和劳动生产率的增长做出了巨大贡献。ICT 行业对伊朗经济的贡献率也逐年增加。2012 年至 2016 年，伊朗 ICT 行业占 GDP 的比重分别是 1.14%、1.25%、1.41%、1.49% 和 1.52%。[①]

可以看出，尽管伊朗政府十分重视 ICT 行业的发展，但是从总体上讲，ICT 行业对伊朗经济的贡献度还相对较小，这从 ICT 服务的输出上可以看出来。对比伊朗电信服务进出口规模可以看出，除了 2015 年之外，近十多年来，伊朗在 ICT 服务贸易上基本是贸易赤字国，ICT 服务进口规模远远大于出口规模。根据截至 2021 年 1 月 WTO 数据库的统计数据，伊朗 ICT 服务贸易赤字规模基本在 2 亿美元以上，2017 年达 3.09 亿美元，较上年增加了 25.6%（见图 I -5 -9）。

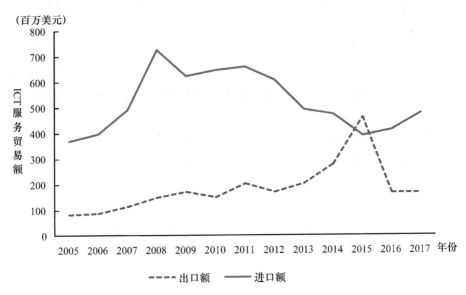

图 I -5 -9　历年伊朗 ICT 服务贸易额

资料来源：WTO 数据库，https：//data. wto. org/。

① 国际电信联盟学术论坛报告《伊朗数字经济和数字化转型概述》，https：//www. itu. int/en/ITU-D/Regional-Presence/AsiaPacific/SiteAssets/Pages/Events/2019/jul-iran-dtx/Workshop-on-% E2% 80% 9CDigital-Transformation-in-Digital-Economy% E2% 80% 9D/Session% 2014% 20-% 20Iran. pdf。

（五）发展前景展望

伊朗信息通信发展水平在国际范围内的相对落后状态，促使伊朗政府开始关注这一领域的政策扶持，信息通信技术部于 2016 年发布了伊朗信息通信业五年（2016—2020）发展规划，明确指出伊朗信息技术及其他信息服务部门和电信部门的发展目标，包括将伊朗家庭宽带接入率从 2016 年的 55% 提高至 80%、伊朗电子政务系统的政务处理率从 2016 年的 20% 提高到 100%、农村地区的互联网接入率从 30% 提高到 90%。

从长期来看，为推动伊朗信息通信业的发展，伊朗通信监管局（CRA）制定了当前阶段的政策目标，主要包括：（1）通过加强生产要素调整，优化稀缺资源分配和赋予劳动力权利，强调信息通信技术部门经济的增长和生产力；（2）加强信息通信技术领域的竞争和创新；（3）提供基础设施，将国内外资金以及科学和人力资源用于培育企业家精神，发展信息通信技术市场以及最大程度地促进企业间的合作；（4）支持信息通信技术部门的知识型经济，以提高伊朗的国际地位，增加生产份额，并为产品出口和提供知识型服务创造条件；（5）加强信息通信技术部门中私营部门和非政府公共组织的合作；（6）缩小城乡信息通信技术服务发展差距，等等。因此，伊朗信息通信业未来的发展会获得一定的保障性政策支持。

为应对 COVID-19 疫情危机，伊朗信息通信业及时采取有效措施，在获得自身发展的同时，也为减轻疫情对伊朗社会经济的破坏做出了贡献。伊朗境内的信息通信服务运营商和其他通信服务提供商为伊朗居民提供了免费上网、促进电子学习和远程办公、扩大电信网络的容量和数据速率、分配用于健康服务和监测的专用热线电话以及发送免费的健康短信、基于新技术的应用程序设计和开发、以监视和控制 COVID-19 的传播、更新适合在全国范围内安全分配托运货物和邮政车队的卫生指示、通过启动新的在线系统来提供 CRA 服务（包括更新许可证和 ICT 许可证），从而减少对 CRA 的面对面访问，等等。疫情的暴发，既考验了伊朗信息通信业的及时应对能力，也对信息通信技术服务发展提出了更高、更广泛也更多元化的要求，为信息通信业提供了发展动力。未来，在疫情反复阶段和后疫情时代，伊朗信息通信业将面临更大的发展机遇和挑战。

第六章 政治生态

伊朗伊斯兰共和国 (Islamic Republic of Iran, 简称 "伊朗") 曾是君主制国家, 1978 年 1 月, 伊朗民众举行了反对君主制的大规模示威活动——伊朗伊斯兰革命 (Iranian Revolution), 推翻了伊朗国王穆罕默德·礼萨·巴列维 (Mohammad Reza Pahlavi) 的君主统治。本次革命的政治和精神领袖大阿亚图拉·鲁霍拉·霍梅尼 (Grand Ayatollah Ruhollah Khomeini)[①] 从法国返回伊朗。经过全民公投, 伊朗于 1979 年 4 月 1 日正式成为伊斯兰共和国。因此, 以此为时间起点和历史基础, 大体上可以从政治结构、主要政党、总统选举等结构性要素出发, 阐释、总结伊朗的政治生态及其主要特征。

第一节 伊朗的政治结构

伊朗现行宪法是 1979 年 12 月由全民投票通过的《伊朗伊斯兰共和国宪法》(Constitution of the Islamic Republic of Iran)。1989 年 7 月, 该宪法进行了迄今唯一一次修改, 取消了国家最高领袖 (The Supreme Leader) 必须是大阿亚图拉的规定, 废除了总理一职, 加强了总统的行政权力, 并成立了最高国家安全委员会。霍梅尼逝世前亲自指导了这次修宪。该宪法是伊朗最高法律, 确立了国家的政治制度, 因而可以从宪法出发认识伊朗的基本政治结构。

《1979 年宪法》规定, 伊朗是一个伊斯兰共和国, 政教合一, 国家主权属于真主, 人民应按照宪法规定的方式行使真主赋予的权利。伊斯兰教法

[①] 大阿亚图拉是对伊斯兰什叶派宗教学者的最高称号, 意为 "真主最伟大的象征"。

是国家至高无上的道德权威，也是公共生活的最高准则。同时，宪法也规定了伊朗实行总统内阁制和三权分立，但世俗的行政机构、立法机构和司法机构必须在宗教机构的监督和制约下行使权力，以保障伊斯兰革命成果。可以说，伊朗的政治制度融合了伊斯兰神权政治和现代"民主"元素。

（一）主要宗教权力机构

1. 最高领袖和专家会议

宪法规定，伊朗最高政治权力属于最高领袖。最高领袖必须是非常博学、品德高尚且具有治理能力的伊斯兰什叶派宗教学者。最高领袖是伊朗政治和宗教领域的最高领导人，他与总统一样是伊朗国家元首，此外还是伊朗军队和伊斯兰革命卫队①（Islamic Revolutionary Guard Corps）的总司令。最高领袖实行终身制，只对专家会议负责。伊朗专家会议（the Assembly of Leadership Experts）负责选举、监督、罢免最高领袖，由86人组成。最高领袖需获得专家会议三分之二以上的多数票才能当选。专家会议每8年举行一次选举，按伊朗各省人口比例，由选民投票从宗教法学家中选出专家会议成员。宪法监护委员会（Guardian Council）负责审查专家会议的候选人资格。

最高领袖的主要职权包括：制定和监督伊朗内外政策的基调和方向；发起全民公决；宣布战争与媾和；任命和罢免最高司法委员会领导人、宪法监督委员会中的宗教学者成员、国家广播电视网络的领导人以及伊斯兰革命卫队的最高指挥官；批准总统选举，根据最高法院的裁决或伊斯兰议会（Islamic Consultative Assembly of Iran）的决议罢免总统等。② 至今为止，伊朗共产生过两名最高领袖：伊朗伊斯兰革命领袖阿亚图拉·鲁霍拉·霍梅尼和现任最高领袖大阿亚图拉·赛义德·阿里·哈梅内伊（Grand Ayatollah Seyyed Ali Khamenei）。

2. 宪法监护委员会

根据宪法的规定，伊朗设立了宪法监护委员会。伊朗所有议员候选人

---

① 伊斯兰革命卫队是伊斯兰革命胜利后，霍梅尼等伊朗领导人为了巩固革命果实，维护伊朗领土完整和政治独立，负责维持国内秩序，而成立的一支独立于军队之外的属于自己的武装力量。伊朗伊斯兰革命卫队与正规军一样，也有陆军、空军、海军三军编制，与伊朗正规军的地位平行。

② 参见伊朗宪法，https：//en. parliran. ir/eng/en/Constitution。

和所有立法都必须经过宪法监护委员会的批准，以确保不违反宪法和伊斯兰教法。宪法监护委员会由 12 人组成，包括由最高领袖直接任命的 6 名教会神职人员（伊斯兰法专家）和 6 名由最高司法委员会①提名并经议会选出的法学家，任期 6 年。

宪法监护委员会的主要职权包括：监督专家会议选举、总统选举、议会选举和公民投票；审查和批准总统候选人和议员候选人资格；解释宪法；审议、批准议会通过的议案，确认其是否违背伊斯兰教义和宪法，将违反教义、宪法的议案退回议会修改、审议；经调查后宣布选举结果无效等。

3. 国家利益委员会（The Expediency Council）

1988 年，为了解决议会和宪法监护委员会之间的争端，伊朗成立了国家利益委员会。国家利益委员会是伊朗最高领袖的顾问机构，负责调解和仲裁议会与宪法监护委员会在立法事宜上的矛盾，帮助最高领袖监督、实施国家大政方针，这使它成为伊朗十分有影响力的机构之一。国家利益委员会成员任期 5 年，主席与其他成员由最高领袖直接任命。伊朗最高领袖及宪法监护委员会中的六位宗教法学家是国家利益委员会的法定成员。在磋商政务时，政府部长、议长可以成为国家利益委员会的临时成员。②

（二）主要世俗权力机构

1. 立法机构

根据宪法，伊朗的最高立法机构是议会。经 1989 年宪法修正后，伊朗解散了参议院，开始实行一院制。议会由 290 位议员组成，其中为少数宗教族群代表保留 5 个席位：亚美尼亚基督教徒（Armenians）2 个，琐罗亚斯德教徒（Zoroastrians）、犹太教徒各 1 个，亚述基督教徒（Assyrian Christians）和迦勒底基督教（Chaldean Christians）共同选举产生 1 个。议员任期 4 年，可连选连任，由选民直接选举。议员必须是 30—75 岁的身体健康、声誉良好的伊朗公民，忠于宪法、信仰伊斯兰教（除非竞选代表少数宗教族群）。在议会选举中，候选人可以独立竞选，也可以与政见相似的候选人结盟参选，议会席位并不区分政党归属。各党派提名候选人也

---

① 最高司法委员会领导人由最高领袖任命。

② 参见伊朗宪法，https：//en. parliran. ir/eng/en/Constitution。

不局限于本党派成员。

议会的主要职权有：批准国家预算、决算；起草立法，提出和审议法案；解释普通法；通过投不信任票来罢免政府部长，弹劾失职总统；批准国际条约；经过议会三分之二以上议员批准，可以就非常重要的经济、政治、社会和文化事务进行全民公投。议员享有豁免权，在履行职责的过程中可以自由表达意见和投票，不得因在议会发表意见或投票而被起诉或逮捕等。现任议长是 2020 年 5 月上任的穆罕默德·巴吉尔·卡利巴夫（Mohammad Bagher Ghalibaf）。

2. 行政机构

除宪法规定的直接由最高领袖管辖的事项外，行政部门的职能由总统和部长行使。总统是伊朗国家元首和政府首脑，由全民直接选举产生，任期四年，可连任一届。宪法规定，总统必须是年满 21 岁，在伊朗出生、信仰真主和伊斯兰教什叶派、忠于宪法的伊朗公民，总统候选人需要通过宪法监护委员会的资格审查。宪法监护委员会审查总统候选人的目的在于可以确保政府重要职位掌握在具有较高政治经验的人手中，使伊朗政治保持稳定，但也有部分反对人士认为，这减少了伊朗进行政治改革的机会，可能会造成少数精英把持政治权力。[1] 在总统选举中获得 50% 以上选票的候选人胜选。如首轮选举中没有候选人得票率超过 50%，则得票数居前二的候选人进入第二轮选举。在第二轮选举中，得票多者胜选。总统大选结果由选举委员会公布后必须得到宪法监护委员会的认可，宪法监护委员会经调查在证据确凿的情况下有权宣布某个选区乃至整个选举结果无效。[2]

总统的主要职权是负责制定国家的经济和社会政策，但最高领袖在伊朗国内乃至整个伊斯兰什叶派世界享有更高地位，总统权力在很大程度上受到最高领袖和宗教机构的制约。总统可以任命数位副总统，可以任命一名第一副总统主持政府工作。部长人选由总统提名，经议会批准。[3] 现任伊朗总统哈桑·鲁哈尼（Hassan Rouhani）于 2013 年首次当选，2017 年赢得连任。

---

① 参见 https：//ourpolitics. net/the-political-system-of-iran/。

② 参见伊朗宪法，https：//en. parliran. ir/eng/en/Constitution。

③ 参见伊朗宪法，https：//en. parliran. ir/eng/en/Constitution。

表 I -6-1 伊朗历任总统

姓名	任期	所属政党
阿布·哈桑·巴尼萨德尔 （Abol Hassan Banisadr）	1980.2—1981.6	独立人士
穆罕默德·阿里·拉贾伊 （Mohammad Ali Rajai）	1981.8—1981.8	伊斯兰共和党 （The Islamic Republican Party）
大阿亚图拉·阿里·哈梅内伊	1981.10—1989.6	伊斯兰共和党 战斗神职人员协会 （The Combatant Clergy Association）
阿克巴尔·哈什米·拉夫桑贾尼 （Ali Akbar Hashemi Rafsanjani）	1989.7—1997.8	战斗神职人员协会
赛义德·穆罕默德·哈塔米 （Seyyed Mohammad Khatami）	1997.8—2005.8	战斗神职人员协会
马哈茂德·艾哈迈迪—内贾德 （Mahmoud Ahmadi Nejad）	2005.8—2013.8	社会的信徒 （Society of Devotees） 伊朗建筑商联盟 （The Alliance of Builders）
哈桑·鲁哈尼	2013.8 至今	温和发展党 （Moderation and Development Party）

资料来源：根据伊朗总统官方网站（http：//www.president.ir/en）数据整理。

3. 司法机构

根据宪法的规定，伊朗最高司法机构是最高司法委员会，由最高法院院长、总检察长和三名法官组成，任期 5 年，可以连任。由最高领袖负责任命一名廉正、有能力并精通司法事务的穆斯林担任最高司法委员会总监，并由司法总监负责组建必要的司法行政组织，聘任法官，并提名司法部长的候选人名单。由于伊朗的法律体系是以伊斯兰教法为基础的，因此所有法院的法官都必须是伊斯兰法专家。最高法院院长和总检察长由司法总监与最高法院法官们协商后提名，必须是具有正直品格并精通司法事务的穆斯林，任期 5 年。

司法总监领导的各级法院是伊朗个人和社会权利的保护者，并被赋予以下主要职责：审查和解决诉讼；保护公共权利、伸张正义；揭露罪行，起诉罪犯，执行真主规定的惩罚；采取适当措施预防犯罪和改造罪犯等。各级法院包括审理普通民事和刑事案件的公共法院；审理涉及政治犯罪和国家安全案件的革命法院；审理安全部队成员和政府官员案件的特别法院；审理神职人员所犯罪行，包括意识形态罪行的宗教法院。[①]

总体来说，以最高领袖为首的伊朗宗教权力机构在伊朗政治结构中处于绝对优势地位，在很大程度上影响着世俗权力机构的形成与政策走向，最高领袖有权决定国家大政方针、确认或者罢免总统、任命最高司法委员会领导人；宪法监护委员会可以决定总统候选人名单、在调查后宣布选举结果无效、解释宪法、否决议会通过的不符合伊斯兰精神的法律。

第二节　主要政党和政治团体

1979 年伊斯兰革命后，伊朗的政党开始发展。1985 年，伊斯兰共和党在霍梅尼的支持下成为伊朗的执政党，1987 年由于党内严重分裂而宣告解散。1988 年伊朗修订了《政党法》，政党活动重新活跃起来。受到政治制度、意识形态、社会文化等因素的影响，目前伊朗的政党制度主要依附于国内改革派和保守派两大阵营发挥作用。[②] 改革派主张实施政治改革，实行对外开放和更自由的经济政策，鼓励外国投资、关注伊朗公民的权利、赞成同西方修复外交关系等。而保守派则不赞成"自由化"或对外开放，对西方态度强硬。[③] 下面就介绍这两大阵营中较有代表性的政党。

一　保守派的主要代表

近年来，保守派在议会中的席位占比几乎一直保持在 60% 以上，除了 2016 年受到鲁哈尼为代表的改革派势力上升的影响，占比下降到约 36%，但从目前公布的数据来看，在 2020 年议会选举中保守派阵营赢得近 80% 的席位，取得了压倒性的胜利[④]，并且保守派候选人易卜拉欣·莱

---

①　参见伊朗宪法，https：//en. parliran. ir/eng/en/Constitution。

②　陆瑾：《伊朗政党和政党制度发展现状及趋势》，《当代世界》2019 年第 1 期。

③　参见 https：//www. aljazeera. com/news/2017/5/20/irans-2017-elections-all-you-need-to-know。

④　参见 https：//irandataportal. syr. edu/parliamentary-elections。特别说明：受新冠疫情影响，2020 年议会选举曾一度推迟，目前仍有 11 个席位的选举结果没有公布。但从已公布的数据来看，保守派阵营赢得了在 290 个席位中的 221 个，占比已达 76.2%，预计数据公布后，其占比还会有所增加。

希在 2021 年总统大选中获胜。

（一）伊朗伊斯兰联合党

伊斯兰联合党（Islamic Coalition Party，ICP）是伊朗重要的保守派政党。该党以捍卫伊斯兰革命价值和伊玛目霍梅尼的神圣事业，建立一个统一、团结、伟大、繁荣的伊斯兰国家为主要目标。伊斯兰联合党除了在议会中发挥重要作用外，作为维护伊斯兰革命成果的老牌政党，还代表了伊朗主要城市市集商人的利益，几乎主导了伊朗的经济和文化领域，并控制着中东最大的慈善机构伊玛目霍梅尼救济基金会（The Imam Khomeini Relief Foundation）和伊斯兰经济组织（Islamic Economic Organisation）。在过去 30 年中，伊斯兰联合党一直控制着伊朗商业会所、工业以及矿产等领域。

伊斯兰联合党的前身是伊斯兰联合委员会。1963 年，伊朗宗教领袖霍梅尼领导的反对巴列维独裁统治的群众运动蓬勃发展，为更好地引导和组织这场运动，霍梅尼指导并参与创建了代表"集市"（Bazaar）商人及神职人员等伊斯兰什叶派利益的伊斯兰联合委员会。

1963 年初，国王巴列维提出建成一个强盛的现代化国家的社会改革方案。在霍梅尼的领导下，伊斯兰联合委员会积极反对这个方案，并参与了随后发生的大规模暴动。

1965 年 1 月，伊斯兰联合委员会成员穆罕默德·博卡拉（Muhammad Bokharai）暗杀了伊朗前总理哈桑·阿里·曼苏尔（Hassan Ali Mansoor）。随后巴列维军事法庭处死了四名伊斯兰联合委员会成员，关押了 12 名成员，包括后来成为伊朗总统的阿克巴尔·哈什米·拉夫桑贾尼等。1965 年至 1975 年，伊斯兰联合委员会通过创办私立的伊斯兰学校保持自身影响力。1975 年 4 月，巴列维下令取缔所有政党，仅允许"御用"的复兴党存在，伊斯兰联合委员会只能作为反巴列维的地下党生存。

1979 年，伊朗发生了霍梅尼领导的"伊斯兰革命"，并在 4 月建立了伊朗伊斯兰共和国。之后，伊斯兰联合委员会停止了一切独立政党的活动，并在霍梅尼的命令下并入由神职人员组成的伊斯兰共和党（Islamic Republican Party），伊朗伊斯兰共和国开始实行一党制。1987 年，伊斯兰共和党解散。经最高领袖霍梅尼授权，伊斯兰联合委员会重新开始独立活动，并不断扩大力量，在全国 30 个省的 100 多个城市设立了分支机构。

同年，伊斯兰联合委员会召开中央委员会，选举哈比布拉·阿斯加伍拉迪·穆萨拉曼（Habiblah Asgarvoladi Musalman）为党的总书记。

1988年12月，伊朗颁布政党法，规定政党必须向内务部申请登记，经审查批准后才能开展活动。此时，作为支持伊朗神权政体的政治组织，伊斯兰联合委员会主要代表大商人及库姆地区有影响力的阿亚图拉和宗教人物的利益，在政府中发挥了很重要的作用。1989年6月，霍梅尼去世，哈梅内伊继任成为伊朗最高宗教领袖，获得伊斯兰联合委员会的全力支持。1993年至1997年，在拉夫桑贾尼的第二届任期内，伊斯兰联合委员会主导了内阁。

在1997年总统选举中，伊斯兰联合委员会支持保守派时任议长纳泰格·努里（Akbar Nateq-Nouri）参与总统竞选，但努里败给了"务实派"的赛义德·穆罕默德·哈塔米。在哈塔米任总统的八年中，伊斯兰联合委员会反对他的政治、经济、文化领域的改革政策，其影响力有所下降。1999年，伊斯兰联合委员会正式以伊斯兰联合党的名义向内务部申请注册登记并获批准。此后，伊斯兰联合党的政治影响日益扩大，逐渐成为保守派政党联盟中的领导力量。①

2004年5月，伊斯兰联合党在伊朗第七届伊斯兰议会选举中联合其他保守派政党，获得国会过半议席，成为议会第一大党。6月，伊斯兰联合党召开中央委员会，选举穆罕默德·纳比·哈比比（Mohammad Nabi Habibi）为党的总书记。在2005年的总统选举中，伊斯兰联合党支持阿里·拉里贾尼（Ali Larijani）参与总统选举，最后败给马哈茂迪·艾哈迈迪—内贾德。在内贾德成功当选后，伊斯兰联合党属下的右翼士兵团体转而帮助他巩固政权。但内贾德政府拒绝任命伊斯兰联合党成员担任内阁中的重要职位，这引起了伊斯兰联合党的极度不满。

在2006年伊朗专家委员会选举中，伊朗伊斯兰联合党支持战斗的宗教人士协会（The Society of Combatant Clergy）所推举的候选人。在2008年的议会选举中，伊斯兰联合党和其他政党组成原教旨主义联合前线（The United Fundamentalist Front），获得了总席位290席中的133席。在2009年总统选举中，伊斯兰联合党再次支持内贾德。但内贾德成功上台

---

① 参见伊斯兰联合党官方网站（http：//motalefeh.ir/）。

后竭力削弱伊斯兰联合党的势力，导致双方矛盾不断增加。

2013 年 5 月，伊朗举行总统选举，伊斯兰联合党推举阿里·阿克巴尔·韦拉亚提（Ali Akbar Velayati）为总统候选人参与竞选，最终败给哈桑·鲁哈尼。在 2016 年议会选举中，伊斯兰联合党和一些具有伊斯兰教派性质的政党组成了原教旨主义大联盟（Principlists Grand Coalition），获得总席位 290 席中的 84 席。2017 年 5 月，伊朗举行总统选举。伊斯兰联合党推举穆斯塔法·米尔萨利姆（Mostafa Mirsalim）参与竞选，再次败给鲁哈尼。在 2020 年议会选举中，伊斯兰联合党与一些保守派政党组成伊斯兰革命力量委员会联盟（Coalition Council of Islamic Revolution Forces），该联盟所在的保守派阵营最终赢得了近 80% 的席位。

由于伊朗不完善的政治和政党体系，伊朗政党的作用很小，并且大都是选举型政党，所以伊斯兰联合党和其他政党在每次参与竞选时，都没有明确的政治纲领。大体上看，伊斯兰联合党信奉正统的伊斯兰教，严格遵守伊斯兰教原则，追随伊玛目霍梅尼确立的革命路线，捍卫其确立的价值观，遵守伊朗伊斯兰共和国宪法。① 其具体政治主张如下：

在政治领域，强调捍卫伊斯兰革命成果和神权统治体制，维护伊朗的伊斯兰共和国制度；主张在伊斯兰共和国宪法和伊斯兰原则框架内创新求变，运用新方法、新观念，秉承科学经验，保障社会进步；主张大力弘扬伊斯兰文化和伊朗民族优良传统。

在经济领域，主张国有、合作和私有三种经济形态并存，经济与社会全面协调发展；通过政府直接干预改善经济结构、加快建设步伐；大力扶持民族资本、民族工业，反对经济过快私有化和外国过度投资；改善出口结构，切实扩大非石油产品出口；合理高效地利用国家资源，全面发展经济，增加国家财富，提高人民福祉和社会保障水平。

在社会生活方面，强调维护人的尊严和各项权利；主张建立公平、正义的伊斯兰社会；加大民众、媒体对政府的监督，打击政治腐败和道德败坏行为；深化精神文明建设，构建和谐健康的社会关系；提高妇女的社会地位，发挥青年的创造性作用。

在外交领域，坚决反对强权政治和单边主义，主张不断提升伊朗的尊

---

① 参见王家瑞主编《当代国外政党概览》，当代世界出版社 2009 年版，第 224 页。

严和荣誉；遵循独立平等和互相尊重的原则开展国际交流与合作，维护世界安全与稳定；反对生产和扩散杀伤性核武器，强调维护伊朗和平利用核能的权利；主张建立正义反战同盟，支持巴勒斯坦被占领土的合法抵抗运动；巩固伊斯兰世界的团结、提升伊斯兰会议组织的声誉和效率；反对美国关于联合国改革的主张，倡导在尊重联合国所有成员国尤其是发展中国家诉求的基础上推动联合国机构改革；反对某些国际政治经济机构的不公正和政治化行为；主张建立与联合国及国际经济机构之间的有效合作和建设性交流；在世界体系中维护伊斯兰世界的文化和宗教特性。

（二）伊斯兰革命信徒协会

伊斯兰革命信徒协会（Association of the Devotees of the Islamic Revolution）成立于2001年，是伊斯兰革命人民圣战者组织（the Organization of the Mojahedin of the Islamic Revolution）在1986年解散后保守派力量的延续，信徒协会的许多成员都是两伊战争的退伍军人。在20世纪80年代，伊斯兰革命人民圣战者组织内部出现了严重的矛盾与分歧，改革派主张实施更加个性化和现代化的伊斯兰观念，而保守派则认为神职人员是伊斯兰教的唯一合法解释者。前总统内贾德是该党的创始人之一。

在2003年的第二次市政选举中，信徒协会所属的保守派联盟赢得了德黑兰市议会全部15个席位，内贾德成为德黑兰市长。

在2004年的议会选举中，信徒协会负责协调革命力量委员会的社会委员会，该委员会是阿里·阿克巴尔·纳特克·努里领导下的右翼团体选举前联盟。这次选举受到改革派政党的抵制，最终保守派联盟赢得了选举，该党的一些成员，如侯赛因·法达伊（HoseinFadayi）和埃利亚斯·纳德兰（Elias Naderan）成功进入议会。

在2005年总统大选中，内贾德赢得总统大选，但信徒协会支持另一位候选人穆罕默德·巴格（Mohammad Baqer Qalibaf）。在2008年议会选举中，信徒协会成功保留了席位。

在2009年总统大选中，内贾德赢得连任，信徒协会是内贾德竞选期间十分重要的支持者之一。

在2016年议会选举中，信徒协会所在的保守派大联盟（Principlists Grand Coalition）赢得84个席位，占比约为29%。

在2020年议会选举中，信徒协会与一些保守派政党组成伊斯兰革命力量委员会联盟，其所在的保守派阵营赢得 221 个席位。

信徒协会支持的政治理念是保守主义。在政治方面，信徒协会支持最高领袖的绝对权威，认为所有政治活动都必须在神职人员的严格监督、领导和指导下进行，并拒绝所谓"民主和自由主义"的价值观；在经济方面，信徒协会主张"抵制经济"，并就经济问题进行集中决策；在社会治理上，信徒协会支持通过"家庭保护法案"（"Bill of Family Protection"），该法案规定丈夫不需要第一任妻子的许可即可娶第二任妻子，但受到妇女活动家的普遍反对。[①] 在外交方面，信徒协会不主张修复与西方的关系。[②]

二 改革派的主要代表

自 2018 年以来改革派的政治声望有所下滑，主要原因在于美国单方面撕毁伊朗改革派主导签订的《关于伊朗核计划的全面协议》[官方称呼其为"联合全面行动计划"（Joint Comprehensive Plan of Action，JCPOA），以下简称"核协议"][③]，以及宪法监护委员会对候选人的控制影响等。在 2020 年的议会选举中，改革派在伊朗议会中的席位占比下降到 10% 左右。

（一）战斗的牧师大会

战斗的牧师大会（Majma'e Ruhaniyoun-e Mobarez，MRM）是伊朗改革派政党。1988 年，由于德黑兰斗争神职人员协会（JRM）内部分裂，一些改革派成员离开并创办了战斗神职人员大会。在 1988 年举行的议会选举中，牧师大会赢得了多数席位，牧师大会秘书长迈赫迪·卡鲁比先后担任议会副议长，后来又在阿克巴尔·拉夫桑贾尼（牧师大会知名成员）

---

① 参见 https：//irandataportal. syr. edu/association-of-the-devotees-of-the-islamic-revolution。

② 参见信徒协会官网（http：//isargaran. ir/）。

③ 2015 年，为了解决伊朗核问题，《关于伊朗核计划的全面协议》在瑞士洛桑达成，并由欧盟外交事务专员茉格里尼（Federica Mogherini）与伊朗外交部长扎里夫（Mohammad Javad Zarif）发表联合声明。伊朗与"P5 + 1"（联合国安理会五个常任理事国加上德国）签订。根据该协议，伊朗重申在任何情况下都不会寻求、开发和获得核武器，伊朗将把离心机的数量削减三分之二。国际原子能机构人员可以在 24 天内进入伊朗境内被认为可疑的地点。国际原子能机构核实伊朗核计划的和平性质后，联合国、美国以及欧盟将解除对伊朗的经济和金融制裁。2018 年，美国总统特朗普宣布美国退出伊核协议。2019 年 11 月伊朗总统鲁哈尼发表讲话称，将启动位于福尔多铀浓缩厂的离心机，迈出中止履行伊核协议的"第四步"。他同时强调，如果伊核协议的签约方恢复履行其全部承诺，伊朗也会恢复履行承诺。2020 年 1 月，伊朗外交部长扎里夫在社交媒体上发文称，对离心机的数量将不再有任何限制。

当选总统时担任议长。

1989年，阿亚图拉·霍梅尼去世，专家会议选举联盟领导成员阿里·哈梅内伊为新的最高领袖，这是牧师大会的转折点。此后，保守派的德黑兰战斗神职人员协会处于更强势的地位。在1992年的议会选举中，德黑兰战斗神职人员协会恢复了在议会中的主导地位，牧师大会指责德黑兰战斗神职人员协会主导的宪法监护委员会取消了改革派候选人的资格。

在1996年议会选举的准备阶段，宪法监护委员会再次取消了牧师大会许多候选人的资格，导致牧师大会宣布抵制选举。在1997年的总统选举中，牧师大会的主要成员之一穆罕默德·哈塔米竞选总统，并取得压倒性胜利。在2000年的议会选举中，牧师大会成为哈塔米支持者组成的改革派联盟"第二个三月阵线"（the 2nd Khordad Front）的主要成员，该阵线共赢得222个席位，牧师大会也成功重返议会，牧师大会成员迈赫迪·卡鲁比成为议会议长。

在2004年的议会选举中，由于宪法监护委员会取消了"第二个三月阵线"许多候选人的资格（包括80名现任议员）以及其他改革派政党抵制选举，牧师大会失去了在议会中的主导地位。在2005年总统选举中，牧师大会秘书长卡鲁比竞选总统，但在第一轮中排名第三，公开宣称选举不公，并在其后辞去党内职位。卡鲁比辞职后，牧师大会修改了章程，穆罕默德·哈塔米当选党中央委员会主席，默罕默德·穆萨维—霍尼哈（Mohammad Musavi-Khoiniha）当选秘书长。

在2009年总统选举中，哈塔米最初宣布参选，但在穆萨维宣布参选后退出。在大选中，穆萨维败给内贾德，牧师大会和其他改革派政党一样，认为选举结果不公并要求宪法监护委员会宣布选举无效。① 一些改革派支持者举行了抗议游行，牧师大会中央委员会成员穆罕默德·阿里·阿卜塔希（Mohammad Ali Abtahi）在抗议期间被捕。

牧师大会是主张伊斯兰民主、改革主义、实用主义的政党。在对内政策方面，牧师大会主张行业私有化，减少对基本商品的补贴，开放国家经济并允许更多的外国投资，对国家进行广泛的财政改革，创造就业机会，以缓解失业问题；牧师大会重视建立自由、法治和公民社会。在对外政策

---

① 参见 https：//irandataportal. syr. edu/assembly-of-militant-clerics-mrm。

方面，牧师大会提倡更加积极的外交政策，主张放弃对抗、转向和解，主张"文明之间的对话"，缓和与美国、以色列的外交关系。①

（二）国民信任党（National Trust Party）

国民信任党的成立始于 2005 年总统大选。迈赫迪·卡鲁比（Mehdi Karroubi）当时是战斗神职人员协会的秘书长，在第一轮选举中排名第三。卡鲁比公开质疑选举的公正性，并宣称军队进行非法干预，导致他未能进入第二轮选举。在总统选举后，卡鲁比给最高领导人阿里·哈梅内伊写了一封公开信，批评选举过程，并宣布他将辞去所有正式职务。因为他在挑战哈梅内伊期间没有得到牧师大会的充分支持，因此他选择离开并成立了一个新的党派——国民信任党。

在 2008 年议会选举中，该党所属的改革派阵营获得 51 个席位，占比为 17.9%。在 2009 年的总统选举中，卡鲁比以 30 万张选票名列第四。卡鲁比与其他改革派候选人米尔·侯赛因·穆萨维一起宣布选举无效，并表示他不会承认内贾德新政府。② 在 2012 年议会选举中，该党之前加入的改革主义者阵线（Reformists Front）未参加选举。在 2016 年议会选举中，该党加入选举政党联盟希望清单（List of Hope），该联盟由部分改革派和保守派政党共同组成，赢得 119 个席位，席位占比约为 41%。

国民信任党的政治理念是改革主义和民粹主义，致力于实现改革派的目标和前最高领袖霍梅尼的思想。③ 该党在改革派中属于比较激进派，在对内政策上，主张修改宪法，限制最高领袖的绝对权力④，增加省议会的权力，并废除 1979 年宪法中规定的许多国家垄断，主张通过将国家石油公司的股票分配给所有 18 岁以上的成年人，并分享每月的利润（预估每个成年人每月 7 万托曼），以实现将石油利润国有化、国民化。在外交政策方面，该党主张修复与美国的关系。⑤

就整个伊朗政党体系而言，主要有以下特征：一是伊朗允许合法政党

---

①　参见牧师大会官网（http：//www. khatami. ir/）。

②　国民信任党官网（http：//www. etemademelli. ir/）。

③　参见 http：//irandataportal. syr. edu/wp-content/uploads/national-trust. pdf。

④　Gunes Murat Tezcur, *Muslim Reformers in Iran and Turkey*：*The Paradox of Moderation*, The University of Texas Press, 2010, pp. 120, 202 – 203.

⑤　Hossein Asayesh and Adlina Ab. Halim, "Political Party in Islamic Republic of Iran：A Review," *Journal of Politics and Law*, Vol. 4, No. 1, March 2011.

存在；二是目前依法存在的政党基本属于选举型政党，大多数政党或政党联盟是为选举而组建的；三是政党制度依附于改革派和保守派两大阵营发挥作用，目前保守派政党和改革派政党权争激烈，但都认可神权体制。伊朗政党体系的总体发展趋势是，伊朗政党经历了从初步发展到分裂沉寂再到恢复活跃的进程，目前维持在保守派与改革派竞争轮替的状态。在未来的几年里，伊朗政党政治格局不会有大的改变，但同时也存在保守派与改革派之间冲突等问题。

对于中国的"一带一路"倡议，不论是保守派还是改革派的一些政党都曾表示积极支持，如保守派的伊斯兰联合党的代表在多次访问中国时都表示支持，温和派领袖鲁哈尼总统也多次表示积极支持中方的"一带一路"倡议，与中方拓展基础设施、能源、产能、农业及旅游等领域的合作。

第三节　总统选举

鉴于总统在伊朗的重要性，总统大选对伊朗政治生态的影响很大，不同执政理念的总统上台会显著影响国家的发展方向。自 1979 年以来，伊朗共举行过 12 次总统大选，限于篇幅，下面仅介绍最近四次总统选举的相关情况。

一　2005 年总统选举

2005 年 6 月，伊朗举行第九届总统选举。根据官方统计，伊朗 4700 万合格选民的投票率约为 59%。① 宪法监护委员会共批准了七名候选人，其中热门候选人是时任国家利益委员会主席、前总统阿克巴尔·哈什米·拉夫桑贾尼，他将自己定位为中间派人士，同时获得了伊朗保守派政党和改革派政党②的提名和支持；另一个热门人选是保守派、强硬派人士马哈茂德·艾哈迈迪—内贾德，作为时任德黑兰市市长，同时也是伊斯兰工程师协会（ISE）的成员，得到了伊斯兰伊朗建筑商联盟等组织的支持。

---

① 参见 http：//articles. latimes. com/2005/jun/25/world/fg-iranelect25。

② 这些政党主要有神职人员协会（保守派）、伊斯兰工党（保守派）和建设党（改革派）、工人之家（改良者）。

拉夫桑贾尼主张对伊朗进行"民主"和经济改革，并改善与西方的紧张关系。而内贾德呼吁拥护伊斯兰革命原则，主张在外交关系中更注重维护伊朗的民族独立性和自尊心，反对建立私人银行，并关注就业和住房等民生问题。[1] 在竞选中，内贾德得到了保守派人士、民警民兵和伊朗农村贫困人口的强烈支持[2]，最终在第二轮选举中获得了61.69%的选票而获胜。虽然排名第三的候选人前议会议长迈赫迪·卡鲁比（Mehdi Karroubi）指责保守派操纵选举，呼吁最高领袖下令进行独立调查，造成了一定的风波，但最终宪法监护委员会和时任总统穆罕默德·哈塔米都确认了选举结果。[3]

表 I – 6 – 2　　　　　　2005 年总统选举主要候选人情况

候选人	政党	第一轮		第二轮	
		得票数（张）	得票率（%）	得票数（张）	得票率（%）
马哈茂德·艾哈迈迪—内贾德	社会的信徒	5711696	19.43	17284782	61.69
阿克巴尔·哈什米·拉夫桑贾尼	战斗神职人员协会	6211937	21.13	10046701	35.93
迈赫迪·卡鲁比	国民信任党	5070114	17.24	/	/

资料来源：https://irandataportal.syr.edu/2005-presidential-election。

二　2009 年总统选举

2009年6月，伊朗举行了第十届总统大选。宪法监护委员会批准了四名候选人。内贾德在本次大选中寻求连任，他的主要竞争对手是伊朗最后一任总理米尔·侯赛因·穆萨维（Mir Hussein Moussavi）。穆萨维主张经济进一步私有化，转向自由市场，还承诺要让伊朗摆脱与西方对抗，打破经济停滞，打击选举舞弊并扩大妇女权利，他明确反对内贾德主张的经

---

① 参见 https://edition.cnn.com/2005/WORLD/meast/06/24/iran.election.winner/。

② Robin Wright, *Dreams and Shadows: The Future of the Middle East*, Penguin Press, 2008, pp. 317 – 318.

③ 参见 https://www.nytimes.com/2005/06/19/world/middleeast/iran-moderate-says-hardliners-rigged-election.html。

济民粹主义、社会保守主义和强硬的外交政策，而内贾德则将竞选的核心
放在消除贫困，改善民生上。①

　　穆萨维赢得了许多妇女、年轻人、知识分子和温和的宗教机构成员的
支持，而内贾德仍旧得到了伊朗城市贫民、农村居民、公务员、警官和保
守派人士的支持。最终，内贾德以 62.63% 的得票率压倒性地赢得选举，
但穆萨维在大选后宣称自己赢了，指责负责选举的内政部存在选举舞弊行
为。② 穆萨维的支持者在大选后举行抗议活动"绿色运动"（Iran Green
Movement），引发自 1979 年伊斯兰革命以来最大规模的骚乱，最后连穆萨
维都不得不公开敦促抗议者保持冷静，并要求其支持者不要采取暴力行
动。最高领袖哈梅内伊在选举后对内贾德表示支持③，并宣布对操纵选举
的指控进行调查。④ 内政部长萨德克·马苏里（Sadeq Mahsouli）则表示没
有收到任何有关选举舞弊或违规行为的书面投诉，投票的进行方式排除了
作弊的可能性。⑤

表 Ⅰ - 6 - 3 　　　　　　　　　2009 年总统选举主要候选人情况

候选人	政党	选票数（张）	得票率（%）
马哈茂德·艾哈迈迪—内贾德	社会的信徒	24527516	62.63
米尔·侯赛因·穆萨维	绿色的希望之路 （The Green Path of Hope）	13216411	33.75
莫赫森·雷扎伊 （Mohsen Rezaee）	伊朗伊斯兰抵抗阵线 （Resistance Front of Islamic Iran）	678240	1.73

资料来源：https://irandataportal.syr.edu/2009-presidential-election。

三　2013 年总统选举

2013 年 6 月，伊朗举行了总统大选。官方统计超过 3670 万伊朗人参

---

　　① 参见 https：//www.reuters.com/article/topNews/idUSTRE55A0SX20090611。
　　② 参见 https：//www.nytimes.com/2009/06/13/world/middleeast/13iran.html。
　　③ 参见 https：//web.archive.org/web/20090616044520/http：//abcnews.go.com/International/
wireStory? id = 7830630。
　　④ 参见 https：//www.theguardian.com/world/2009/jun/15/iran-opposition-rally-banned-mousavi。
　　⑤ 参见 https：//web.archive.org/web/20090614100119/http：//www.iran-daily.com/1388/
3423/html/。

加了投票，占合格选民的 72.71%，投票率有所上升。① 宪法监护委员会批准了八名候选人。本次大选对伊朗来说十分关键，由于当时伊朗核计划升级引发了西方制裁和以色列的军事打击威胁，导致中东局势动荡，总统之位"花落谁家"对伊朗的外交政策和"核立场"将产生很大影响。

本次大选的热门候选人是保守派时任德黑兰市市长穆罕默德·巴吉尔·卡利巴夫；温和派专家会议成员哈桑·鲁哈尼。卡利巴夫曾是伊朗革命卫队的空军司令，也是伊朗警察部队的前负责人。他在 2005 年总统大选中败给内贾德，但在内贾德任总统后接任了德黑兰市市长职位。卡利巴夫将自己定位为温和的政治家，并与最高领袖哈梅内伊结盟。在竞选活动中，卡利巴夫试图同时赢得改革派和保守派的支持。

鲁哈尼曾担任伊朗前首席核谈判代表，在他的领导下，伊朗停止了铀浓缩活动，并与国际原子能组织（International Atomic Energy Organisation）的检查人员加强了合作。在竞选中他承诺会找到打破伊朗核问题僵局的办法，改善伊朗与西方国家的关系，解除经济制裁，恢复经济发展。鲁哈尼虽然是候选人中唯一的神职人员，但被视为亲改革的温和派人士，他是伊朗改革派领袖拉夫桑贾尼的亲密盟友，赢得了伊朗改革者的支持。②

最终鲁哈尼以 50.71% 的得票率赢得了大选，大选后最高领袖哈梅内伊对鲁哈尼的胜利表示了祝贺。③

表Ⅰ-6-4　　　　　　　2013 年总统选举主要候选人情况

候选人	政党	选票数（张）	得票率（%）
哈桑·鲁哈尼	温和发展党	18613329	50.71
穆罕默德·巴吉尔·卡利巴夫	进步与正义群体 （Progress and Justice Population）	6077292	16.56
赛义德·贾利利 （Saeed Jalili）	伊斯兰革命稳定阵线 （Front of Islamic Revolution Stability）	4168946	11.36

资料来源：https：//irandataportal. syr. edu/2013-presidential-election。

---

① 参见 http：//www. presstv. ir/detail/2013/06/15/309169/rohani-becomes-irans-new-president/。

② 参见 https：//www. theguardian. com/world/2013/may/13/iranian-presidential-election-2013-iran。

③ 参见 https：//www. bbc. com/news/world-middle-east-22916174。

四 2017 年总统选举

2017 年 6 月，伊朗举行了总统大选，宪法监护委员会批准了 5 名候选人。其中最热门的候选人是谋求连任的哈桑·鲁哈尼和强硬的保守派牧师、前总检察长易卜拉欣·莱希（Ebrahim Raisi）。本次大选的核心议题是核协议。鲁哈尼上任后于 2015 年成功促成核协议的签订。根据协议伊朗将停止核计划，以换取解除经济制裁。鲁哈尼认为，核协议旨在打开经济机会之门，使伊朗摆脱孤立并为伊朗人创造数百万个就业机会。[①] 鲁哈尼上任后，伊朗的通货膨胀率有所下降，得到了伊朗改革派阵营的支持。而易卜拉欣·莱希与伊朗的保守派结盟，推崇哈梅内伊主张的"抵制经济"（Resistive Economy）[②]，反对全球经济一体化，并把自己定位为穷人的捍卫者，主张对西方采取更强硬的路线。由于失业率依然很高，莱希指责鲁哈尼对经济管理不善，并质疑核协议可能带来的好处。有分析人士认为，本次选举是对核协议的"全民公决"[③]。最终，鲁哈尼以 57.14% 的得票率成功连任。

表 I-6-5 　　　　　　　　　2017 年总统选举主要候选人情况

候选人	政党	选票数（张）	得票率（%）
哈桑·鲁哈尼	温和发展党	23636652	57.14
易卜拉欣·莱希	战斗神职人员协会	15835794	38.28
莫斯塔法·米尔—萨利姆 （Mostafa Mir-Salim）	伊斯兰联合党	478267	1.16

资料来源：https：//irandataportal. syr. edu/presidential-elections/2017-presidential- election。

---

① 参见 https：//edition. cnn. com/2017/05/16/middleeast/iran-election-beginners-guide/index. html。

② "抵制经济"是遭受经济制裁的国家或地区抵抗制裁的一种方法，伊朗通过扩大内需，提高对国内商品的依赖，减少对石油出口的依赖，发展易货贸易和进口替代工业化等手段来增强抵御制裁的能力，多达 70% 的伊朗进口产品由国内生产的产品所替代。在受到制裁的国家中衡量经济活动所需要的技术与其他国家所使用的技术不同。

③ 参见 https：//www. aljazeera. com/news/2017/5/20/hassan-rouhani-wins-irans-presidential-e-lection。

五 2021 年总统选举

2021 年 6 月，伊朗举行了总统大选。受到新冠疫情的影响，政府限制了允许在投票站聚集的最大人数，在一定程度上影响了选民投票率。本届选举投票率大约为 49%。[①]

在大选前，宪法监护委员会对申请人资格进行审查，最终批准了七名候选人，其中三人在选举前几天退出。[②] 最后进入角逐的四位候选人分别是伊朗司法总监易卜拉欣·莱希、伊朗伊斯兰革命卫队前总司令莫赫森·雷扎伊、伊朗央行行长阿卜杜纳瑟·赫马蒂（AbdolnaserHemmati）和伊朗议会第一副议长阿米尔—侯赛因·加齐扎德·哈什米（Amir-Hossein Ghazizadeh Hashemi）。

强硬派候选人莱希承诺将把打击腐败作为其施政的重要任务，他不认同即将卸任的鲁哈尼政府依赖与西方的贸易来改善国家经济，与最高领袖哈梅内伊一样，他呼吁促进国内商品生产和自给自足，以应对西方经济制裁的负面影响，并指责竞争对手——时任央行行长赫马蒂的货币政策。[③]赫马蒂则在电视辩论中呼吁提高女性和少数族裔的参选权，并且他认为除莱希之外的强硬派候选人只是为了"掩护"莱希而参选，指责莫赫森·雷扎伊破坏现任温和派政府加入国家反洗钱组织（FATF）的政策等。最终易卜拉欣·莱希以 72.35% 的得票率在大选中获胜。伊朗最高领袖哈梅内伊和时任总统鲁哈尼在大选后对他表示了祝贺。

表 I-6-6   2021 年总统选举主要候选人情况

候选人	政党	选票数（张）	得票率（%）
易卜拉欣·莱希	战斗神职人员协会	18021945	72.35
莫赫森·雷扎伊	伊朗伊斯兰抵抗阵线	3440835	13.81

① "Khamenei Protege Wins Iran Election amid Low Turnout," *Reuters*, 19 June 2021, https://www. reuters. com/world/middle-east/irans-sole-moderate-presidential-candidate-congratulates-raisi-his-victory-state-2021-06-19/.

② 参见 https://www. npr. org/2021/06/17/1006848183/4-things-to-know-about-irans-election-on-friday。

③ 参见 https://iranprimer. usip. org/blog/2021/jun/23/raisi-election-results-explainer。

候选人	政党	选票数（张）	得票率（%）
阿卜杜纳瑟·赫马蒂	建设管理党 （Executives of Construction Party）	2443387	9.81
阿米尔—侯赛因· 加齐扎德·哈什米	伊斯兰法律党 （Islamic Law Party）	1003650	4.03

资料来源：https：//irandataportal. syr. edu/2021-presidential-election。

第四节　政治生态特征

伊朗的政治制度结合了伊斯兰神权与现代"民主"政治元素，使其政治生态中存在宗教和世俗两股势力，其中宗教势力处于优势。与此相应，在伊朗政治生态的"主旋律"——保守派与改革派/温和派的竞争中，莱希在大选中的胜利巩固了保守派的政治权力，使保守派势力呈上升趋势，而刚刚卸任的温和派政府则因执政不利而在竞争中落败。

一　政治制度中宗教权力和世俗权力的二元性

作为一个政教合一的国家，伊朗的政治体制中包含着宗教机构和世俗机构，这是 1979 年伊斯兰革命后宗教力量与世俗力量相互妥协的结果。[1]伊朗的宗教机构主要包括在全国伊斯兰教学者中按比例选出的专家会议；由专家会议选举出终身制的最高领袖；由最高领袖和最高司法委员会任命的伊斯兰教法学家组成的宪法监护委员会；由最高领袖任命和领导的国家利益委员会等。世俗机构主要包括民选的总统及其领导的政府、民选的议会等。在伊朗，政权中宗教机构的合法性来自伊斯兰宗教信仰——"真主"的允许和委托，可以说对真主的虔诚与敬畏构成伊朗政治核心，成为宗教机构能够监控世俗机构的内在原因。而世俗机构的合法性则来自全体国民的信任和委托，这是公民参政的权利。[2] 两者并不相悖，形成了伊朗

---

[1]　Arang Keshavarzian，"Contestation without Democracy：Elite Fragmentation in Iran，" in M. P. Posusney and M. P. Angrist，eds.，*Authoritarianism in the Middle East*：*Regimes and Resistance*，Boulder：Lynne Rienner，2005，pp. 63－90.

[2]　苏献启、王红信：《伊朗伊斯兰共和制的合法性基础：伊斯兰文明》，《邢台学院学报》2010 年第 3 期。

政治制度中宗教权力和世俗权力的二元性，并主要体现在宗教机构的相对优势以及世俗机构的重要影响上。

在伊斯兰革命后，宗教机构在政治生态中处于优势地位，这主要表现在以下三方面：一是宪法的精神内涵赋予宗教机构先天优势。以霍梅尼为首的什叶派领导集团为了保障伊斯兰革命果实，将伊斯兰政权的宗教政治观念法律化，制定了《伊朗伊斯兰共和国宪法》，形成了特有的伊斯兰民主体制。[①] 宪法在第一章总则中明确规定：伊朗的政体是伊斯兰共和国，由伊朗人民在长期信仰的真理与《古兰经》正义的基础上建立。[②] 建立在伊斯兰信仰上的国家宪法，使整个国家制度都以伊斯兰宗教法度为基础，以充分体现神权高于一切的精神内涵。因为根据霍梅尼的建国构想，直选的世俗机构应当由伊斯兰学者加以指导、监督，遇到重大问题须由最高领袖决断，以确保伊朗不偏离伊斯兰道路，保障全体人民尤其是底层人民的权益，形成更优越的"伊斯兰民主"[③]，从而抵御殖民主义与帝国主义的入侵。因此，将伊斯兰教传统教法融入国家现代法律而形成的特有体制保障了宗教机构作为神权代表所具有的先天优势。

二是宗教机构对世俗机构的监控和影响。首先，从最高领袖权力层面看，他对国家内政外交事务有最高决策权，并有权指挥武装部队，任命司法部门、国家电视台和广播电台的负责人。这使得他能够全面掌控伊朗政治生态的各个领域，自然也包括世俗机构在内。可以说，他作为宗教势力的最高代表在政治权力体系中处于金字塔最顶端。其次，从选举上看，宪法监护委员会可以通过审核候选人资格在很大程度上影响世俗机构选举的进程与结果，以确保进入政府或议会的政治精英符合伊斯兰革命理念。近年来，许多改革派候选人被取消选举资格，这已成为改革派人士抵制选举的主要原因。同时宪法监护委员会还有权宣布选举结果无效。再次，从国家政策上看，宗教机构可以在一定程度上影响世俗机构的政策走向。最高领袖直接领导的国家权益委员会有权监督政府；宪法监护委员会也能通过监督审查议会及批准议会法案的权力来影响国家法令的制定；而政府的施

①　王宇洁：《伊朗宪法监护委员会浅析》，《西亚非洲》2006 年第 3 期。

②　参见伊朗宪法，https：//en. parliran. ir/eng/en/Constitution。

③　王猛：《伊朗革命后社会的政治发展探析》，《新疆社会科学》2011 年第 2 期。

政由议会监督，在宪法监护委员会可以影响议会的情况下，政府的政策难免受到宗教机构的影响。最关键的是宗教领袖的权力高于世俗总统，因此在国家各项政策的制定上，很难摆脱宗教意识形态的影响。

与此同时，虽然世俗机构比宗教机构在政治生态中更有权威性，但世俗机构的统治也得到了人民的支持，因此在政治生态中也具有很大的影响力①，这主要体现在如下方面：一是以总统为代表的世俗机构仍然拥有重要的自主权力。通过不同的政府部委和行政组织，总统有权制定国家外交政策、经济政策、社会政策等；总统还有权扩大或限制新闻、出版和影视作品的自由；各政党和公民协会的活动在很大程度上取决于总统所领导的政府部门的行政政策；总统可以通过国家石油部门控制国家主要的收入来源，并为所有国家机构，包括宗教机构和世俗机构制定预算。因此，总统的理念与决策势必影响伊朗国家政策的推行，不同施政理念的总统将直接影响国家的发展方向。如强硬派的内贾德与温和派的鲁哈尼的执政风格就大相径庭，尤其是在如何处理与西方的关系及核问题上截然相反，对伊朗政治生态产生了完全不同的影响。二是总统选举结果对伊朗的政治轨迹产生了很大的影响。正是基于上述自主权力以及总统作为全民直选最高官员的合法性地位，总统选举造成不同阵营的直接政治对抗，成为保守派和改革派的"必争之地"。每次总统选举都会广泛引发对伊朗政治社会问题的讨论，是考察伊朗政治生态的主要窗口。同时，总统选举能够将一些地方动态地带入国家层面的讨论中，而一些激进的反对派也会借选举之机将激进的政治议题带入官方讨论，甚至在选举后因不满结果而发起抗议示威活动，影响政局的稳定。

二　当下伊朗政治生态中的竞争态势

保守派与改革派/温和派之间的政治竞争主要体现在对议会席位和总统之位的争夺上，焦点集中在两派的对美外交政策与经济政策上。2013年，鲁哈尼当选总统，温和派政府上台，被视为伊朗重新融入世界、改善与西方关系的标志。在鲁哈尼的主导下，伊朗与美国等六个大国签署了命

---

①　Ali Gheissari and Vali Nasr, *Democracy in Iran: History and the Quest for Liberty*, New York: Oxford University Press, 2009, pp. 125 – 188.

运多舛的核协议，以换取经济制裁的撤销，实现国家经济发展和政治体制改革。然而，与 2016 年议会选举形成鲜明对比的是，在 2020 年 2 月的议会选举中，保守派取得了压倒性胜利。作为 2021 年总统大选的风向标，保守派的大获全胜表明，温和派重新融入世界、通过与美国关系正常化和取消制裁来发展伊朗经济的议程并没有得到民众的认同。果然，在 2021 年的总统大选中，保守派候选人莱希赢得胜利，成为伊朗新任总统，这意味着保守派势力的全面胜利。

鲁哈尼政府的表现是导致保守派阵营获胜的重要原因。鲁哈尼于 2013 年和 2017 年都以超过 50% 的选票当选总统。在内贾德之后，鲁哈尼被西方和改革派人士寄予厚望，认为他的当选是伊朗政治"自由化"和经济开放发展迫切需要的。[①] 回顾 2013 年以来的温和派政府的表现，温和派政府在与保守派竞争中落败的主要原因有以下三点。

一是过于寄希望于改善与美国的关系，受到美国单方面退出核协议的负面影响。承诺恢复与西方国家尤其是美国的关系，是鲁哈尼的竞选承诺之一。因此如何处理与美国的外交关系一直是鲁哈尼执政的重点。但在任期内，鲁哈尼必须应对两任执政风格迥异的美国总统，难度很大。在第一个任期里，与奥巴马政府的核谈判取消了根据联合国安理会决议实施的制裁，但是两国关系缓和只持续了很短的时间，就被特朗普政府所颠覆。特朗普政府将美国的外交政策从谨慎和有选择地接受伊朗的国际复兴，转向在大多数战线上与伊朗对抗，并抑制伊朗对外和解的战略行动。[②]

2018 年，特朗普政府选择退出核协议，重新对伊朗实施制裁，并继续支持沙特阿拉伯和以色列对伊朗实施战略对抗，挑战了伊朗在中东地区的地缘政治安全。随着美国暗杀伊朗革命卫队少将卡西姆·苏莱曼尼（Qassim Soleimani），以及伊朗于 2020 年 1 月对美国在伊拉克的阿萨德（al-Asad）空军基地发动导弹袭击进行报复，使两国关系雪上加霜，也使伊朗与其他以美国为首的西方国家关系进一步恶化。仅仅几周后，伊朗防空部队因为对美国可能入侵伊朗保持高度警惕，而意外击落了一架从德黑

---

① 参见 "Iran under Rouhani: Increasing Constraint," *Strategic Comments* 23, No. 7, 2017, pp. 6 – 7, http://dx.doi.org/10.1080/13567888.2017.1378016.

② 参见 "Iran under Rouhani: Increasing Constraint," *Strategic Comments* 23, No. 7, 2017, pp. 6 – 7, http://dx.doi.org/10.1080/13567888.2017.1378016.

兰机场起飞的乌克兰民航客机，造成机上 176 名乘客全部遇难。这一系列事件导致伊朗爆发了全国性大规模抗议活动，增加了政治生态的不稳定性。

由于既不能阻止特朗普政府的打击政策，也不能从欧洲继续获得贸易与经济利益，许多民众认为鲁哈尼无法实现执政目标。而美国的制裁也削弱了中产阶级（鲁哈尼的重要支持来源）对鲁哈尼的支持，导致改革派和温和派放缓社会改革进程。[①] 与此相应，制裁加强了保守派的声势，因为他们一直发出的"不要相信美国"的警告得到了证实。

二是鲁哈尼政府的经济表现不如预期。由于受到西方的制裁，在鲁哈尼上台前伊朗的 GDP 增长率在 2012 年仅为 − 7.7%；[②] 从 2011 年到 2012 年，伊朗货币在不到两年的时间里贬值了约三分之一，通货膨胀率超过 30%；2006 年至 2011 年也几乎没有净增就业岗位。于是，鲁哈尼在 2013 年总统大选中曾承诺会恢复经济发展。[③] 尽管在他的第一个任期内，伊朗相关经济指标有所改善，但其第二个任期的经济表现并不尽如人意。

如图 Ⅰ − 6 − 1 所示，毫无疑问，美国恢复制裁使伊朗经济形势恶化。贾瓦德·萨利希—伊斯法哈尼（Djavad Salehi-Isfahani）和比扬·哈杰普尔（Bijan Khajehpour）等著名经济学家指出了制裁对伊朗经济增量和结构方面的负面影响。[④] 2018 年 4 月至 10 月，伊朗本国货币对美元贬值达到 70%。美国政府宣布恢复制裁，给伊朗市场造成了极大的不稳定性和不确定性，导致资本外逃和投资的进一步下降。对于伊朗私营部门尤其是从事国际贸易的中小企业来说，前景变得十分黯淡。官方数据显示，2018 年伊朗失业率和青年失业率分别约为 13% 和 30%，近年来失业数据进一步上升。[⑤] 因此，鲁哈尼政府需要为越来越多的受过教育的年轻人创造就业机会。

---

① 参见 "Iran's Political Future after 2020 Election," https：//iranprimer. usip. org/blog/2020/feb/26/irans-political-future-after-2020e-lection.

② 参见国际货币基金组织官方数据，https：//www. imf. org/en/Countries/IRN#countrydata。

③ 参见 Mohammad Mostafavi-Dehzooei，"Iran's Economy under Rouhani：Achievements and Obstacles，" https：//www. belfercenter. org/publication/irans-economy-under-rouhani-achievements-and-obstacles.

④ 参见 Djavad Salehi-Isfahani，"Iran Sanctions：How Deep Will They Bite？" https：//lobe-log. com/？ p = 46635.

⑤ Adnan Tabatabai，Iran's Quest to Manage Internal Crises and External Pressures，*Istituto Affari Interna-zionali*，2019，pp. 1 − 20.

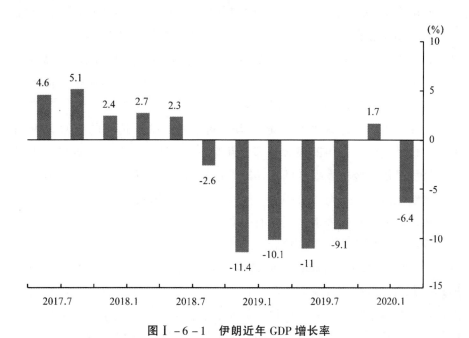

图 I - 6 - 1　伊朗近年 GDP 增长率

资料来源："Iran GDP Annual Growth Rate," Trading Economics, accessed May 15, 2020, https://tradingeconomics. com/iran/gdp-growth-annual.

　　退出核协议后，特朗普政府推出了旨在完全消除伊朗石油收入的"最大压力"政策（Maximum-pressure Policy），导致伊朗石油出口量急剧下降，在 2018 年美国恢复制裁之前，伊朗每天约出口 250 万桶石油，到 2019 年底已降至每天只有 20 多万桶。而石油收入的损失使政府难以履行养老金义务和维持经济适用住房计划，迫使政府削减燃料补贴，也大大减少了每年拨给国家发展基金（National Development Fund）的国家收入。[①]

　　目前，有关专家认为，鲁哈尼政府实施可行的伊朗经济刺激计划存在三大障碍，包括外国经济制裁、经济结构性缺陷和新冠疫情给全球经济带来的不确定性。

　　在美国制裁下，伊朗经济很难走上正轨，外部制裁不仅破坏了伊朗经济，也限制了伊朗获得国际银行资金贷款和援助的机会。世界银行预估，

_____

　　[①]　参见 Ebad Ebadi, "Oil Price Drop Brings more Economic Challenges for Iran," https://www. atlanticcouncil. org/blogs/iransource/oilprice-drop-brings-more-economic-challenges-for-iran/.

伊朗经济在2018年3月至2019年3月将收缩1.5%，在2019年至2020年又将收缩3.6%，通货膨胀率在2018年12月重新飙升至40%。工业生产力将急剧下降，尤其体现在汽车制造业等领域。据报道，医疗用品以及其他必需消费品已经出现短缺。尽管人道主义物资免受美国制裁，但大部分外国银行不愿为伊朗提供金融服务。[①]

此外，伊朗必须解决的关键结构性问题之一是不透明的财政预算制度，在这种制度下，伊朗很大一部分资源去向不明。同时，新冠疫情不仅严重挤压了伊朗经济发展空间，还对石油价格产生了负面影响，同时抗击疫情也给政府增加了财政负担。鲁哈尼总统于2020年3月宣布，将20%的财政预算用于抗击疫情，至少有100亿美元将用于刺激受影响的经济部门的发展，但具体成效有待检验。

三是复杂的政治格局和国内动荡。伊朗有着较为复杂的内部政治格局。一方面，最高领袖掌握大部分权力，包括伊朗军事、安全和情报机构以及各种非选举产生的政治机构，如宪法监护委员会、国家利益委员会和最高司法委员会等。宗教机构和世俗机构都有一定的权限影响国家政策。另一方面，民选总统和议会是选举产生的机构，但权力有限。于是最高领袖和总统的互动与交锋左右了伊朗的国家发展方向。当两者有分歧时，将严重影响伊朗政治生态的稳定。两个权力体系之间的冲突在温和派和保守派政府的交替中一次次表现出来。在鲁哈尼上台后，最高领袖也曾公开批评鲁哈尼与西方国家缓和关系和对话的方式。例如，他曾严厉批评鲁哈尼讨好外国投资者和对西方教育持开放态度。

简而言之，美国出尔反尔的制裁，经济状况的不断恶化，国内政治结构的复杂性等因素，最终导致鲁哈尼在与保守派的竞争中落于下风。

目前保守派实现了对国家权力的掌控，不仅长期领导司法部门，领导国家军事和情报部门，在议会中占有大约四分之三的席位，还赢得了最新的总统大选。

尽管莱希在竞选期间和胜选后的讲话中表现出强硬立场，但实用主义是其执政的核心指导方针。目前莱希政府将重点放在经济问题而不是社会

---

① 参见"The Impact of Renewed Sanctions on Iran," *Strategic Comments* 25, No. 1, 2019, pp. 87 – 89, https://doi.org/10.1080/13567888.2019.1586195.

和文化问题上，减少主要针对年轻人的社会限制，以防人才流失，进一步损害伊朗经济。在外交政策上，虽然与改革派相比，保守派数十年来坚持与美国针锋相对，但目前面对因制裁而导致的经济困难，保守派也没有完全放弃与西方，尤其是美国和解的可能性。据美国媒体报道，在 2022 年 1 月期间，伊朗政府与美国政府达成协议，美国愿意解除对伊朗的多项制裁，其中就包括伊朗最为关注的能源限制，而伊朗方面虽然没有公开"对价"，但外界广泛认为，伊朗在核武器发展上做出了极大让步。① 国内经济发展状况与对美外交政策变化两个因素，仍然是保守派与改革派竞争执政权与争夺民心的关键。

---

① 参见 https：//www. 163. com/dy/article/GTJ47FKQ0552A5AH. html。

第七章　民族与宗教概况

伊朗①地处连接东西方的交通要道，自古以来是多元文明交流碰撞之地，是不同民族交往融合之地，是东西方各宗教发展传播之地，因而在漫长的历史发展中形成了复杂的民族关系与宗教关系。1979 年伊朗伊斯兰革命后，如今的伊朗在民族组成方面呈现出以波斯民族为主体、大量少数民族并存的"多元一体"格局②，以伊斯兰教什叶派为主要宗教信仰的政教合一的国家。漫长的历史发展亦给伊朗带来了诸多与政治、民族、宗教、社会等方面密切相关的问题，既有学者将其总结为"历史辉煌造就了伊朗的大国情怀、历史曲折催生了伊朗的受害者心态、历史起伏带给了伊朗反抗（或对抗）心态"③，也有学者称其为伊朗文化传统的"双重性"或"两难境地"④。若将其置于中东地区，那么伊朗所面临的问题则更为复杂，民族因素与宗教因素的交织也更为紧密，如什叶派与逊尼派的纷争延续千年，阿拉伯民族主义、伊朗民族主义、土耳其民族主义与犹太民族主义互相角力，泛伊斯兰主义与泛阿拉伯主义此消彼长，还有以库尔德人为代表的跨境民族问题及其外溢的政治影响等。因此，本章拟对伊朗民族

---

①　本章参考中国伊朗研究专家范鸿达教授在《从伊朗的历史兴衰看其主体民族和国家的发展特性》一文的行文方法，范教授指出：历史上伊朗长期称"波斯"，1935 年后改称"伊朗"，为行文方便，故统一称其为伊朗。此外，冀开运教授在《论"伊朗"与"波斯"的区别联系》（《世界民族》2007 年第 5 期）中对"伊朗"与"波斯"这一对概念的区别和联系进行了深入辨析。

②　此处伊朗民族关系"多元一体"格局主要参考冀开运《伊朗民族关系格局的形成》，《世界民族》2008 年第 1 期。

③　范鸿达：《从伊朗的历史兴衰看其主体民族和国家的发展特性》，《西亚非洲》2018 年第 1 期。

④　即"若弘扬琐罗亚斯德教的文化传统和古波斯帝国的荣光，其伊斯兰文化的血脉就会被压抑；但若强调其伊斯兰文化的荣光和传统，那么其雅利安人的属性和古波斯帝国的辉煌就被屏蔽。"（参见穆宏燕《伊朗文化传统的双重性》，《光明日报》2013 年 8 月 12 日第 12 版）

与宗教的主要历史与发展现状进行梳理，以便更好地理解伊朗，同时理解伊朗所面临的诸多复杂问题中民族宗教因素与历史渊源。

第一节　伊朗民族发展历史

波斯人与阿拉伯人、突厥人等其他民族的融合大多始于 7 世纪阿拉伯人开始对外征服之后，在历史发展过程中"形成了极其复杂的民族和部落关系和跨界民族"①。由于伊朗官方并未公开有关其国内民族数量与各民族人口的官方统计数据，因此国内外学界对于伊朗民族的划分与研究主要从人种、语系、历史等角度开展。有学者认为："在人种方面，各民族绝大多数属于欧罗巴人种印度帕米尔类型"②，亦有学者从语言角度出发认为伊朗民族分属三大语系：

> 第一，印欧语系。属于印欧语系印度—伊朗语族的伊朗语支的有波斯人、库尔德人、卢尔人、巴赫蒂亚尔人、俾路支人等；此外还有印欧语系波罗的海语族亚美尼亚语的伊朗亚美尼亚人。第二，阿尔泰语系。属于阿尔泰语系突厥语族的有阿塞拜疆人、土库曼人、卡什凯伊人等。第三，闪含语系。属于闪含语系的有阿拉伯人、犹太人等。③

本节将从历史发展的时间顺序对伊朗民族发展的总体情况进行梳理与概述。

一　7 世纪以前的伊朗民族发展

阿拉伯人 7 世纪的征服对波斯民族发展具有分水岭意义，因此有学者将此前的伊朗民族、宗教、社会、文化发展称为"前伊斯兰时期"。"根据伊朗本土的考古资料，自旧石器时代中期起，人类已经广泛地活动在伊朗境内"④，伊朗首先出现了以原住民埃兰人为主的国家，此后雅利安人

---

① 冀开运：《伊朗民族关系格局的形成》，《世界民族》2008 年第 1 期。
② 赵锦元、戴佩丽主编：《世界民族通览》，中央民族大学出版社 2000 年版，第 399 页。
③ 冀开运：《伊朗民族关系格局的形成》，《世界民族》2008 年第 1 期。
④ 冀开运：《伊朗民族关系格局的形成》，《世界民族》2008 年第 1 期。

对高原地区的征服推动了波斯民族的形成及其与其他民族的融合。到萨珊王朝时期，波斯民族发展以及与其密切相关的波斯文化的发展都达到顶峰，不仅形成了波斯民族对周边其他民族的优越感，也造就了繁荣、辉煌的历史记忆，成为往后波斯民族思想复兴的基石。

这一漫长过程也奠定了伊朗民族成分多元、复杂的特征，李鹏涛从"马赛克"理论（Mosaic Theory）的视角出发，认为在伊朗古代的这种"马赛克"社会中，波斯人对少数民族的控制主要是政治性的，而非文化性的，征服倾向于鼓励而非消灭文化多样性的存在，所以少数民族很少因为文化差异而遭受歧视。[1] 冀开运等则认为"碎片化的地理环境对少数民族部落的形成与发展极为有利，中央政府大多数时候难以将统治延伸至国家的边缘地带"[2]。这两种观点虽有不同侧重，但反映出同一个事实，即伊朗的民族组成是多元、复杂的。

程彤同样从伊朗的地理环境与地缘视角出发，提出通过"高原"来认识伊朗民族特性与伊朗文化的形成，认为"山脉构成了伊朗高原的内外分界线。自然的地理分隔在某种程度上造成了伊朗人的物质世界与精神世界的内外区分和由外向内的改变，给我们提供了观察伊朗文化的独特视角"[3]。结合伊朗民族的发展历史来看，对高原地区的征服是该民族及其民族特性、民族文化开始发展的标志性事件，"雅利安人征服了以埃兰人为代表的原住民之后，联合高原上原有的部落和民族，建立了自己的国家——米底和波斯，从此成为高原的主人，开始了在军事上对外征服和被外族征服而在文化上同化外族的历史，同时，它也不断塑造着自身的民族性"[4]。此外，刘英军还从"史诗"视角出发，指出史诗文学，尤其是民族史诗对沟通伊斯兰化时期前后的伊朗文化起到了至关重要的作用。[5]

灿烂的文明与后期被外来民族统治的历史形成鲜明对比，在一定程度

---

① 李鹏涛：《伊朗现代化进程中的民族关系——伊朗民族矛盾的产生与演变》，《世界民族》2009 年第 1 期。

② 冀开运、母仕洪：《伊朗多民族统一国家认同的建构及启示》，《阿拉伯世界研究》2019 年第 4 期。

③ 程彤：《历史视域下的伊朗文化构建》，《新丝路学刊》2019 年第 1 期。

④ 程彤：《历史视域下的伊朗文化构建》，《新丝路学刊》2019 年第 1 期。

⑤ 刘英军：《民族史诗沟通伊斯兰前后伊朗文化的桥梁作用》，《北大中东研究》2016 年第 1 期。

上塑造了波斯民族的心理,如范鸿达在《从伊朗的历史兴衰看其主体民族和国家的发展特性》一文中以伊朗和沙特的关系为例诠释了当代伊朗人内心的复杂心态:

> 阿契美尼德王朝和萨珊王朝的辉煌赋予波斯人强烈的民族自豪感,他们对前伊斯兰时期伊朗文化的力量也深信不疑,但是在阿拉伯人征服后,阿拉伯语言和伊斯兰教强势进入伊朗,令波斯人引以为豪的本土文化遭到猛烈打压。但是阿拉伯人在历史上的辉煌只是昙花一现,迄今再也没有重塑自己的辉煌,而曾被其征服的波斯人则逐渐恢复了元气,萨法维王朝(原文作"沙法维王朝"。——引者)和巴列维王朝也让波斯人再次品味到伊朗是中东大国的美好感觉。波斯人的这种历史起伏和沙特阿拉伯人的一蹶不振,历史文化积淀深厚的波斯人对沙特阿拉伯人素养的根深蒂固之蔑视,以及源于沙特阿拉伯的伊斯兰教之信仰在伊朗确立并主导至今,这些因素使波斯人在看待沙特阿拉伯时具有多种情感——自豪、鄙视、仇恨以及挥之不去的纠结。[1]

二 7 世纪至 20 世纪的伊朗民族发展

被阿拉伯人征服后,波斯人开始了漫长的、与阿拉伯帝国融合的过程,从社会阶层与社会地位上而言,倭马亚王朝和阿巴斯王朝的波斯人大多处于平民(已改信伊斯兰教)与顺民(未改信伊斯兰教)的阶层。

> 他们是与穆斯林订立顺服契约的其他宗教的居民,最初,主要是归顺于伊斯兰教的犹太教徒、基督教徒和萨比教徒。以后,这种顺民的成分不再限于《古兰经》中所列举的"有经人",它扩及波斯的琐罗亚斯德教徒(Zoroastrian)、哈兰的多神教徒、北非的柏柏尔人和其他民族的顺民。[2]

---

[1] 范鸿达:《从伊朗的历史兴衰看其主体民族和国家的发展特性》,《西亚非洲》2018 年第 1 期。

[2] 金宜久主编:《伊斯兰教史》,江苏人民出版社 2006 年版,第 86 页。

　　但这一过程并非全盘接受阿拉伯人统治的单向过程，而是在接受阿拉伯人及伊斯兰教的过程中同时向他们输送先进文化的双向互动过程。

　　　　倭马亚王朝不断进行对外扩张的过程既是阿拉伯民族与其他民族交往、融合的过程，也是伊斯兰文化向这些地区输入阿拉伯语和伊斯兰教的过程，但却并没有给当地人民带来更为先进的生产方式、科学遗产和文化传统。反之，他们在与波斯人、叙利亚人、埃及人、中亚人、印度人以及其他民族的交往中，接受了后者物质的和精神的文明。①

　　在进入阿巴斯王朝后这一特征变得更为显著。

　　《阿拉伯通史》的作者菲利普·希提高度评价了波斯人以及波斯文明对伊斯兰文明的重要贡献："对于伊斯兰教什叶派的发展，对于统治埃及两百多年的法蒂玛王朝（原文作"法帖梅王朝"。——引者）的建立，波斯人都出过大力。波斯的艺术、文学、哲学、医学，成了阿拉伯世界公共的财富，而且征服了征服者。"② 他还评价道："在伊斯兰统治最初的三世纪中，伊斯兰的文化天空中最灿烂的明星，有几颗就是伊斯兰化了的伊朗明星。"同样，中国学者也对这一时期波斯人的影响给予高度评价，认为到阿巴斯王朝，波斯人的地位愈发重要，"阿巴斯人改变前王朝依靠叙利亚人的做法，更多的是倚重波斯人。政治中心的东移，也给波斯思想的传入开了方便之门。除了已经成为国教的伊斯兰教和成为官方语言的阿拉伯语外，波斯传统的影响渗入哈里发帝国社会生活各个方面。"③ 尤其是在文化的教授与传承方面，波斯人极大地推动了阿拉伯民族的文化水平，继而推动了伊斯兰文明的对外传播。

　　阿巴斯王朝衰落后，突厥人、蒙古人都先后对伊朗进行过统治，进入16 世纪，由伊斯玛仪一世建立的萨法维王朝再一次带领伊朗走向鼎盛，除了明确将伊斯兰教什叶派作为国家的宗教信仰之外，当代伊朗民族的雏

---

① 金宜久主编：《伊斯兰教史》，江苏人民出版社 2006 年版，第 101 页。

② ［美］菲利普·希提：《阿拉伯通史》，马坚译，新世界出版社 2008 年版，第 145 页。

③ 金宜久主编：《伊斯兰教史》，江苏人民出版社 2006 年版，第 128—129 页。

形也在这一时期初步形成。"在萨法维的时代，伊朗的主要民族由波斯人、阿拉伯人、突厥人、亚美尼亚人……这个集体在与奥斯曼土耳其帝国时断时续的战争中被整合与夯实。"① 也是在这一时期，伊朗民族的多元性和复杂性已经有所体现，在什叶派宗教思想的影响下，形成了当时具有鲜明伊朗特色的民族发展历史。

三　20世纪以来的伊朗民族发展

"从1905—1911年伊朗宪政革命到1925年巴列维王朝建立之前，由于一战的爆发，在德国和奥斯曼帝国泛突厥主义和泛伊斯兰主义的影响下，伊朗被捆绑在同盟国对协约国作战的战车上，其领土成为俄、德、英三国厮杀的战场，民族危机和社会危机也达到了空前的程度"②。伴随着奥斯曼帝国解体、战后民族国家现代化诉求、阿拉伯民族主义与泛伊斯兰主义等外部因素的影响，伊朗的民族发展与宗教发展在这一时期深刻地交织、激荡，尤其是部分民族矛盾开始显现，成为20世纪以来伊朗民族发展的重要特征。

一方面，阿拉伯民族主义的兴起极大地刺激了伊朗民族主义的发展。"伊朗的民族主义者们把更多的热情倾注于前伊斯兰教时期的波斯古国，他们大肆宣扬古波斯帝国的荣耀。"③ 然而，对于伊斯兰革命后的伊朗而言，伊朗民族历史与宗教信仰的双向互动也在一定程度上使伊朗陷入一种两难境地，即如果宣扬前伊斯兰时期的辉煌历史，则意味着波斯民族的辉煌与伊斯兰教并无关系，甚至被视为以民族认同消解宗教认同，而一味强调宗教认同则伊朗改信伊斯兰教后的绝大部分时期是处于被统治的地位，在民族感情上加深了悲壮感。有学者认为，礼萨·汗时期的伊朗可以被拆解为国家构建与民族构建两部分，其中民族构建部分"并没有利益国家构建的有效平台，其民族政策和处理民族问题的理念与方法反而使得民族冲突开始凸显并逐步加剧，为国家转型和制度变迁

---

① 程彤：《历史视域下的伊朗文化构建》，《新丝路学刊》2019年第1期。
② 刘中民：《巴列维王朝时期的伊朗民族主义与伊斯兰教——从民族主义与伊斯兰教的关系看伊朗伊斯兰革命的深层原因》，《宁夏社会科学》2008年第3期。
③ 范鸿达：《20世纪阿拉伯人和伊朗人的思想冲突》，《世界民族》2006年第6期。

嵌入了一个结构性难题"①，更有学者直言伊朗"伊斯兰教与民族主义的矛盾是随着巴列维王朝剧烈的现代化改革而全面展开的"②。

进入 20 世纪 60—70 年代后，伊朗各民族（主要是主体民族与少数民族）之间矛盾和差异因为经济发展水平与收入差距而放大，"高度集权化的政治体制和以波斯人聚居的中部地区为主的经济增长方式，使得经济财富和社会资源无法在各民族之间实现公平分配，并且造成波斯民族与非波斯民族之间已有的社会鸿沟和经济差距进一步扩大，民族矛盾进一步加剧"③。直至 1979 年伊斯兰革命取得胜利之后，霍梅尼强调穆斯林皆兄弟，试图用共同的宗教信仰来弥合民族差异。

库尔德人、卢尔人、突厥人和俾路支人等民族不应该被称为少数民族，因为这个词本身意味着这些兄弟之间存在差别，然而伊斯兰教完全不存在这种差别。以不同语言为母语的穆斯林是没有差别的，譬如，阿拉伯人和波斯人就没有差别。少数民族问题是由那些居心叵测的人刻意制造的，他们不希望伊斯兰国家获得统一……他们制造了民族主义、泛伊斯兰主义、泛突厥主义等问题，可这些问题违背了伊斯兰教义。④

如今，复杂的民族问题依然是伊朗不得不面对的问题之一，尤其是库尔德人、俾路支人等跨界民族问题常常与宗教问题、社会矛盾交织在一起，成为境内分离主义与境外势力加以利用的抓手，对伊朗国内安全与稳定构成了消极影响。

第二节　伊朗民族概况

目前伊朗总人口约 8165 万人，其中，波斯民族是主体民族，约占全

---

①　詹晋洁：《礼萨·汗时期（1921—1941 年）伊朗民族国家构建的路径选择与困境》，《世界民族》2015 年第 2 期。

②　刘中民：《巴列维王朝时期的伊朗民族主义与伊斯兰教——从民族主义与伊斯兰教的关系看伊朗伊斯兰革命的深层原因》，《宁夏社会科学》2008 年第 3 期。

③　李鹏涛：《伊朗现代化进程中的民族关系——伊朗民族矛盾的产生与演变》，《世界民族》2009 年第 1 期。

④　［伊朗］霍马·卡图简、［英］侯赛因·沙希迪：《21 世纪的伊朗：政治、经济与冲突》，转引自冀开运、母仕洪《伊朗多民族统一国家认同的建构及启示》，《阿拉伯世界研究》2019 年第 4 期。

国人口的66%①，在少数民族中阿塞拜疆人（Azeris/Azerbaijanis）是第一大少数民族，约占全国人口的25%②，其他少数民族包括库尔德人（约占5%）③、阿拉伯人、土库曼人等。跨界民族数量丰富也是伊朗少数民族的特征之一，"伊朗东南西北皆有跨界民族，每当伊朗处于历史动荡期，这些边疆民族或多或少都会出现分离主义倾向"④，其中主要包括：第一，伊朗阿塞拜疆人、亚美尼亚人和土库曼人与阿塞拜疆、亚美尼亚和土库曼斯坦等国的主体民族同属一族；第二，伊朗的库尔德人与土耳其、伊拉克和叙利亚的库尔德人在民族特征上并无二致；第三，伊朗西南部地区居住着300万阿拉伯人，他们与邻国的阿拉伯人同宗同源；第四，俾路支人散居在伊朗、巴基斯坦和阿富汗三国交界处。⑤

一　伊朗主体民族概况

波斯民族是伊朗的主体民族，约占伊朗总人口的三分之二，分布于各个省份。据亚美尼亚埃里温国立大学（Yerevan State University）学者考证，第一个已知的波斯语术语的书面记录来自前9世纪的亚述铭文（Assyrian inscriptions），其中提到了帕苏阿什（Parsuash）和帕苏亚（Parsua）。⑥ 此后，"波斯"（Persia）这一术语通过希腊人的记述而被广泛使用。该学者同时提出"波斯民族"是一个集体概念，可追溯至前1世纪左右出现在伊朗高原上的若干重要的古波斯部落，如麦地斯人（Medes）、帕提安人（Parthians）、巴克特里亚人（Bactrians）、斯基蒂安人（Scythians）等，他们意识到自己属于一个普遍的种族群体，说着非常相近的语

---

①　《伊朗国家概况》，中国外交部网站（https：//www. fmprc. gov. cn/web/gjhdq_ 676201/gj_676203/yz_ 676205/1206_ 677172/1206x0_ 677174/），2021年2月。

②　《伊朗国家概况》，中国外交部网站（https：//www. fmprc. gov. cn/web/gjhdq_ 676201/gj_676203/yz_ 676205/1206_ 677172/1206x0_ 677174/），2021年2月。

③　《伊朗国家概况》，中国外交部网站（https：//www. fmprc. gov. cn/web/gjhdq_ 676201/gj_676203/yz_ 676205/1206_ 677172/1206x0_ 677174/），2021年2月。

④　冀开运、母仕洪：《伊朗多民族统一国家认同的建构及启示》，《阿拉伯世界研究》2019年第4期。

⑤　冀开运、母仕洪：《伊朗多民族统一国家认同的建构及启示》，《阿拉伯世界研究》2019年第4期。

⑥　Vahid Rashidvash, "Iranian People：Iranian Ethnic Groups," *International Journal of Humanities and Social Science*, Vol. 3 No. 15, August 2013.

言，都有着以崇拜阿胡拉·马兹达（Ahura Mazda，琐罗亚斯德教的主神）为中心的宗教传统。[①] 关于波斯民族的早期起源。中国学者认为："据考证，早在公元前二千年纪他们（波斯人）就已经进入了伊朗，在居鲁士建立的阿赫梅尼德王朝（通常称为'阿契美尼德王朝'）占统治地位，在后来的形成发展过程中逐渐同化了阿拉伯、突厥、蒙古及当地部落。"[②] 虽然国内外学界对波斯民族的来源与形成有多种观点，但都不约而同地强调波斯民族形成过程中的复杂性，民族融合、异族通婚（miscegenation）对构成波斯民族具有重要意义，并且这一进程延续了相当漫长的时间。

由于地处东西各种文明的交汇之地，古波斯民族的民族特性、民族文化伴随着阿契美尼德王朝、萨珊王朝等帝国的形成与发展而一同成长，在宗教文化、诗歌文化等方面将人类文明发展推向了新的高度。如琐罗亚斯德教关于一神论的神学观点演变、对二元论的哲学思考都是人类文明史上的灿烂瑰宝，受其影响而形成的波斯新年（Nowrouz）已经被联合国教科文组织收入世界非物质遗产名录。"诺鲁兹（即波斯新年）是法瓦尔丁（Farvardin，波斯日历的第一个月）的第一天，在这一天庆祝新年开始是源自古伊朗的、现存古老的庆祝活动之一。"[③] 2015年，伊朗、阿塞拜疆、伊拉克、土耳其、土库曼斯坦、塔吉克斯坦、吉尔吉斯斯坦、哈萨克斯坦、印度、阿富汗、巴基斯坦和乌兹别克斯坦12个国家把诺鲁兹作为共同的节日，联合申请加入《人类非物质文化遗产代表作名录》（Representative List of the Intangible Cultural Heritage of Humanity）。得益于波斯民族较高的文明程度，即便被阿拉伯帝国征服，波斯人仍然能够在行政体制、语言文字、科技、艺术等方面对阿拉伯帝国构成极大影响，在阿拉伯帝国的鼎盛时期以及伊斯兰文明的鼎盛时期，波斯民族起到了至关重要的作用。

二　伊朗少数民族概况

(一) 阿塞拜疆人

阿塞拜疆人是伊朗第一大少数民族，亦是人口最多的突厥语民族，信

---

① Vahid Rashidvash, "Iranian People: Iranian Ethnic Groups," *International Journal of Humanities and Social Science*, Vol. 3, No. 15, August 2013.

② 赵锦元、戴佩丽主编：《世界民族通览》，中央民族大学出版社2000年版，第400页。

③ UNESCO, "Consent of Communities-Iran: English/Persian," see https://ich.unesco.org/doc/src/30770.pdf.

奉伊斯兰教什叶派。根据中国外交部相关数据折算，伊朗境内目前有超过
2000 万阿塞拜疆人。部分国外研究也提供了相类似的数据，认为阿塞拜
疆人"超过 1800 万，一些阿塞拜疆人认为这个数字更高"[1]。而伊朗邻国
阿塞拜疆的总人口为 1012.34 万人，其中阿塞拜疆族占 91.6%[2]，换言
之，伊朗境内的阿塞拜疆人已经超过邻国总人口，可谓数量庞大。

  伊朗的阿塞拜疆人主要分布在东阿塞拜疆省与西阿塞拜疆省，"约占
当地居民的 80%"[3]，在德黑兰、哈马丹等城市也有部分阿塞拜疆人居住。
中国学者赵锦元、戴佩丽还在其著作中对阿塞拜疆人进行了更为细致的分
类，认为其包括若干支系："穆卡登人、东巴尔人、卡拉乔卢人、穆甘卢
人、巴亚特人、杰万希尔人。与阿塞拜疆人接近的还有阿夫沙尔人，他们
分布在雷扎耶湖以东地带，在法尔斯省、克尔曼省和胡泽斯坦省也有他们
的支系。"[4]

  由于地理位置相近，阿塞拜疆人得以与波斯文明一同成长，但也同样
由于其地缘战略意义，阿塞拜疆长期成为各方争夺之地，直至 19 世纪，
俄波（斯）战争后，阿塞拜疆被认为分为南北两部分，其中北部地区成
为沙俄公民，直至独立成为阿塞拜疆国。在与伊朗的关系或国家认同一事
上，伊朗阿塞拜疆人对国家较为忠诚，虽然人数庞大，但并未因民族或宗
教问题而与政府产生冲突，这一点与周边的库尔德问题、印巴地区穆斯林
地位问题或斯里兰卡泰米尔人问题等截然不同。阿塞拜疆人在采访中表
示，他们没有被视为二等公民，与其他少数民族相比，他们更多地融入伊
朗社会、商业和政治。[5]

  （二）库尔德人

  库尔德（Kurds）"绝大多数人过着定居、半定居生活，仍保留着部落
界限残余。较大的部落有穆克里、比尔巴斯、舍卡基、克尔霍尔、森贾

  [1] Lionel Beehner, *Iran's Ethnic Groups*, Jan. 4, 2019, https：//www.trackpersia.com/irans-eth-nic-groups/.

  [2] 《阿塞拜疆国家概况》，外交部网站（https：//www.fmprc.gov.cn/web/gjhdq_ 676201/gj_ 676203/yz_ 676205/1206_ 676284/1206x0_ 676286/），2021 年 2 月。

  [3] 赵锦元、戴佩丽主编：《世界民族通览》，中央民族大学出版社 2000 年版，第 403 页。

  [4] 赵锦元、戴佩丽主编：《世界民族通览》，第 403 页。

  [5] Lionel Beehner, *Iran's Ethnic Groups*, Jan. 4, 2019, https：//www.trackpersia.com/irans-eth-nic-groups/.

比、古兰。霍拉桑北部地区的库尔德人分属两个大的部落联合体：扎法兰卢和沙杜卢。库尔德文采用阿拉伯字母"①。库尔德问题牵动着相关各方的利益，但较土耳其、叙利亚、伊拉克三国在库尔德问题上的棘手现状而言，伊朗库尔德人问题并非伊朗国内最为突出的民族矛盾。甚至在库尔德问题上的利益与合作在一定程度上缓解了伊朗、土耳其之间的紧张关系。叙利亚危机爆发后，伊朗、土耳其两国关系长期处于针锋相对的状态，2017 年 9 月，伊拉克库尔德自治区公投一事则为两国缓和关系提供了契机，双方在库尔德问题上的考量主要包括：第一，不希望叙利亚、伊拉克库尔德人以对抗恐怖主义、极端主义为名获得域外大国政治、经济、军事支持；第二，不希望伊拉克库尔德自治区公投成为样板继而引起伊、土两国境内库尔德人效仿；第三，不希望美、俄等大国将库尔德问题作为牵制伊、土两国内政外交的筹码。尤其是伊、土两国均面临国内经济增长乏力、社会不稳定等内部问题，伊拉克库尔德自治区公投一事为两国缓和对立关系、开启务实合作、减轻外部压力提供了契机。2020 年 9 月，伊朗、土耳其两国领导人再次发表共同声明表示：

> 将利用现有合作机制共同打击库尔德工人党等在两国边界处的活动。……两国有责任充分利用现有合作机制打击库尔德工人党和其他恐怖组织在双方边界处的活动，并在打击恐怖主义和有组织犯罪方面采取协调一致的联合行动。此外，双方重申致力于加强经济合作，以减少新冠疫情给双边贸易带来的负面影响。②

从长期来看，叙利亚、伊拉克库尔德人在抵抗入侵中积累了丰富的经验，在战后重建中一定会要求更大的政治权力，而特朗普政府中东政策的一大特征是利用中东地区各类矛盾挑起事端，库尔德问题一定会在某一时间点被重新煽动起来，因此，下一阶段伊朗、土耳其保持合作的基础仍将长期存在。

---

① 赵锦元、戴佩丽主编：《世界民族通览》，中央民族大学出版社 2000 年版，第 401 页。
② 《土耳其和伊朗表示将共同打击库尔德工人党》，澎湃新闻，2020 年 9 月 13 日，https：//m. thepaper. cn/newsDetail_ forward_ 9159271。

（三）阿拉伯人

据统计，在伊朗西南部的伊朗和伊拉克边境沿线有大约 300 万阿拉伯人[1]，他们属于伊斯兰教什叶派。阿拉伯人在 7 世纪对外扩张的过程中到达伊朗并定居下来，在倭马亚王朝、阿巴斯王朝两大阿拉伯帝国时期，阿拉伯人与波斯人尤其是波斯女性的通婚非常普遍，多为哈里发，都拥有波斯血统。

表 I - 7 - 1　　　　　　　　　　库尔德分离主义政党

政党名称	创立时间（年）	主要宗旨
伊朗库尔德斯坦民主党	1945	1946 年在苏联帮助下宣布成立马哈巴德库尔德共和国，不满一年便消亡。霍梅尼执政后对库尔德人发动了"神圣的战争"，该党也遭到毁灭性打击。20 世纪 90 年代，该党决定放弃军事斗争，政治实力与影响力渐弱。但近年来，该党与政府间的冲突日趋激化，其斗争方式也趋于多样化，如集体罢工、连环爆炸、武装对抗与军事冲突等
科马拉（Komala）	1969	其主要目标是在"消灭库尔德人民压迫者"基础上，实现库尔德人的民族自决。2002 年后该组织的政治目标从原先谋求库尔德自治转变为以和平方式建立联邦政府
库尔德斯坦自由生活党（PJAK）	2004	通过武装斗争推翻伊朗神权政府，建立民主联邦制国家，并在联邦制框架内实现库尔德人、俾路支人、阿塞拜疆人和阿拉伯人的地区自治

资料来源：根据王畅《"一带一路"倡议下中国—伊朗安全风险防范研究》（《世界宗教文化》2018 年第 1 期）资料整理而成。

从民族成分与来源上看，伊朗阿拉伯人亦是一个庞大的跨界民族。在伊朗阿拉伯人的身份认同问题上存在多种观点，有学者认为，直到 20 世纪 80 年代，伊朗阿拉伯人的身份认同仍为"伊朗人"，而非国境线另一边的"伊拉克阿拉伯人"。然而，随着该地区逊尼派和什叶派的紧张局势升级，部分伊朗阿拉伯人受到伊拉克阿拉伯人的鼓动，近年来开始要求更大的自治权。[2] 但也有观点认为伊朗阿拉伯人在礼萨·汗时期就与政府产生冲突，这一趋势在 20 世纪五六十年代阿拉伯民主主义兴起的背景下得到

---

[1] Lionel Beehner, *Iran's Ethnic Groups*, Jan. 4, 2019, https：//www.trackpersia.com/irans-ethnic-groups/.

[2] Lionel Beehner, *Iran's Ethnic Groups*, Jan. 4, 2019, https：//www.trackpersia.com/irans-eth-nic-groups/.

进一步强化，甚至出现以阿瓦士民族抵抗运动（Ahvaz National Resistance）为代表的武装分离势力。

（四）其他少数民族

1. 犹太人

"波斯的犹太社团（the Jewish community of Persia）是散居海外的古老的社区之一，其历史根源可以追溯到公元前 6 世纪，亦即第一圣殿时期。他们在前伊斯兰时期（pre-Islamic period）的历史与邻国巴比伦的犹太人的历史交织在一起。"①

犹太人的命运几经浮沉，在倭马亚王朝初期，犹太人被认为是《古兰经》中所提到的"有经人"，属于帝国社会等级划分中的第三类（即阿拉伯穆斯林、马瓦里、顺民、奴隶），他们得以在不拥有武装且缴纳税负的前提下继续信仰其原有的宗教。

2008 年，美国哥伦比亚广播公司发布的调研报告显示："在 1979 年伊斯兰革命后的几十年里，估计有85%的居住在伊朗的犹太人（超过 6 万人）移民到以色列和美国。以色列现在收容了最多的伊朗犹太人，超过47000 人，另外还有 87000 人是父系后裔（paternal lineage），65000 人到 70000 人是母系后裔（maternal lineage）。"② 该报告还指出："据估计，在美国的波斯犹太人（Persian Jews）人数高达数万人，但不确定这个数字是否会继续增加。"③

伊朗议会中唯一的犹太议员希亚马克·莫尔—西达赫（SiamakMoreh-Sedegh）表示："2019 年，政府继续对作为宗教少数群体的犹太人进行限制和歧视，但对犹太宗教习俗的干预很少。此外，犹太人可以自由进出这个国家，政府通常不会执行禁止犹太人前往以色列的禁令，尽管它执行了禁止其他公民前往以色列的禁令。"④

① World Jewish Congress, *Communities*：*Islamic Republic of Iran*, https：//www. worldjewishcongress. org/en/about/communities/IR.

② Reyna Simnegar, *The Jews of Iran*, https：//www. chabad. org/library/article _ cdo/aid/1442787/jewish/The-Jews-of-Iran. htm.

③ Reyna Simnegar, *The Jews of Iran*, https：//www. chabad. org/library/article _ cdo/aid/1442787/jewish/The-Jews-of-Iran. htm.

④ Jewish Vertual Library, *Jews in Islamic Countries*：*Iran*, https：//www. jewishvirtuallibrary. org/jews-of-iran.

2. 塔特人

塔特人（Tats）约有 28 万，散居在德黑兰以西、以北与波斯人为邻的农村。在语言和习俗上与波斯人差别很小，大多数被波斯人同化。目前，有的学者不同意把他们划为单独的民族，认为是波斯人的一支。除上述讲突厥语言的各民族外，散居于伊朗各地的还有单个突厥部落包括：德黑兰省维尔马明和库姆地区的肯格卢人部落，在法尔斯省东部卡什凯人以东地区的伊南卢人、巴哈瞻仰人、纳法尔人部落等，在克尔曼省的霍拉萨尼、皮查格奇部落，礼萨呼罗珊省托尔巴特海达里耶以东的卡拉伊部落等。上述这些单个突厥部落估计有 2.8 万人。在他们当中，大部分人生活在山区和半沙漠荒原，只能从事游牧和半游牧业。许多人已被波斯人同化。①

3. 其他

伊朗国内其他少数民族概况如表Ⅰ-7-2 所示。

表Ⅰ-7-2　　　　　伊朗国内主要少数民族情况一览

民族	分布地区	民族来源	宗教信仰	语言文字
卢尔人（Lurs）	伊朗西南部高山地区卢里斯坦，被扎格罗斯山脊分为定居农民与游牧民、半游牧民两支	古代埃兰人与外来的南伊朗部落的混血后裔	伊斯兰教什叶派	卢尔语②，无本族文字
巴赫蒂亚尔人（Bakhtiaris）	伊斯法罕以西、卢里斯坦东部巴赫蒂亚尔群山之中	与卢尔人相同	伊斯兰教什叶派，但保留着万物有灵信仰，崇拜山、石、山泉等	卢尔语，无本族文字
俾路支人（Baluchis）	伊朗东部边境地区的俾路支斯坦和锡斯坦	与巴基斯坦、阿富汗的俾路支人是同族	伊斯兰教逊尼派	俾路支语
沙赫谢文人（Shakhsevens）	主要分布在南至萨瓦兰山脉、西到卡拉苏河地区	阿塞拜疆人的一支	伊斯兰教什叶派	沙赫谢文语，无文字

① 赵锦元、戴佩丽主编：《世界民族通览》，中央民族大学出版社 2000 年版，第 405 页。
② 国外有学者对卢尔人和巴赫蒂亚尔人的语言进行了更为细致的划分，认为他们都使用与波斯语接近的卢尔语（Luri），但卢尔人使用 Lur Buzurg，而巴赫蒂亚尔人使用 Lur Kuchik（参见 Vahid Rashidvash, "Iranian People: Iranian Ethnic Groups," *International Journal of Humanities and Social Science*, Vol. 3, No. 15, August 2013, http://www.ijhssnet.com/journals/Vol_3_No_15_August_2013/24.pdf）。

续表

民族	分布地区	民族来源	宗教信仰	语言文字
卡拉帕帕赫人（Karapapakhs）	分布在雷扎耶湖两岸	南高加索格鲁吉亚和亚美尼亚埃里温省塞丹湖周围的居民	伊斯兰教什叶派	卡拉帕帕赫语，无文字
亚述人（Assyrian）	乌尔米亚湖的西岸	两河流域北部亚述人的后裔	基督教	由古亚述语演化而来的现代亚述语方言
卡什凯人（Qashqais）	伊朗南部法尔斯省、伊斯法罕省	法尔斯省若干突厥语系部落的联盟	伊斯兰教什叶派	各部落使用与阿塞拜疆语相似的方言
土库曼人（Turkmans）	土库曼草原地带（Turko-man Sahra）以及霍拉桑的东北部	中亚地区突厥人的后裔	伊斯兰教逊尼派	突厥语方言，类似土库曼语

资料来源：由赵锦元、戴佩丽主编《世界民族通览》（中央民族大学出版社 2000 年版，第 398—407 页）；Vahid Rashidvash，"Iranian People：Iranian Ethnic Groups," *International Journal of Humanities and Social Science*，Vol. 3，No. 15，August 2013，http：//www. ijhssnet. com/journals/Vol_ 3_ No_ 15_ August_ 2013/24. pdf 中的资料整理而成。

第三节　伊朗宗教发展历史

历史上，伊朗曾是琐罗亚斯德教、摩尼教、景教、伊斯兰教等多种宗教信仰汇聚之地，其中尤以琐罗亚斯德教的影响最为深远。伊斯兰教伴随着阿拉伯人一同进入伊朗之后并未立刻被接受，大部分人仍信仰琐罗亚斯德教（祆教），直至 10 世纪左右才基本改信伊斯兰教。

一　从琐罗亚斯德教到伊斯兰教

在倭马亚王朝时期，第五任哈里发阿卜杜·马立克的"阿拉伯化"政策与第八任哈里发欧麦尔二世的"伊斯兰化"政策在很大程度上推动了各种不同民族、各种先进文明滋养了伊斯兰教与伊斯兰文化。进入阿巴斯王朝，再一次"阿拉伯化"与"伊斯兰化"进一步加深了这一趋势。其中，这两个帝国先后进行的"伊斯兰化"都有通过税收等经济方式劝诫或强制改宗的做法，从而使伊斯兰教从早期的、朴素的、只属于阿拉伯人的宗教发展成为统治者的宗教，又从统治者的宗教最终发展成为大多数居民所信奉的宗教。

　　除了通婚、政治上的强制，以及奢望获得政治上的势力而享有较高的社会地位或威望外，经济上的考虑也是改宗的一个原因。出于个人的或家庭的利益考虑，避免缴纳具有侮辱性的捐税，避免受到人身侮辱，甚而期望得到更多的人身自由与安全，这些促使了哈里发帝国的伊斯兰化的实现。①

在阿巴斯王朝衰落的同时，什叶派却在不断发展，因而 10 世纪到 11 世纪中叶亦被称为"什叶派世纪"（见表Ⅰ-7-3）。

表Ⅰ-7-3　　　　　"什叶派世纪"各派别的主要发展

派别	主要发展
十二伊玛目派	从理论上发展了什叶派（原文作"十叶派"。下同）教义并使之系统化
栽德派	于伊朗和也门分别建立起地方政权，偏安一方，有利于该派教义的系统化
伊斯玛仪派	在北非建立法蒂玛王朝，其疆域随之扩展到埃及、叙利亚和阿拉伯半岛的希贾兹地区
卡尔马特派	于阿拉伯半岛建立巴林王国，其政权一直延续到 1077 年

　　资料来源：根据金宜久主编《伊斯兰教史》（江苏人民出版社 2006 年版，第 178—179 页）资料整理而成。

在这一时期，伊朗伊斯兰教开始其"伊朗化"的进程。

　　什叶派从祆教中借鉴隐遁、审判日复活等理论加速自己的本土化、伊朗化，且二者的教义有着相通性，祆教重视世俗权力，强调王权和统治者的神圣性和正统思想，什叶派强调伊玛目的神圣性和传承性；祆教主神阿胡拉·马兹达是没有特定形象的存在，伊斯兰教信仰"不得以物配主"，这使得祆教徒改宗什叶派更加顺理成章。②

① 金宜久主编：《伊斯兰教史》，江苏人民出版社 2006 年版，第 90—92 页。
② 谢书缘、冀开运：《国家认同建构视域下的伊朗文化民族主义研究》，《西部学刊》2020 年第 16 期。

换言之，"伊朗选择了什叶派十二伊玛目派，与阿拉伯人在信仰上划清界线，这是什叶派作为被迫害者和波斯人作为被统治者的共同选择。"①什叶派给伊玛目赋予了神圣的色彩：

> 如伊玛目通过默示接受真主授予的知识；从他在母腹中起，真主就给他以特别的培养：以崇高的关怀维护他，使他免犯过错，同时，又把先知和使者的知识传授给他，让他知悉已经发生和行将发生的一切；先知知道众人知道的知识，先知也知道只有阿里知道的知识，阿里的知识一直传到第十二代迈赫迪；伊玛目是真主在大地上的影子，是真主在大地上的光芒，是辨别真伪的唯一的途径。②

什叶派认为："相信上述观点是信仰的一部分，就像信仰真主和使者一样。否则，人们的功德就不算数。而信士的忤逆之罪，也可由信仰伊玛目而得到减免或赦宥。"③ 此外，什叶派还认为伊玛目"是不可由他人评判的，他在本质上和行为上都高于众人。他既是法律的制定者，又是法律的执行人。对他的所作所为人们不可置评，好坏均由他自己判断，他所作之事都是好的，所禁之事都是坏的。他是精神领袖，拥有高于天主教教皇的精神权力。若不信仰伊玛目，则礼拜、斋戒、天课、朝觐都无效（不计其功德），就像不信真主和使者的叛教者的善行无用一样。"④

二 萨法维王朝确立什叶派的核心地位

就伊斯兰教宗教思想的发展而言，萨法维王朝宣布十二伊玛目派为国教标志着什叶派"从公元 7 世纪以来第一次在波斯民族主体的国家中独立

① 谢书缘、冀开运：《国家认同建构视域下的伊朗文化民族主义研究》，《西部学刊》2020年 8 月下半月刊。

② 原文为"伊玛木"，为确保本书前后统一故改为"伊玛目"，下同。［埃及］艾哈迈德·爱敏：《阿拉伯—伊斯兰文化史》第四册《近午时期（三）》，朱凯译，纳忠审校，商务印书馆1997 年版，第 199—200 页。

③ ［埃及］艾哈迈德·爱敏：《阿拉伯—伊斯兰文化史》第四册《近午时期（三）》，朱凯译，纳忠审校，第 200 页。

④ ［埃及］艾哈迈德·爱敏：《阿拉伯—伊斯兰文化史》第四册《近午时期（三）》，朱凯译，纳忠审校，第 200 页。

于世，它以什叶派的形式保留了波斯文明和波斯民族的独特性格"①。在这一时期，什叶派在与苏菲主义思想的调和与分离中完成其自身的发展与成长。如在阿巴斯一世时期出现的"伊斯法罕学派"（"照明学派"在波斯的分支）提出"完人"思想受到苏菲主义的影响，认为"人的灵魂借助于精神升华可以达到存在的最高阶段，亦即与安拉合一。这种精神升华的原理在于先天的、与人生来就有的灵知，它是产生于人的心灵中的最高知识形式。它补充人存在的缺陷和不足，使人趋向于完人"②。到王朝后期，"乌里玛为捍卫什叶派教义的纯洁性，也为了维护自身的利益，在政治上他们开始摆脱对国王俯首听命的屈从地位，宗教上开始对苏菲思想进行激烈的反驳"③。相应地，"苏菲的有关神秘的'人主合一'的说教及其精神修炼被视为异端邪说（被斥之为'愚妄的和可憎的赘生物'），伊斯法罕学派哲学家被视为'异教徒希腊人的追随者'"④。自此以后，苏菲主义思想与什叶派的宗教思想分道扬镳，对后者的主流思想不再具有影响。

从伊朗政教关系发展的角度而言，到萨法维王朝时期，什叶派本身教义、教法都已非常成熟，在伊朗人中也极具影响力。"萨法维王朝以什叶派为国教，不断肃清什叶派极端主义势力和苏菲教团的影响，在消除逊尼派影响的过程中，把波斯人的民族感情与什叶派教义逐渐融为一体。"⑤ 与此同时，什叶派宗教学者的政治影响力也在这一过程中逐步发展壮大，"什叶派宗教学者借助王权，清除宗教异己、宣传什叶派信仰，并逐步建立起独立的宗教学者体制，树立起了自身的权威"⑥。也正是从萨法维王朝开始，宗教与政治，或者说什叶派与伊朗国家建设的关系就变得紧密而复杂，先后经历了萨法维王朝时期宗教参与政治、巴列维王朝时期宗教被排除出政治以及 1979 年伊朗伊斯兰革命以来宗教主导政治三个主要阶段。

进入巴列维王朝后，礼萨·汗的种种世俗化与现代化改革的举措无疑制约了传统的乌里玛阶层，尤其是凯末尔革命的成功经验给礼萨·汗带来

---

① 金宜久主编：《伊斯兰教史》，江苏人民出版社 2006 年版，第 312 页。
② 金宜久主编：《伊斯兰教史》，第 313—314 页。
③ 金宜久主编：《伊斯兰教史》，第 314 页。
④ 金宜久主编：《伊斯兰教史》，第 314 页。
⑤ 王宇洁：《伊朗伊斯兰教史》，宁夏人民出版社 2006 年版，第 37 页。
⑥ 王宇洁：《伊朗伊斯兰教史》，第 38 页。

极大启发，然而种种因素最终导致巴列维王朝对伊斯兰教的压抑与限制被一场伊斯兰革命所全盘推翻。"土耳其的世俗化改革取得了成功，并且缔造了现代伊斯兰世界第一个世俗化的现代化模式，而礼萨·汗改革却给伊朗留下了一个沉重的包袱——政教关系的张力，同时成为制约伊朗现代化在深度和广度上向更高层次发展的重要因素。"①

伊斯兰革命后，伊朗于 1979 年 12 月颁布第一部宪法，确立教法学家监护（法基赫监护）的政教合一的政治制度，实行最高领袖掌握国家最高权力和在其领导下的行政、立法、司法机构"三权分立"。国家一切行为必须符合伊斯兰教法，政教合一。1989 年 4 月，伊朗对宪法进行部分修改，在一定程度上平衡了最高领袖和总统的权力，但突出伊斯兰信仰、体制、教规、共和制及最高领袖的绝对权力不容更改。同年 7 月，哈梅内伊正式批准经全民投票通过的新宪法。②

除了明确伊朗为政教合一的神权政体以外，伊朗还设置了专家会议和宪法监护委员会来确保伊朗政治体制的稳定。其中，1979 年通过的宪法规定专家会议为常设机构，由公民投票选举 86 名法学家和宗教学者组成。其职责是选定和罢免领袖。每年举行两次会议。第五届专家会议于 2016 年 5 月经选举成立，现任主席为艾哈迈德·贾纳提（Ahmad Janati）。③ 而宪法监护委员会则由 12 人组成，其中 6 名宗教法学家由领袖直接任命，另 6 名普通法学家由司法总监在法学家中挑选并向议会推荐，议会投票通过后就任，任期 6 年。主要负责监督专家会议、总统和伊斯兰议会选举及公民投票，批准议员资格书和解释宪法；审议和确认议会通过的议案，裁定是否与伊斯兰教义和宪法相抵触，如有抵触则退回议会重新审议和修改。如与议会就议案发生争议且无法解决，则提交国家利益委员会进行仲裁。现任主席艾

---

① 刘中民：《巴列维王朝时期的伊朗民族主义与伊斯兰教——从民族主义与伊斯兰教的关系看伊朗伊斯兰革命的深层原因》，《宁夏社会科学》2008 年第 3 期。

② 中国商务部国际贸易经济合作研究院、中国驻伊朗大使馆经济商务处、中国商务部对外投资和经济合作司：《对外投资合作国别（地区）指南——伊朗（2020 年）》，第 5 页，http：//www.mofcom.gov.cn/dl/gbdqzn/upload/yilang.pdf；《伊朗国家概况》，外交部网站（https：//www.fmprc.gov.cn/web/gjhdq_ 676201/gj_ 676203/yz_ 676205/1206_ 677172/1206x0_ 677174/），2021 年 2 月。

③ 《伊朗国家概况》，外交部网站（https：//www.fmprc.gov.cn/web/gjhdq_ 676201/gj_ 676203/yz_ 676205/1206_ 677172/1206x0_ 677174/），2021 年 2 月。

哈迈德·贾纳提（Ahmad Janati）从 1992 年当选，一直任职至今。[1]

第四节 伊朗宗教概况

根据中国商务部《对外投资合作国别（地区）指南——伊朗》的统计数据，伊朗全国有 98.8% 的居民信奉伊斯兰教，其中 91% 为什叶派，7.8% 为逊尼派[2]，其余为信奉其他宗教的群体，如信奉基督教、巴哈伊教等。此外，主要分布在伊朗北部吉兰省和马赞德兰省的古老民族吉兰人（Gilanese）和马赞德兰人（Mazenderans）由于所处的地理位置不易受到外界影响，因而得以保留诸多风俗。在宗教信仰上，"他们曾在较长时间内成功地抵御了阿拉伯人的侵略，伊斯兰教传入时间较晚，至今仍保留着较多原始的信仰，广泛崇拜神石、神树等"[3]。

一 伊朗的主体宗教概况

伊斯兰教什叶派的历史可追溯至四大哈里发时期，围绕哈里发的人选问题出现了一批支持阿里担任哈里发的"阿里党人"，并逐步发展成以拥戴阿里、阿里之后拥戴其直系后裔为政治—宗教目的而形成的政治派别。[4] 在阿里遇刺身亡后，倭马亚家族建立政权，并劝说阿里的长子哈桑承认新政权的合法性。在哈桑放弃与倭马亚家族的斗争后，阿里党人寄希望于阿里的次子侯赛因，"希望他能反对窃权的倭马亚人，建立神权政体以实现先知的遗志。由于侯赛因的血统和作为神权贵族代表的地位，在很大一部分阿拉伯人中，尤其是有着王权正统主义影响的波斯人中，具有一定的吸引力"。[5] 侯赛因在与倭马亚家族的斗争中不幸于伊历一月十日在

---

① 中国商务部国际贸易经济合作研究院、中国驻伊朗大使馆经济商务处、中国商务部对外投资和经济合作司：《对外投资合作国别（地区）指南——伊朗（2020 年）》，第 6—7 页，http://www.mofcom.gov.cn/dl/gbdqzn/upload/yilang.pdf。

② 中国商务部国际贸易经济合作研究院、中国驻伊朗大使馆经济商务处、中国商务部对外投资和经济合作司：《对外投资合作国别（地区）指南——伊朗（2020 年）》，第 14 页，http://www.mofcom.gov.cn/dl/gbdqzn/upload/yilang.pdf。

③ 赵锦元、戴佩丽主编：《世界民族通览》，中央民族大学出版社 2000 年版，第 400 页。

④ 金宜久主编：《伊斯兰教史》，江苏人民出版社 2006 年版，第 92 页。

⑤ 金宜久主编：《伊斯兰教史》，第 92 页。

卡尔巴拉壮烈牺牲，这一天根据"十"的发音被称为"阿术拉节"，是什叶派最重要的节日。

> 为了哀悼侯赛因的牺牲，什叶派穆斯林规定每年于伊斯兰教历的元月上旬为哀旬，在此期间，演出受难剧，再现他的英勇战斗和受难的情景。该节日由前节和后节两个不同仪式构成。前节于侯赛因的受难日在巴格达郊区的卡齐麦因举行，以纪念此次战斗与受难；后节于受难日之后的40天内在卡尔巴拉举行，以纪念"头颅的归来"。①

而阿里党人因为侯赛因的牺牲而从政治派别正式开始转向宗教派别。

根据对教义和教法学说的不同解释，伊斯兰教什叶派可以分为十二伊玛目派、伊斯玛仪派（七伊玛目派）、栽德派（五伊玛目派）等。目前中外学术界所言的什叶派教法，主要是指十二伊玛目派教法传统②，于萨法维王朝时期被确立为伊朗的国教。从教法角度来看，学界对什叶派教法主要持两种观点：第一种观点认为，什叶派教法是在逊尼派教法的基础上发展而成的，同逊尼派教法没有本质性的差别，两派之间的差异小于每一派内部的差异；第二种观点则认为，什叶派教法产生于不同的社会历史条件下，不论在法学理论基础、实体学说还是司法制度上，都明显不同于逊尼派教法，是一种具有自己特色的、独立的法律体系。③

同逊尼派相比，什叶派承认《古兰经》、圣训、公议（即伊智玛尔）和理性（即阿格勒），但在细节上与逊尼派有所区别：第一，什叶派认为《古兰经》教法已经全部废止了伊斯兰教前阿拉伯的部落习惯，任何立法不得与之相悖；第二，只承认本派伊玛目传述的"圣训"汇集即"四大圣训经"或"五大圣训经"，否认逊尼派"六大圣训集"的权威；第三，对于公议和理性判断，则是伊玛目和穆智泰希德的专权，其决断为安拉意志的体现，对穆斯林具有法律约力；第四，否认"创制之门关闭说"，相信任何时代都有才智超群的穆智泰希德，他们作为"隐遁"伊玛目的代

---

① 金宜久主编：《伊斯兰教史》，第94页。
② 中国伊斯兰百科全书编辑委员会编：《中国伊斯兰教百科全书》，四川辞书出版社1994年版，第516页。
③ 中国伊斯兰百科全书编辑委员会编：《中国伊斯兰教百科全书》，第516页。

理人，有资格就当代有争议的社会、法律问题作出正确的决断。① 同时，什叶派内部还确立了等级明确的教阶制度。

什叶派教阶制度有它的独特性。在乌里玛中有各种不同的等级称号，这种等级称号是掌握宗教知识和信仰虔诚程度的标志，也是拥有追随者（仿效者）多寡的证明。进入乌里玛阶层的条件是必须在宗教教育中学完很高程度的宗教课程，并通过考核证明成绩优良。也就是要通过学习上的竞争、品行上的考察、高级学者的公议以及教徒的公认。乌里玛经过一定时期的讲课宣教，以及在沙里亚法院中审理教法事务的实习，经评议和审查通过后，可以获得伊智提哈德权力；只有获得这一权力并在教法学上有所著述，才有条件成为穆智泰希德。乌里玛与教徒的关系以及高级称号与低级称号的关系是仿效和被仿效的关系。乌里玛的权力和影响，取决于他个人的品行和名望以及仿效者和他所开设课程听众的多少。这种仿效和被仿效的关系使得教阶制度在聚沙成丘的过程中集约化，从而使乌里玛阶层有一个连续性的稳定的核心领导集团。②

目前伊朗每年与伊斯兰教相关的节日包括：法蒂玛——穆罕默德之女、阿里之妻忌日、第一伊玛目阿里诞辰日、穆罕默德成为先知纪念日、第十二伊玛目穆哈迪诞辰日、第一伊玛目阿里逝世日、开斋节（2 天）、第六伊玛目嘉法逝世忌日、古尔邦节、阿里成为第一伊玛目纪念日、阿舒拉节——第三伊玛目侯赛因逝世日（赎罪日）、第一伊玛目阿里逝世 40 天忌日、穆罕默德逝世忌日、第八伊玛目瑞扎逝世忌日、第十一伊玛目哈桑忌日、穆罕默德诞辰日等。③ 根据皮尤研究中心（Pew Research Center）发布的报告《全球穆斯林人口的未来》（*The Future of the Global Muslim Population*），伊朗穆斯林人口在未来 30 年里仍将保持增长趋势，虽然占全球穆斯林人口的比例略有下降，但人口增长数量在千万左右（参见表 I –7 –4）。

---

① 中国伊斯兰百科全书编辑委员会编：《中国伊斯兰教百科全书》，第 516 页。

② 金宜久主编：《伊斯兰教史》，江苏人民出版社 2006 年版，第 319 页。

③ 中国商务部国际贸易经济合作研究院、中国驻伊朗大使馆经济商务处、中国商务部对外投资和经济合作司：《对外投资合作国别（地区）指南——伊朗（2020 年）》，第 17—18 页，http://www.mofcom.gov.cn/dl/gbdqzn/upload/yilang.pdf。

表 I -7 -4   全球十大穆斯林人口较多的国家

年份	2010		2050		
国别	穆斯林人口总数（人）	占全球穆斯林人口比例（%）	国别	穆斯林人口总数（人）	占全球穆斯林人口比例（%）
印度尼西亚	209120000	13.1	印度	310660000	11.2
印度	176200000	11.0	巴基斯坦	273110000	9.9
巴基斯坦	167410000	10.5	印度尼西亚	256820000	9.3
孟加拉国	134430000	8.4	尼日利亚	230700000	8.4
尼日利亚	77300000	4.8	孟加拉国	182360000	6.6
埃及	76990000	4.8	埃及	119530000	4.3
伊朗	73570000	4.6	土耳其	89320000	3.2
土耳其	71330000	4.5	伊朗	86190000	3.1
阿尔及利亚	34730000	2.2	伊拉克	80190000	2.9
摩洛哥	31930000	2.0	阿富汗	72190000	2.6

资料来源：Pew Research Center, *The Future of World Religions*：*Population Growth Projections*, 2010 - 2050, April 2, 2015, p. 243. https：//assets. pewresearch. org/wp-content/uploads/sites/11/2015/03/PF_ 15. 04. 02_ ProjectionsFullReport. pdf。

二 伊朗的少数宗教/教派概况

（一）伊斯兰教逊尼派

伊朗境内的逊尼派穆斯林带有明显的民族属性与地区属性，主要包括：第一，生活在伊朗西北部地区的库尔德人；第二，生活在伊朗西南部和东南部地区（如锡斯坦—俾路支斯坦省、克尔曼省等地）的阿拉伯人和俾路支人；第三，生活在伊朗东北部地区的普什图人和土库曼人。从教法学派角度而言，伊朗逊尼派穆斯林主要从属于哈乃斐学派或沙斐仪学派。由于伊朗方面并未公布其国内逊尼派穆斯林人口的确切数据，国内外政府部门、学界、媒体、民间组织都有各不相同的数据，认为逊尼派穆斯林占伊朗总人口的比例从6%至25%不等。此处以中国外交部2021年8月更新的数据为准，即"伊斯兰教为（伊朗）国教，98.8%的居民信奉伊斯兰教，其中91%为什叶派，7.8%为逊尼派"[1]。

---

[1] 中国外交部：《伊朗国家概况》（最近更新时间：2021 年 8 月），https：//www. fmprc. gov. cn/web/gjhdq_ 676201/gj_ 676203/yz_ 676205/1206_ 677172/1206x0_ 677174/。

伊朗宪法第十三条规定："琐罗亚斯德教、犹太教和基督教伊朗人被认为是唯一被承认的宗教少数派。他们可以在法律规定的范围内举行宗教仪式。他们可以自由地处理个人身份和宗教教育问题，并遵循自己的仪式。"[①]然而，人数高达数百万的逊尼派穆斯林并未被定义为宗教少数派别。从宗教教义角度而言，逊尼派虽然与什叶派存在较大差别，但这并非导致伊朗逊尼派穆斯林问题敏感复杂的根源。"根据官方统计数据，在伊朗可以找到数以千计的逊尼派清真寺……伊朗议会中有 20 名逊尼派代表，3 名逊尼派是专家大会成员，专家大会负责监督、选举和罢免最高领导人。"[②]然而，在库尔德问题、阿富汗问题等诸多地缘政治热点问题的交织下，逊尼派穆斯林依然能够感受到其边缘化的处境与社会阶层向上流动的重重阻碍。2019 年 1 月，逊尼派穆斯林霍梅拉·里吉（Homeira Rigi）被任命为伊朗驻文莱大使，她既是伊朗历史上第三位被正式任命的女性大使，也是自 2015 年以来第二位得到任命的逊尼派大使，因此有评论认为任命这样一位少数民族、宗教少数派别、来自欠发达省份的女性大使旨在展现政府包容、多元化发展的决心。

需要指出的是，从伊斯兰教发展历史而言，伊朗还是伊斯兰教苏菲主义思想、苏菲教团发展的重要地区，也对什叶派七伊玛目派等少数派别产生了重要影响，但有关上述宗教少数派别在当代伊朗发展现状的资料非常有限，有待进一步挖掘与补充。

（二）基督教

在基督教方面，古代伊朗基督教社团和同时期西欧的基督教社团，在构建社会身份的过程中，表现出两种不同的态度。这种态度上的差异，特别表现在基督教社团处理同王权和其他宗教关系的方式上。西方基督教会以君主的"皈依"为胜利的标志，并且借助"国教"的大框架，直到宗教改革时期。

以往学界的研究多关注古代伊朗王权的宗教政策，对基督教会自身的政治回应有所忽视。实际上，古代伊朗基督教会在王权面前采取了一个更

---

① *Constitution of the Islamic Republic of Iran* 1979 (*as last amended on July* 28，1989)，https：//wipolex. wipo. int/en/text/332330.

② Ali Hashem，"A Trip through Iran's Sunni Heartland，" *Al-Monitor*，Sept. 20，2017，https：//www. al-monitor. com/originals/2017/09/iran-sunni-heartland-discrimination-politics-religion. html.

为低下和温顺的姿态，面对琐罗亚斯德教也以寻求和平、积极仿效为主。以琐罗亚斯德教为国教的萨珊王朝，在发展琐罗亚斯德教的同时，也扶持了基督教会在伊朗的社团建设。学界的传统观点倾向于认为古代伊朗的基督教会社团并未与整个社会发生太大的联系，但实际上基督教会积极参与了与王权、政治精英及琐罗亚斯德教的交流，直到7世纪伊斯兰军队征服伊朗地区。

古代伊朗基督教史，不仅为我们展示了基督教构建社会身份的另一种进路，也提供了国家内部不同宗教处理彼此之间关系的特殊案例。在一个国家内，在一教独大和各教互争这两种局面之外，可能还存在另一种更具有和平精神方式的可能性。对基督教自身的形象构建来说，在古代伊朗，基督教少了几分咄咄逼人的气息，在异教面前展现出了一神教更为温柔和谦逊的一面。[1]

（三）其他宗教少数派别

在阿拉伯帝国统治波斯地区、伊斯兰教传入之前，琐罗亚斯德教曾经是伊朗的主要宗教，其一神论的神学思想与二元论的哲学思想深刻地影响着当时人类文明的总体发展。"在相当长的历史时期里，以琐罗亚斯德教思想为核心的伊朗传统文化与伊斯兰文化持续发生碰撞与融合，前者对后者起到显著塑造作用。"[2] 这种塑造或者可以说是以琐罗亚斯德教来诠释伊斯兰教的进程在波斯人改信伊斯兰教以后仍长期存在，甚至为了反对阿拉伯人而愈演愈烈。刘英军以成书于11世纪的《列王纪》举例说：

《列王纪》开篇"对造物主的颂词"中用波斯语专名胡达万德（Khudāvand）指代伊斯兰教的唯一至高神——真主，后面讲述前伊斯兰时代故事的行文中则频繁以琐罗亚斯德教神的统称——耶兹丹（Yazdān）指代真神，而安拉（Allāh）之名在全诗中从未出现。张鸿年指出，《列王纪》成书时，伊斯兰教传入伊朗已有300年之久，阿拉伯语已成为伊朗的宗教和科学用语，菲尔多西力避使用"安拉"

① 感谢上海社会科学院宗教研究所2019级研究生黄俊豪围绕古代伊朗基督教做了大量的资料收集与文献整理工作，并从比较研究视角对相关问题作出以上学理思考。

② 刘英军：《琐罗亚斯德教文化在波斯语史诗中的传承》，《世界宗教文化》2019年第6期。

这个明显带有阿拉伯和伊斯兰色彩的词，当不会是无意而为。除耶兹丹以外，琐罗亚斯德教祭司——穆巴德（Mūbad）等前伊斯兰时代伊朗文化元素在《列王纪》中的出场也非常频繁，以至于张鸿年就此评论说："整部《列王纪》就是伊朗传统的民族精神的颂歌，史诗从头到尾都充满了琐罗亚斯德教思想。①

目前，在伊朗德黑兰、亚兹德、克尔曼等地仍有部分人信奉琐罗亚斯德教，根据不同统计资料来源，其人数在 1 万人至 2 万人不等。

此外，伊朗也是巴哈伊教（The Bahá'í Faith）的诞生地。1844 年，来自设拉子的赛义德·阿里·穆罕默德（Siyyid 'Alí-Muhammad）受到什叶派"隐遁的伊玛目"的影响，自称为"巴布"并开始传播其得到的预言与思想，其追随者巴哈·欧拉（Bahá'u'lláh）在此基础上创建了巴哈伊教。根据全球巴哈伊社区（the worldwide Bahá'í community）官方新闻机构巴哈伊世界新闻社（Bahá'í World News Service）的统计数据，目前伊朗境内有 30 万名巴哈伊教徒。②

无论是创造出强盛帝国和灿烂文明的古波斯帝国，还是以什叶派为基础实行政教合一政体的伊朗，伊朗在中东地区自古以来就拥有特殊性与重要性。7 世纪阿拉伯人的征服对伊朗人而言是一道分水岭，"伊朗伊斯兰化的过程也是伊斯兰教伊朗化的过程，既说明了伊朗人接受伊斯兰教的一面，也彰显了伊朗人强烈的民族主义情结和民族文化的深厚底蕴。"③ 因此，伊朗人既没有被阿拉伯人所同化，而是逐渐发展出具有伊朗特色的民族格局；也没有被阿拉伯人的宗教彻底征服，而是在伊朗悠久而灿烂的文明中汲取养分，一方面推动形成一套成熟的什叶派宗教思想体系，另一方面则推动伊斯兰文明实现跨越式发展。

近年来，伴随着国际和地区局势的变化以及伊朗经济社会的发展，部

---

① 刘英军：《民族史诗沟通伊斯兰前后伊朗文化的桥梁作用》，《北大中东研究》2016 年第 1 期。

② Bahá'í World News, "Statistics", https：//news. bahai. org/media-information/statistics/#：~：text = There% 20are% 20more% 20than% 205% 20million% 20Bah C3% A1% E2% 80% 99% C3% ADs% 20in，ethnic% 20groups% 20are% 20represented% 20in% 20the% 20Bah C3% A1% E2% 80% 99% C3% AD% 20community.

③ 冀开运：《伊朗民族关系格局的形成》，《世界民族》2008 年第 1 期。

分民族宗教矛盾开始显现，这背后不乏域外大国与地区大国的主导和干预。中国也是类似做法的受害者，一些西方国家挑动民族矛盾、煽动涉教舆情的做法极大地破坏了中国和伊朗两国国内民族团结与宗教和谐，因此双方早在 2002 年《中华人民共和国与伊朗伊斯兰共和国联合公报》中就强调"尊重人权以及在捍卫和发展人权及基本自由方面尊重各国的历史、文化和宗教的必要性。反对利用人权干涉别国内政，将人权问题政治化，在人权问题上实行双重标准。"① 在中国与伊朗签署 25 年全面合作协议的背景下，未来中伊两国在民族交往、宗教交流，尤其是破除西方国家炒作涉民族涉宗教人权议题等问题上有较大的合作空间。

---

① 《中华人民共和国与伊朗伊斯兰共和国联合公报》，中国外交部网站（https：//www. fm-prc. gov. cn/web/gjhdq_ 676201/gj_ 676203/yz_ 676205/1206_ 677172/1207_ 677184/t6429. shtml），2002 年 6 月 4 日。

第八章　革命后伊朗的外交战略演变

1979 年伊斯兰革命后，伊朗在国内建立起法基赫统治制度，伊朗外交出现重大转折，它从同美国结盟的国家转变为不要东方，不要西方、只要伊斯兰的国家。但是伊朗的外交战略并非一成不变，而是根据国内外的形势变化进行不断调整，并呈现出明显的阶段性，呈现出伊斯兰革命外交战略、缓和战略、强硬战略、良性互动战略等变化。伊朗作为中国"一带一路"倡议沿线主要的地区国家，我们有必要深入研究革命后伊朗的外交战略变化。

第一节　霍梅尼时期伊朗的伊斯兰革命外交战略（1979—1989）

伊斯兰革命后，伊朗建立起伊朗伊斯兰共和国。相对于巴列维时期的伊朗，伊斯兰革命后的伊朗在安全目标、对外关系和社会政策等诸多方面都发生了明显改变。伊朗抛弃了亲西方的结盟战略，转而采取具有强烈修正主义倾向的伊斯兰革命战略。伊朗由此强烈挑战沙特等海湾君主国家的政权合法性，以及美苏的地区主导权。

一　建立伊斯兰政府与输出伊斯兰革命

霍梅尼不仅是领导伊斯兰革命的宗教领袖，也是具有强烈宗教政治诉求的思想家。霍梅尼宗教政治思想的核心是寻求在伊朗建立伊斯兰政府。在 1971 年出版的《伊斯兰政府》中他充分阐述了其政治主张和想法。

第一，寻求法基赫主政，建立伊斯兰政府。霍梅尼认为真主、先知穆罕默德、信使（Messanger）、伊玛目（Imam）和宗教法理学家之间存在权力的传承。当掌握一切权力的真主任命穆罕默德为先知的时候，就将他的权力转交给先知。在先知统治时代，先知的圣训和《古兰经》成为沙里亚法（伊斯兰教法）的根本组成，信使是沙里亚法的执行者。在后先知时代伊玛目承担起宣传神圣伊斯兰教法的责任。但是在874年第12位伊玛目隐遁后，权力传承就宣告中止了，世界秩序因此开始混乱。

为了重建秩序、弘扬伊斯兰教法，霍梅尼认为，建立伊斯兰政府势在必行。而伊斯兰政府只能由法基赫，即具有良好德行和深厚宗教造诣的宗教教法学家来担任。只有法基赫主政的伊斯兰政府才是伊斯兰宗教的正统，才能够真正践行伊斯兰教法，保证伊斯兰社会（Islamic Umma）的统一和团结，将伊斯兰领土从帝国主义和他们的傀儡政权中解放出来，而其他的政权组织形式都是虚伪、腐败和违背真主旨意的。

第二，对外输出伊朗版本的伊斯兰革命。霍梅尼认为，伊朗在伊斯兰革命后建立了伊斯兰政府，成为世界上真正的伊斯兰国家。但是，尽管伊朗已经成为救世主国家，但伊斯兰并不是伊朗所独有的，而是要积极向全世界传播伊朗的伊斯兰，输出伊斯兰革命。为此，在伊斯兰革命后，伊朗以"伊斯兰觉醒"的名义，利用媒体宣传、文化交流、宗教朝觐，以及支持海湾国家的政治反对派对外输出伊斯兰革命。两伊战争爆发后，霍梅尼更是对战争赋予新的宗教使命，即把战争作为推进伊斯兰革命战略的重要手段。将推翻伊拉克萨达姆的统治同创建"伊朗—伊拉克什叶派联邦"紧密地联系在一起。

二　霍梅尼的"不要东方，不要西方"外交

除了寻求对外输出伊斯兰革命之外，伊朗在外交上还遵循"不要东方，不要西方"的外交战略。霍梅尼强烈谴责美国对伊朗内政的干涉。霍梅尼认为："伊朗与美苏的关系就像羊和狼的关系，或者像羊和屠夫的关系，美苏只想挤奶（只会压榨伊朗），它们不会给我们任何东西，只有伊朗完全断绝与美苏的关系，伊朗才会真正富足起来。"这种强烈的孤立主义情结在革命后发展成为"不要东方，不要西方，只要伊斯兰"的对外政策。

同霍梅尼的伊斯兰使命直接相关，撒旦是霍梅尼政治语汇中的重要内容，体现了霍梅尼深刻的宗教是非观念。在霍梅尼心目中，撒旦既特指美

国、苏联和以色列，也泛指全世界所有反伊斯兰和剥削压迫广大民众的反动势力。1979年11月5日，霍梅尼在使馆人质事件后首次将美国称为大撒旦。霍梅尼提出美国是大撒旦，是条受伤的蛇。[1] 这也揭开了美国同伊朗之间"相互撒旦化"（Mutual Satanization）的序幕。[2]《古兰经》中的大撒旦是伊比利斯。他是所有魔鬼的大头目，专门屠杀和蹂躏无辜民众。霍梅尼还将伊比利斯和大撒旦混合使用。除了大撒旦外，霍梅尼还称苏联是较小的撒旦（the Lesser Sadan），称以色列是小撒旦（the Little Sadan）。与撒旦相对照，伊朗则是正义的化身，承担着拯救伊斯兰和世界的使命。伊朗就是要支持世界上所有受剥削和受压迫的国家和人民，同所有反动派做斗争。

霍梅尼之所以将美国看成是残害伊朗和伊朗民众的大撒旦，主要是因为：第一，从国际体系上看，美国是世界上受剥削受压迫国家和人民的头号敌人。为了在国际上维护美国在政治、经济、文化、军事上的主导地位，美国会使用各种手段来打击对手，伊朗也是深受其害的国家。

第二，从历史上看，美国支持腐败专制的国王巴列维。霍梅尼认为，1953年政变后，伊朗民众既要遭受巴列维的专制压迫，又要听任美国在治外法权庇护下的为所欲为。美国还利用和平队、扫盲队、健康队等欺骗性组织将罪恶的触角渗透到伊朗的城镇乡村，向伊朗民众宣传各种诋毁伊斯兰的异端学说。[3] 由于美国深深伤害了伊朗才会有使馆人质事件。人质事件是伊朗对美国奴役的自然反应。美国必须归还巴列维在美国的资产，取消对伊朗的所有指控，向伊朗保证以后不再干涉伊朗内部事务。[4]

第三，从革命立场上看，美国图谋推翻伊朗的伊斯兰政府。霍梅尼认为，在伊朗伊斯兰革命的关键时期，美国向巴列维提出让声名狼藉的沙里夫·伊马米出任首相镇压革命。革命胜利后，美国呼吁组建全民政府，通过美国驻伊朗大使馆勾结亲美的巴扎尔甘，阻挠伊朗建立纯粹的伊斯兰政

[1]　Christopher Buck, *Religious Myths and Visions of America: How Minority Faiths Redefined America's World Role*, New York and London: Praeger Publishers, 2009, p. 136.

[2]　Mohsen M. Milani, *The Making of Iran's Islamic Revolution: From Monarchy to Islamic Republic*, Boulder and London: Westview Press, 1990, Preface.

[3]　"Message to the Pilgrims, February 6, 1971," in Ruhollah Khomeini, *Islam and Revolution: Writings and Declarations of Imam Khomeini*, Berkeley: Al-Mizan Press, 1981, pp. 195–199.

[4]　"Message to the Pilgrims, September 12, 1980," in Ruhollah Khomeini, *Islam and Revolution: Writings and Declarations of Imam Khomeini*, Berkeley: Al-Mizan Press, 1981, pp. 300–307.

府。美国甚至策划发动军事政变颠覆革命。在干涉伊朗失败后，美国又通过支持萨达姆来扼杀革命。

第四，从巴以问题上看，出于地缘政治利益，美国支持犹太复国运动和在巴勒斯坦建立以色列国，以色列是美国插在伊斯兰世界心脏地带的匕首。美国纵容支持以色列屠杀巴勒斯坦的穆斯林，在历次中东战争中都支持以色列。以色列是小撒旦和伊斯兰的公敌，美国是大撒旦和以色列的幕后主使。

第五，从革命输出上看，美国阻挠伊朗对外输出革命。霍梅尼认为，对外输出伊斯兰革命是伊朗肩负的使命，并在革命后积极向海湾国家输出革命。但美国认为革命输出损害美国在海湾的利益，危及海湾亲美国家的稳定。美国通过维持对伊拉克的军售、国际护航等政策阻挠伊朗的革命输出。伊朗要切断同美国的所有联系，所以美国要将战争强加给伊朗，煽动萨达姆发动战争。两伊战争让数十万伊朗战士战死沙场，美国制裁伊朗就是要推翻伊朗的革命政府重新奴役伊朗。

霍梅尼把苏联视为较小的撒旦，霍梅尼对苏联的认知同美国大致类似：第一，俄国以邻为壑，让伊朗成为俄国侵略扩张的牺牲品。霍梅尼认为，从历史上看，俄国通过发动对伊朗的战争让伊朗丧失在格鲁吉亚、巴库、亚美尼亚、阿塞拜疆、达甘斯坦等外高加索和中亚曾经拥有的大片领土。沙俄被推翻后，苏联并没有改变继续侵略奴役伊朗的想法。第二次世界大战结束后，苏联拒绝履行国际承诺不同意从伊朗撤出苏联军队，反而在伊朗北部培养亲苏的地方政府，向伊朗索要石油开发权。这充分暴露了苏联大国沙文主义和霸权主义的侵略行径。

第二，苏联侵略阿富汗。革命后伊朗秉承穆斯林即兄弟的原则。1979年12月，苏联入侵伊朗邻国阿富汗扶植卡尔迈勒政权。伊朗从地缘政治和宗教利益上都不能容忍苏联侵略阿富汗，为此伊朗强烈谴责苏联的侵略行径，呼吁全体穆斯林支持阿富汗反对苏联。伊朗还资助支持阿富汗的圣战组织反对苏联和阿富汗卡尔迈勒政府。伊朗收留了140多万因战争流离失所的阿富汗难民。[1]

---

[1]　Maziar Behrooz, "Trends in the Foreign Policy of the Islamic Republic of Iran, 11979 – 1988," in Nikki R. Keddie and Mark J. Gasiorowski eds., *Neither East Nor West: Iran, the Soviet Union, and the United States*, New Haven: Yale University Press, 1990, pp. 21 – 22.

第三，苏联在两伊战争中支持萨达姆反对伊朗。伊斯兰革命爆发后，苏联曾经想结好强烈反美的伊朗，但并未成功。从 1982 年开始，苏联开始向盟国伊拉克出售武器，支持萨达姆对伊朗的战争。军售始终是苏伊之间的重要矛盾，这也让霍梅尼和伊朗痛恨苏联。

在上述认知和原则的指导之下，伊朗开始清除美苏同伊朗的各种联系。霍梅尼彻底清除了国内的亲美和亲苏势力，剪断伊朗国内派系同美苏的联系。通过这些政策，霍梅尼实现了自己预期的"不要东方，不要西方，只要伊斯兰"的外交政策。

最高精神领袖霍梅尼从伊斯兰的角度界定国家利益，在强烈意识形态动力的激励下，霍梅尼领导的伊朗开始了由国内到国际的伊斯兰征服之路，在伊朗国内实施伊斯兰化，对外输出伊斯兰革命。但是伊朗的"伊斯兰革命输出"挑战以沙特为代表的海湾保守君主国家的政权合法性，"不要东方，不要西方"还挑战了主导中东的美苏两个超级大国。这样霍梅尼就将伊朗置于同时同美苏超级大国和沙特等地区国家的对立面。美国、苏联、沙特、科威特、埃及等国家不顾萨达姆向伊朗发动侵略战争的事实，在两伊战争中站在萨达姆一边，以期遏制伊朗的地区修正主义。

这些外部国家的联手在加速伊朗战争资源消耗的同时，也加剧了伊朗的内生性矛盾。即使伊朗能够成功跨越伊拉克向其他国家输出伊斯兰革命，伊朗仍将面临类似帝国过分延伸（imperial overstretch）的困境，造成能力和意图之间的巨大裂痕。其结果是危及伊斯兰政府本身的安全。这种内生性矛盾最终在 1988 年变成现实，当意识到输出革命同维护政权安危两个目标发生严重冲突的时候，霍梅尼就只能终止了输出战略。从这个意义上讲，两伊战争成为霍梅尼的伊斯兰革命战略同外部世界的对决，并最终在后者的联合遏制下归于失败。

第二节　拉夫桑贾尼和哈塔米的缓和战略（1989—2001）

两伊战争的受挫和霍梅尼的去世让伊朗彻底丧失了输出伊斯兰革命的动力。哈梅内伊和拉夫桑贾尼接过霍梅尼交给的治国重担，带领伊朗开始了新的征程，伊朗外交战略相应地从之前的输出伊斯兰革命转向国家重建和对外缓和。

一　国内外形势变化与伊朗的外交调整

两伊战争受挫、外交孤立、海湾局势恶化、国际格局的变化和霍梅尼遗训迫使伊朗在后霍梅尼时代调整其对外关系。第一，两伊战争对经济的破坏迫使伊朗休养生息。两伊战争对伊朗而言是一场代价高昂的战争。根据伊朗估计，两伊战争给伊朗造成的直接损失高达 2500 亿美元，并造成伊朗 18.7 万人死亡和 34 万人受伤。[1] 国际孤立让伊朗不能依靠对外借债维持战争，伊朗只能向民众募捐和发行国债弥补财政缺口，这给伊朗社会和民众造成沉重的负担。霍梅尼被迫同意停火也是因为伊朗经济濒于崩溃。因此战后的伊朗需休养生息，通过国家重建恢复活力。

第二，海湾局势的恶化迫使伊朗要言行谨慎。海湾地区的局势在两伊战争后并不太平。先后爆发萨达姆侵略科威特的海湾战争。伊朗倾其全力未能打败的萨达姆在美国面前不堪一击。这也让伊朗当局感受到美军的强大。如果美伊迎头相撞，美国缺少的不是实力而是意愿和理由，因此伊朗需要谨言慎行，不得轻易同美国发生正面冲突。

第三，美国在两极格局崩溃后开始遏制伊朗。1991 年苏联解体，也意味着两极格局的崩溃。美国成为国际体系中唯一的超级大国。缺少了苏联的制约，美国在冷战后更广泛地干涉国际和地区事务。伊朗作为最重要的反美国家，成为美国在海湾和中东的重点打击对象。美国开始从政治、经济、安全等方面遏制伊朗，给伊朗造成了巨大的压力。

第四，霍梅尼遗训为伊朗调整外交政策提供了可供遵循的原则。霍梅尼临终前告诫继任者要以保障伊斯兰政府的存续和安全为先。甚至可以为此违背伊斯兰教训诫和现有宗教法律。[2] 霍梅尼遗训为继任者调整伊朗的外交政策提供了最重要的指导原则。而且阿里·哈梅内伊（Ali Khameini）作为霍梅尼的继任者出任伊朗的最高精神领袖，其自身宗教资历等内生缺

---

[1]　Charles Kurzman, "Death Tolls of the Iran-Iraq War," October 31, 2013, http://kurzman. unc. edu/death-tolls-of-the-iran-iraq-war/.

[2]　Ruhollah Khomeini, *Imam's Final Discourse: The Text of the Political and Religious Testament of the Leader of the Islamic Revolution and Founder of the Islamic Republic of Iran*, *Imam Khomeini*, Tehran: Ministry of Guidance and Islamic Culture, 1997, p. 45.

陷让哈梅内伊不再具备霍梅尼的克里斯玛光环。哈梅内伊更像一位官僚型领袖。

因此伊朗国内的政治经济变化和国际形势的风云突变使得伊朗放弃伊斯兰革命战略，转而奉行缓和战略。这一战略主要由拉夫桑贾尼和哈塔米两位总统来推行。

二　伊朗缓和外交的主要表现

（一）伊朗修复同海湾国家的关系

第一，伊朗站在正义一方谴责萨达姆侵略科威特。1990 年 8 月 2 日，伊朗发表外交声明谴责萨达姆侵略行径。伊朗敦促伊拉克无条件遵守安理会第 660 号决议，立即无条件从科威特撤军。伊朗拒绝承认伊拉克凭借武力改变的领土现状。

第二，伊朗容留科威特王室成员和难民。伊拉克入侵让科威特王室和民众流亡逃难，伊朗容留逃往伊拉克的科威特的萨巴哈王室（House of Al Sabah）成员。伊朗还为 10 万名科威特难民提供了大批赴伊朗的短期签证和必要的生活和医疗救助。

第三，为避免美国动武，伊朗开始穿梭外交进行斡旋。1991 年 9 月，拉夫桑贾尼邀请伊拉克外交部长阿齐兹访问伊朗。1990 年 11 月，伊朗外长韦拉亚提回访伊拉克。两伊外长互访的主要议题是探讨结束海湾危机。伊朗在会见中敦促伊拉克尽快无条件地从科威特撤军，恢复海湾地区的安全与稳定，不给外部的霸权国干涉海湾事务提供借口和机会。伊朗外长韦拉亚提等官员先后出访沙特、阿曼、卡塔尔、阿联酋、叙利亚、土耳其等国，探讨由地区国家出面解决危机的办法。此外，伊朗还同苏联、中国、德国等国家商讨在联合国框架下解决危机。

伊朗积极修复同沙特的紧张关系。1991 年 3 月，伊朗外长韦拉亚提和沙特王储阿卜杜拉在阿曼马斯科特会晤并就恢复伊朗穆斯林赴沙特麦加朝觐达成协定。1991 年 4 月，伊朗外长韦拉亚提应邀访问沙特。韦拉亚提表示，这将有助于维护地区和平与稳定，但是并未得到沙特的同意。总之，在海湾危机和海湾战争期间，拉夫桑贾尼政府对海湾国家的外交务实而富有成效。

在哈塔米时期，沙特主动提议由伊朗承办伊斯兰会议组织峰会。1997

年 12 月, 在伊斯兰会议组织伊斯兰堡峰会上, 伊朗总统拉夫桑贾尼同沙特王储阿卜杜拉会晤。伊朗总统哈塔米和沙特王储穆罕默德就伊朗朝觐等问题达成新协定,

(二) 伊朗同苏联 (俄罗斯) 的战略接近

1991 年 12 月, 苏联宣布解体。这给伊朗的外交和安全带来新的变化。苏联解体让伊朗消除了数十年以来苏联对伊朗构成的意识形态和安全威胁。而继承苏联衣钵的俄罗斯没有能力奉行对伊朗扩张的对外政策, 伊朗安全环境因此得到了改善。苏联解体后, 国际格局从美苏争霸的两极格局演变为单极主导的多极格局。格局主导者美国同时加大了对俄伊两国的战略压力, 这促使俄伊两国抱团取暖。两国在双边关系和地区问题上进行积极的协调。俄伊两国的战略接近成为冷战后中东地区的重要变化。[1] 1995 年 1 月, 伊朗同俄罗斯签署价值 8 亿美元的核能合作合同, 俄罗斯承诺为伊朗建设因两伊战争和德国撤资而停止的布什尔核电站项目。即使美国阻挠, 俄罗斯仍然坚持同伊朗进行核能上的合作。

(三) 伊朗同欧盟改善关系

两伊战争结束后, 德国同伊朗的关系快速升温。1988 年 12 月, 根舍带领德国经贸代表团访问伊朗, 并先后会见伊朗外长韦拉亚提、议长拉夫桑贾尼和总统哈梅内伊等人。德伊双方就经贸关系、战后重建、伊朗人权、解救被扣押的德国人质等问题进行了探讨和交流。德国外长根舍在访问中公开宣布伊拉克是两伊战争的侵略者, 伊朗是被侵略的受害国家。[2] 1991 年 2 月, 伊朗外长韦拉亚提在德国统一后首次访问德国, 并会见了外长根舍和总理科尔。1992 年, 德国为伊朗提供 45 亿马克的贷款。

1988 年 12 月, 伊朗同英国恢复因拉什迪事件而断绝的外交关系。1990 年 9 月, 英伊两国再度恢复了外交关系。英伊关系的改善促使欧盟在 1992 年 12 月开启同伊朗的 "紧急对话", 解决困扰双边关系的人权、支恐等问题。1999 年 5 月, 英伊两国将双边关系从代办级别提高到大使

---

① Mohiaddin Mesbahi, "Iran's Foreign Policy toward Russia, Central Asia, and the Caucasus," in John L. Esposito and Rouhollah K. Ramazani eds., *Revolution at the Crossroads*, New York: Palgrave, 2001, pp. 149 – 174.

② Seyyed Hossein Mousavian, *Iran-Europe Relations: Challenges and Opportunities*, London and New York: Routlege, 2008, pp. 19 – 23.

级别。英伊两国再次跨越困难恢复了正常的外交关系。2000 年 1 月和 2001 年 9 月，伊朗外长哈拉齐和英国外交大臣斯特劳先后对对方国家进行了正式访问。此后英伊两国在经济金融、文化交流、打击毒品走私等方面开展合作。

1999 年 3 月 8—11 日，伊朗总统哈塔米应邀对意大利进行国事访问。"文明间对话"是哈塔米此次出访的标签。哈塔米对普罗迪表示：意大利是欧洲文艺复兴的摇篮，伊朗也创造了灿烂的波斯文明。意伊两国在文明上的联系将带动两国关系的发展。此外，意伊两国的发展有助于伊斯兰教和基督教之间的交流。伊朗是重要的伊斯兰教国家，意大利是重要的基督教国家，意伊两国关系的发展将为两大宗教之间的交流搭建起桥梁。在哈塔米和普罗迪的推动下，伊斯法罕同佛罗伦萨结为了友好城市。

1998 年 1 月 7 日，哈塔米在美国纽约接受有线新闻网 CNN 的访谈。访谈的主旨是强调美伊之间要开展"文明间的对话"，消除两国之间的敌视之墙。哈塔米在 CNN 关于文明间对话的访谈是哈塔米作为伊朗总统在对美外交上采取的重大举措。哈塔米在上台后不久就接受 CNN 的访谈，阐述其文明间对话和伊朗的对外政策。这一举动也是在进行外交试水，试探美伊两国的国内政治对美伊关系缓和的态度。哈塔米提出文明间对话有部分回应"文明冲突论"的意味。

1980 年美伊断交后，两国先后经历了美国使馆人质事件、两伊战争、双遏政策等阻碍两国关系发展的重大事件，哈塔米能够在这个相互敌对的背景下前往美国纽约接受美国知名媒体的访谈，这一突破性行动本身就具有象征意义。但是哈塔米的"文明间对话"并未从实质上帮助伊朗同美国改善关系。其原因在于，第一，强调的是文明和文化上的交流，而非政治对话。这对尖锐对立的美伊关系而言，有回避主要问题和避实就虚之嫌。美伊关系并未因为哈塔米的"文明间对话"而得以改善。第二，总统哈塔米在伊朗权力结构中是第二号人物，哈塔米更像是一位有良好理念和思路的技术官僚，但他远不是伊朗外交的最终决策人，他需要听命于精神领袖哈梅内伊。第三，2002 年曝光的伊朗核问题严重损害了哈塔米的外交形象。伊朗核设施被曝光让哈塔米政府陷入西方媒体、原子能机构核查和美国武力威胁的压力下，哈塔米陷入疲于应对的外交窘境。核问题取代"文明间对话"成为哈塔米时期伊朗外交最重要的问题。

第三节　内贾德的强硬战略（2005—2012）

哈塔米政府通过"文明间对话"外交缓和了伊朗同沙特、欧盟等国的关系，但核问题却让哈塔米疲于应对，只能通过同欧盟三国签署核协议暂时缓解伊朗的国际压力。但是伊朗保守派在 2015 年伊朗的新政治周期全面掌权。继任者艾哈迈迪·内贾德采取同哈塔米完全不同的外交政策，强硬迫使国际社会接受伊朗的核立场，开启了伊朗同国际社会新一轮恶性互动。

一　美国小布什政府的两场战争与"政权改变"政策

2001 年 9 月 11 日，美国本土的世贸大厦、五角大楼等目标先后遭受恐怖主义袭击，这是第二次世界大战后美国首次遭受的重大打击。"9.11"恐怖袭击事件彻底激发了美国的强烈报复心理。2001 年 10 月 7 日，美国发动对阿富汗的战争并最终推翻阿富汗的塔利班政权，清除了基地组织在阿富汗的主要势力。2003 年 3 月 20 日，美国以萨达姆发展核武器和支持基地组织等为借口发动伊拉克战争，并推翻伊拉克的萨达姆政权。

从阿富汗到伊拉克，美国在不到两年的时间内发动两场战争。而且美国为追求绝对安全，不顾国际原子能机构对伊拉克大规模杀伤性武器的核查结果，也不顾法德等国家的坚决反对，在没有获得安理会授权下发动了伊拉克战争。美国总统小布什在两次战争中展现的强调单边主义和先发制人的做法更让国际社会担心。"小布什主义"成为小布什政府的新标签。除了小布什主义，小布什的"政权改变"政策（Regime Change）也令人担心。小布什政府认为，要解决大规模杀伤性武器扩散、国家恐怖主义、压制人权等问题，根本的方法是改变无赖国家的政权。政权改变还会产生多米诺骨牌效应，当第一个无赖国家的政权倒掉后将引发其他无赖国家的政权接连崩溃。[1]

这两场战争也让伊朗感受到来自美国的强大压力。阿富汗和伊拉克战

---

[1]　赵建明：《试析布什政府的政权改变政策》，《现代国际关系》2006 年第 5 期。

争都发生在伊朗的周边。而且美国在战争结束后并未从阿伊两国撤军，而是以维持局势稳定等理由继续向阿富汗和伊拉克增派兵力。美国发动阿富汗战争时军力不足 1 万人，但战后美国在阿富汗的维稳兵力增加到 2.3 万人。在伊拉克战争时美军兵力为 13 万人。但是美国在伊拉克维稳的兵力则高达 15 万人。这样美军的兵力从不同方向形成对伊朗的包围态势。而且美国在两次战争中所展示的无人机、斩首行动等新型武器和战术更具有杀伤力和威慑力。在美国的外交黑名单中，同时拥有支持恐怖主义和发展大规模杀伤性武器两项罪名的国家除了伊拉克外就是伊朗。2002 年 8 月伊朗的秘密核设施曝光，这为美国发动对伊朗的战争提供了有利的证据。伊朗成为美国下一个打击目标的正选对象。美国小布什政府不断叫嚣绝不容许伊朗发展核武器，如果伊朗不配合核查并彻底澄清事实，伊朗将会遭受美国的军事打击。

二　秘密核设施曝光和哈塔米的核妥协

2002 年 8 月 15 日，伊朗反政府组织"人民圣战者组织"的领袖阿里礼萨·贾法尔扎德赫（Alireza Jafarzadeh）向《纽约时报》揭露伊朗在纳坦兹和阿拉克秘密建造两处核设施。2002 年 12 月，美国科学与国际安全研究所公布了纳坦兹和阿拉克两处核设施的卫星图片。伊朗核问题由此浮出水面。

尽管伊朗矢口否认反政府组织和西方媒体对伊朗核问题的指责。但是经过国际原子能机构的后续核查发现，伊朗存在的问题主要包括：（1）伊朗隐瞒了一大批应当申报但从未申报的核设施。这包括伊斯法罕燃料生产厂、纳坦兹浓缩铀厂、纳坦兹中试燃料生产厂、阿拉克核研究反应堆、阿拉克重水厂、阿拉克 40 兆瓦重水反应堆等。（2）纳坦兹浓缩铀厂、卡雷耶电气公司存在几种不同浓度的浓缩铀污染，且伊朗难以提供可信的证据来源。（3）伊朗隐瞒进口了一大批核材料。（4）伊朗从国际核黑市上秘密购买 P－1 型、P－2 型气体离心机的设计图纸，并进口 P－1 型离心机主要部件。[①]

---

① IAEA Director General's Report, "Implementation of the NPT Safeguards Agreement in the Islamic Republic of Iran," June 6, 2003, GOV/2003/40, p. 6.

　　不仅如此，伊朗对国际原子能机构的回应前后矛盾，甚至采取欺骗、销毁证据来规避核查。例如伊朗在 2003 年 10 月对国际原子能机构矢口否认自己拥有 P-2 型离心机计划。但伊朗在 2004 年 1 月 20 日承认曾在 1994 年从国外购买过 P-2 型离心机图纸，并对国产离心机转子进行性能测试。伊朗又在 2004 年 6 月 1 日改称它从一家亚洲供应商处购买过 P-2 型离心机环形磁铁并在军方所属工厂组装。拉维赞军事基地是伊朗销毁证据的例证。2005 年 5 月，原子能机构要求伊朗澄清媒体披露的有关拉维赞进行核活动的传闻，并要求准许核查人员进行实地核查。但是伊朗以拉维赞是军事基地为由加以拒绝，并表示媒体披露的场所只是一间仓库。2005 年 6 月，核查人员获准进入拉维赞基地核查，发现该仓库已经被粉刷一新。核查人员要求进行空气采样但又被伊朗拒绝。数周后，核查人员再次获准进入拉维赞基地并准备进行空气采样时，发现该仓库已被铲平。仓库附近的所有地面建筑和植被也被彻底清除。另外，这一区域的土壤被挖走，回填土壤厚约 1.8 米。伊朗的解释是这片区域被德黑兰市政部门征用并用于公园绿地的开发。但是原子能机构从德黑兰市政部门获悉伊朗之前的解释并不真实。①

　　由于国际原子能机构发现伊朗存在大量未申报的核设施和核活动，而且伊朗的许多回应与核查人员收集的信息严重不符。2003 年 9 月 12 日，原子能机构理事会通过决议（GOV/2003/69）向伊朗发出最后通牒，要求伊朗在 2003 年 10 月 31 日之前彻底公布伊朗所有隐瞒的核设施和核问题，并且对过去存在的所有重大问题做出澄清，以证明伊朗核进程完全出于和平的目的。否则原子能机构将采取包括将核问题提交联合国安理会等进一步的行动。原子能机构对伊朗的最后通牒让伊朗陷入外交僵局。

　　在伊朗核问题不断发酵的过程中，正值美国结束伊拉克战争并跃跃欲试地寻找下一个敌人之际，这似乎为美国攻打伊朗提供了绝佳的借口。在国际原子能核查的最后通牒和美国军事威胁不断升级的双重夹击之下，在巨大的外交压力之下，伊朗选择引入欧盟缓解危机。2003 年 10 月 20 日，伊朗邀请英法德三国外长访问德黑兰，期望在原子能机构设定的最后通牒

---

　　①　IAEA Director General's Report，"Implementation of the NPT Safeguards Agreement in the Islamic Republic of Iran," September 1, 2004, GOV/2004/60, Annex p. 10.

之前与欧洲三国达成谅解，并期望借助伊朗同英法德的谈判规避来自美国的外交和军事压力。10 月 21 日，伊朗同英法德三国外长达成有关解决核问题的《德黑兰声明》。

《德黑兰声明》的条款包括：（1）伊朗决定与原子能机构充分合作，纠正错误、解决问题；（2）伊朗承诺将签署国际原子能机构《安全保障协定附加议定书》，并在伊朗议会批准前自愿履行该议定书条款；（3）伊朗承诺自愿暂停浓缩铀和钚提取等敏感核活动；（4）欧盟承认伊朗享有和平利用核能的权利。[①]

伊朗同欧盟三国签署的《德黑兰声明》让伊朗避免同原子能机构关系恶化和扭转事态的急转直下。更重要的是，伊朗利用外交技巧引欧盟入局，以谈判和协定规避了美国可能的军事打击。

此后，随着美国军事打击压力因为伊拉克维稳需要而逐渐减弱以及伊朗国内保守派势力抬头，伊朗同欧盟之间矛盾逐渐升级。为了保障《德黑兰声明》的积极成果，欧盟开始同伊朗进行新一轮谈判，并在 2004 年 11 月签署《巴黎协定》。《巴黎协定》实际上是伊朗和欧盟对此前《德黑兰声明》的再确认。即欧盟确认伊朗继续维持核暂停，伊朗确认欧盟保障伊朗的核权利并重启欧伊贸易协定谈判。

对伊朗来讲，从《德黑兰声明》到《巴黎协定》，伊朗哈塔米政府基本遵循了以谈判解决核问题的路径，谈判和协定是伊朗在承受外交和军事压力之下的被动之选。这为伊朗在危机之际赢得了宝贵的喘息时间。但是哈塔米的核暂停被国内保守派指责为软弱无能。在伊朗 2005 年的总统大选中，以强硬派面目示人的新总统内贾德彻底抛弃前任哈塔米奉行的以核妥协促缓和的外交政策，转而采取强行推进伊朗核进程的政策，这也开启了伊朗同国际社会之间新一轮的恶性互动。

三　内贾德的强硬外交

面对国际社会的激烈反应和巨大压力，内贾德政府表现得异常强硬。

---

① Joint Statement at the End of a Visit of the Islamic Republic of Iran by the Foreign Ministers of Britain, France and Germany, Tehran, October 21, 2003, *Iran's Nuclear Program*: *A Collection of Documents*, London: The Stationery Office, 2005, pp. 41 – 42.

2005 年 8 月 15 日，艾哈迈迪—内贾德任命新的伊朗核谈判代表和最高安全委员会秘书，以强硬的阿里·拉里贾尼取代温和的鲁哈尼。伊朗在核问题上形成以总统内贾德、外长穆塔基和首席核谈判代表拉里贾尼组成的强硬三角。2005 年 9 月，伊朗总统内贾德出席联合国大会并发表演讲并阐述伊朗的核政策：第一，核技术不应被少数国家所垄断，所有国家都有和平利用核能的权利。第二，核不扩散机制的本质是核隔离，并用以防范无核国家获得核材料、核技术和核设备。第三，伊朗核立场是不发展核武器。

2006 年 2 月，国际原子能机构理事会通过决议，该决议指出，伊朗核问题存在着严重的安全问题和扩散隐患。鉴于伊朗核问题已经超出原子能机构只监管民用核设施的权限，理事会决定将核问题提交联合国安理会处置。[①] 为阻止伊朗推动核进程，联合国安理会于 2006 年 7 月 31 日首次通过第 1696 号制裁决议，此后相继通过第 1737 号决议（2006 年 12 月 24 日）、第 1747 号决议（2007 年 3 月 24 日）、第 1803 号决议（2008 年 3 月 3 日）、第 1835 号决议（2008 年 9 月 27 日）、第 1929 号决议（2010 年 6 月 9 日），要求伊朗暂停浓缩铀等敏感的核活动，解决伊朗核问题中有待澄清的重大问题。决议还表示如果伊朗不予遵守，联合国安理会将出台经济惩罚措施制裁伊朗。

但是艾哈迈迪·内贾德政府不为所动，无惧联合国制裁并继续推动核进程。内贾德在 2007 年先后表示，伊朗核进程就像是没有刹车板的列车。伊朗不会屈服于西方的压力。安理会制裁决议是张废纸，对伊朗根本没有约束力。客观地讲，内贾德同国际社会尖锐对抗的 8 年也是伊朗核发展最快的 8 年。

在内贾德政府的推动下，伊朗已经建有纳坦兹浓缩铀厂、福尔多浓缩铀厂、阿拉克重水反应堆、德黑兰核研究中心、布什尔核电站等核设施。伊朗基本建立起相对完善的核工业体系，掌握从铀矿开采、铀转化、铀浓缩、核废料处理等核燃料循环技术。就浓缩铀相关的研发和生产能力来看，伊朗能够独立制造 P-1 型、P-2 型等铀浓缩气体离心机及主要部

[①]　"Implementation of the NPT Safeguards Agreement in the Islamic Republic of Iran," GOV/2006/15, February 27, 2006, https：//www. iaea. org/sites/default/files/gov2006 – 15. pdf.

件，生产 3%、4.5%、5%、20%等不同丰度的低浓缩铀。根据 2013 年 5月国际原子能机构披露的信息，伊朗在纳坦兹浓缩铀厂安装并运转的气体离心机超过 13000 台。福尔多浓缩铀厂安装的浓缩铀离心机数量为 2976台，专门生产 5%以上的浓缩铀，而且大多是运转效率更高的 P-2 型离心机。不仅如此，国际原子能机构也公开披露伊朗的一些核项目明显超出民用核能范畴。其中包括伊朗的"阿马德计划"核武项目、帕尔钦军事基地涉嫌从事核武试验、伊朗军方广泛参与核问题等。

除了积极推动核进程之外，伊朗还通过争夺外交话语主动权、以伊拉克制衡美国、发展导弹计划、能源外交等手段对抗美欧，并进而缓解自己的外部压力。

伊朗总统内贾德发表大量针对美以战争威胁的强硬言论，目的是在外交心理战和口水战中争取主动，抢占话语权。其中艾哈迈迪—内贾德反对以色列的言论最引人注目。内贾德先后指出犹太大屠杀是西方国家捏造的。以色列毁灭进入倒计时，伊朗要将以色列从地图上抹去。此外，伊朗总统内贾德还发表言论表示，"9.11"事件是美国政府自导自演的恐怖袭击，目的是通过战争挽救经济危机和重塑中东格局。

此外，美国国防部长拉姆斯菲尔德等官员一直指责伊朗在伊拉克奉行"可控的混乱战略"（A Strategy of Managed Chaos）。① 拉姆斯菲尔德认为，伊朗通过在伊拉克培养亲伊朗的武装组织牵制美国。伊朗支持的民兵组织包括萨德尔的迈赫迪军、正义联盟、真主党旅、赛义德烈士营。

为了应对美国和以色列的军事威胁，伊朗还积极进行军事演习和发展军事实力。伊朗进行军事演习大多是在重要的时间节点前后，表现出明显的示威意图。而提高军事实力尤其是提高伊朗的导弹研发生产能力，则是为了防范美国和以色列可能发动的军事打击。比如，2006 年 8月 19 日，伊朗进行的代号为"佐洛菲卡尔打击"的军事演习，距离 8月 22 日伊朗答复"六国解决方案"的最终期限仅有 3 天的时间。2006年 12 月 23 日，联合国安理会通过第 1737 号决议之际，伊朗再次进行

---

① "Iran in Iraq: How Much Influence?" *International Crisis Group Middle East Report*, March 21, 2005, https://www.crisisgroup.org/middle-east-north-africa/gulf-and-arabian-peninsula/iran/iran-iraq-how-much-influence.

了导弹演习。

除了军事演习外，内贾德时期伊朗大力发展军事工业，为应对最坏的情势做最大的准备，并将导弹发展视为对外示强和展示武力的王牌。伊朗频繁地进行导弹试射和军事演习也是在警告美以等国，强大的武装力量和军工后盾是伊朗对抗强敌的底气。伊朗发展的导弹门类齐全，包括了"泥石""流星""黎明"等中远程导弹系列。

总之，在伊朗内贾德政府的努力之下，伊朗形成了较为完善的对抗策略，即以反以言论压制美以的战争叫嚣，以"可管理的混乱战略"让美国陷入伊拉克维稳泥潭，以导弹计划增强军事实力。伊朗核态势进入伊朗主导和可控的节奏里。

四　欧盟制裁

从 2006 年 12 月到 2010 年 6 月，联合国安理会通过了第 1737 号（2006）、第 1747 号（2007）、第 1803 号（2008）、第 1835 号（2008）、第 1929 号（2010）等制裁决议。制裁内容涉及资产冻结、旅行限制到银行制裁等。但是联合国制裁并未起到阻止伊朗核进程的作用。

内贾德上台后采取核强硬政策，先后废除了伊朗同欧盟达成的《德黑兰声明》和《巴黎协定》。这意味着欧盟以接触促进伊朗弃核的努力完全失败，鉴于形势的恶性发展，欧盟走上寻求通过能源禁运和金融制裁迫使伊朗弃核的道路上来。2012 年 1 月，欧盟通过制裁伊朗的决议，决定对伊朗实施原油禁运、金融制裁和其他制裁。从 2012 年 7 月 1 日开始，欧盟将禁止成员国从伊朗进口石油。2012 年 3 月，欧盟通过对伊朗的 SWIFT 禁入决议。

欧盟的石油禁运和金融制裁对制裁伊朗具有特别的意义：第一，欧盟的能源禁运和金融制裁对伊朗是沉重的打击。从贸易上看，能源禁运意味着伊朗失去了欧盟这一客户，欧盟从伊朗的能源进口额约占伊朗出口额的18%—20%。在制裁实施后，伊朗被欧盟冻结的资金高达 2000 亿美元，这对年国民生产总值约 4100 亿美元的伊朗来讲是沉重的打击，对伊朗的外汇收支平衡、经济发展、物价稳定具有极大的负面影响。更重要的是，欧盟的金融制裁意味着伊朗国际贸易的通道被彻底切断，其直接后果就是伊朗即使卖出了石油也收不到货款。

欧盟制裁给伊朗的国民经济造成了严重的影响，一方面，伊朗经济活动因为石油收入减少而收缩。伊朗的石油日出口量从 2011 年的 220 万桶降低到 2013 年 12 月的 80 万—120 万桶的水平，伊朗的石油收入从 2011 年的 1000 亿美元下降到 2013 年的 350 亿美元。①

第二，伊朗出现严重的货币贬值和外汇出逃。由于伊朗在欧盟的 2000 亿美元资产被冻结，伊朗对中印的能源出口难以收回外汇，这种情况直接造成伊朗的外汇短缺和币值暴跌。从 2012 年 1 月到 2014 年 1 月，伊朗里亚尔对美元比价暴跌了 56%，官方比价为 1 美元兑换 2.7 万里亚尔，黑市价格达到惊人的 3.7 万里亚尔，并造成伊朗外汇大规模出逃。

伊朗在经济制裁和外交孤立的背景之下迎来了 2013 年的总统大选。在美欧的制裁下伊朗民心思变，普通民众和宗教政治精英都期望新一任总统能帮助伊朗摆脱经济制裁，使伊朗新生。

第四节　鲁哈尼的良性互动战略（2013—2017）

2013 年 6 月，伊朗举行新一届总统大选。最终温和保守派候选人哈桑·鲁哈尼（Hassan Rouhani）战胜德黑兰市市长卡尔巴夫、前外交部长韦拉亚提、前伊朗核谈判代表贾利利等人成为 2013 年伊朗总统大选中的最大黑马，以 50.71% 的选票赢得选举。

当选总统鲁哈尼属于亲改革派的温和保守派，他在伊朗政坛深耕多年，人脉资源丰富。鲁哈尼在 2013 年总统大选中得到了温和保守派拉夫桑贾尼和改革派哈塔米的支持。此外，鲁哈尼长期在伊朗外交与安全部门担任要职，更是曾在 2003—2005 年担任伊朗首席核谈判代表，以推行核缓和政策而著称。鲁哈尼曾担纲签署《德黑兰声明》和《巴黎协定》。在伊朗承受巨大的外部压力之际，鲁哈尼在核问题上兼顾外交灵活性与原则性的做法似乎能够为伊朗开辟一条新路。鲁哈尼还秉承改革派的理念，在竞选时和当选后就反复强调期望伊朗与国际社会建立开放合作关系。这也

---

① Clara Portela, "The EU's Use of 'Targeted' Sanctions Evaluating effectiveness," *CEPS Working Document*, No. 391, March 2014, http://aei.pitt.edu/50141/1/WD391_ Portela_ EU_ Targeted_ Sanctions. pdf, p. 35.

给伊朗通过解决核问题来缓和伊朗同国际社会的紧张关系带来新的期望，符合伊朗政治高层和民众寻求改变的政治预期，帮助伊朗解决前任内贾德留下的因核冒进而遭受美欧制裁的外交困境。

为此，伊朗总统鲁哈尼当选之后在包括出席联合国大会等国际场合反复重申伊朗不发展核武器的意图，期待同包括美国在内的国家进行战略性互动，以解决困扰双边关系的核问题和其他热点问题。建设性战略互动成为鲁哈尼的外交标签。鲁哈尼甚至还利用在美国纽约出席联合国大会之际，同美国总统奥巴马通电话表达伊朗期望同美国进行建设性战略互动。这也是伊朗总统期望通过缓和美伊关系的做法来推动解决处于僵持状态的伊朗核问题。正是伊朗总统鲁哈尼的这一外交新举措引发了包括美欧在内的国家和地区的极大兴趣，并直接促成了伊朗核问题的解决。

2013 年，在美伊总统 9 月电话会谈的推动下，安理会五常和德国同伊朗在 10 月 15—17 日、11 月 7—9 日和 11 月 20—24 日于日内瓦进行了三轮密集的核谈判。作为谈判方，安理会五常和德国欣赏伊朗鲁哈尼政府在核问题上表现出的开放、合作和透明立场，并愿意以务实、严肃为原则推进核谈判。甚至伊朗核谈判的最大阻力国美国也表示，愿意以部分解除制裁来鼓励伊朗进行核合作，促成伊朗核协定的最终签署。

2013 年 11 月，伊朗同安理会五常和德国在瑞士日内瓦达成《有关伊朗核问题的联合行动计划中期协定》。它在本质上是过渡性和阶段性的，但它仍然具有重要的意义。该协定的主要条款包括：（1）伊朗暂停生产 5% 以上丰度的浓缩铀；（2）伊朗暂停安装新的离心机；（3）伊朗暂停阿拉克核反应堆建设，不得为阿拉克的重水式核反应堆装设燃料；（4）伊朗采取合作态度，允许联合国国际原子能机构对纳坦兹、福尔多等核设施进行检查。本着以行动对行动的原则，美国等六国也开出在未来 6 个月内暂时解除对伊朗汽车、石化等行业的制裁以及让伊朗得到 150 亿美元的贸易收入等条件。①

由于美国总统奥巴马和伊朗总统在核问题的解决路径上存在着相似的

---

① Parisa Hafezi and Justyna Pawlak, "Breakthrough Deal Curbs Iran's Nuclear Activity," *Yahoo News*, November 24, 2013, https：//finance. yahoo. com/news/six-powers-clinch-breakthrough-deal-110109739. html.

认知，美伊两国在"日内瓦协定"的基础上加紧探讨伊朗核问题最终解决的可能性。在美国国务卿特里、伊朗外长扎里夫和其他国家官员的共同努力下，伊朗与安理会五常和德国，于2015年7月14日在维也纳签署具有历史意义的《有关伊朗核问题的联合全面行动计划》（Joint Comprehensive Plan of Action，JCPOA，下文称"伊朗核协议"）。这给拖延十多年的伊朗核问题画上了较为圆满的句号。

伊朗核协议基本的交易模式是以伊朗的核暂停换取其他六方解除对伊朗涉及核问题的经济制裁和金融制裁。其中主要条款包括：伊朗方面同意：（1）将现有10000千克浓缩铀库存减少到300千克并维持15年，且丰度维持在3.67%以下。（2）将浓缩铀离心机的数量从原来安装的19000台调减到6104台。（3）将福尔多浓缩铀厂改建为只能运行用于农业、医学、科研用途的研究中心，且离心机数量维持在1000台的规模。（4）纳坦兹只能运行5000台R－1型离心机，剩余1.3万台将被拆除。（5）将阿拉克重水厂进行重新设计改建，将钚生产数量大幅降低。

与伊朗暂停核活动相对照，安理会五常和德国在解除制裁问题上同意：（1）所有联合国涉及伊朗核问题的制裁将全部解除；（2）美国解除制裁同伊朗存在业务关系的本国和其他国家企业的禁令；（3）欧盟将全部解除针对伊朗的经济制裁和金融制裁。上述制裁将在核协议签署后的4—12个月内全部解除。同时在核查与透明问题上，国际原子能机构将有权进入并核查所有包括浓缩铀厂、核计划和铀矿产业链在内的核设施。一旦国际原子能机构认定伊朗违背伊朗核协议的话，除伊朗之外的6个签字国将恢复原有对伊朗的制裁。[1] 联合国安理会在2015年7月20日批准了伊朗核协议。

伊朗核问题在历时十多年后得以解决，对伊朗和国际社会来讲都是双赢的结果。伊朗以核暂停和降低浓缩铀丰度等承诺，降低了包括美国在内的国际社会对伊朗发展核武器的担忧。从相当意义上讲，这也为伊朗重新恢复同国际社会的交流清除了最重要的障碍。鉴于此，安理会五常和德国解除制裁，恢复伊朗贸易投资正常化。伊朗有望乘着核协议的签署，进一

---

[1] "Full Text of the Iran Nuclear Deal," *The Washington Post*, July 15, 2015, https://apps.washingtonpost.com/g/documents/world/full-text-of-the-iran-nuclear-deal/1651/.

步改善同美欧等国家的关系，通过后续的招商引资推动此前备受美国制裁之苦的伊朗经济走向振兴和繁荣。事实上，在核协议签署之后，伊朗迎来了对外投资和对外贸易的高潮。伊朗不仅同美国波音飞机公司和欧洲空中客车公司分别签署购买数百架飞机的合同，还迎来了欧盟等国的投资。法国道达尔石油公司、斯堪尼亚货车公司、法国标致公司等加大了对伊朗的投资。法国道达尔公司在2017年7月与伊朗签署了42.5亿欧元的20年协议，开发伊朗南帕斯气田。总之，核协议极大地改善了伊朗同美欧的关系，长期冰封的美伊关系也出现积极的缓和迹象。而外交关系的改善反过来又极大地推动了伊朗经济和贸易的发展。

对国际社会来讲，通过谈判让中东和国际社会避免了可能发生的核扩散。尽管核协议并未让伊朗完全放弃现有的核设施，但是国际社会通过核协议让伊朗实现了核暂停和降低浓缩铀丰度，对伊朗发展核武器的担忧大为缓解。而核协议规定的10—15年缓冲期，将为国际社会出台防范伊朗核扩散的新措施提供时间上的保障。而且对中东和世界来讲，核协议的签署为中东和世界拆除了一枚定时炸弹。因伊朗核问题而笼罩在伊朗上空的战争阴云得以消除，避免让中东走向更加混乱和失序。因此，从各个意义上讲，此时此刻的核协议虽然并不完美，但仍不失为伊朗和国际社会双方各取所需并实现双赢的协定。

第五节　鲁哈尼同特朗普政府的恶性互动战略（2017—2020）

2015年7月签署的核协议是伊朗总统鲁哈尼外交的巨大成就。得益于此，伊朗同包括美国在内的国际社会的关系得以极大的改善。这段时间也成为自从伊斯兰革命后伊朗同国际社会关系最为融洽的时期。但是这一美好的景象在美国共和党总统麦克唐纳·特朗普上台后发生了逆转。由于特朗普采取废约和恢复对伊朗制裁的政策，美伊关系迅速从奥巴马后期的缓和直接跌落至冰谷，美伊两国再度走上尖锐对抗的旧路。

奥巴马卸任后，美国对伊朗的政策走到了新的十字路口上。美国既可以继续遵循同伊朗缓和的奥巴马主义，和伊压以，推动中东朝着合作型的地区结构发展；也可以选择退回到过去，遏伊挺以，通过强调伊朗威胁来维系美国在中东的同盟体系。路线之争让美国 2016 年大选成为美国对伊朗政策的关键节点，特朗普的当选让美国对伊朗政策的钟摆从缓和又回复到强硬。从选战到上台，美国总统特朗普多次大肆攻击伊朗核协定。在宣布打击"伊斯兰国"取得胜利、制止伊拉克库尔德独立公投之后，伊朗核协议的存废成为特朗普政府外交议程的首要议题。

特朗普在经历数次（2017 年 4 月 15 日、7 月 15 日、10 月 15 日，2018 年 1 月 15 日、4 月 12 日）审议和豁免对伊朗制裁之后，2018 年 1 月 12 日，美国总统特朗普发表最后通牒式演讲。此次演讲内容主要包括：第一，伊朗核协议违背初衷。伊朗核协议让伊朗以极小代价获得极大的收益。而且核协议并未实现让伊朗在行为上的改弦更张，相反，伊朗利用核协议解除的 1000 亿美元资金从事恐怖和地区破坏性活动。因此伊朗核协议要么重新修改要么被废除（Fix-It-or-Nix-It），这是最后的机会。第二，提出修约四原则：一是必须保证伊朗永远不会获得核武器；二是伊朗必须容许国际原子能机构对帕尔钦军事基地等核设施进行检查；三是废除日落条款，新协议不设限期而是永远有效，为的是防范伊朗发展核武器；四是远程导弹与核计划不可分割，伊朗发展和试射远程导弹的任何行为都将招致严厉制裁。第三，5 月 12 日是最后期限。如果美国国会和欧盟不能在最后期限前修补相关的重大缺陷，美国将退出核协议。①

2018 年 5 月 8 日，美国总统特朗普政府签署第 13846 号行政命令，废除伊朗核协议，并对伊朗实行更严厉的制裁。在 8 月 4 日实施的第一轮制裁中，美国禁止伊朗政府和央行从事美元和贵金属交易；禁止伊朗购买或出售伊朗里亚尔的大宗交易；禁止认购或促进伊朗主权债务发行的活动；制裁伊朗的汽车工业。在 11 月 4 日实施的第二轮制裁中，美国对伊朗实行能源禁运，要让伊朗的石油零出口或接近零出口。除非获得豁免，美国禁止从伊朗国有石油公司（NIOC）等进口伊朗的原油、石油产品和石化产品，美国制裁包括伊朗航运公司在内的港口运营、航运、造船、保险和再保险行业。与此同时，美国财政部长等高级官员多次威胁 SWIFT 公司，

---

① Donald J. Trump, "Statement by the President on the Iran Nuclear Deal," *The White House Website*, January 12, 2018, https://www.whitehouse.gov/briefings-statements/statement-president-iran-nuclear-deal/.

要求后者配合美国行动，在第二轮制裁中切断同伊朗的端口。SWIFT 在压力之下，以维护全球金融体系的稳定和完整为由，从 2018 年 11 月 12 日起切断同伊朗银行的金融联系。①

特朗普的政权改变政策给伊朗制造了极大的困难，伊朗的经济、货币、政治和政府社会关系都出现了重大问题：第一，伊朗石油出口骤减。2017 年 10 月以来，出于对美国制裁的担忧，伊朗石油日出口量已经从 4 月的 250 万桶降低到 110 万—150 万桶。日本、韩国和印度在美国停止豁免之后宣布停止进口伊朗石油。这些国家停购石油导致伊朗的石油出口量快速下跌，到 2019 年 10 月，伊朗石油的日出口量仅为 26 万桶，极大地影响了伊朗的石油收入和财政收入，伊朗的经济遭遇前所未有的挑战。

第二，伊朗货币崩盘、物价飞涨，民生压力增大。特朗普上台后一直威胁要废除核协议，这让伊朗承受着巨大的外交和心理压力。伊朗里亚尔在美伊关系恶化的预期下一路下跌。美元兑里亚尔的比价从 2017 年 12 月 1 美元兑 3.7 万里亚尔跌到 2018 年 2 月的 5 万里亚尔。2018 年 5 月，特朗普宣布废除伊朗核协议，里亚尔汇率进一步下滑到 8 万里亚尔。到 2020 年 3 月，美元兑里亚尔比价约为 16.5 万，到 2020 年底维持在 24 万里亚尔的水平。伊朗货币快速贬值的直接后果是进口商品价格飞涨和通胀率飙升。

第三，伊朗出现撤资潮。汇率不稳和美国的制裁让核协议之后进驻伊朗的公司被迫撤离。法国道达尔石油、马士基航运、标致汽车，日本银行三菱银团都明确表示，它们将不再履行投资伊朗的承诺并退出伊朗市场。澳大利亚航空、荷兰皇家航空表示将减少和取消伊朗航线的航班。制裁和石油禁运让伊朗经济陷入衰退的窘境，而且伊朗经济形势随着时间的推移而更趋严重。

除了经济影响之外，特朗普的政策改变给伊朗总统鲁哈尼带来极大的政治压力。此前与美国良性互动和稳定经济特别是稳定汇率是伊朗总统鲁哈尼的两大成就。但是特朗普的制裁和政策反转让鲁哈尼彻底陷入困境。包括伊朗军方、国内保守派等势力开始大肆攻击鲁哈尼的内政外交政策，

---

① "SWIFT Kick: Iranian Banks about to Be Cut off from Global Financial Network," *RT News*, November 12, 2018, https://www.rt.com/business/443719-swift-disconnect-iranian-banks/.

他们指责鲁哈尼对美国缓和是对敌人的妥协，是伊朗外交的重大失误。因为美国始终没有放弃敌视和颠覆伊朗伊斯兰政府的恶意企图，对美国的任何妥协非但不会带来善意和回报，反而只会带来破坏和颠覆。

为了摆脱国内政敌的攻击，更为了回应美国新总统的政策反复，伊朗总统鲁哈尼进行外交突围：第一，积极开展外交，期望核协议签约国能够顶住压力同伊朗维持正常的贸易关系。但是除了表达同情和维护核协议之外，欧盟等国家缺乏帮助伊朗解困的实质性举措，也没有推出能够有效制衡美国极限施压和长臂管辖的措施。被伊朗寄予厚望的欧盟 INSTEX 至今没有落地。

第二，伊朗逐步放弃自己的核协议承诺，伊朗的核活动也突破核协议规定的最后一条。但是伊朗走到这一步实属无奈并表示伊朗的行为是可逆的，只要其他协议签署国能够履行承诺。这种做法的危险是将欧盟、俄罗斯、中国等国又推到美国一边。美国在维持现有制裁的情况下，会以存在扩散风险为由要求其他国家联合制裁伊朗。

第三，采取有限的军事行动，在伊拉克同美国角力。2020 年初，伊朗支持的伊拉克真主党旅发动针对美国承包商的袭击并引发连锁事件，这至少是被美国解读为伊朗要启动伊拉克的什叶派阵线，结果是伊朗圣战旅司令苏莱曼尼在到访巴格达时直接被美国击毙。苏莱曼尼事件是美国警告伊朗不得在伊拉克生变。未来美国和伊朗在伊拉克等地的低烈度冲突还会升级，但是美国不会让这些军事冲突干扰到自己对伊朗的遏制。但其总体效果并不理想。

2020 年和 2021 年，美伊两国先后进行了总统大选。美国的民主党总统拜登和伊朗强硬派总统莱希先后上台，美伊之间进入新的一轮博弈。从目前来看，美伊之间基本维持既有的外交路线。其中可能的变化是伊朗再度开启有关核问题的新谈判。但谈判能否取得进展，以及美伊之间在核问题和中东地区安全上会取得何种进展还有待进一步的观察。

第二篇
重大专题研究

第一章 长期和中期发展计划

伊朗伊斯兰共和国提出了不同的中期和长期发展计划，有些计划加强或完善了其他计划。

历经八年的两伊战争结束后，伊朗政府为了发展经济、社会和文化，制订了"5 年中期计划"，然后由伊斯兰协商会议（Islamic Consultative Assembly）批准通过。到目前为止，伊朗政府已经提出了六个发展计划，最后一个计划于 2017 年 3 月 4 日由伊斯兰协商会议批准，并于 2017 年 3 月 11 日由国家利益委员会（Expediency Discernment Council）批准后正式实施。

伊朗伊斯兰共和国还提出了长期发展计划（伊朗 2025 年愿景政策），将伊朗视为该地区三个层次中具有首要的经济、科学和技术地位，具有伊斯兰和革命身份，鼓舞伊斯兰世界发展，在国际关系中进行建设性和有效的互动，扩大和加强双边关系，区域和国际合作以及建设性关系，同时避免与非敌对国家发生紧张关系，是伊朗伊斯兰共和国的优先事项之一，其重点是打击敌对国家在外交关系中的侵略和咄咄逼人的主导地位。这份文件可以被视为伊朗在微观和宏观领域秉持的外交政策的新方法。通过这份文件，伊朗基于荣誉、尊严的原则，寻求与世界的建设性和有效的互动，对抗单极世界，促进与印度、中国和俄罗斯等大国的关系，缔结经济合作协议，吸引外国资本，缔结包括征收双重税、优惠关税、鼓励相互投资在内的贸易合作协议，以及寻找加入世界贸易的适当平台。世界贸易组织就是一个伊朗伊斯兰共和国与东方合作的有利平台。

伊朗伊斯兰共和国的长期和中期发展计划是宗教原则和伊朗民族的历史经验以及伊朗领土和地理环境、"独立"和"拒绝霸权制度"思想相互作用的结果。革命因素与地理因素的平衡和结合是伊朗伊斯兰共和国发展外交政策的精髓。在本章中，我们力图检视伊朗伊斯兰共和国的中长期发展计划。中期发展计划就是五年发展计划，长期发展计划是二十年愿景文件和第二步革命计划。

第一节 中期发展计划：五年发展计划

伊朗伊斯兰共和国共制定了六个五年发展计划，同时根据既定的中期目标确定每年外交政策的优先事项，以适当地给予每个部门预算，特别是在外交政策和事务方面，提供国防和安全。这种计划是根据内部条件、外部压力、统治者类型及"对其他国家的外交政策的看法"、对世界事件的了解以及来自环境的决策主体的心理感知来完成的。[①] 对伊朗伊斯兰共和国六个五年发展计划主题的回顾表明，伊朗的长期发展计划正在演变，并朝着可持续、包容和全面的发展迈进。需要注意的是，1989 年至 1993 年实施了第一个发展计划，1995 年至 1999 年实施了第二个发展计划，2000年至 2004 年实施了第三个发展计划，2005 年至 2009 年实施了第四个发展计划，2011 年至 2015 年实施了第五个发展计划，2017 年至 2021 年实施了第六个发展计划。

一 第一个五年发展计划

在伊朗伊斯兰革命之后，伊朗的经济经历了剧烈的变化和波动，包括以下内容：第一，后革命时期经济领域的广泛公有化；第二，伊拉克对伊朗发动八年战争；第三，私人资本外逃；第四，一些专家离开伊朗；第五，对伊朗的经济制裁。

第一个发展计划战略，即建设计划，是由经济自由化决定的。该计划旨在通过政府投资弥补战争造成的损害，充分利用私营部门的现有能力，最终创造适当的经济增长。创造积极的经济增长，重建国家的基础设施，满足基本需求，重建和启动因两伊战争而遭受重创的生产和基础设施能力，提高文化和教育的质量与数量是该计划最重要的目标。该计划重要的政策是加强本国货币，减少政府支出，消除垄断和减少政府所有权。伊朗

---

① Lobell, Steven E., Ripsman, Norrin M. & Taliaferro, Jeffrey W., *Neoclassical Realism, the State, and Foreign Policy*, UK, Cambridge: Cambridge University Press, 2009.

政府认为，外交政策机构应协助政府在战后时期实施这一建设计划。① 此外，伊朗伊斯兰共和国第一个经济、社会和文化发展计划的法律旨在通过以下方式促进实施伊朗的国防战略：通过强调使用国家的一切经济和工业设施来重建和加强国防，实现伊斯兰革命的国防网络和国家国防工业的双重目的。

因此，伊朗的外交政策在某种程度上受到安全考虑的影响。在第一个发展计划时期，发展计划往往提倡现代化模式，将增长等同于线性过程，将发展等同于经济增长。第一个发展计划恰逢经济全球化时代的开启。该计划的主要目标是改变不利的经济趋势，有利于伊朗的经济增长，并通过政府投资修复战争造成的破坏，并最大限度地利用现有能力，为未来的持续增长提供平台。因此，第一个发展计划被称为"建设计划"。该计划的主要方向是经济自由化和重建因战争而受损的基础设施。在这方面，经济增长是国家发展的基本需要之一，增加生产的经济政策已列入议程中。

伊朗第一个社会经济和文化发展计划，在那些年的特殊情况下，旨在启动经济并将其导向更加自由化的经济。在这个计划中，经济和文化增长意味着增加少量的经济和文化活动与社会设施，以及提高发展的质量，即在人民对社会和经济环境的思考方式中找到精神和智识的转变，减少对政治的关注。

二　第二个五年发展规划

第二个五年发展计划于 1995 年至 1999 年实施，减少依赖是其最重要的目标。第二个五年计划采取了出口激励、关注金融市场、发展外贸等政策。《伊朗伊斯兰共和国经济、社会和文化发展第二个五年计划》规定，在外交政策领域，优先事项包括：加强与邻国的良好关系，消除边界紧张局势，扩大区域和大陆合作，发展和加强与伊斯兰和友好国家的文化、政治、经济和贸易关系，在政治关系及与其他国家的经济关系之间建立平衡，将各种活动集中在海外政治代表的框架内，并防止分散工作，重视对外关系中的定性力量，强调在驻外官员中培训和提拔高效的官员，认真支

---

① Maleki, Abbas, "Decision Making in Foreign Policy, Experimental Approach," Translated by Abuzar Gohari Moghaddam, *Political Science*, No. 3, 2002.

持私营部门的活动，以扩大非石油出口，并为与其他国家发展关系创造必要条件，努力与其他国家建立贸易平衡，确保国家安全免受外国威胁，保护边界和捍卫伊斯兰伊朗的领土完整，保护革命、根据伊朗宪法原则制定长期外交政策战略，认真支持公共和私营部门的经济、技术和服务活动，特别是协助与外国建立关系、支持解放耶路撒冷的斗争都被列在议程上。[①]

除了国内的社会经济问题，包括经济结构改革和促进外国投资外，国际关系缓和也是外交政策的优先事项之一。第二个发展计划的主要战略是巩固第一个发展计划的成绩，稳定国家的经济形势，减轻经济变革给社会带来的沉重负担。该计划在结构和性质上与第一个计划没有什么不同，其基础是经济自由化和私有化。第二个计划还将经济增长和发展视为其主要目标之一，并特别强调其可持续性。"经济稳定计划"是第二个发展计划的另一个标题。

三 第三个五年发展计划

第一和第二个发展计划的结构性问题、对国内经济问题的社会看法、国际关系缓和政策、欧佩克内部关系的改善以及 1998 年经济重组计划的提出，形成了经济改革的模式。因此，第三个发展计划最重要的特点是为可持续发展提供条件。因此，第三个五年计划的经济改革战略基于"竞争性经济发展"的方法，即走向经济自由化，同时形成全面的社会保障制度，进行法律和体制改革，取消垄断，为私营部门的参与和减少政府所有权提供机会。因此，第三个发展计划被称为"结构改革计划"，这是第三个发展计划的焦点。

第三个发展计划的主要方向是结构和体制改革，以便实现自由化和私有化。该计划包括：改善营商环境，放松对投资过程的管制，通过价格体系的自由化来加强竞争力，以及让市场机制发挥资源配置的作用。汇率统一、贸易自由化和取消非关税壁垒、银行资源的竞争性分配、允许非政府

---

① Poursaeed, Farzad, "The Structure and Decision-making Process in the Foreign Policy of the Islamic Republic of Iran: Analysis of Educational and Research Texts," *Strategic Studies Quarterly*, Vol. 11, No. 2, 2008, pp. 313 – 348.

部门设立银行、建立外汇储备账户和取消能源补贴，这些都是第三个发展计划中价格改革的内容。

伊朗伊斯兰共和国《第三个经济、社会和文化发展计划》规定，由外交部负责伊朗的所有外交关系，以免所有在国外开展业务的机构和单位或其活动影响国务部门（State Department）执行政策所需的外交关系。此外，这些机构的驻外使团有义务与伊朗伊斯兰共和国驻外政治使团协调，根据外交部的提议、以内阁核准的条例开展活动。该计划还规定，为了执行伊朗伊斯兰共和国的文化政策，要注重对国外文化和宣传活动的决策和协调，并更好地利用现有的物质和精神设施，根据伊斯兰文化和传播组织的章程，由政府和非政府部门在国外进行文化和宣传活动。这已得到最高领袖的批准。

四　第四个五年发展计划

2005 年至 2009 年第四个发展计划是在伊斯兰革命领袖 20 年愿景文件和伊斯兰革命领袖总体政策交流的框架内制定和批准的。该计划是在改革期结束时获得批准的，并由第九届和第十届政府实施，同时解散计划和预算组织。第四个发展计划题为"采用全球方法的可持续发展计划"，同时着眼于全球化、国际分工和政策趋同等全球发展和问题，因此该计划旨在改变共同发展方法。关注经济快速增长和科学进步、环境和土地利用规划以及区域平衡等也是该计划的重点。《伊朗伊斯兰共和国第四个经济、社会和文化发展计划法》规定，提供必要的支助，鼓励外国当事方、国际协定、外国投资转让与伊朗有关的部分研究和开发活动，并在伊朗国内公司的参与下进行，并利用伊朗的身份要素和组成部分，特别是波斯语，促进国际关系中国家间和平、交流，非暴力与和平共处的文化，实现不同文化和文明之间的对话。为了推进伊朗的外交政策，并在维护和发展国家利益的框架内，伊朗外交部有义务采取以下措施：发展和加强与居住在国外的伊朗人的沟通，以保护民族和伊斯兰特性，并使用物质和精神资产。在海外伊朗人最高理事会批准的框架内，安排和向目标国家提供官方发展援助，以便在年度预算法框架内为伊朗货物创造市场和出口技术与工程服务，促进和提供更好的领事服务信息技术，以提高客户满意度和尊重度，协调所有执行机构的国际部门，以推进伊朗的外交政策目标。①

第四个发展计划是在 20 年远景文件的框架内，在伊斯兰革命最高领袖宣布该文件的总政策之后，制订和批准的。这种类型规划的目的是对基于愿景的行动问题进行积极和前瞻性的审视。在愿景的框架内，个人和社会的规划和行动要面向未来。在这方面，所有经济、社会、文化和环境领域都作为一个整体被提出了。此外，世界秩序中发生的变化，特别是在经济领域发生的变化，以及诸如政策趋同，生产全球化，新的国际分工制度，先进科学技术的使用，政府的变化，规定法律等问题在新的世界秩序中很重要，除了强调继续执行第三个发展计划的结构改革政策外，第四个发展计划还为国家发展进程的变革提供了新的基础。

五　第五个五年发展计划

第五个发展计划是 2011—2015 年以正义为目标导向制定的，并在议会批准后成为法律。第五个五年发展计划的实施始于 2011 年初，原定于 2015 年底结束，但延长至 2017 年。在该计划的一般政策中，有一些原则和目标受到全球化指标的影响，包括最佳利用信息和通信技术来实现系统的文化目标，发展国内投资以及吸引外国资源和资本。利用国家的对外贸易能力，扩大边境地区和南部沿海岛屿的经济活动，加强双边、区域和国际合作，优先考虑邻国。

《第五个五年发展计划法》第 7 章涉及国防、政治、安全和防务问题，授权国防部和武装部队支持加强防御能力、威慑和捍卫主权、领土完整、国家利益和安全。采取有效应对外部威胁的措施，如从数量和质量上提升国家防空系统，加强军事存在和升级基础设施，以扩大水域，在伊朗海域进行有效部署，保护国家的海岸线，重点是扩大水域和组织南方舰队，在战略、太空、空中、海上和陆地建立先进的指挥、控制、情报和监视系统，以增强警觉性，以识别威胁并迅速加以有效处理，在质量上和数量上提高导弹部队的实力和作战稳定性，加强被压迫者的数量和质量动员，以及在国家安全和防卫场景中存在更受欢迎的力量，加大伊斯兰革命的理想

---

① Ramezani, Ruhollah, *An Analytical Framework for Examining the Foreign Policy of the Islamic Republic of Iran*, translated by Alireza Tayeb, seventh edition, Tehran: Ney Publishing, 2013.

和基础，支持和协助在各个领域进行软战争，增强在网络空间，在国防和安全威胁领域进行被动防御所需的技术标准，以减少基础设施的脆弱性，促进国家稳定，保护人民和国家资源，并确保向他们提供服务的连续性，以便完成民防循环，发展科技能力，加强国防，提升军队威慑能力，保护国家领土完整和安全，对威胁做好准备，保护国家利益、伊朗伊斯兰革命和国家重要资源与智能防御系统。

在外交政策领域，外交部的任务是利用相关组织和机构的专家的意见，提高伊朗伊斯兰共和国的尊严、地位、权威和作用，并利用该区域和国际体系中的经济机会。[①]

六 第六个五年发展计划

伊朗伊斯兰共和国《经济、社会和文化发展第六个五年计划》以发展抵抗经济为基础，这种经济以内生性、外向性和知识经济的特点为基础。在政治、国防和安全领域，为了增强抵抗力量，减少国家经济的脆弱性，并根据尊严、智慧和权宜之计的原则，连贯、协调和有效地管理伊朗伊斯兰共和国的外交关系，除武装部队外，执行机构与外交部协调处理外交关系。

第六个五年发展计划强调以下几个方面：在外交政策中设计和实施外交行动，以打击傲慢的犹太复国主义政权，支持抵抗运动和被压迫者，为多样化创造必要的政治条件，并加强与目标国家的全面关系。与世界上特别是本区域各国加强经济外交，把重点放在进入全球市场，出口技术货物和服务，鼓励和吸引外国投资和获得新技术，并为非政府部门在本区域和西南亚其他国家的存在创造必要条件，特别是利用双边和多边层面的正式外交能力，在该地区建立稳定的政治和安全环境，利用公共外交和跨境地区新的有效信息方法和工具，从话语和意义的角度解释伊朗伊斯兰共和国的观点，并促进伊朗在世界舆论中的地位，利用伊朗伊斯兰共和国境内打击暴力、恐怖主义和极端主义的所有设施，通过监测国际舞台上的人权状况、促进伊斯兰人权，对一些西方国家毫无根据的要求作出适当反应，改

---

① Mohammadi, Manouchehr, *Foreign Policy of the Islamic Republic of Iran: Principles and Issues*, Tehran: Justice Publishing, 1998.

变伊朗伊斯兰共和国在人权问题上的国际形象，支持伊斯兰世界近似和统一的潮流，特别是"逼近伊斯兰教和打击敌人分裂伊斯兰世界的阴谋世界大会"，利用私营和合作部门以及公共非政府机构的能力，投资于勘探、生产和开采石油和天然气，通过土著性抵抗，向外最大化附加值，激发财富、生产力、企业家精神，投资和生产性就业，并通过在科学、教育和媒体环境中创造话语权，鼓励和支持外国投资以及创新和发明的商业化，支持公司和知识型机构，将其变成普遍的国家话语。在能源领域进行设备、工程、建造、安装和技术转让，包括上游和下游石油和天然气以及发电厂转换、发展电子政务和维护国家信息网络的完整性和提高通信基础设施的效率，提供通信和电信基础设施，服务国家信息的电子化。

第二节　长期发展规划：20 年愿景文件的形成

伊朗伊斯兰共和国的 20 年愿景文件，基于国家利益委员会深度的专家研究以及最高领袖的原则和方向，于 2003 年获得批准并传达给各部门。国家立法、宏观决策体制和民选政府政策已经确立，在国家官员和精英之间形成了一种民族决心和意志的凝聚力和统一。根据伊朗伊斯兰共和国 20 年愿景文件，伊朗到 2025 年将成为本地区经济、科学和技术居第一位的发达国家，鼓舞伊斯兰世界，并在国际关系中进行有效的和建设性的互动。

因此，伊朗伊斯兰共和国能够通过其文化、地理和历史能力，建立一个安全和独立的社会，在人民与政府之间密切联系和全面有效发展的情况下，建立一个以全面和积极威慑为基础的防御系统，并实现全面和有效的发展，同时促进以伊斯兰教义和本土性为基础，并以伊斯兰宗教和地方能力为基础的宗教民主模式。以尊严、智慧和利益为基础，在西南亚地区（包括中亚和高加索）成为第一强国，影响伊斯兰和区域融合。从 20 年的角度来看，伊朗是一个发达国家，在该地区的经济、科学和技术方面处于第一梯队，具有伊斯兰和革命身份，可以鼓舞伊斯兰世界，在国际关系中产生建设性的互动作用。从这个角度来看，伊朗社会将具有以下特点：

·根据其文化、地理和历史要求，以伊斯兰、民族和革命的道德原则和价值观为基础，强调宗教民主、社会正义、合法自由、保护人的尊严、权利和利益，社会和司法安全。

·具有先进的知识，基于人力资源和社会资本在国民生产中的优势份额，发展生产科学和技术。

·具有安全、独立、强大的防御体系，以人民和政府的全面威慑和凝聚力为基础。

·实现了健康、福利、粮食安全、社会保障、机会平等、收入分配合理、家庭结构强大、远离贫困、腐败、歧视并受益于有利的环境。

·积极，负责，自我牺牲，忠诚，满意，具有工作良知，纪律，合作精神和社会调整精神，致力于革命和伊斯兰制度以及伊朗的繁荣，并以身为伊朗人而自豪。

·在西南亚地区（包括中亚、高加索、中东及周边国家）取得一流的经济、科技地位，重点是软件活动和科学生产，经济快速持续增长，人均收入相对提高，实现充分就业。

·通过加强宗教民主、高效发展、道德社会、创新以及知识和社会动态的模式，在伊斯兰世界中发挥激励、积极和有效作用，基于伊玛目·霍梅尼（RA）的伊斯兰教义和思想影响伊斯兰和地区融合。

·基于尊严、智慧和利益的原则，与世界进行建设性和有效的互动。

·提高武装部队的防御能力，威慑、主动和有效对抗威胁，保护国家资源和伊斯兰革命以及本国的重要资源。

·扩大双边、区域和国际合作。

·继续避免在与国家的关系中采取行动。

·加强与非敌对国家的建设性关系。

·利用关系增加国家力量。

·解决外交关系中的侵略和侵略行为。

·努力加强伊斯兰国家之间的融合。

·努力将本地区伊斯兰国家和友好国家变成区域经济、科学、技术和工业中心。

该文件可以被视为国家在微观和宏观领域外交政策的新方法，它要求政府发挥领导作用和管理，具有灵活的结构和组织，并采取指导战略，发明一个单一的国家范式，使术语和方法更加一致，为了促进国家权力指标、能力和国家目标，使安全制度化，改善国家和区域安全，重建对外关系，并在区域和国际层面重组权力关系。考察 20 年愿景文件中的外交政策立场，并认识到伊朗在外交领域面临的要求和优先事项，表明在区域和国际政治中积极、有效和建设性互动的模式需要同时考虑内政和外交政策。

考虑到国内政策（内部环境、结构和决策过程以及参与外交政策的决策者和行动者的类型）和外交政策（区域和国际环境以及区域行动者与国际行为者的作用）的相互作用、联系和影响，外交政策的目标包括提供国家利益、维护国家生存、加强国家安全、提高国际声望、追求和保障国家权力、维护和传播彼此之间的意识形态；而且，为了保持国内和外交政策的一致性，伊朗伊斯兰共和国可以采取以发展为导向的外交政策。愿景文件尽管简短，但该文件概述了伊朗在 2025 年要实现的 65 个目标，其中一些与外交政策直接相关，一些与国防和安全有关。它涵盖了大部分目标，并且大部分目标也间接地与外交政策和安全防御领域有关。为了实现愿景文件在外交政策领域的目标，可以采取步骤，制定和实施适当的战略，以准确执行一般政策。在国际舞台上重要的实际步骤是：

·扩大与邻国的双边和区域合作。

·避免在与敌对国和对立国的关系中被扣押。

·利用对外关系增加国家实力。

·面对世界的单极化。

·努力与伊斯兰国家之间和解。

·努力改革联合国的结构。

·伊朗伊斯兰共和国在所有国际和区域论坛上具有成员资格。

·在评估联合国机制的委员会和工作组中发挥作用。

·赋予伊斯兰会议组织权力，并努力在解决伊斯兰世界的危机和问题方面发挥更大的作用。

·与伊斯兰国家进行协商，将一个安全理事会常任理事国席位移交给伊斯兰会议组织。

·缔结司法协助和引渡罪犯方面的合作协定。

·缔结打击毒品贩运领域的合作协定。

·改变对支持伊斯兰共和国恐怖主义指控的消极态度。

区域关系的基本步骤包括：

·在国家利益框架内解决与邻国的边界争端，消除不安全的边界因素。

·和平解决与非敌对国家的争端。

·与军事单位协调，实现和平的区域军事合作。

·加强与印度、中国、俄罗斯、日本等地区大国的关系。

·融合、重视对伊斯兰世界的赋权。

·有效合作，为本区域各国提供国家经济能力和机会。

·与周边国家和中东地区国家签订经济合作协议。

经济关系的基本步骤包括以下内容：

·降低国家在吸引外国投资方面的风险程度。

·国际关系中的高效经济信息贸易。

·通过培训和参加会议，提高经济专家的科学水平。

·利用国际能力推进特殊经济项目。

·缔结贸易合作协定，包括取消双重征税、优惠关税和促进互惠投资。

·签订技术和工程服务出口合同。

·为加入世界贸易组织创造合适的纲领。

因此，根据该文件，伊朗伊斯兰共和国将成为一个领先的地区大国：获得领先的科学、技术和经济地位，以及在对外关系中进行有效的互动。根据 2025 年愿景文件，伊朗伊斯兰共和国应该通过巩固宗教民主、高效发展、道德社会、现代主义以及基于教义的伊斯兰和区域一体化的模式，鼓舞伊斯兰世界，积极和有效地继承伊玛目霍梅尼的思想，成为本地区经济、科学和技术领先的发达国家，同时保持伊斯兰和革命身份，鼓舞伊斯兰世界，并在国际关系中进行建设性和有效的互动。

考虑到伊朗在国际社会中的地缘政治和地缘战略地位的重要性，要提高伊朗在本区域的地位，并在西南亚地区取得领先的经济、科学和技术地位，就需要依靠维护伊斯兰特性来加强伊朗伊斯兰共和国在伊斯兰世界的地位，伊朗—伊斯兰文明和波斯文化及其宝贵遗产的范围和丰富性，这片土地上古代文明的辉煌历史，以及与周边国家的深厚文化、知识和地理联系。

加强与伊斯兰世界的关系，有责任清楚地介绍伊斯兰革命，解释伊朗伊斯兰共和国的成就和政治、文化和经济经验，介绍伊朗文明和宗教民主的丰富文化和艺术，并规划一个总政策，实现以伊斯兰国家政治团结为基础的社会；要建立伊斯兰世界的经济和文化统一，就需要对伊斯兰世界的要求以及穆斯林社区的能力和需要有正确和传统的理解，并进行适当的规划，以利用现有的机会面对潜在的挑战。

因此，以伊朗伊斯兰共和国远景文件为基础的外交政策评估标准将反映灵感以及有效和建设性的互动。这样，在外交政策领域，第一，追求国家权力，包括人力资本、决策权、制定国际议程、塑造国际行动者和建立话语权；第二，在国家层面上，基于不对称行动空间的本体论安全，解决具有军事、经济、社会、文化和身份的不同维度的国家安全问题；第三，考虑国家的福利和经济发展；第四，在区域和国际竞争环境中考虑伊朗的伊斯兰和革命身份；第五，通过建设性的互动来利用积极的外交。事实上，要在本地区获得最高的科学、技术和经济地位，就需要交换经济、能源和提高交往能力，而且基本上就是"经济增长和发展"。换言之，伊朗伊斯兰共和国行动的大方向是在本地区"获得最高排名和第一"，这基本上是一种"以增长为导向的方法"，其基础是能力建设和在互动中提高国家能力。

在这一领域的"互动"要素是基于保持独立和民族认同（伊斯兰革命），建立平衡和稳定（相互重叠），保持交流能力和建立关系的行为，互动类型是朝着积极的方向发展，并且走向"竞争"。"竞争"是互动的主要纲领，但要从竞争纲领转向合作。在现阶段，在与目标国家和区域的互动中发展具有安全—政治和经济优势的因素，同时保持社会、文化和文明的联系。换言之，在进行科学、技术、经济、社会、文明和文化地位优越互动的同时，还将在区域一级发展安全政治优势领域，提高经济、科学和技术竞争力。

第三节　长期发展规划：伊斯兰革命的第二阶段

伊斯兰革命第二步声明由最高领袖于 2017 年 2 月 13 日伊斯兰革命胜利 40 周年之际向伊朗国家发表，旨在解释伊朗的长期发展前景，并传达给伊朗行政机构。在伊斯兰革命 40 周年之际发表第二步声明，这是一场从伊斯兰建国阶段走向伊斯兰文明的起义，强调抵抗和独立、自信和内生力量，而不是依赖外国。第二步声明的对象从个人领域（生活方式）到全球（伊斯兰文明），包括政治、社会、经济、科学、文化、哲学、历史和国际层面。

该声明首先提出十点要求：（1）伊斯兰革命进入自我建设，共融建设和文明的第二阶段；（2）伊斯兰革命的胜利是新时代的开始；（3）指出伊斯兰革命的普遍意义和自然口号；（4）永远保持革命本色；（5）遵循原则，划定与敌人的边界，并指出需求与现实之间的距离；（6）将伊斯兰革命作为伊朗和伊朗人的骄傲；（7）需要正确的历史知识才能向前迈进；（8）共和国和伊斯兰教的结合是伊朗革命者的新模式；（9）伊斯兰教和傲慢之间的对抗是当今世界上的一个突出现象；（10）需要圣战管理，相信"我们可以"，并将其作为伊朗尊严和在所有领域进步的因素。在简要叙述上述几点之后，揭示了伊斯兰革命在七个领域的成就：（1）稳定、安全和保持领土完整；（2）国家在科学、技术、经济和民生工程领域的行动；（3）民众参与；（4）推动国家的政治愿景；（5）扩大正义；（6）提高社会精神和道德水平；（7）寻求独立和抵抗霸权。在声明的末尾简要提出了七个方面的建议：科学、精神道德、经济、正义和反腐败、独立和自由、外交政策、生活方式。①

第二步声明共有 31 个段落，其中 29 个段落直接、间接地提到伊朗伊斯兰共和国的外交政策。② 与伊朗伊斯兰共和国外交政策有关的关键内容是：独立，国家和以人民为中心的外交政策权威，获得物质和精神力量，抵抗，对抗霸权，支持世界被压迫者，强调尊严，智慧和利益。有些方面直接涉及外交政策，而在另一些方面，外国机构是其目标之一。以下四个轴心的核心是"语义学以及实用主义，抵抗和独立，自信，内生经济和自我基础的力量以及对国家在发展外交政策中重要性的承诺，作为发展政策的前身，将在第二步革命声明中考虑"。

---

① Statement "The Second Step of the Revolution Addressed to the Iranian Nation," 11/22/139, http://farsi. khamenei. ir/message-content? id=41673.

② Rahideh Abolfazl, "The Foreign Policy Drivers of the Islamic Republic of Iran in the Second Step Statement," 2019.

一　语义主义与实用主义相结合

在伊朗伊斯兰共和国的总体战略中，语义学总体上具有特殊的地位。因此，"坦率地表达立场、勇气、权威、抵抗压迫者和伊斯兰美德"被认为是"伊朗和伊朗人的骄傲"。伊斯兰革命引入了物质和意义的两个要素：世界和后世，道德和行动。因此，最高领袖在题为"四十年革命和第二大步"的声明中，列举了40年革命的成果以及尊严，宗教信仰和独立性，科学进步，知识，在核技术、纳米技术、干细胞和航空航天领域的进步。因此，最美的理想和最崇高的目标，如果不考虑物质手段，就无法实现；这就是为什么最高领袖在第二步声明中认为："虽然经济不是伊斯兰社会的［主要］目标，没有经济基础伊斯兰目标就无法实现，强调加强国家基于大规模生产和质量的独立经济。以正义为导向的分配和大量消费和无浪费，因为经济可以对当今和明天的生活产生惊人的影响。"

二　专注于抵抗和独立

抵抗和独立这两个概念被认为是伊斯兰革命在外交政策领域话语的基本原则。[①] 其他概念，如尊严、正义、压迫、保护被压迫者、权威、自我信仰和类似的概念都源于它们。抵抗和独立是彼此需要的，不可能把一个放在另一个之下，因为抵抗是通往独立的道路，而独立国家要抵制不公正和霸道的秩序。

作为这种话语核心的抵抗，其最重要的积极方面是正义和寻求正义，寻求伊斯兰，寻求和平，寻求尊严和权威，寻求独立，自由意志主义，灵性主义，智慧和理性主义以及理想主义。[②] 无论如何，上述组成部分将抵抗的话语呈现为一种理想主义和现实的话语，因为在这种话语中有理想，同时考虑了一些事实。现实阻力是第二步声明中概述的原则之一。革命最高领袖明确谈到"在犹太复国主义政权边界上存在一个强大的伊朗，美国

---

① Gharayagh Zandi and Davood, "Principles and Foundations of Foreign Policy of the Islamic Republic of Iran: Query in Texts," *Quarterly Journal of Strategic Studies*, Year 11, Issue 2, 2008.

② Dehghani Firoozabadi and Seyed Jalal, "Resistance Discourse: Reality or Dream," the Information Base of the Office for the Preservation and Publication of the Works of Grand Ayatollah Khamenei, 2012, http://farsi. khamenei. ir/others-dialog? id = 20780.

在西亚的非法影响力被瓦解，伊斯兰共和国支持在被占领土中心的巴勒斯坦圣战，真主党的防御以及在整个西亚地区，扩大伊斯兰共和国的强大政治存在，并向抵抗力量转让伊朗先进武器"。

重要的一点是，尽管近年来，由于各种政治和国际原因，抵抗与经济这两个词具有逻辑联系，并且在第二步声明中，经济被提及为独立和抵抗的工具之一。但抵抗的概念不应局限于经济，政治抵抗、文化抵抗和军事抵抗是最高领袖一再提到的其他重要抵抗领域。

三 自信、内生经济和自给自足的力量

革命第二步的声明强调关注和依靠内部力量来实现国家的增长和发展。[①] 自力更生和对内在力量的信仰问题有物质和精神层面，这两个层面都在第二步声明中受到重视。在物质层面，革命最高领袖强调了领土、地理和人口的丰富性以及对自然恩赐物的享受，以及民族决心、人力资本和圣战运动的精神层面。革命最高领袖认为，屈辱、落后和缺乏民族意志是进步的障碍。从这个角度来看，最高领袖说："我们可以依靠内在的能力和才能［解开］许多结。"革命领导人从一开始就强调"内生独立"。

从最高领袖的角度来看，国家繁荣昌盛和解决问题的出路是承认伊朗民族的能力和自信，以及空间、土地、自然资源，人口，政治和文化机构，民族精神，质量，科学能力和才能等因素，并获取军事能力。[②] 虽然革命最高领袖认为，青年人口的能力、人文和精神因素以及积极力量的利用是"国家的巨大财富，没有物质储备可以与之相比"，但他指出领土，自然和地理能力的清单。在枚举人类能力之后，他表明两者之间的互补性。

对伊朗的人力和自然天赋两个维度的结合在第二步声明中有所说明：拥有世界人口的百分之一，拥有世界7%的矿产储量、巨大的地下资源，拥有关键的地理位置和一个庞大的国内市场，拥有15个邻国的大型区域市场，这一地区有6亿人口，有着漫长的海岸线，拥有各种农业和园艺产

---

① Statement "The Second Step of the Revolution Addressed to the Iranian Nation," 11/22/1397, http：//farsi. khamenei. ir/message-content？ id =41673.

② Ghasemi, Zuhair and Ghasemi, Ali, "Leadership Concerns Relying on National Capacity and Indigenous Talents," *Kayhan Newspaper*, August 16, 2014, No. 20846.

品，土地肥沃，有着庞大而多样化的经济，这些都是伊朗的优势；其中许多优势保持完好。伊朗在未开发的自然和人力资本方面排名世界第一，高效、积极和明智的管理人员可以激活并利用它们来显著提升国民收入，并使伊朗变得更加富裕。"他们应该真正有信心解决当前的问题"。

依靠国内力量增加国家力量和权威可以解决外交政策方面的许多事情，国内物质和精神资源在外交政策设计中的影响是十分重要的。依靠国内实力和本土人才被认为是促进国家权威的有效组成部分；国家实力和权威的强弱与国内实力和本土人才直接相关。因此，第二步声明考虑了需要注意国内对重建国家经济的依赖。① 在这份声明中，最高领袖呼吁"很少使用国家的人力，并着眼于外部而不是国内能力。他们认为最重要的缺点是"抵抗经济的政策，国家经济的本土性，生产力和知识基础，经济的普及以及前面提到的物质和精神能力的使用"是颇佳的解决方案"。

对内部能力依赖的重要表现之一是抵抗经济。经济对外交政策制定的影响非常明显。此概念在第二步革命声明中重复了 30 次。使用这个概念加上后缀"抵抗"，表明伊斯兰革命最高领袖认为经济的独立性。抵抗经济学的概念，在过去 20 年中在领导层的话语中得到了广泛使用，并在第二步声明中得到了强调，并且由物质和精神两个维度组成。② 经济学包括物质维度，没有它，抵抗的道路将是极其困难和脆弱的。这样，伊朗的经济和资源将脱离人民的控制，并将掌握在霸权国家的手中。革命最高领袖认为，强势经济是"国家不可战胜的重要因素"，同时又认为经济弱势是"弱点，是敌人影响、统治和干预的基点"。

四　在制定外交政策中关注国家特性

人是第二步声明中强调和重复的核心概念之一，人民以及人类，国家和青年在第二步声明中被使用了 83 次。在第二步声明中，革命最高领袖将共和国和伊斯兰教的结合描述为伊斯兰革命的创新和成就之一，以及

---

① Nabavi, Morteza and Eskandari, Saleh, "Islamic Independence" in the Intellectual System of Grand Ayatollah Khamenei, Abdolhossein Khosroshahi et al. , Tehran: Research Institute of Islamic Culture and Thought and Center for Strategic Research, 2017.

② Pak Aein, Mohsen, "Second Step Statement and Foreign Policy," Khabaronline News Agency, 2019, khabaronline. ir/news/1343816.

"伊斯兰革命的第一缕光芒"。共和制和伊斯兰教的结合被称为宗教民主。宗教民主是伊朗国家统治的典范,革命最高领袖用它来讨论后伊斯兰伊朗形成的政治制度。这种伊斯兰模式承认人民的参与和主权,具有宗教权威,反对垄断和少数。

这种本土模式是对在伊斯兰国家建立一个基于宗教和民主制度的需要的回应。① 第二步声明中提出的关键要素带有一个受欢迎的附录,例如新的伊斯兰文明,科学飞跃,光荣的外交政策,抵抗经济,圣战管理以及自我建设,社会化和文明有关的一般问题。革命最高领袖认为:"在伊斯兰共和国起义中,我们力量中最重要的一点是人的力量。我们伊朗人民在所有国家都没有权利支持和捍卫我们的起义、革命和运动。使这个国家取得胜利的是人民的力量";这意味着意识和毅力。在他看来,社会自由意味着有权决定这种自由何时表现为民族自由,即独立。

考虑到伊朗的中长期发展计划,伊朗伊斯兰共和国扩张主义外交政策的要求可以列举如下:

· 与多个权力中心进行互动,包括未来世界多极化体系中的中俄联盟,以创建"亚洲安全的核心"。

· 致力于"认真看待亚洲的政策",将中国、日本和印度等亚洲大国的崛起作为互补的经济联系。

· 在相互尊重和共同利益的原则基础上,与西方,特别是与欧洲建立有效和建设性的关系。

· 充分利用伊朗优越的地缘政治地位来整合海军力量。

· 强调团结伊斯兰世界和所有伊斯兰国家,反对霸权制度。

· 加强文化领域的诺鲁孜(Nowruz),发展伊朗文化、文明、波斯语言和文学。

· 投资石油和天然气部门,并利用伊朗南部和北部丰富的石油和天然气储量,利用伊朗的过境地位,以促进经济增长和繁荣。

· 依靠人民的力量、信任与支持,加强民众威慑政策。

· 与中国、俄罗斯和印度结盟,旨在达成有利的平衡,并消除地区竞

---

① Iqbal, Hadith, "The Role and Position of the People in the Model of Islamic Democracy from the Perspective of the Supreme Leader," *Islamic Insight and Education*, Vol. 14, No. 40, Spring, 2017.

争对手与大国的联盟。

·提出一个基于理性和拒绝极端主义的，"以宗教为基础的民主"的有效模式。

·在安全领域维持对区域安全的承诺，并提出"共同安全"的口号。换句话说，国家安全取决于地区安全，反之亦然；地区安全与国家安全密不可分。

·需要将能源地理区域纳入安全和能源运输线路中，以便在伊朗北部和南部的两个能源区域之间建立联系，并确保能源生产和从该地区向国外运输的安全与稳定。

·将与世界资本和先进技术的联系列入议程中，吸引国际资本和先进技术进入本地区。

·努力协同发展西亚区域各经济体的贸易和互补能力。

第二章　重要城市及其区域影响力

伊朗地处西亚的中心,南邻波斯湾,北接里海、土库曼斯坦、高加索地区,东连巴基斯坦、阿富汗,是古丝绸之路上的重要纽带国家。伊朗是亚洲和中东主要经济体之一,经济实力较强。本章主要介绍伊朗的三大城市:第一大城市德黑兰(首都)、第二大城市马什哈德和第三大城市伊斯法罕。德黑兰是伊朗的首都和最大城市,同时也是德黑兰省省会;伊斯法罕历史悠久,是伊朗第三大城市,目前该城是伊朗的重工业中心,也是伊斯法罕省的省会城市。

第一节　城市化发展历史与趋势

伊朗的城市化率呈上升趋势,且其城市化率增长显著高于亚洲和西亚地区的平均城市化率,预计伊朗的城市化率会持续增加,在 2050 年将显著高于亚洲和西亚。伊朗 31 个省的面积和人口规模存在较大差异,人口密度也存在不同。8 个重点城市为人口主要聚集城市,且几乎所有城市都显现出人口增加的趋势,总体人口具有向这些重点城市聚集的倾向。

一　伊朗的城市化

1950 年,伊朗的城市化率较低,只有 27.5%,城市人口规模较小,只有 471.6 万人;1981 年,城市人口数量高于乡村人口,城市化率达到 50.4%。乡村人口呈现出先上升后下降的趋势,1950 年至 1991 年,乡村人口数量缓慢增加,从 1240.3 万人增加至 2474.9 万人,此时的城市人口数量为 3262.7 万人,城市化率达到 56.9%;其后乡村人口数量逐渐降低,在 2018 年为 2058.7 万人。城市人口数量一直呈上升趋势,在 2018

年达到 6142.5 万人，此时的城市化率为 74.9%。预计伊朗的乡村人口数量会持续下降，城市人口数量则持续上升，在 2050 年城市化率将达到 86%。

　　将伊朗的城市化率与亚洲、西亚地区对比，可以发现，伊朗的城市化率显著高于亚洲和西亚地区的平均城市化率。1950 年，伊朗城市化率为 27.5%，亚洲城市化率为 17.5%，西亚地区城市化率为 16%，并且伊朗的城市化率增长速度显著高于西亚其他国家，进而导致伊朗的城市化率远远高于亚洲和西亚地区，到 2018 年，伊朗、亚洲、西亚的城市化率分别为 74.9%、49.9%、35.8%。预计之后伊朗的城市化率会持续增加，并且到 2050 年将会显著高于亚洲和西亚地区。

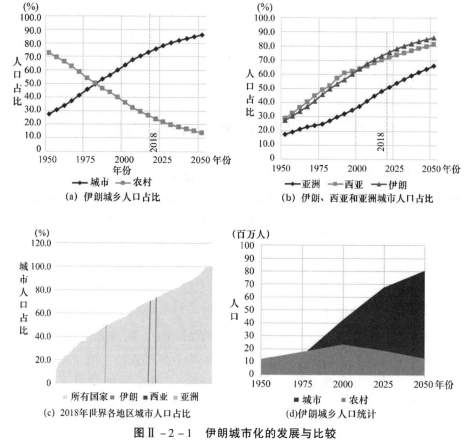

图Ⅱ-2-1　伊朗城市化的发展与比较

资料来源：World Urbanization Prospects—Population, Division-United Nations.

　　1950 年至 2018 年，伊朗城市人口增量呈现出明显的上升态势，并稳定在年均增量 100 万人左右的幅度上。其中，1950—1986 年，城市人口增量呈指数上升的趋势，1986 年人口增量达到峰值，增量为 138.5 万人；其后人口增量呈现出波动式增长的趋势，2018 年城市人口增量达到 104.5万人。

　　从 1990 年开始，伊朗拥有了唯一一个人口超过 500 万人的城市，三个人口规模在 100 万—500 万人的城市，五个 50 万—100 万人口规模的城市和六个 10 万—50 万人口规模的城市。并且，随着人口规模的不断扩大，2018 年伊朗拥有多个人口规模超过 500 万人的城市，预计 2030 年其人口规模将超过 1000 万人。

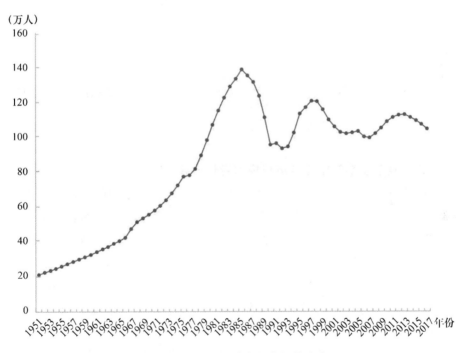

图Ⅱ-2-2　伊朗城市化发展的速度

　　伊朗城市化率年均增量呈现出上升、下降、再上升、下降的态势。1976 年城市化率增量达到最大值，年均增量为 1 个百分点，其后又呈现出下降趋势，并在 1989 年达到最低值，为 0.5 个百分点，其后经历了增加后下降的趋势，2018 年年均城市化率达到 0.5 个百分点。但伊朗的城市化率平均增量仍高于西亚，低于亚洲。

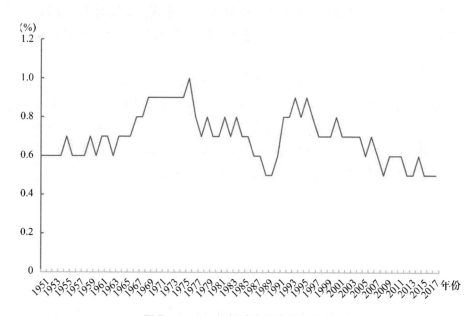

图 II - 2 - 3 伊朗城市化率增长速度

二 城市体系与重点城市规模的变化与趋势

伊朗属于西亚，位于亚洲西南方的中东地区，西北与阿塞拜疆（界长432 千米）和亚美尼亚（界长 35 千米）为邻，东北部与土库曼斯坦（界长 992 千米）接壤，东邻阿富汗（界长 936 千米）和巴基斯坦（界长 909千米），西接伊拉克（界长 1458 千米）和土耳其（界长 499 千米），中北部紧靠里海（海岸线长 650 千米），南靠波斯湾和阿拉伯海阿曼湾（海岸线长 1770 千米）。伊朗国土面积为 1648000 平方千米（陆域面积 1636000平方千米，水域面积 12000 平方千米），居于世界第十六位。其地貌主要由高原、盆地或山脉构成，境内最大的高原为伊朗高原，平原只有海边的一小部分，人口较多的西部是多山地形，由高加索山脉、札格罗斯山脉和厄尔布尔士山脉等构成。伊朗大多数地区属干燥或半干燥气候，降雨集中在 10 月至次年 4 月，平均年降雨量在 250 毫米以下。伊朗拥有 31 个省、324 个县、865 个区、982 个市，约 1200 个大中小城镇。省是伊朗最高的行政区域，31 个省分别是：德黑兰省、库姆省、中央省、加兹温省、吉兰省、阿尔达比勒省、赞詹省、东阿塞拜疆省、西阿塞拜疆省、库尔德斯坦省、哈马丹省、克尔曼沙汗省、伊拉姆省、洛雷斯坦省、胡齐斯坦省、恰哈马哈勒—巴赫蒂亚里省、科吉卢耶—博韦艾哈迈德省、布什尔省、法尔斯省、霍尔木兹甘省、锡斯坦—俾路支斯坦省、克尔曼省、亚兹德省、伊斯法罕省、塞姆南省、马赞德兰省、戈勒斯坦省、北呼罗珊省、礼萨呼罗珊省、南呼罗珊省、厄尔布尔士省。

（一）城市体系发展

据美国国务院网站数据，至 2017 年 7 月，伊朗人口为 8202.1 万人。年龄中位数为 30.3 岁，其中男性为 30 岁，女性为 30.5 岁。从性别结构来看，男性人口占比约为 50.4%。从城乡分布来看，德黑兰常住人口为 843.2 万人，占全国总人口的 14.7%；其他主要经济中心城市的人口如下：马什哈德 301.4 万人、伊斯法罕 188 万人、卡拉季 180.7 人、设拉子 166.1 万人、大不里士 157.2 万人、库姆 120 万人和阿瓦士 118 万人。伊朗城市人口占全国总人口的 74.9%。[①] 综观伊朗 31 个省份，其占地面积、人口数量、人口密度分布极不均匀，这可能与伊朗的地理位置有关。

1. 占地面积

伊朗各省份占地面积差异较大。除厄尔布尔士省小于 10000km² ，只有 5122km² 外，库姆省、德黑兰省、吉兰省的面积也较小，分别只有 11526km² 、13692km² 、14042km² ；锡斯坦—俾路支斯坦省、克尔曼省的面积则较大，达到 181785km² 、180726km² ，面积最大的省份是面积最小的省份的 35 倍，省份占地面积分布极其不均。

2. 人口数量

伊朗各省份人口分布也极其不均匀。德黑兰省的人口数量最多，达到 1380.7 万人，其次是礼萨呼罗珊省、伊斯法罕省和法尔斯省，在 2019 年它们的人口数量分别达到了 676.8 万人、529.2 万人、500.6 万人，这四个省份的人口数量大概占伊朗人口的 37.16%。人口较少的省份主要有伊拉姆省、塞姆南省、科吉卢耶—博韦艾哈迈德省、南呼罗珊省、北呼罗珊省和恰哈马哈勒—巴赫蒂亚里省，它们的人口数量分别为 59.7 万人、75

---

① 参见 http://ir.mofcom.gov.cn/article/ddgk/201809/20180902787490.shtml。

万人、74.4 万人、80.9 万人、89.2 万人、97.9 万人，人口数量均低于
100 万人。

3. 人口密度

伊朗各省份人口密度差异较大。德黑兰省的人口密度最高，达到 1008
人/km²；其次是厄尔布尔士省和吉兰省，分别为 559 人/km² 和 182 人/km²。
除此三省之外，其余 28 个省的人口密度介于 5 人/km² 到 141 人/km²，人口
密度分布极其不均。

由以上数据可以发现，各省的占地面积和其人口数量之间不存在线性
关系；各省镇/乡数量与其占地面积、人口数量和人口密度均无明显关系。

（二）伊朗的重点城市及规模

伊朗的八个重点城市为人口集聚的主要城市，并且八个重点城市均为
其相应省份的省会城市，其排序大致与人口数量成完全正相关，排序越靠
前的城市，其人口数量越大；同时，八个重点城市的人口数量占其所属省
份总人口数的百分比相对较高——根据 2016 年城市与其相应省份的人口
普查数据可知，库姆、德黑兰、卡拉季三个城市的人口数量在所在省份的
人口占比均超过一半，分别达到 92.95%、65.53% 和 58.71%；其余五个
城市人口占比也处于 25%—47% 的高位。

通过考察 1991—2016 年主要年份伊朗八个重点城市的人口普查数据，
可以发现，几乎所有城市都呈现出人口增加的趋势（见表 II-2-1）。但
人口主要还是集聚在大城市，尤其是德黑兰、马什哈德、伊斯法罕等重点
城市，原因可能与其伊朗的主要经济中心有关。与此同时，未来伊朗的
人口也具有向这些城市集聚的特征。

表 II-2-1　　　　　　伊朗重点城市主要年份人口数量　　　　　（万人；%）

城市	所属省份	1991	1996	2006	2011	2016	2016 年人口占所属省人口的比重
德黑兰	德黑兰省	647.55	675.88	779.75	815.41	869.37	65.53
马什哈德	礼萨呼罗珊省	155.92	188.74	242.73	276.63	300.12	46.64
伊斯法罕	伊斯法罕省	118.27	132.73	168.94	185.33	196.13	38.30
卡拉季	厄尔布尔士省	44.24	94.10	138.60	161.46	159.25	58.71

续表

城市	所属省份	1991	1996	2006	2011	2016	2016 年人口占所属省人口的比重
设拉子	法尔斯	96.51	105.30	122.73	146.07	156.56	32.27
大不里士	东阿塞拜疆省	108.90	119.10	139.81	149.50	155.87	39.87
库姆	库姆省	68.13	77.77	95.91	107.40	120.12	92.95
阿瓦士	胡齐斯坦省	72.47	80.50	98.56	111.20	118.48	25.15

资料来源：（1991）（1996）Statistical CentreofIran（web）plusdataprovidedby Clive Thornton. （2006）（2011）（2016）Statistical CentreofIran（web）.

1. 最大城市德黑兰的情况。德黑兰的规模是其余七个城市的近 3 倍（马什哈德），乃至更高（另外 7 个），在 1991 年至 2016 年近 30 年间，其人口数量不断增加，由 647.55 万人增加到 869.37 万人，增加了 200 多万人，增幅为 34.25%。

2. 马什哈德人口规模也不断增加，1991—2016 年，其人口增加了 144 万人，2016 年其人口数量达到 300.12 万人，人口增幅为 92.49%，增长了近一倍。

3. 伊斯法罕的城市人口数量也不断增加：1991—2016 年，其人口增加了 77.85 万人，据人口普查数据显示，2016 年，其人口规模达到 196.13 万人，人口增幅为 65.82%。

4. 卡拉季 1991 年人口规模较小，只有 44.24 万人，到 2016 年，其人口规模则增加至 159.25 万人，人口增加了 115 万人，增幅最大，为 259.98%，

5. 设拉子的人口规模也在扩大，1991—2016 年，其人口数量增加了近 60 万人，在 2016 年达到 156.56 万人，增幅为 62.22%。

6. 大不里士在 1991—2016 年人口数量增加了 46.97 万人，2016 年人口规模达到 155.87 万人，人口增幅为 43.13%。

7. 库姆在 1991—2016 年人口数量增加了 51.99 万人，2016 年其人口规模达到 120.12 万人，增幅为 76.32%。

8. 阿瓦士在 1991—2016 年人口数量增加了 46 万人，2016 年其人口规模达到 118.48 万人，增幅为 63.5%。

第二节 德黑兰的经济发展与区域影响

德黑兰是伊朗的首都和最大城市，同时也是德黑兰省省会，总人口达 869.37 万人，是西亚地区人口十分稠密的城市之一，也是世界上第 19 大城市。伊朗历史悠久，首都也随着时代的推进而发生着变迁，德黑兰是伊朗的第 32 个首都。现如今，德黑兰已成为一座现代化城市。

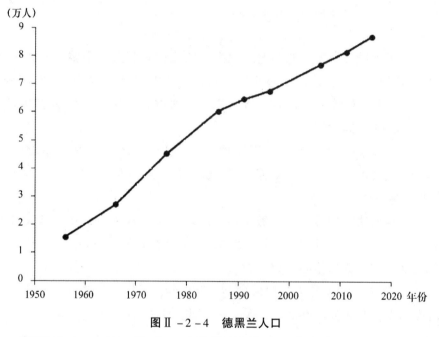

图Ⅱ-2-4　德黑兰人口

资料来源：https：//zh. wikipedia. org/wiki/% E5% BE% B7% E9% BB% 91% E5% 85% B0#/media/File：Tehran_ Population_ （1956－2016）. png.

一　德黑兰城市概况

德黑兰（Tehran）是伊朗的首都，同时也是德黑兰省省会，人口为 842 万人。德黑兰既是伊朗最大的城市，也是西亚地区较大的城市之一。德黑兰实力雄厚，2019 年其位列全球城市 500 强榜单第 127 名。

德黑兰是伊朗第一大人口城市和第一大工业中心，约 30% 公营机构的劳动人口以及 45% 的大型企业位于德黑兰，当中近半数的劳动人口为政府机关工作。汽车制造业、电子及电力设备、军工、纺织、制糖、水泥及化工都是德黑兰的主要现代产业，除此之外，德黑兰还是首屈一指的地毯及家具销售中心，其南部靠近雷伊的地区还拥有炼油厂。现今德黑兰约有 50 所高等院校及大学，一些宗教学校、神学院及国内最大的军事学院都位于此地。自精英学校（Darul-Funun）在 19 世纪中期成立后，许多高等教育机构都聚集在此，一些高等教育机构在伊朗的政治事件中担当着重要角色，包括谢里夫理工大学（Sharif University of Technology）、德黑兰大学、阿米尔卡比尔理工大学（Amirkabir University of Technology）、沙希德·贝赫什提大学（Shahid Beheshti University）、KN 图什理工大学（K. N. Toosi University of Technology）、伊朗科技大学（Iran University of Science and Technology）、伊朗医科大学（Iran University of Medical Sciences）、萨伊德大学（Shahed University）及塔比阿特莫达勒斯大学（Tarbiat Modares University），等等。由于受到各国文化的影响，德黑兰的居民包含了全国各个民族及语族，他们代表了伊朗的各个民族（占比不一），居住在德黑兰的少数民族包括阿塞拜疆人、库尔德人、俾路支人、亚美尼亚人、巴克提尔人（Bakhtiari）、亚述人、塔里什人（Tallish）等。根据德黑兰大学社会学系 2010 年的调查发现，在德黑兰各个地区各个阶级群体当中，63% 的德黑兰人在德黑兰出生、98% 的德黑兰人懂波斯语、67% 的德黑兰人在民族上自认为波斯人、13% 的德黑兰人略懂欧洲语言。

德黑兰是历史悠久的城市，具有独特的传统建筑风格。德黑兰的考古研究和挖掘都表明其文明发源可以追溯到前 6000 年的拉伊，而如今拉伊已经并入德黑兰。在历史上，德黑兰在大部分时间里都是一个人口稀少的村落，直到 18 世纪末成为首都后才变得相对重要。在历史建筑方面，虽然德黑兰在卡扎尔王朝时期以及之前发生过多次地震，但仍保留着一些古代建筑。作为当今伊朗的首都，德黑兰拥有现代化的基础设施建设。旧城区士绅化的现象以及文化象征建筑物的毁坏引起了人们的关注。阿扎迪塔是德黑兰的一个地标，建造阿扎迪塔是为了纪念波斯帝国建国 2500 周年，阿扎迪塔的原名是"沙赫雅德塔"（Shahyad Tower），伊朗伊斯兰革命后才改名为阿扎迪塔，意思是"自由之塔"，然而，新近建成的默德塔（Milad Tower）可能会取代阿扎迪塔成为德黑兰的新象征。

在行政区划上，德黑兰市划分为 22 个市辖区，每个市辖区都设有行政中心，主要包括阿巴斯阿巴德（Abbas Abad）、阿夫萨里耶（Af-sariyeh）、阿马尼耶（Amaniyeh）、阿米尔阿巴德（Amir Abad）、萨迪吉耶（Sadeghiyeh）、巴格菲兹（Bagh Feiz）等。

二 德黑兰的经济发展

德黑兰是伊朗的经济中心。尽管伊朗政府多次尝试使其经济多样化，然而，如今伊朗的经济仍由石油工业主导，由国家政府从德黑兰实施控制。21世纪初，石油出口收入占伊朗外汇收入的五分之四。伊朗除了拥有世界约十分之一的原油储量外，其天然气储量也仅次于苏联，资源优势显著。在1970年代后期，伊朗迎来了几十年的经济增长期，却随着80年代一场试图彻底改变经济的革命的到来，经济增长戛然而止，随后到来的是与伊拉克的八年战争、油价下跌、撤资、高通胀以及资本和熟练劳动力的流失。得益于1990年代之后的自由经济改革、与西方更好的政治和经济关系以及通过外国贷款吸引资本和油价上涨的方式，伊朗整体经济前景得以改善，这使伊朗逐渐探索出重返全球市场的道路。由于石油工业的收益在经济中流通，它们对于非生产性活动和大型公共部门的支持，在银行和许多大型私营公司的革命性国有化之后急剧增长。在1990年代的私有化浪潮之前，近一半的德黑兰人受雇于政府。德黑兰的大多数人口都依赖公共部门的资源，连同支持这些公共部门工人的服务。德黑兰的就业趋势在很大程度上表明，男性是主要的经济提供者，但德黑兰的青年很难找到参与经济活动的机会，于是，虽然大多数妇女在传统上不外出工作，但越来越多的妇女开始通过家庭以外的有偿工作寻求参与经济活动。如果老人不能工作养活自己，他们就必须由他们的孩子来支持。在缺乏足够的社会福利的情况下，亲属关系网络通常充当主要的支持结构。街头贩卖、挡风玻璃清洁和其他形式的临时或非正规就业经常被官方失业数据所掩盖。在20世纪末，德黑兰超过三分之一的工作与社会和个人服务有关，大约五分之一的工作是由制造业提供的，六分之一是由销售行业提供的，运输、建筑和金融服务各自雇用了较小比例的劳动力。总体上而言，从事服务业的劳动力占总体劳动力的近三分之二，在工业活动中劳动者就业的比例较小，在农业中就业的人数可以忽略不计。零售、公共服务以及社会服务在服务业中占主导地位。制造业包括金属机械和设备、纺织、木材、化工、采矿、造纸和基本金属等多个领域。德黑兰拥有伊朗约五分之一的公司，大多数公司都非常小，超过五分之四的公司雇用的工人少于五人。全国40%以上的劳动人口都在德黑兰，这里的现代产业非常多，涵盖军事科技、汽车制造和其他的化工产业。德黑兰拥有两座国际机场，全世界很多的航班都会在德黑兰机场降落，拥有一个通往全国的火车站，还拥有非常丰富的公共交通网络及地下交通网络。约30%的公营机构的劳动人口及45%的大型企业都位于德黑兰、当中近半数的劳动人口为政府机关工作，其他的劳动力则由工厂工人、店主、体力劳动者及运输工人构成。由于伊斯兰政府与西方的关系紧张，只有少数外国企业在德黑兰运作，而在伊朗伊斯兰革命之前，许多外国企业都在这个地区发展。现在，汽车制造业、电子及电力设备、军工、纺织、制糖、水泥及化工都是德黑兰主要的现代产业，德黑兰还是首屈一指的地毯及家具销售中心，在它的南部靠近雷伊的地区还有炼油厂。

德黑兰证券交易所（TSE）是国际证券交易所联会的正式成员，同时是欧亚证券交易所联会的创始会员，是近年来表现较好的证券交易所之一。德黑兰证券交易所是中东地区一个重要的资本市场。伊朗建立证券交易所的最初设想始于20世纪30年代，由国家银行对其进行了可行性研究，但由于第二次世界大战的爆发，此计划被中断了。1967年2月，TSE正式挂牌，第一年只有6家企业在TSE上市，最初，其经营范围只限于政府债券和有价证券的交易；1967年到1978年，上市企业数量从6家增加到105家，其中有22家私人银行，2家保险公司，81家工业企业，股票市值从62亿里亚尔增加到2400亿里亚尔。1979年的伊朗伊斯兰革命以及随后的两伊战争，对德黑兰证券交易所的业务造成很大的冲击。由于国家对经济的干预，私人资本的需求有所下降。新的银行体制建立后，禁止带息股票发行的政策加速了TSE经营状态的恶化，证券交易所的经营一度处于萧条状态。

1988年两伊战争结束后，政府开始实施战后重建计划，制订了第一个五年经济发展计划，并第一次在五年计划中提出私有化政策。此后，TSE进入了一个新的发展时期。1995年伊朗股市股票交易额为8亿美元。2010年，股市交易额超过400亿美元。截至2002年底，在TSE注册的公司有324家，股市资本已达114.397万亿里亚尔。自2003年11月始，外国资本被允许进入伊朗股票及证券交易市场，德黑兰证券交易所在中东证券市场的领先地位得到进一步巩固。2004 年，德黑兰证券交易所资本市场获得进一步发展，在 11 个省会城市设立了新的证券交易中心，农产品首次上市交易。当年，德黑兰证券交易所上市企业共 423 家，股票交易量达 142.7 亿股，交易额约 114 亿美元，股市资本增至 387.547 万亿里亚尔（约 430 亿美元）。2005 年以来，因受保守派控制内阁、伊核问题动摇了投资者的信心和世界金融危机的影响，德黑兰证交所发展一度趋缓，但 2009 年该交易所又出现了恢复性发展，上市公司数量达 337 家，市值达到 586.98 亿美元。

德黑兰的旅游资源较为丰富，旅游业也较为发达。格列斯坦王宫是德黑兰较为古老的一座王宫，又称玫瑰宫。格列斯坦王宫位于霍梅尼广场与巴扎之间，交通便利。它由数座雄伟的建筑组成，见证了恺加王朝统治者的荣耀和奢靡。格列斯坦王宫的著名景点为大理石宝座大殿、艺术馆和镜厅。伊朗地毯博物馆坐落在伊朗首都德黑兰，成立于 1976 年，其展览面积可达 3400 平方米，收藏了 18 世纪至 20 世纪伊朗各地生产的千余件地毯珍品，德黑兰也是全球地毯及家具销售中心。阿扎迪塔的全称为"阿扎迪自由纪念塔"，它位于伊朗首都德黑兰的阿扎迪广场，梅赫拉巴德国际机场附近，建成于 1971 年，既是德黑兰的地标，也是伊朗的象征。阿扎迪塔为纪念 1979 年伊朗伊斯兰革命后伊朗（伊斯兰共和国）成立而建。阿扎迪塔塔高 45 米，塔基长 63 米，宽 42 米，呈灰白色，采用钢筋水泥和 2500 块产自伊斯法罕的大理石建成，象征着波斯帝国建国的 2500 载岁月。

作为伊朗的最大城市，德黑兰的房价并不便宜。目前，德黑兰的平均房价为每平方 1.3 亿里亚尔，折合人民币近 2 万元。伊朗央行发布的最新数据显示，伊历 1398 年第一个月（2019 年 3 月 21 日至 4 月 20 日），德黑兰售出 3423 套住房，房价环比下降 73.3%，同比下降 32.2%。德黑兰房价延续了去年的上涨趋势，每平方米均价约为 11269 万里亚尔（合 810 美元），同比飙升约 104%，而去年同期均价为 5528 万里亚尔（合 397 美元）。德黑兰也有每平方超过 4 万亿的豪宅。根据伊朗道路与城市发展部规划和住房经济办公室公布的数据，2018 年 12 月，德黑兰住房均价为每平方米 9770 万里亚尔（约 842 美元），比去年上涨 89.9%。德黑兰市中心地段一居室的月租金为 550 美元，三居室的月租金为 1250 美元；非中心地段一居室的租金为 330 美元，三居室的租金为 780 美元，通常租客还须垫付一定数额的押金。

三　德黑兰的发展战略与区域影响

德黑兰在中等收入国家的顶级科学技术（集群）中排名第九，超过柏林、苏黎世、班加罗尔、德里、洛桑、维也纳、伊斯坦布尔、圣保罗、安卡拉和孟买。在全球城市指数（Global Cities Index）排名中，自 2015 年以来，德黑兰的排名呈现出先上升后下降的波动趋势，由第 96 名上升至第 93 名，后又下降至第 98 名，在 2019 年为第 96 名。在城市生活质量排名（Quality of Living Rankings）上，德黑兰近年来名次保持稳定，基本维持在全球 200 名左右，并呈逐渐上升的趋势，在 2019 年排第 199 名。将德黑兰的数据与同期中国北京和上海的排名相比较，可以发现，在全球城市指数和城市生活质量排名上，德黑兰远远落后于北京和上海。

表Ⅱ-2-2　　　　　　　全球视野下的德黑兰

指标	城市	2011	2012	2013	2014	2015	2016	2017	2018	2019
全球城市指数	德黑兰	—	—	—	—	97	93	98	94	96
	北京	—	14	—	8	9	9	9	9	9
	上海	—	21	—	18	21	20	19	19	19
生活质量排名	德黑兰	—	—	—	—	—	—	—	200	199
	北京	—	—	—	—	118	118	119	119	120
	上海	—	—	—	—	101	101	102	103	103

资料来源：https：//www. atkearney. com/documents/20152/1136372/2018 + Global + Cities + Report. pdf/21839da3-223b-8cec-8a d2-408285d4bb7c；https：//mobilityexchange. mercer. com/Insights/quality-of-living-rankings.

数据显示，2018 年至 2019 年，伊朗铁路网运送了 2796 万名乘客。2013 年至 2017 年，铁路客运量平均为 2400 万人次。伊朗国内航班的年旅客人数为 1700 万人次至 1800 万人次，加上国际航班乘客数，每年航空乘客数超过了铁路乘客数。另据估计，每年有近 2 亿人次乘坐公共汽车和出租车出行，乘坐私家车出行超过 12 亿人次，国内出行人口总数每年约 15 亿人次。伊朗铁路公司拥有 2089 辆客车、25398 辆货车和 1000 辆机车。使用郊区火车服务的乘客数量从 2014/2015 年的 300 万人次增加到 2018/2019 年的 700 万人次。铁路货运量近年来每年约 5000 万吨。①

德黑兰有四个机场，分别是梅赫拉巴德国际机场、伊玛目霍梅尼国际机场、加勒赫莫尔吉机场（Ghal'eh Morghiair field）和杜森塔佩空军基地（Doshan Tappeh Airbase）。其中正在开放使用的机场有两个：梅赫拉巴德国际机场及伊玛目霍梅尼国际机场。梅赫拉巴德国际机场是军民两用的机场，供本地及朝圣的航班使用，位于德黑兰西部。伊玛目霍梅尼国际机场则位于德黑兰市以南 50 千米处，供几乎所有国际航班使用。德黑兰有一个中央火车站，连接全国各个城市，而德黑兰连接欧洲的铁路亦已开通。德黑兰地铁是世界上十分洁净的地铁系统之一，其日载乘客达 200 多万人次，是中东最大型的地铁系统。德黑兰地铁的可行性研究及理论计划早在 20 世纪 70 年代便已展开。在 8 条规划的地铁线路当中，2 条地铁线路在 2001 年开始营运。德黑兰现有 4 条地铁线路正在营运，总长度达 152 千米，共设 85 个站。另外还有 2 条地铁线路正在施工中，预计在所有地铁修建完成时其总长度为 430 千米。搭乘任意一班地铁不管距离多长都需要 10000 伊朗里亚尔。

德黑兰相当依赖私家车、巴士、摩托车和的士，是世界上十分依赖汽车的城市之一，公共汽车、无轨电车及巴士快速交通都被纳入了它的交通系统中。公共汽车早在 1920 年代已投入服务。德黑兰有 4 个巴士总部提供转车服务，这 4 个巴士总站分别位于南部、东部、西部及贝伊哈格希公园。无轨电车在 1992 年开始投入使用，它采用斯柯达公司出产的 65 部双节电车，是伊朗第一个无轨电车系统，也是目前唯一的无轨电车系统。2005 年，无轨电车系统的 5 条线路全部以伊玛目侯赛因广场（Imam Hossein Square）以及德黑兰地铁 2 号线的伊玛目侯赛因地铁站为起点，其中 2 条线路向东北延伸，这些路线都设在行车道的中央（沿着达马万德街行驶），约每 500 米设有一个无轨电车专用的车站。另外 3 条线路向南而行，以混合交通的形式运行。两组路线以半直通及本地形式（所有车站都会停

---

① 参见 http://ir. mofcom. gov. cn/article/jmxw/202004/20200402954479. shtml。

车）运作。2008 年，德黑兰巴士快速交通在德黑兰市市长穆罕默德—巴盖尔·加利巴夫的主持下正式启用。德黑兰巴士快速交通有三条路线，60个车站，覆盖德黑兰各个地区。截至 2011 年，德黑兰巴士快速交通路线的总长度达 100 千米，每天的人流量达 1800000 人次。据德黑兰市政局环境及可持续发展办公室消息，德黑兰可以容纳 700000 辆汽车，但现时在德黑兰街道上行驶的汽车已高达 3000000 辆。

德黑兰面临严重的空气污染，市内经常出现大范围的烟雾，使人呼吸困难并导致肺部疾病。据估计，德黑兰每天约有 27 人死于空气污染引发的疾病。据当地官员所说，德黑兰恶劣的空气质量在一个月内可导致3600 人死亡。根据联合国工业发展组织（UNIDO）2016 年 10 月发布的报告，伊朗城市地区的人均垃圾产生量为每天 658 克，而农村地区的人均垃圾产生量为每天 220—340 克。伊朗平均每人每年产生废物约 240 公斤，而仅在德黑兰，人均每日垃圾产生量估计为 750—800 克，每个德黑兰市民每年产生 270—450 公斤垃圾。

德黑兰也是一个创新型城市，它不仅为创新技术公司提供了空间，也在城市管理领域应用展示其产品。在智慧城市创新依靠私营企业的情况下，地方政府的作用则包括创建适当的环境监管、邀请主要参与者参与和提供补贴。政府和所有机构的信息和数据都易于获得，以鼓励外国行为者或私人公司进行城市创新，并有利于某些城市通过这些信息数据建立联合体、伙伴关系甚至物质合作空间。德黑兰第三个城市五年计划着重提高智慧与科学技术，并选择与大学签订协议。新兴企业和创新理念的定位已被确定为"创新德黑兰"智能德黑兰计划的主轴之一。与智能德黑兰"创新德黑兰"相关的项目之一是为智能城市创建创新和技术中心。在德黑兰市辖区，大学、研究机构、科学技术园区以及技术与加速中心的合作下，该项目获得科学技术部和研究与技术部的科学技术代表的批准。从 2018年至今，在与谢里夫工业大学的合作下，德黑兰分别在第 9、4、10 区（两个独立的部门）和两个地区的五个创新中心开展活动。这些中心为城市技术领域的学者和德黑兰市政任务工具包的获取和工作提供了支持，期望它们的产品/服务能够解决城市问题。德黑兰通过加强和发展与城市不同地区的合作，发展知识型经济；通过扩大在德黑兰大都会基于技术和创新的活动来发展能力；通过开发创新和新技术，帮助满足城市管理领域的需求和解决瓶颈问题；通过降低当前的市政成本，提高服务和城市发展计划的生产力。通过提高技术和创新能力来创造财富是这些中心的重要目标之一。德黑兰第 9 区智能城市创新技术中心于 2009 年 5 月与第 9 区信息和通信技术组织以及谢里夫科技大学科技园合作成立。该中心拥有 10 个私人空间和 30 多个共享工作区，已为就业中心的公司创造了约 50 个的就业机会，并为团队创造了 30 个就业机会。该中心在市政任务领域的主要活动是建筑和城市规划，其次是交通运输。该中心于 2009 年 12 月在第 4 区信息和通信技术组织及 Ofoghsazan Dara 公司（蒂诺创新中心）的共同合作下成立。该中心为公司的 16 名员工，团队的 24 名员工创造了就业机会。其主要活动在市政、文化和社会使命领域，其次是在城市服务和环境领域。第 10 区创新与智能技术中心在信息与通信技术组织和"味觉"加速器的共同合作下于 2016 年 5 月开业，该中心拥有超过 15 家公司和初创公司，为该中心的公司培育约 50 名员工，并为团队培育 40 名员工。该中心专注于环境领域的第二个分支机构于 2016 年 6 月开业。第 2 区的智慧城市创新技术中心于 2010 年 9 月 8 日开幕，占地约 5 平方米。该中心拥有各种设施，发挥多样功能，例如为公司和初创公司提供专用空间，为团队提供共享空间，并且向该领域的活动家提供互联网以及专业建议和培训。该中心位于 Saadat Abad 的 2 区和 Bu Ali 广场附近，旨在支持和加强城市创新生态系统。智慧城市创新技术中心的活动领域是第 2 区城市服务，并以此为目标，为这一领域创新活跃的公司、初创企业及其想法提供支持，从而采取明智的措施来解决首都城市服务的挑战。正如城市管理人员所说，在不久的将来，各中心将与德黑兰市的 ICT 组织合作打造城市创新生态。

第三节　伊斯法罕的经济发展与区域影响

伊斯法罕是伊朗的第三大城市，是伊斯法罕省的省会城市。

一　伊斯法罕城市概况

伊斯法罕是伊朗的中部城市。伊斯法罕拥有人口 92.7 万人，居民中波斯人占 87.3%，突厥人占 6.2%，卢里人占 3%，库尔德人占 0.8%，此外还居住着少数巴赫蒂亚里人和亚美尼亚人。"伊斯法罕"源自中古波斯语 Spahān。伊斯法罕是伊朗的历史名称，早在玛代王国时期就已存在。伊斯法罕是伊朗第三大城市，地处扎格罗斯山脉与库赫鲁德山之间的山谷之中，扎因代河流经于此。作为伊朗高原为数不多的河谷地带，伊斯法罕得天独厚的地理环境使得这里非常适合农业生产。

早在前 6 世纪中叶伊斯法罕便成为居鲁士二世的阿契美尼德帝国治下的大城市，它在前 330 年的马其顿王国军队入侵时遭受破坏，后又被修复，并在塞琉古帝国、阿尔沙克王朝及萨珊王朝时期成为重要城镇之一。640 年，阿拉伯帝国占领该地区时，伊斯法罕遭到毁坏，后再次被修复，穆斯林式建筑随之出现，伊斯兰时代的繁荣和辉煌就此开始。

到前 7 世纪，已经有不少波斯部落的居民定居于此。据 17 世纪中期旅居伊斯法罕的法国诗人雷尼尔记载，"阿拔斯大帝简直把伊斯法罕建设成了一座崭新的城市"。在阿拔斯大帝在位的 41 年间，伊斯法罕城内先后建起了 162 座清真寺，48 所神学院，283 个浴池，1802 家商队客栈，无数的商贾和游客集散和居住在伊斯法罕。至 17 世纪末，伊斯法罕已经成为世界上第三大城市，仅次于北京和君士坦丁堡，拥有近 60 万人口，远远超过同时代的巴黎和伦敦。伊斯法罕不仅风景优美，拥有 11—19 世纪的各种伊斯兰风格建筑，而且作为"丝绸之路"的南路要站，是东西方商贸的重要集散地。

二　伊斯法罕的经济发展

伊斯法罕是伊朗十分古老的城市之一，建于前 4、5 世纪的阿契美尼德王朝时期，多次成为王朝首都，目前它是伊朗的重工业中心。伊斯法罕为南北来往必经之地，是著名的手工业与贸易中心。

伊斯法罕国际机场（Esfahan Shahid Beheshti）位于伊斯法罕市区东北部约 30 千米处，它在伊斯兰革命之前为军用机场，目前是伊朗主要的国内航线连接地，与主要城市如德黑兰、马什哈德等每天都有若干趟航班来往。目前伊斯法罕只与德黑兰、马什哈德通车，还没有开往设拉子的线路。伊斯法罕—喀山（Kashan）—德黑兰（晚上 23：00 发车，车程 7.5 个小时）火车站位于城东，乘坐酒店 Kowsar International Hotel 的大巴即可到达，如果不确定，可以向路人咨询去"istgah-e ghatah"的车，热情的伊朗人会把你送到正确的车上，最好至少提前 1 小时出发。伊斯法罕与大部分城市都通行长途汽车，发往德黑兰的车次最多，大概 15 分钟就有一趟，你可向旅店咨询最近的大巴停靠站。伊斯法罕现有铁路通往库姆和德黑兰，也为公路交通中心。伊斯法罕市区以多花园与清真寺等辉煌建筑物而闻名。

伊斯法罕长期为轻工业中心，它的纺织工业包括棉毛纺织与丝织产业，居于全国首位，还拥有果干、造纸、榨油、火柴等生产工厂。伊斯法罕的手工艺十分著名，包含银器、铜器、陶器、地毯业等产业。伊斯法罕也发展了重工业，拥有伊朗第一个钢铁厂，还有石油化工、炼油、水泥等工厂以及兵工厂等。另外，伊朗主要的核设施也建在这里。如今的伊斯法罕已转型成为伊朗的轻工业中心，目前世界上发现的最古老的地毯，就是伊斯法罕出产的。

三　伊斯法罕的发展战略与区域影响

伊斯法罕作为曾经中亚最大和最重要的城市，坐落在中亚东西南北主要贸易道路的十字路口处。1588 年至 1629 年实施统治的阿巴斯一世，在 1590 年决定把首都从卡兹温迁到伊斯法罕。2019 年 12 月，伊斯法罕位列全球城市 500 强榜单第 500 名。[1]

伊斯法罕有铁路通往库姆和德黑兰，又是公路交通中心，更被视为手工艺和民间艺术的中心。它的创业群体拥有国内最高比例的专业从业者，创业内容涉及地毯编织、金属制品、木制品、陶瓷、绘画和各种镶嵌品等 67 个门类。根据"伊斯法罕土地规划"，该城市至少有 9000 个手工艺及民间艺术作坊和企业，为经济发展做出了贡献，其中大部分坐落在历史悠久的伊玛目广场。该广场于 1979 年被列为"教科文组织世界遗产地"，现已成为创意部门的聚集地。

伊斯法罕不仅将手工艺和民间艺术作为社会融合与凝聚力、就业增长、保护逐渐消失的传统与知识的重要抓手，其市政当局也通过与创作者展开密切合作的方式推动手工艺和民间艺术的发展。该市发展了一系列培训讲习班和资助机制，尤其是在"手工艺品合作社"的框架下，通过汇

---

① 参见 http://globalcitylab.com/city500brand/index.htm。

聚公有和私有企业家，制定创新项目和政策，以提高创作者的地位，促使手工艺和民间艺术为可持续城市发展做出更大贡献。作为"创意城市手工艺和民间艺术之都"，伊斯法罕以2014年推出的"创意伊斯法罕计划"为指导，通过资金支持和管理及营销培训，提高艺术家和创意企业家的能力；通过"壁橱改造计划"鼓励手工艺和民间艺术创作领域的性别平等，该计划旨在挖掘该领域具有传统技术的妇女的智慧，并将她们培养成为继承传统技艺、刺激本地经济发展的生产者；借助于"创意城市伊斯法罕"网络信息平台，促使手工艺和民间艺术在培训、就业和创业方面发挥出更大的作用，创造更多的机会；本着该市侧重于以跨学科方式为基础的"创新手工艺计划"，通过联合项目促进与其他"创意城市"的国际合作和专业知识交流。

伊斯法罕被称为伊朗手工艺品和传统艺术之城。这些产品在伊朗向欧洲的出口中起着关键作用。伊斯法罕的当代传统手工艺品实际上是工匠对萨法维艺术的延续。他们生产的物品受到伊朗人和外国人的赞赏，并在伊斯法罕的出口中发挥了重要作用。地毯编织，雕刻，微型绘画，马赛克，瓷砖，银绣，织物和搪瓷是伊斯法罕的重要艺术。伊斯法罕引入了"廉价的城市管理"概念，并试图将这一概念扩展到城市的各个方面。在此期间，伊斯法罕城市管理部门试图维持乃至改善城市服务的质量水平，并找到了一种廉价管理城市的方法。

伊斯法罕启动廉价的城市管理方案以迈向智慧城市，在提高城市服务质量的同时还可以降低城市管理成本。伊斯法罕市的36个城市规划服务已经实现了电子化，市民只需单击手机几下便可以在家中使用这些服务，而不必等待几天的行政程序。除了简化流程外，缩短中介程序、减少城市交通从而减少空气污染以及采用电子技术而使市政流程透明化也是这一活动的好处。

第四节　马什哈德的经济发展与区域影响

马什哈德是伊朗的第二大城市，礼萨呼罗珊省省会，什叶派穆斯林圣城之一，也是一个拥有阿拉伯语名字的伊朗大城市。马什哈德位于伊朗国境东北部、德黑兰以东850千米、靠近阿富汗与土库曼斯坦边境。马什哈德也是伊朗和中东著名的旅游胜地。

一　马什哈德的城市概况

马什哈德，面积约 458 平方千米。根据 2006 年的人口普查结果，马什哈德拥有人口 2427316 人。其中波斯族占总人口的 93.5%，突厥族占 3.4%，库尔德族占 1.5%，阿拉伯族占 0.5%，其他民族占 0.5%。马什哈德地处马什哈德盆地，海拔 985 米，地势平坦，气候温和干燥，用水依靠坎儿井和水渠。马什哈德意即 "殉难的地方"，它是在古代图斯城基础上发展起来的，在 809 年后，成为伊斯兰教什叶派的一个朝觐中心。1220 年，在被蒙古人摧毁后，马什哈德重建为马什哈德城，后成为伊朗北部通往中亚的商队过境要道和地区贸易中心。马什哈德是伊朗的政治、宗教中心，伊朗的现任最高领袖阿亚图拉赛义德·阿里·哈梅内伊就出生在这里，每年到此朝圣的人数在 10 万人以上。马什哈德的城市分为老城区和新城区，老城区以宗教建筑和古建筑为主，新城区多为商业街和住宅。

马什哈德是伊斯兰教什叶派在伊朗的圣地，该城市因伊玛目阿里·里扎的陵墓而闻名于世，后人为了纪念这位伊玛目将这里建成一个圣地，从而促使该城市人口不断增多。9 世纪，阿巴斯王朝的马蒙在任哈里发之前，为赢得什叶派信徒的支持，请该派第八代伊玛目阿里·里扎从麦地那迁居图斯，并宣布他为继承人。据说，马蒙后来因慑于阿里·里扎在什叶派中的声望而将其毒死，他被葬于距图斯约 20 千米的一个小村庄，该村遂以 "马什哈德·里扎"（意为里扎殉难处）闻名。之后该地辟出一块公墓区，什叶派信徒就以死后得葬于此为莫大的荣幸。历代君主都关注该地的发展与陵墓的修缮，到此的参谒者络绎不绝。

马什哈德城区现分新老两部分，里扎陵园位于老城区。经过历代营建，形成了包括陵墓、清真寺、神学院、博物馆、医院等在内的建筑群，占地 11 万平方米。陵园由墓冢大厅和其他柱廊、大厅组成。墓冢大厅的拱形圆顶高约 45 米，全部用纯金包镶。墓冢四周围以金银焊制的约高 3 米的栅栏。参谒者由栅栏空隙处投入硬币或珍贵纪念物以示敬意，有的则在墓前默祷或哀泣。博物馆内藏有伊朗历代文物、工艺品及《古兰经》手抄珍本。西侧的广场有蓄水池和喷泉，可供参谒者沐浴。皇帝米尔扎·沙鲁赫（1377—1447）之妻古哈尔·沙德所建之清真寺位于南端，与陵墓主要建筑连成一体。此外，马什哈德还有 18 世纪波斯皇帝纳迪尔沙等人的陵墓和新建的伊斯兰大学。新区则有着比较现代化的街道、住宅以及一些旅游设施。

马什哈德同样以诗人菲尔多西的城市而闻名于世，这位诗人的作品《列王纪》在伊朗被称为民族史诗。该城市位于土库曼斯坦边境附近的卡沙夫河谷中、比纳鲁德山脉和赫扎尔—马谢德山脉之间。由于靠近山脉，马什哈德有着凉爽的冬季、舒适的春季、温和的夏季和美丽的秋季，气候条件优越，同时距离土库曼斯坦首都阿什哈巴德只有大约 250 千米的路程。马什哈德也是马什哈德县的行政中心，其实，这个县只是马什哈德的一个比较小的地区。而马什哈德城市本身还包括周围的部分县与地区，城市一共被划分为 13 个更小的行政单位，总人口将近 250 万人。马什哈德居民主要由伊朗人组成，每年有超过 2000 万名朝圣者拜访这座城市。

9 世纪初，马什哈德还只是个名为萨纳巴德的小村庄，距离图斯 24 千米远。这里有一座名为"哈米德·伊本·卡塔比"的夏宫，夏宫的名字以当时霍拉桑的统治者的名字命名。808 年，当阿拉伯阿拔斯王朝哈里发哈伦·拉希德通过此城去平定河中地区的暴动时，他在这里生病并去世。几年后，在 818 年，伊玛目阿里·里扎在这里被哈里发马蒙折磨至死，他被埋在哈伦的陵墓旁边。在这次事件之后，这个地方就被称为马什哈德·阿里里扎（意为阿里·里扎殉道的地方），其后，什叶派穆斯林开始了向他的陵墓的朝圣之旅。9 世纪末，陵墓上修建了一个圆顶，许多建筑物和巴扎（市场）也在陵墓的周围蓬勃发展起来。在 1000 多年的时间里，该陵墓数次遭到损毁并重建。在 1220 年蒙古人西侵之前，马什哈德并没有被认为是一个伟大的城市。蒙古人的侵略使得大霍拉桑地区的许多大城市被摧毁，相对而言，马什哈德则没有受到太大的损坏，因此蒙古人大屠杀后的幸存者都迁往马什哈德。当著名的世界旅行家伊本·巴图塔于 1333 年旅行至此时，他描述这里是一个大城市，有充足的水果、树木、河流和磨坊，在贵族的陵墓上建有优雅的大圆顶，城墙也是用彩色的瓦片装饰过的。

在沙哈鲁时代，马什哈德成为帖木儿帝国的主要城市之一。1418 年，帖木儿的妻子古哈尔沙德开始为在伊玛目里扎陵墓旁建造一座壮观的清真寺集资，这座清真寺被称作古哈尔沙德清真寺。这座清真寺相对来说保存得比较完好，建筑物的巨大尺寸显示了该城市在 15 世纪时的重要地位。萨法维帝国的建立者伊斯玛仪一世在赫拉特的统治者帖木儿的五世孙侯赛因·拜卡拉去世后征服了马什哈德并削弱了帖木儿帝国。不久后，在阿巴斯一世统治时期，马什哈德被乌兹别克人占领，阿巴斯皇帝在经历了长期的血战后，在赫拉特附近的一场大战役中击败乌兹别克人，将他们赶过阿姆河，并于 1597 年重新夺回了这座城市。

阿巴斯一世鼓励波斯人前往马什哈德朝圣，他自己也以从伊斯法罕步行前往马什哈德而闻名于世。在萨法维帝国时代，马什哈德甚至获得了更多的宗教认可，成为大霍拉桑地区最重要的城市，几所伊斯兰大学和其他的组织在伊玛目里扎圣地附近建立了起来。除了在宗教上的重要地位外，马什哈德同样也扮演着一个重要的政治角色。1736—1747 年，纳迪尔沙的统治成为马什哈德最伟大的荣耀，纳迪尔沙同样也是伊玛目里扎圣地的捐助者，他将首都设在马什哈德，在 1796 年穆罕默德汗·卡加尔征服当时大部分霍拉桑地区之前，马什哈德一直是阿夫沙尔王朝的都城。1912 年伊玛目里扎圣地被沙皇俄国的军队轰炸，这一事件导致了什叶派穆斯林广泛和持久的怨恨。1935 年伊玛目里扎圣地爆发了起义，出于对礼萨·汗反宗教和现代化政策的强烈反抗，马什哈德的圣地也爆发了起义，许多商人和村民听从那些宣称礼萨·汗进行异教徒改革、腐败和重税的阿訇的号召，在圣地寻求避难，颂唱口号如"国王是新的异端"长达四天四夜，当地警察和军队却拒绝侵犯圣地。直到来自阿塞拜疆的部队抵达马什哈德并攻入圣地，造成了数十人丧生、上百人受伤的惨剧，这个僵局才被打破，这也标志着什叶派宗教人士和伊朗国王的最终决裂。

圣地伊玛目阿里·里扎圣地和马什哈德的博物馆是伊朗大规模的文化和艺术遗产之一，特别是书籍的手稿和细密的绘画。一些重要的神学学校与第八代伊玛目阿里·里扎的圣地有着密切的联系。作为世界上第二大伊斯兰教圣城，马什哈德每年都要吸引超过 2000 万名游客和朝圣者前来观光朝圣，他们中的许多人是来向什叶派的第八代伊玛目阿里·里扎表示敬意的，从中世纪起，这就成为吸引游客前来的主要原因。有说法称，富人前往麦加朝觐，而穷人前往马什哈德朝圣。因此，就算是那些已经完成了前往麦加朝圣并获得哈吉（Haji）头衔的朝圣者，也将继续前往马什哈德，尤其是前往伊玛目里扎圣地朝圣，这被认为是每年超过 2000 万穆斯林前往马什哈德朝圣的目的，这些人也被称作 Mashtee，他们中包含当地的居民。在很长时间里马什哈德作为伊斯兰教研究的一个世俗中心而存在，与此同时，马什哈德也是伊朗科学和艺术的中心。以伟大的波斯诗人菲尔多西的名字命名的菲尔多西大学就位于马什哈德。大阿亚图拉霍伊神学院，最初建于 17 世纪，已经以现代化的设施替代了原来的老式建筑。这座神学院也是马什哈德进行伊斯兰教研究的最重要的传统中心。建于 1984 年的拉扎维伊斯兰教研究大学位于马什哈德市中心，它成为伊玛目里扎圣地的组成部分。马什哈德传统伊斯兰宗教教育的威望吸引着大批穆斯林学生前来求学，这些学生被称为塔拉班（Talaban），在国际上也被称为莫拉（Mola）。

马什哈德是中东地区十分古老的图书馆之一——阿斯坦·库德斯·拉扎维中央图书馆的所在地。这座图书馆建于 1457 年前，拥有超过 600 年的历史。馆内拥有 110 万册图书和一个伊斯兰教国际研究中心（图书馆有 35 个分馆，其中 17 个在马什哈德，5 个在礼萨呼罗珊省，12 个在伊朗其他城市，1 个在印度），图书馆藏有大量的手稿和罕见的关于古代伊斯兰教历史的著作。阿斯坦·库德斯·拉扎维博物馆也是这个图书馆的一个组成部分，该博物馆在图书馆创建伊始就拥有大约 600 万份历史文献，现藏有超过 70000 份不同历史时期的手稿。1569 年马什哈德医院的一位内科医生伊马德·丁·马苏德·设拉子写下了最早的关于梅毒专题的伊斯兰著作，这本著作曾对欧洲的医学思想产生一定的影响。卡什马尔地毯是这一地区固有的工艺品，属于波斯地毯的一种。

除了伊玛目·阿里·里扎圣地之外，马什哈德还有一些大的公园如库桑吉公园及梅拉特公园、图斯和内沙布尔附近的名人墓地——纳迪尔沙陵墓等旅游景点。而梅拉特公园也通过现代化的设施如高高的摩天轮来吸引孩子们的目光。库赫斯坦多功能公园是一个可以喂养多种野生动物的休闲娱乐场所。这些都吸引了大量的游客前来马什哈德游玩。这里也是马什哈德空军基地的所在地（以前称作伊玛目里扎空军基地），一个"幻影"飞机飞行连队驻扎在此。此处同时建有一个民用的国际机场。一些旅游景点位于城市外围，沿着前往德黑兰的道路可以看到哈杰·莫拉德的陵墓，而哈杰·拉比的陵墓则位于城市以北 6 千米处，这里还有萨法维帝国时代著

名的书法家里扎·阿巴希的一些书法遗迹。从马什哈德沿着通往尼沙普尔
的公路前行 20 千米，便可以看到哈杰·阿巴萨尔特的陵墓（这三座陵墓
的主人都是伊玛目阿里·里扎的门徒）。马什哈德还有许多其他的旅游景
点：有位于图斯的诗人菲尔多西的陵墓，距离该城 24 千米，还有诸如托
尔加贝、托罗格、阿赫拉马德、佐什克和桑迪兹这样的夏季度假胜地。波
斯皇帝公共浴室建于 1648 年，当时正是萨法维帝国时期，这是那个时代
著名建筑物的典范。最近这座浴室得到了修复，并将被改建为一座博
物馆。

二 马什哈德的经济发展

马什哈德是伊朗十分富庶的农业区之一，也是北部羊毛贸易中心。它
以香料、染料、皮革及其制品、地毯和丝织品生产和贸易为主。马什哈德
的主要产业包括天然气和轻工业，例如食品加工和纺织品、地毯、阀门、
管道、配件、热水器、空气冷却器和陶瓷生产。马什哈德的商业主要集中
在农产品和动物产品上，例如水果、坚果和羊毛。在伊朗与阿富汗、印
度、巴基斯坦、中国和中亚国家的贸易变得越来越重要的背景下，马什哈
德作为伊朗为数不多的位于东部边境附近的大城市之一，许多重要贸易便
经此进行。马什哈德还出口电力、天然气、矿产、牲畜、棉花纤维、藏红
花、谷物、甜菜、水泥和建筑材料。以朝圣为基础的旅游业是马什哈德经
济的重要组成部分。

伊朗最大的宗教基金会——阿斯坦·库兹·拉扎维（AQR）基金会位
于马什哈德，每年吸引着来自世界各地上百万的什叶派穆斯林朝觐者的捐
助和朝觐，拥有百余家公司，涉足伊朗的采矿、制造、农业、建筑、保
险、医药、出版等多个行业。

三 马什哈德的发展战略与区域影响

马什哈德国际机场（Mashhad International Airport）又被称为沙希德·
哈什米·内贾德机场（Shahid Hashemi Nejad Airport），坐落在伊朗伊斯兰
共和国第二大城市、礼萨呼罗珊省省会、什叶派穆斯林的圣城之一的马什
哈德，是马什哈德市的一座军民合用机场，隶属于伊朗机场控股有限公
司，由伊朗民用航空组织和伊朗空军共同运营管理，为马什哈德及其周边

地区提供航空服务。该机场是伊朗航空、伊朗旅游航空、伊朗阿斯曼航空、基什航空、马汉航空和塔班航空的一个枢纽机场，是伊朗十分繁忙的机场之一。马什哈德国际机场海拔995米（3263英尺），共有两条沥青跑道，分别为3925×45米的14R/32L跑道和3811×45米的14L/32R跑道。随着耗资4570万美元的机场扩建工程的结束，新的朝觐航站楼于2010年5月24日正式投入使用，占地面积为1万平方米，此后机场陆续开放了3万平方米的新国际航站楼、停车场、货运航站楼、消防大楼和滑行跑道等。另外，马什哈德国际机场投资了2650万美元用于机库的兴建以及国内航站楼的扩建等。马什哈德国际机场是伊朗第二繁忙的机场，主营国内、地区和国际定期的客货运输业务，提供至中东、中亚、东亚和欧洲主要城市的直飞航班，航点达50多个，国内航线约30条，国际航线约27条。2014年，马什哈德国际机场年客运吞吐量为8210170人次，同比增长12.1%，货运量为79375吨，同比增长10.8%，飞机起降共56455架次，同比增长10%。

马什哈德城市铁道集团正在为马什哈德市建造一个地铁系统，包括四条线路，总长度达到77千米。地铁的第一条线路于2010—2011年完工，线路长达24千米，一共拥有25个火车站。马什哈德与三条铁路干线相连，它们分别是德黑兰至马什哈德铁路、马什哈德至巴夫克铁路（朝南方向）和马什哈德至土库曼斯坦边境的萨拉赫斯铁路。一些货运列车会继续从萨拉赫斯前往乌兹别克斯坦和哈萨克斯坦，不过，由于轨道直径不同，这些列车必须使用铁轨转向架才能继续前行。在马什哈德至巴夫克铁路线上有一条支线正在修建，这条支线连接阿富汗斯坦的赫拉特与马什哈德，目前尚未完工。还有一条线路正在建设，依计划它将朝西连接戈尔甘的铁路终点站并进一步与里海托尔克曼港相连。铁路的客运服务由伊朗国家铁路公司负责，所有的列车都由伊朗国家铁路公司管理。

德黑兰—马什哈德铁路长926千米，伊朗媒体报道称，该铁路全部竣工后，将有70辆中国机车以250千米的时速在上面行驶。但据财新网援引"接近该项目的中国轨道交通装备企业人士"的话称，已开工的并非高铁项目，车辆时速也不会达到250千米。中国驻伊朗大使馆经商参处网站2016年2月14日刊文称，中国企业参与承建的德黑兰—马什哈德铁路电气化改造项目已经开工，总统鲁哈尼出席了开工仪式。该项目预计将在 42 个月后竣工，随后还有 5 年的维护期。该项目将由伊朗基础设施工程集团 MAPNA 和中国中机公司及苏电集团承建。2015 年 6 月，伊朗和中国公司就该段线路的电气化改造达成协议，其中 21 亿美元造价的 85% 由中国提供贷款融资。

第三章　营商环境评价

　　营商环境是指市场主体在准入、生产经营、退出等过程中涉及的政务环境、市场环境、法治环境、人文环境等有关外部因素和条件的总和。伊朗政局较为稳定、经济发展迅速、人力资源优势明显，大环境良好，近年来又通过大力推行基建项目、税改，减少外资限制，简化政府流程等措施，积极推动营商环境发展。本章主要基于世界银行的《营商环境报告》（Doing Business，DB），对伊朗的营商环境现状、存在问题及改进进行分析。

第一节　营商环境总体概况

　　世界银行《营商环境报告》是评估全球各经济体营商环境的权威报告，首次发布于 2003 年，当时纳入 5 项指标、涵盖 133 个经济体。2020年报告于 2019 年 10 月发布，对全球 190 个经济体以及所选地方城市的营商法规及其执行情况进行了客观评估。《营商环境报告》大多数指标集涉及各经济体中最大的商业城市的一个案例情景（但对人口超过 1 亿的经济体将数据采集范围扩大到第二大商业城市），这些指标涵盖影响企业生存的 11 个领域：开办企业、办理施工许可证、获得电力、登记财产、获得信贷、保护少数投资者、纳税、跨境贸易、执行合同、办理破产、雇佣。后文对伊朗营商环境的分析将基于以上指标，但不局限于世行给出的定义，而是以世行指标为基础，根据实际情况进行适当的整合或是延伸。

　　根据世界银行的《营商环境报告》，2020 年，伊朗在 190 个经济体中整体排第 127 位，在全球处于落后地位。伊朗排名较前年上升 1 位，与去年表现基本持平。从地区角度来看，在中东北非地区共 20 个国家中，伊朗列第 14 位，处于中下游水平。尽管伊朗具有重要的战略地位，拥有丰富的油气资源，然而，美国对伊朗施加的制裁及其所导致的国际紧张关系是制约伊朗发展营商环境的主要因素。

表Ⅱ-3-1 列举了伊朗在 2019 年和 2020 年世行《营商环境报告》主要指标中的排名和排名变化。可以看出，伊朗多数指标基本与去年持平。在登记财产方面，伊朗首都德黑兰 2020 年增加了市内应纳税土地平均价值，使得伊朗财产转让成本更加高昂。由此，伊朗登记财产指标得分下降 0.9 分。

从表Ⅱ-3-1 中可以看出，伊朗在办理施工许可证、登记财产和执行合同三个指标上位于相对优势地位。在办理施工许可方面，伊朗的得分超过中东北非地区平均分（61.7）。伊朗在该指标上得分较高的原因可能在于其在建筑质量管控指标（Building quality control index）方面获得了较高分数（在 15 分中共获得 13.5 分，高于中东北非地区的平均分——12.5分和 OECD 高收入国家的 11.6 分）。建筑质量管控指标涵盖六个子指标，包括建筑法规质量、施工前质量管控、施工中质量管控、施工后管控、责任保险制度、专业认证。除施工中质量管控（未规定定期核查日期）和责任保险制度外，伊朗在其余子指标上均获得满分。

在登记财产方面，伊朗的优势在于其登记成本占财产价值的比例较低，为 3.8%，低于地区平均水平和 OECD 高收入国家平均水平，这表明在伊朗登记财产的成本较低。

在执行合同方面，伊朗的优势在于合同执行周期为 505 天，优于中东北非地区（622 天）和 OECD 高收入国家（589.6）的平均数据，以及成本（索赔额百分比）占比较低，为 19.3%，低于地区领先国家阿联酋（21%）、中东北非地区平均数（24.7%）。在司法程序质量分数（Quality of judicial processes index）上，伊朗在满分 18 分中仅获 5 分，是其在执行合同指标方面的主要失分点。该分数主要考察"替代性纠纷解决"（0—3）、"法院结构与诉讼程序"（1—5）、"法院自动化"（0—4）和"案件管理"（0—6）四个指标。从指标得分中可以看出，伊朗的主要扣分点在于文书电子化条件较为欠缺，伊朗未引入数字化工具开展案件管理电子化，其商业判决等信息未通过公报、报纸、互联网等方式向公众提供。

伊朗在开办企业指标上的得分较低，尽管在成本和最低实缴资本方面伊朗的得分分别达到 99.5 分和 100 分，但因其手续程序过多、耗时过久，导致其整体指标得分较低。世界银行在《营商环境报告》中指出，在伊朗开办企业前，必须将其经营活动通知国家税务局，并获得税务局和经济法的确认函，仅确认函发放便需要 25 天。根据《伊朗伊斯兰共和国直接税法》第 177 条第 3 款，新公司必须在 4 个月内书面通知国家税务局开始营业。如未如实上报将面临罚款、剥夺税收便利和豁免等惩罚措施。在获得确认后，企业需依据伊朗历 1387 年（公历 2008/2009 年）制定的《增值税实施法（修订)》条例向国家税务局增值税部门注册增值税，仅单项进程耗时就长达一个月。可以看出，过长的开办流程、较落后的税法基础拖累了伊朗在开办企业指标方面的表现。

表 II - 3 - 1　　世界银行 2019 年、2020 年《营商环境报告》
伊朗各项指标排名/分数

	2020 年排名（名）	2020 年营商环境便利度分数（分）	2019 年营商环境便利度分数（分）	营商环境便利度分数变化（分）
总体	127	58.5	58.6	-0.1
开办企业	178	67.8	67.8	…
办理施工许可证	73	71.2	70.8	+0.4
获得电力	113	69.4	69.3	+0.1
登记财产	70	68.1	69.0	-0.9
获得信贷	104	50.0	50.0	…
保护少数投资者	128	40.0	40.0	…
纳税	144	59.5	59.5	…
跨境贸易	123	66.2	66.2	…
执行合同	90	58.2	58.2	…
办理破产	133	35.1	35.6	-0.5

资料来源：世界银行，https://www.doingbusiness.org/en/data/exploreeconomies/iran。

从地区角度来看，在中东北非地区共 20 个国家中，伊朗在营商环境整体评价上处于中下游地位，排第 14 名，仅高于阿尔及利亚、伊拉克、黎巴嫩、利比亚、叙利亚和也门。从主要指标来看，伊朗仅在办理施工许可（第 10 名）、登记财产（第 7 名）、获得信贷（第 7 名）和执行合同（第 9 名）四个指标上进入地区前十。与阿联酋、巴林、摩洛哥等地区领先国家存在较大差距。表Ⅱ－3－2 汇总了伊朗及中东北非各国在不同指标上的排名，排名以世界排名降序排列，以此更为直观地反映伊朗营商环境在地区层面上的排名。

表Ⅱ－3－2　　　　　　2020 年伊朗周边经济体营商环境排名　　　　　　（名）

经济体	世界排名	开办企业	办理施工许可证	获得电力	登记财产	获得信贷	保护少数投资者	纳税	跨境贸易	执行合同	办理破产
阿联酋	16	17	3	1	10	48	13	30	92	9	80
巴林	43	67	17	72	17	94	51	1	77	59	60
摩洛哥	53	43	16	34	81	119	37	24	58	60	73
沙特阿拉伯	62	38	28	18	19	80	3	57	86	51	168
阿曼	68	32	47	35	52	144	88	11	64	69	97
约旦	75	120	138	69	78	4	105	62	75	110	112
卡塔尔	77	108	13	49	1	119	157	3	101	115	123
突尼斯	78	19	32	63	94	104	61	108	90	88	69
科威特	83	82	68	66	45	119	51	6	162	74	115
马耳他	88	86	57	73	152	144	51	78	48	41	121
吉布提	112	123	87	121	117	132	103	133	147	144	44
埃及	114	90	74	77	130	67	57	156	171	166	104
巴勒斯坦	117	173	148	86	91	25	114	112	54	123	168
伊朗	127	178	73	113	70	104	128	144	123	90	133
黎巴嫩	143	151	164	127	110	132	114	116	153	131	151
阿尔及利亚	157	152	121	102	165	181	179	158	172	113	81
伊拉克	172	154	103	131	121	186	111	131	181	147	168
叙利亚	176	143	186	160	162	176	97	91	178	160	158
利比亚	186	164	186	142	187	186	183	130	129	145	168
也门	187	156	186	187	86	186	162	89	188	143	159

第二节　近十年营商环境发展

　　表Ⅱ-3-3总结了伊朗近十年来在世界银行《营商环境报告》中的排名动态。可以看出，伊朗排名一直处于下游地位。伊朗历年营商环境各指标变化如表Ⅱ-3-4所示。从分数来看，伊朗在2019年《营商环境报告》的营商便利度得分中有较大进步，这主要是由于伊朗在纳税和跨境贸易方面采取了相应措施，主要包括引入用于提交社会保障缴款的在线系统，企业能够在线缴纳增值税退税申请，在线修改企业所得税申报表以及在银行支付额外的纳税义务，从而使纳税变得更加容易，以及巩固国家贸易单一窗口机制，简化进出口流程。

表Ⅱ-3-3　　　　　　**近年来伊朗总体营商环境变化**　　　　　　（分）

年份	排名（名）	营商环境便利度分数总体（DB17-20方法论）	营商环境便利度分数总体（DB15方法论）	营商环境便利度分数总体（DB10-14方法论）
2020	127	58.5		
2019	128	58.6		
2018	124	55.7		
2017	120	55.7		
2016	118	55.4		
2015	130		57.3	
2014	152		56.5	57.9
2013	145			57.6
2012	144			56.2
2011	129			56.1
2010	131			55.9

　　资料来源：世界银行，https://www.doingbusiness.org/en/custom-query。

　　此外，近年来伊朗也采取了一系列措施改善其营商环境。2018年，伊朗通过报告汽车零售商信贷付款数据，改善对信贷信息的访问流程。2017年，伊朗通过改善和拓宽国家单一窗口服务简化出口贸易流程，落实电子化手续服务，减轻合同执行难度。2015 年，伊朗通过简化企业注册程序、取消电力连接工程挖掘许可证，简化开办企业程序和电力获取程序。2013 年，伊朗政府要求企业创始人必须提交自身犯罪记录，使企业开办流程更加复杂化，不过，政府同时要求在交易中必须提供交易方信息，从而加强了对投资者的保护。2011 年，伊朗启动企业门户网站，企业家可以搜索和保留企业名称，简化公司业务；建立新私人信贷，改善对信贷信息访问流程；引入文件电子归档制度、电子化文件管理系统，使执行合同更加方便快捷。2010 年，伊朗引入电子注册系统简化企业业务开展流程；在德黑兰设立电子服务办事处简化建筑许可证申请流程；将营业税改为增值税，简化纳税服务；在阿巴斯港安装扫描仪并重组了海关清关办事处以将特殊货物（化学品、石油）的检查与普通货物的检查分开，减少了进出口时间。

表Ⅱ－3－4　　　　　　　　近年来伊朗营商环境各指标变化　　　　　　　（分）

年份	开办企业	办理施工许可证	办理施工许可证（DB06－15 方法论）	获得电力	获得电力（DB10－15 方法论）	登记财产	登记财产（DB05－15 方法论）	获得信贷	获得信贷（DB05－14 方法论）
2020	67.8	71.2		69.4		68.1		50	
2019	67.8	70.8		69.3		69		50	
2018	67.8	70.3		69		64.8		50	
2017	67.8	73.8		69.6		64.7		45	
2016	67.6	73.2		69.6		64.9		45	
2015	67.5	69.3	62.4	65.9	67		65.9	45	
2014	67.3		64.1		62		65.9	45	62.5
2013	67.3		63.1		61.7		65.9		62.5
2012	70.9		60.2		60.8		65.9		56.3
2011	70.9		59.7		60.6		66.1		56.3
2010	71.4		60.2		60.8		66.1		56.3
2009	65.4		26.3		/		66		50
2008	65.3		22		/		66		50

续表

年份	开办企业	办理施工许可证	办理施工许可证（DB06 - 15 方法论）	获得电力	获得电力（DB10 - 15 方法论）	登记财产	登记财产（DB05 - 15 方法论）	获得信贷	获得信贷（DB05 - 14 方法论）
2007	65.3		21		/		66.1		50
2006	65.1		17.3		/		65.9		50
2005	63.3		/		/		65.8		43.8
2004	63.4		/		/		/		/

年份	保护少数投资者	保护少数投资者（DB06 - 14 方法论）	纳税	纳税（DB06 - 16 方法论）	跨境贸易	跨境贸易（DB06 - 15 方法论）	执行合同	执行合同（DB04 - 15 方法论）	办理破产
2020	40		59.5		66.2		58.2		35.1
2019	40		59.5		66.2		58.2		35.6
2018	40		53.5		47.9		58.2		35.6
2017	40		53.5		47.9		58.2		36.6
2016	40		53.8	67.8	45.9		57.2		36.6
2015	40			67.8	45.9	56.8		63.4	37.2
2014	40	36.7		67.8		52.7		63.4	37
2013		36.7		66.8		51.9		63.4	37.2
2012		30		66.8		50.3		63.4	37.2
2011		30		66.8		50		63.4	37.2
2010		30		65.6		48.3		62.9	37.2
2009		30		65.6		44.3		62.9	37.2
2008		30		65.6		44.4		62.9	35.8
2007		30		65.6		42		62.9	36.1
2006		30		65.6		38.3		62.9	35.9
2005		/		/		/		62.9	35.7
2004		/		/		/		62.9	35.7

资料来源：世界银行，https：//www.doingbusiness.org/en/custom-query。

然而，尽管伊朗行政机构权力高度集中，但大多数国家服务和行政机构效率非常低下，官僚主义、裙带关系、腐败和政府行政干涉极大地阻碍了正常业务的办理和运行。根据世界经济论坛 2019 年发布的全球竞争力指数，伊朗在 141 个国家和地区中排第 99 名，较去年下降 10 名。该报告认为，效率低下的政府官僚机构是破坏伊朗业务环境的第二大问题因素。①

第三节　营商环境重要环节

本节以世界银行所采用的 11 个营商指标为出发点，对伊朗的营商环境进行介绍，根据实际情况对世界银行指标进行了整合或延伸，比如将"获得信贷"这一指标拓展为"融资"、将"跨境贸易"拓展成"贸易"。本节将从雇佣、融资、纳税和贸易几个方面分析伊朗的营商环境。

一　雇佣

1990 年 11 月 20 日颁布的《劳工法》是伊朗主要的劳动法规，至今已经过 25 次修改，最近一次于 2018 年 8 月修订，新增了使用压铸机的安全性相关的条例。

（一）工作时长与薪资

伊朗劳工合同分为临时合同和长期合同。签署劳工合同的内容包括：工人从事的工种、专业和任务；工资；工作时间、假日和假期；工作地点；合同签订日期；合同有效期及就业惯例等。书面劳工合同一式 4 份，一份给劳工科，一份给工人，一份给业主，一份给伊斯兰劳工委员会。试用期的长短应在劳工合同里明确，一般工人和半熟练工人最多为 1 个月，熟练工人和高水平的专业工人最多为 3 个月。

此外，应避免出现不签署劳动合同而直接雇用雇员的情况。因为伊朗《劳工法》规定："若未签署劳动合同而用工，该雇员将被视为永久雇员。"

伊朗《劳工法》倾向于保护雇员利益。该法不仅规定了较高的最低工资标准，要求雇员工资每年必须上涨以抵御通货膨胀带来的影响。具体增

---

① BTI 转型指数伊朗部分，https：//www.bti-project.org/en/reports/country-report-IRN-2020.html。

长额会在伊历新年前后通过政府公告的形式予以公布，如伊历 1395 年（2016 年 3 月 20 日—2017 年 3 月 20 日）规定本年度工资增长额为上一年度的 14%。根据伊朗《劳工法》的规定，工人的所有合法收入包括工资、家庭补贴、住房补贴、副食补贴、交通补贴、非先进补贴、超产奖、年终奖等。工资的计算方式有计时工资、计件工资和计时计件工资。工人每天工作时间不超过 8 小时，每周不超过 44 小时。在工人同意并支付比正常工资多 40% 加班费的情况下，工人可以加班，每天加班时间不得超过 4 小时。

2019 年 7 月，伊朗总工会举行的第 328 次会议决定将伊历 1398 年（2019 年 3 月 21 日至 2020 年 3 月 20 日）工人的最低工资由此前的 1114 万里亚尔（约 85 美元）调整至 1517 万里亚尔（约 116 美元）。调整后，住房补助提高到每月 100 万里亚尔（约 7.7 美元），食品补助由每月 80 万里亚尔（约 6 美元）提高至每月 190 万里亚尔（约 14.6 美元），月收入基数（每年年底一次性发放）由每月 19 万里亚尔（1.5 美元）提高至 70 万里亚尔（约 5.4 美元）。此外，每生育一名子女可额外获得月工资 10% 的补贴。

（二）雇员保险与福利

伊朗社会保险法规定，伊朗在职人员需缴纳工资或收入的 21% 来办理社会保险，其中业主负担 14%、政府负担 2%、个人负担 5%。该法涉及的内容主要包括疾病和事故、怀孕、工资损失补偿、丧失工作能力、退休、死亡等。

《劳工法》规定，每周五是工人带薪休息日。工人有权在整个工作期间享受一次为期 1 个月的法定休假或不带薪休假用于朝圣。

（三）终止雇佣

伊朗《劳工法》规定，雇主没有充足的理由不能随意开除雇员。要开除一名雇员，必须发出三个以上警告，且该警告必须经雇员签字认可。雇主也可以通过一个 5 人以上的委员会发布警告，这种方法无须雇员本人签字认可，但所有 5 名委员必须一致对警告签字确认。

劳工合同结束的途径有：工人死亡；工人退休；工人完全丧失劳动能力；临时合同期满而没有修改；合同中规定的工作结束；工人辞职等。辞职的工人有责任再工作 1 个月，然后书面向业主提交辞呈。在不超过 15 天的时间里如果工人向业主书面提出放弃辞职，则被视为其辞职要求作废。劳工合同规定的工作或临时期限一旦结束，业主有责任向那些遵守合同并工作 1 年或 1 年以上的工人发放工作结束补贴，按其最后工资标准发放 1 个月工资。鉴于开除伊朗雇员程序烦琐并存在巨大的法律风险，雇用伊朗雇员宜采用短期合同，多次续签的方式。这一做法是雇主制约雇员勤奋工作的有效方式。

（四）伊朗劳动市场概况

伊朗本土失业率较高。根据伊朗央行数据，2017/2018 财年，伊朗全国失业率为 12.1%，其中城镇地区失业率为 13.4%，农村地区失业率为 8.2%，男性人口失业率为 10.2%，女性人口失业率为 19.8%。失业总人口达到 321 万人，同比上升 0.2%。2020 年，在新冠疫情和西方制裁等多重因素的影响下，伊朗经济更是雪上加霜。尽管如此，根据伊朗国家统计中心数据，上一个财年第四季度（2019 年 12 月 22 日至 2020 年 3 月 19 日），总体失业率为 10.6%，同比降低 1.7%。本财年第一季度（2020 年 3 月 20 日至 2020 年 6 月 20 日），失业率降至 9.8%。而到第二季度（6 月 21 日至 9 月 21 日），伊朗失业率降至 9.5%，该段时间就业率为 37.8%，就业人数为 2354 万人，较去年同期下降了 2.4 个百分点。[①] 伊朗 Majlis 研究中心发表评论文章指出，这主要由于诸多劳动适龄人口因无法找到工作而放弃就业，这也导致和经济活跃人口挂钩的失业率并未出现大幅上升。[②]

伊朗劳动力素质近年来提高较为显著，劳动力资源丰富，但高失业率是伊朗当前面临的一个重大社会问题。此外，伊朗缺乏高级工程师等技术人员，工程承包项目经常需要聘请外籍技术人员。

由于伊朗失业率较高，因此《劳工法》对外籍公民在伊朗务工有着较严格的限制，外籍人员在伊朗务工必须取得许可证、工作准证和居留证（外交人员和特定常驻记者除外）。在伊朗工程项目中，本地劳工与外国劳工的配比一般不能低于 3∶1。

---

① 中国商务部驻伊朗经商处：《伊朗统计中心公布本财年二季度就业数据》，http://ir. mofcom. gov. cn/article/jmxw/202010/20201003008749. shtml。

② "伊朗法尔达电台"："More Iranians Give up on Job Seeking as Official Unemployment Rate Remains Low，" https：//en. radiofarda. com/a/more-iranians-give-up-on-job-seeking-as-official-unemployment-rate-remains-low/30882493. html。

　　根据国际劳工组织 ILO 的数据①, 在中东北非国家中, 伊朗 15 岁以上人口失业率处于中上游水平。图Ⅱ-3-1 和表Ⅱ-3-5 分别展示了伊朗及部分中东北非国家 2018 年和 2019 年 15 岁以上人口失业率情况 (由于统计数据不全, 故只选取部分)。

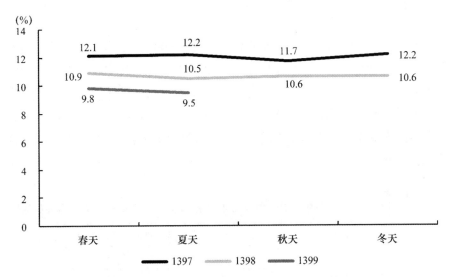

图Ⅱ-3-1　2018 年至 2020 年第二季度 15 岁以上人口失业率变化

资料来源: 伊朗国家统计中心, https://www.amar.org.ir/Portals/1/releases/lfs/LFS%20Summer%201399.pdf。

表Ⅱ-3-5　2018 年伊朗及部分中东北非国家 15 岁以上人口失业率 (由高到低)

国家	15 岁以上人口失业率 (%)
巴勒斯坦	26.26
约旦	18.27
突尼斯	15.46
伊朗	12.06
埃及	9.82
沙特阿拉伯	6.04

---

①　国际劳工组织数据, https://www.ilo.org/shinyapps/bulkexplorer2/。

续表

国家	15 岁以上人口失业率（%）
阿曼	1.8
卡塔尔	0.11

资料来源：国际劳工组织数据库。

世界银行援引劳工组织 2020 年 6 月发布的数据①，发表了中东北非国家 15—24 岁青少年失业率情况（见表Ⅱ-3-7）。其中，中东北非地区整体失业率为 26.67%，相当于每 4 名青年中就有 1 人失业，而伊朗数据略低于平均数据，但高于沙特、埃及等国家。存在多种因素造成 15—24 岁青年高失业率，主要原因仍是动荡的地缘政治局势，导致青年无法获得教育，由此无法正规就业。

表Ⅱ-3-6　2019 年伊朗及部分中东北非国家 15 岁以上人口失业率（由高到低）

国家	15 岁以上人口失业率（%）
巴勒斯坦	25.34
约旦	16.81
突尼斯	15.13
黎巴嫩	11.35
伊朗	11.14
阿联酋	2.23

资料来源：国际劳工组织数据库。

表Ⅱ-3-7　2020 年中东北非国家 15—24 岁青少年失业率情况（由高到低）

国家	15—24 岁人口失业率（%）
利比亚	50.9
突尼斯	36.5
约旦	35.0
埃及	30.0

①　世界银行数据库，https：//data. worldbank. org/indicator/SL. UEM. 1524. ZS？locations = ZQ。

续表

国家	15—24 岁人口失业率（%）
阿尔及利亚	29.7
沙特阿拉伯	27.9
伊朗	27.2
中东北非地区	26.7
伊拉克	25.2
也门	23.9
摩洛哥	21.9
叙利亚	21.1
吉布提	21.0
黎巴嫩	17.8
科威特	16.5
阿曼	13.7
马耳他	8.1
阿联酋	7.5
以色列	7.0
巴林	5.3
卡塔尔	0.3

资料来源：世界银行，https：//data. worldbank. org/indicator/SL. UEM. 1524. ZS？l ocations＝ZQ。

二　融资

世界银行"获得信贷"这一指标讨论的主要是信用报告系统的优势以及抵押法和破产法在促进贷款方面的有效性。自 2018 年以来，伊朗"获得信贷"分数一直维持在 50 分，没有发生变动。本节结合伊朗的实际情况，主要介绍伊朗的金融概况、主要金融机构及伊朗为中小企业及微型企业提供的主要融资计划。

（一）伊朗金融宏观概况

由于美国对伊朗金融、金属、矿产、汽车等施加制裁，伊朗金融环境较为动荡，根据伊朗央行数据，2017 年 3 月至 2018 年 3 月，伊朗广义货币（M2）总额为 15299.8 兆里亚尔，同比增长 22.1%；伊朗狭义货币（M1）总额为 1946.7 兆里亚尔，同比增长 19.4%。2017 年 3 月至 2018 年 3 月，伊朗经常账户余额为 158.16 亿美元，同比下降 3.5%。2017/

2018 财年，伊朗财政收入为 1676 万亿里亚尔，财政支出为 2429.4 万亿里亚尔，财政赤字为 753.3 万亿里亚尔。尽管伊朗里亚尔贬值且进口下降，因制裁不确定性导致的出口减少使伊朗财政收入进一步下降。

国际货币基金组织报告显示，2018 年底伊朗外汇储备为 1083 亿美元，2017 年底为 1117 亿美元，预测 2019 年底外汇储备将降到 1030 亿美元。该报告称，尽管美国对伊朗经济施加很大压力，伊朗外汇储备 2019 年底仍将保持在 1000 亿美元以上，保持其在中东北非地区第三的位置，位列沙特和阿联酋之后。①

根据世界银行 2018 年秋季发布的《伊朗经济运行报告》，2017/2018 财年，伊朗建筑、贸易、餐饮和酒店服务等关键部门在经历制裁期间增长停止后，并未出现强劲反弹。为应对通胀上升和货币贬值问题，政府对财政缓冲采取审慎管理措施。2017 年至 2018 年，伊朗投资取得温和的积极增长，然而，至 2018 年受美国新制裁措施的影响，伊朗外国直接投资与前两年相比呈现出下降态势，打击了诸多企业入驻伊朗的期待，部分欧洲大型企业投资项目被迫暂停或取消（包括道达尔公司在南帕尔斯气田的 48 亿美元财团的业务，PSA、雷诺和戴姆勒在伊朗汽车行业的合资企业以及英国的 Quercus 太阳能工厂项目等）②。

2018 年 4 月，经历数月的外汇市场动荡后，伊朗政府宣布统一官方汇率和平行汇率，并宣布以任何其他汇率兑换外汇将被视为走私行为。政府希望借此机会避免资本大量外逃，然而，该措施并未起到安抚市场的作用。固定汇率出台后黑市活动飙升，诸多企业以美元价格进口货物，并以较高的里亚尔价格转手。5 月，美国退出伊核协议后里亚尔进一步贬值，并成为当年货币贬值十分严重的国家之一。在汇率贬值和美国重启制裁的双重推动下，伊朗市场不确定性加剧，导致其通胀率恢复至两位数水平。

2018 年 8 月 7 日，美国正式重启对伊朗金融、金属、矿产、汽车等一系列非能源领域的制裁。11 月 5 日，制裁升级至能源、航运领域。2019

---

① 中国商务部国际贸易经济合作研究院、中国驻伊朗大使馆经济商务处、中国商务部对外投资和经济合作司：《对外投资合作国别（地区）指南——伊朗（2019）》，http://www.mofcom.gov.cn/dl/gbdqzn/upload/yilang.pdf。

② 世界银行 2018 年秋季《伊朗经济运行报告》，https://documents1.worldbank.org/curated/en/676781543436287317/pdf/Iran-Economic-Monitor-Weathering-Economic-Challenges.pdf。

年 4 月，美国将伊朗革命卫队列为恐怖组织。5 月 2 日，美国停止伊朗石油出口豁免；5 月 8 日，美国对伊朗金属行业实施制裁。同时，伊朗于 5 月 8 日宣布终止执行部分伊核协议条款。此后，伊朗先后突破了低丰度浓缩铀存量 300 公斤的上限和浓缩铀丰度 3.67% 的上限。2019 年 8 月，美国财政部宣布对 10 个涉伊导弹项目实体实施制裁。美伊之间紧张局势升级，由此产生了银行汇路、运输保险和合规经营等相关方面的影响。

世界银行在 2018 年的《伊朗经济运行报告》中指出，伊朗银行板块本就脆弱，尽管在实施《改革路线图》期间，伊朗银行业改革取得了初步成效，行业复原能力得到加强、法律和监管制度（包括让银监会成为许可和监管金融机构的唯一机构，关闭和/或将无证金融机构与银行合并，通过结算债券部分解决政府欠款，起草新的银监会法和银行法修正案等）进一步改善，然而，美国退出伊核协议以及重启制裁使已经疲软的金融板块进一步恶化，平均资本充足率下降，不良贷款率上升，信贷增长下降 50% 以上。

2019 年，由于里亚尔进一步贬值，伊朗商品服务价格进一步上涨，CPI 飙升至 34.8%。食品、住房和交通是 CPI 上涨的三大重要因素，大量食品价格上涨导致中产及贫困家庭不得不替换饮食方案，从而选用更廉价的食品，从长期而言这将对人口健康和营养产生负面影响。

2019 年 4 月至 11 月，美国制裁加剧后，来自非金融资产处置的收入（主要是石油出口收入）仅实现了预定计划金额的 18%。尽管伊朗试图改善税收和扩大税基，但政府税收收入也面临着压力。不断扩大的融资缺口增加了对发债和其他融资措施的依赖。随着预期支出的增长和收入压力的增加，融资缺口不断扩大。政府依赖金融资产的处置，主要包括发债、从国家发展基金中提款和私有化。不断增长的经常性支出和有限的收入继续压制政府投资。2018/2019 年度，政府投资（资本支出）增长了 10.6%，占该年度预算目标的 78%，占第六个五年发展计划第二年设想金额的 62.1%。这主要是近年来经常性支出增长较大（基数相当大），以投资减少为代价的结果。自 2012/2013 年度以来，资本支出已从 2006/2007 年度占 GDP 6% 的高位降至 3% 以下。政府继续在场外市场上发行债务工具以清偿欠款。2015 年，经济和金融事务部内设立了债务和资产管理中心，目的是确定公共部门的债务和资产。该中心的一个主要职能是通过发行可在场外市场交易的伊斯兰国库券，将公共部门的欠款证券化给承包商。在过去的两年里，为解决对承包商公司的欠款，政府采取了包括利用债务和资产数据的集中监测等手段来扣除未缴税款。此外，政府还计划主要通过证券交易所增加资产的销售，包括银行、保险和其他公有产业的股票。由于融资越来越有限，其他公共机构也采取了出售资产的做法。①

在2020年秋季的《伊朗经济运行报告》中世界银行指出，2019年至2020年，里亚尔的大幅贬值加大了通胀压力，导致伊朗当年CPI指数飙升10个百分点。而由于出口收益限制、疫情蔓延和地缘政治不确定性的影响，2020年10月，伊朗月度通胀达到两年来的最高值7%。此外，由于多种经济冲击和银行部门面临的限制，货币政策仍然宽松。然而，流动性的高增长一直是银行业近年来持续面临的挑战。该部门面临着更深层次的结构性问题，如银行业资本不足和银行资产负债表的其他不平衡。②

2020年，由于石油出口收入下降、经济活动低迷，伊朗政府财政面临空前压力，财政赤字与GDP比率几乎翻番，达3.7%，同时实际税收收入缩水，进一步加大了伊朗政府的收入压力。为此，政府采取了大范围发行债券、出售资产和提取战略储备的方式来满足日益增长的融资需求。

2020年上财年（2019年3月至2020年3月），伊朗累计批准外国投资项目8.54亿元，外资来源地居前三名的分别为阿联酋、中国和荷兰。其中，最大的一笔投资发生在赞詹省，吸引外资最多的产业是烟草领域。其他投资领域包括食品饮料生产、非金属矿产品生产、石化产品生产以及石油开发等。从金额上看，98%的投资都集中于工业领域，仅有1.88%和0.12%的外资分别投向贸易和采矿业。该报告还显示，在这段时期批准的82个投资项目中，有33个为外资独资，另有48个是与伊朗企业合资。③

（二）伊朗的主要金融机构

伊朗中央银行（The Central Bank of Iran）成立于1960年，是伊朗最主要的金融机构。根据《伊朗货币和银行法》，央行的主要职责是根据国

① 世界银行2020年春季《伊朗经济运行报告》，https：//documents1. worldbank. org/curated/en/229771594197827717/pdf/Iran-Economic-Monitor-Mitigation-and-Adaptation-to-Sanctions-and-the-Pandemic. pdf。

② 世界银行2020年秋季《伊朗经济运行报告》，https：//documents1. worldbank. org/curated/en/287811608721990695/pdf/Iran-Economic-Monitor-Weathering-the-Triple-Shock. pdf。

③ 中国驻伊朗伊斯兰共和国大使馆经济商务处，http：//www. mofcom. gov. cn/article/i/jyjl/j/202004/20200402957202. shtml。

家总体经济政策，制定并实施货币和信贷政策。其主要职能是维护国家货币价值、维持收支平衡、提供经贸便利和改善国家发展潜力。为了完成上述任务，伊朗中央银行被授予如发行纸币和硬币、监管银行和信贷机构、制定有关外汇政策和交易的规定、制定黄金交易规章及制定国家货币流动规章等特别权力。作为政府银行，中央银行受委托管理政府的账户，向政府企业和代理发放大额信贷，授权其他商业银行经营政府债券销售及其他合法银行业务。2015年5月，伊朗央行宣布从2015年5月6日起，禁止银行为存款提供20%及以上利率。

由于伊朗当地融资成本较高，外国企业一般难以在当地取得融资。到伊朗从事工程承包项目一般要求承包商提供融资方案。

德黑兰证券交易所（TSE）是中东地区重要的资本市场。伊朗建立证券交易所的最初设想始于20世纪30年代，并由国家银行进行了可行性研究。但由于第二次世界大战爆发，此计划被中断。1967年2月，TSE正式挂牌，第一年只有6家企业在TSE上市。最初其经营范围只限于政府债券和有价证券的交易，从1967年到1978年上市企业数量从6家增加到105家，其中有22家私人银行，2家保险公司，81家工业企业；股票市值从62亿里亚尔增加到2400亿里亚尔。[1]

（三）伊朗中小企业和微型企业融资计划

为协助初创企业、流入发展投资、提供营运资金、发展业务部门、改造和重建小型工业，伊朗工矿贸易部下属的中小企业和工业园区组织（ISIPO）提供了一系列扶持措施，包括技术援助和信贷计划、装修工程、乳业技术援助和信贷计划。[2]

根据伊朗工矿贸易部数据，2020年上半财年（3月20日至9月21日），共有1535家中小企业获得约3.9万亿里亚尔（约1.4亿美元）的贷款。计划分配给中小企业的贷款总额超过11.3万亿里亚尔（约4亿美元）。[3]

---

[1] 中国商务部国际贸易经济合作研究院、中国驻伊朗大使馆经济商务处、中国商务部对外投资和经济合作司：《对外投资合作国别（地区）指南——伊朗（2019）》，http：//www.mofcom.gov.cn/dl/gbdqzn/upload/yilang.pdf。

[2] 伊朗中小企业和工业园区组织，http：//www.isipo.ir/index.jsp? fkeyid=&siteid=1&pageid=657。

[3] 伊朗《金融论坛报》，https：//financialtribune.com/articles/domestic-economy/105873/smes-projects-receive-140m-in-loans-in-h1。

此外，在过去三年内伊朗国有小型工业投资担保基金（SIIGF）为中小企业的投资提供了 62. 23 万亿里亚尔的担保。伊朗拥有 8 万家注册中小型企业，占出口总额的不到 10%。在上一财政年度（2019 年 3 月 21 日至 2020 年 1 月 20 日）的前 10 个月里，中小型企业的出口收入达到 5500 万欧元。①

（四）外国投资政策及优惠

伊朗财经部下属的"投资与经济技术支持组织"（OIETAI）是伊朗鼓励外国资本在伊朗投资、审批与外国投资有关事务的唯一官方机构。外国投资者的有关投资许可、资本进入、项目选择、资本利用、资本撤出等事项都应向该组织提出申请。根据伊朗《鼓励和保护外国投资法》的规定，在工矿业、农业和服务业进行建设和生产活动的外国资本的准入，必须同时符合伊朗其他现行法律、法规的要求。

根据《外国人资本投资管理条例》的规定，外国投资者可自由在德黑兰证券市场上买卖股票，但必须符合：（1）拥有上市公司股本比例不得超过 10%；（2）在进行股权投资的前三年里不得撤回原始股本及所获红利。

对伊朗的主要投资方式包括外国直接投资（FDI）、在合同条款中明确注明"建设、经营、转让""回购""国民参与"等方式的外国投资。根据伊朗法律的规定，外资可以在伊境内设立代表处、分公司、子公司和有限责任公司，外国投资者可以现汇、设备和技术等形式投资，可与伊朗公司采取合资、合作的方式，也可通过收购伊朗公司和独资的形式进行投资。在伊朗负责企业注册的政府机构是工业资产和公司注册局。目前伊朗所有外国投资行为都归口到伊朗投资和经济技术支持组织提交外国投资委员会进行审查和批准。在实践中各贸易—工业自由区、特别经济区、工业园区及科技园区管理委员会亦拥有外资审批权。②

外国人在伊朗投资享受以下优惠政策③：

---

① 伊朗《金融论坛报》，https：//financialtribune. com/articles/business-and-markets/104754/siigf-supports-investments-in-smes。

② 中国国家税务总局：《中国居民赴伊朗投资税收指南》，http：//www. chinatax. gov. cn/chinatax/n810219/n810744/n1671176/n1671206/c3418822/5116135/files/5bc59ebfd7134a2d94d2ab3b7f06a27b. pdf。

③ 中国商务部国际贸易经济合作研究院、中国驻伊朗大使馆经济商务处、中国商务部对外投资和经济合作司：《对外投资合作国别（地区）指南——伊朗（2019）》，http：//www. mofcom. gov. cn/dl/gbdqzn/upload/yilang. pdf。

1. 普通优惠

（1）外国投资者享受国民待遇。

（2）外国现金和非现金资本的进入完全根据投资许可，无须其他许可。

（3）各领域的外国投资不设金额限制。

（4）外国资本在被执行国有化和没收所有权时，可根据法律获得赔偿，外国投资者拥有索赔权。

（5）允许外资本金、利润及其他利益按照投资许可的规定以外汇或商品方式转移出伊朗境内。但在实践过程中，有部分企业反映在投资成本及收益以外汇形式转移出伊朗时会遇到一定的困难。

（6）保证外资企业使用和出口所生产商品的自由。如果出口被禁止，则生产的商品可以在国内销售，收入以外汇方式通过国家官方金融系统汇出伊朗境内。

2019 年 6 月 30 日，伊朗梅赫新闻社报道说，伊朗总统鲁哈尼主持的内阁会议决定，向至少在伊朗投资 25 万欧元或等值外币的外国投资者提供 5 年的居留资格，旨在促进外国投资。

2. 特殊优惠

（1）外国直接投资：允许在所有获许可的私人经营的方面投资，对外国投资不设百分比限制。

（2）合同条款范围的投资：新法或政府决策导致财务合同的执行被禁止和中止所造成的投资损失由政府保证赔偿，但最多不超过到期的分期应付款额。以"建设—经营—转让"和"国民参与"方式实施的外国投资项目生产的商品和服务由合同政府部门方负责收购。

（3）石油工业领域的投资：根据伊朗对外油气合作回购合同条款的规定，投资方与伊朗国家石油公司协商一致，由外方提供油气开发服务并可取得固定收益率的投资回报。

此外，伊朗在特定行业也出台了行业鼓励政策，铁路电气化改造、高铁建设、高速公路、水利工程、清洁能源、高科技农业和旅游业等领域大力吸引外资投入并促进技术转让。

伊朗对工业、矿业投资采取 80% 的免税，对在不发达地区投资采取 10 年 100% 的免税。

3. 具体行业鼓励政策

（1）石化工业

石化工业是伊朗的支柱性产业。伊朗第三个五年计划明确提出，为了使国家石化工业得到量与质的发展，伊朗将为石化领域吸收外资和私人资本创造良好环境，鼓励国内石化企业在此领域内的国际和地区合作。伊朗第四个五年计划在石化生产领域取得了令人瞩目的成就，石化产品出口已占据伊朗非石油产品出口中的较大份额。伊朗第六个五年计划也将石化产业作为重点发展的支柱产业。伊朗在建的经济特区中，石化特殊经济区（Petrochemical Special Economic Zone，PETZONE）和帕斯特殊经济/能源区（Pars Special Economic/Energy Zone，PARSEZ）均为石化工业特区，在这两个特区内石化工业的原材料进口和外国投资均享有税收、审批手续和其他政策方面的优惠。

（2）钢铁行业

伊朗一直高度重视钢铁行业的发展，提出在2025年之前实现原钢产量5500万吨的计划。国家钢铁公司下属三大钢铁厂（穆巴拉克钢铁厂、伊斯法罕钢铁厂和胡泽斯坦钢铁厂）多为20世纪七八十年代由俄罗斯及东欧国家援助建造，现有钢厂设备和技术已经落后和老化，亟须更新和改造。伊朗于"六五"计划（2016—2020年）期间加大了钢铁工业的改造和建设力度，在满足国内需要的同时，向周边市场大量出口钢铁产品。

为此，伊朗政府采取了以下措施鼓励国内钢铁业的发展：政府给予资金扶持加速老企业改造；实施钢铁企业私有化改造，鼓励私人企业兴建钢铁厂；鼓励外商投资并给予优惠政策，投资比例不设限；取消进口钢材长期享受优惠的贷款政策；降低国产钢铁生产成本，国家将减少钢铁厂的负担；减少对钢材市场的干预和简化烦琐的交易程序。

（3）汽车行业

伊朗主要从20世纪60年代开始装配西方汽车以发展本土生产平台，并从西方进口汽车。根据国际汽车制造商协会的数据，2018年伊朗生产汽车109万辆，其中乘用车102万辆，商用车7万辆，同比下降40%，产量在世界上排第18位。2013—2017年伊朗汽车产量在世界上分别排第20、18、20、18、16位，产量增速分别为 – 25.6%、46.7%、 – 9.9%、18.6%、18.2%。伊朗汽车工业中的龙头企业包括霍德罗、巴赫曼和赛帕集团。

伊朗工矿贸易部多次表态将继续支持汽车产业发展，且上述汽车龙头企业董事长或总经理多为工矿贸易部高级官员，在税收、技术引进、投资合作以及贷款方面都有能力影响政府给予其优惠政策及支持。目前，有二十余家中国汽车企业以零配件及整车贸易、零配件组装生产、生产线建设合作及投资设厂等形式与伊朗开展合作。

三　纳税

《伊朗伊斯兰共和国直接税法》是伊朗税收体系的主要组成部分，由纳税人、财产税、所得税、各种规定等几部分组成。

根据直接税法，原则上对房地产、未开发的土地、继承财产、从事农业活动、工资、职业、公司、附带收入以及通过各种来源获得的总收入征收直接税收。但是，税务的免除和折扣也可能取决于具体的情况。2002年2月，伊朗议会通过立法改革国家的税制，减少公司税，增加增值税，所得税由原来的54%降到25%，鼓励私人向生产企业投资。同时取消对一些国营企业、弱势与见义勇为者基金会等特权机构免征税收的特权待遇。

2013年初，伊朗国税局宣布，根据伊朗"五五发展规划法"第117条的授权，伊朗政府每年将增值税的税率提高一个百分点。2013年，伊朗国内的增值税税率已从上一年的3%提高到4%，从2015年3月21日起，为扩大因油价下跌而减少的政府收入，经过议会批准，伊朗政府进一步上调增值税税率到9%。[①]

近三年来，伊朗对部分税制进行了改革，免征本地公司生产的混合动力汽车的增值税；对生产或使用过程中产生环境污染的商品征收环保税，以扩大税基，税率在2%至4%不等；向海外或自贸区出口的货物和服务在满足条件时可免征增值税（条件包括货物需出具海关颁发的注册许可证、服务需出具目的地国家最近的伊朗官方机构批准的相关服务合同或业绩认证；原油、石油产品的易货服务）。[②]

---

① 中国商务部国际贸易经济合作研究院、中国驻伊朗大使馆经济商务处、中国商务部对外投资和经济合作司：《对外投资合作国别（地区）指南——伊朗（2019）》，http：//www.mofcom.gov.cn/dl/gbdqzn/upload/yilang.pdf。

② 中国国家税务总局：《中国居民赴伊朗投资税收指南》，http：//www.chinatax.gov.cn/chinatax/n810219/n810744/n1671176/n1671206/c3418822/5116135/files/5bc59ebfd7134a2d94d2ab3b7f06a27b.pdf。

（一）伊朗主要税种和税率

伊朗主要税种包括工资所得税、营业所得税、法人所得税和其他。

表Ⅱ-3-8　　　　　　　　伊朗主要税种和税率简介

税种	介绍
工资所得税	某自然人受雇于其他人（自然人或法人），就他们在伊朗的职业提供服务，从而根据工作时间或工作量以现金或非现金方式得到的收入应缴纳工资所得税 伊朗税法规定，职工的工资收入应纳税额是扣除免税部分后收入的 10%；对于收入达到 4200 万里亚尔的，应纳税额是扣除免税部分后收入的 10%，超出部分按以下税率纳税： 应税收入在 3000 万里亚尔以下的，税率为 15% 应税收入在 3000 万以上至 1 亿里亚尔的，税率为 20% 应税收入在 1 亿以上至 2.5 亿里亚尔的，税率为 25% 应税收入在 2.5 亿以上至 10 亿里亚尔的，税率为 30% 应税收入在 10 亿里亚尔以上的，税率为 35%
营业所得税	每个自然人通过从事某项经营或以税法未提到的其他方式在伊朗获得的收入，在减掉本法规定的免税款额之后应缴纳营业所得。纳税人的营业收入扣除免税额后按以下方式缴税： 应税收入在 3000 万里亚尔以下的，税率为 15% 应税收入在 3000 万以上至 1 亿里亚尔的，税率为 20% 应税收入在 1 亿以上至 2.5 亿里亚尔的，税率为 25% 应税收入在 2.5 亿以上至 10 亿里亚尔的，税率为 30% 应税收入在 10 亿里亚尔以上的，税率为 35%
法人所得税	公司的收入和法人通过其在伊朗境内外其他盈利性业务活动所获得的收入总额在扣除了经营中的亏损、非免税亏损和直接税法规定的免税款额之后，分别依照 25% 纳税。对于在伊朗签订的任何有关建设承包、技术项目、制造安装项目、运输项目、建筑规划项目、测量、绘图、技术监理与核算、技术援助和培训、技术转让和其他方面的服务合同，按总收入的 12% 纳税 外国航运和海运公司在伊朗的货运和客运收入税固定为其全部收入的 5%，无论此收入是从伊朗还是从目的地或从途中所得
其他税费	公司优先股和有价文件（证券）在股票交易所的每笔交易，将按股票销售价的 0.5% 税率纳税。对股票交易人不再征收其他所得税 公司优先股或股东股的每笔交易，将按优先股名义价的 4% 的税率纳税。对股票交易人不再征收其他所得税。优先股交易者应向税务组织缴纳交易税。公证处在更改或整理交易文件时应取得纳税凭证作为公证文件的附件 对于交易所接受的股票上市公司，用于股票交易的储备金纳税率为 0.5%，但不再征收其他所得税，公司应在注册资本增加之日起 30 天内将税款汇入税务组织指定账户 法庭辩护律师和在专门诉讼案中担任律师的人，有责任在委托书中限定律师酬金，并在委托书上贴相当于其 5% 的印花税票

　　资料来源：中国商务部国际贸易经济合作研究院、中国驻伊朗大使馆经济商务处、中国商务部对外投资和经济合作司：《对外投资合作国别（地区）指南——伊朗（2019）》，http://www.mofcom.gov.cn/dl/gbdqzn/upload/yilang.pdf。

（二）世行对伊朗纳税便捷程度评分

世界银行"纳税"这一指标主要考量的是企业每年的缴税次数、每年耗费时间、总税收和缴费率以及报税后流程。表Ⅱ-3-9显示了自2006年以来伊朗历年纳税得分及二级指标的变化。可以看出，伊朗在纳税方面的指标浮动一直较小，仅在2019年，纳税时间大幅缩短，使得伊朗在2019年纳税指标上的分数有了较大进步。其他指标变化较小，标志着伊朗在纳税方面仍有较大的改善余地。

从地区平均指标上看，伊朗每年花在纳税上的时间为216小时，而中东北非地区整体平均时长为202.6个小时，OECD高收入国家平均时长为158.8小时。此外，总税率和社会缴纳费率占利润比例较高，达44.7%，几乎占一半的比例，致使企业利润降低。而中东北非地区该指标为32.5%。

表Ⅱ-3-9　　　　　　　　　伊朗纳税二级指标变化情况

年份	分数（DB17-20方法论）	分数（DB06-16方法论）	缴税次数（每年）	时间（小时数/年）	总税率和社会缴纳税率（占利润百分比）	利润税（占利润百分比）	劳动税及缴付（占利润百分比）劳务税及派款（占利润百分比）	其他税（占利润百分比）	报税后流程指标（0—100）
2020	59.5		20	216	44.7	18.4	25.9	0.4	19
2019	59.5		20	216	44.7	18.4	25.9	0.4	19
2018	53.5		20	324	44.7	18.4	25.9	0.4	11.6
2017	53.5		20	324	44.7	18.4	25.9	0.4	11.6
2016	53.8	67.8	20	324	44.1	17.8	25.9	0.4	11.6
2015		67.8	20	324	44.1	17.8	25.9	0.4	
2014		67.8	20	324	44.1	17.8	25.9	0.4	
2013		66.8	20	344	44.1	17.8	25.9	0.4	
2012		66.8	20	344	44.1	17.8	25.9	0.4	
2011		66.8	20	344	44.1	17.8	25.9	0.4	
2010		65.6	22	344	44.2	17.9	25.9	0.4	

续表

年份	分数 （DB17 - 20方法论）	分数 （DB06 - 16方法论）	缴税次数 （每年）	时间 （小时数/年）	总税率和社会缴纳税率（占利润百分比）	利润税 （占利润百分比）	劳动税及缴付（占利润百分比） 劳务税及派款（占利润百分比）	其他税 （占利润百分比）	报税后流程指标（0—100）
2009		65.6	22	344	44.2	17.9	25.9	0.4	
2008		65.6	22	344	44.2	17.9	25.9	0.4	
2007		65.6	22	344	44.2	17.9	25.9	0.4	
2006		65.6	22	344	44.2	17.9	25.9	0.4	

资料来源：世界银行，https：//www. doingbusiness. org/en/custom-query。

四 贸易

世界银行的"跨境贸易"指标主要衡量的是企业进行进出口流程时所需的时间和成本。2019 年伊朗在跨境贸易方面取得较大进步，评分由 2018 年的 47.9 分增长至 66.2 分。这主要是由于伊朗巩固了国家贸易单一窗口机制，简化进出口流程，大幅提升了国家在这一指标上的得分。

（一）贸易便利化

联合国每年发布的《全球数字化及可持续贸易便利化调查》（UN Global Survey on Digital and Sustainable Trade Facilitation）展现了各国的数字化程度以及对贸易的积极影响。伊朗在 2019 年才被列入调查中，2015 和 2017 年均无此项数据。

可以看出，伊朗在无纸化贸易、制度安排与合作、透明度方面表现优异，得分均高于南亚和西南亚地区以及亚太地区总体得分。这表明伊朗在上述领域存在优势。

表Ⅱ - 3 - 10 2019 年伊朗《全球数字化及可持续贸易便利化调查》得分 （分）

	贸易便利化	跨境无纸贸易	无纸贸易	制度安排与合作	手续	透明度
2019	69.89	22.22	92.59	88.89	58.33	93.33

资料来源：联合国，https：//untfsurvey. org/economy？ id = IRN。

表Ⅱ-3-11　2019年伊朗贸易便利化水平与同区域平均水平对比

	伊朗	南亚和西南亚（地区）	亚太（地区）
跨境无纸贸易	22.22	31.9	31.88
无纸贸易	92.59	58.1	57.89
制度安排与合作	88.89	63.3	62.08
手续	58.33	62.9	70.65
透明度	93.33	73.3	77.25

资料来源：联合国，https：//untfsurvey.org/economy？id=IRN。

（二）贸易成本

在世界银行2018年发布的物流绩效指数（Logistics Performance Index，LPI）中[1]，伊朗在160个国家和地区中排第64名，处于中上游位置。从单项指标来看，伊朗与地区领先国家存在较大差距，在海关效率方面，地区领先国家阿联酋的海关效率为15，这意味着该国在清关速度、简化手续和清关形式上效率较高。而伊朗在该指标上的分数为71分，几乎是阿联酋的四倍。此外，中国在该指标上的效率分数为31分。伊朗对商品检验检疫非常严格，根据伊朗《进出口法实施细则》，凡被列为禁止进口和限制进口的商品、商业利润税被调高的商品，在其进口前必须到工矿贸易部办理进口申请，并到海关备案。这提高了企业的清关成本，降低了海关效率。

在基础设施方面，阿联酋得分为10分，标志着该国贸易运输相关基础设施较为完备。中国得分为20分，伊朗得分为63分。虽然伊朗与邻国公路连接情况较好，陆路运输较为便捷，但高速公路建设相对滞后。此外，因制裁影响，伊朗难以购买西方科技，空运基础设施条件较为落后。在航运方面，伊朗的阿巴斯港和霍梅尼港吞吐能力分别位列第一和第二，占伊朗港口总吞吐量的85%。不过，在2018年美国退出伊核协议、宣布重启制裁后，多国企业将不停靠伊朗港口，且不接受伊朗业务新订单，对

---

[1]　世界银行2018年LPI指数，https：//lpi.worldbank.org/international/scorecard/radar/254/C/IRN/2018#chartarea。

伊朗航运造成重创。①

　　伊朗与发展中八国集团中的马来西亚、尼日利亚、土耳其、印度尼西亚和巴基斯坦签署特惠贸易协定，2018 年与欧亚经济联盟签署临时自贸区协定，并计划在 3 年内签署全面的自贸区协定。此外，伊朗与叙利亚签署自由贸易协定，与黎巴嫩签署优惠贸易协定。伊朗与中国在 2000 年和 2002 年分别签署了《关于相互促进和保护投资协定》《关于对所得避免双重征税和防止偷漏税的协定》。此外，两国在航运、商事司法协助、海关合作方面也签署了一系列协定和条约。②

　　考虑到美国及西方国家对伊朗制裁、地缘政治高度不确定性、伊朗本国银行业表现疲软、支柱产业遭受制裁和疫情的双重打击，伊朗宏观经济情况面临严峻挑战。考虑到原材料和产品价格的不可预测性和波动性、政策法规和商业手续的不确定性、银行授信困难等因素，短期内伊朗营商环境较难出现大幅改善。尽管如此，伊朗通过打破生产壁垒、便利外商投资融资程序等措施，致力于消除吸引外国投资障碍，逐步改善其营商环境。此外，在美国对伊朗施加制裁的同时，中国对伊朗的贸易重要程度提高，2019 年至 2020 年，因美国重启制裁，伊朗与中国的贸易份额呈现出上升态势，对中资企业来说是一个重要机遇。③

　　世界银行在 2021 年春季发布的《伊朗经济运行报告》中指出，2020 年下半年，伊朗经济在经历了两年多的衰退后首次出现小幅度复苏，尽管如此，其经济板块仍未从积年累月的下跌中彻底恢复，政府财政赤字扩大，石油收入下降到几十年来最低水平。与此同时，伊朗新冠疫情严峻，卫生系统不堪重负，部分城市医院的重症监护室已接近饱和，但疫苗接种推广工作仍较为缓慢。前往伊朗投资面临着较大的疫情风险，这从源头上打击了诸多企业的信心，降低了伊朗投资的吸引力。

---

① 中国商务部国际贸易经济合作研究院、中国驻伊朗大使馆经济商务处、中国商务部对外投资和经济合作司：《对外投资合作国别（地区）指南——伊朗（2019）》，http：//www.mofcom. gov. cn/dl/gbdqzn/upload/yilang. pdf。

② 中国商务部国际贸易经济合作研究院、中国驻伊朗大使馆经济商务处、中国商务部对外投资和经济合作司：《对外投资合作国别（地区）指南——伊朗（2019）》，http：//www.mofcom. gov. cn/dl/gbdqzn/upload/yilang. pdf。

③ 世界银行 2020 年春季《伊朗经济运行报告》，https：//documents1. worldbank. org/curated/en/229771594197827717/pdf/Iran-Economic-Monitor-Mitigation-and-Adaptation-to-Sanctions-and-the-Pandemic. pdf。

就长期而言，伊朗最迫切的任务是制定全面协调的宏观财政改革政策，推动经济复苏，克服包括高通胀在内的长期经济挑战，促成包容可持续的增长模式，在能源补贴、养老金制度改革、水资源管理和银行系统重组等方面开展改革，推动银行业、金融业的健康发展，从根源上改善营商环境。此外，在传统农业和能源两大优势领域遇冷的情况下，伊朗应加大对绿色基础设施、数字经济、可再生能源的投资，创造更多的就业机会、减少排放、加强贸易多样化。①

对于希望在伊朗开展业务的中资企业需要注意以下风险：

1. 地缘政治和政策风险。考虑到美国对伊朗制裁以及退出伊核协议后政治不确定性增加，中资企业在伊朗开展投资、贸易、承包工程和劳务合作时，要特别注意做好伊朗宏观政策分析评估，对所合作领域是否涉及制裁要有判断，对所涉及的风险要作出充分评估。事前要调查、分析、评估相关风险，事中要做好风险规避和管理工作，切实保障自身利益。包括对项目或贸易客户及相关方的资信调查和评估，对项目所在地的政治风险和商业风险进行分析和规避，对项目本身实施的可行性加以分析等。

2. 金融风险。多家中资企业在伊朗开展贸易及投资业务时，都遇到了某伊朗商业银行信用证到期不付款的违约、买方编造伊朗托收银行信息骗款、黑客攻击邮件篡改银行账号等问题。因此，在伊朗开展投资业务的中资企业应积极利用保险、担保、银行等保险金融机构和其他专业风险管理机构的相关业务保障自身利益。

3. 法律法规的风险。伊朗法律法规与国际不接轨，加上疫情蔓延，导致其开发项目前期准备工作时间较长。居住证和许可证办理条件较为苛刻。此外，伊朗公司注册文件繁多，注册程序复杂，审批时间较长，政府部门之间流程较长，中资企业进入伊朗很可能会面临不同寻常的风险。建议企业提前了解伊朗投资注册相关法律，聘请当地律师和会计师协助办理公司注册。

4. 投资优惠政策配套措施不够完善的风险。尽管伊朗修改并出台了

---

① 世界银行2021年春季《伊朗经济运行报告》，https：//documents1. worldbank. org/curated/en/178111623662609713/pdf/Iran-Economic-Monitor-The-Economy-at-a-Crossroads. pdf。

新的《鼓励和保护外国投资法》，设立自由工业贸易区、经济特区、工业特区、保税区等一系列基础设施，制定各项优惠政策，但签证、工作许可、居住许可、社保等配套政策仍存在欠缺，存在限制投资项目进展的风险，导致工期拉长和成本增加。中资企业需提前了解伊朗优惠政策及其相关条件，提前做好心理准备。

5. 贸易违约或拖欠货款风险。建议中资企业与伊朗相关企业开展业务时签订书面贸易合同，并在争端解决条款中明确双方责任、义务及纠纷解决的途径、时限和顺序，避免遭受不必要的损失。

第四章　白色革命与伊斯兰革命

　　20世纪60—70年代，以白色革命为开端，伊朗开展了大规模的现代化运动，取得了举世瞩目的成就，一举成为海湾地区国力最雄厚、技术最先进、与西方关系最密切的强国，被美国总统卡特誉为中东的"稳定之岛"。巴列维国王雄心勃勃地试图赶超西方强国、充当海湾地区的宪兵与霸主。然而，巴列维国王的畸形发展战略引发了经济发展与政治滞后、民主诉求与专制现实、民族自尊与外部控制、物欲横流与信仰迷失等诸多紧张关系，造成了伊朗社会的分化、精神断裂和全面的合法性危机。合法性的困境是革命的内在根源，而经济形势的突然逆转与外部压力之下的自由化政策同时发生则是革命爆发的直接动力；在危机期间，巴列维国王和卡特政府的摇摆政策，加上反对派尤其是霍梅尼的策略得当，全民联合，最终锁定了巴列维王朝的悲剧性结局。这个曾被西方视为中东最稳定"双柱"之一的王朝在伊斯兰革命的大潮冲击之下，顷刻间灰飞烟灭，代之而起的是一个神权至上的伊斯兰共和国。爆发于20世纪70年代末的伊朗伊斯兰革命，是当代世界影响深远的为数不多的革命之一，也是当代历史中最令人震撼、引人注目的重大事件。

第一节　白色革命与君主专制危机

一　白色革命

　　伊朗在近代逐渐沦为英俄控制的一个半殖民地国家。1941年苏英盟军进驻伊朗，礼萨·汗由于被盟国指责亲德而退位，由其子巴列维继位。年轻的巴列维决心重建君主专制，为寻求外部支持，逐步与世界头号大国美国结成同盟关系，这一过程的最大障碍是摩萨台领导下的伊朗民族主义运动。1951 年 5 月摩萨台就任首相，开始伊朗石油国有化进程，收回英国石油公司在伊朗的石油开采、经营权，引发了与英国的对抗。伊朗石油危机的拖延和摩萨台政府的强硬立场，使得美国越来越担心苏联的介入以及伊朗石油国有化的示范效应，影响西方在海湾地区的利益。1953 年 8 月 19 日，美国中央情报局策划政变，推翻了摩萨台政府。政变后，巴列维通过修改宪法、改组政府和议会、组建安全特务机构萨瓦克等手段开始建立君主独裁。

随着石油争端的解决，伊朗的石油收入得以恢复和上升，从 1954 年的 3400 万美元增加到 1959 年的 35890 万美元。50 年代后半期伊朗经济形势良好，国民生产总值年增 6%。60 年代初，伊朗经济开始出现萧条，赤字庞大，通货膨胀激增。经济萎靡触动了伊朗政局，对当局的指责抗议日益激烈，1960 年 8 月、1961 年 5 月埃克巴尔和艾玛米两任政府被迫辞职。同时，巴列维政权也受到来自美国的改革压力。1961 年 3 月，肯尼迪政府向国王提出了十四条改革建议，主要包括减少军事支出，放松政治迫害，着手土地改革。肯尼迪政府认为，土地改革是应对共产主义扩张和土地革命的有效手段，美国驻伊朗大使赫尔姆斯强调，这样一种改革的成功"是我们利益的基础，在接下来的土地分配和刺激经济恢复中，我们要利用每一个机会援助土地改革"。

巴列维国王任命时任伊朗驻美国大使阿里·阿米尼组阁。1961 年 5 月阿米尼就任首相后，为安抚民众的不满，开展了反贪污运动；提高教师工资；放松审查制度；将民族阵线领导人延揽入阁；颁布了一项土地改革方案。当时伊朗农村社会的显著特征是，在外地主的土地所有权与乡村统治权合一，农民普遍固着于土地，处于依附状态；在外地主及其管家凌驾于无地农民之上，"这些地主因为通常不住在自己的领地上，自然就不会注意开发这些土地，也不想进行农业改革来改善他们的社会状况"。1962 年 1 月 9 日，土地改革法案获准实施，法案规定：地主拥有土地的最高限额是一个自然村落，超过部分必须出售给政府；政府将所购置的土地分期出售给享有租佃权的无地农民；政府在乡村组建合作社，加入合作社是无地农民从国家购置土地的先决条件。土地改革首先在阿塞拜疆省、吉兰省、克尔曼沙赫等省试行。

1962 年 3—4 月，巴列维访美，肯尼迪告诉他，美国认为伊朗应该进行根本的经济改革，越早越好，而土地改革尤其关键。巴列维决定支持土地改革以换取美国的全力援助，将阿米尼的试点改革推进为一场革命。巴列维宣称，这场"国王和人民的革命"的出发点在于避免诸如人民党所领导的红色革命和宗教领袖领导的黑色革命，是一次不流血的革命，因而是"白色革命"。

1963 年 1 月，巴列维国王正式宣布关于社会发展的六点计划：土地改革；森林和牧场国有化；将国有企业出售给公众；工人分享利润计划；给予女性选举权；成立"知识大军"（文化队）。为使白色革命具有合法性，国王举行公民投票，结果有 5598711 票支持，仅 4115 票反对。此后，土地改革由阿米尼的试验阶段转为在全国范围普遍展开。

1965 年 2 月，土地改革法案"附加条款"获准实施，白色革命进入第二阶段。根据"附加条款"的规定，地主拥有土地的最高限额减至30—200 公顷，超过部分可做以下五种选择：（1）出租土地，租佃期限不得少于 30 年，承租者缴纳货币地租，租额每五年调整一次；（2）出售土地，购地者可向国家银行申请低息贷款，10 年内付清购地款；（3）与佃农按照传统的五项要素划分土地；（4）地主与佃农合资组建农业联合体；（5）拥有土地不足 30—200 公顷者，可购买佃农的租佃权，并雇用他们作为工资劳动者。该"附加条款"涉及约 4 万个自然村落和 150 多万农户，其中 5.7 万农户购置土地，15 万农户与地主分享耕地，11 万农户加入农业联合体，123 万农户与地主订立长期租约。

1967 年政府又将六项内容列入白色革命的范围：成立农村"卫生大军"；成立"开发大军"；成立"公正之家"（即农村法庭）；水源国有化；制定全国城乡建设规划；改革行政，提高行政效率。12 月，"农场企业建立与管理法"获准实施，1968 年 1 月，"开发水坝下游土地公司建立与管理法"获准实施，白色革命进入第三阶段。在许多地区，政府打破自然村落的界限，组建大型农场，采用工资劳动，推广农业机械，实行单一作物的专门生产。此外，"分配和出售租佃土地法"于 1969 年开始实施，已与农民签订长期租约的地主须将土地出售给农民，地价由地主与农民协商解决。1971 年 9 月，政府宣布土地改革结束。

巴列维声称，发动白色革命的根本思想是"权利应归全民，而不得为少数人所垄断"，目的是"真正限制大土地占有，以利农民；真正消灭地主和佃农制度，并真正使这些佃农享有人的尊严和有可能直接从劳动中获利"。而实际情况并非如此。作为白色革命的核心内容，土地改革只涉及享有租佃权的无地农民；约占乡村人口1/3的没有租佃权的无地农民，被排斥于土地改革的范围之外。土地改革并没有真正满足广大农民对于土地的要求，相当数量的乡村人口仍然处于贫困状态。巴列维发起白色革命的真实目的，乃是通过地权的改变，否定在外地主对于乡村的统治，扩大君主政治的社会基础。在白色革命期间，享有租佃权的农民在从国家购买土地的同时，必须加入合作社。每个合作社包括2—3个自然村落、数百农户，构成乡村基本的行政单位，隶属于政府。至1972年，共计成立合作社约8800个，管辖2.3万个自然村落和150万农户。合作社的建立，标志着农民由长期依附于在外地主转变为直接隶属于巴列维王朝。

白色革命导致伊朗乡村社会和农业生产的剧烈变革。随着地权的转移和经营方式的改变，封建主义在伊朗乡村日渐崩溃。获得土地的农民由于摆脱了对在外地主的依附状态，不同程度地具有了支配生产的自主权利，加之货币关系的渗透，逐渐卷入市场经济之中，形成了广阔的自由劳动力市场，这是伊朗实现工业化的必要前提。当然，数百万无地农民移入城市，也引发了严重的社会问题，间接导致了城市社会的动荡。

以土地改革为核心的白色革命在消除地主阶级之外，还引发了宗教界与国王政权之间的尖锐矛盾。土改法案规定，公共寺院的土地须出租给耕种的佃农，租期99年；私人寺院的地产由政府买下，再出售或出租给农民。据统计，公共寺院的地产在1971年前已出租给13.57万农户。1971年4月，政府又通过将公共寺院土地卖给租种佃农的法律，据此，到1975年，这些寺院的地产已分期出售给了11.61万农户，有3595个村中寺院的土地全部卖完。此外，有928个私人寺院的土地已由政府于1968年初出租给农民，期限为30年。在绝大多数情况下，年租金比以前要少，这削减了乌里玛从瓦克夫地产中的收益。土地改革严重损害了宗教集团的经济利益。

白色革命在教育、司法、社会领域的措施同样削弱了以乌里玛为代表的宗教集团的地位，因而遭到其激烈反对。1963年1月，霍梅尼等宗教领袖发表联合声明，反对国王为使其白色革命具有合法性而进行的公民投票，呼吁人们进行抵制。1963年6月3日，霍梅尼在布道中严词谴责国王："国王先生，我要给你一些忠告！……可能这些人（指顾问和政府）想让你表现得像个犹太人，那样我就将宣布你为不信仰者，他们就可以将你赶出伊朗、推翻你！"胆敢如此公开攻击国王，霍梅尼等宗教领袖因此被捕。6月5日，在库姆、德黑兰等地爆发反政府示威和骚乱，政府做出强硬反应，进行武力弹压。1964年11月伊朗政府驱逐了霍梅尼。

以1963年6月5日骚乱为顶峰的"六月起义"，是伊朗现代史上的一个重要事件，对伊朗社会历史的发展有着深远的影响，标志着什叶派宗教集团与国王和平共处的结束，也树立了霍梅尼作为伊朗反王权的宗教—政治领导人形象。

白色革命后的六七十年代，尤其是1973年石油危机导致石油价格暴涨后，伊朗经济显著增长。伊朗经济的增长首先得益于石油出口收入暴增。1972—1977年，伊朗的石油出口收入分别为36.37亿美元、56.14亿美元、209.06亿美元、196.34亿美元、229.17亿美元、232.60亿美元。以1974年不变价格计算，国内生产总值从1960年的104亿美元增加到1977年的510亿美元，增长了389%，人均国民生产总值也从1960年的19美元增加到1977年的1930美元。经济增长伴随着快速的城市化。大量的乡村人口移入城市，从而导致城市人口的膨胀。50年代，居住在农村和城市的人口分别占69%和31%。到1976年，城市人口已超过47%，20年里增长了50%。1978年，乡村人口降至48%，城市人口升至52%，城市人口共计1782万人，其中约有半数是1963年以后来自乡村的移民及其后裔。

伊朗的军备投入和军事实力也急剧攀升。"从1950年至1971年21年间，伊朗向美国购买的武器不超过十亿美元。而从1971年至1978年，达到190亿美元的天文数字。""伊朗军费开支在整个70年代平均占国家预算的30%"，伊朗建立了当时海湾地区最强大的陆军，拥有世界上最先进的雷达、各式中短程导弹、坦克和大炮；伊朗空军的现代化程度更是不可小觑，装备着最新研制的美制飞机。巴列维坚信，凭借石油美元可以将伊朗推进到所谓的"伟大文明"时代，"在下一个25年……我们将位列世界五大强国……在12—13年内，我们将在所有领域完成基础设施建设，使伊朗的进步达到今天欧洲的水平……再接下来12年，我们将成为世界五大无核国家之一"。

　　然而，"伟大文明"的基石是不稳固的。亨廷顿曾经指出，致力于现代化的传统君主制国家的政治体制迟早会陷入一种"根本性的困境"：一方面，传统君主为了追求合法性不得不进行现代化改革，其初期现代化改革的成功有赖于削弱本来能够促进政治参与扩大的传统机构，加强君主的权威；另一方面，初期现代化改革的成功削弱了传统君主制的合法性，而传统君主制却由于其自身内在的专制逻辑而难以通过扩大政治参与获取稳定的现代政治合法性。巴列维政权的悲剧即在于其大规模推行的经济现代化和社会世俗化反过来削弱了自身的合法性，它又顽固地拒绝扩大政治参与来改善合法性状况，最终造成社会各阶层的背弃和致命的统治危机。

二　君主专制危机

　　在白色革命推动经济、社会迅速变迁的同时，伊朗的君主专制也达到登峰造极的程度。巴列维国王依靠庞大的官僚机构、装备精良的军队和萨瓦克这三大支柱来维系自己的独裁专制，把持着统治国家的绝对权力，凌驾于宪法和议会之上，立宪有名无实，宪法如若一纸空文，议会只是橡皮图章。巴列维实行党禁，力图遏制反对派的活动，清除反对派的组织基础。民族阵线、人民党等政党先后被禁，人民圣战者、人民敢死队等激进组织屡遭镇压。20世纪50年代末，巴列维授意组建国民党和民族党作为御用的政治掩饰。1964年，国民党与民族党合并组成新伊朗党。1975年复兴党取代新伊朗党，成为唯一合法的政党，据称拥有党员600万人，包括议会和内阁的所有成员，拥护宪法、君主制度和白色革命是加入该党的先决条件。

　　巴列维政权对宣传、教育领域的控制也是不遗余力。在严格的审查制度之下，新闻媒体实际上沦为政府的喉舌，按安全部门统一发布的新闻口径，宣传国王政权的开明与伟大。学校教育处在政府控制之下，所有大中小学的教材由政府统一编制，灌输忠君思想，教师的言行受到特务组织的严密监控，稍有不慎，即遭解雇，甚至招来杀身之祸。

　　巴列维的王权专制无所不在，其最典型特征是依靠保安机关实施恐怖统治，无情镇压一切不顺从者。保安网络的最重要工具是萨瓦克，这个在50年代为对付民族阵线而建立起来的组织，发展为世界上臭名昭著的镇压机关之一。萨瓦克在全国各地遍设监狱，对犯人实施酷刑拷打，使得整个民族噤若寒蝉。除萨瓦克外，还有皇家监察组织和军内第二处等秘密机构，国王凭借重重特务组织，编织着统治的罗网，监视着自己的臣民。

国王高踞统治之巅，一切重要决定都源于国王，他的意志就是法律，军队、萨瓦克、内阁、复兴党和各级官员只是供其驱使的工具，形成系国运于国王一身的政治局面。巴列维自诩："当真理的光芒像初升的太阳一般普照大地之际，我看到了伊朗的帝制是行之有效的。正如它在昔日昌盛的年代有益于伊朗人民那样，今天在原子时代它仍然保持着美妙的青春，继续造福于伊朗人民。"

巴列维幻想君主专制可以永续，事实却难以如愿。在 20 世纪六七十年代，伊朗的社会结构发生了巨大变化，各个阶层的社会地位变迁不一，但对现状满意者寥寥无几。

作为伊朗传统社会精英阶层，地主、巴札商人和乌里玛的社会地位受到了白色革命所推动的现代化潮流的巨大冲击。在外地主由于土地改革而丧失了原有的特权和影响，大多逐渐转化为资产阶级，他们往往投资现代工业，从事新型工商业经营。城市化、工业化和国家金融贷款的扩大冲击着巴札的独立性，大量外来消费品的涌入、大型超市和购物中心在城市中的扩散打破了巴札的垄断地位，而大量新型贸易公司的建立则冲击着巴札的传统销售模式。面临国王改革对自身利益的威胁，巴札商人自然不甘于被淘汰，积极投身于反国王运动。白色革命削弱了宗教集团在经济、司法、教育、社会领域的影响，更威胁到乌里玛的立身之本——宗教垄断权力。巴列维政权除了大力发展世俗教育之外，也逐步削减宗教学校的数量，以剥夺这个乌里玛的最后据点。在德黑兰，1960 年到 1975 年，32 所宗教学校减少了 9 所。同时，巴列维政府从各大学伊斯兰专业毕业生中选拔人员，设立宗教工作队和宗教宣传员，将这些"现代化的毛拉"派往全国各地，进行反什叶派传统的宣传鼓动。现代化运动所带来的西方文化的渗透和生活方式的扩散，也使乌里玛真切地感受到对伊斯兰传统的冲击。无论是出于对自身利益的维护，还是作为什叶派宗教信仰的守护者，乌里玛对巴列维的现代化当然要激烈反抗。

白色革命在挤压传统精英势力的同时，也培育了一些新的城市社会阶层。工业化、城市化和现代化运动使得产业工人、非技术工人和知识分子的规模迅速扩大。这些新兴社会阶层都是现代化的产物，虽然大多在政府主导的经济繁荣中获得了物质上的好处，但他们对于现代化的反应和巴列维政权的态度却有着微妙的差异。产业工人尽管规模较大，但经济上的好处消弭了工人阶级的政治热情，在政治上比较消沉，对国王政权并不构成威胁。非技术工人大多来自乡村，移入城市后沦为城市的最底层，虽然生活条件与乡村比有了显著改善，但是对社会腐败和贫富悬殊非常愤慨，在他们眼里，经济繁荣的结果只是少数人控制了巨大的社会财富。1973—1974 年度的调查显示，伊朗最富裕的 20% 人口占有总消费的 55.5%，而最贫穷的 20% 人口仅占总消费的 3.7%。这些对贫困异常不满的城市底层往往托庇于宗教组织，宗教热情比较狂热，成为宗教集团反政府活动得心应手的锐利武器。知识分子作为新中产阶级的主体是现代化运动的主要产物和标志，他们的立场对王权的存续至关重要，中下层官吏更是有着举足轻重的地位，他们承担着国王政治、经济、社会系统的日常管理任务。从总体上讲，这一阶层无疑是支持国王的经济和社会现代化计划的，也从这一发展中获得了巨大的好处。同时，他们渴望将伊朗的现代化推进得更全面、更彻底，解决或根除社会的不公与贫困，迫切要求分享政治权利，推进社会民主。然而，王权的专制统治阻塞了他们正常的诉求渠道，不可能满足他们的政治要求，因此，这一阶层的很多人激烈反对巴列维政权，成为反王权运动的鼓动者和组织者。

20 世纪六七十年代，在巴列维发动的现代化运动的推动下，伊朗经济有了长足发展，社会发生了重大变迁。时代潮流与社会现实都在呼唤巴列维王朝顺应时代变化，实施政治变革，走上真正全面的现代化之路。然而，巴列维政权最致命的缺点就是在迅速的社会变化面前未能改进政治参与，因而受到各个阶层的攻击，陷入了合法性危机的困境。

美国的支持是促成伊朗高速发展的重要因素，同时也进一步加剧了巴列维政权的合法性危机。1965—1971 年，美国对伊朗提供经济援助 3.491 亿美元，军援 8.041 亿美元；1970—1977 年，美国卖给伊朗的军火价值达 163.13 亿美元。同时，美国军事顾问和技术专家也源源不断地来到伊朗。1976 年在伊朗的美国公民为 3.1 万人，其中 6263 人直接与军供相关，1304 人为美国政府雇员，4959 人为民用经济顾问专家。这些美国专家及其家属都享有外交豁免权，这种治外法权被伊朗人视为对国家主权和民族尊严的亵渎。西方人、西方商品、西方生活方式的大量涌入，带来了与伊朗本土格格不入的西方文化，造成了伊朗民众文化上的陌生感和精神上的失落。在伊朗人眼里，巴列维政权已经不折不扣地成为美国的附庸，民族气节丧失殆尽，其合法性和权威性由此而受到致命打击。霍梅尼猛烈抨击美帝国主义对伊朗的新殖民统治，谴责巴列维政权丧权辱国："伊朗已经为这些美元出卖了自己。政府已经出卖了我们的独立，使我们沦落为殖民地……难道仅仅因为我们是一个弱小的民族，没有美元，就要在美国人的脚下遭受蹂躏吗？"

巴列维王权专制的延续，需要经济的继续繁荣来掩盖社会矛盾，消弭各个群体的革命潜能，然而，20世纪70年代后期，正当巴列维踌躇满志之时，伊朗这艘高速经济航船却突然触礁。由于经济规划的随意和盲目，大量石油美元的突然注入使经济过热，土地价格飞涨，通货膨胀卷土重来：生活费用1975年上涨9.9%，1976年上涨16.6%，1977年上涨25.1%。同时，世界经济的萧条减少了石油需求，伊朗的石油出口从1976年的19.27亿桶骤降到1978年的12.62亿桶。财政收入1974年盈余20亿美元，1978年则变为73亿美元的巨大赤字，对工薪阶层的征税从1975年的20.2亿美元增加到1978年的58.6亿美元。为应对日益下滑的石油收入，政府实行紧缩计划，经济增长明显下降。以不变价格计算，1972—1976年年均增长率约为7%，1977年降为1.7%。虽然大部分伊朗人都从石油繁荣中得到了好处，甚至在70年代末经济收缩时期，综合生活水平也比60年代高，但是繁荣时期人们的心理期望值极高，随之而来的经济收缩就产生了"相对剥夺感"，加剧了许多群体的不满，引发了政治上的灾难。

白色革命之后，巴列维国王发起的大规模发展计划产生了意义深远的经济、社会和政治后果。在伊朗迅速发展的生产力和政权的制度建设主动性之间产生了一道鸿沟，这一鸿沟是伊斯兰革命的首要前提。国王的发展战略导致了经济与政治领域发展的不平衡，使前者现代化而后者却停滞不前。白色革命之后，伊朗经济领域的剧烈变革和新旧势力的消长，否定着巴列维王朝君主独裁的合法性基础。新兴社会群体无缘分享政治权力，传统社会势力怨愤难遏，君主独裁的政治模式引起诸多社会阶层和教俗各界的普遍不满，进而形成以反对专制王权为共同目标的广泛联盟。随着越来越多社会群体的疏离，巴列维政权也就越来越深地陷入了孤立，成为众矢之的，伊朗政治革命的客观条件逐渐成熟。

第二节   伊斯兰革命与创建"法基赫的监护"

一   推翻巴列维王朝

20世纪70年代，伊朗的反对派组织几乎完全溃散，巴列维政权似乎无懈可击。然而，在稳定的表象之下，伊朗社会已经处于爆炸的边缘，充满了对国王政权的失望、疏远和仇恨，所需要的只是一个引爆革命火山的火花。1977年，美国卡特政府的人权政策和巴列维政府的自由化政策相结合，构成了这样一个火花。

从70年代开始，外部世界以人权名义要求国王放松社会控制、开放政治体系的压力越来越大。1972年，联合国声称发现伊朗有一贯侵犯人权的罪行；1975年，大赦国际总干事在其报告中说："世界上没有哪个国家有比伊朗更坏的人权纪录。"巴列维对自己在国际上一度享有的现代化改革者形象受损深感不安，更让他紧张的是，这种外部压力竟然主要来自于他一向视为靠山、曾经帮助他保住王位的美国。

在1976年总统大选中，民主党候选人卡特祭出了人权武器，鼓吹要在全世界增进人权和自由，宣布他的政策"将消除遭受迫害人群中经常爆发革命的根源。因此，我们不应该以一个右翼极权主义政权取代同样具有专制性质的左翼政权来实现自己的目标"。1977年初卡特就职后，在国务院设立了人权事务办公室。卡特的国家安全事务顾问布热津斯基回忆道："国务院的一些较低级别官员，特别是伊朗组负责人亨利·普雷切特受这种主张的影响而不喜欢（巴列维）国王，只想让他放弃权力。"虽然人权政策这一美国对外政策工具的形成与出笼与伊朗社会的内部矛盾几乎毫无瓜葛，但这一政策的推行却深深影响了伊朗的事态发展。作为双边交往中处于软弱、依赖地位的一方，伊朗不可避免地受到了美国政治变迁的冲击。1977年初，很可能是为了保持与美国民主党政府的和谐关系，平息对其政权日益增长的国际批评，巴列维国王开始了自由化政策。

1977年2月，巴列维政权释放了357名政治犯，标志着政治控制出现松动。3月，著名作家贾瓦迪给国王写了一封公开信，抱怨伊朗不堪忍受的状况。6月，自由运动领袖巴扎尔甘起草、民族阵线领导人桑贾比等人联署了一封给国王的公开信，哀叹伊朗贪污盛行、国王专制独裁，要求国王"遵守宪法和普遍的人权宣言的准则，废除一党制，允许新闻自由和结社自由，释放政治犯，允许政治流亡者回国，建立一个以代表大多数人为基础的政府"。8月，一群霍梅尼的追随者在德黑兰举行示威，要求允许霍梅尼归来，警察没有干预。10月23日，霍梅尼长子穆斯塔法突然去世，人们怀疑是被萨瓦克毒死的，激发了对霍梅尼的同情和怀念。11月4日，在德黑兰为穆斯塔法举行的悼念仪式上，集会人群齐声谴责萨瓦克的残暴和国王的专制，警察再次袖手旁观。

巴列维政权的铜墙铁壁开始出现第一道裂缝，鼓舞着反对派进一步采取行动，桑贾比恢复了摩萨台的民族阵线，巴扎尔甘和阿亚图拉塔勒喀尼恢复了伊朗自由运动。更令反对派感到受鼓舞的是，在1977年11月15日国王访美期间，国王的反对者和支持者在华盛顿发生激烈冲突，这一场面被伊朗电视台在全国范围内转播，反对派认为，这是华盛顿放弃对国王无条件支持的迹象。11月27日，29名反对派人士宣布建立伊朗自由和人权保护委员会，并向卡特总统发去声明，要求美国帮助在伊朗建立自由和民主。与此同时，学生们上街举行示威游行，要求国王"将卡特总统的人权计划立即付诸实施"。霍梅尼则表示："我们现在关注，现任美国政府是要为了剥削伊朗以获取物质利益而牺牲自己和美国人民的荣誉，还是放弃对这些卑鄙者（巴列维政权）的支持以重新赢得自己的荣誉和正直。"美国的人权政策使伊朗产生了这样一种感觉——华盛顿以前对国王无条件支持的政策已经改变了，国王受到卡特政府的压力而不得不改革其政治体制，尽管卡特一再宣称支持国王，但伊朗人越来越相信这一感觉。

1978年元旦，正在德黑兰访问的美国总统卡特，在新闻发布会上公开称赞巴列维的自由化政策，称赞国王在这个动乱地区创造了一个稳定的绿洲。卡特的德黑兰之行是对巴列维政权的一种支持，他的上述言论显然表达了对伊朗局势的乐观期许。然而，卡特刚刚离开，伊朗局势就急剧升温。

1978年1月7日，德黑兰最大日报《消息报》发表了一篇匿名文章，以毁谤性语言指责霍梅尼是红色殖民主义者（指苏联）和黑色殖民主义者（指英国）利用的工具。这篇文章的发表引起了教界的极度愤慨，教界开始全力反击国王政权，进而得到巴札商人的支持。1月9日，愤怒的乌里玛和宗教学校学生走上库姆街头进行示威抗议，巴札商人则关闭店铺，巴札商人与乌里玛的历史联盟得以恢复。示威者与警察发生冲突，酿成"库姆惨案"。按照伊斯兰传统，在死者去世后的第四天、第七天，尤其是第40天要举行悼念活动。2月18日，库姆惨案发生后的第40天，有12个城市爆发了示威游行，其中在大不里士，军队进行干预，枪杀了一些抗议者，造成"大不里士惨案"。40天后的3月29日，55个城市又发生示威抗议，导致新的伤亡。在这种悼念—镇压的螺旋式循环中，每隔40天的悼念活动一次又一次动员了群众，伊斯兰色彩越来越浓，参加者的宗教情绪越来越强烈，对国王的仇恨日益加深。从8月5日开始的斋月期间，在一些主要城市反国王的示威此起彼伏。8月17日伊斯法罕发生血腥暴乱，政府宣布在该城实行宵禁。8月19日，阿巴丹一影院被人纵火焚毁，烧死480人。惨剧震惊了整个伊朗，刺激革命运动进一步发展。

伊朗的局势已经非常危急，处于革命总爆发的边缘，然而，从美国得到的信息却让巴列维国王举棋不定。美国驻德黑兰大使沙利文不断警告国王，他的政府赞成和平解决危机，不希望使用铁腕手段。主张国王应该强硬的布热津斯基则抱怨，沙利文从没有"明确要求国王强硬；美国的支持和保证被同时存在的、需要朝真正民主更多进步的暗示冲淡了；与反对派结合经常被提及为理想的目标"。他认为，这样做是"有意削弱受围攻的国王，以压服其做进一步妥协，这只能加剧不稳定，最终将导致完全的混乱"。

1978年8月底，在日益增长的混乱中，国王再度换马，任命艾玛米组阁，以图摆脱政治泥潭。艾玛米呼吁民族和解，结束暴力；设立了宗教事务部；废除帝历，恢复伊斯兰历法；给予政党活动自由；撤销媒体审查制度；惩罚在大不里士和伊斯法罕杀害抗议者的责任官员；将军队撤出首都。然而，艾玛米的让步姿态并不能平息局势。9月4日和7日，德黑兰有50万人上街示威，提出建立伊斯兰政府的要求。面对局势失控的前景，艾玛米下令实行为期6个月的戒严。9月8日在德黑兰的贾勒赫广场，示威者无视戒严限制举行集会，当局派军队清场，造成大量伤亡，是为"黑色星期五"。

"阿巴丹纵火案"和"黑色星期五"之后，形势急转直下，"处死国王"已成为示威的中心口号和民众的心声，推翻巴列维王朝的统治上升为革命的首要目标。到10月，几乎所有的巴札、大学、高中、石油企业、银行、邮局、铁路、报纸、海关、国内航线、电台与电视台、国营医院、造纸厂与卷烟厂都举行了罢工。艾玛米软硬兼施，却未能恢复秩序，巴列维国王不得不邀请民族阵线领导人桑贾比组阁，但桑贾比却与自由运动领袖巴扎尔甘联合签署了一份经霍梅尼口头同意的声明，宣布君主制没有宪法和宗教合法性，将按照伊斯兰的、民主的、独立的原则，通过全民公决来确定未来的政治体制。随后，人民党领袖伊斯坎达里也发表声明，承认霍梅尼的领导权，号召组成反国王的联合阵线。至此，霍梅尼成为诸多社会群体共同拥戴的政治领袖，反王权的各个阶层实现了空前广泛的政治联合，伊斯兰革命由此进入推翻巴列维政权阶段。

与温和反对派达成妥协的希望已经完全破灭，为了应付严峻的形势，11 月 6 日，国王任命艾兹哈里建立军政府企图渡过危机。在军政府成立典礼上，在向全国转播的电视讲话中，国王公开承认了自己的错误和人民起义的合法性："作为伊朗国王和一个伊朗人，我并不反对伊朗人民的这场革命。……在伊朗人民面前我再次发誓不再重犯过去的错误，我向你们保证此前的过失、无法状态、压制和腐败将不会再出现。"军政府没有被授予实施军事管制的权力，艾兹哈里无计可施，只能延续抚慰与镇压相结合的政策。作为一种善意姿态，他停止外汇交易和资金流出；开展反腐败运动；逮捕了 14 名前政府部长和高官。与此同时，重新实行审查制度，限制集会自由，逮捕包括巴扎尔甘与桑贾比在内的一些反对派领导人，并在产油区胡泽斯坦实施戒严。

军政府成立后，罢工和示威活动确实一度有所缓和，然而，随着穆哈兰圣月的到来，局势彻底失控。11 月 23 日，霍梅尼宣布，穆哈兰月是"伟大的英雄主义和自我牺牲之月，在这个月，鲜血将战胜刺刀"，号召伊朗人民一举推翻国王政权。12 月初恰逢穆哈兰月，按照传统，要以集会、哀悼和游行来纪念喀尔巴拉事件。针对军政府的宵禁限制，反对派组织民众每天在宵禁开始时刻登上自家屋顶，大声呼喊"真主伟大"。数百万人的同声祈祷将德黑兰变为世间最大的合唱舞台，这是一种明确的民众不服从运动，这种和平的力量具有极大的震慑力。12 月 11 日，德黑兰举行了 200 万人大游行，规模宏大，纪律严明，令人震撼。国王认定这是外部敌人的一个阴谋，而霍梅尼和反对派则认为这是一次民众用双脚进行的"反对国王的公民投票"。更让巴列维惊骇的是，在 12 月 7 日的新闻发布会上，当被问及国王幸存的可能性时，卡特回答道："我不知道。……答案掌握在伊朗人民手中。"这一信息令反对派感到振奋，也使军政府勇气顿挫，不敢动用武力。

国王于12月26日询问沙利文，如果实行铁腕政策美国会有何反应。沙利文遵照指示通知国王，一个文职政府更可取，但如果它不能恢复秩序，如果武装力量有陷于瓦解的危险，国王"应该毫不迟疑地选择一个坚定的军政府，这可能会（结束混乱）"。这一回复是美国政府两派意见的折中，它的模棱两可只能使国王更加困惑。绝望中的国王不得不回过头来寻找一位文职首相，时任民族阵线副主席巴赫蒂亚尔同意组建新政府，条件是要国王暂时离开伊朗，国王同意了。12月31日，巴赫蒂亚尔上台，宣布要拯救巴列维王朝。

国王即将离开的消息，引发了新一轮政治骚动。伊朗人不相信国王会和平投降，普遍认为军队将会发动一场流血政变。反对派开始与高级军官接触，希望能赢得军队的支持，或至少保证中立。卡特同样关心伊朗军队的立场与动向，派出美国驻欧洲部队副司令休塞前往德黑兰。休塞的首要任务是防止伊朗武装力量瓦解，说服军队将领支持巴赫蒂亚尔首相，并做好一旦公众秩序崩溃就接管政权的准备。然而，沙利文强烈反对支持巴赫蒂亚尔，他告诉休塞，"我们应该跳过巴赫蒂亚尔，靠近巴扎尔甘政府"。在巴赫蒂亚尔就职后几天，沙利文会见了巴扎尔甘和乌里玛代表阿亚图拉穆萨维，鼓励巴扎尔甘与武装部队参谋长卡里巴赫伊接触。

1月7日，沙利文被授权通知国王尽快离开。1月12日，霍梅尼宣布成立一个秘密的伊斯兰革命委员会，承诺尽快组成一个过渡政府。1月13日，国王指令成立一个九人摄政委员会。1月16日，巴列维带着眷属离开伊朗。1月20日巴赫蒂亚尔扬言一旦他的政府倒台，武装力量将接管政权，卡里巴赫伊立即以武装力量不应干预政治争端为由，宣布辞职。虽然在沙利文和休塞的压力下，卡里巴赫伊同意继续留任，但他的这一表态无疑是对巴赫蒂亚尔的一大打击。

2月1日霍梅尼返回德黑兰，5日，他指定巴扎尔甘出任临时政府总理。9日至11日，在帝国卫队与起义士兵、革命游击队之间发生了一系列战斗。11日晚，武装部队宣布中立以避免更多的流血，政府和全体议员辞职，巴赫蒂亚尔匿藏。12日，巴扎尔甘进入总理府，正式接管政权。

巴列维的统治就此结束，巴列维王朝随之寿终正寝。

可以说，正是专制王权发动的经济社会现代化运动，使自己在合法性的根本性困境中越陷越深，从而为政治体系的变革创造了必要条件。经济快速发展却未能消除诸多阶层的不满，经济萧条更使伊朗政局具有潜在的爆炸性。人权政策压力之下的自由化打开了潘多拉之盒，导致政治参与膨胀和统治权威的危机。在危机期间，国王和卡特政府优柔寡断、自相矛盾，加上霍梅尼策略得当，组成反王权的全民联盟，最终锁定了巴列维王朝的悲剧结局。

二　创建"法基赫的监护"

巴列维政权垮台后，反国王联盟内部意识形态的分歧逐渐暴露，引发了联盟的瓦解和各派间的激烈斗争。引起分裂的第一个问题就是为新国家命名。颠覆王权以后，应该建立一个什么样的非君主制国家呢？这在参加反国王运动的各派力量中有着不同的答案。人民敢死队这样的左派赞成"人民民主共和国"，温和派如自由运动则提出要建立"民主伊斯兰共和国"。霍梅尼既不赞成前者，也不赞成后者，他认为这些都是源自西方的思想，是对伊斯兰的诋毁，在伊斯兰共和国的前面加上民主或进步之类的形容词，就是暗示伊斯兰既不民主，也不进步。他主张"纯粹伊斯兰"的政治体制，坚持建立"伊斯兰共和国"。霍梅尼宣布："不是'伊朗共和国'，不是'伊朗民主共和国'，也不是'伊朗民主伊斯兰共和国'，只能是'伊朗伊斯兰共和国'""不能多一个字，也不能少一个字"。这绝不是单纯名称语义或修饰符号的争论，而是反映了各个集团的意识形态主张，涉及各种政治力量、各个社会阶层在新国家中的地位以及与这种地位相适应的基本政治体制，因而是一个需要经过各种政治力量较量才能解决的问题。

1979年3月底由公民投票确定国名。虽然民主民族阵线、人民敢死队以及一些少数民族团体对投票进行了抵制，但大部分团体还是参加了投票。按照政府公布的投票结果，在"你赞成伊斯兰共和国还是君主制"的选择中，在超过1570万名选民中有98.2%的人赞成伊斯兰共和国。4月1日，霍梅尼宣布伊朗伊斯兰共和国诞生。

在国名确定以后，为了澄清伊斯兰共和国的确切含义，有必要制定一部新宪法来明确界定后国王时代的新秩序，而新宪法的起草引起了激烈争论。1979 年 3 月底和 7 月中旬，临时政府曾先后提出两个宪法草案，并未将霍梅尼关于法基赫监护的政治思想体现出来，也没有给予乌里玛或其他团体任何特殊领导地位，只是计划建立一个由五名教士、七名世俗律师组成的 12 人监护委员会，以确保所有立法符合伊斯兰原则。在争论中，霍梅尼决定选举组建一个 73 人的专家会议来审议宪法草案。在专家会议代表选举期间，迄今尚未被宗教极端主义者强调的法基赫监护原则成为一个全国性的争论话题，这种争论更加坚定了霍梅尼的原则立场——"伊斯兰革命是百分百伊斯兰的，所以它的宪法也应该是伊斯兰的"。结果，在 73 席中教士赢得 45 席，在其余世俗专家中，有 11 人是宗教极端主义者或其同情者。8 月 22 日，宗教极端主义者控制的专家会议开幕。在开幕式的讲话中，霍梅尼告诫代表们要忠诚于伊斯兰，希望他们缔造"一部百分之百伊斯兰的宪法"。专家会议历时两个多月，制定出了一部与原先草案根本不同的宪法。

这部伊朗伊斯兰共和国宪法废除了君主制，确立了一种独特的法基赫的监护体制和总统共和制。宪法规定，"伊朗政权的形式是伊斯兰共和国"，这种制度的基础是伊斯兰信仰。宪法特别强调："一切主权和立法权属于真主""所有……法律和法规都必须基于伊斯兰准则""伊朗国教是伊斯兰什叶派中的十二伊玛目派""教士依据《古兰经》和安拉的传统发挥永恒的领导作用"。人民享有言论、出版、结社和集会等自由，但不得违背"伊斯兰的基本原则"和危害"伊斯兰共和国的基础"。虽然在立法、行政、司法部门之间存在着制度上的权力分离和制衡，但没有任期限制的领袖拥有不受任何制约的权力，宪法规定，在伊玛目隐遁期间，领袖享有神圣的统治权，只对真主负责。这部宪法从基本法的角度确定了新国家的宗教属性与极权性质。

专家会议提交的新宪法引发了激烈争论，宗教极端主义者的意图遭到世俗民族主义者、伊斯兰民族主义者、逊尼派、少数民族和正统派乌里玛等政治派别的激烈反对，他们质疑领袖的无限权力，警告独裁重现的危险。面对各种指责，霍梅尼进行了坚定的反击。对于那种法基赫统治将会导致恢复独裁的指控，霍梅尼回应道："占有这种法基赫统治位置的先知穆罕默德是独裁者吗？"他再次巧妙地将各种对法基赫统治的反对等同于向伊斯兰宣战，等同于浪费"革命烈士的鲜血"，并警告法基赫统治的批评者将不能竞选总统。

对法基赫监护的争论与僵持并未持续多久，占领德黑兰美国大使馆事件以及随后的人质危机，无可挽回地以有利于宗教极端主义者的方式改变了力量平衡。虽然并非有意，但美国确实又一次成为影响伊朗事态的重要因素。

接管政权之后，巴扎尔甘的临时革命政府试图建立伊美之间互惠互利、相互尊重的双边关系，要求美国政府交付伊朗此前订购的武器和军需品余货，并出售新的武器。美国也希望伊斯兰革命不要削弱美伊双边关系，保持美国在伊朗这一重要战略据点的影响。然而，智者千虑，必有一失。1979 年 10 月 25 日，在前副总统洛克菲勒和前国务卿基辛格等人的敦促之下，也是出于对盟友的道义责任，卡特总统允许已处于绝症末日的巴列维从墨西哥进入美国治疗。华盛顿的这一举动，揭开了历史伤疤，唤醒了伊朗人对于 1953 年政变乃至于更久远的民族屈辱的沉痛记忆，在伊朗形成了一种歇斯底里的反美气氛，引发了一场强烈的政治风暴。11 月 4 日，是霍梅尼被迫离开伊朗流亡他乡 15 周年，德黑兰美国大使馆遭到伊朗激进势力的攻击，并被"追随伊玛目路线的学生"占领。他们将美国大使馆工作人员扣为人质，并查抄了数百份未及销毁的文件。人质危机从 1979 年 11 月 4 日持续到 1981 年 1 月 20 日，历时 444 天。霍梅尼将这次事件称为"伊朗的第二次革命"，甚至比颠覆国王政权的第一次革命更重要，因为它给了"大撒旦美国"一次重击。

临时革命政府受到了这一轮反美浪潮的冲击。对于占领使馆事件，巴扎尔甘与多数温和派一样，谴责这一行为违背了国际法和文明外交的基本准则，要求立即无条件释放人质。但"追随伊玛目路线的学生"拒绝服从巴扎尔甘的命令，这暴露了他的虚弱无力。11 月 6 日，巴扎尔甘政府被迫辞职，霍梅尼命令伊斯兰革命委员会接管政府。

人质危机为宗教极端主义者提供了一个绝佳的机会来动员公众支持新宪法、攻击反对派，他们巧妙地将对新宪法的反对等同于勾结美国、背叛伊斯兰革命。巴扎尔甘等人曾经抱怨新宪法给予领袖绝对的权力而没有丝毫的责任，指责霍梅尼要建立一个乌里玛享有特权地位的神权政治秩序，但现在，当这样做只能意味着站在撒旦一边反对真主、与帝国主义一起反对一个历经磨难的民族及其革命领袖时，谁还能反对这部宪法呢？巴扎尔甘和绝大多数政治集团被迫宣布，为了不损害"正在进行的反帝斗争和伊玛目的政治路线"而支持新宪法。在人质危机煽起的狂热反美气氛中，关于宪法的公民投票于1979年12月2—3日如期进行。在超过1500万张投票中，伊斯兰革命委员会宣称只有30866张反对新宪法。

攻击美国使馆事件和人质危机促发了巴扎尔甘临时政府的垮台，宗教极端主义者控制的革命委员会接管了政府。狂热的反美气氛和尖锐的对外矛盾，确保了伊朗神权宪法顺利通过公民投票，为宗教极端主义者进一步控制国家铺平了道路，使得这场以反王权开始的革命最终以伊斯兰神权体制的确立而尘埃落定。

从全过程来看，这场伊朗伊斯兰革命的实质，起先是一场人民大众反霸权主义、反君主专制的民族民主革命，所以能赢得广大民众的支持与参加，前赴后继，直至推翻君主制。在革命运动后期，由于领导权为伊斯兰宗教极端主义者所掌握，运动转轨、革命性质随之发生改变，成为一场名副其实的伊斯兰革命，最终的结果是建立了"法基赫的监护"的神权体制。

伊朗伊斯兰革命推翻了巴列维王朝的专制统治，结束了伊朗延续几千年的君主制，建立了全新的共和国，实现了彻底的民族独立，取得了很大的历史进步。在革命过程中建立的"法基赫的监护"体制，因通过公民投票和制定宪法而获得了合法性地位，采取了共和制的形式，一些政府部门之间也有着明显的分权制衡机制，无疑具备一定的宪政主义、共和主义等现代主义民主政治因素，因而可以说，伊朗的现代化取得了某种突破。

然而，这场伊斯兰革命毕竟是由传统宗教力量领导的社会政治运动，尽管它带有某些现代主义的特征，但革命所确立的"法基赫的监护"体制的本质仍然是一种古老的神权政治。伊朗伊斯兰共和国在革命后推行全面的、激进的伊斯兰化，实行"不要西方，不要东方，只要伊斯兰"的内外政策，虽然部分实现了民主、公平和独立自主，但在政治、经济、社会和外交各领域面临着重重困难。革命后的伊朗还需要在内政外交上进行后续的调整、修缮。

第五章 推行"抵抗型经济政策"：
动因、成果及前景

1979 年伊朗伊斯兰革命胜利后建立伊斯兰共和国，实现了政治、经济、社会和文化领域的全面伊斯兰化，但高度依赖石油的经济结构及"地租型"经济模式并没有发生根本性的改变。伊朗拥有丰富的能矿资源、得天独厚的地理位置和受教育程度较好的劳动力人口，也是中东地区工业体系比较齐全的国家，但一直没有能够解决好经济发展问题，地租经济模式容易受到外部冲击和滋生腐败是其根源。自 20 世纪 90 年代末以来，伊朗从未停止过推动经济私有化和多元化，但进展并不顺利。2012 年，美国奥巴马政府与欧洲发起对伊联合制裁，伊朗经济遭受重创，凸显了依赖石油天然气出口的脆弱性。对此，最高领袖哈梅内伊提出伊朗发展国内生产为核心的"抵抗型经济"的理念，并于 2014 年宣布"抵抗型经济政策总纲领"。伊朗国家经济发展战略的核心目标是让伊朗经济从根本上摆脱因国际油价波动、内部管理不善和西方制裁导致的周期性和结构性危机。2018 年特朗普政府对伊朗采取"极限施压"政策后，伊朗加速推进"抵抗型经济"建设，大力发展国内生产。在过去几年里，面对美国史上最严厉的制裁、国际油价暴跌和世纪疫情的叠加冲击，伊朗经济表现出更加强大的抗压力和韧性。未来，伊朗经济发展和结构性改革必将沿着"抵抗型经济政策"指引的路径前行。

第一节 "抵抗型经济政策"出台的背景及缘由

结构性矛盾突出是伊朗经济的痼疾，表现为经济指标"三高"（高失业、高通胀和高补贴）、生产要素低效（能源、资金和劳动力利用率低）、多数国民不参与生产和创造国家财富、大面积贫困、收入分配不合理、产业发展不均衡、经济过度对外依赖和对世界经济贡献率低等。这些问题的存在致使伊朗经济面对美国制裁极易陷入困境。

一　对伊制裁国际联盟形成

在美欧推动下，2010 年 6 月，联合国安理会就伊核问题通过第 1929 号决议。这是自 2006 年起安理会针对伊朗进行铀浓缩并可能用于核武器活动通过的第四项决议，对伊经济制裁达到前所未有的严厉程度，第一次对伊朗在国外投资、金融交易及其港口和船运做出限制，该决议的附件中还包含了对 40 多家伊朗实体的制裁。关键的问题是，美欧以此为依据推出一系列对伊朗的严厉的单边制裁。

2010 年 7 月，奥巴马对《伊朗制裁法案》进行修改，颁布了《全面制裁、问责和撤资法案》。该法案一是细化了经济制裁的内容，尤其是针对伊朗的经济命脉石油生产领域。如将原先的"伊朗油气资源开采"改为对伊朗石油资源开发、成品油生产和成品油进口进行制裁，个人或实体机构在伊朗油气资源开采、精炼石油和向伊朗出口精炼石油产品三个方面的投资受到具体数额的限制，具体内容涉及商品、服务、技术、信息、保险和再保险、金融和证券支持以及船运服务等。此外，对油气资源的定义做了进一步修改，规定"油气资源"包括原油、精炼石油产品、液化天然气、天然气资源、石油或天然气油罐车，以及用来建造或储存石油和液化天然气的油气管道所需的产品。对精炼石油产品做出具体的阐述，包括柴油、汽油、喷气燃料（包括石脑油型和煤油型）和航空汽油。二是增加了新的金融制裁措施，禁止受制裁人利用美国金融机构进行外汇交易、信贷或支付等。三是在制裁对象上增加了对政府控制的企业或实体机构的制裁，包括所有以企业机构方式运营的政府实体。[①]《全面制裁、问责和撤资法案》被称为"美国史上最严厉的"对伊制裁，解决了长期以来对伊制裁低效的问题。

2011 年 12 月 31 日，美国公布《2012 财政年度国防授权法》，重点强化对伊朗中央银行及相关银行的金融制裁。该法案要求冻结伊朗金融机构在美国的资产，对同伊朗中央银行或其他被列入制裁清单的金融机构进行

---

① 周雨环：《〈伊朗制裁法案〉及其演变》，硕士学位论文，西北大学，2018 年。

大宗金融交易的国外金融机构实施制裁。把伊朗中央银行和金融机构纳入制裁范围,对与伊朗央行结算石油进口费用的外国金融机构实施制裁,切断该国所有金融机构与美国银行体系的联系。2012 年 7 月 12 日,美国财政部推出新制裁措施,将制裁范围从金融扩展至贸易、能源和人员等多个领域。7 月 31 日,美国总统奥巴马下令对伊朗能源和石化部门采取额外制裁措施,同时还对向伊朗国家石油公司、伊朗国际贸易公司和伊朗中央银行提供物质支持,或者向伊朗政府提供金融帮助的个人和实体实施制裁,同时要求国际社会采取实质性措施配合美国制裁。2013 年 1 月,美国公布新财年《国防授权法》,不但加强了能源、船运、造船领域的制裁,还将限制伊朗在贵金属、石墨、铝、钢铁、冶金用煤和一些商业软件领域的贸易,并特别规定限制易货交易,防止伊朗规避制裁。2013 年 2 月与 5 月,美国再次出台类似的制裁措施。

欧盟委员会在 2010 年 6 月 18 日颁布第 532 号决议将联合国第 1929 号决议的制裁名单转化为欧盟制裁名单。在欧盟决议中,针对伊朗的制裁措施共分为六类,包括进出口限制、金融领域限制、运输领域限制、进入限制、资产冻结和其他限制。其中,对油气领域的限制,欧盟国家不仅禁止向伊朗提供相应的技术支持,还拒绝向伊朗提供运输石油所需要的保险、船舶运输等服务。在美国出台《2012 财政年度国防授权法》20 多天后,欧盟理事会通过了对伊朗制裁的决议,禁止成员国从伊朗进口石油并对伊朗央行实施制裁。根据相关决议,欧盟禁止成员国从伊朗进口、转运原油和成品油。对现有合同,欧盟成员国须在 2012 年 7 月 1 日前完成交易,之后全面禁止从伊朗进口石油。欧盟还禁止成员国从伊朗进口石油化工产品以及向伊朗出口石油产业关键设备和核心技术,禁止欧盟企业继续向伊朗石化产业投资或与伊朗相关企业合资经营新项目。总部位于比利时布鲁塞尔的环球银行金融电信协会(SWIFT)根据欧盟制裁决议切断了与伊朗中央银行和其他金融机构的业务联系。欧盟成员国的保险公司也不再为伊朗石油运输业务提供第三方责任保险。

美国推动和胁迫国际伙伴们加入对伊制裁。加拿大、澳大利亚、韩国和日本等多国跟随美国对伊朗采取制裁行动,日本、印度、韩国和土耳其等伊朗石油的主要进口国停止或减少从伊朗进口石油。国际对伊统一阵线使得美欧制裁的效力显著增强。

二 制裁加剧经济的不稳定

美欧主导的经济和金融制裁击中了伊朗地租型经济的软肋，使其长期存在的结构性矛盾和政府经济治理能力羸弱凸显。

第一，外汇和商品市场混乱。

随着奥巴马签署《2012 财政年度国防授权法》，伊朗本币里亚尔对美元汇率保持相对稳定的态势被打破，破坏了正向循环的金融环境。2010—2012 年，伊朗石油出口平均每天 225 万桶，同时国际油价居高不下，伊朗石油外汇收入充足。2012 年，美欧启动对伊朗中央银行和石油出口制裁，导致伊朗美元收入减少和货币里亚尔大幅贬值。1 月 3 日，伊朗中央银行里亚尔兑美元汇率为 1 美元兑 1.1179 万里亚尔，自由市场汇率为 1 美元兑 1.6 万里亚尔。10 月，自由市场汇率降至 1 美元兑换 3.7 万里亚尔，2013 年初则接近 4 万里亚尔。由于民众预期本币会继续大幅贬值，因此蜂拥抢购美元、黄金、房产、汽车等大件商品，一些商家以难以为商品定价为由关闭铺门，造成市场上出现商品短缺景象。

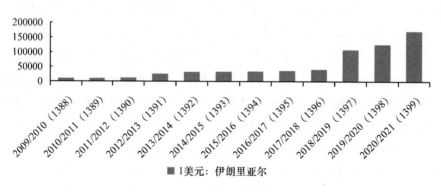

图Ⅱ-5-1 美元兑伊朗里亚尔汇率变化

由于伊朗国内生产企业严重依赖进口原材料，即便是国产商品也会受到美元汇率变化的直接影响。外汇紧张和汇率攀升会造成进口困难，影响生产并进而传导至市场供应和产品价格。进口商品及原材料等因无法及时清关而堆积在海关，导致市场上商品供需失衡和价格混乱，工厂因缺乏原材料而无法正常开工，生产停滞进一步引发了大范围的下岗潮，失业率也节节攀升。2013 年鲁哈尼上台执政时，工厂的开工率降至

30%—50%，有近 2000 个生产单位处于停产状态。失业率达 13%，经济出现负增长[①]……一些民众上街举行抗议示威，经济社会不稳定局面出现。

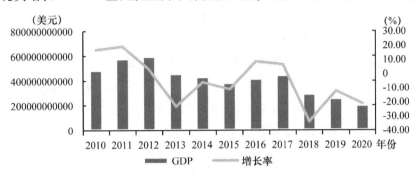

图Ⅱ-5-2 2010 年至 2020 年伊朗 GDP 变化情况

第二，新一轮通货膨胀来袭。

未能合理支配能源出口收入是经济发展和经济增长长期处于不稳定状态的关键因素。1979 年至 2012 年，伊朗经济表现总体上不佳，平均增速为 3.3%，失业率为 12.2%，通货膨胀率达到 20%。自伊朗摩萨台政府完成石油国有化之后，国家财政预算严重依赖石油出口收入，同时外汇储备也基本靠能源贸易来维持，造成了伊朗经济对石油的结构性依赖。美欧联合对伊朗发动制裁前，石油收入占伊朗外汇收入的 80%，政府财政预算的近 60%。然而，国际油价受国际局势等各种因素的制约，在多数时候呈现出较为剧烈的波动状态，从而影响伊朗经济的稳定发展。

对石油行业的过分依赖，使伊朗经济长期遭受石油美元带来的通货膨胀的制约。能源外汇直接计入政府财政预算且伊朗央行缺乏独立的决策权限，使得无论油价涨跌都会带来通货膨胀。当国际油价处于高位时，出口石油获得的外汇体量猛增，政府靠增发本国货币来抵消其对国内经济运行所带来的影响，增加货币流动性来保障经济的增长。伊朗政府从开始推行第一个"五年计划"后的 24 年里，里亚尔货币流动性年均增长达 30%[②]，

---

① 陆瑾：《试析鲁哈尼"重振经济"的路径和制约——兼议哈梅内伊的"抵抗型经济政策"》，《西亚非洲》2014 年第 6 期。

② 《议会研究中心报告：制裁不是经济困境的根源》，2014 年 2 月 25 日，http://www.khabaronline.ir/detail/340713/Economy/macroeconomics。

而当国际油价下跌时，政府不得不通过加印钞票来填补财政预算赤字缺口。2005 年至 2010 年，伊朗平均通胀率为 15.5%，2008 年上升至30%。[①] 为了应对严重的通货膨胀，伊朗央行不断加息来控制货币在市场上的泛滥，而这些又限制了资金流入实业中，人们宁可将钱存在银行获取稳定的利息收益，也不愿用于投资生产，造成多数国民不参与生产和创造国家财富的经济痼疾。充足的石油美元、持续多年的高通胀以及内贾德政府的低汇率政策，导致商品进口成本降低和本土产品被进口产品所替代，制造业自主生产能力不断弱化。

美欧制裁严重削弱了伊朗银行系统的信贷能力。内贾德政府连年财政赤字，政府拖欠企业项目资金、企业拖欠商业银行贷款，银行融资成本升高导致企业无法扩大生产规模，也无法投资技术创新，竞争力下降。随着企业倒闭，银行大量的呆账、坏账增加了金融业的系统性风险。

第三，政府管理效能低下凸显。

经济治理能力不足是伊朗伊斯兰政权长期面对的难题，内贾德政府管理不善加深了美欧联合制裁对伊朗经济的不良影响。内贾德需要政绩和选票获得总统连任，丰厚的能源外汇收入和直接进入财政预算为其快速扩张政府机构和增加发展项目投资提供了条件。在其执政期间（2005—2013年），伊朗公职人员数量和新开工项目暴增，政府开支缺少节制，奢靡浪费之风大兴。很多仓促上马的投资项目未经充分评测与论证，不仅滋生了腐败而且过度透支了政府财政。2012 年 11 月，伊朗议会对于内贾德提出质询，问责其管理混乱问题，如未能控制汇率导致高通货膨胀、严重阻碍了国内工农业生产，政府拒绝提高向农民收购谷物的价格，导致一些谷物被非法出口到国外，最终政府又以高价进口小麦；把进口基本必需品的外汇储备用于进口 1.57 万辆汽车，等等。2013 年鲁哈尼政府上台时，未能完成的工程多达 1.4 万个，仅依靠政府财政预算需要几十年才能完工。

西方制裁为掌控伊朗能源和经济的特殊利益集团创造了更大的贪腐和寻租空间，产生了一些利用经济制裁牟利的"特权人物"和高级别的腐败。大量本应归入国库的资金被转移寄存至国外账户中，一些政府官员也

---

① ［伊朗］哈米德·扎芒扎德和萨德格·阿勒侯赛尼：《处于发展瓶颈中的伊朗经济》，中心出版社 2012 年版，第 152、154 页。

参与其中，比如，包贝克·占江尼（Babak Zanjani）案件。为绕过国际制裁出口石油，内贾德政府通过富商占江尼在阿联酋、土耳其和马来西亚等国的公司代表出售了数百万桶原油。占江尼从这种不透明的石油交易中获得丰厚利益，但遭到鲁哈尼政府指控侵吞伊朗石油部数十亿美元原油贸易款。事实上，在制裁期间伊朗社会对腐败文化的接受程度不断提高，腐败呈现出普遍化的趋势。任人唯亲、大搞裙带关系等现象，无论是在政府还是在企业都司空见惯，甚至被认为理所应当。低廉的工资，职务提升依靠裙带关系而非个人表现，诚实正直的公务员生活拮据等在很大程度上促使公职人员队伍产生了腐败的念头。[1]

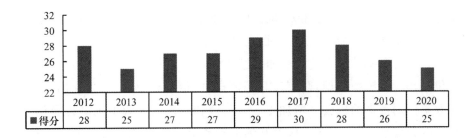

图Ⅱ-5-3　伊朗腐败指数（分）

资料来源：Transparency International，https：//www.transparency.org/en/cpi/2020/table/irn.

第二节　"抵抗型经济政策"的理念和内容

最高领袖哈梅内伊是伊朗国家发展战略的总设计师，他洞悉西方的图谋和本国经济的沉疴，并于2010年10月提出创建"抵抗型经济"的新理念，以"为民族提供在重压之下亦能保持繁荣发展的条件与可能"[2]。哈梅内伊指出："我们的敌人，想依靠经济压力、依靠制裁将其邪恶意志强加于伊朗，迫使我们俯首称臣。其中，制裁就是他们重要的手段之一。我们必须发展一种真正的'抵抗型经济'，创造就业亦涵盖于其中。"[3] 2013

---

① 参见 http：//www.tccim.ir/images/Docs/Rules/kar.pdf。
② 哈梅内伊：《会见大学生代表讲话》，https：//farsi.khamenei.ir/speech-content? id=20686。
③ 哈梅内伊：《会见全国企业家代表讲话》，https：//farsi.khamenei.ir/speech-content? id=10077。

年 11 月，伊朗与六国达成了伊核问题日内瓦初步协议，美欧取消对伊制裁指日可待。但领袖哈梅内伊高瞻远瞩，决意建立"抵抗型经济"。

2014 年 2 月，领袖哈梅内伊宣布"抵抗型经济总政策纲领"。这项国家经济发展长期战略是对"20 年发展远景规划"和"宪法第 44 条政策"的完善，主要目标是基于伊朗社会的价值观与行为规范，以及国家资源，发展出一种新的兼具圣战性、内生性、灵活性的经济模式，以降低国家经济面对国际制裁的脆弱性，并将压力转化为机遇。其具体内容包括：（1）在金融、人力、科技资源等方面提供便利条件，促进创业、最大限度提高社会各界参与经济活动，鼓励集体合作，提高中低收入阶层的收入和作用。（2）优先发展知识经济，落实国家科技综合规划，建设国家创新体制，以提高伊朗的国际地位，增加商品和服务出口比重，在知识经济方面争取本地区首位。（3）把提高效率作为经济发展的核心，加强生产要素、人力资源的能力建设、加强经济竞争力，为各地区、各省之间竞争提供平台，发挥各地地理优势以及各方面的潜能。（4）充分利用实施补贴改革计划带来的机会，增加生产、就业和效率，大幅度削减能源消费、提高社会公平指数。（5）从生产到消费环节，应当让各参与要素的价值都得到合理体现，特别是要通过提高教育、技能、创业和经验，提升人力资源价值的比重。（6）增加基础商品的国产能力，优先进口战略商品和服务，实现进口来源多样化，以降低对少数国家的依赖。（7）保障国家食品药品安全，建立战略储备，提高原材料和商品生产的产量和质量。（8）管理消费，强调执行改变消费模式的总体政策，鼓励人们使用国产商品，同时制定规划提高国产商品的质量和竞争力。（9）全面改革和加强国家金融体系，满足国家经济发展和稳定的需要，优先发展实体经济。（10）全面支持商品和服务出口，特别是高附加值产品的出口，提高外汇收入。如简化规定，增加必要的奖励；发展外贸、转运以及基础设施的服务产业；鼓励外商投资出口产业；使更多的国产商品满足出口要求，开拓出口新市场和多样化，加强与更多国家尤其是周边国家的经济合作；利用易货贸易机制，为商品交换提供便利；建设更加稳定的出口政策环境，提高伊朗在出口目的国的出口份额。（11）扩大自由区和经济特区的行动权限，不断引进先进技术，便利生产，促进商品和服务出口，争取外部需求和资金。（12）通过扩大与世界及地区国家，尤其是周边国家之间的战略联系和合作，增强国家经济抵抗能力，减少对经济的损害。利用外交手段支持经济发展。争取国际和区域性组织的援助。（13）为应对石油、天然气出口收入波动带来的损害，需挑选战略客户，采取销售方式多元化，在销售领域引入私营企业，增加天然气、电力出口、石化产品和石油精炼产品的出口。（14）增加国家石油和天然气战略储量，以提高伊朗在国际油气市场上的影响力，尤其要加强对共享型油田和天然气田的勘探和生产工作。（15）完善石油天然气工业价值链，增加石油产品附加值，提高电力、石化产品以及石油产品的产量及出口量，同时强调资源的可持续性利用。（16）取消不合理的收费，撤销冗余的政府机构，缩小政府规模，节约使用国家公共资源。（17）改变政府收入结构，增加税收在政府收入中的比重。（18）逐年增加油气出口收入划入国家发展基金的份额，使国家预算彻底摆脱对石油的依赖。（19）打击货币、商业、外汇等领域的腐败，建立防腐机制，建设透明、健康的经济。（20）弘扬"圣战"文化，发展生产和创业，增加投资就业，提高经济效益，奖励在发展抵抗经济上做出杰出贡献的人。（21）在科学、教育、媒体等领域开展对抵抗型经济的研讨，使之成为全民族的流行理念。（22）政府有义务协调并动员国家所有资源执行抵抗型经济总体政策。措施包括：认识和利用科学、技术及经济潜能以获取防御能力；采取适当的措施监测制裁计划，增加敌人的代价；通过制定有智慧的、积极的、高效的应对方案管理经济风险和随时应对国内外的干扰和破坏。（23）建立透明和顺畅的分配、定价体系，以及与时俱进的市场监管手段。（24）增加和鼓励将所有的本地产品纳入标准质量体系。

伊朗政界、学界和工商界对于"抵抗型经济政策"反响热烈。为统一认识和推动政策的落实，最高领袖哈梅内伊对该经济战略的核心要义进行了深入阐释。

第一，激活私营经济和推进全民参与经济建设是实现政策目标的必要条件。伊斯兰革命和两伊战争的胜利都体现了人民参与的力量，但其在经济领域的价值长期被忽略了。此外。在不公平竞争和制裁的冲击下，伊朗私营经济受自身能力所限出现疲软和萎缩。对此，领袖哈梅内伊明确指出，政府要引导民众广泛参与经济活动，并为他们创造必要的条件，相关政府机构如立法机构和司法机关要为此提供帮助。对于激活私营经济和让更多民众参与到经济活动中来，领袖哈梅内伊指示，要加大对私营经济领域的扶持，激活民间经济潜能。中小企业十分重要，它们直接影响着百姓的生活。要有针对性地为相关行业提供补贴，促进生产和就业，繁荣经济。"①

第二，知识型企业和科技驱动型经济是通向美好未来的宽阔大道。领袖哈梅内伊强调，减少对石油产业的依赖，是实现"抵抗型经济政策"的必要条件之一。如果能利用好西方制裁这次机会做出改变，用其他经济领域的发展代替石油业，就是巨大的成功。当下，伊朗国内有很多可以填补石油空白的行业可供选择，高新科技行业就是选项之一。伊朗智力资源丰富，人才济济，需要大力扶持。② 2012 年美欧制裁导致经济金融混乱，至少有 300 万人因企业倒闭而失业，其中很多是知识精英。

第三，把倡导厉行节俭及采购本土产品当作一场圣战。铺张浪费在伊斯兰教义中是被明令禁止的，但在伊朗在日常生活中，无论政府和民众都养成了大手大脚的习惯。政府机构臃肿低效，不合理的开支和消费带来巨大的浪费。政府利用丰厚的石油收入长期为国民提供水电气补助，并花费大量的外汇进口基本生活用品。伊朗天然气人均消费量排在世界前列，浪费现象比比皆是，偏爱洋货形成时尚。领袖哈梅内伊强调指出，新闻媒体要担负起塑造风气、形成文化、推行科学方法的责任。政府要在厉行节俭上起到带头作用，政府机构要坚持采购本国产品，助力发展本国经济。③

第四，只有惩治腐败才能获得健康、强劲的经济。2018 年伊朗议会研究中心发布报告指出，伊斯兰共和国经济腐败形成和蔓延与以下因素密切相关：宏观经济形势、垄断的存在、政府和非竞争经济、生活条件和支付系统、缺乏透明度、歧视、收入不平等和阶级差距、货币、银行和汇率政策状况、寻租和寻租型政府。如国有企业在进口原材料上能够获得官方汇率的外汇，在官方和自由市场汇率存在巨大差异的条件下很容易滋生腐败。领袖哈梅内伊要求国家公职人员一定要谨记，不要幻想能在不打击腐败的情况下，获得民众的信任与投资；同样，更不要害怕整治腐败会降低人民的参与和投资。行政机构和司法机构要密切配合，不能让害群之马打

---

① 哈梅内伊：《会见政府内阁成员讲话》，https：//farsi. khamenei. ir/speech-content？id＝20831。
② 哈梅内伊：《会见公务员代表讲话》，https：//farsi. khamenei. ir/speech-content？id＝20534。
③ 哈梅内伊：《会见政府内阁成员讲话》，https：//farsi. khamenei. ir/speech-content？id＝20831。

着经商创业的旗号,骗取银行的金融支持。[①]

第三节 推进"抵抗型经济政策"的绩效

一 落实政策存在的问题

"抵抗型经济政策"出台后的最初几年执行情况令哈梅内伊不甚满意。"抵抗型经济"是基于伊朗国内资源优势和动员广大民众参与的一种新经济模式,符合伊朗的国情。最高领袖哈梅内伊要求政府、议会和司法部门负责人认真落实"抵抗型经济政策",从总统到部长都公布了实施方案和时间表。但2018年特朗普退出伊核协议和重启对伊制裁之后,伊朗经济和金融再次陷入混乱局面。主要原因包括:

第一,未能达成统一认识。一种观点认为,不应仅将"抵抗型经济政策"的理念局限于经济领域。在2017年2月召开的伊朗全国"抵抗型经济政策"大会上,会议秘书长穆西·哈高尼提出,要让"抵抗型经济政策"上升到文化层面。如果无法形成一种整体文化或风气,那么"抵抗型经济政策"就只能停留在喊口号的层面。他表示:"在伊朗与西方接触、推行现代化进程的200年历史中,西方始终对伊朗采取敌视态度和做法,并通过政治渗透、培养意见领袖等手段不断加大其对伊朗的影响,也导致了伊朗国内一直存在着迷恋西方的投降派,而这也更加凸显了'政治抵抗'和'文化抵抗'的重要作用。"[②] 伊朗阿拉梅·塔巴塔巴依大学的马赫穆德·艾素维教授表示:"在推行'抵抗型经济政策'的过程中未能为伊斯兰教义找到合适的位置,伊斯兰文化和经济的方方面面都有密切联系,如果能将二者紧密结合,社会才能迎来经济革命。"[③]

也有观点认为,政府效率低下、贪腐严重,政治架构、规则缺失,人力不足等问题阻碍了政策的落实。伊朗国家利益委员会成员阿里·阿加默罕默迪表示:"多年来国家经济一直延续着同一种程序,国家经济屡屡受挫,正是因执行了错误的发展路线所致,我们需要对其基础框架进行改

---

① 哈梅内伊:《会见政府内阁成员讲话》,https://farsi.khamenei.ir/speech-content?id=20831。

② 伊朗神圣抵抗通讯社:《"抵抗型经济政策"执行的不足之处在于仅限于经济领域》,https://defapress.ir/fa/news/228542。

③ 伊朗学生通讯社:《研究认识"抵抗型经济政策"》,https://www.isna.ir/news/91092917765/。

革，改变来料组装的经济发展模式，努力培养本国自主科技创新能力。但这很难在短时间内见效，而政府效率低下，拖延了工作进度。① 马赫穆德·艾素维教授表示："经济机构运行不透明，财政规则缺失，各种无节制的项目开支，货币及银行体系不健全，对融资及外汇等非生产性市场缺乏足够的关注也导致了公众对职能部门的不信任。"② 设拉子省议会议员扎勒高米·萨德吉认为："国内未能组成一支由大学老师、神职人员、媒体从业者等参与的，推广'抵抗型经济政策'的教育队伍，间接导致了没能形成可供老百姓在日常生活中参考执行的贯彻'抵抗型经济政策'的生活准则。"③ 伊朗扎赫拉大学教授侯赛因·拉贾法尔认为："'抵抗型经济政策'尚未能真正围绕促进生产来开展，而以生产为支点，是'抵抗型经济政策'成功的保障。但很显然，从目前国内政治架构来看，无法实现以生产为重心，因此也无法形成长效机制。做决策必须要从全民利益出发，而非围绕特定的个人或既得利益阶层。"④

一些学者对短期内在经济上摆脱对进口的依赖深表质疑。扎勒高米·萨德吉认为："伊朗经济太过于依赖外国产品。例如伊朗石油业发展已有100多年的历史，但直至今日尚未完全掌握石油工业的核心技术。而进入21世纪以来，伊朗超过75%的进口产品集中来自海外11个国家，而其中有7个国家直接或间接受到美国的控制与支配。"⑤ 马赫穆德·艾素维教授表示："目前国家仍无法摆脱对外国商品的依赖，近年来国家在减少对进口商品依赖方面做了很大的努力，但许多基础性需求，依然只能是靠进口来保障。除此之外，极度依赖外国科技以及国际政治体系，缺乏经济外交手段等，都是制约'抵抗型经济政策'发展的关键因素。"⑥

---

① 伊朗贾姆加姆在线通讯社：《"抵抗型经济政策"执行中的长处与不足》，https：//jame-jamonline. ir/fa/news/1010203/。

② 伊朗学生通讯社：《研究认识"抵抗型经济政策"》，https：//www. isna. ir/news/91092917765/。

③ 伊朗古兰经国际通讯社：《认识本国经济的弱点是研究"抵抗型经济政策"的第一步》，https：//fars. iqna. ir/fa/news/1414947。

④ 伊朗经济在线通讯社：《以生产为支点，是"抵抗型经济政策"成功的保障》，https：//www. eghtesadonline. com/。

⑤ 伊朗古兰经国际通讯社：《认识本国经济的弱点是研究"抵抗型经济政策"的第一步》，https：//fars. iqna. ir/fa/news/1414947。

⑥ 伊朗学生通讯社：《研究认识"抵抗型经济政策"》，https：//www. isna. ir/news/91092917765/。

第二，政策落实难到位。权力机关政策执行力差在伊朗长期受到诟病。伊朗伊斯兰共和国自建立以来出台过许多涉及经济的政策、法规和计划，重要的有年度"财政预算""社会经济发展五年计划""20 年发展远景规划"和"宪法第 44 条政策"等，几乎每项政策的落实情况都不尽如人意。从 1989 年开始制订"一五计划"到目前正在执行的"五五计划"，只有极少数的年份在某些方面完成了计划指标。自 20 世纪 90 年代末以来，伊朗政府开始对由国家高度垄断的产业部门包括通信、邮电、铁路、石油化工等进行私有化，由于官僚体制低效、权力集团争利、大面积的腐败和相关法律法规不健全，私有化进展缓慢。哈梅内伊对宪法第 44 条进行了解读并宣布"宪法第 44 条政策"，为私有化进程扫清了法律和监管机制上的障碍。但因国营公司经理们的不配合，第五个"五年计划（2010—2015 年）"所规定的每年完成对 20% 的国有企业私有化仍未实现预期目标。

第三，说得很多做得很少。2015 年达成伊核协议后，伊朗外部经济环境得到了改善，石油出口量很快恢复到了制裁之前，国际公司和投资纷纷涌入伊朗市场的图景导致鲁哈尼政府的一些官员失去了落实"抵抗型经济政策"的动力，他们嘴上大讲"抵抗型经济政策"的好处，但长期停留在喊口号和工作计划层面，从未把落实政策当成紧迫性的工作付诸实际行动。哈梅内伊对此曾提出批评："就像只念药的名字而不去吃药，根本无法起到效果。"①

二　经济的韧性和抗压力增强

2018 年 5 月特朗普政府重启对伊制裁，以切断伊朗的主要经济来源和彻底摧毁伊朗经济，进而引起伊朗民众对执政者的不满和动摇伊斯兰政权的根基。在特朗普离开白宫时，美国对伊制裁已增至 1500 多项，基本覆盖了伊朗主要经济领域。美国结束对伊朗石油出口制裁的豁免权和迫使环球银行金融电信协会（SWIFT）停止为伊朗提供金融服务，以阻止伊朗石油及天然气出口、切断伊朗外汇来源，并且对继续与伊朗进行贸易活动

---

① 哈梅内伊：《国家工程师日集会讲话》，https：//farsi. khamenei. ir/speech-content？ id ＝3229 0% EF% BC% 8C2020-9-11#＿ftn8。

的第三方实施严格的"长臂管辖"。因此，伊朗经济遭到比2012年美欧联合制裁更严重的打击，再次陷入外汇收入骤减、本国货币大幅贬值、通货膨胀率严重、企业开工不足、失业人口增加、外国投资撤出和工农业负增长的困境。2020年2月之后，伊朗经济受到新冠疫情、国际油价暴跌和美国制裁的叠加冲击。边境封闭使周边贸易受阻，失去旅游业外汇收入，美国"石油清零"政策和国际需求疲软导致伊朗外汇进一步减少，经济形势十分严峻。

　　伊朗经济遭遇前所未有的困难局面，为切实落实"抵抗型经济政策"提供了新机遇。最高领袖哈梅内伊每年的新年贺词都强调发展生产，2020—2021年，政府加大了对中小企业的资金投入以促进生产，使国内生产能力无论是产品质量还是产量都获得显著提升，基本生活用品市场供应充足。2020年，伊朗工业实际增长7.5%。受美国制裁的影响，新冠疫情初期伊朗口罩、防护服和呼吸机等抗疫物资极度缺乏，但仅仅数月后，伊朗的生产能力就达到了满足国内市场需求的水平，而且对外出口。2020年7月，伊朗每天生产口罩的装机容量已达到650万只，其中N95口罩50万只，口罩产能增长了超过3000%，并且能够自主生产病毒检测试剂盒、呼吸机、口罩和防护服等。2020年3—9月，伊朗全国共有430家中小企业的产品对外出口，出口额为17.4亿美元（占全国出口比重的12.83%），同比上一年度增长16.7%。这些中小企业的主要出口目的地是巴基斯坦、伊拉克、阿富汗、阿联酋、土耳其、阿塞拜疆、亚美尼亚、印度等周边国家，主要出口商品是食品、钢制容器、塑料产品和化学品。①

　　在新冠疫情和美国制裁的双重压力下，伊朗经济不仅没有崩溃，而且石化行业在伊朗经济增长中正发挥着越来越关键的作用，极大地缓解了数十年来经济严重依赖石油和天然气出口的情况。2021年，伊朗石化产品出口价值已经超过原油出口，并且战略重心加速向石化业倾斜，每吨石化产品可为伊朗政府带来的收入是石油的15—16倍。伊朗石化行业下一阶段发展将涵盖47个项目，其中10个项目将在2022年初启动，投产后可以使伊朗石化产品年产量大幅提升。预计到2027年，伊

---

① 《伊历上半年中小企业出口17亿美元》，中华人民共和国商务部网站（http://ir.mofcom.gov.cn/article/jmxw/202010/20201003006457.shtml）。

朗石化行业收入将达到 500 亿美元，有望成为海湾地区首屈一指的石化大国。目前，伊朗石化行业所需催化剂已经实现 72% 本土化生产，计划于 2023 年实现石化催化剂全面自给自足。在石化行业的 40 种催化剂中，已有 20 种实现本土化生产，到 2022 年还将有 8 种实现本土化生产。根据伊朗石油化工研究与技术公司（PRTC）的数据，伊朗每年需要价值 2.758 亿美元的石化催化剂，实现自给自足后每年可以节省 1.5亿—1.8 亿美元的财政支出。

三　建设"抵抗型经济"的远景

"抵抗型经济政策"的实施有效地削弱了美国制裁的影响，拜登政府承认美国对伊经济制裁已失败，但伊朗经济要实现稳定、持久增长仍需要解决生产、分配和消费各领域存在的结构性问题。虽然伊朗的"抵抗型经济"建设已取得一定的进展，但要从根本上解决经济过分依赖石油业、自主科技创新能力欠缺、工业品附加值及竞争力低下、出口产品及目的国单一等问题还有很长的路要走。

首先，伊朗面临产业单一、产品附加值低、出口产品单一及出口对象国单一等问题。伊朗德黑兰总商会经济分析中心调研报告显示，2019 年，伊朗出口集中度指数为 0.43，在调研的 13 个国家中排名第一。伊朗出口联合会主席穆罕默德·拉合蒂表示，原因在于伊朗出口产品种类不够多元化，且出口目的地有限。伊朗出口高度集中于石化产品和天然气凝析油，石化产品和半成品占伊朗出口总量的 50%，而且美国的制裁造成了伊朗出口目的地有限，增加了贸易风险，伊朗出口市场受到影响。[①] 伊朗贸易促进组织莫迪迪表示，出口产品附加值低是重要原因之一，伊朗出口产品高技术含量低于 20 年前，如果没有石化和钢铁出口，伊朗出口产品技术的水平会更低。此外还存在出口商发展不均衡的问题，伊朗目前出口主要集中在钢铁和石化行业的 80 余家公司，它们的出口额占全国出口总额的 65%，剩余 1 万多家出口公司还有待发展。[②]

---

① 《伊媒担忧伊朗出口集中度过高》，中华人民共和国商务部网站（http：//ir. mofcom. gov. cn/article/jmxw/202010/20201003009060. shtml）。

② 《伊媒担忧伊朗出口集中度过高》，中华人民共和国商务部网站（http：//ir. mofcom. gov. cn/article/jmxw/202010/20201003009060. shtml）。

其次，伊朗国内科技创新实力还很薄弱，不足以支撑"抵抗型经济政策"所要求的对国内生产力的推动作用，对知识型公司的支持仍应是伊朗政府的重要政策之一。伊朗政府虽然对国内科创企业发展提供了较为宽松的政策以及相对有力的资金支持，但目前收效并不明显。伊朗科技副总统萨塔里表示："伊朗活跃着 5500 家知识型公司，创造了 30 万个直接就业机会。还应激活伊朗数千家知识型公司，在国内工业中建立一个新的生态系统，以便能够在境内生产受制裁的产品，应该在这方面充分利用有才华的年轻人的潜力。"①

可以预见，在未来相当长的时间内，"抵抗型经济政策"依然将作为伊朗改善国内经济结构性矛盾、抵抗外部制裁的指导方针。

---

① 《伊强调制裁产品生产本土化》，中华人民共和国商务部网站（http：//ir. mofcom. gov. cn/article/jmxw/202012/20201203023457. shtml）。

第六章 伊朗核政策及未来走势

2002 年爆发的伊核问题是伊朗伊斯兰共和国成立以来需要面对的仅次于两伊战争的安全问题。为了应对由此引发的军事威胁、制裁和外交孤立，伊朗采取妥协或强硬措施，其核政策体现出变与不变的特征。变主要表现在伊朗与美欧和国际社会互动方式的变化上，而不变则表现在伊朗对自身和平利用核技术权利的坚持上。伊朗核政策经历了哪些具体变化？其变与不变背后的深层动因为何？本章尝试通过解答这些问题梳理出伊朗核政策形成的因果逻辑，并为理解伊朗核政策的未来走向提供学理支持。

第一节 伊朗核技术发展历程

伊朗的核发展计划始于 20 世纪 50 年代的巴列维国王时期。20 世纪 70 年代初，伊朗提出了宏伟的"现代化计划"，而核发展计划是其中一部分。巴列维国王提出，到 20 世纪 90 年代中期，伊朗将建成 23 个用于发电的核反应堆，其发电量将达到 23000 兆瓦。[①] 为了实现这一计划，巴列维王朝建立研究机构、培养人才、增加资金投入并与核出口国合作。到 1979 年伊斯兰革命爆发，伊朗共购买了 6 个核反应堆，其中有 2 个建立在伊朗南部的布什尔地区，已分别完成建设计划的 60% 和 75%，还有 2 个核反应堆计划建在达尔克霍因地区，处于筹建状态。[②]

1979 年伊斯兰革命后，伊朗几乎停止了所有核计划。这一方面源于

---

① Morten Bremer Marli and Sverre Lodgaard, eds., *Nuclear Proliferation and International Security*, New York: Routledge, 2007, p. 96.

② Anthony H. Cordesman, "Iran and Nuclear Weapons," http://ww. csis. org.

动荡局势下大部分核科学家的出逃，另一方面源于新成立的伊斯兰共和国对包括核武器在内的先进武器的看法与巴列维国王不同。霍梅尼认为，核武器违背了伊斯兰精神，曾一度下令停止核计划。① 两伊战争改变了伊朗对先进武器的看法。在战争中，伊朗遭受了第二次世界大战以来最惨烈的、来自伊拉克的化学武器攻击，但国际社会并没有惩罚伊拉克，一些大国甚至暗中为伊拉克提供支持。这使伊朗认识到威慑性力量对国家安全的重要性。1988 年，伊朗时任军队总司令拉夫桑贾尼表示：

> 就化学、细菌和放射性武器的研发而言，很明显这些武器在战争期间具有决定性作用。而且，当战争进行到关键阶段，世界的道德说教毫无作用。国际社会不会遵守自己制定的规则并对战场上的违规行为和所有进攻行为视而不见。我们应该以进攻性和防御性的方式，用化学、细菌和放射性武器武装自己。②

1989 年，拉夫桑贾尼当选伊朗总统后立即表示："核能对我们极为重要，但我们一直没有给予足够的重视。我们一定要在我们国家发展核能技术。"③

1984 年，伊朗重启位于德黑兰的阿米拉巴德核研究中心的工作和布什尔核电站的建设，并在伊斯法罕新建了一个核研究中心。1987 年，伊朗开始建立浓缩铀和后处理设备，并开始研究激光同位素分离技术。④ 此外，伊朗寻求与核供应国合作。由于处于战争中，不能集中精力发展核技术，加之伊拉克对其核设施的轰炸，伊朗的核计划进展缓慢。

两伊战争后，伊朗核计划进入发展阶段。伊朗制定了修建核反应堆的计划并与一些国家签署合作条约，但由于资金短缺和美国的压力，伊朗的核技术发展缓慢。伊朗核问题爆发后，伊朗核技术的发展主要集中在内贾德时期。在这一时期，伊朗重启和新建了一些核设施。在核技术能力方

---

① 张铁伟编著：《列国志·伊朗》，社会科学文献出版社 2005 年版，第 301 页。

② 转引自 Etel Solingen, *Nuclear Logics*：*Contrasting Paths in East Asia and the Middle East*, Princeton：Princeton University Press, 2007, p. 165.

③ 《伊朗新总统赞成发展核能》，《国外核新闻》1990 年第 1 期。

④ Jane's Intelligence Review, Special Report, No. 6, May 1995, p. 14.

面，2006 年，伊朗宣布其已经完全掌握核燃料生产技术并已加入 8 个拥有重水技术的国家行列；2010 年，伊朗宣布其能够提炼出丰度为 20% 的浓缩铀。

根据国际原子能机构总干事 2015 年 5 月的报告，伊朗的核设施数量、离心机数量、铀 – 235 丰度为 5% 的六氟化铀数量、铀 – 235 丰度为 20% 的六氟化铀数量如下：伊朗向原子能机构申报了 18 座核设施和通常使用核材料的 9 个设施外场所，在纳坦兹和福尔多的燃料浓缩厂装有 27976 台离心机，型号为 IR – 2m 和 IR – 1。伊朗曾生产出 14936.7 公斤铀 – 235 丰度达到 5% 的六氟化铀，其中，8714.7 公斤仍为铀 – 235 丰度达到 5% 的六氟化铀形式，其余的已被进一步加工。曾生产出 447.8 公斤铀 – 235 丰度达到 20% 的六氟化铀，但从 2014 年 1 月 20 日开始，伊朗停止生产丰度为 20% 的六氟化铀，而且已经生产出来的这种核材料都已通过稀释或转化成氧化铀被进一步加工。[1]

2015 年 7 月 14 日，伊朗与美、英、法、德、中、俄六国签署《联合全面行动计划》。该计划不仅对伊朗铀浓缩能力和地点、铀储存数量和丰度、离心机级别更新年限以及阿拉克后处理厂等进行了限制，而且制定了严格的监测和核查措施。在协议规定的期限内，伊朗利用已申报设施发展核武器的铀路径基本被封死，钚路径被彻底卡断，而且不太可能实施不被外界迅速察觉的秘密核武器计划。[2] 2018 年 11 月 12 日，国际原子能机构报告认为，伊朗遵守了《联合全面行动计划》规定的条约义务。根据国际原子能机构的报告，伊朗在纳坦兹有 5060 台型号为 IR – 1 的离心机，149.1 公斤丰度为 3.67% 的铀 – 235；有 1.5 吨重水；福尔多的离心机数量少于 1044 台，其中三台用于研究目的，该工厂没有从事铀生产。[3]

2018 年 5 月 8 日，美国宣布退出《联合全面行动计划》后，伊朗多

①　IAEA Board of Governors, "Implementation of the NPT Safeguards Agreement and Rel-evant Provisions of Security Council Resolutions in the Islamic Republic of Iran," GOV/2015/34, https：//www. iaea. org/sites/default/files/gov-2015-34. pdf.

②　史建斌、朱剑钰：《试析"联合全面行动计划"对伊朗核能力的影响》，《国际论坛》2016 年第 3 期。

③　IAEA Board of Governors, "Verification and Monitoring in the Islamic Republic of Iran in Light of United Nations Security Council Resolution 2231（2015），" GOV/2018/47, https：//www. iaea. org/sites/default/files/20/11/gov2020-51. pdf.

次表示将不再遵守部分条约义务。2020 年 12 月 2 日，伊朗宪法监护委员会通过了一个新的法律，即《解除制裁和保护伊朗国家利益的战略行动计划》，授权伊朗大量开展核活动。① 截至 2021 年 2 月，经国际原子能机构证实的与《联合全面行动计划》不相符合的核活动主要体现在四个方面，即突破铀浓缩和重水储量限制、开始安装先进程度超过规定的离心机、暂停履行《联合全面行动计划》规定的自愿透明措施以及开展利用天然铀生产金属铀的研发活动。

第二节   伊朗解决伊核问题的政策

2002 年，伊朗反对派"全国抵抗委员会"（The National Council of Resistance）揭发伊朗正在秘密进行铀浓缩活动，引发伊朗核问题。伊朗核问题是近 20 年来伊朗面对的最主要的外交和安全问题，既表现为以美国为首的西方国家与伊朗之间在伊朗发展核技术的真实意图方面的分歧，也反映了美国和伊朗之间的战略限制与反限制，打击与反打击。为应对伊核问题引发的国际压力，伊朗的三位总统从哈塔米到鲁哈尼，采取了不同的政策。

一   哈塔米时期的政策（1997 年 8 月—2005 年 8 月）

哈塔米时期的伊朗核问题经历了从问题爆发到各方博弈再到暂时达成共识三个阶段。2002 年，伊朗反对派在美国揭发伊朗在纳坦兹拥有秘密的铀浓缩设备，在阿拉克拥有重水生产厂。同年 9 月 16 日，美国出示其商用卫星拍摄到的一组显示在纳坦兹和阿拉克有可疑建筑物的照片，并借此指责伊朗正在秘密发展核武器，要求伊朗接受国际原子能组织的严格核查。2003 年 2 月 9 日，伊朗总统哈塔米宣布，伊朗已经在亚兹德地区发现铀矿并已经成功提炼出铀。这意味着伊朗即将建立起完整的核燃料循环系统，而这一系统的建立不仅能够为伊朗的核电站和研究机构提供燃料，还可以为伊朗提供高浓度的铀，使伊朗存在获取核武器的可能性。受到质

---

① "Iranian Parliament Bill on Nuclear Program：Full Text in English," https：//www. niacouncil. org/publications/iranian-parliament-bill-on-nuclear-program-full-text-in-english/.

疑的核活动以及在核技术方面取得的进展，引起国际社会对伊朗可能违反《不扩散核武器条约》、发展核武器的担忧。由此伊朗核问题成为当时最主要的防扩散问题。

2003 年 2 月下旬开始，国际原子能机构专家组多次到伊朗对其核设施进行例行检查。在随后提交的总干事报告中，总干事巴拉迪明确指出，伊朗未能履行其根据"保障协定"应该承担的义务，这让国际社会进一步怀疑伊朗核活动的和平性。美国和欧盟通过武力威胁和外交施压等方式，要求伊朗进一步与国际原子能机构合作，澄清其核活动的可疑之处。为了缓解欧美的压力，避免伊朗核问题被提交到联合国安理会，在寻求与美国直接谈判未果后，伊朗开始与欧盟三国谈判，并相继发表《德黑兰宣言》和《巴黎协定》。

总体而言，哈塔米政府在伊核问题上采取的是温和与合作的政策。哈塔米政府在伊朗核问题上的目标主要集中在两个方面：维护伊朗和平利用核能的权利，利用谈判缓和与欧美的关系。有三方面因素推动哈塔米政府与欧美进行谈判。首先，避免美国的军事打击。2002 年 1 月，美国总统小布什在其国情咨文中将伊朗和伊拉克、朝鲜称为"邪恶轴心"[1]。美国在伊拉克的军事行动和相关言论对伊朗造成巨大的安全压力。哈塔米总统公开表示："他们告诉我们叙利亚是下一个目标，但是根据我们的情报，伊朗才是下一个目标。"[2] 其次，利用伊核问题从欧洲获取外交和经济收益。如《巴黎协定》规定，欧盟将为伊朗提供经济和贸易援助。最后，哈塔米政府执政理念的影响。哈塔米提出"文明之间对话"（Dialogue among Civilizations）的主张，这不仅是伊斯兰文明内部的对话，而且是世界不同文明之间的对话。在这一理念的指导下，哈塔米政府的外交政策更加务实、灵活和温和。在解决伊核问题的过程中，哈塔米政府首先寻求与美国直接对话，在没有得到美国回应的情况下，又与欧洲三国谈判。在谈判过程中，伊朗暂停铀浓缩活动以推动伊朗与英、法、德三国的谈判，以证明伊朗是可以合作和对话的对象。

---

[1]　George W. Bush, "President Delivers State of the Union Address," https://georgewbush-whitehouse. archives. gov/news/releases/2002/01/20020129-11. html.

[2]　Ray Takeyh, "Iran's Nuclear Calculations," *World Policy Journal*, Vol. 20, No. 2, 2003, pp. 21 – 28.

哈塔米政府的政策使伊朗与欧洲的关系没有因伊核问题而恶化，维持了伊朗与欧洲正在逐步改善的关系，但没能消除美国的军事打击威胁，也没能在经济和贸易领域获得实质性回报。

二　内贾德时期的政策（2005.8—2013.8）

内贾德时期的伊朗核问题经历了从谈判破裂到联合国密集制裁再到谈判三个阶段。2005 年 8 月 5 日，欧盟提出关于解决伊朗核问题的建议①，要求伊朗永久性地停止铀浓缩活动，放弃和平利用核能的权利。但是欧盟三国向伊朗提出的补偿措施在没有获得美国支持的情况下难以执行。内贾德政府拒绝了欧盟的建议并启动核活动，这意味着伊朗已不愿意为了核谈而自我约束。

2006 年 2 月 4 日，国际原子能机构通过决议，将伊朗核问题提交联合国安理会。伊核问题进入联合国密集制裁期。从 2006 年 7 月到 2008 年 9 月，联合国安理会在两年时间里通过了五个制裁伊朗的决议，而在这期间伊朗无论在浓缩机数量还是对核燃料生产技术的掌握方面都取得了一定的成就。伊朗的反应表明其愿意谈判但不愿以放弃和平利用核能的权利、暂停铀浓缩和后处理活动为谈判前提，而这与六国的提议，尤其是美国的要求相左，因此双方陷入一方加大核活动而另一方则加大制裁力度的僵持状态。

2009 年，美国开始正式参与对伊谈判。美国的参与意味着其不再坚持将伊朗暂停铀浓缩和后处理活动作为谈判的前提。伊朗在谈判中也做出了让步。虽然伊朗仍然坚持不放弃和平利用核能的权利，但同意在第二座铀浓缩工厂问题上与国际原子能机构合作，并同意由俄罗斯帮助提炼所需浓缩铀。但由于双方在核燃料交换方式和地点方面存在分歧，这次谈判成果并没有得到执行。随后，伊核问题进入伊朗继续其核活动、美欧实施制裁以及安理会五国加德国与伊朗谈判的状态。

在内贾德任期，尽管各方在伊朗核问题上进行了多次谈判，但伊朗核

---

① 欧盟三国提出的建议对伊朗的核活动进行了限制，要求伊朗必须放弃阿拉克重水反应堆，停止除轻水核电站和研究设施在内的所有核燃料循环活动。作为对伊朗的补偿，欧盟三国将为伊朗提供核燃料、支持伊朗加入世界贸易组织和购买民用航空器零配件，不入侵伊朗。

政策的主调是对抗和不合作，其目的主要体现在三个方面。第一，维护和平利用核能的权利。2005 年，内贾德刚上台便拒绝了英、法、德三国提出的包含要求伊朗暂停铀浓缩活动的提议。在随后的谈判中，是否暂停铀浓缩活动成为伊朗同美国斗争的焦点，也是谈判难以继续的主要障碍。伊朗维护和平利用核能权利的动因除了维护国家尊严和维护国家经济、安全利益外，还要借助这一权利与欧美斗争。借助这一权利，伊朗既可以继续进行铀浓缩活动、扩大浓缩规模、提高核技术，由此增加伊朗的谈判筹码，还可以削弱国际制裁的合法性。

第二，逼迫美国参与谈判。内贾德政府采取对抗政策，抨击哈塔米政府在伊核问题上的妥协和合作政策。但内贾德政府的真实意图是与美国直接谈判。据媒体报道，内贾德曾给美国总统小布什和奥巴马写信。[1] 2009 年，奥巴马当选美国总统后，内贾德向其表示祝贺，这是伊朗总统第一次这样做。2009 年，伊朗最高核谈判代表贾利利和美国副国务卿伯恩斯举行了伊斯兰革命 30 年来第一次最高级别的美伊直接谈判。2009 年，国际危机组织强调，伊朗领导层设想的与美国进行广泛战略对话涵盖双边和地区问题、在具体问题上有针对性的合作。所有这些问题都将在持久的竞争和分歧背景下进行。[2] 换句话说，伊朗既不期望实现美伊关系的全面正常化，也不期望放弃自己第三世界和反现状的身份和承诺。相反，伊朗寻求通过长期对话以减少对抗风险，推进存在共同利益的领域（战略依赖），确保伊斯兰共和国的合法性和伊朗的地区地位（间接依赖）[3]。伊朗多次提出与美国进行直接谈判，并且举行了几次高级别的会议。

伊朗将美国拉入谈判的动因在以下几个方面。第一，美国是解决伊核问题的关键国家。美国是当今国际体系中的超级大国，伊核问题不仅是美国所关注的防止核武器扩散议题，而且是美国打压伊朗的工具，因此，只

---

[1] "Ahmadinejad's Letter to Bush," http：//www. sashingtonpost. com/wp-dyn/content/article/2006/05/09/AR2006050900878. HTML；"In Rare Turn, Iran's Leader Sends Letter to Obama," http：//www. nytimes. com/2008/11/07/world/middleeast/07iran. html？_ r = 1&.

[2] International Crisis Group, "U. S. -Iranian Engagement," https：//d2071andvip0wj. cloud-front. net/b28-u-s-iranian-engagement-the-view-from-tehran. pdf.

[3] Morgane Colleau, "Iran's Janus-Faced US Policy：The Rouhani Administration between Continuity and Change, Opportunity and Constraint," in Shahram Akbarzadeh and Dara Conduit, eds. , *Iran in the World：President Rouhani's Foreign Policy*, Palgrave Macmillan, 2016, p. 41.

要美国不改变观念，伊朗难以证明其核活动的和平性。第二，内贾德的执政理念。与哈塔米通过在核问题上作出一定妥协以缓和与欧美关系的做法不同，内贾德采取的是对抗方式。内贾德重提美国是"大撒旦"的说法并不顾美国的威胁和国际压力大力发展核技术。

内贾德政府的对抗政策提升了伊朗的核能力，让美国认识到伊核问题的严重性，推动美国参与伊核谈判，促使美国的态度从要求伊朗停止铀浓缩活动向要求伊朗不获取核武器转变，但对抗政策也导致国际制裁和孤立。

三　鲁哈尼时期（2013 年 8 月—2021 年 7 月）

2013 年 6 月，哈桑·鲁哈尼当选伊朗新一任总统。鲁哈尼曾是哈塔米时期伊朗的首席核谈判代表，在伊核问题上持温和态度。在鲁哈尼时期，伊核问题可以分为全面框架协议的达成和执行两个阶段。

经过多轮谈判，2015 年 7 月 14 日，伊朗与伊核问题六国达成协议，即《联合全面行动计划》。美国和伊朗在这一协议中各有得失。对美国而言，一方面，伊朗的核扩散威胁减弱，同时该协议为美伊在中东其他安全议题上的合作提供了条件，但另一方面美国将失去借伊核问题制裁和打压伊朗的途径。对伊朗而言，一方面伊朗保留了和平利用核能的权利、改善了安全环境，但另一方面伊朗的核活动将受到国际社会的严密监控。在全面协议签署后的最初几年里各方均履行了协议条款。2016 年以来，国际原子能机构按照联合国安理会第 2231 号决议，就伊朗对协议的执行情况发布报告。报告均表示伊朗遵守了全面协议规定的所有义务，这为国际社会解除对伊朗的制裁扫清了道路。

2016 年，新当选的美国总统特朗普强烈反对《全面联合行动计划》，认为这是一个"灾难性协议"，并表示，如果不能重新谈判加以修正，美国将退出该协议。[①] 2018 年 5 月 8 日，特朗普宣布美国停止执行《全面联合行动计划》，重新对伊朗实施相关制裁。《全面联合行动计划》其他签署方均对美国的退出表示遗憾，并表示会继续支持该协议。伊朗强烈谴责了美国的行为，并逐步降低了对协议的遵守程度以回应美国。但是伊朗仍

---

① "Read President Trump's Remarks on the Iran Nuclear Deal：Transcript，" https：//abcnews. go. com/Politics/read-president-trumps-remarks-iran-nuclear-deal-transcript/story？ id＝55021089.

然继续与国际原子能机构合作，并表达自己维护全面协议的意愿。

在鲁哈尼时期，伊朗在伊核问题上采取缓和与合作的政策，其目标除了继续维护和平利用核能的权利外，还包括达成和维护《全面联合行动计划》。解除国际制裁、改变被孤立状态是鲁哈尼政府试图达成伊核协议的主要动因。首先，国际制裁导致伊朗经济恶化。从伊斯兰革命以来，伊朗便遭受美国等西方国家的制裁。联合国安理会因伊朗内贾德政府在伊核问题上的对抗行为而通过的多个制裁决议以及欧美制裁的加大进一步影响了伊朗的经济，导致伊朗石油出口量减少、高通胀率和高失业率。石油在伊朗经济中占据着重要地位，占伊朗出口收益的64%。欧盟宣布从2012年7月1日起禁止从伊朗进口石油对伊朗打击较大。在制裁前，2010/2011财年，伊朗石油生产接近3.7mb/d，其中2mb/d出口，而在制裁实施后的2012/2013财年，伊朗的原油生产和出口均减少了1mb/d。[①] 制裁还导致伊朗的高通胀率和高失业率。2011年至2013年，伊朗货币贬值导致其通胀达到60%。[②] 在内贾德第二任期，伊朗的失业率基本上保持在11%—14%。[③]

其次，伊朗在国际上更加孤立。在内贾德时期，联合国安理会通过了多个制裁伊朗的决议。尽管内贾德将联合国安理会的制裁决议视为"碎纸片"，但这些决议让伊朗在国际上处于孤立的地位。联合国安理会的决议不能通过强制手段执行，但能够对被制裁者产生道义压力。此外，联合国的成员国可以利用这些决议向被制裁者施压。如联合国安理会制裁伊朗的决议通过后，美国向其盟国施压，要求这些国家参与制裁，中断与伊朗的经济联系。内贾德的强硬核政策也导致伊朗与欧盟关系的恶化，使欧盟的立场逐渐与美国靠拢。内贾德政府的激进行为导致"欧盟以接触促变政策的破产，欧盟开始利用联合国制裁以驯服谋求改变核现状的伊朗"[④]。此

---

① "Economic Implications of Lifting Sanctions on Iran," http：//documents1. worldbank. org/curated/en/575391468187800406/pdf/98389-REVISION-BRI-PUBLIC-Box393170B-QEB-issue-5-FINAL-7-27-15. pdf，p. 10.

② "Iran's Currency Reaches Lowest Value ever against the Dollar," https：//www. arabnews. com/node/1693681/middle-east.

③ 伊朗中央银行关于失业率的统计数据，参见《伊朗失业率》，http：//zh. tradingeconomics. com/iran/unemployment-rate。

④ 吕蕊、赵建明：《试析欧盟在伊朗核问题中的角色变化与影响》，《欧洲研究》2016年第6期。

外，伊朗在国际上的孤立还表现在其与中东国家的关系上。

2018 年美国退出《全面联合行动计划》后，鲁哈尼政府的主要目标是维护这一协议。美国退出协议后，尽管伊朗增加了核活动并威胁如果其在协议中的利益得不到保障，伊朗将突破协议的限制，加大核活动，但伊朗在行动上比较克制。2018 年 5 月 24 日，国际原子能机构发布了美国退出伊核协议后的第一份伊朗核问题报告，认为伊朗仍然在与国际原子能机构合作，继续履行伊核协议。

伊朗维护伊核协议的原因在于以下几点。首先，伊核协议符合伊朗的国家利益。尽管该协议限制了伊朗的核活动，但伊朗保留了和平利用核能的权利。鉴于核技术的军民两用性，这一权利在理论上为伊朗以后发展核武器保留了机会。而且，伊朗通过协议换取了其当前最想获得的好处，即国际社会对伊朗制裁的取消。其次，伊朗难以在短期内将其核实力恢复到能迫使美国让步的水平。伊核协议几乎消除了伊朗在 2031 年之前通过正规渠道获取发展核武器所需材料的可能性。如果这一协议中途失效，有观点认为，以现有的水平，伊朗至少需要一年时间才能获取核武器。[①] 最后，伊朗需要尽力巩固《全面联合行动计划》签署以来伊朗所取得的成果。在全面协议签署后，伊朗改变了在国际上的孤立状态，进而改善了经济发展的国际环境。但美国退出伊核协议后，受美国"极限施压"政策的影响，一些国家和企业不能与伊朗开展经济联系，伊朗的经济由此受到打击。2018 年伊朗的通胀增加近 40%。[②] IMF 报告称，2019—2020 年，伊朗的经济下降了 8%，而且受美国制裁和新冠疫情的影响，伊朗经济在 2020—2021 年将进一步收缩。[③] 在这种情况下，维护协议和保持与伊核协议其他五个签署国之间的友好关系对伊朗更有利。而且，美国退出协议几乎遭到国际社会的一致反对，因此通过维护协议，伊朗可以占据道德高地。

[①]　Office of the Secretary of Defense, "Nuclear Posture Review, 2018," https：//media. defense. gov/2018/Feb/02/2001872886/-1/-1/1/2018-NUCLEAR-POSTURE-REVIEW-FINAL-REPORT. PDF.

[②]　"Iran's Currency Reaches Lowest Value ever against the Dollar," https：//www. arabnews. com/ node/1693681/middle-east.

[③]　The World Bank, "Islamic Republic of Iran Economy Overview and Outlook," https：//www. worldbank. org/en/country/iran/overview.

第三节　影响伊朗核政策的因素

哈塔米、内贾德和鲁哈尼这三位总统对待伊核问题的态度既有相同之处，也有巨大的差异。首先，三位总统都坚持伊朗和平利用核能的权利。其次，哈塔米和鲁哈尼政府对待伊核问题的政策相对温和，而内贾德政府的政策比较激进、强硬。三任总统对待伊核问题的政策差异由其所处的国际环境和伊朗国内政治共同决定。

一　国内因素

外交是内政的延续，这也体现在伊朗因伊核问题与国际社会互动的过程中。对民族尊严、独立的追求限制了伊朗在伊核问题上妥协的限度，即不能损害伊朗对核技术的掌握。作为最高领导人的哈梅内伊从维护伊斯兰政权和个人政治地位的角度出发，在伊朗核政策的形成过程中发挥了决定性的作用。伊朗国内各派系因理念分歧和权力争夺而在伊核问题上相互掣肘。伊核问题是伊朗需要面对的一个危机，但同时也是伊朗国内各种政治势力加以利用的工具。

（一）民族尊严、独立与复兴

核技术不仅拥有实用价值，如核武器能够为国家安全提供终极保障，民用核技术能够提供清洁能源和先进医疗等，核技术还具有象征意义，如掌握先进的核技术有助于提升国家的国际地位和形象。在《不扩散核武器条约》签订之前，核武器是大国身份和地位的象征。"通过获得核能力，国家期望其作为技术先进的独立大国身份应受到特别的承认。"[1]《不扩散核武器条约》签订后，国际社会逐渐形成了一种反对核武器扩散的规范，即无论是否加入该条约，国家的适当行为是不发展核武器，也不帮助其他国家获取这一武器。因此，发展核武器的国家往往会遭受国际社会的谴责和制裁，如印度、巴基斯坦和朝鲜等国。即使如此，民用核技术的象征意义仍然存在。

---

[1]　Clifton W. Sherrill, "Why Iran Wants the Bomb and What It Means for US Policy," https://www.nonproliferation.org/wp-content/uploads/npr/npr_19-1_sherrill_iran_bomb.pdf, p. 43.

核技术所具有的象征意义也影响着伊朗。首先，作为一个文明古国，掌握核技术是伊朗实现民族复兴理想的路径之一。获取先进的核技术是伊朗实现民族复兴的一部分。伊朗最高精神领袖哈梅内伊表示，"铀浓缩是一条通向科学发展之路""美国和欧盟在伊朗发展核技术问题上采取敌视态度的原因是它们不想让伊朗人民取得进步"。①

其次，对核技术的追求有助于伊朗民族独立目标的实现。拥有独立地位的国家才能够实现复兴和强大。"吸引巴列维国王复兴波斯民族的途径也能够吸引其继任者，实现独立于西方和东方的目的。"② 对伊朗伊斯兰共和国而言，独立还是其政权建立和维系的合法性基础之一。在伊朗核问题上，伊朗对核项目的坚持既是为了掌握这一技术，也是伊朗伊斯兰政权建立以来其抗争政治的延续。掌握核技术有助于伊朗在这一领域获得独立，而与西方国家的对抗有助于伊朗提升自己在国内和伊斯兰世界的地位。在伊朗看来，西方国家干涉伊朗核技术发展是为了继续控制伊朗，而伊朗坚持核计划是反控制和求独立。2003 年，哈梅内伊表示："美国带头攻击我国的伊斯兰革命，期望我们民族和政府屈服于其霸权，这也是美国在大规模杀伤性武器、人权和民主主张等问题上抨击我们的真正动机。"③ 伊朗还将核计划与20 世纪的石油国有化运动相类比。④ 而且，坚持核计划意味着伊朗伊斯兰政权为国家独立而与西方斗争，有助于获取民众对该政权的支持。

伊朗核计划所具有的象征意义导致伊朗在伊核问题解决过程中对发展铀浓缩技术的坚持。2007 年，伊朗总统内贾德曾表示，"获取核技术是民族发展和伊朗文明得以保存的关键"，而核技术值得"将其他事情暂停十年"⑤。伊朗不同政治派系常利用核问题攻击政治对手，但他们抨击的多

① 赵毅：《伊朗称美欧借核问题阻止伊朗发展》，《人民日报》2005 年3 月3 日第3 版。

② Richard K. Betts，"Incentives for Nuclear Weapons：India，Pakistan，Iran," *Asian Survey*，Vol. 19，No. 11，1979.

③ Karim Sadjadpour，"Reading Khamenei：The World View of Iran's Most Powerful Leader," https：//carnegieendowment. org/files/sadjadpour_ iran_ final2. pdf，p. 14.

④ Homeira Moshirzadeh，"Discursive Foundations of Iran's Nuclear Policy," *Security Dialogue*，Vo. 38，No. 4，2007.

⑤ Shahram Chubin，"Iran：Domestic Politics and Nuclear Choices," in Ashley J. Tellis and Michael Wills，eds. ，*Strategic Asia* 2007 - 2008：*Domestic Political Change and Grand Strategy*，the National Bureau of Asian Research，2008，p. 322.

是对手解决核问题的方式而非核项目本身。瑞士驻德黑兰前大使 Tim Guldimann 认为，要正确理解伊朗在和平利用核技术问题上的强硬立场，需要从伊朗的历史和政治文化对其身份的构建中寻求答案。[①]

（二）最高领袖

伊朗伊斯兰革命后，革命者建立起政教合一的政治体系，其核心是教法学家治国，由专家委员会选举产生的最高领袖位于伊朗权力结构的顶端。因此，作为最高领袖的哈梅内伊尽管不亲自制定国家政策，但没有他的同意，任何重大决策都难以做出。[②]

伊核问题不仅与核有关，而且和伊朗与美国的关系、伊朗在中东和国际上的地位密切相关，因此最高领袖的意见对伊朗核政策至关重要。影响哈梅内伊核政策的因素主要包括以下两个方面。第一，伊核问题是否危及伊朗伊斯兰政权的稳定和安全。伊核问题从表面上看是伊朗是否存在秘密核计划和是否违反《不扩散核武器条约》的问题，但其实质是伊朗与美国关系问题。伊朗伊斯兰共和国在建国 40 多年里仍没得到美国的承认，且其安全一直受到美国的威胁。一个广泛的看法是，伊核问题之所以在 2002 年被提出是因为美国在伊拉克战争初期取得胜利并试图借机推翻伊朗政府。由此看来，伊核问题可以被美国用作对伊朗发动战争的借口。此外，美国等西方国家借伊朗核问题实施对伊朗的制裁，以及在其推动下联合国安理会通过的制裁决议，损害了伊朗的经济，进而导致伊朗民众对政府的不满和社会动荡。最高领袖需要根据形势的发展，对伊朗应该坚持什么、反对什么以及是否应该妥协以应对国际压力作出决断。2012 年伊朗需要通过谈判缓解其面临的国内外困局。哈梅内伊对鲁哈尼政府的谈判给予了支持。在谈判过程中，哈梅内伊多次发表讲话支持扎里夫，认为其团队是在国家利益范围内进行谈判。[③] 但他也为谈判画出了红线。[④]

---

① Tim Guldimann, "The Iranian Nuclear Impasse," *Survival*, Vol. 49, No. 3, 2007.

② Karim Sadjadpour, "Reading Khamenei: The World View of Iran's Most Powerful Leader," https://carnegieendowment.org/files/sadjadpour_iran_final2.pdf, p. 1.

③ Ariane M. Tabatabai, "Where Does Iran's Supreme Leader Really Stand on Nuclear Negotiations?" https://thebulletin.org/2015/02/where-does-irans-supreme-leader-really-stand-on-nuclear-negotiations/.

④ Ariane M. Tabatabai, "Iran's National Security Debate: Implications for Future U. S. -Iran Negotiations," https://www.rand.org/content/dam/rand/pubs/perspectives/PE300/PE344/RAND_PE344.pdf.

第二，伊核问题是否有损哈梅内伊本人的领导地位。哈梅内伊在霍梅尼去世后继任最高精神领袖，享有伊朗宪法赋予的权力，但由于哈梅内伊的宗教地位和个人魅力不如霍梅尼，其在伊朗政治权力格局中并不享有霍梅尼一般的绝对权威。"由于缺少霍梅尼的象征地位和魅力，哈梅内伊必须平衡众多相互竞争的利益，以确保任何一个派系或群体不能占据能威胁其权力和特权的支配地位。"因此，哈梅内伊不仅需要在伊核问题上作出正确的决策，以证明自己的领导能力，而且需要借助这一问题平衡各派实力。

（三）派系斗争

早在霍梅尼时期，伊朗伊斯兰革命者中便存在不同派别。在后霍梅尼时期，各政治力量经过分化组合，现在主要有务实保守派、改革派、新保守派等几个派别。这些派系在维护伊朗伊斯兰政权安全问题上存在共识，但在如何实现政权安全，尤其是与西方国家互动方面存在分歧。这些分歧既源于各派系政治理念，有时也源于政治斗争的需要。

在伊核问题解决过程中，伊朗的政策是对抗还是合作，其背后均有派系的身影。首先，各派系依据自己对伊朗与外部世界关系的认知来看待伊核问题。如前文所述，属于改革派的哈塔米和鲁哈尼强调法制，对现有国际体系采取更加现实的态度，主张融入国际社会，从而试图通过妥协、谈判解决伊核问题，而属于新保守派的内贾德认为，西方国家敌视伊朗，伊朗应该重燃革命热情反击西方，从而在伊核问题上采取激烈对抗的言行。

其次，伊核问题是各派进行政治斗争的工具。"在伊朗，国内权力和资源斗争仍然是主要问题，而核问题是其中一个关键的方面。"[①] 无论是内贾德抨击哈塔米在核问题上软弱，还是改革派抨击内贾德太鲁莽，其背后均存在着打击对手、提高自我的动机。如果说伊朗政坛 1981 年、1992年和 2000 年的三波政治斗争还主要体现在对外政策方面分歧的话，2004年以来的这一轮政治斗争则更多地在于内政方面的分歧，甚至是在不同对外政策口号下的内部派系角力。[②] 一方面，各派系借助伊核问题实现本派

---

① Shahram Chubin, " Understanding Iran's Nuclear Ambitions," in Patrick M. Cronin, ed., *Double Trouble*: *Iran and North Korea as Challenges to International Security*, Westport, CT: Praeger Security International, 2007, p. 115.

② 王猛：《伊朗议会政治嬗变的历史透视》，《阿拉伯世界研究》2017 年第 4 期。

系的内政外交诉求。伊核问题爆发后，在国际社会的要求下，哈塔米政府签署了《不扩散核武器条约》附加议定书。对此改革派认为，签署附加议定书能够建立与国际社会的互信。[①] 这不仅有助于消除西方国家对伊朗核计划真实意图的怀疑，而且有助于哈塔米在国内推动法治建设。"改革者认为，国际不扩散规范建立在法律规则的基础之上，是一个市民社会的国际范本的关键部分，这也是他们在伊朗的追求。对他们建立更广泛的伊朗民主及外交政策愿景而言，遵守这些规范非常重要。"[②] 而保守派在伊核问题上采取强硬措施，除了试图将自己塑造成伊朗安全和利益的"忠实"守卫者外，还源于经济利益诉求。在内贾德上台后，伊朗伊斯兰革命卫队获得更多实惠。而且伊朗的一些宗教团体，如宗教基金组织也涉足多个产业领域。改革派的经济改革削弱了这些势力对伊朗经济的掌控力，而与西方的敌对有利于宗教团体经济利益的维护。

另一方面，利用伊核问题打压和制约对手。2005 年内贾德上台后推翻了哈塔米与欧盟三国在伊核问题上达成的协议。其言行旨在打击改革派，提升自己的实力和威望。"principlists 利用这一技巧试图削弱改革派和务实保守派对手，将其描绘成软弱、失败者和不够革命的人。与此同时，内贾德将自己树立成抵抗那些试图压制伊朗的、傲慢的外部势力，尤其是美国的领导人。"[③] 内贾德的核政策也遭到其他派系成员的抨击。当联合国安理会通过多个制裁伊朗的决议后，一名伊朗高官抨击道："在革命胜利后的 27 年里，美国一直想把伊朗提交联合国安理会，但一直没能得手，然而在不到 6 个月的时间里，内贾德做到了这一点。"[④] 2009 年内贾德的妥协行为也同样遭到批评。2009 年 10 月，内贾德与 5 + 1 达成维也纳协议。根据该协议，伊朗储存的浓缩铀的 80% 将从纳坦兹运到俄罗斯，

---

① Farideh Farhi, "To Sign or Not to Sign? Iran's Evolving Domestic Debate on Nuclear Options," in Geoggrey Kemp, ed., *Iran's Bomb: American and Iranian Perspectives*, Washington, D. C.: The Nixon Center, 2004, p. 40.

② Peter Jones, "Iran's Threat Perceptions and Arms Control Politics," *The Nonproliferation Review*, Fall 1998, note 29, p. 45.

③ David E. Thaler, Alireza Nader, Shahram Chubin and Jerrold D. Green, *Mullahs, Guards, and Bonyads: An Exploration of Iranian Leadership Dynamics*, Santa Monica, CA: Rand Corporation, 2010, pp. 76 – 77

④ Michael Slackman, "In Iran a Chorus of Dissent Rises on Leadership's Nuclear Strategy," *The New York Times*, March 15, 2006.

然后再运到法国，以为德黑兰的研究性反应堆提供燃料棒。这一协议遭到反对派领袖穆萨维和卡卢比以及拉里贾尼的谴责。他们认为，这是内贾德对西方的懦弱和迁就，是在放弃"我们伟大的遗产"。有学者认为，这一协议实际上对伊朗非常有利，伊朗国内政治是其遭到反对的原因。[1] 同样，鲁哈尼的核政策也遭到革命卫队和议会的一些保守派成员的反对。[2]

由此可见，派系政治对伊朗核政策主要有两方面的影响。首先，来自不同派系的总统，其核政策存在差异。如果总统来自于改革派和务实派，伊朗在核问题上采取对话方式且作出妥协的可能性大。反之，如果总统来自保守派，伊朗核政策的对抗性更强。其次，派系斗争影响伊朗国内关于核问题的舆论环境，进而对政府形成制约。如前文所述，伊朗三位总统在处理伊核问题时，其政策均遭到其他派系的攻击。内部和公开的争论是伊朗共识构建过程的一部分[3]，因此，这些攻击不仅能够对政府产生制约作用，而且会影响最终政策的形成。

二　国际因素

国际因素对伊朗核政策的影响主要表现在两个方面。一是国际因素对伊朗核技术发展的影响。早在 1947 年，德国物理学家维尔纳·海森伯格（Werner Heisenberg）便警告说，发展原子弹"对任何国家而言不再是一个科学问题，而是一个工程问题"[4]。但事实上，并非所有国家都有能力发展核技术。而且一些国家即使有能力，其核项目的发展也需要外部的援助。如前所述，在巴列维王朝时期，美国是伊朗核技术的主要提供者，而在伊朗伊斯兰共和国时期，伊朗与法、德、俄、中等国签署核合作协议。这些合作进展得是否顺利将影响伊朗核技术的发展进程。二是国际因素对

---

[1]　George Perkovich, "Nuclear Quagmire with Iran," https：//carnegieendowment. org/2009/11/24/nuclear-quagmire-with-iran-pub-24223.

[2]　Mehdi Khalaji, "Khamenei vs. Rouhani：Projecting very Different Views on the Nuclear Deal," https：//www. washingtoninstitute. org/policy-analysis/view/khamenei-vs-rouhani-projecting-very-different-views-on-the-nuclear-deal.

[3]　Ariane M. Tabatabai, "Iran's National Security Debate：Implications for Future U. S. -Iran Negotiations," https：//www. rand. org/content/dam/rand/pubs/perspectives/PE300/PE344/RAND_ PE344. pdf.

[4]　Kurt M. Campbel, Robert J. Einhorn and Michell B. Reiss, *The Nuclear Tipping Point：Why States Reconsider Their Nuclear Choice*, Brookings Institution Press, 2004, p. 5.

伊朗解决伊核问题政策的影响。伊核问题爆发后，伊朗面临巨大的国际压力，主要包括军事安全威胁、外交孤立和经济制裁等。这些压力还可能影响伊朗国内舆论和政治生态，进而影响伊朗的政策。

伊朗核政策的国际因素主要包括美国、欧盟三国、中国、俄罗斯及伊朗周边邻国。

（一）美国对伊朗核政策的影响

在伊核问题爆发前，美国主要通过国内立法和阻挠其他国家与伊朗合作影响伊朗核技术的发展。首先，美国颁布多个从技术获取到资金来源限制伊朗发展核武器的法令。1991 年海湾战争结束后，美国对伊朗和伊拉克推行"双重遏止"战略，而削弱伊朗经济、阻止伊朗获取先进武器成为这一战略的主要内容。1996 年，美国将其于 1992 年通过的《伊朗—伊拉克防扩散法》（the Iran-Iraq Arms Nonproliferation Act）禁令扩大到与核、生物和化学武器相关的技术上。同年，为了阻止伊朗获得支持恐怖组织、推进核项目和大规模杀伤性武器的财政来源，美国国会和行政部门开始通过次级制裁对伊朗的能源部门施加经济压力。2000 年，美国实施《伊朗、朝鲜、叙利亚防扩散法案》（Iran-North Korea-Syria Nonproliferation Act，INKSNA）。根据该法案，美国将对那些被美国政府报告列为援助伊朗大规模杀伤性武器项目的外国个人或公司进行制裁。根据这些法案，美国对多个国家的个人和公司进行制裁。①

其次，向在和平利用核能领域与伊朗进行合作的国家施压。两伊战争结束后，伊朗加快了发展核项目的步伐，与巴基斯坦、阿根廷、中国和俄罗斯等国签订了和平核能合作协议。但在美国的干预下，这些合作要么终止，要么进展缓慢。如 1997 年，中国宣布终止与伊朗在和平利用核能方面的合作。受资金短缺和美国的影响，俄罗斯在与伊朗的核合作中没有完全如期履行协议，如布什尔核电站的建成一再延期。

伊核问题爆发后，美国的应对策略以军事威胁和经济制裁为主。首先，美国一直表示不排除对伊朗进行军事打击的可能性。美国国会授权美

---

① 遭到美国制裁的个人和公司信息详见 Congressional Research Service, "Iran Sanction, 2020," https://crsreports.congress.gov/product/pdf/RS/RS20871/303？_ _ cf_ chl_ jschl_ tk_ _ = pmd_ bsVR6xP6es3BWlQKwQzsPpc63QNwTnz_ o. YB8hMShio-1629858157-0-gqNtZGzNAeWjcnBszQkl。

国政府利用"一切适当的手段威慑、阻止和防范伊朗获取核武器"①。2011 年底 2012 年初，美国连续向波斯湾派驻"卡尔文森"号和"罗纳德里根"号航母战斗群，防范伊朗采取过激行动。美国国防部长帕内塔等高官表示，伊朗拥有核武器和封锁霍尔木兹海峡是美国的政策红线，一旦触及，美国将采取军事行动予以打击。②

最后，美国逐渐构建起包括美国单方制裁、欧洲盟国制裁和联合国授权制裁等对伊制裁体系。美国针对伊朗核问题采取的单方面制裁措施主要包括对既有制裁措施的更新、总统签署行政命令以及国会通过新的制裁法案。美国针对伊朗的制裁范围涉及以下几个方面。第一，对与伊朗发展大规模杀伤性武器相关的个人和实体进行制裁。这些措施主要包括 2005 年的《伊朗武器扩散法》、第 13382 号行政命令、《伊朗制裁法案》和《伊朗自由和反扩散法》等。被制裁的对象为与伊朗发展大规模杀伤性武器相关的伊朗政府机构、企业和个人以及其他国家政府机构、企业和个人。第二，金融和银行制裁。这些制裁措施主要包括《伊朗综合问责、撤资、制裁法》《2012 财年美国国防授权法》、第 13645 号行政令等。此外，美国财政部还开展了一项"针对性金融措施"活动，以劝说外国银行停止与伊朗的交易。金融和银行制裁的目的是禁止伊朗进入美国金融系统和国际银行体系。第三，针对伊朗石油工业和部门的制裁。第四，针对伊朗非石油工业和部门的制裁。制裁措施主要包括《伊朗自由与反扩散法》、第 13645/13846 号行政命令等。

美国一直主张将伊核问题提交到联合国安理会。在伊核问题爆发后，美国多次敦促国际原子能机构将这一问题提交到联合国安理会。最终，由于内贾德政府执行强硬的核政策，2006 年 2 月 4 日，国际原子能机构理事会以 27 票支持、3 票反对和 5 票弃权的结果通过欧盟提出的向联合国安理会报告伊朗核问题的提案。2006 年 7 月 31 日，联合国安理会通过关于伊朗核问题的第 1696 号决议，要求伊朗于 8 月 1 日之前暂停所有与铀

---

① "108th Congress, 2nd Session, H. CON. RES. 398, Concurrent Resolution," May 6, 2004, http：//thomas. loc. gov/. 转引自顾国良《美国对伊政策：伊朗核与导弹问题》，《美国研究》2006 年第 1 期。

② "Leon Panetta Warns Iran to Keep Strait of Hormuz Open," https：//latimesblogs. latimes. com/world_ now/2012/01/panetta-warning-iran-hormuz. html.

浓缩相关的活动，并呼吁伊朗与国际原子能机构合作。至此，美国实现了将伊朗核问题提交到联合国安理会的目的。这一方面可以借助全球力量约束伊朗，另一方面也可以为美国可能进一步采取的措施提供合法性。

美国的大棒政策对伊朗产生了一定的影响。在伊核问题爆发初期，伊朗与欧盟三国签署协议并约束自己的核活动，积极配合国际原子能机构的核查活动。这固然与欧盟三国的斡旋密切相关，但也不能否认美国在这期间的军事威胁对伊朗的影响。鲁哈尼在总统辩论时表示："2003—2005 年核暂停是消除威胁，化危为机，避免伊朗成为下一个阿富汗和伊拉克，也证明伊朗发展核武器是彻底的谎言。"[①] 但在内贾德时期，美国仍然表示：一切选项都放在桌面上。2011 年和 2012 年，美国在加大对伊朗的经济制裁的同时，也加大了军事压力。但伊朗不仅没有放缓核活动，而且加快了进程。这一方面因美国在该地区呈收缩态势削弱了威胁的可信性，另一方面也因为内贾德常常以强硬对抗强硬。这表明，威慑的可信性不仅取决于威慑信号发出者的实力和意志，也取决于信号接收者的特性。

就制裁的影响而言，美国针对伊朗核计划的单方面制裁历史较长，但并没能阻止伊朗核技术的发展，也没能在伊核问题爆发后导致伊朗妥协。但推动联合国通过制裁伊朗的协议和盟国制裁，制裁对伊朗的影响增加。在伊核协议达成后，伊朗最高领袖哈梅内伊曾明确表示，伊朗愿意谈判核问题，其根本目标是终结非正义的经济和金融制裁。[②]

（二）欧盟三国对伊朗核政策的影响

欧盟是伊朗核问题的重要参与者，也是影响伊朗核政策的主要外部因素。在 2002 年伊核问题爆发后，欧盟同样对伊朗软硬兼施，其目的是在防止伊朗获取核武器的同时，展现欧盟外交理念和作为一个整体在国际事务中发挥影响的能力。[③] 首先，欧盟主张通过谈判解决伊核问题。在伊核问题爆发初期，当美国小布什政府借伊核问题向伊朗发出战争威胁时，欧

---

① "Rohani, US-Engineered Sanctions against Iran Illegal," http：//theiranproject. com/blog/2013/05/29/us-engineered-sanctions-against-iran-illegal-rohani/. 转引自赵建明《鲁哈尼当选对伊朗核问题的影响》，《西亚非洲》2013 年第 6 期。

② Ayatollah Khamenei, "Leader's Letter to President Rouhani Regarding the JCPOA," https：//english. khamenei. ir/news/2336/Leader-s-letter-to-President-Rouhani-regarding-the-JCPOA.

③ 吕蕊、赵建明：《试析欧盟在伊朗核问题中的角色变化与影响》，《欧洲研究》2016 年第 6 期。

盟呼吁通过和平方式解决问题并进行积极斡旋。随后，由于伊朗的内贾德政府采取强硬的核政策，欧盟将伊核问题提交到联合国并推动联合国安理会通过多项对伊朗的制裁决议，而且欧盟及其部分成员国也相继单独或集体对伊朗实施制裁，但欧盟的目的仍然是迫使伊朗与国际社会进行实质性谈判。

其次，欧盟对伊朗进行制裁。内贾德出任伊朗总统后，伊朗在伊核问题上的强硬立场导致欧盟态度的转变。2006 年 9 月，当美国将《伊朗—利比亚制裁法案》更名为《伊朗制裁法案》后，欧盟没再要求美国对欧盟企业进行二级制裁豁免，这意味着欧盟在伊核问题上的立场逐渐与美国靠近。同年，欧盟将伊核问题提交到联合国安理会并与美国一道推动联合国安理会通过多项制裁伊朗的决议。2010 年联合国第 1929 号决议通过后，欧盟针对伊朗的制裁几乎和美国对伊朗的制裁一样广泛。但由于联合国安理会的制裁没能达到预期效果，伊朗不仅没有约束其核活动，而且有加速发展核能的趋势，欧盟进一步采取单独的制裁措施。

欧盟对伊朗的制裁包含根据联合国制裁决议进行的制裁和欧盟单独进行的制裁，主要涉及三个方面：针对大规模杀伤性武器及其运载工具的制裁、石油禁运和金融制裁。欧盟针对伊朗的石油禁运和金融制裁对伊朗经济造成沉重打击。经济学人智库（Econimist Intelligence Unit）的数据显示，石油出口占伊朗出口总收入的 80%，占政府收入的 50%—60%。而欧盟在对伊朗实施制裁前是伊朗主要的石油出口市场。因此，欧盟禁止从伊朗进口石油影响伊朗的出口收入和政府收入。不仅如此，由于欧盟禁止为伊朗石油出口提供运输保险和金融保险，伊朗向非欧盟国家和地区出口石油也将受到影响。2012 年，伊朗的原油和凝析油出口降至 1986 年以来的最低水平。2012 年，伊朗的净石油出口收入为 690 亿美元，远低于2011 年的 950 亿美元。[①] 欧盟对伊朗资金的冻结影响了伊朗的外汇收支平衡、经济发展和物价的稳定。2012 年，欧盟迫使欧洲的世界银行间金融通讯协会（Society for Worldwide Interbank Financial Telecommunication, SWIFT）停止为受制裁的伊朗个人和实体提供金融传输服务。这导致伊朗

---

① "Sanctions Reduced Iran's Oil Exports and Revenues in 2012," https：//www. eia. gov/today-inenergy/detail. php? id = 11011.

被隔绝于国际金融结算领域，在一定程度上是比能源禁运更可怕的制裁措施。[①]

欧盟不断加大针对伊朗的制裁也使其与美国的制裁步调接近。这一方面有助于以美国为首的针对伊朗的制裁联盟的形成，另一方面也使伊朗在国际舞台上面临更大的国际压力。如前文所述，伊朗核问题爆发以来，美国在既有制裁措施基础上从力度和范围上加大对伊朗的制裁。由于美国与伊朗的经济联系较少，而且受单方面制裁局限性的影响，美国制裁伊朗的效力并不理想。与伊朗联系密切的欧盟加入美国的制裁体系对伊朗的影响更大。"对制裁国家形成合围是制裁的理想状态，而主要国家的参与是制裁生效的必要条件。"[②] 就伊朗因伊核问题而承受的国际压力而言，尽管该问题的实质是美国和伊朗的关系问题，但其他国际力量也将会影响伊朗对抗美国的实力和手段。欧盟既可以是伊核问题爆发初期阻止美国对伊朗采取更加激烈手段的主要力量，也可以在奥巴马任总统时期增加伊朗的国际压力，缩小伊朗的国际活动空间。随着欧盟、日本、韩国和土耳其等国加入美国的制裁联盟，伊朗丧失了制衡美国最重要的外交手段和砝码。[③]

2015 年解决伊核问题的《全面联合行动计划》签署后，欧盟是该协议的主要维护者。首先，欧盟为协议的执行提供资金和技术支持。其次，欧盟根据协议规定取消针对伊朗的相关制裁。2016 年 1 月 16 日，国际原子能机构确认伊朗执行了全面行动计划中的相关措施后，欧盟取消了所有针对伊朗的与核相关的经济和金融制裁。[④] 最后，在美国退出协议后，欧盟积极维护协议。2018 年特朗普政府退出《伊核全面协议》后，欧盟对美国的批评和对该协议的坚持是伊核协议得以保存的推动力量。为了维护协议，欧盟采取了一系列措施。为了保护欧盟企业免于遭到美国的制裁，欧盟于 2018 年 8 月 16 日激活 1996 年的阻断法案（2271/96）。为促进同伊朗

---

① 吕蕊、赵建明：《试析欧盟在伊朗核问题中的角色变化与影响》，《欧洲研究》2016 年第6 期。

② 赵建明：《制裁—反制裁的博弈与伊朗的核发展态势》，《外交评论》2012 年第 2 期。

③ 吕蕊、赵建明：《试析欧盟在伊朗核问题中的角色变化与影响》，《欧洲研究》2016 年第6 期。

④ 仍有效的制裁措施包括：禁止向伊朗出售武器、导弹技术，以及其他对核扩散敏感的武器，用于内部镇压的物品和装备。禁止伊朗个人和实体侵犯人权或支持恐怖主义访问欧洲国家，冻结他们在欧盟的活动资产。

的合法金融交易和正常贸易，2018 年 9 月，德国、法国、英国、俄罗斯、中国和伊朗同意建立特殊目的通道（special purpose vehicle，SPV）[①]。由于世界银行间金融通讯协会在美国压力下于 2018 年再次切断与被美国制裁的伊朗银行的联系，欧盟企业缺少同伊朗进行商贸活动的金融支持服务，2019 年 1 月 31 日，法国、英国和德国发表联合声明，宣布建立"贸易结算支持机制"（Instrument for Supporting Trade Exchanges，INSTEX）[②]，以支持欧盟与伊朗间的合法贸易行为，宣布关注不受制裁的货物交易，包括药品、医疗器械和食物。2019 年 4 月，伊朗建立"特殊贸易和金融工具"（STFI）；2019 年 12 月，欧洲又有 6 个国家加入 INSTEX 系统，该机制随后寻求加快医疗交易的处理，以帮助伊朗应对 2020 年的新冠疫情。2020 年 3 月 31 日，INSTEX 完成其第一笔交易，价值约 54 万美元的医疗设备。但此后该工具一直处于休眠状态。

欧盟对伊核协议的支持是伊朗继续留在该协议内的重要推动因素。如果欧盟与美国采取一致立场，无论伊朗是否遵守伊核协议，该协议将名存实亡。如果欧盟采取消极立场，不为伊朗提供解决因美国恢复制裁而出现的问题的措施，美国对伊朗的极限施压政策的效力将更大，而伊朗也很可能在核问题上作出突破性动作。因此，欧盟为支持伊核协议而采取的措施以及为伊朗维护通过核协议获取的具体利益提供了援助，也有助于伊朗拓展反击美国的阵营。但是，需要注意的是，伊核问题的实质是美伊两国关系问题，欧盟在其中的作用并非决定性的。欧盟因支持伊核协议而对伊朗核政策产生的影响能否持续还有待观察。

（三）中国和俄罗斯对伊朗核政策的影响

伊核问题爆发后，中俄在伊核问题上的政策选择主要受防止核武器扩散、大国竞争和经济利益等因素的影响。中国和俄罗斯是国际不扩散规范体系的维护者，无论从不扩散规范还是从国家利益的维护出发，两国都不希望伊朗在核技术方面取得突破性进展或直接突破核红线。因此，伊核问题爆发后，中俄两国要求伊朗配合国际原子能机构的调查，赞同欧美在联合国发起的针

[①]　关于阻断法案和特殊目的通道执行难度的分析，详见吕蕊、赵建明《欧美关系视角下的伊朗核问题——基于 2016 年以来欧美伊核政策的比较分析》，《欧洲研究》2019 年第 1 期。

[②]　关于贸易结算支持机制影响的分析，详见王柏苍、邹蕴涵、张安、靳烨《欧盟—伊朗支付系统 INSTEX 结算机制影响分析及建议》，《国际合作》2020 年第 1 期。

对伊朗核活动的国际制裁。地缘政治和经济利益也是影响中俄两国在伊核问题上立场的主要因素。中俄反对以武力手段解决伊核问题，反对以伊核问题为借口干涉伊朗内政，削弱或更迭伊朗现政权，因为这将削弱中东地区反对美国单边霸权主义的力量，损害中俄在中东的政治经济利益。①

中俄对伊朗核政策的影响主要体现在以下几个方面。首先，对伊朗核技术发展的影响。俄罗斯是伊朗核技术的主要来源国，两国签订了多个核合作协议。俄罗斯是否履行协议、以什么方式履行协议都将影响伊朗核技术的发展进程。1995年，俄罗斯总统叶利钦向美国总统克林顿承诺，俄罗斯将不会为伊朗建造核离心厂。1998年，俄罗斯和伊朗签署的协议将布什尔核反应堆项目变成交钥匙项目，即由俄罗斯技术人员而不是伊朗人来建造。2007年2月，俄罗斯和伊朗因核项目付款问题而爆发争端，原计划3月交付的货款到2007年底和2008年初才得到支付。此外，双方在布什尔核反应堆启动时间上存在分歧。伊朗方面表示将在2008年夏启动50%的产能，但俄罗斯方面表示2008年底之前都不能启动。俄罗斯对俄美和俄伊政治经济关系的权衡及其国内政治变动影响了俄伊两国在核领域的合作。通过与伊朗在核领域的合作，俄罗斯不仅获得了经济收益，而且密切了和伊朗的政治联系。但在处理俄美关系时，俄伊核合作存在被工具化的现象。

其次，中俄主张通过和平方式、反对美国采取单边方式解决伊核问题的立场为伊朗开展第三方外交以削弱来自欧美的压力提供了条件。伊核问题爆发初期，伊朗主要借助与欧洲三国的谈判缓和紧张局势，对抗美国的强硬。在内贾德政府时期，伊朗一面以强硬核政策对抗美国和欧洲的压力，一面借助核技术合作、能源合作领域的合作将中俄等国与伊朗利益捆绑在一起，以拓展外交空间，并削弱美国和欧洲的攻势。②由于中俄等国的反对，美国针对伊核问题提交到联合国的决议草案并非都能通过，而且有些决议草案即使通过，其对伊朗制裁的力度也有所减弱。

最后，中俄反核扩散的立场在一定程度上约束了伊朗核政策选择。对伊

① Robert O. Freedman, "Russia, Iran and the Nuclear Question: The Putin Record," https://www.files.ethz.ch/isn/47007/Russia_Iran_Nuclear_Question.pdf.
② 杨明星：《"第三方外交"理论与实践——伊朗外交研究》，博士学位论文，上海外国语大学，2009年，第95—117页。

核问题采取软硬兼施的美国在对伊朗进行战争恐吓的同时一直试图在这一问题上取得国际社会的支持，而联合国安理会决议是展现这些支持的主要方式。当伊朗的内贾德政府通过加快发展本国核技术和强硬的外交政策回应美欧的施压时，国际社会因担心伊朗实现核突破、违反核不扩散规则而支持欧美的提议，使美国实现了合围伊朗的目标。最终结果是联合国安理会通过了相关制裁和敦促伊朗采取合作措施的决议，使伊朗面临巨大的国际压力。

（四）中东邻国对伊朗核政策的影响

在伊朗的中东邻国中，以色列和一些阿拉伯国家对伊朗核计划的发展十分敏感。相关国家认为，如果伊朗的核计划不能受到限制，将会危害周边国家的安全、改变中东地区权力格局、提升伊朗在伊斯兰世界的影响力，因此期望迫使伊朗放弃其核计划并在解决伊核问题的过程中削弱伊朗的国家实力。为了实现这些目标，相关国家采取军事威胁、隐秘破坏行动、游说盟国等措施向伊朗、盟友和国际社会施加压力。

首先，以色列试图对伊朗核设施进行军事打击。2003 年伊拉克的萨达姆政权被美国推翻后，以色列和伊朗因共同敌人的消失而进入对抗加剧的状态。以色列认为，伊朗获取核武器将对其国家生存构成威胁，因此，伊朗核问题爆发以来，以色列多次表示一切选项均在桌上。[1] 有分析认为，以色列已经拥有对伊朗关键核设施进行军事打击的能力[2]，但安全机构内部对军事打击的成本效益的评估存在分歧。[3] 军事打击将引发的政治后果和是否能够彻底消除伊朗发展核武器的意图以及美国的态度是影响以色列选择的主要因素。

其次，破坏伊朗核计划。2015 年 10 月，以色列军事情报局前局长在回答关于以色列是否会在未来十年与伊朗开战的问题时表示："我们已经与伊朗开战了。这是一场技术战争；我们的工程师正在与他们的工程师斗

---

① "Iran: Statements by Israel Leaders—Nov 2009," https://mfa. gov. il/MFA/ForeignPolicy/Iran/Pages/Iran_ Statements_ Israeli_ leaders-Nov_ 2009. aspx.

② Austin Long and Whitney Raas, "Osirak Redux? Assessing Israeli Capabilities to Destroy Iranian Nuclear Facilities," *International Security*, Vol. 31, No. 4, Spring 2007; Jim Zanotti, Coordinator, Kenneth Katzman, et al., "Israel: Possible Military Strike against Iran's Nuclear Facilities," https://sgp. fas. org/crs/mideast/R42443. pdf.

③ Dalia Dassakaye, Alireza Nader, Parisa Roshan, "Israel and Iran: A Dangerous Rivalry," https://www. rand. org/content/dam/rand/pubs/monographs/2011/RAND_ MG1143. sum. pdf, pp. 36 – 40.

争，这种斗争在未来只会加剧。"① 自伊核危机爆发以来，伊朗的核设施
遭到网络攻击，多名核科学家被暗杀，其核设施出现爆炸等非正常现象。
尽管以色列官方对此保持沉默，但伊朗坚持认为这是以色列所为。这些举
措是否会影响伊朗的核政策仍存在争议。一些人认为，破坏行动发生后，
伊朗向其核计划投入更多的资金和资源，而另一些人认为，此类活动破坏
了伊朗的核计划。美国和以色列于 2010 年发动的网络攻击导致在纳坦兹
浓缩厂运行的 5000 台离心机中的 1000 台失效。奥巴马政府官员声称，这
一行动将伊朗的核活动推迟了两年。②

　　再次，游说美国政府。以色列和美国的阿拉伯盟友认为，伊朗试图获
取核武器，要求美国向伊朗施压。他们一方面想借此迫使伊朗放弃核计
划，另一方面想借伊核问题削弱伊朗的实力。在奥巴马政府寻求与其他五
国一道与伊朗就解决伊核问题进行谈判的过程中，以色列和一些阿拉伯国
家多次提出反对意见。2015 年全面伊核协议达成后，以色列指责这一协
议是"历史性错误"，一些阿拉伯国家对此也持负面态度。③ 以色列总理
内塔尼亚胡不惜与奥巴马政府发生矛盾，甚至到美国国会游说议员反对这
一协议。2021 年拜登政府决定就其重返伊核协议进行谈判后，以色列军
事首长试图向拜登政府施压，警告其不要重新加入这一协议。④

　　最后，一些阿拉伯国家提出发展核能的主张。自伊核危机爆发以来，
海湾地区的沙特、阿联酋等国提出发展核能以为本国提供电力，并与美
国、法国等核技术供应国签订条约。这些国家缺少发展核技术的人才、技

　　① "Rosh Aman: Anu Be'milhama Technologit Im Iran Ve'hem Metsamtsemim Pearim," Haaretz,
November1, 2015, http://www. haaretz. co. il/news/politics/1. 2765400. 转引自 Dalia Dassa Kaye,
"Israel's Iran Policies after the Nuclear Deal," https://www. rand. org/content/dam/rand/pubs/perspec-
tives/PE200/PE207/RAND _ PE207. pdf #: ~: text = Israeli% 20officials% 20and% 20analysts%
20argued% 20that% 20the% 20deal, the% 20agreement% 20if% 20Iranian% 20cheating% 20were%
20not% 20detected% 29.

　　② David E. Sanger, "Obama Order Sped up Wave of Cyberattacks against Iran," The New York
Times, June 1, 2012.

　　③ 关于阿拉伯国家对伊核协议态度的论述，详见 Harvard Kennedy School Belfer Center for Sci-
ence and International Affairs, "Iran and the Arab World after the Nuclear Deal: Rivalry and Engagement in
a New Era," https://www. readkong. com/page/iran-and-the-arab-world-after-the-nuclear-deal-4247684.

　　④ Laurie Kellman, "Israeli Military Chief Warns of New Plans to Strike Iran," https://abc-
news. go. com/International/wireStory/israeli-military-chief-warns-plans-strike-iran-75495500.

术和资源，因此此举通常被认为是对伊核问题的反应。2018年，沙特王储穆罕默德·本·萨勒曼公开表示，如果伊朗发展核武器，沙特将迅速效仿。其实，早在2003年，《卫报》就曾报道，沙特领导人正在考虑三个选项，即获得核能力作为威慑，与提供保护的现有核国家保持或结成联盟，实现无核化。① 此外，为了消除伊朗发展核武器的可能性，在沙特的鼓动下，2007年海湾合作委员会成员国承诺不单独进行铀浓缩，并同意为铀浓缩的所有用户建立一个区域联盟，以防止滥用裂变材料，并鼓励伊朗接受这一提议，从而防止伊朗进行铀浓缩活动。

通过对影响伊朗核政策的内外因素所包含的具体内容的分析，可以粗略地归纳出这些因素发挥作用的基本路径及结果。首先，伊朗对和平利用核技术权利的坚持几乎不受国内政治派系和国际压力的影响。对这一权利的坚持既蕴含着伊朗人民的民族情感，也是伊朗伊斯兰共和国政权维护其合法性的需要。在伊核问题爆发初期，伊朗曾暂停铀浓缩活动，但其强调这是自愿行为。这具有两方面的用意。一方面，这说明伊朗的暂停行为并非哈塔米政府在欧美压力下的投降行为，其用意具有内向性；另一方面，这强调暂停行为具有可逆性，而且主动权在伊朗手中。

其次，国际压力能促进伊朗核政策发生改变。多份报告认为，伊朗在2003年停止其"秘密核计划"，这一时间节点预示着美国军事威胁的作用。如果这源于当时是温和派执政，那么2012年美欧联合向伊朗施压后，由保守派执政的内贾德政府在伊核问题上的态度变化说明，当面临巨大的国际压力时，伊朗的核政策会发生不以派系为分界的调整。

再次，当欧美在伊核问题上的分歧妨碍其联合向伊朗施压时，由温和派执政的伊朗政府比由保守派执政的伊朗政府更倾向于与国际社会合作。如与欧盟三国和与美、英、法、德、中、俄达成协议的均为温和派执政的政府。

最后，中俄和伊朗的中东邻国对伊朗核政策能产生边缘但不可忽略的影响。中俄可以借助与伊朗在核技术上的合作和国际地位影响伊朗核技术发展进程，增强或减少伊朗承受的国际压力，进而影响伊朗的核政策。伊朗的中东邻国对伊朗核政策的影响不能脱离其与美国的同盟关系，但如果

---

① Tariq Khaitous, "Egypt and Saudi Arabia's Policies toward Iran's Nuclear Program," https://www.nti.org/analysis/articles/egypt-and-saudi-policies-toward-iran/.

其安全和地区权力争夺方面的关切得不到满足，在美国试图从中东撤出的背景下，这些国家，尤其是以色列的举动应是关注的重点。

第四节　伊核政策的展望

2021年初拜登执政的美国政府提出重返《联合全面行动计划》，似乎给协议的重启带来希望。2021年4月6日，伊核协议相关方在维也纳举行会谈。伊朗期望美国全面取消特朗普政府实施的制裁，并担心美国再次出现与特朗普政府类似的退出行为，而美国只愿意取消针对伊朗核活动的制裁，期望伊朗将其核活动恢复到《联合全面行动计划》规定的水平，并试图对伊朗的导弹项目和地区行为进行限制。在取消制裁问题上，美国还存在以非核为借口保留原本该取消的制裁。由于双方存在分歧，且代表保守派的莱希在6月中旬当选伊朗总统，历经六轮的谈判暂停。

莱希政府将采取什么样的核政策备受关注。从莱希和其外交部长的言论及伊朗过去20年的核政策中，可以对莱希政府的核政策进行粗略的判断。首先，莱希政府会继续与伊核协议其他签署国进行谈判，并期望能有成果。莱希当选伊朗总统后表示，伊朗将支持在维也纳举行的核协议谈判。维护协议也符合伊朗的国家利益。除了前文所述的政治、经济、核权利和道义方面的因素外，继续谈判和维护协议有助于减小伊朗的国际压力。如果伊朗拒绝谈判或进一步提升核活动水平，不仅美国的制裁会加强，而且欧洲国家可能会再次被推向美国，根据2015年伊核协议达成前的经验教训，这应该是伊朗想极力避免的状况。由于美国的制裁严重影响伊朗经济，因此将解决经济问题列为首要任务的莱希政府会在谈判中作出妥协，以促使美国取消制裁。

其次，莱希政府会降低伊核谈判在伊朗内外事务中的重要性。2021年6月20日，莱希表示："伊朗的外交政策不会从核协议开始，也不会到核协议结束。我们强调，它将与伊朗和所有国家之间广泛和平衡的交往联系在一起。"① 一方面，伊核协议对莱希政府和鲁哈尼政府的意义不同。

---

① 《伊朗新总统8月就职 伊核协议谈判提速有两大难点》，https：//m. gmw. cn/baijia/2021-06/24/1302375242. html。

对鲁哈尼政府而言，该协议是其主要的政治成就，而对莱希政府而言，该协议是其维护伊朗国家利益的工具。另一方面，与哈塔米和鲁哈尼政府倾向于通过与西方国家合作以建立信任不同，内贾德和莱希政府倾向于认为西方国家，尤其是美国不可信。因此，对温和派而言，伊核协议不仅能够维护国家利益，而且是构建伊朗与西方世界关系的桥梁，但对强硬派而言，伊核协议更多的仅仅是国家利益的体现。特朗普退出《全面联合行动计划》并重新对伊朗实施制裁的行为进一步破坏了美伊双方信任的建立。伊朗担心未来的美国政府会重新采取类似特朗普政府曾采取的政策。欧盟三国在这期间没能从实质上有效缓解伊朗的压力也让伊朗对其在解决伊核问题上的作用产生怀疑。因此，即使伊朗需要通过核谈判解决美国的制裁以修复经济，但为了规避风险，伊朗将从策略和战略上降低伊核协议的重要性。

2021 年 11 月底，相关各方重启恢复伊核协议的谈判，但 2022 年 3 月以后，由于美伊双方在是否将伊朗伊斯兰革命卫队从美国认定的国外恐怖组织名单中去除上存在分歧，谈判陷入僵局。伊朗提出这一要求的用意是什么？伊朗伊斯兰革命卫队在 2019 年被特朗普政府指定为国外恐怖组织前，已经被美国财政部和反恐部门指定为恐怖组织，因此特朗普政府的举动更多地只具有象征意义。伊朗可能旨在迫使美国撤销对伊斯兰革命卫队的制裁。但美国将伊斯兰革命卫队指定为恐怖组织既与革命卫队在伊朗核计划中的作用有关，也与伊朗在中东地区的行为有关，因此具有复杂性。伊朗也有可能出于试探美国的真实意图而提出这一要求。在俄乌战争背景下，美国如何界定伊朗势力在中东地区的边界，美国与其中东盟友的关系如何发展？伊朗还有可能为了拖延而提出这一要求。伊朗经受住了特朗普政府的"极限施压"政策的冲击，而且其离心机仍在运转，时间似乎在伊朗这边。但这也可能带来风险。如果谈判失败，伊朗一方面可能将面临更严厉的制裁，另一方面可能将面临军事风险。以色列尽管反对伊核协议，但基本上接受了延迟伊朗取得核突破时间的思路，其关注重点主要集中在对伊朗核计划进行暗中破坏和打击伊朗在中东的势力这两个方面。如果谈判僵局久拖不决或失败，以色列对伊朗核设施采取军事行动的可能性将增加。

第七章　伊朗什叶派的历史演进

伊朗是当今世界上最大的什叶派国家。7世纪,什叶派开始在伊朗缓慢发展。1501年,萨法维王朝确定什叶派为国教后,这一教派才开始成为伊朗绝大多数人的信仰。伊朗的什叶派化不仅使得波斯人替代阿拉伯人成为什叶派内的第一大民族,也导致什叶派就此与伊朗的历史发展高度紧密地结合在一起。什叶派乌里玛力量的逐步壮大以及他们与王权之间复杂的互动关系成为自萨法维王朝到1979年伊斯兰革命胜利前伊朗的突出现象。1979年之后,以霍梅尼为首的乌里玛执掌了国家政权,创建了独特的法基赫体制,使得什叶派伊斯兰教本身也发生了巨大变化。虽然什叶派乌里玛成为伊斯兰政权的最大受益者,但40多年来,远远没有满足人们发展意愿的客观现实严重威胁着该政权的合法性。

第一节　萨法维王朝与伊朗的什叶派化

680年的卡尔巴拉事件是什叶派走向一个宗教派别的起始点,也是什叶派在伊朗传播的开端。10世纪以后,什叶派在伊朗的影响扩大。1501年,具有什叶派倾向的萨法维教团建立了萨法维王朝,什叶派被立为国教。萨法维王朝各君主积极支持什叶派发展,并与什叶派乌里玛合作,使得伊朗的什叶派化进程在这一时期最终完成。

一　什叶派的起源及其在伊朗的早期传播

632年,伊斯兰教先知穆罕默德归真后,穆斯林内部在继承人问题上产生了严重的分歧。先知的女婿阿里的支持者坚持认为,先知生前已经明确指定阿里为继承人,只有阿里及其男性后裔才是先知的合法继承人。阿里的支持者后来发展成为什叶派（Shi'a）。656 年，阿里就任第四任哈里发，随后与出身倭马亚家族的叙利亚省省长穆阿维叶产生军事冲突。661年，阿里遇刺身亡，穆阿维叶宣布自己为哈里发并在大马士革建立倭马亚王朝。680 年，阿里的次子、先知穆罕默德的外孙侯赛因及其追随者在前往库法的路上，于卡尔巴拉（现伊拉克南部）被倭马亚王朝第二任哈里发叶齐德派出的军队杀害。这便是伊斯兰教历史上著名的"卡尔巴拉惨案"，从此什叶派开始由一个政治派别向宗教派别转变。

什叶派不承认倭马亚王朝的合法性，为此曾在 684 年和 685 年分别发动"忏悔者"运动与穆赫塔尔起义反对倭马亚王朝，同时还提出了"还权于先知家族"的合法主义口号，这在伊朗东部呼罗珊地区波斯人中产生共鸣。阿拉伯人征服了波斯的土地，使得波斯人对倭马亚王朝心存不满。波斯人具有重视以家族继承为特征的君主制的传统，而且什叶派第三任伊玛目侯赛因娶了萨珊帝国末代国王叶兹格德三世的一个女儿为妻①，波斯人因此更容易接受什叶派关于继承权的主张。

750 年，同为先知家族的阿拔斯人②借助"还权于先知家族"的口号，联合什叶派与呼罗珊人共同推翻了倭马亚王朝，建立了阿拔斯王朝。阿拔斯人虽与阿里同为先知的家族，但与什叶派真正想要还权的对象——阿里的后裔，相去甚远。因此，阿拔斯王朝建立后与什叶派决裂，同时开始打压什叶派。什叶派第六任伊玛目贾法尔·萨迪克（Ja'far al-Sadiq，702—765 年）发展了什叶派教义，确立了伊玛目教义的基本要点。由于阿拔斯王朝对什叶派的迫害，贾法尔·萨迪克要求什叶派穆斯林采取不卷入政治事务的现实立场，什叶派的塔基亚原则③在这一时期定型。

10 世纪中期以来，在布韦希王朝（945—1055 年）的支持下，什叶派在伊朗得到进一步发展。纪念侯赛因殉难的阿舒拉节与纪念先知宣布阿里为继承人的盖迪尔·胡姆节成为公众节日。11 世纪中期，在塞尔柱王朝取代布韦希王朝后，什叶派在伊朗再次遭到打压。13 世纪上半叶，什叶派与苏菲派相融合，形成了具有伊朗特色的苏菲什叶派。苏菲派吸收了

---

① Bertold Spuler, *Iran in the Early Islamic Period*, Leiden：Brill, 2014, p. 168.

② 阿拔斯人是先知的叔父阿拔斯的后裔。

③ 塔基亚原则允许教徒在一段时间内，为躲避宗教与政治迫害而隐瞒自身的真实信仰，放弃某些宗教习俗或者礼仪。

什叶派伊玛目继承的理论，为苏菲长老继承制寻求合法性支持。

1258 年，蒙古人灭亡了阿拔斯王朝。在伊朗占统治地位的逊尼派开始衰落，什叶派获得了扩大影响的机会。蒙古人建立的伊儿汗国实行宗教宽容政策，其第八任君主完者都（Oljetu，1304—1316 年在位）曾短暂地奉什叶派十二伊玛目派为国教，这表明了什叶派已有能力从宗教领域进入国家政治领域的事实。14 世纪以后，伊朗的逊尼派出现了普遍的什叶派化倾向，这尤其体现在伊朗的两个苏菲教团——库布拉维耶教团与努尔巴赫什教团上。它们虽然在教法上属于逊尼派，但具有明显的什叶派倾向，这代表了 14 世纪以来伊朗逊尼派以苏菲派为桥梁而出现的什叶派化趋势，在其后的黑羊王朝时期，这表现得更加明显。黑羊王朝国王杰汗·沙赫（Jahan Shah，1438—1467 年在位）的母亲就葬在伊斯法罕两名伊玛目后代陵墓的旁边。在黑羊王朝发行的钱币中，同时存在逊尼派与什叶派元素。黑羊王朝所展现出的这种教派上的矛盾性正是伊朗逊尼派的什叶派化过程中的特征。有学者因此认为，黑羊王朝事实上属于苏菲什叶派。[①] 伊朗的什叶派化进程最终由 16 世纪初期建立的萨法维王朝完成。

二　伊朗在萨法维王朝时期的什叶派化

萨法维王朝的建立肇始于萨法维教团的兴起与发展。萨法维教团本是一个位于阿塞拜疆地区的苏菲教团，萨法维教团的第一代长老萨菲·丁（Safi al-Din）成功将一个苏菲教团转变为以萨法维家族为核心的萨法维苏菲教团。在第三代长老霍瓦贾·阿里（Khvaja Ali）领导时期，萨法维教团吸收了一部分什叶派伊玛目传承的理念，为萨法维教团世袭制的长老继承制寻求正统性，其子易卜拉欣（Ibrahim）完善了教团的组织机构并积累了大量财富。这为萨法维教团从一个远离政治的宗教组织转变为一个具有浓厚军事色彩的政治组织做好了准备。在易卜拉欣之子朱奈德（Junayd）与朱奈德之子海达尔（Haydar）担任教团领袖时期（1447—1488 年），萨法维教团在土库曼部落中招募追随者，建立基兹尔巴什军[②]，从

---

① Seyyed Masoud Shahmoradi, Mostafa PirMoradian & Asghar Montazerolghaem, "The Religion of the Kara Koyunlu Dynasty: An Analysis," *Asian Culture and History*, Vol. 5, No. 2, 2013, p. 101.

② 基兹尔巴什（Qizilbash）源于土耳其语，意为"红头巾"。

而完成了军事化，具备了强大的政治军事力量。在基兹尔巴什军的帽子上有十二个褶皱，这代表了对十二位伊玛目的纪念，表明萨法维教团已经具有了较为明显的什叶派倾向。教团的军事化和什叶派化为伊斯玛仪最终建立萨法维王朝以及立什叶派为国教奠定了基础。

1501 年，伊斯玛仪率领基兹尔巴什军击败白羊王朝，占领了大不里士，建立了萨法维王朝，他宣布什叶派十二伊玛目派为国教，并自居为隐遁伊玛目在尘世的代表。但此时的伊朗还是一个逊尼派穆斯林占人口多数的国家，在首都大不里士，甚至有超过三分之二的人都是逊尼派。① 面对这样的事实，伊斯玛仪决定采取强硬的手段推行什叶派。他表示："真主与不谬的伊玛目是我的同伴，我不惧怕任何人。有了真主的帮助，如果有人胆敢说一句反抗的话，我将用剑将他们屠戮殆尽。"② 随后，他便在巴格达和赫拉特无情地处决了拒绝接受什叶派信仰的宗教学者与诗人。伊斯玛仪还强迫逊尼派的乌里玛诅咒前三任哈里发，违抗者一律处死。逊尼派的清真寺遭到亵渎，逊尼派学者的陵墓被摧毁。伊斯玛仪还对什叶派极端主义与苏菲派进行了打击。在朱奈德和海达尔时期，一部分基兹尔巴什军就将他们两人视为救世主马赫迪在现世的化身，这无疑与十二伊玛目派中救世主只能是隐遁伊玛目复临的教义相违背。在伊斯玛仪征服的过程中，这些基兹尔巴什军高喊着伊斯玛仪的名字四处烧杀掳掠，成为不折不扣的什叶派极端分子。伊斯玛仪建立萨法维王朝后便以抢劫和谋杀的罪名处死极端分子，维护正统的十二伊玛目派教义。伊斯玛仪还对境内具有较大影响力的苏菲教团展开清洗。将自己的血统追溯到第一任哈里发阿布·伯克尔的纳合西班迪（Naqshbandiyya）教团首先被铲除，与白羊王朝关系密切的哈尔瓦提（Khalvatiyya）教团长老易卜拉欣·古拉沙尼（Ibrahim Gulshani）在伊斯玛仪宣布定什叶派为国教后逃往开罗，其教团亦在萨法维境内销声匿迹。③

正如一位后世学者所说："萨法维时期什叶派在伊朗的最终确立并非

---

① Hossein Nasr, "Religion in Safavid Persia," *Iranian Studies*, Vol. 7, No. 1/2, 1974, p. 273.

② Roger Savory, *Iran under the Safavids*, Cambridge: Cambridge University Press, 1980, p. 27.

③ Said Amir Arjomand, "Religion Extremism Sufism and Sunnism in Safavid Persia," *Journal of Asian History*, Vol. 15, No. 1, 1981, pp. 11 – 12.

是一个平和的过程，而是一个充满暴力的过程。"① 伊斯玛仪在采取了强硬手段打击萨法维境内的逊尼派和异端之后，便开始着手巩固什叶派信仰。但当时伊朗国内既没有重要的什叶派宗教学者，也极为缺乏宣传什叶派的宗教著作。伊斯玛仪自称第七任伊玛目的后裔，同时也是隐遁伊玛目在世间的代表，这违背了十二伊玛目派在隐遁伊玛目归来前没有人可以宣称自己是隐遁伊玛目代表的教义。但面对伊斯玛仪这样明显违背什叶派教义的宣称，当时伊朗国内没有人能提出有影响力的质疑。当伊斯玛仪宣布什叶派十二伊玛目派为国教时，伊斯玛仪的军队里没有一本关于什叶派的书，最后仅在大不里士的图书馆里找到一本介绍什叶派的小册子。② 因此伊斯玛仪不得不从叙利亚、伊拉克、黎巴嫩等阿拉伯地区引进什叶派乌里玛来帮助他传播什叶派信仰。③ 但是伊斯玛仪宣布什叶派为国教更多的是出于政治上的考虑，他本人对什叶派教义既缺乏了解，也没有兴趣。伊斯玛仪时期的什叶派在伊朗的体现仅仅是在清真寺礼拜时承认阿里的地位，以及公开诅咒前三位哈里发。

1514 年，萨法维王朝军队在查勒迪兰（Chaldiran）对奥斯曼帝国的惨败，粉碎了伊斯玛仪的神圣光环，其本人也在 10 年后郁郁而终。他的继任者塔赫马斯普（Tahmasp，1524—1576 年在位）即位后，积极支持什叶派的发展，禁止不赞扬阿里和其他伊玛目的诗歌和音乐出现。④ 他还将对前三任哈里发的诅咒形式发展到了极致，每当塔赫马斯普举行公众集会时，都会有一群专门负责高声诅咒前三任哈里发的塔巴拉扬（Tabarra'iyan）随行左右。在他统治后期，塔巴拉扬还负责监督逊尼派穆斯林，许多逊尼派穆斯

---

① Hamid Algar, "Some Observations on Religion in Safavid Persia," *Iranian Studies*, Vol. 7, No. 1/2, 1974, p. 290.

② Moojan Momen, *An Introduction to Shi'i Islam*, New Haven: Yale University Press, 1985, p. 108.

③ 有学者提出，事实上，在萨法维王朝的前 50 年统治时期内，基于强烈的疑虑与不信任，绝大多数居住在阿拉伯地区的什叶派乌里玛都拒绝与萨法维王朝建立联系（参见 Andrew J. Newman, "The Myth of Clerical Migration to Safawid: Arab Shiite Opposition to Ali al-Karaki and Safavid Shiism", *Die Welt des Islams*, Vol. 33, No. 1, 1993, pp. 66-112）。

④ Rosemary Stanfield Johnson, "Sunni Survival in Safavid Iran: Anti-Sunni Activities during the Reign of Tahmasp I", *Iranian Studies*, Vol. 27, Nos. 1-4, 1994, p. 126.

林为了躲避骚扰不得不向塔巴拉扬支付保护费。① 曾经在伊斯玛仪统治时期访问过伊朗的黎巴嫩宗教学者阿里·卡拉季（Ali al-Karaki，1465—1534 年）被塔赫马斯普奉为座上宾。他借助国王的支持，大力宣传什叶派伊斯兰教。卡拉季运用教法创制，提出乌里玛是伊玛目普通代表的思想。他主张乌里玛既可以充当星期五聚礼的领拜人，也可以从"专制的统治者"那里接受薪水。卡拉季通过教法理论验证了萨法维君主所宣称的隐遁伊玛目代表的身份，为萨法维王朝增添了宗教合法性，得到了统治者的支持。1532 年，卡拉季被塔赫马斯普授予"封印穆智台希德"称号，成为萨法维王朝最高的宗教权威。

　　阿巴斯一世（Abbas I，1587—1629 年在位）即位后继续大力支持什叶派发展。阿巴斯一世是第一个为推行什叶派信仰提供金钱支持的萨法维君主，因为他担心萨法维社会的什叶派化程度还远远不够。② 阿巴斯一世修复了马什哈德的什叶派第八任伊玛目的陵墓，并亲自从伊斯法罕步行前往马什哈德拜谒。1608 年，他将自己所有的地产作为瓦克夫捐献出来给予宗教学者。随着萨法维王朝对什叶派的支持力度越来越大，更多的乌里玛来到了伊朗为萨法维王朝效力。萨法维王朝则任命乌里玛为萨德尔，由其监管瓦克夫，负责分配其收益，同时负责伊斯兰教法在全国的执行。萨法维王朝还将马什哈德和库姆的大量地产赠予乌里玛，作为他们主要的经济来源，什叶派乌里玛随之融入地主这一阶层，成为萨法维王朝的重要社会基础。阿巴斯一世还开办宗教学校，建立起了什叶派宗教教育体系，培养了许多什叶派乌里玛。在萨法维王朝时期，什叶派乌里玛从政治、经济和宗教教育上全面依附萨法维君主的支持，乌里玛被纳入帝国管理体系。王权基本主导了政教关系，使其呈现出明显的政主教从的特征。

　　随着乌里玛阶层的形成与扩大，正统什叶派理论也在维护王权宗教合法性的同时得到发展，这体现在对伊斯法罕学派的打击上。伊斯法罕学派是蒙古入侵以来什叶派思想与苏菲派思想相结合的集大成者，它调和了苏菲派的精神修炼思想与什叶派思想中的隐义方面。倾向于正统什叶派的国

① Rosemary Stanfield Johnson，"The Tabarra'iyan and the Early Safavids," *Iranian Studies*，Vol. 37，No. 1，2004，p. 64.

② Rula Jurdi Abisaab，*Converting Persia：Religion and Power in the Safavid Empire*，New York：I. B. Tauris，2004，p. 57.

王苏勒坦·侯赛因（Sultan Husayn，1694—1722 年在位）即位后，著名什叶派宗教学者穆罕默德·巴吉尔·马基里希（Muhammad Baqir Majlisi，1627—1699 年）在国王的授意下对伊斯法罕学派进行打击，迫害什叶派内部具有苏菲派倾向的人，大力宣传以遵守教法为核心的十二伊玛目派正统信条，确立了正统什叶派的基本形式。马基里希因而获得了"宗教养护者"（Nurturer of Religion）的称号。① 马基里希剔除了苏菲派对主流什叶派的影响，他还向残存的逊尼派和其他宗教的信徒大力传播什叶派，使得延续一个半世纪以上的伊朗什叶派化得以最终完成，什叶派就此不可逆转地成为伊朗人的主要宗教信仰。②

第二节　18 世纪到 20 世纪初期伊朗什叶派的发展

萨法维王朝的长久统治使得什叶派在伊朗深入人心，在 18 世纪中期前统治伊朗的两个王朝——阿夫沙尔王朝与赞德王朝的不同境遇便说明了这个事实。乌苏勒学派对阿赫巴尔学派的胜利为乌里玛在恺加王朝发挥重要作用打下了坚实基础。恺加王朝的君主继续支持什叶派发展，但乌里玛的独立性已大大增强。到恺加王朝末期，什叶派乌里玛已比以往任何时期都更加深入地参与国家政治。

一　恺加王朝建立之前什叶派的发展

1722 年，萨法维王朝在信奉逊尼派的阿富汗人入侵下名存实亡。阿富汗人尝试获得奥斯曼帝国的认可来使他们对伊朗的统治合法化，甚至声称自己是古莱什氏族③的后裔④，以此扭转什叶派在伊朗的地位。但阿富

---

① Said Amir Arjomand，"The Clerical Estate and the Emergence of a Shi'ite Hierocracy in Safavid I-ran，" *Journal of the Economic and Social History of the Orient*，Vol. 28，No. 2，1985，p. 215.

② Said Amir Arjomand，*The Shadow of God and the Hidden Imam：Religion，Political Order，and Societal Change in Shi'ite Iran from the Begining to 1890*，Chicago：The University of Chicago Press，1984，p. 191.

③ 先知穆罕默德出身的氏族。

④ Peter Avery，Gavin Hambly，and Charles Melville，eds. ，*Cambridge History of Iran*，Vol. 7，Cambridge：Cambridge University Press，1991，p. 706.

汗人在伊朗的统治非常短暂，1729 年，便被来自呼罗珊地区的阿夫沙尔部落所击败并取代。

阿夫沙尔部落的首领纳迪尔（Nadir，1688—1747 年）出身于一个什叶派家庭，但他本人却打压什叶派。纳迪尔为了维持庞大军队的开支，毫不犹豫地没收了所有的瓦克夫，这严重破坏了什叶派乌里玛的经济基础。纳迪尔对什叶派的公开反对始于 1736 年在穆甘平原（Plain of Mughan）上的讲话，他宣称："自伊斯玛仪以后，伊朗的乌里玛放弃了逊尼派教义，坚持走什叶派的道路……因此，这个与我们高贵而光荣的祖先所信奉的逊尼派背道而驰的什叶派必须被抛弃。"[1] 为了在其统治下实现所谓的伊斯兰世界的统一，纳迪尔汗改称什叶派为贾法里学派[2]，把其和逊尼派四大教法学派置于同等的位置，试图以此将什叶派纳入伊斯兰教的主流当中。1743 年，他召唤伊拉克、伊朗、阿富汗和中亚等地的乌里玛在纳杰夫召开会议，最终签订文件，宣布什叶派不再诅咒前三任正统哈里发。[3] 但奥斯曼帝国始终拒绝他提出的把贾法里学派作为第五教法学派的建议。纳迪尔汗出于政治目的的一厢情愿的做法，既贬低了什叶派，又得不到逊尼派宗教界的积极回应，注定以失败而告终。这一事实也说明，什叶派信仰在伊朗已经根深蒂固，统治者的打压已经无法改变什叶派的主导地位。1747 年，纳迪尔被信仰什叶派的波斯将领所杀，这宣告了纳迪尔压制什叶派政策的失败。

1760 年，卡利姆汗（Karim Khan，1760—1779 年在位）在阿夫沙尔王朝解体以来伊朗的政治动荡中建立了赞德王朝（1760—1789 年）。卡利姆汗重新奉十二伊玛目派为国教，赞德王朝的首都设拉子的十二个区由十二任伊玛目的名字命名，象征着它们分别由一位伊玛目掌管。伊玛目的名字被印在硬币上，周五的聚礼也以对他们的祝福开始。卡利姆汗对什叶派乌里玛表现出极大的尊重，什叶派乌里玛在经历了十几年的被压制后又开

---

① Amid Algar, "Shi'ism and Iran in the 18th Century," *Studies in Eighteenth Century Islamic History*, Carbondale：Southern Illinois University Press, 1977, p. 291.

② 贾法尔指的是什叶派第六任伊玛目贾法尔·萨迪克，由于他是什叶派教法的创立者，此派教法被称为贾法里教法学派。

③ Ernest Tuchker, "Nadir Shah and Jafari Madhhab Reconsidered," *Iranian Studies*, Vol. 27, Nos. 1 - 4, 1994, p. 171.

始在公共生活中发挥一定的作用。但卡利姆汗与萨法维王朝的君主不同，他没有从血缘上寻找宗教合法性，而是始终以萨法维王朝的摄政王自居，他的权力也是建立在法尔斯和扎格罗斯地区部落联盟的基础上，因此缺乏天然的宗教合法性。① 但赞德王朝恢复正统什叶派信仰的举措再一次说明了什叶派信仰已经在伊朗深入人心。

18 世纪中后叶，苏菲派的复兴对乌里玛产生了威胁。一支名为尼玛图拉黑（Nimatullah）的苏菲教团在伊朗开始崛起，它否认了乌里玛的权威，声称"苏菲才是真正的什叶派"。为了应对这一挑战，许多乌里玛撰写著作，反驳苏菲主义。最终，经过乌里玛的一系列打压，伊朗苏菲教团在 18 世纪的复兴遭到了遏制，什叶派的教法传统得到了保护，乌里玛的地位也得到了巩固。到 19 世纪初，苏菲神秘主义在什叶派中依然具有较大影响，但苏菲教团已经很少有追随者。②

在恺加王朝建立前③，什叶派教法上最重要的发展当属乌苏勒学派对阿赫巴尔学派的胜利。什叶派一直存在两种发展潮流：一是强调圣训的阿赫巴尔学派；二是强调理性的乌苏勒学派。阿赫巴尔学派否认乌里玛在经训之外有任何独立判断的权利，但乌苏勒学派则坚持认为乌里玛有权解释教法和做出独立判断，什叶派穆斯林应追随和效仿具有教法创制权的穆智台希德。萨法维王朝覆灭后伊朗的政治动荡使得什叶派乌里玛大量外逃，奥斯曼帝国统治下的伊拉克圣城内的经学院吸引了不少什叶派乌里玛聚集其中。在著名乌苏勒派学者巴吉尔·比赫比哈尼（BaqirBihbihani，1706—1791 年）来到伊拉克时，阿赫巴尔学派在圣城内占据着主导地位。当时，乌苏勒学派的乌里玛走在大街上甚至都有被袭击的危险，因此比赫比哈尼不得不在地下室秘密地宣传乌苏勒学派。

乌苏勒学派的最终获胜离不开以下几个因素。第一，虽然阿夫沙尔王朝没收了所有瓦克夫使得乌里玛失去其赖以为生的经济基础，但这也增强

---

① 赞德王朝时期的编年史学家曾写道，卡利姆汗一生中从未做过一次礼拜，并且视乌里玛为蛙虫。但这种说法缺乏足够的证据（参见 John R Perry，*Karim Khan Zand*，London：Oneworld Publications，1979，pp. 220 – 222）。

② Yitzhak Nakash，*The Shi'is of Iraq*，Princeton：Princeton University Press，1994，p. 177.

③ 现有研究表明，乌苏勒学派的胜利并非在恺加王朝建立之后，而是在 18 世纪 60—80 年代（参见 Juan Cole，"Shi'i Clerics in Iraq and Iran，1722 – 1780：The Akhbari-Usuli Conflict Reconsidered，" *Iranian Studies*，Vol. 18，No. 1，1985，pp. 3 – 34）。

了他们的独立性，促使他们与商人和工匠建立联系从而获得新的经济来源。第二，许多有名望的阿赫巴尔学派的学者在此期间逝世，如纳杰夫的穆罕默德·米赫迪·法图尼（Muhammad Mihdi al-Fatuni）于 1769 年去世，阿赫巴尔学派中最具有威望的学者优素福·巴赫拉尼（Yusuf al-Bahrani）也于 1772 年去世，这大大削弱了阿赫巴尔学派的实力。第三，1772 年，伊拉克暴发了一场大瘟疫，死者众多。奥斯曼帝国苏丹下令封城，但比赫比哈尼坚持将他的学生送出纳杰夫，这最终保全了许多乌苏勒学派乌里玛的性命，其中许多人最后回到伊朗，为传播乌苏勒学派而努力。到恺加王朝建立时，阿赫巴尔学派已经彻底衰落，乌苏勒学派成为什叶派的主流思想，其重视理性在教法中的作用，便利了什叶派乌里玛进行独立思考。①在恺加王朝建立前，接连击败阿赫巴尔学派和苏菲派的乌苏勒派乌里玛已经成为什叶派内部无可争议的首要宗教领导人。这为乌里玛在伊朗后来的历史中发挥作用打下了坚实的宗教基础。

二　恺加王朝时期什叶派的发展

1786 年，阿加·穆罕默德（Agha Muhammad，1797 年卒）建立了恺加王朝。恺加王朝起源于部落，与萨法维人自称是伊玛目的后裔不同，恺加人没有主动获取来自宗教的神圣性。②随着乌苏勒学派在伊朗成为什叶派主流学派，穆智台希德取代国王成为隐遁伊玛目在世间的代表。恺加王朝的君主丧失了宗教权力，什叶派则逐渐脱离国家体制形成了独立的宗教体制。什叶派乌里玛控制了宗教、司法和教育等领域，与清真寺和巴札构成了广泛的联盟。首都德黑兰成为世俗政治的所在地，圣城库姆则成为什叶派的精神家园。王权与教权的二元并存成为恺加王朝时期的突出现象。

1797 年，法特赫·阿里（Fath Ali，1834 年卒）即位之后，恺加王朝与乌里玛保持着良好的合作关系。一方面，法特赫·阿里缺乏用武力建立

---

① Mateo Mohammad Farzaneh, *The Iranian Constitutional Revolution and the Clerical Leadership of Khurasani*, New York: Syracuse University Press, 2015, p. 107.

② 很多历史学家曾写道，阿加·穆罕默德加冕时还佩戴着萨法维王朝的奠基者伊斯玛仪的宝剑，从而认为恺加王朝与萨法维王朝存在着强有力的关联。事实上，所有恺加王朝的编年史家都未提到过这件事（参见 Nobuaki Kondo, "How to Found a New Dynasty: The Early Qajars' Quest for Legitimacy," *Journal of Persianate Studies*, Vol. 12, No. 2, 2019, pp. 261 - 287）。

王朝的阿加·穆罕默德那样足够的声望，因此他需要宗教力量的支持。另一方面，由于萨法维王朝君权至上的政治体系不复存在，乌里玛的独立性大大增强。乌里玛已经与商人和地主阶层建立了广泛的联系，以收取天课和胡姆斯（Khums）①的形式获得了独立的经济来源，这意味着乌里玛不会再像萨法维王朝那样依附于恺加王朝。法特赫·阿里据称是恺加王朝最虔诚的君主，他对教义问题很感兴趣，对有许多乌里玛居住的什叶派圣城库姆给予了特别的关注。他免除了库姆居民的赋税，几乎每年都访问库姆，并步行抵达马苏玛圣墓。随着国王对乌里玛的大力支持，乌里玛开始越来越多地参与国家事务，影响力逐渐增强。他们出面代表被镇压的地方或叛乱的贵族，与国王进行谈判，而且往往都能获得成功。国王对乌里玛也具有极大的忍耐度，著名穆智台希德艾哈迈德·纳拉基（Ahmad Naraqi）带领百姓把暴虐的省长逐出了卡尚，法特赫·阿里却怕被乌里玛谴责而没有定他的罪。② 1825 年，俄国入侵伊朗后，法特赫·阿里在乌里玛的压力下不得不向俄国宣战。国王多次向什叶派乌里玛退让，这是之前绝无仅有的事情。什叶派乌里玛在历史上第一次对伊朗的国家事务具有如此重大的影响。

穆罕默德（1834—1848 年在位）国王即位后，恺加王朝与乌里玛的关系进入了冲突的新阶段，这主要体现在穆罕默德国王的苏菲主义倾向上。与法特赫·阿里国王资助马什哈德、库姆和伊拉克的什叶派圣城不同，穆罕默德国王重点关照的是伊朗各地的苏菲圣墓。部分苏菲修士在宫廷被授予职位，或者被委以重要使命。国王对苏菲派的公开支持导致他前所未有地疏远了乌里玛，使得他们无法再直接干预国家事务。但 19 世纪中期巴布教派的起义制约了恺加王朝与什叶派乌里玛之间的矛盾。巴布派宣传的区别于正统伊斯兰的"异端"思想，不仅直接威胁到伊斯兰教本身，也具有明显的反乌里玛特征。③ 巴布教还在多地发动起义，威胁恺加

---

① 胡姆斯为阿拉伯语词，原意为"五分之一"，指成年什叶派穆斯林每年要缴纳个人净收入的五分之一。

② Hamid Algar, *Religion and State in Iran*, 1785 - 1906: *The Role of the Ulama in the Qajar Period*, Berkeley: University of California Press, 1969, p. 62.

③ 巴布教领袖赛义德·阿里·穆罕默德认为，他自己是什叶派的唯一领袖，相比普通人，他和真主更加接近，人们可以通过他与隐遁伊玛目交流，这无疑剥夺了乌里玛垄断的宗教解释权。

王朝的统治。巴布教派被乌里玛与恺加王朝联手镇压，但两者之间的固有矛盾并没有发生根本性的变化。

19 世纪中后期，穆尔塔达·安萨里（Murtada Ansari，1864 年卒）对乌苏勒学派的理论进行了最后的修正和完善，促使什叶派教义发生了最后一次根本性的变化。他建立了效仿源泉制度，使乌里玛的宗教权威首次统一在一个人身上。这使得宗教界具备了对抗王权的实力。随着西方的入侵，伊朗一步步沦为半殖民地，而世俗国王不仅无法保卫伊斯兰的领土，还将各种特许权出卖给外国列强。这促使不少乌里玛行动起来，成为对内反专制、对外反侵略的中坚力量。什叶派乌里玛比以往任何时代都更加深入地参与国家政治，这具体表现在 1891—1892 年烟草抗议运动和 1905—1911 年伊朗立宪运动上。在立宪运动过程中颁布的宪法承认了什叶派伊斯兰教作为伊朗官方宗教信仰的地位，由穆智台希德组成的专家委员会具有监督议会与政府的权力。立宪革命标志着什叶派乌里玛作为一个获得国家宪法承认的特殊阶层正式进入了伊朗现代政治舞台。

第三节　巴列维王朝的世俗化冲击与什叶派的回应

巴列维王朝的两任君主都以建立世俗民族主义国家为目标，推行大规模现代化改革。这不可避免地使他们与什叶派乌里玛产生尖锐冲突。20 世纪 60 年代初，霍梅尼作为巴列维国王的反对者登上伊朗政治舞台。在 70 年代末的伊斯兰革命中，以霍梅尼为领袖、什叶派乌里玛为核心的反国王统一战线最终推翻了巴列维王朝的统治。

一　礼萨·汗的世俗化改革及其对什叶派的冲击

20 世纪初，西方列强对伊朗的殖民掠夺变本加厉，而恺加王朝君主软弱无能，对此毫无办法。大多数乌里玛对恺加王朝失望透顶，屡弱无能的末代国王艾哈迈德在他们眼中根本无法维护国家独立和穆斯林利益。乌里玛迫切希望伊朗强大起来，以捍卫伊斯兰教的尊严。1921 年，军事将领礼萨·汗发动政变，控制了恺加王朝的朝政。礼萨·汗并非恺加王朝王族的成员，当他以"军事强人"的身份登上政治舞台时，很快便得到了乌里玛的青睐。乌里玛认为他是唯一有能力建立秩序和安全的人，同时他也被视为反抗外国影响和殖民主义的斗士。① 礼萨·汗为了顺利执掌政权，也积极拉拢乌里玛。在公开场合，他总是显示出对宗教的虔信和对乌里玛的尊重。他频频拜访多位乌里玛，慷慨地给他们赠送礼物。他也多次到德黑兰聚礼清真寺参加阿舒拉节纪念活动。礼萨·汗的做法使得乌里玛相信，若他登上王位，就能成为一位更好的君主。

　　1925 年 11 月，恺加王朝被议会投票废除。大量由乌里玛和商人签字的电报涌向议会，号召人们支持礼萨·汗政府。12 月，在乌里玛的支持下，议会宣布礼萨·汗为新国王。次年 1 月，礼萨·汗正式加冕为国王，伊朗历史上最后一个王朝巴列维王朝由此建立。但事实上，礼萨·汗并不是真的热爱伊斯兰教和乌里玛，他与乌里玛的合作只是为了登上权力顶峰的权宜之计。当他成为国王后，这种所谓的合作关系也随之走向末路。

　　礼萨·汗的目标是建立一个现代化的中央集权国家，为此他开启了一场以世俗民族主义为指导的现代化改革，这不可避免地要与偏向保守的乌里玛阶层发生冲突。军事力量的扩充是礼萨·汗实行威权统治与强化国家机器的首要条件。在征兵的问题上，礼萨·汗很快与乌里玛发生了冲突。1927 年，礼萨·汗向全国推广兵役法，要求所有年满 21 岁的男性在军队服役两年。这使得乌里玛对世俗政府日益增长的权力极为震惊，纷纷表达对这项法律的不满。乌里玛在一份声明中宣布，乌里玛的职责是捍卫伊斯兰教，解释《古兰经》。乌里玛履行了神圣而有价值的职责，因此有资格免除兵役。② 随后设拉子、伊斯法罕等多个城市发生了巴扎关闭市，行会罢工等抗议事件。为了避免事态升级，礼萨·汗同意给予乌里玛与宗教学生兵役豁免权，从而结束了这次危机。虽然反征兵危机被和平化解，但乌里玛和礼萨·汗之间的友好关系就此终结。这次事件也使礼萨·汗进一步意识到，除非以强有力的措施消除乌里玛的影响，政府的权威和他的地位就无法得到真正确立。

　　以 1927 年的兵役法为界限，礼萨·汗改变了之前王权与教权之间友

---

　　① Mohammad H. Faghoory, "The Ulama-State Relations in Iran: 1921 – 1941," *International Journal of Middle East Studies*, Vol. 19, No. 4, 1987, p. 416.

　　② Mohammad H. Faghoory, "The Ulama-State Relations in Iran: 1921 – 1941," *International Journal of Middle East Studies*, Vol. 19, No. 4, 1987, p. 425.

好合作的关系，转向了王权主导教权的模式。但与萨法维王朝时期政主教从的模式不一样的是，礼萨·汗所追求的是世俗主义支配下的民族国家建构。现代化、中央集权化和民族主义是礼萨·汗系列改革措施的目标和指导方针。[①] 他敬仰萨法维王朝的伊斯玛仪、阿拔斯一世等使得伊朗强大和繁荣的国王，但他批评伊斯玛仪轻而易举地屈服于什叶派伊斯兰教，认为阿拔斯一世把宗教和政治相混合是"不可原谅的错误"[②]。礼萨·汗想要建立的世俗民族主义国家使得他不需要从乌里玛那里获取宗教合法性。他开启伊朗现代化转型，没有在国家政治中给乌里玛留下任何位置。以1927年兵役法建立的后备军为后盾，礼萨·汗相继在司法、教育、瓦克夫和社会生活等领域推行一系列改革，排斥教界传统势力。

剥夺乌里玛的司法主导权是礼萨·汗改革的核心内容。1932年，议会通过的《文件和财产登记法》（*The Act of Registration of Documents and Property*）以世俗法庭替代宗教法庭登记契约等文件，乌里玛由此丧失了长期作为登记人和公证人获得的收入。1939年，政府直接废除了宗教法庭。到1940年，礼萨·汗实现了对伊朗传统司法的根本改造，司法系统已被世俗化，乌里玛数个世纪以来对司法的控制就此宣告终结，他们基于司法的经济基础也同时遭到很大削弱。

在教育领域，乌里玛的影响也大幅度缩小。礼萨·汗大力兴办世俗学校，发展世俗教育，极力排斥什叶派乌里玛在教育领域的垄断地位。1924—1940年，伊朗的宗教学校减少了40多所，宗教学生数量萎缩到1341人，仅相当于1925年的约22%。[③] 而世俗学校则得到大力发展，1941年，小学达2336所，中学达241所。[④] 超过50万名学生在世俗学校

---

① Rudi Matthee, "Transforming Dangerous Nomads into Useful Artisans, Technicians, Agriculturalists: Education in the Reza Shah Period," in Stephanie Cronin ed., *The Making of Modern Iran: State and Society under Riza Shah*, 1921 – 1941, London and New York: Routledge, 2003, p. 128.

② Mehrzad Boroujerdi, "Triumphs and Travails of Authoritarian Modernisationin Iran," in Stephanie Cronin ed., *The Making of Modern Iran: State and Society under Riza Shah*, 1921 – 1941, London and New York: Routledge, 2003, p. 153.

③ Shahrough Akhavi, *Religion and Politics in Contemporary Iran: Clery-State Relations in the Pahlavi Period*, Albany: State University of New York Press, 1980, p. 187.

④ D. Menashri, *Education and the Making of Modern Iran*, Ithaca: Cornell University Press, 1992, p. 110.

就读。① 1934 年，德黑兰大学建立，它成为伊朗经学院之外第一个高等教育机构，政府由此开始控制未来公职人员的教育。

瓦克夫是乌里玛的重要收入来源，加强对瓦克夫的管理也是礼萨·汗改革的重要内容。礼萨·汗制定了《瓦克夫法》，加强了对全国瓦克夫的管理，没收或控制了原先属于乌里玛或宗教机构的大片土地，使乌里玛丧失了部分收入。社会生活方面，礼萨·汗统一了男子着装，禁止妇女披戴面纱和穿各种长袍。他宣扬民族主义，将国名由"波斯"改为"伊朗"，后者意为雅利安人的家乡。他恢复实行伊朗传统历法，以此取代伊斯兰历法作为巴列维王朝官方历法。他还大力推广使用波斯语，缩小阿拉伯语、亚美尼亚语和库尔德语的使用范围。

礼萨·汗在多个领域推行的世俗化改革，表明他是自恺加王朝的穆罕默德国王以来打压什叶派伊斯兰教和乌里玛最严厉的伊朗统治者。乌里玛虽然普遍反对礼萨·汗的世俗化改革，但是许多人并不愿意直接与政府对抗。在礼萨·汗威权主义政治的高压下，乌里玛害怕贸然反抗政府会给什叶派伊斯兰教和乌里玛带来灾难。因此，他们回归政治无为主义，避免与政府发生直接冲突。正如 1929 年乌里玛中流传的一首诗所言："在嗜血的狮子手中，唯一能做的只有服从。"② 一部分乌里玛选择配合礼萨·汗的统治以获取地位与财富，还有一部分乌里玛干脆放弃了宗教职业，进入世俗领域就业。

从整体来看，乌里玛与什叶派伊斯兰教的边缘化是礼萨·汗时期伊朗的典型特征。国家性质的转变和现代化的逻辑共同决定礼萨·汗时期伊朗政教关系的基本发展态势，即政主教从的模式。虽然伊朗宪法依然规定什叶派伊斯兰教是伊朗国教，但事实上礼萨·汗废除了什叶派伊斯兰教国教的地位，以世俗民族主义取而代之。这无疑构成 1501 年以来什叶派伊斯兰教在伊朗地位的根本性变化。

二　巴列维的世俗化改革与什叶派的回应

1941 年，巴列维国王的上台标志着巴列维王朝的政教关系进入了第

① G. N. Khaki & Ashaq Hussain, "Socio-Religious Development in Iran (1925 – 1979)," *International Journal of Philosophy and Theology*, Vol. 2, No. 2, 2014, p. 267.

② Mohammad H. Faghfoory, "The Ulama-State Relations in Iran, 1921 – 1941," *International Journal of Middle East Studies*, Vol. 19, No. 4, 1987, p. 431.

二个阶段。礼萨·汗主导下的威权主义政治在伊朗烟消云散，而新国王巴列维（1919 年出生）年纪轻轻，无法在短时间内确立君主权威。因此，在礼萨·汗时代被压制的乌里玛再次活跃起来。他们要求国王废除礼萨·汗时代对塔兹耶（Ta'ziyah）仪式戏剧①的禁令，恢复妇女佩戴面纱，解除反对什叶派的呼罗珊省省长的职务，废除礼萨·汗颁布的麦加朝觐禁令。② 在礼萨·汗时代的政主教从模式结束后，政权力量的弱化为乌里玛影响的扩大创造了条件，乌里玛出现了立宪革命之后又一个政治化的高潮。巴列维国王为了稳固自身的地位，也采取了拉拢乌里玛的政策。在登基后不久，为了表达善意，巴列维归还了被他父亲夺取的瓦克夫土地。他还在讲话中多次提到宗教，强调宗教的作用，力图显示出对宗教的尊重。这使得伊朗的政教关系又回到了礼萨·汗执政初期的合作关系上。

　　巴列维国王与乌里玛的这种关系在 1953 年推翻摩萨台政变中达到了顶峰。政变中乌里玛对巴列维的普遍支持大大拉近了双方的关系，使得巴列维对乌里玛怀有感激之情。但很快，随着国王权力的扩大，王权与教权之间的冲突不可避免。巴列维是礼萨·汗构建世俗民族主义国家目标的继承人，在意识形态上与什叶派乌里玛之间存在根本性的矛盾。这种矛盾凸显于巴列维推行的世俗化改革过程中。

　　1959 年，关于土地改革与赋予妇女选举权的法案是巴列维世俗化改革的第一步，也是其对宗教界态度的一种试探。大阿亚图拉布鲁基尔迪（Ayatullah Borujerdi，1961 年卒）激烈反对这两项法案。一方面，在妇女选举权的问题上，布鲁基尔迪声称，伊朗宪法要求法律不得与伊斯兰教相抵触，赋予妇女选举权违背了伊斯兰教，因为"伊斯兰教从未承认妇女的平等权利"③。随后，伊朗乌里玛表达了强烈的愤怒，直到政府放弃了这个法案。另一方面，土地改革法案触动了什叶派乌里玛最重要的经济来源，因为地主是乌里玛宗教奉献的主要提供者，而且许多乌里玛本身就是地主。布鲁基尔迪警告说，如果政府一意孤行，土地改革将激起全国性的

---

　　① 以表演第三任伊玛目侯赛因在卡尔巴拉遇害的事件为主的伊朗传统戏剧。

　　② Shahrough Akhavi, *Religion and Politics in Contemporary Iran*：*Clery-State Relations in the Pahlavi Period*，Albany：State University of New York Press, 1980, p. 61.

　　③ Aaron Vahid Sealy, "*In Their Place*"：*Marking and Unmaking Shi'ism in Pahlavi Iran*，Ph. D. Dissertation, The University of Michigan, 2011, p. 381.

起义。① 最终政府不得不暂时放弃了土地改革法案。1959 年世俗化改革的受挫并没有让巴列维放弃他的世俗民族主义，反而让他愈加相信乌里玛是世俗化改革的障碍，坚定了他打击什叶派乌里玛的信念。1961 年 3 月，布鲁基尔迪去世，这为巴列维推行大规模世俗化改革提供了机遇。②

1963 年，巴列维正式推行其"白色革命"③。白色革命的改革计划涉及经济和社会等多个方面，对于乌里玛而言，其中最重要的是它再次提出了土地改革与赋予妇女选举权两个内容。根据《土地改革法》的补充条款④，瓦克夫土地的拥有者被要求与农民签订为期 99 年的租凭合同，在大多数情况下，农民每年缴纳的租费比旧制度下要低，这等于直接减少了乌里玛从瓦克夫土地中的收益。⑤ 乌里玛和地主阶层几乎没有发起有组织的抗议活动。⑥ 巴列维拒绝接受乌里玛对妇女选举权的批评，反而宣称乌里玛是"蛀虫"，他更适合解释伊斯兰教。之后，巴列维举行对"白色革命"方案的全民公决，公决以绝对多数票通过。这使得巴列维相信他已经粉碎了乌里玛的力量，但事实上，乌里玛的反击才刚刚开始。

霍梅尼是这场反击中的关键人物。1961 年布鲁基尔迪去世后，巴列维放松了对乌里玛的控制。他认为在什叶派缺乏公认的宗教领袖后，乌里玛难以再对他构成威胁，因此他开始继续推进之前被阻挠的土地改革。而霍梅尼是伊朗国内唯一发布法特瓦反对土地改革的阿亚图拉，赢得了无数地主的好感和支持。之后，霍梅尼又成为反对选举法的代表人物，领导乌里玛进行抗议，奠定了他在乌里玛中的政治地位。在关于"白色革命"的全民公决举行后，霍梅尼一手拿《古兰经》，一手拿《宪法》，指责国

---

① 这份威胁最后并没有被传达，因为他派去的代表"没有勇气向国王提出这些观点"（参见 Aaron Vahid Sealy, "*In Their Place*": *Marking and Unmaking Shi'ism in Pahlavi Iran*, Ph. D. Dissertation, The University of Michigan, 2011, p. 383）。

② Mohammad Bagher Bazaei, *Shi'ism and Politics in Iran*: *The Role of Ulama and Shi'i Political Ideology in Contemporary in Iran*, *with a Paticular Reference to the 1979-Islamic Revolution*, University of California, 1993, p. 226.

③ 区别于左派力量的"红色革命"与乌里玛的"黑色革命"。

④ 布鲁基尔迪去世后，议会于 1962 年 1 月 9 日通过了《土地改革法》。

⑤ Mohsen M. Milani, *The Making of Iran's Islamic Revolution*: *From Monarchy to Islamic Republic*, Boulder: Westview Press, 1994, p. 86.

⑥ Aaron Vahid Sealy, "*In Their Place*": *Marking and Unmaking Shi'ism in Pahlavi Iran*, Ph. D. Dissertation, The University of Michigan, 2011, p. 394.

王背弃了保卫伊斯兰教和宪法的誓言。①

反对派乌里玛与政府之间的冲突在 1963 年 6 月的穆哈拉姆月达到了高潮。在 6 月 3 日的阿舒拉节，霍梅尼发表激烈演讲，把巴列维等同于什叶派伊斯兰教的敌人。6 月 5 日，霍梅尼被捕。听闻消息的人们在库姆、德黑兰和马什哈德等城市发起大规模示威游行，参加者包括学生、店主、附近村庄的村民以及穿着黑袍的妇女。政府随后进行了镇压，包括 30 位重要乌里玛在内的 320 人被捕，380 人被杀或受伤。② 1964 年 11 月，霍梅尼被流放。这次抗议运动的失败具有必然性，王权的强大和社会矛盾的缓和使得乌里玛无法进行大规模的政治动员。1963 年冲突使得伊朗政教关系由和平转向对抗，从长远来看，这"预示着 1978—1979 年伊斯兰革命的到来"③。

20 世纪 70 年代以后，随着巴列维独裁型现代化的推行与社会矛盾的不断积累，伊朗社会普遍出现了宗教化的现象。"白色革命"推行的工业化所产生的大量城市贫民对巨大的贫富差距与伤风败俗的西方文化感到失望，从而转向了宗教的怀抱。巴列维推行的资本主义商品经济挤压了传统巴札商人的生存空间，使得他们转而寻求乌里玛的帮助。知识分子中也开始兴起以什叶派伊斯兰教思考现实问题的潮流，其中尤其以阿里·沙里亚提（Ali Shariati，1933—1977 年）为代表。这些宗教知识分子联合部分乌里玛，力图构建适应当代伊朗现实的什叶派意识形态。1970 年，霍梅尼在纳杰夫正式提出了法基赫监护（Velayat-e Faqih）的理论。他彻底否定君主制的合法性，认为法基赫（Faqih，教法学家）拥有统治和管理国家以及执行伊斯兰教法的权力。到 1978 年底，伊朗全国以什叶派乌里玛为核心建立了广泛的反国王统一战线。在霍梅尼的领导下，伊朗人民在 1979 年初最终推翻了巴列维王朝的统治。

总体来看，什叶派乌里玛与国王从合作走向对立是巴列维王朝时期政

---

① Hamid Algar, "The Opposition Role of the Ulama in Twentiety Century Iran," in Nikke Keddie ed., *Scholars*, *Saints and Sufis*, Berkely: Unibersity of California Press, 1972, p. 245.

② Baqer Moin, *Khomeini*: *Life of an Ayatollah*, New York City: St. Martin's Press, 2000, pp. 111 – 113.

③ Ruhallah Khomeini, *Islam and Revolution*: *Writings and Declarations of Imam Khomeini*, Translated and Annotated by Hamid Algar, Berkely: Mizan Press, 1981, Introduction, p. 17.

教关系发展的基本趋势。世俗化改革与什叶派宗教传统、君主专制与什叶派宗教权威的二元对立是巴列维王朝时期突出的政治现象，乌里玛领导人民推翻国王统治和建立伊斯兰共和国是历史的必然。

第四节　伊朗伊斯兰革命与什叶派宗教变革

1979 年伊斯兰革命胜利后，伊朗实践霍梅尼的法基赫监护思想，建立了独特的法基赫体制，什叶派乌里玛转变为政治集团，掌握了国家核心权力。什叶派乌里玛在官僚化的同时，在一定程度上也丧失了传统的独立性，什叶派的宗教体制由此出现重大变革。

一　法基赫制度的建立与乌里玛执掌国家政权

伊朗伊斯兰革命胜利后，参与革命的各个政治力量都试图构建符合自己设想的新政府。① 由于什叶派伊斯兰教在伊朗的根深蒂固以及什叶派乌里玛在革命中扮演的关键角色，宗教必然在革命后伊朗的国家建设中发挥巨大的作用。1979 年 3 月，建立伊斯兰共和国的全民公决以 98.2% 的赞成率通过。② 随后，在霍梅尼的授意下，拟定了新的宪法。新宪法规定，法基赫是隐遁伊玛目的代表，行使治理国家的最高权力，同时还规定法基赫无任期限制。新宪法以国家根本大法的形式将霍梅尼的"法基赫监护"理念具体化、固定化和法律化。

法基赫制度的确立标志着什叶派伊斯兰教作为一种宗教体系被制度化，什叶派乌里玛在伊朗历史上第一次掌握了国家的核心权力，这无疑是什叶派历史上的一次重大变革。宪法规定，领袖有权任命最高法院院长和宪法监护委员会中的 6 名教法学家成员，还能通过任免总参谋长和伊斯兰革命卫队等方式统帅武装部队。民选的总统需要领袖核准，而且，按照最高国防委员会的建议，领袖还拥有宣战权和停战权。领袖实际上是伊朗立法、司法和行政三权之上的超级权力，这和当今世界通行的三权分立制形成鲜明

① 这些政治力量包括以霍梅尼为首的主流派；以临时政府总理巴扎尔甘为代表的温和派；以伊朗人民圣战者组织为代表的左翼激进派和以伊朗人民敢死游击队为代表的世俗激进派。

② Vanessa Martin, *Creating an Islamic State*：*Khomeini and the Making of a New Iran*, New York：I. B. Tauris, 2003, p. 158.

差别。在这三权之外，还有宪法监护委员会和专家会议等特殊机构，以此确保伊朗国家和立法的伊斯兰性质。值得注意的是，虽然宪法规定领袖在法律面前和其他公民平等，但领袖实际上拥有超越伊斯兰教法的权力。① 依据 "教法学家统治" 的思想和政权利益（Maslahat，regime expediency）的原则，领袖是伊斯兰政权的绝对核心，保卫这一政权是领袖的神圣职责，在必要时领袖甚至有权改变伊斯兰教法，停止某些宗教义务。② 这充分证明，政治而非宗教才是决定伊朗伊斯兰政权政策的首要依据。

伊朗伊斯兰共和国与法基赫制度的确立为什叶派乌里玛带来了前所未有的机遇。伊斯兰革命重新塑造了乌里玛与政治机构的关系，乌里玛官僚化成为伊斯兰共和国时期的普遍现象。在伊斯兰革命之前，乌里玛担任的职责十分有限，仅限于宗教事务以及穆斯林的个人事务。但在革命后，伴随着国家政治体制的宗教化，乌里玛迅速进入了军事、行政、司法、立法、经济以及社会文化生活等多个领域内。霍梅尼在军队中设置了政治和意识形态部，由高级乌里玛担任政委监督军队的思想动态。最高司法委员会吸收青年乌里玛担任法官以改变世俗法官占优势的局面，到 1984 年，已有约 500 名乌里玛供职于司法部门。③ 第一届与第二届议会中乌里玛所占比率超过了一半，直到 2004 年前，议长都由乌里玛担任。乌里玛还掌管着伊朗所有的宗教基金会，使其成为自身获取经济资源的有效工具。乌里玛还广泛审查电影、音乐以及书籍的出版发行，成为伊朗文化生活的主导者。总之，什叶派乌里玛成为伊朗政治精英的主要组成部分，他们空前涉入公共事务，成为全球规模最大、经济实力最强和影响最广泛的宗教集团。④

随着乌里玛前所未有地介入公共生活，对乌里玛加强控制成为伊斯兰政权的一项重要政策。打击敢于公开批评政权的乌里玛，保证什叶派宗教

---

① 在一次聚礼演讲时，时任总统哈梅内伊宣称，按照 "教法学家统治" 的思想，领袖的权威也受到伊斯兰法的制约。霍梅尼获悉后立即发布公开声明，明确说哈梅内伊的言论与他的实际意思完全相反（参见 Mehdi Khalaji, *Supreme Succession*: *Who Will Lead Post-Khamenei Iran?* The Washington Institute for Near East Policy, Policy Focus #117, February 2012, p. 37）。

② 由于与沙特政府关系恶化，伊朗政府曾在 1988—1990 年和 2016 年禁止本国穆斯林前往麦加朝觐。

③ Said Amir Arjomand, *The Turban for the Crown*: *The Islamic Revolution in Iran*, Oxford: Oxford University Press, 1989, p. 164.

④ 李福泉：《什叶派乌里玛与伊朗伊斯兰政权的演进》，《西亚非洲》2019 年第 1 期。

界内部的思想统一，成为伊斯兰政权实现稳定的必要手段。库姆大阿亚图拉沙里亚提马达里（Shariatmadari，1906—1986 年）和设拉子大阿亚图拉马哈拉提（Mahallati，1925—2000 年）等对现行法基赫制度提出不同意见的高级乌里玛都遭遇了严厉的打击。支持法基赫制度的高级乌里玛则有机会进入宪法监护委员会任职。此外，伴随着法基赫制的确立，究竟谁是效仿源泉不再是单纯的宗教问题，而是重大的政治问题。忠诚于领袖的库姆经学院教师协会（Qom Seminary Teachers Association）① 享有了判定一个宗教学者是否是大阿亚图拉、阿亚图拉或者胡家特伊斯兰的特权。褫夺宗教头衔成为伊斯兰政权对付反对派乌里玛的重要手段。

　　哈梅内伊延续了霍梅尼对乌里玛恩威并施的管理措施，凡是忠于领袖的乌里玛和学生，就能获得高额补贴以及保险和住房等物质回报。反对哈梅内伊的乌里玛则会遭到乌里玛特别法庭的审判与处罚。通过多种措施，伊斯兰政权基本保证了乌里玛内部的思想统一，构造了由乌里玛和宗教学生为主的亲政权的庞大网络。新一代忠于领袖的乌里玛也取得了对传统乌里玛的优势，成为哈梅内伊在经学院和社会上执行其政策的关键依靠力量。大部分乌里玛被纳入伊斯兰政权体系，全面丧失了宗教、政治、经济和思想等方面的独立性。

　　发展宗教教育与全面加强对经学院的控制也是伊斯兰政权增加合法性的重要举措。伊朗伊斯兰革命后，大量学生涌入库姆接受宗教教育。1981年，霍梅尼下令建立了库姆经学院管理委员会（The Council of Management of Qum Seminary）对经学院进行管理。教育部成立了一个主要由乌里玛组成的教科书研究组织（The Organization of Textbook Research），规范、监督和控制教科书的意识形态，推进教科书什叶派化。② 1995 年，哈梅内伊将库姆经学院管理委员会改造成经学院最高委员会（The Supreme Council of the Seminary），全面监控所有省份经学院和乌里玛的活动。对宗教学生的津贴发放也受到经学院最高委员会的管控，经学院在经济领域的独立性大大削弱。在加大对国内学生培养的同时，针对国际学生的教育也快速发

---

　　① 该协会 1961 年由霍梅尼的学生建立于库姆，成员全部为乌里玛，最初的目的是组织反国王的力量。

　　② Reza Arjmand, "Islamic Education in Iran," in Reza Arjmand ed., *Handbook of Islamic Education*, Berlin：Springer, 2017, p. 8.

展。2009 年，伊朗政府在多年留学生宗教教育的基础上建立了专门招收外国学生的穆斯塔法国际大学（al-Mustafa International University），哈梅内伊的忠实支持者里扎·阿拉费（Reza Arafi）被任命为校长。在其管理下，穆斯塔法大学留学生的规模不断扩大，成为伊朗在全球扩展影响的重要工具。[①]

二　伊朗伊斯兰政权的困境与前景

伊朗伊斯兰政权建立在法基赫监护的伊斯兰体制与世俗的议会总统制基础之上，宗教权力与世俗权力长期并存。但一直以来，法基赫代表的宗教权力凌驾于民选的世俗总统权力之上，政治生活的宗教精英垄断体制与民众政治参与倾向的增长构成了伊朗伊斯兰政权政治体制的悖论。伴随着革命后乌里玛的官僚化，他们的思想和行为开始最大限度地影响伊朗政治与社会。社会意识形态全面伊斯兰化成为这一时期的普遍现象，而这种伊斯兰化也会使乌里玛偏离理性的轨道，做出不切合实际的决策。1989 年，霍梅尼对拉什迪发出的追杀法特瓦[②]是霍梅尼伊斯兰主义外交的逻辑结果，这使伊朗与西方国家关系严重恶化。伊斯兰政权在教育领域的伊斯兰化也使得知识分子大量流失，许多专家学者因意识形态问题被清理出大学，国外的伊朗学者也无法回国。这些知识分子要么成为伊朗的反对派，要么移民西方国家，人才的流失严重影响了伊朗科学技术的发展。

伊朗的经济发展也没有满足人民对伊斯兰革命的期望。1977—1996 年，伊朗的国内生产总值下降了一半，20 世纪 90 年代的人均收入只有巴列维时代末期的三分之一。[③] 与之相对的是，一部分乌里玛利用职务之便大肆敛财，成为人们眼中腐化与堕落的代名词。[④] 乌里玛在伊朗的污名化

---

① 截至 2016 年，126 个国家的 4.5 万名学生从该校毕业；目前，130 个国家的 2.5 万名学生在读。该校在全球有 70 个分校（参见 Mehdi Khalaji, *Balancing Authority and Autonomy*：*The Shiite Clergy Post-Khamenei*, The Washington Institute for Near East Policy, No. 37, October 2016, p. 5）。

② 1988 年 9 月，英国出版了印度裔英国作家萨尔曼·拉什迪（Salman Rushdie）的《撒旦诗篇》，因涉嫌侮辱《古兰经》与穆罕默德而引发了全球范围内伊斯兰国家和穆斯林的强烈抗议，霍梅尼发布法特瓦，悬赏追杀拉什迪。这引起了西方国家的强烈反应，英国因此与伊朗断交。

③ 金宜久、吴云贵：《伊斯兰与国际热点》，东方出版社 2001 年版，第 209 页。

④ S. A. Arjomand, *After Khomeini*：*Iran under His Successors*, Cary：Oxford University Press, 2009, p. 62.

成为一种普遍的趋势，1979 年后，伊朗民间用来称呼宗教学者的阿訇（Akhund）和毛拉（Molla）几乎转变为贬义词，鲁哈尼（Ruhani）作为对宗教学者的敬称，在官方媒体上使用的频率越来越高。[①] 许多人在贫困中开始怀念巴列维时代，认为伊斯兰革命是一个错误，并开始用手中的选票给能带来变革的人投票。1997 年，深受民众喜爱的改革派总统候选人哈塔米（Khatami）击败受官方支持的保守派候选人纳特克·努里（Nateq Nouri）当选伊朗总统，这表达了民众对于当下保守政治体制的不满和对变革的诉求，是什叶派宗教政治困境在后霍梅尼时代进一步凸显的具体表现。

针对法基赫体制在实践中产生的问题，不少宗教学者与知识分子都对其提出了修正意见。宗教学者的代表人物是倡导法基赫民主制的阿亚图拉蒙塔泽里（Montazeri，1922—2009 年）。他认为，法基赫应当由选举产生，代表民众意志，有任期限制，且处于专家会议的直接监督之下。蒙塔泽里是反对派乌里玛的代表人物，他所设想的不是推翻而是改革现行的法基赫制度。绝大多数乌里玛都和伊斯兰政权存在着千丝万缕的关系，他们难以承受失去这个政权的后果，因此不会成为政权变革的根本力量。世俗知识分子的代表是索鲁什（Soroush，1945 生），他提倡"宗教民主制"的政治理念，主张民众有权监督甚至罢免权力的拥有者。但鉴于官方伊斯兰教的强势地位，知识分子们的思想无法转化为大规模社会运动，进而对伊斯兰政权形成足够的压力。

虽然伊斯兰政权近年来面临着日益严重的危机，但它依然具有较强的韧性和稳定性。该政权通过以油气资源为核心的利益分配以及高度专业化的意识形态工作，使其具有相当的社会基础。鉴于伊朗的经济形势与政权和民众之间多年累积的矛盾，2017 年底大规模抗议运动的爆发并非意料之外的现象，但类似的运动不可能像在突尼斯和埃及一样改变政权的颜色。伊朗伊斯兰政权以乌里玛为中介、以宗教网络为基础，牢固扎根于民间，能够应对任何无组织、无领导的民间抗议活动。就当前而言，伊朗国内最敏感和乌里玛最关心的问题是谁将继任下一任领袖。由于哈梅内伊[②]

---

① 李福泉：《什叶派乌里玛与伊朗伊斯兰政权的演进》，《西亚非洲》2019 年第 1 期。

② 哈梅内伊，1939 年生，多次被传出身体状况恶化的消息。早在 1991 年 5 月，他就做过胃部手术。

年岁已长，继承问题已被提上议事日程。目前，虽然多人被国内外视为可能的人选，但谁会是领袖依然是最大的谜题。鉴于哈梅内伊的强大影响力，他的意愿将是决定人选的关键因素。对他而言，能否忠诚和保卫伊斯兰政权无疑是首要的标准。2016 年 2 月，哈梅内伊在接见专家会议成员时就明确提出："专家会议应该继续革命，应该以革命的标准思考和行动。"① 当前，专家会议内部保守派占据绝对多数，宪法监护委员会和确定国家利益委员会这两个强势机构也由保守派主导。因此，下任领袖不可能是哈塔米②等在民众中声望很高的改革派人物，而只能出自保守派阵营。在目前国内外局势极为严峻的情况下，领袖的交接既面临着巨大的风险，也可能成为伊朗重大变革的契机。

---

① Mehdi Khalaji, *Supreme Succession: Who Will Lead Post-Khamenei Iran?* The Washington Institute for Near East Policy, Policy Focus #117, February 2012, p. 83.

② 哈塔米，1943 年生，1997—2005 年曾连任两届伊朗总统，是当前深受伊朗人，尤其是年轻人欢迎的政治人物之一。

第八章 西亚结构变迁对"一带一路" 倡议的影响：以中伊合作为重点

　　能源对中国经济具有战略重要性，而中国政府维持经济增长所需的能源有很大一部分由西亚国家提供，因此该地区对"一带一路"倡议具有相当大的重要性。与此同时，在过去的一个世纪里，西亚一直面临着各种危机，如恐怖主义、极端主义、西方大国的破坏性干预以及一些地区国家不负责任的行为。该地区事态的发展和变动也直接影响了国际发展历程。伊朗一方面打击国际恐怖主义和毒品贩卖，另一方面为维持现代国家而采取行动，一直努力在该地区发挥稳定作用。

　　西亚和东亚在 2013 年都经历了重大的发展，这些发展仍然影响着这一地区的命运。在这一年，西亚面临着一系列具有普遍性的安全挑战，从政治冲突和军事对抗到宗教极端主义和恐怖主义的扩张。这些挑战的后果不仅对中东有影响，而且对欧洲等邻近地区也有影响。所谓的"阿拉伯之春"在该地区国家中是其摆脱威权主义和向民主过渡的新希望，但结果却与它们最初期望的大相径庭。与此同时，尽管该地区各国多年来一直遭受极端主义蔓延和恐怖团体破坏性活动之苦，但随着"伊斯兰国"的崛起，它们也不得不共同为一个全新的安全危机阶段做准备。一方面，叙利亚战争的升级以及随后大马士革中央政府力量被削弱，推动"伊斯兰国"和人民胜利阵线等恐怖组织崛起，并扩大了该地区安全危机的范围。另一方面，伊拉克尚未从 2003 年以来美国占领所造成的损失中恢复过来。所有这些案例都表明，中东正在迅速地发生着变化。

　　2013 年，习近平主席提出"一带一路"倡议，这标志着亚洲经济发展开启了新篇章。但是，作为"一带一路"倡议主要目的之一的经济一体化，怎么才能够在亚洲大陆这样一个广阔的地区取得成功呢？整个东亚决策是以发展为导向，而西亚领导人考虑的优先事项之一是生存。西亚独特的安全动态、区域行为体的新本质、治理方式、广泛的政治和种族冲突、国家建设中的重大历史失败以及宗教极端主义的发展，都塑造了西亚地区的安全秩序，如果忽视它们，就不可能成功实施"一带一路"倡议。

本着这一精神，本章将伊朗视为"一带一路"倡议在西亚成功实施不可缺失的一环。伊朗是该地区人口较多、规模较大的经济体之一，是第二大已探明天然气储量国和第四大已探明石油储量国家，而且在政治上独立于美国也使其成为一个独特的角色。不管地区动态为何，这些特点使伊朗在西亚处境艰难。美国在西亚不断将其意愿强加于该地区国家的尝试不仅导致了失败，而且最终迫使白宫寻找一条体面地退出该地区的出路。

在过去30年里，伊朗既有在地区一级充当安全提供者的记录，也有与俄罗斯这样的跨区域大国成功地和建设性地合作的历史。伊朗完全赞同中国的和平发展理念，认为经济发展、减贫和创造就业机会是有助于减少该地区极端主义倾向、降低安全冲突水平的因素。

本书首先阐述"一带一路"倡议，继而解释中国在中东的利益，考察西亚独特的区域动态，最后解释伊朗在成功实施"一带一路"倡议中的作用。

第一节　西亚对中国和"一带一路"倡议的重要性

2013年，通过提出"一带一路"倡议，中国国家主席习近平根据中国的新能力和力量，向中国在国际舞台上积极活动迈出了前所未有的一步。该倡议还确认了中东在中国外交政策框架内的战略意义。

中国目前在国际上面临着两大挑战。一是通过确保从国外进口能源和原材料来满足日益增长的需求；二是向外部世界出口其商品。中国需要各领域的生产、贸易繁荣、国外市场，以及满足社会需求的进口原材料。现在中国是世界上最大的出口国，国际生产、分销和消费链以及中国进入全球市场的中断都可以被视为不利因素。鉴于美国单边主义政策的毁灭性后果，这种焦虑近年来有所加剧。

西亚在上述两项挑战中占据着重要地位。一方面，从该地区获取能源是实现中国能源安全的关键组成部分，另一方面，中东的地缘经济地位使该地区成为中国—中亚—西亚经济走廊的东道主，这一走廊是丝绸之路经济带的六大走廊之一。此外，通常被视为发展中经济体的西亚国家很有潜力转化为中国的商品市场。

一　"一带一路"倡议，所有人的机会

2013 年，中国国家主席习近平正式宣布将建设"丝绸之路经济带"和"21 世纪海上丝绸之路"作为"一带一路"倡议的两个主要组成部分。该倡议将发展基础设施作为连接中国欠发达边境地区与邻国的一个方式，以实现国内的可持续发展，并在阿富汗和巴基斯坦等不稳定的邻国追求和平发展的理念。

"一带一路"倡议旨在通过国家、区域和国际市场的发展、融合和一体化，加强亚洲和其他地区之间的资本、商品和服务的直接流动，并在国家之间建立新的关系。该倡议将为扩大进入"一带一路"沿线的新市场和更深入地进入中国、东盟、中东、中欧和东欧等主要市场提供前所未有的机会。通过参与这一倡议，这些地区的发展中经济体可以加快、促进和维持其国民经济发展，并提高其自身在国际贸易中的份额。

在过去 20 年里，西方打着促进民主、打击恐怖主义或防止大规模杀伤性武器扩散的幌子进行军事干预，不仅没有减轻西亚现有的安全挑战负担，还在整个西亚地区制造了一系列新的安全冲突。极端主义和宗教极端主义通过各种恐怖主义群体蔓延开来，这是西方干预该地区的后果之一，无论主导西亚的区域动态为何，该地区各国为此付出了高昂的代价。

在西亚地区，以发展为导向的伙伴关系和以减贫、创造就业、融合和经济发展为目标的双边或多边合作，是为该地区贫困国家创造机会的务实的和合理的办法，并减少这些国家的极端主义倾向。应当指出，安全的西亚是成功实施中国—中亚—西亚经济走廊的先决条件。在短期内，西亚地区冲突升级可能会扰乱西亚的过境路线，中国的能源安全也将因此受到威胁。因此，"一带一路"倡议要在西亚成功实施需要另一项考虑到西亚独特动态的倡议。

随着美国和其他国家之间的政治争端因白宫对其他国家的单边外交政

策而升级，中国需要实现能源和原材料过境走廊的多样化，以确保石油和其他能源资源向内流动，这是中国提出"一带一路"倡议的重要原因之一。据报道，中国近80%的石油进口从马六甲海峡运送回国。近年来随着白宫升级对中国的贸易战和美国政府违反国际准则，考虑到美国在海上的优势，减少对传统海洋走廊和战略海峡的依赖，并在经济走廊中寻求多样化似乎更为重要。通过这些走廊，中国可以进口能源和出口产品。"一带一路"倡议的有效实施可以使这一目标成为现实。

此外，"一带一路"倡议地缘经济方面的作用也不容忽视，因为它帮助中国克服了大部分潜在的经济挑战。其中三个挑战对于认识"一带一路"倡议的关键目标尤为重要：通过与周边经济体更好地融合来鼓励区域发展；在使中国标准应用于全球的同时，促进国家产业结构中的生产率和创新性；解决国家产能严重过剩的问题。①

二　中国在西亚的目标

总的来说，中国在西亚的目标是维护能源安全，发展与本地区国家的建设性贸易关系，通过在"一带一路"倡议框架内对各种经济选择的运用，中国打算改善其能源安全（西亚在其中占据很大份额），并通过扩大与西亚国家的经济关系，试图在这些国家的市场中发挥更大的作用。通过将内陆西部省份的经济与其他国家的市场连接起来，以维持中国的内部和周边稳定，并追求可持续的国内和区域发展，这也是中国—中亚—西亚经济走廊发挥重要作用的部分。

能源安全和扩大经济联系

继续获得能源是中国在中东的主要优先事项。尽管中国在过去十年中试图使能源进口多样化，但是该地区在中国的能源安全中依然发挥着重要作用。

此外，中国正积极寻找投资机会和实施基础设施项目的合同，并加强中国产品在中东新市场上的存在。中国在该地区直接投资呈上升趋势。中

---

① Peter Cai, "Understanding China's Belt and Road Initiative," https：//think-asia. org/bitstream/handle/11540/6810/Understanding_ Chinas_ Belt_ and_ Road_ Initiative_ WEB_ 1. pdf? sequence = 1.

国在中东的直接投资从 2003 年的不到 10 亿美元上升到 2018 年的 200 多亿美元。同期，在中东地区工作的中国合同工人数从约 4 万人增加到 7 万多人。中东对中国经济日益重要的另一个迹象是，中国公司在该地区执行的合同价值不断增加，从 2004 年的不到 30 亿美元增加到 2018 年的大约 400 亿美元。

第二节　西亚权力结构的演变

西亚被认为是国际体系中十分重要和颇具挑战性的地区之一，由于其地缘政治、地理文化和地理经济的重要性，该地区在历史上经历了许多危机和战争，自 18 世纪以来一直是世界大国竞争和干涉的地方。事实上，西亚是世界上最国际化的地区，是国际关系的真实写照。

西亚最突出的特征是其发展的易变性，因此许多动态变化改变了该地区的结构。各国外交政策战略中地理和政治成分的变化将导致地缘政治格局的变化，进而改变权力结构。因此，权力结构及其变化是描述西亚发展的易变性和伊朗地区政策对西亚影响的重要变量。

本节首先解释了结构概念及其变化，介绍了西亚权力重组的表征，以便根据权力的性质及其发展解释西亚权力重组的维度，然后审查西亚权力结构变化的组成部分，并审查里程碑事件，如美国对伊朗实施结构性限制、2011 年阿拉伯国家的发展、叙利亚和也门的危机。本章还将考察恐怖主义团体的活动。

一　权力结构概念及其变化

权力结构虽然是分析国际趋势的一个重要议题和国际关系理论讨论的概念之一，但结构现实主义主要考察这一概念及其变化。根据这一观点，权力结构被视为事件发生和监管者活动的背景，由区域组成部分及其排序和位置来界定。

肯尼思·沃尔兹认为，权力结构首先是由单位的相互作用形成的，然后是由行动者的行为形成的。因此，该结构在其组成部分的排序基础上形成，并且排序的变化会导致结构的改变。然而结构并不明显，在社会事实和事件中被具体化。①

就此而言，权力结构的三个基本原则是秩序原则、单位特征和权力分配。权力结构最重要的组成部分是权力分配原则，这意味着行为者根据其对国际和区域均势与进程的影响所做的排序，是结构形成和演变的基础，并被视为结构变化的独立变量。权力分配是国际和区域结构演变中的一个非常重要的部分，在国际发展过程中已经接受了不同的形式。②

在这一领域，罗伯特·吉尔平在权力结构变化中引入了三种类型，即区域或国际体系的变化、体系的变化以及政治、经济和社会互动或单位互动的变化。在第一种类型中，单位的性质发生了变化，我们称之为民族国家的形成。在系统变化中，结构内的权力分配和层级发生了变化，并且是系统内的一种变化。在第三种变化中，单位的政治、经济和社会互动及其强度、性质及其反复得到了考察。因此，权力分配的变化将改变权力结构。霸权战争在这种情况下对权力结构变化产生了重大影响，尽管霸权战争决定着出现均衡后和平的方式及和平的条件。基于上述情况，改变西亚权力结构的指标包括以下几项。

（一）权力概念的复杂性和多维性

技术的发展过程及其在提高社会交流水平方面的作用导致了一些问题的出现，如政府控制被削弱、国际互动加强、体制变革加速、价值观和规范、政府行为者的作用以及权力概念转变的重要性增加。

随着这些变化而来的是，社交网络发现了挑战权力和权力创造的凝聚力。巴奈特和杜瓦尔提出的四种不同类型的权力试图将源自社会关系的权力概念化。在这方面，自下而上创造权力的过程也有所发展。早先在国家结构中被边缘化的群体今天也能产生和掌握权力。换句话说，在新时代，权力迅速产生并立即丧失。在伊朗努力在西亚国家建立公众意识和社会准备的过程中，可以看到社会网络的力量。此外，权力的多维性导致了一些独立于国家物质和硬权力之外的价值观和规范的膨胀，其明显的样本是西亚地区有影响力的非政府组织。③

① Kenneth Waltz, *Theory of International Politics*, New York：Random House, 1979.
② Kenneth Waltz, *Realism in International Politics*, New York：Routledge, 2008.
③ Kenneth Waltz, *Theory of International Politics*, New York：Random House, 1979.

（二）权力中心的分散

我们遇到的这些情况似乎是一种等级权力体系。这意味着不再有超级大国或霸权国，这一方面增强其他行为体在军事和经济等领域的能力，另一方面意味着美国的力量正在减弱并且使得几个行为体激烈竞争、发挥作用并影响区域平衡。

虽然中国可以成为一个超级大国，俄罗斯有潜力在军事上挑战美国且美国总统特朗普也将俄罗斯界定为挑战美国价值观的国家之一。这种权力中心的流散已经发展到作为阿拉伯人主要武器销售者之一的欧盟也陷入了与美国竞争的状态。[1]

（三）权力流散以及族裔和非政府行为体的角色

权力领域的技术发展改变了权力的性质、行为体和权力的工具。由于施加权力的过程是自下而上发展的，在政府结构中不太受尊重的群体能够产生和维持权力，并与政府一起发挥作用和使用权力。因此，我们正面临着一个多中心的世界，而且这一世界可以在西亚地区的权力结构中被观察到。

事实上，与过去相比，我们在当前形势下遇到了更多的权力状况，这是随着新的立场和技术发展及其对国际体系的维度和社会关系发挥影响而发展起来的，这在保持权力的物质和硬维度的同时，导致这一概念在非物质的、规范的和话语维度得到扩展。[2]

二　西亚区域的结构发展（2006—2019 年）

西亚因其在政治、经济和文化层面的战略地位而具有特殊意义，这使得该地区的结构成为该地区权力和战略空间循环的结果。西亚地区没有其原生的战略稳定，而是受美苏两个超级大国竞争的深刻影响，并在国际两极体系时代因外部干涉而存在势力范围。比如苏联影响西部和阿拉伯世界，美国支持以色列政权，这种安排是通过改变埃及和伊斯兰革命演变而来的。在这方面，伊朗伊斯兰革命虽然在意识形态上与莫斯科发生了根本

---

① John J. Mearsheimer and Stephan M. Walt, "The Case for Offshore Balancing," https://www. foreignaffairs. com/articles/united-states/2-16-06-13/case-offshore-balancing.

② Reza Vahidi, "Technology and the Evolution of the Concept of Power in International Relations," *Quarterly Journal of Strategic Studies*, Vol. 10, No. 4, 2007, p. 708.

性的冲突，但因其反美政策和为了打破遏制圈，伊斯兰革命被视作对美国在西亚利益的最严重的打击。苏联解体后，美国修改了其西亚政策，该政策根据与其利益在价值上的接近性区分邻近盟国和挑战国家，对朋友采取支持和安抚战略，对敌人采取对抗和威慑战略，并试图颠覆敌人。此外，它对盟国进行了排名，并在各个领域提供水平不均衡的合作，如以色列排名第一，随后是海湾国家，再后是埃及和约旦。美国对西亚地区的这种不均衡干预，使该地区的稳定问题因其存在和干预而难以解决。因此，在苏联解体后至 2003 年期间，西亚的权力结构是一个四边形结构，包括美国的挑战者（伊朗及随之而来的真主党和叙利亚）、美国盟友以色列、沙特和其他阿拉伯国家。美国的盟友之间有时关系冷淡。对伊拉克，美国一方面试图约束它反对阿拉伯海湾国家，另一方面也利用它对伊朗的敌意。

而 2001 年的"9·11"事件可以被视为苏联解体后西亚地区发展的转折点。该事件发生后，"大中东"概念随之出现。① 美国试图通过引入这一计划，"以权力为导向和单边主义"的方式支持其盟友，以填补空白，并向地区敌人施加压力和击败他们。美国占领伊拉克和阿富汗的活动、以色列政权入侵黎巴嫩（2006 年入侵）、发生在加沙的特拉维夫种族灭绝行动（2009 年）、美国在这些情况下对以色列的公开支持以及在西亚地区和波斯湾部署导弹防御系统，都继续与干涉该地区的战略保持一致。与此同时，对抗和消灭挑战者，在西亚以管理者的身份并根据与美国利益是否一致自上而下地组织权力结构。

事实上，2001 年的"9·11"事件改变了美国对西亚地区的外交政策模式，而且通过引入大中东倡议，美国政府首次在西亚引入新的变量和民主化。根据布什政府决策者的观点，伊拉克在美国西亚政策中发挥了根本性作用。当然，美国入侵伊拉克后的局势并没有如预期的那样发展。美国在伊拉克的失败为伊朗基于反对占领军和支持建立什叶派占多数的政府，提出一个替代性的政治模式提供了机会。

（一）美国试图对伊朗实施结构性限制

美国对伊朗实施结构性限制的重要原因之一是阻止出现针对它的地区

---

① Aylin Guney and Fuyla Gokcan, "The Greater Middle East as a Modern Geopolitical Imagination in American Foreign Policy," *Geopolitics*, Vol. 15, No. 1, 2010, p. 22.

力量。从美国的角度来看，伊朗是西亚地区一个具有挑战性的角色，可以直接或通过区域盟友间接给美国在该地区的利益带来严重危害。[①] 在区域一级，这种结构性限制表现为支持盟友，组织和加强伊朗周围的军事基地。在这方面，美国试图通过在科威特、阿曼、阿拉伯联合酋长国、巴林和卡塔尔建立基地来加强波斯湾国家的安全体系。因此，波斯湾国家的安全体系以从未摆脱美国干涉的方式组织起来。对伊朗的结构性压力还主要反映在核活动中，并在某种程度上反映在国际层次的人权问题上。在这方面，对伊朗重要的结构性限制之一是在核活动方面，因为根据美国地区盟友的观点，伊朗的核活动使地区力量结构向有利于伊朗的方向发展。例如，沙特的官员经常表示对伊朗核活动的关切。由于美国的盟国没有能力在西亚地区对抗伊朗，美国对伊朗施加压力，以弥补这一脆弱性并加强盟友的地位。

（二）美国实力下降导致西亚地区权力结构的结构性发展

2008—2019 年的国际和地区发展导致国际体系中的权力结构从单极向多极转变，新兴大国的地位和作用得到提升。在区域一级，我们注意到区域大国作用的扩大，以及通过削弱美国的力量来增加其区域影响力的举措。

受 2008 年金融危机的影响，特别是在西亚地区，美国的敌对国家可以在集中力量的同时提高自己的权力和地位，在地区舞台上给美国带来挑战。自此，美国在该地区的行为模式从单边主义转变为多边主义，从在西亚强加其想要的结构转变为管理和阻碍竞争对手改变结构。总的来说，西亚地区这一时期的显著特点可以总结为如下几点：美国实力开始下降；减少提供美国基地；在区域一级形成新的竞争，增加其他大国的权力和作用；增加区域行为体的权力和作用。[②]

其他跨区域行为体也在两个方面发挥着影响。第一，乘美国衰落之际，借助自己的国际和地区地位在重大区域问题上发挥参与作用；第二，追求在区域领域的本国利益。这两个方面产生的结果是，西亚地区某些领域发展出两种区域合作和对抗模式。在叙利亚危机中，我们观察到俄罗斯

---

① Martin Durham, "The American Right and Iran," *The Political Quarterly*, Vol. 79, No. 4, 2008, p. 508.

② Farhad Ghasemi, "A Theoretical Approach to Regional Diplomacy: Revisionist Units in the Transition of the Power Cycle," *Foreign Relations Quarterly*, Vol. 4, No. 4, 2012.

和中国与美国之间的对抗形式是否决安全理事会决议或俄罗斯空军在该国的存在。在这种情况下，地区势力还可以扩大地区影响力。伊朗如果获得授权，可以利用与区域盟友和跨区域行为体的合作来增强其区域作用。美国试图通过建立对威胁的共同理解，与其地区盟友建立更为紧密的关系。由于权力概念的发展和权力的流散，非国家行为体也有可能在区域权力结构中发挥有效的作用。

随着时间的推移，国际体系的结构变得越来越复杂，美国、欧洲和亚洲的民族主义和内向性的蔓延增加了这一趋势。"美国第一"口号问题也可以从这方面来解释。此后，根据2011年事态发展的结果和美国地区盟友的新责任，中东的权力结构朝着建立两个主要行为体轴心的方向发展，包括反对美国的敌人和挑战者的美国盟友，以及以种族和族裔形式组成区域联盟，如阿拉伯北约。区域威胁这一共同概念为区域合作和在该区域的两个轴心联合应对这一共同威胁提供了条件。美国通过调停，试图以非正式的、秘密的、正式的或外交的方式解决传统问题以及阿拉伯国家和以色列之间的分歧。在特朗普担任总统期间，美国要求所有伙伴都发挥与其地位相对应的作用，这种作用由美国根据其地位、权力、直接和间接利益以及国际责任来界定。这种做法要求西亚地区各国为安全付出更多，并加入区域联盟以保障安全。这可以从特朗普对该地区阿拉伯国家的访问和强调这些国家为稳定地区局势和对抗恐怖主义的努力中看出来，事实上，美国在试图减少国际支出的同时，也利用其他国家来实现共同的地区利益。

在该地区建立一个阿拉伯北约，并将以色列纳入其中，是这一政策的其他步骤。在这方面，名为"中东战略联盟"的阿拉伯北约的目的是制造地理、种族、部落和区域分裂，由八个阿拉伯国家对抗伊朗及其在该地区的盟友，并协调这方面的立场。① 因此，一方面，美国计划解决阿拉伯人和以色列之间的历史问题，通过"世纪交易"使其关系正常化。另一方面，源于民族主义的蔓延和对地区自助的强调，以沙特为首的一些美国阿拉伯国家同盟面对所谓的伊朗和抵抗美国战略联盟的轴心这一共同威胁，在该地区形成当前的格局。区域网络中的共同威胁概念化是指以双轴

① Mohammad Kazem Amiri, *Changing the Structure of Power in the Middle East and US Security Strategies*, Tehran：University of Tehran, 2019, pp. 241 – 248.

的方式和均势模式组织地区权力结构。

（三）阿拉伯国家的乱局

2011 年阿拉伯世界的公众骚乱始于突尼斯，然后扩展到西亚和北非的其他国家，包括埃及、也门和巴林，这是该区域环境的重要变化，对区域结构产生了重大影响。尽管存在各种模式和趋势，但公众骚乱从两个层面给西亚地区带来重大变化。第一个层面是改变政治结构和制度，第二个层面是改变区域行为体之间的结构和权力平衡。美国及其盟友对公众骚乱感到震惊，随后试图在西方和阿拉伯国家政府和媒体帮助下，分散和摧毁公众骚乱浪潮。

（四）叙利亚危机

2003 年美国入侵伊拉克并提出大中东计划后，通过其盟友对抗伊朗是该计划的重要目标之一，其措施包括军事侵略、在国际和地区层面孤立伊朗、在伊朗及其同盟间制造裂痕和切断联系。[1]

埃及和突尼斯的大众骚乱以及胡斯尼·穆巴拉克和扎因·阿比丁·本·阿里的倒台，给美国及其在西亚地区的盟友造成了一场战略危机，并略微削弱了它们在地区权力结构中的地位。美国及其在该地区的盟友试图对付伊朗的盟友，以某种方式补偿西亚公众骚乱造成的损害。他们认为，如果能够破坏叙利亚的稳定，切断伊朗与其盟友的沟通渠道，西亚地区的权力结构将发生巨大变化。但叙利亚政府、人民和军队的抵抗严重影响了这一计划。在叙利亚人民和政府反对美国及其区域盟友破坏叙利亚稳定和盟友关系的过程中，伊朗及其盟友继续执行支持叙利亚人民和政府的战略。伊朗和抵抗轴心为叙利亚政府提供政治支持、咨询和军事援助，组织反恐团体以及向叙利亚人民提供人道主义援助。上述战略维护了叙利亚的政治制度，延续了其区域作用。此外，在这场危机的影响下，伊朗的外交范围超出了叙利亚的中央政府，影响领域转向叙利亚的什叶派和逊尼派团体，并在叙利亚建立了强大的公共基础。[2]

---

① Jahanbakhsh Izadi and Hamidreza Akbari, "Assessment of the Third Decade of Strategic Relations between the Islamic Republic of Iran and Syria," *Policy Making Guide Quarterly*, Vol. 1, No. 2, 2010.

② Mohanad Hage Ali, "Power Points Defining the Syria-Hezbollah Relationship," Carnegie Endowment for International Peace, https：//carnegie-mec.org/2019/03/29/power-points-defining-syria-hezbollah-relationship-pub-78730.

叙利亚危机的要点是跨区域行为体在危机中的作用，这是这场危机及其对西亚权力结构影响的具体要点之一。在这方面，俄罗斯作为跨区域参与者加入了叙利亚危机。自苏联时代以来，叙利亚就对俄罗斯具有战略意义。俄罗斯在位于地中海沿岸港口城市塔尔图斯的海军基地和海军设施是其在地中海的唯一军事基地。① 极端主义和恐怖组织蔓延的威胁及其对俄罗斯和高加索地区的影响，以及对西方在西亚地区影响力的宏观战略考虑，是俄罗斯加入叙利亚危机的其他动因。

（五）恐怖团体的活动

恐怖主义问题已经成为西亚地区许多事态发展的借口，如美国试图在"9.11"事件后将反恐转变为其国际权威话语。按照这种方法，至少美国及其盟友以反恐为借口入侵了阿富汗和伊拉克。在该地区恐怖主义组织产生过程中，虽然不应该忽视脆弱的政府、薄弱的经济条件和极端主义意识形态等环境和情况所起的作用，但美国将这些组织作为工具加以利用也值得注意。美国利用恐怖主义团体为其间接干预和占领提供理由，并导致了战争和不安全。

在阿拉伯国家发生公众骚乱的同时，遭受骚乱重创的美国及其区域盟友试图转移骚乱的发展方向，最重要的目标是对抗伊朗。随后，叙利亚被视为实现上述目的的重要国家之一。尽管如此，由于挑战叙利亚政府所需的社会团体不足，外部势力不得不进入叙利亚。与此同时，恐怖组织不仅可以通过它们的行动让叙利亚变得脆弱，还可以阻止该地区其他国家发生新的公众骚乱。因此，恐怖团体活动引发的危机首先包括叙利亚，然后是伊拉克。事实上，恐怖组织的成立是为了充当分裂力量而打击伊朗及其盟友。这场危机引发了西亚地区的教派和宗教战争，甚至国际边界也被摧毁，传统的民族国家概念不时被"伊斯兰国"等组织组建的哈里发政权所改变。

相比之下，伊朗与其盟友合作，建立并组织了反恐怖主义团体。伊朗与其盟友组建国防力量、作为叙利亚和伊拉克军队和民兵的人民力量、组织地区反恐组织、向伊拉克和叙利亚政府派遣军事助理和运送武器进行反

---

① Brian Glyn Williams and Roert Souza, "The Consequences of Russia's 'Counterterrorism' Campaign in Syria," https： //ctc. usma. edu/the-consequences-of-russias-counterterrorism-campaign-in-syria/.

恐、组织和参与俄罗斯在叙利亚的反恐、派驻军事专家为伊拉克和叙利亚军队提供军事建议，以及加强伊拉克和叙利亚安全机构以改善这两国的安全。这些都是伊朗反恐和反对美国西亚计划的举措。

（六）也门危机

随着也门人民的起义，阿里·阿卜杜拉·萨利赫于2011年被罢免，其副手阿卜杜拉布·曼苏尔·哈迪成为总统。哈迪不能很好地处理这些问题，他考虑不周的决定导致了由胡提组织运动引发的第二次革命。这场革命导致也门许多民众参与进来。沙特继续对也门采取"保存和延续依附国家"的做法，一直希望也门由无能的政府执政以便其控制和利用，因此这场革命使其感到明显的威胁，并随着胡提组织的崛起而开始军事入侵也门。

沙特及其盟友对也门的军事入侵是为了阻止胡提组织参与权力结构的构建，因为这种可能性会导致也门摆脱依赖，实现完全独立。更重要的是，也门将与其盟友联合在地区发挥作用。因此，沙特以大规模军事打击的形式对胡提组织的崛起做出了回应。换句话说，沙特入侵是美国为阻止西亚权力结构发生有利于伊朗的变化而采取的替代行动。

第三节　伊朗在西亚格局动态演变中的作用

伊斯兰革命不仅改变了伊朗的区域和国际地位，也改变了伊朗对国际发展，特别是区域发展的态度。事实上，伊朗伊斯兰革命可以被视为区域路径的转折点，因为伊斯兰革命的本质是关注伊斯兰思想而且伊朗必定会关注西亚地区问题，区域问题成为伊朗外交政策的优先事项之一。西亚地区的环境也经历了各种挑战和危机，特别是自2001年以来，这些挑战和危机损害了伊朗的国家安全。此外，伊朗要克服这些阻碍其在西亚地区发挥作用的危机还面临着各种挑战。

伊朗的外交旨在减少危机带来的威胁并获取机会，包括为了稳定和协调伊朗的国家利益，通过参与西亚权力结构的演变管控2011年后的形势发展，参与决定该地区的未来以及提高伊朗的国际威望。因此，下文试图考察上述案例，研究伊朗影响西亚权力结构变化的方式。

一 创建威慑网络

如上文所述，美国在地区结构演变中利用盟友的目的是通过其基地、盟友和恐怖组织封锁伊朗。相比之下，伊朗利用其区域盟友制造了网络障碍。换句话说，伊朗能够通过广泛的物质和技术合作以及政治和精神支持，在自己和盟友之间建立一个彼此安全的关系，并在各层面建立网络联系。源于 2011 年事态的发展以及对叙利亚、也门和伊拉克国内武装力量和此前在区域事态发展中发挥作用的真主党和巴勒斯坦团体的广泛支持，代理人的作用表明了西亚的事态发展。①

源于以下特点，伊朗及其盟国之间的利益体系同国际关系中的代理人概念和共同适用性有重大差异。这个联盟的第一个也是最突出的特点是没有一个行为体是短暂参与的。事实上，在外交上，伊朗没有要求其在该地区的任何盟友为伊朗放弃自己的利益，相反，利益体系指其中的每一个行为体在认真和忠实地捍卫自己利益的同时，通过伊朗管理而成为更大的地区计划的一部分。毫无疑问，并不是伊朗决定了真主党在黎巴嫩的政策，而是真主党作为伊朗值得信任和占主导地位的顾问，告诉伊朗如何在黎巴嫩推行其政策。在伊拉克和也门问题上，伊朗与哈什德·沙阿比和胡提组织建立了同样的联系，这与通常代理人没有自己的授权、只能在分配给他们的任务中发挥作用有着本质区别。这一战略网络的第二个特点是，"身份"是该利益体系建立联系和关系的主要因素，也是行动的来源。因此，伊朗不太担心参与的行为体会改变策略，这些行为体也更容易管理。第三个特点是，主要结构是"在伊朗组织的网络中公开动员该地区各国"。伊朗可能是该地区唯一有资格为了自己的目的而跨越地理边界动员该地区民众的国家。虽然在该地区大多数事件中，人民在事态发展中的作用微不足道，反而受事件影响较大，但伊朗给了该地区人民一种身份和信心，让他们能够为自己挺身而出，围绕抵抗概念找回自己的身份。

总的来说，伊朗通过摧毁美国和盟国的聚焦企图和制造新的战线，不仅在冲突中胜出，而且创造了新的盟友，任何对伊朗及其盟友的关注都可能导

---

① Alex Marshall, "From Civil War to Proxy War: Past History and Current Dilemmas," *Small Wars & Insurgencies*, Vol. 27, No. 2, 2016, p. 184.

致其与一个团体的冲突。当我们考虑到西亚地区最重要的方面是能动摇均势的力量非常重要这一战略事实时，这一问题就变得更加引人关注了。美国在制定战略、规划和分工方面很有技巧，但总是难以在该地区实施其计划，因为它们从来没有一支可靠的部队。以下是关于伊朗网络连接的概述。

（一）真主党

在西亚地区建立抵抗核心战略的第一个明显例子是黎巴嫩的真主党，它在该地区的事态发展中发挥了重要作用。真主党是一个政治军事组织，1980 年在伊斯兰革命教义的影响下出现，有能力巩固黎巴嫩各种团体。

伊朗通过两个途径在真主党成立过程中发挥了必不可少的作用。一方面，伊朗给予它们反对和打击内部暴政的信心；另一方面，伊朗全力支持将真主党列入其在黎巴嫩的政治议程中。

尽管真主党在国家背景下脱颖而出，并在这一进程中发挥了显著作用，但它还具有跨国特征和区域功能。虽然最初真主党只是在打击和威慑以色列的领域开展活动，但通过将其活动扩大到区域领域，真主党的作用和威慑的范围有所扩大。叙利亚危机的发展以及真主党在其中的正式作用表明，该组织能够合理处理该区域的其他事件。① 事实上，美国期望通过尽可能地将真主党拖入叙利亚危机，以削弱其军事力量，并最终使其在冲突中疲惫不堪，从而使真主党再也不能对以色列构成严重威胁。然而，结果恰恰相反。这使得伊朗能够在多条战线上以更加成熟的力量和更加分散的责任来对付任何敌人。

此外，真主党与黎巴嫩社会的关系及其对黎巴嫩政治结构的参与使这种威慑复杂化。因此，对真主党施加的任何压力和制裁都将加剧整个黎巴嫩政府和社会的压力，进而导致针对该组织的压力和制裁更加谨慎。所以法国总统埃马纽埃尔·马克龙也表示，真主党和黎巴嫩其他党派之间有联系，强调真主党是得到黎巴嫩人民授权的一个组织。

（二）伊拉克和叙利亚

由于其人民均主要信仰什叶派以及圣地和宗教城市的存在，伊拉克与伊朗在文化和宗教上有许多相似之处。与此同时，伊朗和伊拉克有大约

---

① Ehud Eilam, "Dealing with Iran and Its Allies," *Comparative Strategy*, Vol. 35, No. 4, 2016, pp. 225 – 233, 227.

900 英里的边界，因此，地理上的邻近是使伊朗对伊拉克的发展和未来感到敏感和将两国稳定联系起来的另一个因素。

伊朗针对伊拉克外交的转折点可以追溯到 2003 年美国入侵伊拉克以及随后的事态发展。事实上，美国在伊拉克的失败为伊朗基于民众对占领军的抱怨为伊拉克提供可替代的政治模式和支持建立一个什叶派占多数的政府提供了很大可能性。[①] 伊朗在伊拉克的主要外交路线是在政治权力移交和起草新宪法过程中提供援助，在什叶派团体和政党之间建立联盟和同盟，与当局、神职人员和纳杰夫神学院建立密切关系，在保持伊拉克领土完整的框架内稳定与库尔德地区的密切关系，鼓励打击恐怖主义和维护伊拉克的统一以及让所有族裔和宗教派别都参与到政治进程中来。伊朗同样大力支持伊拉克国家和政府的重建进程。

伊朗接下来的任务是支持伊拉克不要在美国撤离后分裂、瘫痪。乔治·弗里德曼认为，伊朗通过这一外交计划在伊拉克实现了两个重要目标：首先，伊朗的敌人和对手萨达姆·侯赛因被美国消灭；其次，伊朗用自己的领导力填补了伊拉克的真空，美国无法维持对伊拉克的军事占领，最终离开伊拉克并使伊朗在伊拉克的影响力扩大。

尽管并非发生在伊拉克的事情均源于伊朗的作用，但现实是，伊朗在伊拉克的事态发展中表现得巧妙而聪明。伊朗的政策有防御也有侵略。在防御方面，美国从伊拉克撤军既限制了其对伊朗的战争威胁，也使其很难在该地区制造另一场战争。在进攻方面，美国从伊拉克撤军增加了伊朗在伊拉克的影响力，德黑兰以某种方式填补了真空。[②]

此外，由于伊拉克政治局势的特点之一是不确定性和不可预测性，伊朗以全面的眼光调整了与伊拉克的关系。这意味着伊朗除了与伊拉克中央政府保持联系之外，还试图与外国行为体建立密切联系，并在伊拉克人民运动组织（PMU）等团体的帮助下，除了打击伊拉克境内的恐怖主义之外，还利用这些联系威慑美国。这样，伊朗的视野和关系就不仅仅集中在

---

① Raymond Hinnebusch, "Structure Over Agancy: The Arab Uprising and the Regional Struggle for Power," in Spyridon N. Litsas and Aristotle Tziampiris, eds., *The Eastern Mediterranean in Transition*: *Multipolarity*, *Politics and Power*, Ashgate, 2015; Mark Haas, "Ideological Polarity and Balancing in Great Power Politics," *Security Studies*, Vol. 23, No. 4, 2014, pp. 715–723.

② George Friedman, "Iran's Strategy," https://worldview.stratfor.com/article/irans-strategy.

什叶派群体上，还包括库尔德和逊尼派群体。[1]

自伊斯兰革命胜利以来，伊朗—叙利亚联盟也一直是伊朗区域政策的基础，伊朗将叙利亚视为威慑美国的基地。此外，叙利亚一直是伊朗维系与黎巴嫩和巴勒斯坦盟友关系的走廊。[2] 因此，伊朗对叙利亚政府的政治支持在挫败挑衅叙利亚政府的计划中发挥了重要作用。事实上，让叙利亚摆脱国际联盟引发的危机，并利用联合国安理会的平台说服俄罗斯参与叙利亚问题，都是伊朗在政治上支持大马士革的举措之一。在政治和军事上，伊朗、俄罗斯、叙利亚、伊拉克和真主党建立联盟并取得了很大成功。

伊朗和叙利亚之间的战略联盟及其在美国遭到失败后的巩固，加强了叙利亚威慑力的同时，还产生了其他战略效果，如控制了以前由"伊斯兰国"控制的土地（其中大部分是逊尼派地区），导致伊朗及其盟友占领了这些地区中什叶派和逊尼派之间的边界。

事实上，伊朗的外交通过创造和维护共同利益，建立地缘政治、安全和经济团结，以及通过参与伊拉克和叙利亚等国正在进行的新的国家建设进程，在伊朗和这些国家的社会和政府关键部门之间建立了不可分割的纽带。外国对该地区的持续干预是阻碍各国对威胁和机会达成共识的最重要因素，西方人能够通过利用该地区各国之间的分裂、分歧、误解和敌对行动来增加他们的利益，而不关心该地区各国的利益。特别是在伊朗伊斯兰革命后，西方一直有组织、有系统地限制伊朗在该地区结构中的地位。

（三）也门胡提组织

在也门，胡提组织作为抵抗核心之一，成功地发挥了有效作用，领导了也门的革命。胡提组织的出现一方面源于也门的政治和社会条件，特别是萨阿达省的具体特点和氛围；另一方面也受到过去几十年地区趋势和发展的影响，特别是伊朗伊斯兰革命的胜利及其地区后果。从这个角度来看，胡提组织可以被认为是西亚地区伊斯兰和政治运动的新例子之一，尽管它有着古老的根源。胡提组织的势力原则上接近什叶派，但更重要的一

---

[1] Wehrey Frederic, et al., "Dangerous but Not Omnipotent: Exploring the Reach and Limitations of Iranian Power in the Middle East," https://www. rand. org/content/dam/rand/pubs/monographs/2009/RAND_ MG781. pdf, p. 105.

[2] Geraint Hughes, "Syria and the Perils of Proxy Warfare," *Small Wars & Insurgencies*, Vol. 25, No. 3, 2014, p. 526.

点是该运动在宗教和政治上受到伊斯兰革命的影响。在行动领域，除了与伊朗及其领导人存在思想—政治和目标联系之外，这一运动还表现出伊朗及其盟友的区域目标和计划框架内的行为。

总的来说，伊朗针对也门的外交主要寻求在也门的发展中发挥主导作用，以应对政治团体面临的挑战，并支持政治盟友，特别是作为抵抗阵线成员的胡提组织运动，以增加伊朗在区域舞台上的实力和地位，同时提高同盟在也门的影响力。伊朗外交的其他目标是打击极端主义和恐怖主义，帮助加强政治进程，支持领土完整，拒绝以分裂也门为条件的计划和无视也门部分人口和扎伊迪什叶派的计划，解决经济和社会危机，分配资源和军事力量，否定外国军事干预和军国主义，支持也门人民多年积累的要求。

二　与跨区域行为体的合作

如前所述，随着美国地位的下降和单极结构的转变，跨区域行为体有机会发挥更大的作用。对作为安理会常任理事国的俄罗斯和中国而言，在西亚这个国际权力结构中十分重要和具有决定性的地区发挥作用非常重要。然而，俄罗斯和中国在西亚的许多利益与西方不同。特别是在许多情况下，美国对应对西亚问题持怀疑态度，这为中国和俄罗斯等其他跨区域行为体在该地区发挥作用提供了基础。[①] 伊朗还试图在其外交中与俄罗斯和中国合作，以影响西亚的权力结构，从而与全球结构建立关系。

（一）在叙利亚危机中与俄罗斯的合作

伊朗的外交努力影响了俄罗斯对地区事态发展，特别是叙利亚危机的看法。在叙利亚危机开始时，俄罗斯更多地持观望态度。但一些西方国家滥用安理会决议，在利比亚采取军事行动，推翻了俄罗斯的北非盟友利比亚。一方面，与美国在克里米亚问题上的争端和塔尔图斯港问题，有效地改变了俄罗斯人的看法。另一方面，对抗安全威胁一直是俄罗斯干预叙利亚的主要动机之一。在地区方面，俄罗斯希望维持作为西亚重要角色的地位。俄罗斯认为，阿萨德倒台将导致其失去在西亚盟友的最后一环，这将意味着俄罗斯的国际地位被削弱，俄罗斯无法实现其国家安全政策文件的

---

① John Alterman, "China in the Middle East," Center for Strategic and International Studies, https://www.csis.org/podcasts/babel-translating-middle-east/china-middle-east-part-four.

基本原则。[①]

此外，伊朗与俄罗斯和土耳其一道，正在努力建立软平衡，以便在政治解决危机的谈判中采取主动，并通过外交手段实现其目标。自 2017 年 1 月以来，为政治解决叙利亚危机举行了阿斯塔纳和平会谈，这表明伊朗作为一个区域稳定力量，在政治解决叙利亚危机中发挥着核心和建设性作用。

（二）与中国的合作

在与西亚跨区域行为体的外交中，伊朗试图在西亚最近的事态发展，特别是叙利亚危机中与中国合作。一方面，从某种意义上说，由于美国采取反对中俄外交政策目标的单边主义做法，中俄两国在许多国际问题上和安理会进行协调，并朝着实现全面政策协调的方向发展[②]，强调两国对西亚态势的共同看法。另一方面，伊朗还直接与中国就地区问题进行了认真的谈判。

事实证明，中国在叙利亚危机中表现积极，在联合国安理会否决了可能为美国军事干预叙利亚提供非法借口的决议。自 1971 年成为安全理事会常任理事国以来，中国仅否决了 11 项决议，其中 6 项与叙利亚危机有关。此外，2012 年 2 月 16 日，中国在联合国大会再次投票反对关于叙利亚的决议草案，2012 年 3 月投票反对联合国人权理事会针对叙利亚的决议草案。

总的来说，中国在联合国安理会的外交行为有两个明确的信息。第一，反对美国根据其地缘战略目标而推行的主权国家政权更迭；第二，防止为军事干预创造法律上的非法纪录，这可能逐渐成为危及独立国家主权和领土完整的步骤。[③] 这些都符合伊朗在该地区的目标，并为两国在西亚地区的密切合作铺平了道路。

据此，虽然中国没有参与叙利亚的军事行动，但它同意现有的伊朗—俄罗斯方法。例如，中国不仅批评西方大国在反恐斗争中的双重标准，还

---

① Paul Rogers and Richard Reeve, "Russia's Intervention Implications for Western Engagement," https：//www. oxfordresearchgroup/org. uk/russias-intervention-in-syria-implications-for-western-engagement, p. 3.

② Yixiang Xu, "Evolving Sino-Russian Cooperation in Syria," https：//www. usip. org/publications/2017/10/evolving-sino-russian-cooperation-syria.

③ Ehsan Fallahi and Nowzar S. Hafiei, "China's Approach to the Syrian Crisis and Its Possible Position in Post-Crisis Syria," *Quarterly Journal of Strategic Policy Research*, Vol. 8, No. 31, 2019, p. 171.

认为德黑兰和莫斯科针对极端主义的军事手段是"合法的国际反恐"①。

第四节　中伊西亚战略合作及其对
"一带一路"倡议的影响

如上所述，西亚独特的动态已经证明，在该地区发挥作用时忽视其安全和政治因素将付出高昂代价，并且不会产生有利的结果。美国从2003年至今在该地区的积极行动不仅没有达到其预期，还使中东进入面临新安全挑战的阶段，这已使美国及其盟友付出了数千人的生命和数十亿美元的代价。与此同时，历史、政治、经济和地理因素使中国和西亚比以往任何时候都更加紧密地联系在一起。古代丝绸之路是统治中国几个世纪的汉朝留下的遗产，为中国与西方邻国发展关系打下了坚实基础。今天，无论是作为世界上第二大经济体的中国，还是作为在能源、贸易和投资领域拥有巨大能力的西亚地区，都比其古老的前身更能从21世纪丝绸之路的复兴中受益。

考虑到伊朗的区域战略、政治独立性和卓有成效的安全建设历史，当然还有其软硬实力，伊朗是提高中国在西亚，尤其是在"一带一路"倡议框架内作用效力的一个合适选择。

一　美中战略竞争及其对西亚地区的影响

巴拉克·奥巴马执政期间实施的诸如"亚太再平衡""亚洲转向"，甚至"跨太平洋伙伴关系"等战略，尽管是软的或制度性的，但被视为旨在在政治、军事和经济领域与中国进行战略博弈的措施。

美国对中国出口商品征收高额贸易关税加剧了双方关系的紧张程度。特朗普提出的所谓"经济脱钩"也是重大威胁，可能会消除防止中美竞争升级的因素之——经济相互依存，并将竞争从经济和贸易领域扩大到政治、军事和安全领域。② 特朗普政府2017年的《美国国家安全战略》

---

① Marcin Kaczmarski and Jakub Jakobowski, "China on Russia's Intervention in Syria," https：// www. osw. waw. pl/en/publikacje/osw-commentary/2016-01-19/china-russias-intervention-syriap.

② Keith Johnson and Robbie Gramer, "The Great Decoupling," https：//foreignpolicy. com/2020/05/14/ china-us-pandemic-economy-tensions-trump-coronavirus-covid-new-cold-war-economics-the-great-decoupling/.

直接将中国列为美国实力、影响力和利益的挑战者，认为中国试图侵蚀美国的安全和繁荣。[1]

一方面，拜登政府的对华政策出现了一些战术变化，但毫无疑问，"遏制中国"仍是美国对华外交政策的主要目标。拜登在一份声明中明确指出："美国必须对中国采取更强硬的政策。"[2] 因此，拜登再次启动针对中国的制度平衡，因为这曾经是奥巴马政府时期华盛顿的主要做法。在四方联盟框架内与澳大利亚、日本和印度这三个安全伙伴合作，以及与结盟国家共同努力重新谈判在印度—太平洋地区建立贸易集团，是拜登政府为加强与地区伙伴协调水平而采取的首要措施。

另一方面，如果美国政府继续将中国安全化，那么反华联盟也有可能超越印太，向世界其他地区扩张。特朗普执政期间对中国企业高层或官员实施的经济制裁，可以是一种更加连贯的、遏制中国的软工具。中国不仅没有忽视这些威胁，而且重新审视了其宏观经济和政治战略。中国采取的重要的措施之一是将加深与其他国家的经济相互依赖视为一种双赢的方法，这一方面会带来经济的发展，另一方面会增加对方在可能的政治和安全冲突中采取强硬手段的成本。

"一带一路"倡议其基础是和平共处五项原则。在这一倡议框架内促进中国与其他国家的多边和双边互动，既在精英和公众层面增进相互理解，也为双方就有争议的问题进行对话铺平道路。

迄今为止，已有数百个国家加入了该倡议。对这些国家进行简要观察可以发现，其中一些国家存在政治争端。中国强调经济发展是维护世界安全与稳定的重要因素之一，并邀请所有国家考虑本国的繁荣、福祉和未来，无论彼此可能存在什么样的政治分歧。这与过去20多年里美国对西亚的态度恰恰相反。通过对地区国家进行政治划界和制造裂痕，美国实际上已经成为地区发展和一体化的主要障碍之一。实施基于中国经济和共赢世界观的"一带一路"倡议，可以逐渐抛开这些界限，加速区域融合进程。

---

① White House, "National Security Strategy of the United States of America, 2017," http：//ns-sarchive. us/wp-content/uploads/2020/04/2017. pdf.

② Ana Swanson, "Biden's China Policy? A Balancing Act for a Toxic Relationship," https：//www. nytimes. com.

　　为了应对潜在的外部威胁，中国宣布实施"双循环战略"。经济发展的"双循环战略"以国内生产、分配和消费循环为基础，将通过促进国内生产过程中的技术创新来实现。这一新战略的目的是降低出口在中国经济发展模式中的中心地位，并将生产和供应链引向中国自己充满活力的、广阔的市场。因此，双循环利用国内需求能力的广度，将国内市场和国际市场更好地联系起来。在这方面，为了中国经济的可持续发展，内循环和外循环是相辅相成的。[1]

　　作为世界上主要的石油进口国，而且其所需石油的近一半来自波斯湾地区，中国谈论放弃化石燃料（其中肯定包括石油）可能会导致其与西亚关系的巨大变化。

　　迄今为止，中国在中东的角色一直伴随着其"对地区石油的依赖"。因此，中国避免陷入地区冲突，声明自己在西亚地区行为的基础是深化与所有国家的贸易和经济关系。"一带一路"倡议以同样的逻辑出现在中东。一方面，由于白宫近年来和未来几年里从安全方面遏制中国，在中国对西亚的长期战略中，以经济为导向的行为不能包含其中。另一方面，通过审视"双循环"等战略和2060年前放弃化石能源等目标，中国正试图减少在经济领域的脆弱性，这些脆弱性可能会在未来被美国所利用。

　　由此，中国的利益可以根据西亚地区的新动态在三个层面上进行审查。第一，中国的短期利益是扩大与区域国家的贸易和经济关系，继续从西亚进口能源；第二，中国的中期利益是减少对该区域能源进口的经济依赖，扩大与结盟国家的政治和安全关系；第三，中国的长期利益是与结盟国家合作，在该地区开展建设性的安全建设努力。

二　"一带一路"框架下伊朗与中国区域合作的维度

　　从短期来看，鉴于中国的经济特点，能源因素在中国与西亚的关系中仍将占据重要地位。为此，中国将首先利用"一带一路"倡议深化与该地区国家的双边关系，其次加快过境走廊的多样化。

　　一方面，鉴于在全球经济和能源领域的重要性，伊朗可以在"一带一

——————————

[1]　Kevin Yao, "What We Know about China's 'Dual Circulation' Economic Strategy," https：//www. reuters. com/article/china-economy-transformation-explainer-idUSKBN2600B5.

路"倡议的成功实施中发挥重要作用。伊朗几十年来在中国石油市场上的作用和中国公司在伊朗的基础设施、通信和工业等各领域的投资，都可能成为两国在"一带一路"倡议框架内扩大和深化双边合作的措施。伊朗还可以与中国一起参与实现"一带一路"倡议的许多主要目标。德黑兰支持波斯湾过境走廊的多样化，这种多样化的重点是能源跨境，以及减少对传统上受美国影响的海上走廊的依赖。伊朗还试图通过建设戈勒—贾斯克原油管道等项目来减少对海洋走廊的依赖。该项目是一条 1000 千米长的陆上管道，西起西南部省份布什尔的戈勒，绕过霍尔木兹海峡，到达阿曼湾的贾斯克港。伊朗将能够首次从那里通过国际水域出口石油。将贾斯克转变为西亚能源枢纽是伊朗政府的主要目标之一，因此伊朗建立贾斯克经济能源特区，建造原油和天然气储罐，由私营部门投资者建造两个炼油厂和三个石化综合体，建设发电厂，建造贾斯克国际机场，发展阿巴斯港、贾斯克港和沙巴哈尔沿岸的公路和铁路运输，建立一个中伊工业城和贾斯克自由区。

另一方面，伊朗也表示愿意加入中巴经济走廊。在伊斯兰堡举行的"一带一路伙伴跨区域媒体融合"（Cross Regional Media Fusion among Belt and Road Partners）国际会议上，伊朗驻埃及和乌克兰前大使卡齐姆·卡西米指出，伊朗和巴基斯坦在区域安全和发展方面发挥着主要的、温和的和无与伦比的作用，伊朗沙巴哈尔港和巴基斯坦瓜达尔港之间的海上和陆地联系可以提高"一带一路"倡议的成功率。全球和战略研究中心（CGSS）主任赛义德·哈利德·埃米尔·贾法利说："不存在关于伊朗和巴基斯坦港口之间竞争的讨论，沙巴哈尔和瓜达尔是相辅相成的。"①

但对其西部邻国而言，伊朗认为，中国参与各国国内经济发展是减少国内社会和政治紧张局势以及减少地区极端主义倾向的重要一步。如前所述，美国在西亚打击恐怖主义和传播民主的行为既没有根除恐怖主义，也没有扩大该地区的民主。但中国的和平发展理念可能是改善基础设施能力、实现经济增长和创造就业的一个好选择，从而扩大政治稳定，减少极端主义倾向，尤其是在该地区年轻人中的极端主义倾向。

---

① Irna, "Gwadar-Chabahar Connection Increases the Chance of the BRI Success," https://en. irna. ir/news/83598031/Chabahar-Gwadar-ports-connectivity-vital-for-BRI-success-Iran.

发展和平理论认为，经济和社会发展是实现持久国内和平的根本途径。与此同时，这一理论加强了渐进的社会和政治改革措施，并在推动经济发展中加强国家主权。[①] 在过去几年里，美国在该地区的政治努力不仅未能应对现有的挑战，还导致该地区在其占领伊拉克 17 年后陷入新的政治、安全、社会和经济危机。依靠国际价值观和准则，如尊重领土完整和国家主权，中国针对西亚的经济手段将能够使该地区进入一个新的经济发展阶段，这将逐步为减少国内的社会和政治差距以及国外的政治和安全冲突铺平道路。

正如前面第二部分和第三部分所提到的，区域动态、行为体的性质以及西亚安全和军事挑战的巨大范围，使得忽视这些因素并将该地区此类行为的性质限于经济领域并实现预期目标成为不可能。东亚的决策逻辑以发展为基础，而在西亚，生存因素仍然在决策中占有重要地位。因此，如果不正视亚洲西部的安全挑战，西亚和东亚将难以连接起来。

三　打击恐怖主义和极端主义

如前所述，西亚激进主义逻辑的基本组成部分之一是生存，重要的原因之一是该地区出现了极端主义和恐怖主义。中国和伊朗都将恐怖主义和极端主义视为对其国家利益、国家主权和领土完整的严重威胁。中国政府称恐怖主义、分裂主义和极端主义是危害其稳定和国家安全的三股势力。[②] 鉴于近年来丰富的反恐经验及其在中东的安全建设行动，在打击该地区恐怖主义的活动中，伊朗可以成为加强与中国的安全和军事关系的一个好选择。这也将能够提供必要的政治和社会稳定，而且这是中国在该地区投资的先决条件。

丝绸之路的复兴是整个欧亚大陆东西部一体化的新开端。事实上，"一带一路"倡议是中国和平发展的生动体现。在这方面，过去几十年来一直是国家和跨国安全挑战焦点的西亚，终于可以享受到这一倡议的广泛好处。该倡议降低了区域冲突的严重性，并为大多数亚洲国家提供了国家

① Jisi, Wang, "Marching Westwards: The Rebalancing of China's Geostrategy," *International and Strategic Studies*, Report No. 73, 2012.

② Chung Chien Peng, "Confronting Terrorism and Other Evils in China: All Quiet on the Western Front," *The China and Eurasia Forum Quarterly*, Vol. 4, No. 2, 2006.

和区域经济可持续发展的新机会。

在过去几年里，通过有效地、建设性地和明智地参与塑造区域权力结构，伊朗不仅阻止了可能损害自身安全与稳定的事态在整个西亚地区迅速蔓延，而且战胜了叙利亚和伊拉克的恐怖主义，这种恐怖主义可能危及整个国际安全。伊朗阻止了"伊斯兰国"向世界其他地区蔓延，但数百名伊朗人因此而丧生。现在，在结束这种暴政之后，西亚准备享受和平、安全和经济发展。

伊朗的能源和经济能力为在"一带一路"倡议框架内扩大德黑兰和中国的关系提供了合适的平台。伊朗一方面呼吁发展其基础设施能力，另一方面出于各种原因，将减少对传统海洋走廊的依赖列入议程中。在这种情况下，未来在扩大两国双边关系方面，特别是在经济领域，将会有很大的潜力。

伊朗是"一带一路"倡议框架内欧亚大陆东部和西部之间的纽带。恐怖主义、极端主义、破坏性的外国干预和国家建设进程中的历史性失败是该地区重大的安全挑战。这些巨大障碍剥夺了西亚各国人民充分发掘其国家经济潜力的机会。寻求一种和平的、面向发展的方法，通过"一带一路"倡议促进区域经济繁荣，可以在消除这些障碍方面发挥重要作用，并为中国在西亚的适当存在提供必要条件。

尽管中国宝贵的经济经验和能力无疑丰富了"一带一路"倡议，但西亚独特的动态要求中国和伊朗在不同层面开展更广泛的务实合作，以保证该倡议的有效性。现在是伊朗和中国向他们的祖先证明古代丝绸之路几个世纪的成功不是偶然的时候了。

第九章　教育制度与中伊教育合作

　　伊朗历史悠久、文化璀璨，教育水平和国民素养居于中东国家前列。伊朗教育是根据社会发展、市场需求和青少年成长需要而发展起来的民生工程，全国在校学生总人数超过 1800 万人。伊朗教育制度扎根国情、面向未来、着眼于下一代，以什叶派信仰和国族认同相结合的教育观念为指导原则和核心内容，以促进青少年成长、学习、就业为核心要务。伊斯兰共和国建立以来，在初级教育、职业教育、高等教育、对外开放等方面均取得了显著成就。伊朗具有巨大的教育潜力，伊朗民众也希望通过改革教育制度实现社会稳定、发展与繁荣。

　　伊朗是欧亚陆桥交汇点，同时是海陆丝绸之路的重要交通枢纽，也是中东地区教育较为发达、文化软实力较为显著的国家。因此，深化伊朗教育制度的研究有利于构建"一带一路"教育共同体，促进中伊教育合作的学术探究，可为中国高等院校推进国际化教育合作提供现实参考。

第一节　基本情况

　　伊朗幅员辽阔，拥有灿烂而古老的文明，自古就有着多元而富有活力的教育体系。长期以来，伊朗教育是以传统宗教教育为主。在巴列维王朝时期，教育发展与世俗化改革紧密相连，逐渐与西式教育接轨，呈现出民族化与西方化相融合的特征。伊斯兰共和国建立以来，伊朗教育已转变为融入宗教信仰与民族特色的现代化教育模式。

一　教育简史

　　近代以来，随着伊朗与西方文明的交往持续深入，伊朗现代教育开始起步。一批由伊朗有识之士和外国传教士建立的新学校成为伊朗教育现代化的开端。1848 年，阿米尔·卡比尔建立了伊朗第一所西式综合技术学校。1883 年，米尔扎·哈桑·罗西迪建立了第一所具有现代意义的学校，他被誉为"立宪时期伊朗现代教育之父"。

1921 年，伊朗教育部以西方现代教育体系为蓝本，制定了第一个完整的初级教育和中等教育规划。初级教育沿袭了传统课程设置，而中等教育效仿法国模式，引入了新的课程，如建筑几何学、动物学、基础经济学等。在师资方面，伊朗政府派遣留学生前往欧洲和美国学习新式教育理论和教学方法，并且模仿法国的师范学校，建立了伊朗历史上第一所男女分校的师范学校，引进法国教师进行监管。1934 年德黑兰大学建立，成为伊朗最具影响力的高等学府。此后，伊朗高等教育取得了长足的进步。1965 年，伊朗设立了大学委员会，负责处理与协调伊朗高等学校的有关事务。两年后，伊朗正式成立了高教部，主要负责制定大学科学研究以及教学的相关规定以及安排和协调高校的科研计划；确定国家教育方针，对高等院校的有关事务进行有效监督；负责核发建立相关高等院校的许可证等。

伊斯兰革命胜利后不久，伊朗国内根据霍梅尼的指示开展了文化革命，宣布全国教育和科研机构关闭三年，在全国各大高校推行革命所确立的新教育体系。文化革命将伊朗改造成了符合伊斯兰规范的国家，这场运动对伊朗社会尤其是伊朗教育体制影响深远。在此之后，伊朗成立"大学委员会"负责落实文化革命指挥部的有关政策。

当前，伊朗教育体制基本完善，教育投入相对较高，教育公平得以彰显。公立中小学和公立大学实行免费教育，政府为学校提供财政拨款。接受私立教育需缴纳学费。政府通过提供贷款和给予物质、政策支持等措施鼓励民办教育。近年来，由于伊朗国内外环境的剧烈变化，伊朗教育发展仍不均衡。城市与农村教育资源分配不均，办学质量参差不齐，不同社会阶层所接受的教育差异较大，教育中性别歧视问题依然存在。

二　教育现状

伊朗教育较为发达，近些年来教育水平提升显著。根据世界银行以及联合国教科文组织发布的统计数据，2014 年，教育公共支出约占伊朗国内生产总值的 2.95%。占政府财政支出的 19.7%。多年来，伊朗教育经费支出稳定在 GDP 的 2% 左右，政府财政预算 20% 左右的水平，投入比例高于大多数发展中国家。① 2012 年，各级公共教育机构约有 92500 所，在校学生约 1748.8 万人。伊朗教育投入以国家财政拨款为主，基金会和社会捐助为辅。由于高等教育规模迅速扩大，每年伊朗教育支出中义务教育阶段的经费投入占一半左右，高等教育约占 20%。2013 年，伊朗高等教育毛入学率达到了 57.9%。根据预估，目前伊朗高等院校毛入学率约在 65% 以上。而 2005 年的毛入学率仅为 23.7%。②

2015 年，伊朗高等院校总数为 2640 所，其中国立大学占所有高等院校总数的 68%，其余大部分是伊斯兰自由大学在各地的分校。③ 在医学教育方面，伊朗有 48 所医科学院和大学，36 所牙科学院，17 所药物学院。目前全国医科高等院校有 170 所，其中伊斯兰自由大学也设立了 20 所医学院。

2014/2015 年，伊朗全国约有 480.27 万名在校大学生，其中大约 54% 在国立大学学习，大部分学生是人文学科相关专业的本科生。④ 从学历层次上而言，大专生约有 88 万人，本科生人数约为 256 万人，硕士研究生人数约为 77.5 万人，在职博士研究生人数达到了 8 万人左右，学术型博士研究生约为 11.5 万人。德黑兰地区是伊朗高等教育最为发达的地区，德黑兰省在校学生人数达 87 万人左右。伊斯兰自由大学在各地分校的在籍学生达到 162 万人。从师资上而言，目前伊朗高校师资力量稍显紧缺，高校教师主要任教于国立大学，私立大学和伊斯兰自由大学主要依赖于社会人士和兼职教师任教。公立大学占到了伊朗高校总数的 68%，教师人数占比为 55.4%，与在校学生所占比例基本持平。伊朗大学教师人数达到了 8 万余人，其中有教授 4629 人，副教授 9806 人，讲师 37477 人，助教 27961 人。到 2020 年初，伊朗全国在校学生总数为 1460 万人，其中男生占 51%，女生占 49%；大学在校生总数为 361.6 万人，其中女

---

① 详细数据参见 World Education Services，https：//www.wes.org/country-resources/。
② 肖建飞：《伊斯兰四国宗教教育模式的比较分析》，《世界民族》2015 年第 1 期。
③ 冀开运主编：《伊朗发展报告（2016—2017）》，社会科学文献出版社 2016 年版，第 154 页。
④ 伊朗科技部：《伊朗伊斯兰共和国教育发展统计数据》，https：//www.msrt.ir/en/page/20/statistics#us1978。

生占60%左右。2020年伊朗高校外国留学生人数达11288人，其中中东国家留学生占比最高，阿富汗留学生人数多达9033人。外国留学生占伊朗高校在校学生总数的0.2%左右。[1]

三　教育管理机制

伊朗教育实行中央集权的管理体制，包含世俗教育和宗教教育。世俗教育管理体制采取中央集中管理、地方自主办学的模式。最高文化革命委员会是国家教育部门的最高决策和规划机构。伊朗中央政府的教育部负责管理学龄前、小学、初中、高中教育、特殊教育和成人扫盲教育；科学、研究和技术部（简称科技部，也称高教部）职能与巴列维王朝时期的高教部有所重叠，负责管理高等教育，下属54所高校；该部担负着下属高校政策制定、规划、学科指导、监督和评估、颁布成立许可证、大学行政管理、学制、专业设置、招生录取工作等职责，是主要的高等教育领导和管理机关。1985年，伊朗建立了医疗卫生与医学教育部，与医学教育有关的事务都由该部来管理，伊朗各地高校医学院相继剥离，单独成立了医学院和医科大学。医学高等教育被单列出来，由医疗卫生和医学教育部（简称卫生部）负责下属17所医科大学的教学。劳工与社会福利部（简称劳工部）负责全国的职业技术教育等。其他一些部委也负责管理下属的专业高校，担负着相关学校的类似职责。[2]

伊朗教育研究与规划组织（OERP）是由教育部下属从事教育科学规划的组织，2008年开始设立董事会进行组织管理运营，由教育部副部长出任主管兼董事会秘书。该组织设立的目的是要将伊朗教育发展与科学研究的前沿成果和技术、伊朗民族特性、伊斯兰文化价值相统一，确保教育的科学性、民族性，也要确保意识形态安全；从事伊朗教育品质改善的基础研究工作，进行持续性的评估调研；规范学术研究，编写出版教材，使学校和教育机构能够运用现代工具和方法提高教育质量。

伊朗教育研究与规划组织的职责包括：对中小学以及大学教育内容的

---

[1]　Presidential, Program and Budget Organization, Iranian Statistics Center, *Report on Social and Cultural Situation in Iran*, 2020.

[2]　杨涛、张立明编著：《伊朗概论》，世界图书出版公司2016年版，第202页。

研究；研究和制定考试及教育评核办法；编写、编辑和印刷教科书；确定并提供教育器材和教学设备标准清单；对提高教育质量和数量进行研究；履行教育研究与规划组织理事会的其他职责等。

四 教育理念与目标

经过多次教育改革，伊朗教育体系日趋完善，伊斯兰教什叶派信仰和伊朗国族认同相结合的教育观念成为伊朗教育的指导原则和核心内容。现任最高领袖哈梅内伊特别强调伊斯兰意识形态对教育指导的价值，注重意识形态安全，倡导教育的大众性和公正性是伊朗教育的重要指导方针。教育部、科技部等主管部门首要的教育目标就是解释和传授伊斯兰教什叶派教义，不断加强和坚定学生的宗教信仰。在政策层面，通过实现教育的大众参与和公平正义来维护伊斯兰价值观。

伊斯兰革命胜利后，政府成立了文化革命指挥部，负责推行伊斯兰化政策，确保高校意识形态不受西方自由化思想的侵扰。由此，相关部门着手改革高等教育的课程和培养计划，培训并选择符合留任标准的大学教师，从通过入学考试成绩的考生中筛选符合标准的学生。根据规定，全国所有大学同一专业的课程标准必须统一。1988 年，伊朗议会通过了《关于设立非营利性学校法案》，该法案于 1989 年正式生效实施，民间资本得以参与教育办学活动。该法案实施以来，伊朗各层次私立教育机构快速发展，学前教育、高等教育、职业教育、成人继续教育的学校数量和学生人数不断增加。

随着 2012 年新一轮教育改革计划的实施，教育理念重在培养学生研究、知识运用和提出问题的能力，而不是单纯的数学计算和记忆的能力。为此，主管部门提出了若干教育改革的目标：知识体系更加全球化，培养信仰坚定虔诚的下一代，提供社会公平的教育系统，提升家庭在教育系统中的作用，注重提高教育系统的行政效率，各方面教育指标要达到本地区最高的教育标准。

当今，伊朗政府和社会各界都相当重视高等教育的质量。21 世纪以来，为了提高教学活动的质量，伊朗教育主管部门着手对教学质量评价体系进行修订。教育改革意在纠正过去传统的、不科学的、无效的教学方法，尤其是过分强调大量的知识积累，忽视知识在现实生活中的实际应用能力的培养。在教学改革过程中，伊朗教育部门要求：教学质量评价方法要与科学研究结果、提高教学效率和效益以及学生积极参与教学过程等目标相匹配。这也是教育改革的主要方针。

为实现教育改革目标，贯彻伊斯兰价值观和教育公平原则，伊朗教育主管部门采取的一系列政策措施包括：

1. 转变教育观念，修改教育法规。改革学术规章制度，调动从事研究的积极性，着力调整了一些不合理的规章制度。不断修订相关法规，采取有效政策和管理方法，改善全国教育系统的教学条件，营造良好的教育环境。修改现行法规，建立新的公共委员会和区域教育委员会以促进国家、省、县各级政府机关和其他政府机构的合作。

2. 转变教育主管机构的职能。伊朗政府强化了教育部在文化、政治、社会、经济等方面的政策与其他国家决策机构的协调能力。实行集中管理政策，强化中央政府的管理和监督职能，对各地区、各学校实行一定的规划和授权。就一般原则和目标而言，优先制定和执行统一的方案，以便教育部和其他办事机构能够统一招聘、培训政府雇员，建立项目投资与人力资源的评价体系。教育部须协调科技部及技术和职业培训组织的方针政策。各级教育机关对于政策施行情况要进行持续性评估和及时修订。提供充足的教育设施和教学设备，研究和制定标准和适当的实施方法，以确定、加强和改进教育部以及下设委员会对省、县、机关各级的对口业务的管理。

3. 提高升学率、缩短学习时间、减少每个年级教学内容的重复率，消除体制机制障碍，从而提高教育系统的内部效率，从根本上提升国家教育发展的水平。修订教材的课程、主题和内容，提高教育系统的外部效率，使教材的质量和数量与学生的日常需求以及他们的能力和潜力相匹配。

4. 根据社会和国家发展规划的需要，修订和改革教材，提高教育质量和效益。改变以往的应试教育观念，尤其是在小学阶段，注重学生的兴趣培养，弱化考试的硬性要求和约束。优先对义务教育阶段退学、留级问题及原因进行持续研究。教育部设立一些助学项目来缓解辍学问题。

5. 改革考试制度。修改教学考核评估方法，实施"一年两次考试计划"。在小学和初中举行两次期末考试，增加课堂时间和实践活动的长度，减少考试和备考时间。建立各级各类学校考试的协调机制，重视学生的课外活动以及持续性测验，逐步将其纳入评价体系中。通过建立测试题库，降低时间和财务成本；改革、调整考试科目的编制方法；改革中小学学业测试试题的研发工作，以培育学生的创造力和创新能力；举办学业测试教师培训，邀请不同省份教师参与命题。

6. 引导政府资源向贫困地区和低收入群体的教育倾斜，为非营利性（非政府）学校的经营创造良好的政策环境。注重民族和文化的多样性，优先解决小学阶段教育内容和方法上的不足和问题，为学生创造接受教育的热情和动力，降低辍学率。

五　伊朗教育的主要问题与改革举措

由于学生人数的快速增长和科技的快速发展，伊朗教育系统正面临着一些问题和挑战：在基础教育方面，学前教育作为国家教育体系的重要组成部分，缺乏专门用于学前幼儿教育的独立预算。缺乏符合学前教育的标准教育空间、设备和特殊设施。教学内容和方法不够灵活，缺乏创造性，缺乏社会责任感，缺乏对他人的尊重，缺乏集体活动。经济贫困家庭子女的教育开支压力会对其就学产生不利影响。中学数量较少，规模过大，每年需要容纳大批小学毕业生，教育区域过于密集，容易产生安全隐患。教育方法的迅速变化和科技发展造成了伊朗和国外教育存在巨大差距。缺乏多媒体教学的设施和设备。在高等教育方面，国内高等院校办学规模急剧膨胀、办学质量不高，相当一部分伊朗学生选择出国留学和定居，造成伊朗人才外流的现象十分明显。在对外合作方面，高等教育对外交流与合作渠道不畅、路径单一。

为了缓解人才外流的压力，伊朗政府出台了一系列措施。首先，伊朗在国内努力创造一种重知识、重人才的社会气氛，选拔人才注重专业性。伊朗总统莱希的内阁成员大多受过高等教育，有专业知识背景。其次，伊朗政府重视国内专业技术人才的待遇，优先解决他们的住房困难问题。最后，鼓励旅居国外或者是在外国大学就读的伊朗人回国工作等。

为了推动互联网和人工智能新技术的应用，缩小地区间教育差距，落实教育正义，创建安全的网络空间，伊朗教育部责成有关部门设计了教育智能生态系统。该系统收纳了丰富的数字化教学资源，方便伊朗各阶段学生进行自主的交互式学习，可以根据学生学习的内容使用进行智能监控。这一套教育智能生态系统已于 2018 年底投入全国教育系统使用。

近些年来，伊朗教育体系日益完备，学历教育发展迅速，但也有很多问题值得注意。首先，伊朗教育政策和教育理念呈现出开放性与保守性两极分化的特点，宗教教育持续发挥着较强的影响力，与时俱进的世俗教育的发展受到了很大限制，教育改革的效果有限。其次，伊朗国际化办学水平仍然较低，主要吸引周边伊斯兰国家留学生就学，对外国留学生有语言要求，教育开放程度有待提高。

第二节　初级教育和职业教育

学前教育以培养儿童的社交技能、绘画和游戏为基础，涵盖 4—6 岁的适龄儿童。他们在学前教育结束后就进入义务教育阶段。伊朗的义务教育包括了不同类型的学校：公立学校、私立学校和天才学校等。公立学校实行免费教育，私立学校属于非营利性机构，需收取学费。近些年来，伊朗职业教育发展迅速，为降低社会失业率、提高劳动生产效率、改善偏远地区生活水平做出了重要贡献。

一　幼儿教育和特殊教育

伊朗儿童的学前教育主管机关是伊朗教育部，由其下属的幼儿教育主管部门进行宏观管理，尽管伊朗的学前教育尚未被正式纳入义务教育体系，但由于其在提高教育体系效率方面的重要作用，教育部制订了计划以改善幼儿教育的质量。教育部通过制定和实施一系列引导性政策，将其推广到全国各省，并逐步将其纳入教育管理体系中。引导性政策包括：政府在经费分配上予以支持；培训 5 岁组的幼儿教师，并聘用这些幼师教授一年级小学课程；制订并实施一年级预科计划；利用政府资金，制定并实施为期一个月的"双语地区预科课程"计划；编制、制作、分发预科教师手册；发展专为学前教育而设的教育教材和课程。

在幼儿教育管理方面，伊朗教育部注重结合实际加以管理和政策引导。伊朗教育部教育委员会通过了《学龄前教育执行章程》，进一步明确幼儿园的概念、目的、制度、教育等，该章程明确幼儿园的宗旨是接收入学年龄前的儿童（入园年龄在 4—5 岁）。让儿童生活在集体里，在智、体、德等方面得到发展，使他们具有一定的知识和技能以适应小学阶段的学习，同时减少伊朗职业女性的抚养负担。教育部负责幼儿园的规划工作，并从技术方面进行监督。教育部门没有明确规定学前教育学习计划，幼儿学习相对自由。由于这一教育阶段不属于小学义务教育，因此幼儿园的费用由家庭负担。近年来，伊朗政府采取了很多措施发展学前儿童教育，如建立儿童游乐设施；在电视台开设幼儿教育节目；增加对幼儿园建设的投资；加强对学前教育师资培训和管理等。

尽管如此，伊朗学前教育规模相对较小，约有一半的适龄儿童能够入园接受教育。这与伊朗的家庭文化有关。大多数伊朗妇女在婚后都会选择在家相夫教子，抚养和教育幼儿是其日常生活的一部分。再加上伊朗幼儿园不菲的学费，收入不高的家庭通常不会把孩子送往幼儿园接受学前教育。

伊朗特殊教育除了成人扫盲教育和职业技能培训以外，还包括残障儿童教育、天才儿童教育、游牧民族儿童教育，特别是难民和外国儿童教育。伊朗全国天才儿童发展组织在全国统考的基础上单独举行招生考试，面向小学、初中应届毕业生进行选拔，通过两轮测试后方可进入伊朗各地 99 所初中和 98 所高中就读。据统计，历年来录取率不到 1%。2017 年 12 月，伊朗议会立法暂停了该组织的招生，成立了新的机构进行管理运作。现有的学校继续办学，直到 2024 年最后一批经过该组织选拔的学生才能完成高中学业。由于生源较好，并且学校课程培养较一般中学难度更大，毕业生多数能够进入伊朗以及国外顶尖大学就读深造，在学术上成就卓著。

由于阿富汗内战和伊拉克战争，伊朗接纳了数百万名伊拉克和阿富汗难民，为难民子弟兴办学校。首都德黑兰生活着大量的外国居民，他们的子女也面临着教育问题，伊朗政府、外国使领馆和一些私人开设的国际学校，招收外籍子女入学。这些学校以英文授课为主，也教少量的波斯语课程。伊朗政府允许领使馆开办学校，依照本国教育模式实施教学。同样，伊朗政府为了解决海外伊朗人的就学问题，在许多国家开设了独立或附属于使馆的学校，这些学校的教学内容与国内无异，由教育部专门部门负责管理。

二　中小学教育

当前，伊朗施行 9 年制义务教育，中小学教育学制基本与国际接轨。2012 年，伊朗进行了新一轮教育改革，将大学预科 1 年取消，对应增加了小学教育 1 年。在 2012 年之前，基础教育周期为 8 年，分为 5 年的小学教育和 3 年的初中教育。2012 年实施教育改革后，将小学教育延长至 6 年，将基础教育延长至 9 年。

初等和中等教育共 13 年，适龄就学人群从 5 岁到 18 岁，其中学龄前 1 年，小学 6 年，初中 3 年，高中 3 年。小学和初中教育为义务教育，共 9 年。在高中教育方面，高中阶段开始分科和实行学分制，学制为 3 年，分为普通高中、职业中学和技校三类。

在小学期间，学生每周课时为 24 小时。课程包括伊斯兰教程、波斯语阅读、写作和理解、社会教程、数学和科学。到了初中阶段，伊朗教育部以及教育研究与规划组织负责制定全国统一的课程教材和相关课程标准，初中课程增加了历史、职业教育、阿拉伯语和外语等科目，学生每周课时更多。按照伊朗现行的教育法规，学生要在进入初中之后才会接受正式的英语课程。但近些年来，伊朗部分小学、幼儿园开设了非正式的英语课程。2018 年初，伊朗高等教育委员会特别规定，严禁公立和非公立小学在正式课程中开设英语课。

伊朗的高中教育并不是义务教育，但在公立学校是免费的。学生通常会被分流到普通高中教育、技校和职业中学进一步学习。在择校时主要依据毕业考试统考成绩，在较小程度上取决于学生的兴趣爱好。一般学生会优先选择普通高中就读。

伊朗伊斯兰政府建立以来，在改善基础教育方面取得了令人瞩目的成果。伊朗政府专门拨款用于改善农村和贫困地区的基础教育，包括建设校舍等。这让农村的未成年女性接受教育变得便利，极大地提高了伊朗的入学率，降低了伊朗文盲比例。[1] 2013 年，伊朗成人识字率为 84.6%，接近世界平均水平。2015 年，15—24 岁人群的识字率达到了 98%。2020 年，

---

[1]　Nikki R. Keddie, *Moden Iran: Roots and Results of Revolution*, New Haven & London: Yale University Press, 2006, p. 248.

伊朗成人识字率为89.2%，其中城镇地区为91.9%，乡村地区为81%。[①]

按地区标准衡量，伊朗小学的净入学率2015年为99.1%。2014年，小学毕业完成率为97.53%。据联合国教科文组织统计，2015年，中学的毛入学率为89.17%。相比之下，邻国巴基斯坦2015年的中学入学率仅为44.53%。伊朗的小学一年级入学率高达100%，小学教育的完成率为95%以上。[②] 在中东地区，伊朗的义务教育普及率名列前茅。

学生在6年级和9年级（旧制度下的5年级和8年级）结束时参加毕业考试。在初级中学学业结束时进行考试，意在评估学生的学业水平，为下一阶段（高中、职业技术教育）提供升学依据。按规定，毕业考试成绩不及格的学生必须补习一年，可在第二年再次参加考试。如果学生第二次考试不及格，就只能接受基本的职业教育或找工作。考试在每个学年的6月举行，由伊朗各省级教育部门组织进行。考试通过的学生将获得通识教育证书。根据毕业考试有关科目的成绩，学生才有资格继续在高中阶段接受教育。

小学毕业设有以学校教学科目为基础的全国性统考。这些学科包括数学、科学、波斯文学、社会科学和伊斯兰文化学。毕业考试成绩不以分数量化，而是以"优秀""良好""及格"和"需要进一步改进"等加以区分。对于家长和学生而言，初中入学考试比全国性的毕业统考更重要，因为进入一所好的初中就读意味着有一个光明的未来。因此，大多数小学教师除了布置在学校学习的教材任务外，还会严格安排大量的补充教材，让学生为这两次考试做准备。在伊朗学校学习的科目中，最重要的是《古兰经》。

伊朗升学竞争非常激烈，不仅学生从小学开始就面临着巨大的升学压力，而且父母需要在孩子的教育上花费很多时间和金钱。尤其是在升学期间，由于孩子准备考试，伊朗很多父母经常放弃假期，不参加家庭或社交活动，这种现象在伊朗被称为"家庭隔离"。

伊朗是政教合一的国家，宗教在伊朗的社会生活中扮演着不可替代的

---

① Presidential, Program and Budget Organization, Iranian Statistics Center, *Report on Social and Cultural Situation in Iran*, 2020.

② 伊朗科技部：《伊朗伊斯兰共和国教育发展统计数据》，https：//www. msrt. ir/en/page/20/statistics#us1978。

德育角色，国内的宗教势力也极力维护宗教在伊朗的权威。伊朗的宗教教育贯穿伊朗中小学德育教育的始末，在大学也开设古兰经系。学校是伊朗普及宗教理念的中心场所。伊朗政府尤其警惕中小学教育的西化。在内贾德政府时期，政府加强了对教材的审查，替换了不符合伊斯兰宗教标准的教材，并且劝退了一些不合格的教师。

伊朗教育的特色体现在注重伊斯兰意识形态和教育公平原则，而少数民族基础教育正是教育公平的重要体现。伊朗民族众多，边境恐怖主义和分离主义势力猖獗。伊朗一些少数民族，如犹太人、亚美尼亚人等为了保持本民族特色，会为本民族的学生建立学校，实行双语教育。但伊朗实行统一的课程标准，教材也需由最高文化革命委员会批准。在教学内容上，强化学生伊斯兰信仰和伊朗认同是基础教育的核心内容。

由于周边国家恐怖主义形势较为严峻，伊朗在加强传统校园安全防范的同时，近些年来也注重网络安全和意识形态安全，防范极端主义和西方文化的渗透。伊朗教育部为此投资开发出了一套教育智能生态系统，该系统涵盖了丰富的数字教学资源，伊朗教师和学生可以创建个人账号进行交互式的教学和学习。教育部门根据学生对于相关内容和服务使用进行智能监控，以确保网络虚拟空间的安全与清洁，该系统于2018年底正式投入使用。①

伊朗长期受到国际制裁，经济发展几乎处于停滞的状态。受到经济状况的制约，伊朗的教育经费严重短缺。教育经费的短缺对基础教育造成了直接的负面影响，学校设施陈旧落后、科研经费紧张，教师薪资有限，基础教育师资短缺。在伊朗的一些地方，中小学教师工作日全天上班，但学生被分成上午班或者下午班上课，以此来解决师资短缺的问题。为了确保在伊朗不同的省份和地区教育发展的公平性，伊朗教育部在资金和设施分配方法方面进行了改革，以此解决基础教育的不均衡问题。伊朗教育部采取了两项主要的改革措施。首先，依据公式计算并分配下一年各省的教育预算，做到教育预算的公平分配；其次，确定教育设施均衡分配的具体指标，并且以法律的形式予以保障。

① Mohtava, "Utilizing the Educational Eco-system by the End of 2018," http：//en. oerp. ir/content/utilizing-educational-eco-system-end-2018.

受宗教文化的影响，伊朗中小学的性教育一直处于缺位状态。性教育并没有被列为伊朗基础教育的内容。一方面，受伊朗传统文化的影响，一些家庭以孩子尤其是女孩子对性知识的无知而感到骄傲，女性在结婚前对于性知识的无知是一种美德。另一方面，伊朗各地区的文化差异极大。首都德黑兰市相对现代化，文化也更加开放、包容。相比之下，伊朗农村的文化则极为保守，性教育的推广阻力重重。

三 职业教育

1980 年，伊朗为发展职业教育成立了负责短期技术和职业培训的主管机构和协调机构——伊朗技术职业培训组织（TVTO），隶属于劳工部。伊朗职业教育政策主要由技术职业培训组织负责规划和制定。该委员会由 16 名成员组成，成员包括劳工部、教育部、科技部、卫生部、农业部等主管单位负责人。

伊朗伊斯兰共和国职业技术教育分为三个部分：劳工部主管下的非正式职业技术培训，培训期较短，主要为青年人上岗培训实用技术，如电焊、烘干等技术；教育部和科技部主管下的正式的职业技术教育，在学校教学计划指导下进行至少两年职业技术培训，为工商业各个领域培训专业技能人才；由文化与伊斯兰指导部主管的高等职业技术教育，在经过两年中等职业技术教育的基础上，再接受三年职业技术教育，方可获得综合副学士学位以及高级技术员职称。①

伊朗职业教育通过公立教育机构和私立教育机构进行教育培训工作。近 40 年来，伊朗职业教育的规模不断扩大，成为伊朗教育重要的组成部分。1983/1984 年度，伊朗接受职业技术教育的学生占中学学生总人数的13%。1986/1987 年度，职业技术教育规模占比增长约 18%，学生总人数为 21.4 万人。② 到了 2006 年，职业技术教育规模约占 22.9%。根据伊朗政府的发展计划，在未来，职业技术教育规模有望进一步提高。

伊朗政府重视职业教育的社会性。伊朗最高领袖哈梅内伊指出："伊

---

① 吴成：《职业技术教育在伊朗社会发展中的作用》，《河南职业技术师范学院学报》（职业教育版）2007 年第 2 期。

② 吴成：《职业技术教育在伊朗社会发展中的作用》，《河南职业技术师范学院学报》（职业教育版）2007 年第 2 期。

朗不仅需要科学技术，也同样需要熟练能干的双手。"推动职业教育既推动了劳动者从事相关职业的专业水平，同时也为帮扶边远贫困地区发挥了重要的作用。伊朗对于各地公立教育机构的职业教育和职业培训，在义务教育阶段施行免费教育，超出义务教育阶段的受教育者需缴纳学费或培训费。对于私立职业教育以及企业，政府也会给予一定的财政和政策支持。根据规定，私立教育机构以及企业从事职业技术培训所产生的费用的20%可以得到政府的财政补贴，60%可以获得银行低息贷款。[①] 近年来，为培养边远地区专业技术人才，伊朗技术职业培训组织成立了流动技术职业培训学校，以提高当地劳动者的技术水平。流动技术职业培训学校所需费用一半由技术职业培训组织承担。2006年，伊朗政府出资专门培养部落妇女学习手工技艺，以此保留伊朗传统手工业，使其不至于失传。这些措施提高了妇女的手工技术水平和生产能力，也改善了边远部落的生活水平，取得了教育扶贫的政策效果。[②]

熟练的劳动力在稳定就业、促进生产、提高生产效率和提升产品附加值方面起着重要的作用。[③] 近些年来，为了提高职业技能培训的质量，符合国际技术标准，创造健康的竞争环境，伊朗政府和相关部门组织开展了一年一度的全国职业技能大赛，为相关职业培训学校和企业提供技术和资金支持。举办技能比赛，不仅为促进职业教育提供了平台，也鼓励在校学生精益求精地提升劳动技能，为促进劳动生产部门之间展开技能竞赛发挥了关键作用。通过类似活动与激励措施，深化了不同教育机构和制造业企业之间的合作，根据劳动力市场需要来完成职业培训目标。

四 成人教育

伊朗成人教育较为发达。科技部等教育主管部门负责规划、协调，对于私立大学的成人教育招生、学位点设置、授位进行监管。到20世纪80

① 吴成：《简论伊朗职业技术教育的"迁徙计划"》，《河南职业技术师范学院学报》（职业教育版）2007年第4期。

② 罗欢、王冰峰：《伊朗职业教育的现状与发展趋势》，《深圳职业技术学院学报》2018年第3期。

③ Nematollah Azizi, Parastoo Alikhani, "A Consideration on the TVET's Challenges in Iran: Emerging TVET Priorities for the Knowledge-based Economy," *European Conference Educational Research*, 2013.

年代末，年轻人口激增导致政府调整了对私立大学的法规限制。1988 年，伊朗议会通过了《关于设立非营利性学校法案》，允许非营利性私立大学申请办学许可，逐步开始鼓励社会人士投资办学。该法案既促进了伊朗成人教育的快速发展，也为教育部门有效管理成人教育机构提供了法律依据。自此以后，伊朗私立成人教育机构的数量急剧增加。

2000/2001 年度，伊朗成人教育机构达 9437 家，有在校生 91 万余人，占全国总在校生人数的 5%。近些年来，成人教育规模迅速扩大。1982 年 2 月，伊斯兰自由大学是由已故的伊朗前总统拉夫桑贾尼等人联合创立的，现今是伊朗成人教育体系的重要构成部分。伊朗成人教育相关研究成果产出仅次于欧美发达国家，就年发文量而言居于地区前列，凸显了伊朗对于成人教育研究领域的重视。而该领域研究成果主要来自于伊朗伊斯兰自由大学。除了伊斯兰自由大学以外，塞姆南医科大学、库姆大学也较为著名。

伊斯兰自由大学是伊朗最大的、主要的成人教育机构，超过三分之一的大学生就读于伊斯兰自由大学。伊朗政府监督该校学位教育，并对该校的重要事务实行管理。因此，这所大学并不是一个纯粹的私立大学。校董事会成员包括了最高领袖代表、科技部、卫生部部长代表、经文化革命委员会批准委派的三名大学教授、校长（兼校董事会秘书）。

伊斯兰自由大学提供了"自由开放"的入学机会。进入伊斯兰自由大学比进入伊朗的公立大学要容易得多。该校旨在促进知识和文化传播，为国家提供必要的专业人才，为伊朗人民积极投身终身学习、参与研究提供了必要的基础性教育平台。建校以来，伊斯兰自由大学将"全民高等教育"作为主要目标，为社会培养了 400 万名不同层次的人才。

目前，伊斯兰自由大学约有 170 万名在校学生、3 万多名教学科研人员和 3.5 万名工作人员，在伊朗 31 个省都设立了分支机构，并且在阿联酋、英国、黎巴嫩和阿富汗设立了海外分校。学校设有 440 多所大学分校和附属研究机构，还拥有 600 多所附属高中和 100 余所职业技术学院。校园面积总计达 2000 万平方米。伊斯兰自由大学规模巨大、学费很高，其运营不依赖于政府财政资金，通过地方政府及社会人士提供的教学场地和设备，依托公立大学师资进行市场化运营，资金主要依靠社会捐赠和学费收入。伊斯兰自由大学在招生时承认高考成绩，对于没有高考成绩的申请者会组织入学考试。

近些年来，伊朗高等教育规模迅速扩大，伊朗成人教育发展面临着诸多问题和挑战。同其他发展中国家一样，伊朗也经历了类似的教育规模迅速扩张的过程，私立大学的迅速增加伴随着社会各界对教育质量低下、教育设施不足、教学人员的资格和培训等一系列问题的关注。随着公立和私立高校的扩招，伊朗成人教育出现了生源不足、办学形式化、学校基础设施较为简陋、教学质量参差不齐、社会认可度不高等一系列问题。为此，科技部等主管部门对于成人教育尤其是伊斯兰自由大学的招生、学位点设置等进行了一定的规模限制和授位层次的控制。

伊朗人对于文凭的重视，促进了伊朗成人教育的发展，但相较于公立大学，伊斯兰自由大学的招生培养规模过于庞大，学历层次涵盖了专本硕博，但伊朗地方院校和成人教育机构的办学水平参差不齐，文凭含金量较低。

五　职业教育机构

在国际劳工组织和联合国开发计划署（开发署）的协助下，1974 年伊朗成立了技师培训与技术职业研究中心。伊朗伊斯兰共和国成立后，该中心取得了长足的进步。该中心拥有先进的技术、专业的人才队伍和完善的软硬件设施，是中东地区最大、独具特色的国际性技术与专业培训中心。该中心由技术培训、行政、规划研究三大部门组成，下设 16 个培训部，每个培训中心根据其不同的业务导向而进行专业的教学管理。此外，该中心下辖的应用技术教育由伊朗应用科技大学负责教学和科研管理，设立了应用技术教育系。

该中心的成立主要是为了培养技术职业培训组织及其他附属机构组织所需要的专业技术人才。技师培训与技术职业研究中心在技术职业培训组织的有效监督下独立运营管理，在伊朗人力资源的开发和提升中发挥着重要的作用。技术职业培训组织隶属于劳工部，其职责是培训技术和职业技能，向学习者传授应用知识，为从事生产性就业铺平道路，营造爱岗敬业的社会氛围，挖掘和提高劳动力素质。该中心已将部分培训课程（技师培训）分散到了一些省份，以加快职业技能教学进程，提高培训质量，并优化技术职业培训组织的职业教育形式。

该中心下辖专业汽车技术、电子及工业自动化、制冷、焊接、外语、服装设计、建筑与建筑工业、木材加工、信息技术、数控机床、农业、农业机械与商用卡车、应用技术教育、教学技能与创业教育等培训部，设立图书馆、国际交流部、校企合作事务部等机构。

由于职业技术领域的发展与市场息息相关，势必要开展国际合作交流。与国外院校和企业的培训交流是该中心重要的工作内容。为此，该中心制订了行动计划，与国际组织和外国企业、高校开展培训和研究的联合项目。该中心近些年来与国外机构合作较为密切。以专业汽车技术培训部为例。该培训部位于德黑兰郊外，总占地面积约为 10600 平方米，是与韩国国际合作局（KOICA）于 2010 年合作创办，被认为是国际先进的汽车技术培训中心。该部的培训场地共 4 个，占地 6000 余平方米，配备各类培训教室，培训教学内容包括汽车发动机和燃料系统采购，基础和高级汽车电力，汽车电子、液压、气动、控制，底盘和车身修理，动力传动，汽车油漆和车身修理等。此外，根据相关新闻介绍，该中心近年来也为伊朗外资企业培训伊朗籍员工。

该中心主要的教学和科研活动包括培训符合技术职业培训组织道德标准和技术规范要求的专业技术类人才；通过技能培训提供对应的专业实习机会；创业规划指导；为技术职业培训组织、企业提供培训讲师；策划并提供进修课程，以提高技师的专业知识和技能；根据技术的发展变化，制定、编写、评审技能培训课程；依据技术职业培训组织、行业、劳动力市场的培训需求，确定培训活动的目标和水平；与国内外院校洽谈沟通，建立人才合作机制；向周边国家和地区提供培训服务；邀请国内外教授、科研人员和专家举办研讨会和培训班；根据技术职业培训组织制定的职业道德规范，进行基于劳动力市场和行业需求的教学和应用研究；在国内以面对面和电子化形式为行业和机构提供技术和职业培训服务；举办伊朗国家技能大赛，等等。

第三节　高等教育

高等教育体系致力于培养具备专业能力、信仰坚定的人才。高等教育采取中央集中管理、地方自主办学模式。由于采取了"大政府、小部委"

的运作方式，伊朗高等教育的管理职能相对分散。最高文化革命委员会是高校教育部门的最高决策和规划机构。科学研究和技术部是主要的高等教育领导和管理机关。医疗卫生和医学教育部、劳工事务部和其他一些部委负责管理下属的专业高校。

一　高等教育概况

伊朗高等教育包括所有的专科、本科和研究生学历教育，主要有以下类型的院校：综合性大学、专业类院校、应用型技术院校、远程教育、医学院、私立大学、师范专科学院、技术学院和高等教育机构（非大学）等。

科技部、卫生部等是高等教育的直接管理机构，其他的部委也在某种程度上参与专业人才的培养。高校和其他高等教学科研机构由高校或教学科研机构的董事会领导。

伊朗科技部下属 54 所高校，该部担负着下属高校政策制定、规划、学科指导、监督和评估、颁布成立许可证、大学发展、学制、专业设置、学生录取等职责，是主要的高等教育领导和管理机关。卫生部负责下属 17 所医科大学的教学，其他部委负责相关学校的类似职责。除医学院校外，大部分院校均由科技部监管，并且负责全国高等教育机构的质量监控和评估工作。技术学院由技术和职业培训组织负责监督。所有私立大学的课程均需得到最高文化革命委员会的批准和科技部的认可。

参加大学入学考试的学生必须具备高中文凭、身体健康、品德良好、忠于伊斯兰革命。除了统一的考试外，大学在录取阶段还要进行面试。在高考中，战争中伤残和被俘军人及军烈属、被俘军人的子女享受特别照顾，各高校都为烈士子女预留了相应的招生名额。2013 年，伊朗高等教育毛入学率达到了 57.9%，而在 2005 年，毛入学率仅为 23.7%。[①] 目前伊朗公立大学实行免费教育，学生不仅不用缴学费，而且享受国家提供的住房、食品、交通等补贴，所以公立大学的入学考试竞争非常激烈。为了确保教育公平，伊朗本科和研究生层次入学考试需进行全国统考，博士生

---

① 冀开运、邢文海：《伊朗高等教育与中伊教育合作调研报告》，《伊朗发展报告（2017—2018）》，社会科学文献出版社 2018 年版，第 268 页。

考试则由各个大学自主招生。伊朗高校分大专、本科、研究生和博士生四个层次。伊朗实行学分制，学生修满相应的学分并完成学位论文后方可申请答辩，通过了学位答辩即可被授予学位。为了加强高校的高等教育管理，消除管理过分集中的弊端，提高教学质量，伊朗科技部将课程规划的管理权限下放至各地高校，此举的目的在于鼓励高校与时俱进，根据社会需要及时更新专业和专业教学内容。伊朗高校在科学研究产出方面成果斐然，各类排名稳居中东国家前列。

二 高等教育的问题与改革举措

近年来，伊朗高等教育取得了长足的发展和进步，但同时也存在不少问题。其主要问题有以下几个方面。

首先，高校的教育管理思想较为保守，学科设置、培养目标与社会需要存在着差距。伊朗高校社科类专业设置普遍较多，对传统学科研究多，对现代和新兴学科研究薄弱，存在着重理论、轻实践的问题。2020 年，伊朗高等院校在校学生人数中有 48.6% 的在校生学的是人文社科专业，而基础科学专业在校生比例仅为 6.2%，工程技术专业比例为 26.6%。[①]这一现象导致高校在校生人数膨胀，增加了大学的培养压力，也造成高校管理者对于技术人才的培养不够重视。伊朗高校的教学大纲、教育方法存在一定的问题，教育政策与青年学生创新创业之间存在着结构性的矛盾。社会上普遍存在着过分看重学历的现象，而高学历人才与市场需求相去甚远，而政府缺乏配套政策鼓励年轻人进行创业实践，必然导致后续一系列的社会矛盾和问题。

其次，伊朗高等教育院校规模迅速膨胀，高等院校毛入学率迅速提升，但教育经费支出增长幅度有限，因此造成了大学师资力量和培养经费不足，师生比例偏高，教师科研和教学压力较大。各大院校教学质量和软硬件水平都因此受到了制约。伊朗人口基数较大，并且人口结构呈现出年轻化的特点。年轻人口的增长一方面为高等院校招生提供了充足的生源，另一方面也为高校扩大招生规模提供了增长预期。近年来，由于毕业生就

---

① Presidential, Program and Budget Organization, Iranian Statistics Center, *Report on Social and Cultural Situation in Iran*, 2020.

业困难，各地院校的硕士点和博士点数量也呈现出井喷之势。

最后，由于高校人文学科专业比例极高，因此每年高等院校毕业生都面临着严峻的就业压力和职业困境。在此情况下，高学历者的薪资待遇也难有实质性提升。企业在招聘的时候也倾向于招聘普通低学历甚至没有学历的人。这一社会现象已经影响到伊朗高校的人才培养环节。人文学科普遍较难就业，多数学生急于提高自身学历，从而推动了高校培养硕士和博士的意愿。随着高校办学自主权的扩大，多数高校更倾向于研究生层次的培养，并进一步申请硕士点和博士点。从长期来看，这无疑会加剧高学历者的就业竞争压力，就业市场的供求矛盾必将更加突出。从客观上而言，也会进一步加剧伊朗人才外流的趋势。

三　可资借鉴的经验教训

以往伊朗公立大学竞争激烈、录取率较低。公立大学录取率在 21 世纪初曾低至 12%，无法满足社会发展的需求。尽管近几年来伊朗私立大学快速大众化，从一定程度上缓解了就学难问题，但报考公立大学的竞争依然激烈。2013 年，在伊朗参加高考的 92 万名考生中，约有 57.9% 的人考入了公立大学。由于高等教育的扩招趋势日益显著，伊朗高学历人才外流所带来的问题日益严峻。受制于当前伊朗的内外环境，政策性地放宽学历提升的门槛和培养要求已经是不得不做的调整，因此未来伊朗接受高等教育的人数仍会进一步增加。

为了提高国民教育水平，自哈塔米担任伊朗总统以来，政府就通过信贷大力支持发展民办高等教育，国内私立大学建设蔚然成风。伊朗媒体曾报道，到 2017 年底，伊朗大学的数量已经超过了中国，并且很多民办大学还可以招收硕士甚至博士研究生，而且在一些民办高校，学生称"只要交钱就可以拿到毕业文凭"。这一方面造成接受高等教育的人数远远大于社会发展的需求，在首都德黑兰，有一些出租车司机就拥有硕士甚至是博士学位。另一方面，高学历的毕业生由于找不到待遇较高或是专业对口的工作，处于长期待业状态。

伊朗各地高校的国际化办学水平仍然较低。由于部分高等院校的办学规模急剧膨胀、办学质量不高，相当一部分伊朗学生选择出国留学并定居海外，伊朗人才外流的现象较为突出。

四　著名学府

伊朗公立大学拥有相对良好的社会声誉，尤其是在工科教育方面。德黑兰大学在世界大学学术排名中居世界前400名（前301—400名）。阿米尔·卡比尔科技大学也进入了500强（前401—500名）。谢里夫理工大学在前几年也榜上有名，被《泰晤士报》高等教育评为全球前600所大学（前501—600名）。

（一）亚兹德大学

亚兹德大学位于伊朗内陆地区的亚兹德省，始建于1976年。根据校方提供的2017学年数据，学校现有教职工800多人，在校学生共计1.5万余人，设有27个院系，开设了48个博士研究生专业，108个硕士研究生专业以及62个本科专业。学校占地380公顷，建筑面积为240000平方米，两个校区大部分位于亚兹德市新城区，该市旧城区于2017年被联合国教科文组织列入《世界文化遗产名录》，新旧城区相距不远，因此学校周边历史文化遗址较为丰富，保存也较为完整。近些年来，亚兹德大学在科研领域取得了突出成绩，国际排名显著上升。学校由科技部、中央和地方行政部门官员组成董事会进行管理和监督。校长由科技部部长提名、经最高文化革命委员会批准任命，获得任命以后有权提名并晋升选拔委员会和校董事会成员，并且负责安排学校下属的各行政部门人员。

从亚兹德大学校方提供的相关资料信息来看，该校行政分工相对简单，组织架构层次并不复杂。相较于2015/2016年度，该校近两年来的招生规模和专业设置均有一定程度的调整和扩展，学校发展的重心偏重于硕士和博士研究生的培养，并且人文专业和机械工程专业都是其特色优势学科。人文专业主要设置波斯语言文学、伊斯兰历史文化以及波斯语、阿拉伯语、英语的语言培训课程。该校波斯语言文学方向博士生导师法赫德教授曾任教于上海外国语大学东方语学院，对中国文化怀有深厚的情感，对于推动双方高校之间早日建立合作关系抱有期待。亚兹德大学校方希望与中国相关高校在人文专业进行校际合作与交流，可以协商互派访问学者，以便实现双方语言教学的优势互补。

（二）伊玛目霍梅尼国际大学

伊玛目霍梅尼国际大学建立于1991年，位于伊朗中部城市加兹温，是伊朗唯一以国际化为办学定位的综合性高等院校。到2016/2017年度，学校自建校以来共招收了130个国家的累计8500名国外留学生。2020/2021年度，该校在校学生为7202人，其中伊朗学生6509人，外国留学生693名。[①] 该校拥有伊朗第二大波斯语培训中心，确立了人文学科、伊斯兰文化研究、基础科学、机械工程、建筑与城市规划、农业与自然资源开发等多学科协调发展的格局，学校占地1500亩，共有两个校区。

2017年，霍梅尼国际大学经过校董事会讨论后一致决定，计划在该校设立丝路学院和中国学专业，在未来5年里招收并培养500名汉语学生，该项计划已经上报伊朗科技部备案。为促进中伊高校的了解与交流，霍梅尼国际大学在伊朗和中国筹划了双边学术交流活动，为中伊高校交流贡献了力量。

目前，伊朗对于汉语教学的双边合作意愿较强，伊朗一些高校需要中方提供师资和生源，以培养汉语本科专业的学生。霍梅尼国际大学设有哲学、波斯语言文学两个博士点，在办学规模和层次上都具有一定的优势。该校此前已经与北京外国语大学等中国高校建立了合作关系。汉语教学是未来中伊高等院校交流合作的重要机遇，为中伊教育合作提供了相对广阔的发展空间。从长远来看，也为中国培养高精尖的波斯语人才创造了良好的契机。

第四节 教育对外开放和中伊合作

在后疫情时代，教育开放与合作是应对逆全球化趋势的当务之急与关键保障。自伊斯兰共和国建立以来，教育国际化的重要性日益受到重视，是伊朗打破美国制裁封锁、促进国际交流合作的重要路径。为此，伊朗高校结合实际情况，广泛招收周边国家及其他友好国家的外国留学生，参与国际性教育合作活动等，成为伊朗对外交流合作的重要平台和窗口。中伊教育合作潜力较大、前景光明，为中伊友好合作、互利共赢创造了契机，贡献了力量。

---

① Imam Khomeini International University (IKIU), "International Students," https://ikiu.ac.ir/fa/2020.

一　教育开放政策

伊朗教育体系面向包括阿富汗难民在内的所有外国学生开放。伊朗教育部门表示，对于所有愿意接受伊朗教育的学生一视同仁，向其提供与伊朗学生均等的受教育机会。与此同时，伊朗通过教育开放与国际交流传播伊朗文化，尤其致力于向世界其他国家推广波斯语教学。伊朗教育部长期与萨迪基金会合作，在世界范围内推广波斯语。萨迪基金会是伊朗知名的文教基金会，致力于伊朗文化部所属的海外波斯语和语言文学的推广业务，通过举办文化交流活动、设立留学生奖学金等方式吸引全世界各国民众学习波斯语，以此来扩大伊朗文化的影响力。目前波斯语在一些国家被列为选修课。

由于长期处于制裁和孤立境地，伊朗高等教育对外交流与合作渠道不畅、路径单一、国际化程度不高。第一，伊朗的留学生主要来源于周边受波斯文化所辐射的国家，例如阿富汗、巴基斯坦、阿塞拜疆、亚美尼亚、格鲁吉亚、伊拉克、土耳其等这些国家的留学生占多数，欧美留学生和中国留学生相对较少。2020 年，伊朗的阿富汗留学生人数最多，达到 9033 人，英国留学生 27 人，中国留学生为 24 人。[1] 第二，伊朗主要资助外国留学生来伊朗学习宗教，对学习研读伊斯兰教的留学生有住房补助和津贴，甚至对来求学的留学生夫妻也提供便利和一定的补助。中国留学生在伊朗主要学习波斯语言文化。学成以后，主要在伊朗中资企业和中伊经贸机构工作。第三，目前，各个高校的教学用语主要是波斯语，国际化程度不高。因此在非伊朗教育机构就学、没有系统学习波斯语的外国申请者在获得科技部最终录取后，需要在从事具体研究之前接受波斯语培训。

2014 年，在国外学习的伊朗学生超过了 4.8 万名，比 2008 年出国留学人数增加了 78%。2015/2016 年度，在美国申请入学的伊朗学生达到了 12269 名，与 2010/2011 年度相比增加了 118%。[2] 在留美的伊朗学生中大多数人都在科技、工程和数学领域学习。目前中国大约有 1400 名伊朗留

---

[1]　Ata Hashemi and Seyed Mehran Dibaji, "Science, Technology, and Innovation Status in Iran: Main Challenges," *Science, Technology & Society*, 2019, pp. 545 – 573.

[2]　World Education Services, "Education in Iran," https://wenr.wes.org/2017/02/education-in-iran.

学生，其中62%是博士生。① 伊朗科技部至今仍然只承认中国大陆部分高等院校所颁发的学历，因此伊朗的中国留学生规模仍相对较少。

伊朗参与的国际教育组织有联合国教科文组织、联合国儿童基金会、世界银行等。此外，伊朗一些高等院校、中小学为了加强与国外兄弟院校的合作与交流，也加入了亚太地区大学协会（AUAP）等相应的国际性教育组织，一些学者依据研究专长加入国际性的研究学会。

伊朗伊斯兰文化联络组织（ICIO）是伊朗负责对外教育开放和交流的相关机构。该机构主要有三大职能：负责海外文化传播（教育开放）工作的决策、规划、指导、监管和协调；科学研究；行政事务。具体到教育层面，该机构负责任命和监督伊朗驻外使馆文化处参赞，指导和支持境外民间举办教育文化活动，负责执行伊朗与世界上其他国家签署的各项协定、文化交流项目和合作备忘录；发展与世界各国特别是伊斯兰国家的教育团体、协会和人士的关系；组织举办、参与教育领域的学术研讨会、国际会议、节庆、公众活动和展览等。

二　中伊教育合作历程

中伊教育合作历史悠久，历久弥坚。通过古老的丝绸之路，中国伊朗互动交流源远流长，古老的波斯文化与中国文化有很大的相似性，中伊双方都认可"和平合作、开放包容、互学互鉴、互利共赢"的丝路精神，秉持多样共存、互鉴共进、合作共享的人类文明观，双方交流交往交融具有天时、地利、人和的优势。自中伊建交以来，两国教育界就持续推动着学术交流与人员互访。中国多所大学设立了国别区域研究机构和波斯语言文学专业，许多中国学者以毕生精力研究伊朗历史和语言文化，曾担任中国驻伊朗大使的华黎明、刘振堂以及伊朗驻华使馆前文化参赞萨贝基、阿勒玛斯耶等一批杰出外交官为中伊教育合作做出了突出贡献。在伊朗，汉学研究的发展日益蓬勃，伊朗部分高校开设了汉语专业，并且与中国高校互派留学生和访问学者，为中国的伊朗学研究注入了新鲜血液。2012 年，中国—伊朗文化联合委员会在北京成立，进一步加强了两国之间的文化交

---

① World Education Services, "Education in Iran," https：//wenr. wes. org/2017/02/education-in-iran.

流与合作。根据双方签署的谅解备忘录，中伊文化联合委员会的任务是讨论政府间年度文化与教育交流执行计划的落实情况、研究和解决存在的问题、制订阶段性落实计划以及讨论双方共同感兴趣的问题等。双方还同意在对等基础上互设文化中心。2016 年，习近平主席访问伊朗，中伊两国正式建立全面战略伙伴关系，双边的教育合作交流日益密切。2012 年，伊朗有在华留学生为 964 人。① 到 2018 年，伊朗在华留学生人数为 2044 人，增长了一倍多。②

随着国别区域研究的持续深入，中国高等院校与伊朗高等院校的联系日益密切，两国的教育合作迈入了新的历史阶段。中国高校的科研机构积极赴伊朗各地从事年度田野考察与日常学术交流活动，高校智库也积极与伊朗各高校进行学术交流与教育合作。1990 年，北京大学设立了伊朗文化研究所，培养了一大批伊朗学研究人才。2008 年，西南大学成立了伊朗研究中心，该中心于 2017 年 6 月入选教育部国别与区域研究备案中心，2018 年入选"中国智库索引"（CTTI），2020 年成为国家民委"一带一路"国别区域研究基地。2015 年 12 月，德黑兰大学设立汉语言文学专业。2015 年，伊斯法罕大学与厦门大学签署了合作备忘录。2019 年 4 月，上海外国语大学与伊朗塔巴塔巴伊大学联合成立了中国研究中心。孔子学院是中伊高等教育合作的重要平台。2009 年 1 月，云南大学与德黑兰大学合作创办了孔子学院，设立于德黑兰大学外语学院，面向德黑兰大学在校生开设汉语课程。2019 年，广州大学与马赞德兰大学共同创办了孔子学院。孔子学院的创办为中伊教育合作发挥了积极作用，为两国文化交流和科学研究、人才培养提供了重要的支撑。在办学过程中，孔子学院也遇到了一定的困难与挑战。第一，伊朗高校管理制度较为严格，受制于政策层面的限制，中方学校无法面向社会进行招生和教学。第二，伊朗社会有个别人士受西方"中国威胁论"的影响，对孔子学院带有文化偏见和警惕心理。第三，伊朗国内对于社会习俗的管理较为严格，在饮食、男女交往等方面均有严格的限制，汉语教材中的教学内容需要本土化。

---

① 中国教育部国际合作与交流司：《2012 年全国来华留学生简明统计报告》，http：//www. moe. gov. cn/jyb_ xwfb/gzdt_ gzdt/s5987/201303/t20130307_ 148379. html。

② 中国教育部国际合作与交流司：《2018 年全国来华留学生简明统计报告》，http：//www. moe. gov. cn/jyb_ xwfb/gzdt_ gzdt/s5987/201904/t20190412_ 377692. html。

近年来，中伊高校共同主办了一系列交流活动，为促进中伊两国的教育交流做出了重大贡献。2017 年 10 月 30—31 日，北京外国语大学与伊朗塔巴塔巴伊大学、国际儒学联合会举行了"国际儒学论坛——中国文明与伊朗文明对话"。2018 年 4 月 21—22 日，云南大学与伊朗穆斯塔法大学举办了"第三届回儒文明对话论坛国际会议"，并且举行了《伊斯兰教什叶派》的新书首发式。2020 年 1 月，伊朗亚兹德大学和沙希德·萨多伊医科大学率团访问西南大学，双方就科学研究、人才培养等方面达成了合作意向。同年，中伊两国秉持互利双赢的精神签署了"全面发展 25 年合作计划"，擘划了教育领域的务实合作与开放交流，促进了教育领域的全方位发展。新冠疫情暴发以来，中伊两国高等院校通过视频方式进行了形式多样、内容丰富的交流研讨活动，为深化双方教育合作贡献了积极力量。2021 年是中伊建交 50 周年，中伊两国以视频方式共同举办了"第十二届中国—伊朗两国友协年会"，中国国内多所高等院校代表参加了活动，加强了中伊职业教育机构之间的交流互动。

三　合作建议

总体来看，中伊双方都有促进合作的强烈愿望，合作交流近年来具有突破性进展，但总体水平相对较低，合作形式、途径和方式较为单一，合作领域和规模仍相对有限，合作交流落地仍存在诸多现实上的困难。在田野调查基础上，通过梳理伊朗教育的发展特点，针对中伊教育交流与合作所面临的挑战，我们提出以下几点建议。

第一，推动中伊双方特色优势互补，拓宽双方校际合作形式和渠道。伊朗高等院校的部分工科专业的科研水平在中东地区极具特色和优势。学科研究骨干大多具有欧美留学背景，精通欧洲语言，建议设立专门的学者互访项目，与中国学者以英语为工作语言进行科研合作。中伊双方在职业教育、中医药学研究、智库建设等方面存在广阔的合作空间，应积极促成国内职业教育机构、中医药大学、研究智库与伊朗高校建立合作交流机制，实现教师互访和互派留学生。在抗击新冠疫情的过程中，国内中医药院校可以在中伊教育合作方面扮演更为积极的角色。

第二，加快中伊合作办学进程，促进双边合作项目落地落实落细。在伊朗选定若干所位于节点性城市、办学实力较强的综合性大学，支持中国语言类高校前往创办孔子学院，切实支持伊朗的汉语教学和基础教育人才培养。这不仅符合中伊双方的共同利益，并且有利于双方高等教育的互学互鉴，前景光明、大有可为。

第三，推动建立两国学历资格认证的相应标准，突破教育合作上的政策性瓶颈。伊朗高等院校的办学水平参差不齐，一些地方院校和在职教育机构的高等教育文凭含金量相对较低。目前，伊朗教育主管部门仅承认中国部分双一流高校所颁发的教育文凭，因此应当在相互尊重、平等协商的基础上妥善处理双方学位、学历相互承认的问题。

第十章　媒体的发展

　　在 1979 年伊朗伊斯兰革命取得成功之后，由于特殊的国情，媒体在伊朗发挥的作用除了传播信息和促进交流之外，还承担着维护伊斯兰教法体制的正统性和抵御西方文化，尤其是世俗文化对本国伊斯兰文化造成负面影响的作用。媒体是伊朗在意识形态斗争领域特别重视的部分。伊朗的媒体分为国有媒体和私有媒体，其中，国有媒体多具有保守派背景，影响力远超过私有媒体，尤其是广播和电视媒体几乎全部由国有媒体掌控，而私有媒体在报纸、杂志、网站等领域有较多的存在，多具有改革派背景。不管是何种性质的媒体，都必须在伊斯兰教法体制的指导下，展开客观、公正和重视社会效益的报道工作，并对政府工作进行建设性的批评。

　　在伊朗保守派执政时，私有媒体的发展受到了限制，一些有改革派背景和倾向的媒体如果公开宣传有悖于伊斯兰教法体制的价值观，鼓吹西式"民主与自由"，会受到处罚甚至被关停，而政府则大力支持伊朗声像组织（伊朗国内唯一的广播电视机构）的工作；在伊朗改革派执政时，伊朗私有媒体的发展会迎来短暂的繁荣，但容易出现直接批判伊斯兰教法体制和提倡世俗文化、反对伊斯兰文化的声音，进而引发大量负面的社会舆情，这会引起保守派的警觉和反扑，伊朗声像组织对于改革派政府的批评声音也会明显增多。在互联网媒体，尤其是社交媒体在伊朗广泛流行起来之前，媒体是伊朗保守派与改革派争相利用、扩大影响力的主要平台。

　　随着社交媒体在伊朗的流行，尤其是当来自外国的社交媒体和即时通信软件推特/照片墙 Instagram/WhatsApp/Telegram 在伊朗大量攻城略地，收获几千万用户（伊朗总人口为 8000 多万人）时，不论是保守派还是改革派，对于国家的信息传播安全和意识形态安全的担忧明显增加。外国社交媒体和即时通讯软件公司几乎都拒绝在伊朗国内设立服务器，拒绝以遵守伊朗当地法规的形式正式进入伊朗市场，这不仅抢夺了伊朗民众原本花在国内媒体上的时间和注意力，而且它们传播的内容和价值观往往与伊朗官方倡导的伊斯兰传统价值观相违背。伊朗官方当然不能容忍这种情况出现。在这样的背景下，伊朗政府开始从技术手段和法律层面严格管控和约束包括社交媒体和即时通讯平台在内的互联网空间。

第一节　媒体在伊朗的功能定位及
伊朗的媒体管理制度

所谓新闻媒介的功能定位，就是指在不同的社会制度和文化氛围中，新闻媒介所承担的作用和角色。目前，在新闻传播学领域，关于新闻媒介的功能定位主要有三种理论，分别是西方国家强调的新闻媒介是独立于行政、司法、立法三权分立之外的"第四权力说"，中国、越南等社会主义国家强调的新闻媒介是接受执政党领导、传播执政党路线方针政策和充当党和人民群众耳目喉舌的"党报理论"，以及广大第三世界发展中国家所强调的新闻媒介是有效地帮助国家改变贫穷落后的现状、促进经济社会发展的有效手段的"发展传播学理论"。

伊朗作为已经伊斯兰化 1000 多年的什叶派国家，政府对于媒体的功能定位与"第四权力说"和"党报理论"有所不同，不管是 1979 年伊斯兰革命之前的巴列维王朝，还是革命之后的伊斯兰共和国，伊朗的新闻媒体都不能完全自由地行使新闻报道权和监督权，媒体是实现政府功能和目的的手段，是维护政治体制和服务国家发展的方式：在巴列维王朝时期，整体而言，政府对待媒体的态度是加强审查，强调媒体必须服务于国家现代化建设和宣传波斯民族主义，挑战国王权威的很多媒体遭到查封；在伊斯兰革命以后，革命政府强调媒体必须维护伊斯兰教法制度对伊朗社会生活各方面的指导地位，推广伊斯兰生活方式，反对西方文化的入侵，允许在不得挑衅伊斯兰教法权威的条件下就国内各种议题进行建设性的批评。相比封建专制的巴列维王朝而言，在伊斯兰革命之后，伊朗新闻媒介在批评政府的自由度上有了明显进步，但是批评的尺度受到伊朗政府制定的《媒体法》的限制。整体而言，当前伊朗对于媒体功能的定位有自己的特色，媒体的作用是帮助传播伊斯兰生活方式和维护伊斯兰教法制度的权威，并在这个原则之下开展符合法律规定的监督和批评活动。

一 巴列维王朝时期过度宣传欧美的媒体功能设置及其民意反弹

为了确保媒体功能在伊朗社会的实现，防止媒体冲击伊朗国家现代化进程和政治制度的混乱情况出现，在不同时期，伊朗政府均对媒体实行管理与控制。根据《红线与死亡线：巴列维王朝时期的政治与媒体》一书介绍，在巴列维王朝时期，国王推行全盘西化的现代化政策，拥抱美国的生产生活方式，在国内压制受到苏联支持的共产主义势力扩张，媒体和出版行业被国王认为是传播以波斯民族主义为中心的国家现代化思想的主要工具，伊朗政府在 1931 年制定的《媒体法》规定，任何媒体在发布信息之前，必须获得许可证才算合法，禁止媒体发布被认为是"不爱国"和"鼓动国家分裂"的内容，当时管理媒体的主要机构是伊朗情报部和文化部，而具体实施媒体管理政策的是令人闻风丧胆的萨瓦克秘密安全警察。由于政府对批评国王专制的媒体实行高压政策，伊朗私有媒体（当时以报纸为主）数量在 20 世纪五六十年代大幅度减少，而政府支持的媒体大行其道。不过，有政府背景的媒体所宣传的国家现代化思想大多是直接拥抱西方的文化和生活方式，这种媒体宣传导向以牺牲伊朗作为伊斯兰国家这一文化传统为代价，过度欧美化的媒体议程设置，导致了包括传统教士阶层在内的广大民众的不满。巴列维王朝时期著名的哲学家、社会批评家贾拉尔·阿哈马德（Jalal Al-e Ahmad）在其 1962 年出版的著作《中毒的西化：来自西方的瘟疫》（Occidentosis: A Plague from the West）中曾表示："在我们的食物、服装、房屋、礼仪和出版物上，以及最为危险的是，在我们自己的文化上，我们变成了自己的陌生人。我们尽力地用欧洲的方式来教育我们自己，努力地像欧洲人那样解决每一个问题。"阿哈马德认为，在西方文化和价值观肆虐面前，伊斯兰是抵御它们的最后一道堡垒，教士阶层应更有效地使用和控制媒体来抵抗西方文化入侵。阿哈马德所宣扬的反对西化的观点，与伊朗前最高领袖的口号"不要东方，不要西方，只要伊斯兰"不谋而合，是促进伊朗伊斯兰革命的意识形态动力之一。①

----

① 参见 https: //www. pbs. org/wnet/wideangle/uncategorized/politics-and-the-press-in-iran-under-the-pahlavis/2536/。

二　1979 年伊斯兰革命后伊朗媒体的两大新任务

1979 年伊朗伊斯兰革命成功之后，原来新闻媒介以传播波斯民族主义和国家主义为中心的媒体功能，变成了维护伊斯兰教法在国家和社会生活中的指导地位和宣传推广伊斯兰化的生活方式，过度欧美化的媒体议程设置得以拨乱反正，转变为回归和守护伊斯兰传统。英国伦敦大学金史密斯媒体与传播学院学者高拉穆·希安巴尼（Gholam Khiabany）在其著作《伊朗媒体：现代化的矛盾》（*Iranian Media：The Paradox of Modernity*）中对伊斯兰革命之后的文化政策进行了这样的描述："1979 年以后的伊朗伊斯兰革命政府的文化政策有两个目标：第一是移除革命前被强加的'西方'和'异己'文化，第二是用在革命前已经衰落却受人尊敬的、本土的和真正的伊斯兰文化取代西方文化。为了实现这样宏大的目标，革命政府采用了一整套机制来执行和守护伊朗的伊斯兰文化。"

一方面，在宪法层面，伊朗政府对新闻媒体的功能进行了重新设定。革命之后的伊朗宪法对新闻媒体的功能进行了这样的一般界定："为了追随伊斯兰革命的道路，大众传播媒介、广播和电视必须服务于伊斯兰文化的传播事业，在这个基础之上，媒体应该成为不同观点碰撞的健康论坛。"伊朗宪法第 7 章第 175 条进一步规定："在广播和电视上的言论自由和观点表达必须确保符合伊斯兰的标准和符合国家的最佳利益。"此外，伊朗宪法第 3 章第 24 条也规定："出版和媒体拥有言论自由，但当这种言论自由有悖于伊斯兰的基本原则和公众的权利时除外，这种言论自由的例外范围将由法律来特别规定。"伊斯兰革命之后的伊朗，媒体功能设定的第一要务是维护伊斯兰革命之后的成果——伊斯兰意识形态对国家和社会生活的领导与指导，在实现这个第一要务的基础上，可以健康地表达不同意见。

另一方面，为了确保伊朗宪法规定的媒体功能的实现，伊朗政府在 1984 年制定了《媒体法》，对新闻媒体的设立条件、报道范围、监督机制和惩罚措施进行了详细规定。此后对这部法律还进行了多次修改。根据《媒体法》，伊朗文化与伊斯兰指导部负责成立"媒体监督管理委员会"，该委员会的组成人员有法官、议会代表、媒体负责人代表、大学教授和神职人员，由该委员会负责审批媒体的设立申请、对媒体的报道内容进行评审、对违反《媒体法》的情况进行调查取证，等等。在媒体管理委员会之外，伊朗司法机构设立了专门的"媒体法庭"，用于处罚任何违背伊斯兰教法、威胁国家利益和安全的媒体报道行为。此外，伊朗国家情报部也可以对媒体做出处罚。

根据 2000 年新修订的《媒体法》第 6 条，伊朗媒体禁止进行如下九个方面的报道活动：（1）发布违反伊斯兰价值观的异教徒文章和传播损害伊斯兰共和国根基的材料；（2）传播色情和宗教上禁止的行为，发布不正派的照片和有违公序良俗的材料；（3）宣扬过度奢华与奢侈浪费；（4）在不同的社会阶层之间，尤其是通过提起种族和民族的话题，制造社会不和谐；（5）鼓动和怂恿个人和群体参与破坏伊斯兰共和国的安全、名声和利益的活动，无论是在国内还是在国外；（6）在没有获得法定允许的情况下，发布涉密的文件、命令和事项，公布伊朗武装力量的秘密事项、军事计划和军事基地及地图信息，伊朗议会非公开的讨论事项，司法机构的非公开决定和司法官员的调查等方面信息；（7）亵渎伊斯兰及其伊斯兰的神圣，冒犯伊斯兰革命最高领袖和被广泛认可的宗教权威；（8）发布诽谤国内的官员、机构、组织和个人或侮辱被法律尊重的法人或自然人的信息，即使是以图片或漫画的形式；（9）剽窃他人作品或转载堕落的媒体和反对伊斯兰的政党和组织（国内国外都算）的文章，以致达到了宣传他们的理念的程度。

事实上，为了规范网络媒体的活动，伊朗议会分别在 2000 年和 2009 年对《媒体法》进行了修订，要求任何网络出版物都必须获得许可证才能发行，否则将会受到伊朗《刑法》的处置。

第二节　伊朗媒体的概况和分类

由于伊朗对于设立媒体有专门的《媒体法》，任何满足条件的伊朗公民均可以按照法律条文规定的流程申请设立媒体（广播电视媒体除外），这为在伊朗国内形成种类多样、风格各异的媒体生态环境提供了一定的法律基础。伊朗是中东地区国家中媒体较为发达的国家之一，国有媒体与私有媒体并存，私有媒体比较发达，报刊、广播、电视、网站、新闻客户端 APP、各类社交媒体平台等新旧媒体平台均比较多。在这些形色各异的媒体中，由最高领袖直接影响的媒体矩阵影响力尤其大，其中以伊朗声像组织的影响力最大，它是在伊朗维护伊斯兰教法体制权威和推广国家意识形态的众多媒体中最具权威的媒体。

一 伊朗媒体的不同分类

根据不同的标准，媒体的分类有所不同。按载体来分，报纸、杂志、广播、电视为传统媒体，它们的表达载体为图、文、音视与视频，媒体内容展现形式为线性的，有一定的时空限制。而新媒体是相对于四大传统媒体而言的，是指继报纸、杂志、广播、电视后在新的技术支撑体系下出现的媒体形态，突破了一定的时空限制，注重信息传播者与接受者之间的互动，新媒体包括网站、数字电视、数字广播、新闻客户端APP、社交媒体和即时通讯平台等。

截至2016年，伊朗全国范围内有178份报纸、83份杂志、1.5万个新闻网站。其中，主流报纸包括《伊朗报》《信息报》《世界报》《市民报》《先知报》《东方报》等。在广播电视媒体方面，由于伊朗法律规定广播电视媒体必须由国家控制，伊朗全国所有的广播频率与电视台均归伊朗声像组织（IRIB）统一管理，目前IRIB在伊朗全国范围内有21个电视频道，23个广播频率，并在31个省份开设了省内频率和电视台。在网站方面，伊朗以新闻通讯社网站和商业网站为主，主要包括伊朗伊斯兰共和国通讯社网站、梅赫尔通讯社网站、法尔斯通讯社网站、塔斯尼姆通讯社网站、学生通讯社网站、视频网站APARAT、体育资讯网VARZESH3等。

此外，在伊朗以互联网为载体的社交媒体平台十分活跃。根据《互联网统计报告》，截至2018年，在伊朗8200多万人口中，使用互联网的人口达到了5670万人。[①] 伊朗相对便宜的互联网使用成本促进了社交媒体平台在伊朗的繁荣，推特、照片墙Instagram、脸书Facebook、Telegram、WhatsApp在伊朗的用户数以千万计。伊朗主要的传统媒体除了开设网站外，也在这些社交媒体平台上开设新媒体账户。不过，由于这些社交平台均为国外公司所有，除了照片墙Instagram和WhatsApp之外，伊朗政府出于国家信息安全考虑已将这些社交平台封禁，转而推荐伊朗民众使用由伊

---

① 参见 https：//www.internetworldstats.com/me/ir.htm。

朗公司开发的社交平台 Soroush、Bale 等，但是收效不明显。

按媒体所有制来分，伊朗有国有媒体和私营媒体。根据伊朗法律，除了广播电视必须国有之外，其他类型的媒体可以是私有制的。在伊朗，国有媒体主要包括伊朗最高领袖办公室下属媒体矩阵，包括《世界报》《信息报》和哈梅内伊官网及其下属社交媒体官方账号等，IRIB 下属广播电视台和非广播电视媒体矩阵，伊朗伊斯兰共和国通讯社及其下属报刊与网站，宗教组织伊斯兰意识形态宣传组织（Islamic Ideology Dissemination Organization）下属梅赫尔通讯社及其下属网站和英文报刊《德黑兰时报》，伊斯兰革命卫队下属或受革命卫队影响的媒体阵营，包括革命卫队新闻网、法尔斯通讯社、青年在线网、努尔新闻网等媒体，以及伊朗政府各个部门所开设的下属媒体，比如伊朗石油部下属的沙纳通讯社和司法机关下属的米赞新闻网，等等。

在伊朗，私营媒体主要集中在报纸和网站方面，尤其是私营网站数量特别庞大。伊朗有影响力的私营报纸主要有《东方报》（Sharg）、《神圣之光报》（Aftabi Yazd）、《青年报）（Javan）、《信任报》（Etemad）、《祖国今日报》（Vatan Emrooz）等，有影响力的私营网络媒体主要有体育资讯网（Varzesh 3）、最新资讯网（Akharin Khabar）、新闻快讯网（Khabar Foori）、新闻在线（Khabar Online）、Parsine 网、东方网（Mashregh）、Tabnak 网、Alef 网等。这些私营网站在消息来源方面比较狭窄，原创内容比例非常低，经常以转载官方主流媒体报道或是编译外电报道为主。

按政治倾向来分，伊朗媒体主要分为两大阵营，持保守派立场的媒体和持改革派立场的媒体，这与伊朗国内政治派别的分野基本一致。伊朗的政治制度是伊斯兰教法与西方民主制度相结合的产物，在保证伊斯兰教法学家主导政治生活的条件下，允许进行总统、议会的直接选举。这样的政治过程容易产生神权政治与民选政治之间的冲突，神权政治阶层希望伊斯兰教法对于整个国家各个方面的绝对领导，反对与西方接触和世俗化，而通过选举产生的一些民选领导人认为，他们的施政需符合伊斯兰教法要求，但施政的合法性来自于民主选举，反对神权对民选政府的过度干涉，主张与西方世界进行务实接触。两个政治派别在政见上的分歧，在新闻传播领域就体现为保守派媒体与改革派媒体的不同阵营。

保守派媒体大多为官方背景，主要包括最高领袖办公室下属媒体矩阵、伊朗声像组织（IRIB）、革命卫队下属媒体或受到革命卫队资助和影响的媒体以及由一些宗教团体开办的媒体等。改革派媒体大多为私营性质的，数量并不大，大多为报纸和杂志，主要包括《国民理想报》（Armane Melli）、《神圣之光报》（Aftabi Yazd）、《信任报》（Etemad）、《市民报》（Shahrevand）、《东方报》（Sharg）等。伊朗另外一家重要的媒体是伊朗伊斯兰共和国通讯社，这家媒体的政治倾向受到伊朗政府由哪一派掌权的影响，比如在伊朗总统由改革派人物哈塔米、鲁哈尼担任时，该通讯社持明显的改革派立场。总体而言，由于保守派势力在伊朗政治体制中的强大影响力和掌握绝对实权，保守派媒体在伊朗拥有强大的舆论引导力和影响力，而改革派媒体则相对处于弱势地位。

二　有特殊地位的伊朗媒体：《世界报》《信息报》和伊朗声像组织（IRIB）

伊朗是中东地区媒体非常发达的国家之一，但是在众多媒体之中，有一群地位特殊、其负责人大多直接由最高领袖哈梅内伊任命的媒体，这些媒体的负责人非常接近最高领袖哈梅内伊。由于这些媒体与最高领袖哈梅内伊的亲密关系，它们所关注的话题、发出的声音，往往非常有权威性，与哈梅内伊在某些问题上的立场也很贴近，有鲜明的伊斯兰革命意识形态色彩。这些媒体包括《世界报》《信息报》、伊朗声像组织（IRIB）和以哈梅内伊个人名字命名的官方媒体矩阵。

（一）《信息报》

《信息报》是日报，是伊朗历史最悠久的波斯语报纸，由阿巴斯·穆萨迪创立于1926年7月10日，在巴列维王朝时代，该报纸的发行量达到了1.5万份。1979年伊斯兰革命以前，该报纸在伊朗有很大的影响力，当年的1月31日，《信息报》与《世界报》同时报道了伊朗伊斯兰革命领袖伊玛目霍梅尼将在第二天返回伊朗的消息，其中《信息报》在当天头版以"明天上午9点，在德黑兰与伊玛目见面"为题发出的报道，吸引了成千上万的伊朗人涌向德黑兰欢迎霍梅尼回到德黑兰。《信息报》在1月31日当天出版的头版成为伊朗伊斯兰革命成功的标识之一，每年2月初，伊朗官方在纪念霍梅尼返回德黑兰的历史时刻，都会大规模使用印着这个头版图片的宣传资料。伊斯兰革命成功以后，《信息报》处于最高领袖的直接监督之下，由最高领袖直接任命领袖代表（兼任总编辑）对该报纸的日常运行和新闻业务进行监督和管理。

（二）《世界报》

《世界报》是使用波斯语、阿拉伯语和英语三种语言出版发行的日报。《世界报》创立于1943年的2月，当时该报纸由伊朗记者阿卜杜拉曼·法拉玛尔兹持有，由穆斯塔法·梅斯巴赫扎德担任主编，不久后两人在报社担任的角色发生了调换。1979年伊斯兰革命以前，该报持支持巴列维王室的立场，同时在英国伦敦和伊朗出版，鼎盛时发行量达到了100万份。1979年伊斯兰革命成功以后，穆斯塔法·梅斯巴赫扎德的所有个人资产被没收，包括与《世界报》相关的出版行业资产，当时的伊斯兰革命领袖霍梅尼在1980年5月任命伊朗过渡政府（1979年2—11月）时期的外交部长埃卜拉希米·雅兹迪为《世界报》负责人。不过革命之后，在穆斯塔法·梅斯巴赫扎德的指导下，《世界报》的伦敦分部仍以支持巴列维王室的立场继续运作，到现在依然是反对伊朗伊斯兰革命政府的主要海外媒体之一。

伊斯兰革命以后，《世界报》的总编辑由伊朗最高领袖直接任命，总编辑同时为最高领袖常驻该报的直接代表。当前该报的总编辑是伊朗保守派人士侯赛因·沙利亚提马达里。该报被认为是"伊朗最保守的报纸"。《纽约时报》记者迈克·史莱克曼曾撰文称："《世界报》可以帮助人们了解伊朗领导阶层'最保守'的想法和洞察处于伊朗政治权力中心的人的思想倾向和计划。"① 不过，沙利亚提马达里认为，《世界报》的使命是捍卫伊斯兰革命的意识形态。②

（三）伊朗声像组织（IRIB）

伊朗声像组织，又称伊朗伊斯兰广播电视台，是伊朗统领全国范围内所有广播与电视媒体平台的唯一机构。声像组织成立于1938年，伊斯兰革命以前的名称为"伊朗全国广播电视台"（NIRT），革命成功以后改为现名——声像组织（Seda vaSima）。声像组织在1979年以后，具有鲜明的维护伊朗伊斯兰革命意识形态的功能，在其官方网站上，该组织的使命被

---

① 参见 https：//www.nytimes.com/2007/09/21/world/africa/21iht-profile.1.7594265.html。

② 参见 https：//www.npr.org/templates/story/story.php? storyId=100245745&t=1602771098839。

描述为"随着超越国界的电波和信息跨越了地理和文化界限，占主导的西方媒体帝国旨在改变独立国家的文化，它们尤其把重心放在伊朗伊斯兰共和国上，因此伊朗声像组织要在增强国家文化团结、强化国家身份认同和反制那些破坏性的电波上，发挥关键作用。"该组织的 LOGO 由三部分组成，LOGO 最上面是伊朗伊斯兰共和国的国徽；中间部分由两个带有什叶派象征色彩的阿拉伯单词"不"（laa）组成，寓意为对以美国为代表的西方文化说"不"和对以苏联为代表的东方文化说"不"，这两个"不"与伊朗伊斯兰革命领袖伊玛目霍梅尼提出的"不要东方，不要西方，只要伊斯兰"革命口号相契合；最底下部分由伊朗声像组织对应的波斯文书法组成。

伊朗宪法第 175 条对声像组织的功能定位进行了明确的规定："伊朗声像组织的言论自由必须在遵守伊斯兰规范和保护国家最大利益的条件下得到保障；声像组织负责人的任命和罢免由伊朗最高领袖负责，伊朗总统、司法总监和议会均派出 2 名代表组建委员会对声像组织进行监督；对声像组织的管理和监督政策由相关法律规定执行。"

由于关系到伊斯兰意识形态的安全问题，伊朗声像组织的负责人由伊朗最高领袖直接任命，每个任期为 5 年。伊朗声像组织对最高领袖负责，由伊朗议会批复年度预算，业务上不接受伊朗政府的管辖，具有一定的独立性。声像组织负责人依据《伊朗声像组织条例》对该组织进行管理，声像组织条例的一般性条款包括：（1）伊斯兰教法的最高权威和神圣高于一切，必须杜绝所有违背伊斯兰原则的节目；（2）伊斯兰革命精神和伊朗宪法的权威高于一切节目；（3）将最高领袖的观点当作伊斯兰教法学家权威；（4）在伊朗伊斯兰共和国法律框架内，在政治、社会事务、文化、经济和军事等所有领域体现"不要东方，也不要西方"的政策；（5）声像组织在宗教、政治、社会事务、经济、文化、军事等领域应该有助于传播意识和社会增长；（6）声像组织属于伊朗全体人民，因此它应该反映不同部落和社会阶层的生活与状态；（7）声像组织应该对批评持欢迎态度；（8）为了触摸到社会大众的思想与感情，声像组织有义务在感人的、艺术化的框架内为不同的社会阶层尽可能间接地传递信息；（9）根据人民大众的精神需求，强化道德、希望、信任、勤劳、无私、抵抗等价值观。

声像组织下设九个部门，分别为广播部、电视部、对外传播部、培训与研究部、行政与财务部、对外联络部、议会与地方各省部、政治事务部和发展与技术部，每个部门由声像组织的副负责人负责，其中负责广播部、电视部、对外传播部和政治事务部的副负责人对旗下平台播出的内容负责；政治事务部管辖声像组织的新闻中心——中央新闻局，为声像组织的广播电视平台生产和制作新闻与政治评论，而主管政治事务部的声像组织副负责人与最高领袖办公室直接对接；发展与技术部负责声像组织的设备采购与维护；培训与研究部负责监督声像组织旗下的研究中心与广播电视大学；对外联络部负责发展声像组织与其他国家的广播电视机构的联系和处理声像组织在亚太地区广播联盟的事务。

为了实现对内维护伊斯兰意识形态和对外反制西方媒体企图渗透改变伊朗文化的使命，伊朗声像组织在首都德黑兰和其他 30 个省份建立起了密集的广播电视网。针对伊朗国内受众的电视频道主要有综合频道（TV1）、家庭与生活频道（TV2）、体育与竞技频道（TV3）、知识分子与精英频道（TV4）、经济频道（TV5）、新闻频道（IRINN）、教育频道（TV7）、古兰经频道、纪录片频道等 21 个电视频道。针对伊朗国内受众的广播媒体主要有经济广播台、伊朗广播台、青年广播台、文化广播台、体育广播台、对话广播台、健康广播台、咨询广播台等 23 个广播频道。除了国家级别的广播电视台之外，声像组织在 31 个省都设有省级台，其中在霍尔木兹甘省除了省级电视台外，该省的基什岛也设有声像组织地方电视频道。

此外，针对海外伊朗人和外国受众，声像组织建立起了多语种的传播渠道，使用中文、英文、阿拉伯语、西班牙语等 30 种外语对外传播平台，拥有 PRESSTV、SAHARTV、AL-ALAM、AL-Kawthar 四个外宣卫星电视频道。其中 PRESSTV 是针对全世界观众播放的 24 小时英语新闻电视台，主要播放新闻、评论与纪录片等节目，着重报导中东地区的形势，是伊朗参照 CNN 和 BBC World Service 的运作模式在 2007 年建立的。SAHARTV 成立于 1997 年，使用库尔德语、北库尔德语、阿塞拜疆语、乌尔都语以及巴尔干半岛地区的语言，向欧洲、中亚、高加索地区、北非部分地区以及南亚次大陆地区播出电视节目，目的在于宣传伊朗伊斯兰革命思想。AL-ALAM 新闻频道是一家成立于 2003 年的阿拉伯语电视频道，主要针对阿拉伯受众，尤其是针对居住在波斯湾沿岸和地中海沿岸的阿拉伯受众群体，设有时政报道、新闻评论分析、财经新闻、体育新闻等栏目，用伊朗视角解读各类话题。AL-KAWTHAR 是伊朗另一家阿拉伯语卫星电视频道，是 AL-ALAM 频道的姊妹频道，不过 AL-KAWTHAR 主要播出宗教和文化类节目，每天向中东和北非地区的受众播出 20 小时的节目，宣传什叶派宗教思想。

第三节　网络和社交媒体在伊朗的发展

　　伊朗在 1993 年首次接入国际互联网，是中东地区较早一批接入互联网的国家之一。经过 20 多年的发展，目前伊朗是中东地区网络覆盖率很高的国家之一，近年来，互联网使用人群的数量快速增长。网络在伊朗的飞速发展，尤其是社交媒体和即时通讯软件在伊朗的广泛应用，正在给伊朗社会的传统伊斯兰价值观和政府推行的伊斯兰教法治理带来一系列严峻挑战，比如伊朗网民在互联网上的个性化表达与维护伊斯兰教法权威之间如何平衡，如何防范境外反伊势力利用社交媒体"无国界、易于传播"的特性渗透和影响伊朗国内舆论乃至发起"颜色革命"，等等。在这样的背景下，如何在利用互联网的积极影响的同时，避免互联网的消极影响，以维护本国的伊斯兰价值观和意识形态安全，成为伊朗官方不得不面对的一个紧迫议题。而伊朗给出的回应是，从技术和法律两个层面加强对于互联网空间，尤其是社交媒体和即时通讯软件的治理和管控。

一　网络和社交媒体在伊朗的发展概况

　　根据互联网世界统计网站（Internet World Stats）基于国际电信联盟数据所做的统计，2000 年伊朗互联网使用人口仅为 25 万人，占伊朗总人口的 3.8%，而到 2018 年伊朗互联网使用人口增长到了 5670 万人，占总人口的 69.1%。[①] 在最近两年里，虽然美国政府对伊朗恢复了全面制裁措施，但伊朗的互联网覆盖率依然没有受到大的影响。据伊朗《经济世界报》2020 年 3 月援引伊朗信息科技组织最新发布的数据，在伊朗有超过

---

　　①　参见 https：//www.internetworldstats.com/me/ir.htm，互联网世界统计网站伊朗专页。

70%的家庭拥有使用互联网的渠道，61.3%的人口使用互联网，在每 100 个伊朗人中，有超过 72%的人使用移动互联网，超过 9%的人使用固定网络。① 随着互联网的普及，伊朗民众的生活越来越大地受到了"互联网＋"应用所带来的积极影响，基于互联网平台的支付、打车、购物、酒店预订、订餐等服务如雨后春笋般地在伊朗涌现。

如今，互联网已成为伊朗人生活不可缺少的一部分，他们除了使用基于互联网的各种生活服务平台和 APP 外，还大量地使用社交网络和即时通讯平台进行沟通交流和联络。根据伊朗"经济在线"网站报道，时任伊朗文化与伊斯兰指导部部长萨利希·阿米里在 2017 年表示，伊朗当时已有超过 4700 万的活跃社交媒体用户，由于社交媒体的快速发展，伊朗民众每天跟家人之间的直接互动时间已经从几年前的 2 小时减少为 20 分钟。② 但问题是，目前伊朗人广泛使用的社交媒体平台并不是本国自主可控的平台，主要是美国的推特（Twitter）、脸谱（Facebook，现在已经改名为 Meta）和照片墙（Instagram），而且伊朗人常用的即时通讯工具也不是本国的，主要有 WhatsAPP、Telegram。在这些社交媒体和即时通讯工具中，只有 Instagram 和 WhatsAPP 没有被伊朗官方封禁。长期关注伊朗互联网创新的网站 TechRasa 创始人礼萨·阿扎里撰文指出，截至 2017 年 6 月，经综合分析发现，伊朗 Android 手机和 iPhone 手机用户大多会安装 Instagram，在伊朗最大的 Android 手机 APP 商城 CafeBazaar 上有着高达 1600 万次的下载量情况，Instagram 当时在伊朗的总用户数应该超过了 2000 万

---

① 参见 https://donya-e-eqtesad.com/%D8%A8%D8%AE%D8%B4-%D8%A8%D8%A7%D8%B2%D8%A7%D8%B1-%D8%AF%DB%8C%D8%AC%DB%8C%D8%AA%D8%A7%D9%84-19/3632007-%D8%AF%D8%B3%D8%AA%D8%B1%D8%B3%DB%8C-%D8%AF%D8%B1%D8%B5%D8%AF-%D8%A7%DB%8C%D8%B1%D8%A7%D9%86%DB%8C-%D9%87%D8%A7-%D8%A8%D9%87-%D8%A7%DB%8C%D9%86%D8%AA%D8%B1%D9%86%D8%AA。

② 参见 https://www.eghtesadonline.com/%D8%A8%D8%AE%D8%B4-%D8%A8%D8%A7%D8%B2%D8%A7%D8%B1-%D8%AF%DB%8C%D8%AC%DB%8C%D8%AA%D8%A7%D9%84-64/204128-%D9%85%DB%8C%D9%84%DB%8C%D9%88%D9%86-%D8%A7%DB%8C%D8%B1%D8%A7%D9%86%DB%8C-%D8%AF%D8%B1-%D8%B4%D8%A8%DA%A9%D9%87-%D9%87%D8%A7%DB%8C-%D8%A7%D8%AC%D8%AA%D9%85%D8%A7%D8%B9%DB%8C-%D8%AD%D8%B6%D9%88%D8%B1-%D8%AF%D8%A7%D8%B1%D9%86%D8%AF。

户。① 根据自由欧洲电台汇总的数据（见图Ⅱ-10-1），到 2019 年 3 月，Instagram 在伊朗的用户数达到了 3000 万户，Telegram 在伊朗的用户数达到了 5600 万户，What's APP 在伊朗的用户数达到了 2500 万户，而伊朗官方积极推荐给民众使用的即时通讯平台的用户数仅为 200 万户。伊朗的总人口是 8000 多万人，但是绝大部分伊朗人用的社交媒体和即时通讯工具是来自美国的，这为伊朗政府有效治理互联网空间造成了严重的挑战，政府心有余而力不足。

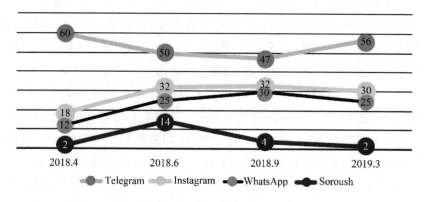

图Ⅱ-10-1　伊朗社交媒体平台的使用趋势（百万户）

资料来源：https://en. radiofarda. com/a/iranians-return-to-banned-telegram-as- it-proves-effective-in-flood-relief/29874542. html.

除了美国的社交和即时通讯平台在伊朗非常流行之外，来自中国的社交和即时通信软件比如微信（国际版）和 TIKTOK（抖音国际版）在伊朗也有一定的使用量。根据从伊朗最大的安卓手机 APP 商城 CafeBazaar 上查询到的信息，截止到 2021 年底，微信国际版在伊朗的下载量超过了 10 万户，在中资企业上班的伊朗人，一般都使用微信进行工作联络。而由于担心美国制裁所带来的政策风险，微信已禁止使用伊朗 IP 地址进行任何微信红包和转账功能。抖音在伊朗年轻人中比较流行，不过目前在 CafeBazaar 上无法下载安装，而且使用伊朗 IP 已无法访问和登陆抖音，背后原因不得而知，伊朗方面并没有表示已封禁抖音。

---

① 参见 http://techrasa. com/2017/06/21/infographic-instagram-usage-statistics-iran/。

可以说，伊朗民众大量使用的社交媒体和即时通讯平台大多由美国公司控制和垄断，而且服务器都没有设置在伊朗境内，这让伊朗官方非常担心公民的个人隐私遭到侵犯和国家大数据信息安全容易遭到外部威胁。跟美国互联网巨头相比，伊朗本土的互联网公司缺少资金和技术的支持，无法推出稳定性强、用户体验好的社交媒体和即时通讯平台，这意味着伊朗在社交媒体和即时通讯平台上的自主权将长时间被美国互联网公司把控，这与中国有自己的微博、微信、抖音等自主平台形成了鲜明对比。

实际上，伊朗政府希望微信的母公司腾讯能够在伊朗进行投资，以帮助伊朗打破美国互联网公司在伊朗的垄断地位。伊朗时任通信部长安扎里·贾赫罗米 2021 年 7 月曾表示，伊朗本来可以利用中国腾讯公司和俄罗斯 YANDEX 公司的实力来打破美国互联网公司在伊朗的垄断地位，但是这两家公司取消了在伊朗投资的计划，因为它们意识到由于美国对伊朗制裁的存在，它们在伊朗的投资和商业活动会给自己带来麻烦。贾赫罗米表示，2014 年，腾讯在给伊朗的官方信息中就表示，不能接受德黑兰提出的关于扩展微信在伊朗的服务内容的提议。腾讯在跟伊朗官方接触时表示，由于公司上市的原因，如果在伊朗市场推出微信手机应用程序的话会面临很多问题。①

随着美国的社交媒体和即时通讯平台越来越多地渗透到伊朗人生活的方方面面，在自身无法推出自主的社交媒体和即时通讯平台的情况下，伊朗不得不提升维护本国网络安全与主权的管控能力，这种能力包括法律层面和技术层面。

二 伊朗互联网空间管理主体

伊朗对于互联网治理的重要性的认知是循序渐进的，但也是非常深刻的。伊朗最高领袖哈梅内伊曾这样评价互联网："网络环境就像是一条水流充沛丰满、愤怒的河流，水一直在咆哮、试图冲出河堤，如果我们为它设计出一个方案，我们就可以将河流如愿地引向一座大坝，在这个过程中我们可以创造机会；而如果放任不管，不为它做计划，它将变成威胁。"

---

① 参见 https：//www. presstv. ir/Detail/2021/07/13/662180/Iran-internet-companies-Russia-China-US-sanctions。

经过多年的探索和实践，目前伊朗已经有了一套相对成熟的互联网空间管理体系，一方面依赖技术对违背伊斯兰文化和危害国家安全的信息实行定向屏蔽，并尝试打造由伊朗自己掌控命运的国家互联网工程；另一方面根据维护国家安全和伊斯兰文化的需要制定出相应的互联网空间管控法律。这些都离不开各个部门之间的配合与协调。目前伊朗的互联网管理主体涉及政府、司法机构、军方和伊斯兰革命卫队，这些主体在伊朗最高网络空间委员会的统一协调下展开工作，而最高网络空间委员会接受伊朗最高领袖哈梅内伊的工作指导。

详细来说，最高网络空间委员会是伊朗互联网空间管理的最高机构和协调部门。该委员会的主要职责包括评估互联网在伊朗的整体表现，协调其他机构，为互联网基础设施建设做出决策，等等。2012 年 3 月 7 日，哈梅内伊下达指令要求成立最高网络空间委员会，由时任总统艾哈迈德·内贾德担任负责人。该委员会由总统、议长、司法总监、声像组织负责人、最高国家安全委员会秘书、信息与通信技术部长、文化与伊斯兰指导部长、科学技术研究部长、革命卫队总司令和警察总长等高级官员组成，还包括技术专家、媒体负责人和一些靠近最高领袖的 7 名自然人。

哈梅内伊在法令中表示，由于信息技术、通信领域以及全球互联网发挥着越来越重要的作用，因此，有必要成立最高网络空间委员会，为了最大化地创造网络空间对国家发展所带来的机会，有必要在该领域进行广泛而精准的投资。他还表示，为了避免网络空间所带来的危害，持续地进行规划和协调是重要的，通过成立一个决策和协调的中央机构，相信伊朗将拥有充满活力的网络防御能力。①

除了最高网络空间委员会之外，伊朗其他的机构也有负责管理网络空间的具体业务。它们分别是伊朗信息与通信技术部、警察部队下属信息与通信技术分部、情报部、革命卫队情报防御司令部、伊朗军方下属的被动防御组织，等等。这些组织的职能包括参与监督管理互联网空间，甄别网络上有组织的犯罪活动（比如恐怖主义、间谍活动等），逮捕"网络犯罪人员"以及帮助国家抵御来自外国的网络进攻和增强本国的网络防御能力，等等。

伊朗能够形成当前复杂的互联网治理机构和体系，并不是一蹴而就的，

---

① 参见 https：//farsi. khamenei. ir/message-content？ id = 19225。

而是一步步摸索总结出来的。在摸索的过程中，伊朗政府认识到了管控互联网空间的紧迫性和必要性，也逐渐地优化和改进了治理方式和方法。

三 伊朗互联网管理政策的嬗变

作为伊斯兰国家，伊朗在接入互联网以后，就一直在探索管理互联网的有效方式，让互联网的使用在有利于维护伊斯兰文化安全和伊斯兰革命政权稳定的条件下，满足本国民众的信息需求和促进本国经济发展。

在1993年互联网进入伊朗以后的最初几年里，伊朗政府对于互联网的管控相对宽松，但是从2000年开始，随着互联网商业应用的加速，伊朗官方开始重视对互联网空间的监督和管理。伊朗最初管理互联网的措施是以技术手段限制可以访问的网站范围，任何不符合伊斯兰教法规定和反对伊斯兰革命政权的网站，比如宣扬无神论和传播淫秽色情内容的网站以及一些由反政府组织开办的网站，一律被屏蔽。2001年12月，伊朗"文化革命最高委员会"签发了一系列法令，为伊朗系统性地屏蔽互联网内容打下了基础，随后伊朗境内的互联网服务提供商（ISP）必须根据一个成立于2002年的名为"负责决定未经授权网站委员会"制定出的屏蔽名单，将不符合规定的网站屏蔽掉。为了提倡健康的上网习惯，伊朗政府在2010年推出了一个健康网站黄页peyvandha. ir，在伊朗用户访问被屏蔽的网站未果之后，页面会自动跳到peyvandha. ir，通过这个页面伊朗用户可以访问"文化与宗教""社会""互联网服务""科学与教育""新闻与媒体"和"电子政府"等页面，进入这些页面以后可以找到被伊朗政府允许访问的网站目录。

为了强化网络环境管理，2012年1月，伊朗警察部队下属信息与通信技术分部制定了一条规定，要求全国范围内的网吧予以执行。根据这条规定，网吧里的设备必须安装摄像头，并记录上网顾客的个人信息，包括姓名、身份证号、邮政编码、电话号码以及他们的上网日期、IP地址和浏览过的网站地址。这条规定还禁止网吧里的电脑安装任何翻墙软件VPN。

除了从伊斯兰教法角度倡导健康的上网活动和从技术手段上规范互联网的接入方式以外，近些年来，伊朗政府越来越认识到互联网的问题不仅是涉及信息传播自由和伊斯兰生活方式的问题，而且是关系到国家主权安全和伊斯兰政权稳固的大问题。在这样的背景下，近些年来伊朗开始使用法律手段对本国网络空间进行有效的管理和规范，并成立互联网治理的各类机构来切实维护本国网络主权。

伊朗政府形成这种观点得益于一个惨痛的教训，也就是 2009 年通过社交媒体——推特——组织起来的反对伊朗前总统艾哈迈德·内贾德连任的"绿色革命"抗议活动。"绿色革命"是 2009 年发生在伊朗的一次大型反政府抗议运动。在 2009 年的伊朗总统选举中，伊朗内政部在 6 月 13 日宣布马哈茂德·艾哈迈迪·内贾德以获得 62.6% 的支持率的绝对优势连任成功。但另一名总统候选人、前总理侯赛因·穆萨维认为选举存在严重舞弊情况，要求重新举行选举。很快从 6 月 13 日开始，大批支持穆萨维的民众走上首都德黑兰的街头抗议"选举不公"，抗议活动很快蔓延到全国各地，发酵成为自 1979 年伊朗革命以来最严重的社会骚乱。由于穆萨维用绿色作为竞选颜色，因而这次抗议活动被称为"绿色革命"。这次抗议活动的一个明显特点就是网络技术的广泛应用，当时伊朗官方进行信息管控，封锁和驱逐外媒记者，导致伊朗国内的骚乱情况不能及时被传递出去，但是伊朗民众大量使用 Twitter、Facebook、YouTube 和代理服务器等新兴网络工具，将伊朗发生的骚乱情况传播了出去，这次骚乱因此又被西方媒体称为"Twitter 革命"。

"绿色革命"给伊朗的社会稳定和国家安全带来了严重的冲击，伊朗政府也认识到仅仅以屏蔽网站内容的形式并不能对互联网进行有效的管理，必须优化互联网治理的方式，采取更多有效的手段防止网络被利用来威胁伊斯兰政权的稳定和国家安全，这些手段包括立法手段和成立伊朗互联网空间治理的最高级别机构——最高网络空间委员会。

相比《媒体法》对互联网空间的管理和限制，伊朗的《网络空间犯罪法》对网络空间的管理更加宽泛和具体。在"绿色革命"爆发以后的第 16 天，也就是 2009 年 6 月 28 日，伊朗宪法监护委员会批准了由议会通过的《网络空间犯罪法》。① 根据这部法律，原来的"负责决定未经授

---

① 参见 https：//www. khabaronline. ir/news/12548/%D9%82%D8%A7%D9%86%D9%88%D9%86-%D8%AC%D8%B1%D8%A7%DB%8C%D9%85-%D8%B1%D8%A7%DB%8C%D8%A7%D9%86%D9%87-%D8%A7%DB%8C-%D8%A8%D9%84%D8%A7%D8%BA-%D8%B4%D8%AF。

权网站委员会"被"决定网上犯罪内容实例工作小组"所取代,这一工作小组会对互联网屏蔽的对象做出最终裁决。该工作小组为伊朗司法机构下属机构,工作组由伊朗检察总长牵头,成员包括伊朗教育部长或其代表、信息通信技术部长或其代表、情报部长或其代表、司法部长或其代表、科学研究技术部长或其代表、文化与伊斯兰指导部长或其代表、伊朗声像阻止主席、警察总长、由议会推荐的 1 名通信技术专家和 1 名议会司法委员会的代表,工作小组的决定具有法律效力。

该法律要求,伊朗的行政、司法和立法部门必须对互联网管理方面的事项进行集体决策,伊朗信息通信技术部下属的伊朗通信基础设施公司(ISC)负责执行该工作小组的决定,工作小组一旦认为,某个网络平台存在"犯罪内容",将通知通信基础设施公司,随后该公司将进一步通知各大互联网服务供应商(ISP)执行屏蔽决定。该法律还要求,各大互联网服务供应商必须将收集到的互联网的任何数据保留至少 6 个月,并在用户取消服务后必须将用户的个人信息保留至少 6 个月,包括用户的个人身份、住址、IP 地址和电话号码信息。该法律还对通过互联网煽动社会不稳定、诋毁伊斯兰政权和最高领袖、向敌对媒体提供信息等方面的行为规定了相应的处罚措施。

由于在技术手段上和法律层面治理本国的互联网空间有了较多的实践经验,伊朗政府在处理 2017 年底 2018 年初因为物价上涨而爆发的全国抗议活动和 2019 年底因为汽油价格上涨而爆发的全国性抗议活动时,均能够掌控局面,及时切断外部势力通过互联网介入本国抗议活动的通道。其中,在 2017 年底 2018 年初的抗议活动中,一些境外人士通过 Telegram 即时通讯软件上的新闻群组煽动暴力活动,发布大量诋毁伊朗政治体制的信息,甚至在群组里教授如何制作汽油炸弹,加上伊朗国内外一些反政府组织借机煽风点火,最终这次经济抗争活动变成了反政府、要求推翻伊朗伊斯兰体制的政治运动。伊朗政府在应对这次抗议活动时,选择暂时切断了 Telegram 在伊朗的连接,并要求 Telegram 关闭了一些煽动暴力的新闻群组,因而抗议活动很快就被平息下去。事发后,伊朗要求 Telegram 在伊朗国内设立服务器,以保护国家安全和公民信息,但遭到了拒绝。最终在 2018 年的 4 月 30 日,伊朗司法机构发布命令称:"由于 Telegram 被大量用于组织反政府抗议活动,威胁到伊朗国家安全,伊朗所有的互联网服务提供商从即日起必须采取措施封禁 Telegram 的网站和手机应用 APP。"[1]

四 伊朗对本国网红的管理

在伊朗，治理网络空间还涉及对本国网红的管理和约束，以确保网红的网络活动符合伊斯兰教法的标准，不危及本国的意识形态安全。随着社交媒体在伊朗的广泛普及，伊朗国内涌现出了一大批网红，他们动辄有几百万粉丝，在伊朗拥有非常大的影响力。然而，虽然伊朗用户使用的社交媒体平台清一色来自美国，但是这并不意味着这些网红可以不受伊朗国内法律和公序良俗的约束。网上不是法外之地，任何网红一旦在网上出现违背法律和伊斯兰传统道德价值观的言行，必须承担一定的代价。

以唯一没有被伊朗封禁的社交媒体 Instagram 为例，这个平台在伊朗非常流行，大部分有影响力的人士都在 Instagram 上开设了个人账号，就连伊朗最高领袖哈梅内伊、前总统鲁哈尼、现任总统莱希都开设了个人账号。在 Instagram 上，非常知名的伊朗网红有哈桑·雷伊万迪（喜剧演员，1817 万名粉丝）、伊尔纳兹·西克尔杜斯特（男演员，934 万名粉丝）、阿里·卡里米（足球明星，890 万名粉丝）、贝赫努什·塔巴塔巴伊（女演员，830 万名粉丝）、塔拉内·阿里多斯蒂（女演员，710 万名粉丝）、纳斯林·莫甘洛（女演员，515 万名粉丝）、巴巴克·贾汉巴赫什（歌手，粉丝 456 万名）、萨尔达尔·阿兹蒙（足球明星，431 万名粉丝），等等。这些公众人物在网上的言行必须受到伊朗宪法法律和伊斯兰道德准则的约束，尤其是受到《网络空间犯罪法》的制约，他们不得在社交媒体上煽动社会不稳定、诋毁伊斯兰政权和最高领袖以及做出有违社会公序良俗的事情。

在伊朗，网红因为违背法律和伊斯兰道德准则而遭到处罚的例子并不少见。2019 年 10 月 5 日，伊朗女网红萨哈尔·塔巴尔被伊朗警方逮捕，原因是她在社交媒体上"亵渎伊斯兰传统、煽动暴力、非法获得财产、违背伊斯兰着装规范和误导年轻人堕落"[2]。据伊朗媒体报道，塔巴尔被逮

---

① 参见 https://uk.reuters.com/article/uk-iran-telegram-apps/irans-judiciary-bans-use-of-telegram-messaging-app-state-tv-idUKKBN1I11J6。

② 参见 https://www.theguardian.com/world/2019/oct/07/iran-instagram-star-known-for-plastic-surgery-arrested-for-blasphemy。

捕前，为了获得更大的名气，在 Instagram 上疯狂地发布丑化伊朗女性形象和违背伊斯兰着装规范的照片，为了吸引眼球，她先后 50 次进行外科手术，并用夸张的烟熏化妆技巧让自己看起来像一个僵尸版本的好莱坞女星安吉丽娜·朱莉。塔巴尔因此被判处入狱多年，她个人在 Instagram 上的账户被封禁之前的粉丝达到了 48.6 万名。另一名网红鲁霍拉·扎姆是一名记者，在即时通讯软件 Telegram 上创立了阿马德报道群组，吸引了超过 100 万名用户加入。2020 年 1 月 7 日，伊朗法院判处扎姆死刑，原因是他在 2017 年底的伊朗全国抗议鸡蛋涨价的活动中煽动暴乱，在 Telegram 的群组中发布一些教授如何制作汽油炸弹的视频。[①] 伊朗法院指责扎姆为外国情报机构服务，在国内煽动暴乱，因此对他的定罪非常严重。

五 伊朗尝试建立自主网络空间："国家信息网络"

随着互联网在伊朗的逐步发展，伊朗民众对于互联网空间的需求逐步多元化，比如在电子邮件、电子商务、电子银行、社交网络、网络搜索等方面。然而，伊朗人大量使用的网络空间服务由美国公司提供，比如伊朗人使用最多的搜索服务是谷歌，使用最多的百科服务是维基百科，使用最多的社交网络服务和即时通讯服务分别是照片墙和 Telegram，由于它们在伊朗都没有服务器，伊朗用户在使用这些服务时，相关的数据都会先转到美国的服务器上。这使得伊朗政府担心本国的网络安全，逐步认识到发展本国自主的网络空间的重要性。

事实上，伊朗构建自主网络空间的想法由来已久。早在 2005 年，总统艾哈迈迪·内贾德上台伊始，伊朗就提出了互联网本土化的概念。伊朗构建自主网络空间的计划为"国家信息网络"计划，又名"清洁网络"计划，目的在于用伊朗本土研发的"国家信息网络"取代国际互联网。伊朗政府认为，"国家信息网络"不仅可以为消费者节省成本，而且有助于维护伊斯兰伦理和道德标准。不过，真正倒逼伊朗政府采取实际措施建设"国家信息网络"的因素，除了前文已提到的"绿色革命"的爆发外，还有发生在 2010 年的伊朗纳坦兹核设施和布什尔核电站大面积遭到"震

---

① 参见 https：//apnews. com/article/middle-east-journalists-judiciary-tehran-paris-f2d322d9837bc4adc1bd6ba9eb7746ae。

网"病毒（Stuxnet）的袭击。据新华社报道，位于伊朗南部的布什尔核电站是伊朗首座核电站，设计装机容量为 1000 兆瓦。按照伊朗官方的计划，该核电站应于 2010 年 10 月并网发电。然而，到了第二年 2 月，布什尔核电站不但没有发电，还卸载了反应堆中的核燃料。这其中一个重要原因，就是其遭到了美国和以色列的网络攻击。报道称，2010 年 6 月，"震网"病毒首次被发现。截至当年 9 月底，伊朗国内至少有 3 万台电脑感染了"震网"病毒。"震网"病毒由美国和以色列相关研究人员联合研发，可以通过移动存储介质和网络进行传播，专门攻击德国西门子公司开发的基础设施控制系统，而布什尔核电站采用的控制系统就来自西门子公司。① 除了布什尔核电站遭到"震网"病毒的攻击，伊朗最为重要的铀浓缩基地纳坦兹核设施也未能幸免。最终"震网"病毒导致伊朗约 1000 台离心机瘫痪，令伊朗核发展计划拖后了至少 2 年。

此后伊朗加快了建设"国家信息网络"的节奏。2011 年 4 月，伊朗分管经济事务的副总统阿卡莫·莫哈马迪宣布，伊朗将很快创立一个符合伊斯兰教法的网络，以改善本国与世界的通信和贸易联系，"这是一个清洁的网络，与全球互联网并列运行，并将在中东地区的伊斯兰国家取代全球互联网"②。根据伊朗第五个发展计划，伊朗应该在 2015 年前建立起一个可以操作的"国家信息网络"版本，而伊朗信息与通信技术部负责通过发展可持续、安全的"国家信息网络"来拓展电子政府的服务范围和提升经济、文化和社会领域的生产力。③ 为了实现这一目的，伊朗政府要求所有政府部委和机构的网站都必须使用伊朗当地的虚拟主机空间，政府部门需在 2013 年 3 月之前全部联入国内网络系统，并启动了全国科学网络和全国学校网络。与此同时，伊朗加快了国内通信基础设施的投资力度，从硬件上满足"国家信息网络"的需求。据伊朗《财经论坛报》报道，到 2016 年 8 月，由伊朗移动通信公司（MCI）建设的第一个伊朗本土 CDN（内容分发网络）正式上线，而就在同一个月里，伊朗"国家信息网络"（一期）正式上线。报道称，伊朗总统鲁哈尼表示，如果"国家

---

① 参见 http：//www.xinhuanet.com/politics/2019-07/31/c_1124818001.htm。

② 参见 http：//www1.adnkronos.com/IGN/Aki/English/CultureAndMedia/Iran-Tehran-announces-new-halal-Islamic-internet_311908244227.html。

③ 参见 https：//rc.majlis.ir/fa/legal_draft/show/771977。

信息网络"被证明是持续、可靠和安全的，将受到伊朗全国的热烈欢迎。① 根据规划，"国家信息网络"建设一共分为三期，二期在 2017 年 2 月之前完工，建设内容包括以经济实惠的价格为伊朗国内终端用户提供视频服务，基于 IT 技术进行商业开发，形成"数据中心"经济和提升基础设施商业服务的质量；三期在 2018 年 3—8 月上线，建设内容包括提供便宜实惠、高质量的国内宽带内容和服务，增加基础设施的承载能力和为在中东地区和全球市场上表现活跃的伊朗国内公司增加必要的基础设施，完全实现国家通信基础设施的独立自主，尊重用户的隐私，实现 IT 产业和电子政府服务的增长。②

经过多年的建设和发展，目前伊朗的"国家信息网络"已经取得了长足的发展，资费便宜，速度也不慢，国内的"互联网＋"产业发展迅速，互联网创业创新活动比较活跃。为了展现伊朗"国家信息网络"的开放与包容，伊朗也不拒绝外国互联网公司进入这一网络。伊朗最高网络空间委员会主任阿卜杜拉—哈桑·费鲁扎巴迪 2020 年 9 月表示，只要遵守伊斯兰共和国的规定和不对国家安全造成威胁，不管是伊朗本土的互联网公司还是外国的互联网公司，都可以通过"国家信息网络"提供服务，伊朗没有计划关闭任何外国的互联网平台。③

第四节　改革派政府与保守派政府对于媒体的不同态度

媒体是维护社会稳定和促进国家发展的重要力量，正如前文所述，伊朗的社会制度对媒体的功能定位，与社会主义国家的"党报理论"和资本主义国家的"第四权力说"很不一样，在伊朗，媒体是宣传与维护伊斯兰教法体制和开展法律规定范围内的理性建设性批评的平台。不过，伊朗不同的政治派别对媒体的态度和管理方式不一样，改革派和温和派更侧重于赋予媒体充分的言论自由，保守派更侧重于强调媒体对于维护伊斯兰

---

① 参见 https：//financialtribune.com/articles/economy-sci-tech/48600/iran-s-national-information-network-launched。

② 参见 https：//en.mehrnews.com/news/119304/Iran-launches-National-Information-Network。

③ 参见 https：//ifpnews.com/irans-national-information-network-not-based-on-censorship-official。

教法体制的责任。从伊朗近几十年来的媒体实践来看，伊朗媒体虽然在哈塔米担任总统时曾被赋予充分的报道和批评自由，但是主导伊朗司法机构的保守派并不能容忍任何挑战伊斯兰教法体制的媒体，这是伊朗管理媒体的红线和底线。在如何管理社交媒体上，伊朗的保守派与改革派也存在不同的立场。

一　哈塔米总统提倡给予媒体"言论自由"遭失败

1979 年伊斯兰革命成功以后，伊朗很快陷入了两伊战争，直到 1988 年战争结束，此后伊朗进入了长时间的、由拉夫桑贾尼总统主导的艰难的战后重建过程。伊朗自由派与保守派在对待媒体自由上的"拔河比赛"可以追溯到 20 世纪 90 年代初，当时的拉夫桑贾尼总统开始对独立媒体（非政府媒体）展现出更大的包容，这与两伊战争刚刚结束，存在自由地批评政府的媒体会给外界一种"在与伊拉克战争与和平的问题上，伊朗是意见不统一，并非一致面对敌人的"印象有关，也与穆罕默德·哈塔米在 1983—1993 年担任伊朗文化与伊斯兰指导部部长期间放松了对于媒体、电影等文化领域的很多管制有关。[①] 哈塔米给予媒体更大自由的做法引起了保守派人士的强烈不满，最终他不得不辞去部长的职务。

1997 年 5 月 23 日，以"包容"和"社会改革"为竞选口号的穆罕默德·哈塔米以 69% 的得票率赢得了总统大选，当时惊动了伊朗国内和全世界，哈塔米的当选打破了 1979 年以来伊朗总统被保守派宗教人士把持的传统。[②] 从 1997 年开始上台执政一直到 2005 年，哈塔米在任 8 年期间，尝试着将西方自由主义和现代化的长处与伊朗的伊斯兰教法体制的长处融合在一起，建设一个崭新的现代化伊朗。

不过，现代西方政治思想强调个人自由、民族自决以及国家对于保护个人权利和利益的责任，而伊斯兰强调道德、正义、个人的社会责任这类宗教价值观，以及呼吁在被哈塔米认为是根植于西方现代化

---

①　Adam Tarock, Q., "The Muzzling of the Liberal Press in Iran," *Third World Quarterly*, Vol. 22, No. 1, 2001, pp. 585–602.

②　参见 https://www.nytimes.com/1997/05/25/world/moderate-leader-is-elected-in-iran-by-a-wide-margin.html。

土壤之下的"无限制的物质化、社会原子化和享乐主义"方面保持
节制。在哈塔米看来，似乎这种结合一旦成功，将帮助填补弗朗西
斯·福山在《历史的终结》一书中所提到的"自由主义核心的空
虚"，并对自由主义的失败进行补偿，最终提供有意义的生活。①

为了达到这样的目的，哈塔米提出要进行政治改革，他说："我们需
要有组织的政党，社会集会和独立自由的、能连接国家与民众需求的媒
体，媒体越自由独立，公众意见被代表的程度就越高，媒体的角色主要有
两个，将社会的需求和变动以合适的方式传达给政府，将政府正在参与的
事项真实地告诉民众。"②

哈塔米在就任总统的最初几年里，伊朗文化与伊斯兰指导部发放的媒
体许可证大量增加，伊朗国内涌现出了一大批改革派背景的自由媒体，尤
其是报纸，这些媒体就关系到伊朗国家未来的议题展开广泛的讨论，并针
砭时弊，对宗教阶层的资深人物和政府机构的腐败情况进行披露。"自从
20 世纪 40 年代初以来，没有哪个历史时期有如此多的报纸，在文化、社
会和政治倾向上如此多样，更重要的是，如此不受政府控制。"③ 不过，
伊朗改革派背景的媒体很快因为触碰批评最高领袖哈梅内伊、挑战伊斯兰
教法体制等红线而遭到了来自保守派政治势力的压制。伊朗最高领袖哈梅
内伊在 2000 年 4 月 20 日的一次演讲中表示：有 10—15 家报纸，它们似
乎是从某个中心接受指令，破坏伊斯兰和伊斯兰革命原则，侮辱宪法机
构，在社会上制造冲突和分裂，不幸的是，那个想要推翻伊斯兰革命政权
的敌人在伊朗国内找到了阵地，一些媒体变成了敌人的阵地。2 天后，伊
朗司法机构关闭了 16 家报纸和杂志，在随后的数周和数月里相继有媒体
被关闭，2000 年大约有 30 家报纸停办。④

哈塔米的政治改革尝试在伊斯兰教法体制与西方民主制度之间达成合

---

① Behravesh, M., "Iran's Reform Movement: The Enduring Relevance of an Alternative Discourse," *Digest of Middle East Studies*, Vol. 23, No2, 2014, pp. 262–278.

② Behravesh, M., "Iran's Reform Movement: The Enduring Relevance of an Alternative Discourse," *Digest of Middle East Studies*, Vol. 23, No. 2, 2014, pp. 262–278.

③ Adam Tarock, Q., "The Muzzling of the Liberal Press in Iran," *Third World Quarterly*, Vol. 22, No. 1, 2001, pp. 585–602.

④ 参见 https://www.refworld.org/docid/47c565ebc.html。

理的平衡,既维护伊斯兰教法制度又保障个人自由。他推进政治改革,提倡言论自由,在伊朗社会吸引了大量的支持者,而伊朗自由派媒体也是哈塔米建立广泛支持率的发声平台,因而在 2000 年 2 月的伊朗议会改选中,哈塔米的支持者获得了议会大多数席位。不过,一些具有改革派背景的自由媒体的呼吁与诉求往往设法突破教法制度的红线,结果是招致伊朗保守派的反扑。2004 年 12 月,哈塔米向外界承认,在最高领袖哈梅内伊及其宗教保守派要求避免社会动乱并保证现有伊斯兰政权性质的强大意志面前,自己一直推动的民主改革计划已经失败。①

实际上,在哈塔米下台以后,保守派艾哈迈迪—内贾德政府执政期间对于改革派媒体也进行过进一步的管理和约束,不能容忍改革派媒体挑战伊斯兰教法体制底线的事情出现。而在改革派鲁哈尼政府执政期间,一些具有保守派背景的媒体因为过度贬损抹黑鲁哈尼政府与国际社会的伊朗核协议,遭到了整顿甚至暂时关停。

二 保守派与改革派对伊朗最有影响力媒体 IRIB 的争夺

IRIB(伊朗声像组织)是伊朗影响力最大的媒体和广播电视媒体巨头,该组织除了对最高领袖负责外,不受制于任何政治派别。然而,由于 IRIB 强大的媒体影响力和舆论引导力,它成为伊朗保守派和改革派在舆论领域的重点争取对象,尤其是在伊朗总统选举期间。

由于 IRIB 主席职务长期被具有保守派背景的人士把持,该组织在对改革派政府的报道上长期被诟病为不公平和有政治目的。在 2015 年鲁哈尼政府与多个国家签署伊朗核协议之后,IRIB 的很多报道开始质疑这一协议的实际效果,导致鲁哈尼政府与 IRIB 的不合,最终 IRIB 时任主席莫哈马德·萨拉法拉兹在任期未满 5 年的情况下被撤换掉。IRIB 不停地攻击鲁哈尼政府最大的计划——伊朗核协议,对核协议谈判的片面立场是鲁哈尼政府与该组织主要的分歧之处,在该组织出现前所未有的问题之后,萨拉法拉兹不能继续领导该组织,被阿里·阿斯卡里接替。②

---

① 参见 http://news.sina.com.cn/w/2004-12-08/03185153328.shtml? from = wap。

② 参见 http://www.irdiplomacy.ir/en/news/1967964/rouhani-administration-flips-out-at-state-run-tv。

当时阿斯卡里被认为是技术官僚，能够修补政府与该组织之间的裂痕。不过 IRIB 仍然对鲁哈尼政府保持着批判和质疑的态度。在 2017 年总统选举期间，伊朗保守派媒体大肆攻击鲁哈尼加入核协议、对国内经济问题处理不当等问题，其中 IRIB 也参与其中。当年 3 月，鲁哈尼政府多位官员公开批评 IRIB 在报道本届政府的事务上存在"成见"。时任鲁哈尼政府发言人努巴赫特表示，IRIB 对于鲁哈尼政府所取得的经济发展成就的报道"不公平"，前一年伊朗经济取得了多年来首次的两位数增长，但 IRIB 的报道认为"什么也没有改变"，这种报道方法"不合适"和"不光彩"，说明在 IRIB 内部有一个生产"有算计的"和"故意制造破坏的"节目的特别政治小分队。[①] 信息与通信技术时任部长瓦伊兹也表示，IRIB 内部一个特殊群体正在对鲁哈尼政府发起攻击，他们很有影响力，想把 IRIB 变成一个专属于他们的政党，这是个严重的错误，政府欢迎批评，但是"侮辱性"和"破坏性"的攻击与批评有区别。[②] 此外，鲁哈尼在 2017 年的总统选举中，被 IRIB 给予的媒体曝光时间不如 2009 年保守派总统艾哈迈迪—内贾德被给予的媒体曝光时间多，当时 IRIB 没有直播鲁哈尼在连任竞选造势时的行程和媒体发布会活动，就连在执行规定 IRIB 必须播放所有总统候选人的竞选视频上，鲁哈尼作为候选人的竞选视频也遭到了删节。而 2009 年艾哈迈迪—内贾德参加总统竞选时，在 IRIB 上有充足的机会为自己的第一个总统任期的"执政记录"做辩护，而其他候选人往往只有几分钟的时间（在 IRIB 上露脸）。与此同时，在艾哈迈迪—内贾德担任总统期间，IRIB"基本不"批评艾哈迈迪—内贾德政府和他的内阁部长，也不讨论艾哈迈迪—内贾德政府的主要执政问题。[③] 由于 IRIB 在报道鲁哈尼的竞选活动上存在不公正的情况，当年社交媒体成为鲁哈尼表达竞选主张的重要场合。

实践证明，虽然 IRIB 是直接听命于伊朗最高领袖的独立媒体机构，但它在媒体政策上往往受到了多重因素的影响，受到了来自伊朗国内各个

---

①　参见 http：//www. irdiplomacy. ir/en/news/1967964/rouhani-administration-flips-out-at-state-run-tv。

②　参见 https：//www. en. eghtesadonline. com/Section-politics-3/11991-strong-clouts-want-to-run-irib-as-political-party-mahmoud-vaezi-tells-ilna。

③　参见 https：//www. atlanticcouncil. org/blogs/iransource/hostile-state-run-media-challenges-rouhani/。

政治派别的压力。德黑兰大学管理学院媒体管理系的三名学者通过研究认为，在总统大选期间，IRIB 媒体政策（包括新闻报道决策）主要受到五个维度因素的影响，分别是最高领袖的意图、与 IRIB 相关的一般政策法规、来自政府的影响、不同党派的影响和"竞争性空间要求"。其中，最高领袖关于大选期间 IRIB 角色的发言和演讲直接转化成了该组织的媒体政策，也是最为重要的影响因素。与 IRIB 相关的一般政策法规包括伊朗宪法相关条款、国家五年计划法案、媒体远景文件等。来自政府的影响指的是，在敏感时候比如在总统选举时，政府总是尝试控制"这个知名而有广泛影响力的宣传工具"为其所用，以便为他们所在的政党或所代表的知识分子服务。来自政党的影响指的是，在总统选举期间，一些政党想把舆论氛围和 IRIB 的节目往有利于他们"中意"的总统候选人的方向引导，"近些年来，IRIB 被从属于某个特别的政治流派的个人所把持，而其他的政党和政治流派总是尝试着削弱这个政治流派在 IRIB 的影响力，进而增强自己在 IRIB 的影响力"。"竞争性空间要求"指的是，由于 IRIB 是伊朗唯一的广播电视机构，它的受众面临着不同的频道缺少多元性的问题，他们非常希望观看 IRIB 的竞争媒体。"竞争性空间要求"赋予 IRIB 一个特殊的议程，如果这个议程被忽略掉的话，它的受众将一天天地流失。①

三 保守派和改革派对待社交媒体的立场差异

随着社交媒体在伊朗的迅速普及，如何对待社交媒体也反映在伊朗保守派和改革派不同的政见之中。保守派要求出于维护伊斯兰教法体制和抵御西方渗透的需要，发展和引导民众使用本国的社交媒体平台，对不愿意遵守伊朗法律法规的国外社交媒体保持强硬甚至封禁的姿态；而改革派出于赋予伊朗民众更大个人自由和选择权，呼吁对外国社交媒体平台保持开放和包容姿态。虽然这两个政治派别存在不同的观点，但是在是否开放和包容外国社交媒体这个问题上，伊朗的保守派始终占主导地位。

2009 年绿色革命爆发之后，由于推特、脸书被大量用于组织反政府抗议

---

① Taher Roshandel Arbatani, Somayeh Labafi, Afshin Omidi, Q., "Challenges of News Policy in the Islamic Republic of Iran Broadcasting (IRIB): A Qualitative Study," *International Journal of Academic Research in Accounting, Finance and Management Sciences*, Vol. 6, No. 2, 2016, pp. 184 – 195.

活动以及外国媒体和组织通过这些社交媒体平台煽动伊朗国内的抗议活动，具有保守派背景的伊朗时任总统艾哈迈迪—内贾德决定封禁推特和脸书，这种封禁状态一直持续到了现在。2013 年，在具有改革派背景的总统鲁哈尼上台之后，当时的文化部长阿里·詹纳提公开呼吁解除对推特和脸书的封禁，"不仅推特应该可以访问，其他的社交媒体平台也应该可以访问，不合法的条条框框应该被解除。"① 同一年，总统鲁哈尼正式入驻推特。

2013 年改革派总统鲁哈尼上台之后，以满足伊朗民众的知情权为由，曾多次表示有意解除对于美国社交媒体平台的封禁，但是由于伊朗保守派的反对，这一计划一直未能实现。在伊朗保守派看来，美国的社交媒体是美国政府搞"颜色革命"和意识形态渗透的工具，并不是纯粹的社交工具。因此伊朗保守派不仅不同意解封推特和脸谱，还一直向鲁哈尼政府施压，希望将伊朗唯一开放的美国社交媒体平台 Instagram 也予以封禁，不过伊朗鲁哈尼政府领导下的信息与通讯部一直不愿意配合。

实际上，由于伊朗独特的伊斯兰教法体制，媒体——不论是传统媒体，新媒体还是社交媒体，都必须被置于伊斯兰教法体制的严格指导之下，任何形式的媒体，都不得成为挑战伊斯兰教法体制权威的工具和平台，这是伊朗官方对于媒体设定的底线和红线。如今，在传统媒体领域，伊朗声像组织和最高领袖旗下的媒体矩阵能发挥强大的舆论引导力，尤其是声像组织在伊朗保守派人士和广大的中小城市和农村地区具有非常大的影响力，这些媒体是伊朗官方意识形态的直接喉舌，也关系着伊朗国家意识形态的安全。

在社交媒体领域，伊朗虽然不具备本国自主的社交媒体平台，但是依然通过技术和法律手段来补足短板，增强在互联网空间治理上的能力。伊朗人所青睐的社交媒体平台几乎被美国垄断，这对于伊朗官方维护伊斯兰教法体制和伊斯兰价值观带来了一定的挑战，但是伊朗方面坚信网络不是法外之地，依然可以对包括社交媒体在内的网络空间进行强有力的监督和管控。

随着具有保守派背景的总统莱希 2021 年 8 月上台执政，伊朗保守派已经实现了对行政、司法、立法和军方等关键部门的控制，这有助于莱希总统方便地推行互联网治理新举措。

---

① 参见 http://america.aljazeera.com/articles/2013/11/5/iranian-govt-signingontosocialmedia.html。

第三篇
"一带一路"背景下的中伊双边关系

第一章 中伊两国双边交往关系的 历史回顾与前瞻

伊朗是西亚的文明古国，文明体延续至少 5000 年，雅利安人进入伊朗高原建立国家已经 2700 年，主体在伊朗高原，历史上多次建立强大帝国，在国力强大时，其势力外溢出伊朗高原，通过里海东西两岸、两河流域、新月地带、波斯湾和印度河流域与外界交往，中国是东亚的文明古国，两国的文化辐射范围在中亚形成交集，在帕米尔高原相遇，但两国之间的交通障碍是雄伟的青藏高原，两国之间的交往一般绕开了世界屋脊青藏高原，但会围绕青藏高原进行。两国在古代通过西北丝绸之路、草原玉石之路、西南陆上丝绸之路和海上丝绸之路连接在一起，其中河西走廊是中伊文化交流的历史画廊中伊两国既有直接交往，也有间接交往，属于和平交往和文明交往。在伊朗文化圈的诸多外来因素中，中国文化影响相对而言较弱，在中华文化圈，伊朗相对输出略多一点，影响稍微大一点。另外，伊朗文化圈的交往更主动一些，中国交往被动一些，但两国彼此理解和欣赏对方的文化。

第一节 古代中伊两国的友好往来

早在前 11 世纪，中国西周的丝绸经伊朗进入埃及，说明在 3000 年前中国与伊朗已有经济交往。前 7 世纪，一条从中国经西伯利亚草原到黑海北岸的贸易线兴起，这就是所谓的斯基泰贸易之路。中国丝绸经该线路西段黑海东岸南下，进入伊朗，或经中亚草原进入伊朗。在阿契美尼德王朝大流士一世时（前 520—前 485 年），中国阿尔泰山的黄金进入了伊朗，甘蔗与柑橘也传入伊朗。古波斯帝国灭亡后，随着亚历山大大帝的东征，一些伊朗人进入塔里木盆地定居下来。在安息帝国时，一些伊朗人为追寻财富，第二次进入塔里木盆地谋生。与此同时，中国的商品由蜀入印，然后转销中亚、伊朗。前119年，张骞第二次出使西域，派副使访问安息，中伊两国政府间关系正式建立。波斯萨珊王朝（221—651年）西邻拜占庭文明，东临中华文明，中华文化和拜占庭希腊文化在波斯融汇，波斯向中国境内传播希腊文化，向拜占庭帝国境内传播中华文化，此时的伊朗成为沟通东西方文明的中介。

7世纪30年代，萨珊波斯遭到阿拉伯人的入侵。萨珊帝国灭亡以后，信仰拜火教和摩尼教的伊朗人第三次进入塔里木盆地定居。萨珊王朝出于对唐朝的信任，其亡国之君耶兹德格德（汉语著作里称为伊嗣侯，也译为叶兹德吉尔德）在639年（贞观十三年）、647年（贞观二十一年）、648年（贞观二十二年）三度遣使来华求援。651年，耶兹德格德在木鹿附近被杀。唐朝在661年立其子卑路斯为波斯都督，662年春又立他为波斯王，以疾宁城（波斯东境锡斯坦首府扎兰季）为都。卑路斯在661年（龙朔元年）、667年（乾封二年）、671年（咸亨二年）三度遣使来华，673年（咸亨四年）、674年（咸亨五年）两度亲自来华。674年来华后居住在长安，唐高宗授予他右武卫将军。卑路斯死后，唐朝于678年立其子泥涅师为波斯王，他在吐火罗20年，三次遣使来华，707年亲自来长安，唐中宗授予他左威卫将军。后病死于中国。泥涅师死后，唐朝又封其子蒲桑（勃善活）为波斯王，他在河中地区同阿拉伯人斗争直到730年。残存的萨珊王朝历经三代，得到唐朝的支持与承认。在744—747年的四年中，里海南岸泰伯里斯坦的国王自认为波斯东大将，五度遣使来华，唐朝先后封其国王阿鲁施多为恭化王，忽鲁汗为归信王。755年，忽鲁汗的儿子自会罗到唐朝，被封为右武卫外中郎将。在波斯亡国之后100多年里，唐朝对其中央和地方政权一视同仁，礼遇有加，可谓患难之际，诚信亲善。

唐朝时，大批波斯移民来华，有的入仕朝廷，荣升将军。如安附国官至维州刺史，右戍卫大将军。阿罗喊官至右屯卫将军、上柱国、金城郡开国公。安息人后裔李元谅官至镇国军节度使。其他波斯人有的经商、行医，有的传教。有的波斯商人来华后在通商口岸设店经营。唐宋时，波斯商人多居住在广州和扬州。北京外国语大学穆宏燕教授经过考据推测，波斯商人李苏沙经过波斯湾沿海上丝绸之路入华，他在825年进献可以做亭子的沉香木材给当时的唐敬宗，先全家居于长安。唐僖宗（874—888年）时，其后裔李珣全家随僖宗入川，迁居到梓州（四川省三台县），他熟悉华夏文化，被授予宾贡，这是唐代授予外籍士人的科举头衔，相当于进士，著有《琼瑶集》，收录了54首词，他的词承载着作者浓浓的乡愁和去国怀乡、身世飘零的情感，就是他对萨珊波斯帝国灭亡的伤感和离开伊朗故乡的怀念，意境高妙，清新明快，语言朴实，深受后世文人敬重，被誉为"回汉共融的先声"。他的弟弟李璇贩卖药材香料，妹妹李舜弦被选入前蜀后主王衍（907—925年）后宫为昭仪。明朝时，以赫拉特为首都的哈烈国七次遣使来华，郑和七下西洋，1412年、1417年、1421年三次到达伊朗的忽鲁漠斯。忽鲁漠斯也四次遣使来华。

在中伊民间交往和官方交往的推动下，伊朗的苜蓿、葡萄、胡麻、阿月浑子、波斯枣、茉莉传入中国，中国的桃、杏、桑树传入伊朗。中国的丝绸、瓷器、肉桂、黄连、大黄、土茯苓、木患子、硝石也销往伊朗。伊朗的珠宝亦大量运销中国。法籍伊朗学者阿里·玛扎海里（1914—1991）是著名的伊朗史学家，他认为中国文化经丝绸之路传到波斯，并在波斯得到发展，然后传到地中海地区。他认为，波斯文化与中国文化具有可比性，具有选择的相似性。波斯不是一个伊斯兰国家，正如同中国不是一个佛教国家一样，波斯与中国一样是一种古老文化的代表，与其周边的"蒙昧民族"有别，地中海海盗民族对波斯的进攻如同西方海盗对中国的进攻一样，游牧的阿拉伯人入侵伊朗如同匈奴人、蒙古人入侵中国，伊朗在文化上征服外来的游牧民族，正如同中国文化征服外来的游牧民族一样。他在其著作《丝绸之路：中国—波斯文化交流史》中论证，荷兰国花郁金香是先从中国传入伊朗，后移植于伊斯坦布尔，再传到荷兰。另外，中国的铸钢铁技术、剪刀和裁剪术、熨斗、衣橱、火镰、小刀、钢针、水磨、钢刀、桌子、碾磨、泥浆术、小米、高粱、樟脑、麝香、麦黄、杆秤也是先传入伊朗，再传入欧洲的。

伊朗萨珊王朝的乐器沿着丝绸之路传入中国新疆、中国内地，再传到东瀛日本。特别值得一提的是波斯的乐器——卡曼奇、萨塔尔与中国维吾尔族的乐器艾捷克、弹布尔有血缘关系，波斯的卡龙进入中国后被称为七十二弦琵琶。箜篌也有波斯乐器的印痕。唢呐在北朝时期传入中国，称为中国民族乐器。波斯的塔赫里尔唱歌技巧与青海花儿唱法相似。新疆的十二木卡姆也在伊朗寻找到相似的源头。

来通角杯起源于两河流域,后来在希腊半岛发展流传,兼有祭祀与饮酒功能。在波斯上古三大王朝兴起以后,来通角杯继续演变,适用于波斯历代帝国的王室和贵族豪华奢侈的生活。来通角杯随着波斯文明向东亚传播,也随之东传,并逐渐丧失祭祀功能,日益世俗化和大众化,发展成为一种饮宴酒器。隋唐时期,中西亚胡人进入中华,这种酒器随之而来。唐朝的皇室和贵族羡慕和模仿这种酒器和饮酒习俗,这种酒杯成为一种奢侈品和时尚。因为这种饮酒习惯与中华习俗差异很大,中国人对来通角杯进行改进和加工,发展为流嘴向上的杯子,在唐三彩中可以见证这种杯子。中唐以后,来通角杯不再流行。在唐朝,波斯文化、罗马文化和印度文化对唐朝产生了重大影响,其中萨珊波斯对唐朝金银器的造型和装饰纹样、织锦的技术和图案具有直接影响。这些案例再次证明了伊朗是丝绸之路的中转站,它连接地中海文明和中华文明,再次印证了任何一个文化产品都有其本土化过程。

在人员交流和物质交往的带动下,双方的文化交流日益频繁。在龟兹石窟中,中心柱和四周回廊走道的建筑风格原型来自伊朗的火神庙,其中的穹庐顶和拱券顶窟型也深受伊朗文化的影响,石窟壁画中男女剪发垂项也源于伊朗人的发饰传统,壁画中士兵穿戴萨珊式盔甲,描绘动物的传统也来自伊朗,壁画中那些在天空中飞行、手中托着花盘和托盘的飞天形象几乎都是用飘动的披巾和带子装饰起来,也用平行的双线表示人物衣服折痕,这种特色属于伊朗艺术,石窟拱顶和甬道顶上刻画的大量的日月星辰图也有伊朗文化的痕迹。

波斯萨珊王朝(226—651年)与中国的魏晋南北朝大致相同,《魏书》记载了10次波斯使团来访,其中五次在北魏定都平城期间,时间集中于高宗文成帝、献祖献文帝和高祖孝文帝三朝,在献文帝时,朝廷遣使者韩羊皮出使波斯,波斯王遣使献驯象及珍物。有五次在迁都洛阳之后,洛阳城里设立四夷馆招待外宾。萨珊王朝作为丝绸之路的中转站,而北魏首都平城恰好是丝绸之路东段的主要城市,大量的波斯遗物流落大同证实丝绸之路的文明交往。此后,在中国境内丝绸之路沿线出土了1200多枚波斯银币,1981年,大同郊区北魏墓葬里出土了绘有狩猎纹样的银盘,表现了萨珊王朝君主和贵族的狩猎活动。宁夏固原北周李贤夫妇墓葬里出土了有着浮雕人物的鎏金银壶，该壶有鸭嘴流状，有长曲把，颈的下部和足底下部饰有联珠纹，为典型的波斯式金银器。联珠纹也出现在北朝织物的装饰图案中。在北朝波斯锦的装饰图案中出现植物纹、动物纹和对称布局的纹样，改变了汉代以来讲究气势的云气纹和兽纹装饰，同时融合了汉代原始的云气纹样。联珠纹在波斯本土时中间多为蔷薇、玫瑰和百合等西亚花卉，在敦煌莫高窟的石窟里，联珠纹中间为孔雀，也为莲花、石榴或葡萄，体现出中国佛教文化的韵味。

北齐时期，中亚的粟特人居住在阿姆河和锡尔河之间狭长的绿洲地带，首都位于今天的撒马尔罕，中国史书中的"昭武九姓胡"城邦群体由粟特人建立。粟特人地处拜占庭、波斯、印度和中华文明的十字路口，善于经商，在丝绸之路沿线建立了许多殖民据点，在某种程度上主宰着欧亚大陆的商业交往。粟特人深受波斯文化影响，实行天葬，以尸饲狗，祆教徒认为，人死后身上有尸毒，需要借助狗来驱除。因为坚守祆教的葬俗，粟特人携带的波斯狗沿着丝绸之路入华，进入皇室和贵族生活之中，祆教也在北齐境内流行。波斯狗源于古波斯的萨路基猎犬，今天关中平原的居民称之为细狗，因为奔跑迅速，生性凶猛，在唐朝上层社会狩猎时得到广泛使用。在北周和隋朝，入华的胡人墓葬里，经常出现半人半鸟形象，这应该为护持火坛的祭司，这是受祆教"神赐灵光"的影响，意为信众对火的崇拜传禀上神，坚守了古波斯政教合一的文化传统。同时，这些墓葬也适应中国本土文化，墓葬形制采用北朝和隋唐时期中国的典型样式，带有天井和过洞的长斜坡墓道，设有石门的甬道，方形的建筑和土洞墓室，带围屏的石床和殿堂型石棺。这体现了中伊文化的交往与交融规律。

摩尼教高度复杂、内涵丰富，源于古波斯，经过中古波斯语和阿拉伯语文献证明，其传统中包含一些巫术和咒语。719 年，摩尼教的高僧随吐火罗国使团到达当时大唐帝国的首都长安。799 年，因为大旱，唐朝皇帝强求摩尼教法师祈雨。摩尼教主张二宗三际论，有"道德宗教"的美名。明清之际，摩尼教在中国东南沿海流行，在摩尼教的传播过程中一些神魔鬼怪的外来名词被直接音译过来，术士和法师通过咒语和祷文参与祈雨，其中植入一些中古波斯语的概念，以此增强信仰的正宗性，展示不可思议的神力。摩尼教在中亚深受佛教影响，进入中华后以民间宗教流传，被教外人士称为"吃菜事魔"，与东南沿海农民起义相结合，在今天已经演化成民间习俗。而民间宗教如白莲教、弥勒教、明教等皆受摩尼教之影响。追根溯源，《水浒传》中诸如"为何崇尚星宿""好汉为何大多不婚育""鲁智深杀人放火为何成了正果""张青绰号为何是菜园子""为何赞美大力和智慧"等疑窦在摩尼教教义的光照之下获得了因果逻辑关系上的澄明。摩尼教崇尚光明，日月星辰都是光明；为了拯救光明因子，主张男女不嫁娶；杀人是救其苦，是度人，消灭肉体，解救光明分子；蔬菜中光明分子多，茹素可以增加体内的光明分子；摩尼教提倡平等互助，尊崇大力智慧等，《水浒传》叙事深受摩尼教的潜在影响。

751年，阿拉伯帝国的军队在恒逻斯打败唐朝军队，被阿方俘虏的中国人在撒马尔罕建立造纸作坊，以后造纸术慢慢传入伊朗，又经伊朗从阿拉伯再传入欧洲。13世纪末，中国的印刷术传入伊朗。

早在7世纪中叶，中国画法就已经西逾帕米尔传入粟特（今塔吉克斯坦和乌兹别克斯坦境内），萨曼王朝的诗人菲尔多西（约940—1020年）在《王书》中多次称赞中国绘画的优越，谓为"不可跻及的完善的标准"。在萨珊王朝时期，摩尼撰写的《阿尔章》，其中附有插图，这个插图上人物衣纹纤细，树、葡萄、桌帷着色晕染，受到中国佛教画的影响。伊本·布赫提亚庶所著的《动物的功用》和比鲁尼的《古代遗迹》中的插图（细密画）都有中国的意味。拉施特的《史集》中的细密画取法于中国画，德摩特本的《王书》中的细密画把中国画法跟伊朗画法融为一体。16世纪的伊朗艺术家已成功地掌握了中国绘画的精神和技巧。这再次印证了中国文化对伊朗的影响。

元代中国与伊朗的关系十分友好。这种关系既有一般国家之间的正常外交往来，又呈现出一种特殊性，即保持着宗主与蕃王的特殊关系。作为伊朗国王的伊尔汗将作为中国皇帝的蒙古大汗视为宗主，大汗对伊朗国王有册封的权力。伊朗国王的统治权往往要得到大汗或元朝皇帝的承认和册封，才被认为合法。元代中国皇帝还可对伊朗国内的官员加以任命。伊尔汗朝历代国王在中国分封的土地民户得到元朝的保护和管理，元朝还把伊朗国王应得财物运送回国。元朝皇帝忽必烈将阔阔真公主许配给伊朗国王合赞汗，中伊双方的朝贡与赏赐更加频繁，有力地促进了双方的文化经济交流。中国医生在伊尔汗朝廷任职，伊朗医生也在元朝廷任职。中国的脉学在 11 世纪传入了波斯。波斯医学家阿维森纳在《医典》中就论述了切脉。波斯语采用的汉语是伊朗伊尔汗王朝时期传入伊朗的，主要是一些有关官吏和行政机构的名称。劳费尔在《中国伊朗篇》中曾加以列举，如"牌子"（Paizah，一种正式的传票或徽章，上面刻有圣旨、通行证、征用证，按佩戴人职位的高低而有银制、铜制和铁制之别）、"大王"（Tai-wan）、"高王"（Kaowan）、"太后"（Taihu）、"夫人"（Fuzen）、"公主"（Kunchu）、"丞相"（Jinksank，蒙古司令官或总督）、"筝"（Chank）、"钞"（Chao）等。

波斯史学家拉施特（1247—1318 年）同时也是名医，他在 1313 年编辑了一部《中国医学百科全书》，中国医学名著《苏沈良方》《千金要方》《千金翼方》《外台秘要》以及《本草纲目》都收录了波斯药方，其中"悖散汤"在中国颇为流行。在伊尔汗朝，中国天文学家到伊朗的天文研究中心——马腊格访学，伊朗天文学家纳赛尔丁·土西编成的《伊尔汗天文表》介绍了中国的历法。1276 年郭守敬编撰《授时历》时，就参考了波斯天文学家札马鲁丁的《万年历》。据说，旭烈兀曾把 1000 名中国工匠和技师及其家人移居伊朗。他们制成的瓷器在伊朗苏丹那巴达（Sultan-abad）被发掘出来，这些盘、碟、壶、瓶、碗上的人物是蒙古人，纹饰以莲花、龙凤为主，深受中国影响。

宫廷画院在中国最早出现于五代时的西蜀和南唐，兴盛于两宋时期，成为推动绘画艺术发展的一种重要机制。供职于宫廷画院的画家享领朝廷俸禄，为宫廷服务，成为职业画家。他们与文人画家（非职业画家）以不同的价值取向，成为中国古代绘画艺术的双翼。1279 年，南宋覆灭。两宋时期兴盛的宫廷画院体制在元朝蒙古人统治下瓦解。中国宫廷画院体制由蒙古人传播到波斯，对波斯细密画书籍插图艺术的兴起、发展和繁荣起了十分重要的推动作用。13—17 世纪，宫廷画院在大不里士、巴格达、设拉子、赫拉特、马什哈德、布哈拉、伽兹温、伊斯法罕等各大城市相继建立。画家们依附于宫廷画院，领享俸禄，依照各自效力的君主的旨意和审美情趣为经典文学作品和历史典籍绘制插图，由此形成不同的细密画流派。16 世纪，细密画和宫廷画院体制从波斯传播到印度莫卧儿伊斯兰王朝和奥斯曼土耳其帝国，促进了该地区文化艺术的发展。因此，在波斯—

阿拉伯、莫卧儿、奥斯曼的国家文化建设中，宫廷画院曾发挥重要作用，它们提供雄厚的经费赞助，使细密画书籍插图成为伊斯兰艺术中的一朵奇葩。

伊朗人比中国人先使用釉里加珐琅和用钴矿青料画青花的技术。15世纪中国就从伊朗进口部分钴矿青料。

在萨法维王朝（1502—1736年）时，中国的丝绸、瓷器和茶叶继续运往伊朗，伊朗首都伊斯法罕也居住着中国陶工和商人。

中国东乡族自13世纪从中亚河中地区东迁至甘肃河州东乡地区以来，世世代代在族内传诵约30余种波斯语"拜提"，其中又以包括《玛斯纳维》"拜提"在内的十大"拜提"较为普遍。这种"拜提"念诵又与东乡族所信仰的穆夫提苏菲门宦的道乘功修密切结合在一起，从而使《玛斯纳维》这部波斯经典在东乡族的宗教文化传统中具有特殊的重要地位，不仅在其做尔麦里时念诵《玛斯纳维》"拜提"，而且东乡族阿訇们在讲经布道时也采用《玛斯纳维》中的故事来给信众讲授信仰真主之道和追求与主合一的苏菲修行之道。

中国回族身体里流淌着波斯人的血液，文化里蕴涵着古老的波斯文明。云南回族在语言、服饰和宗教诸多领域保留着浓郁的波斯文化痕迹。中国回族的伊斯兰经堂教育开始于明代中叶，它同时教学伊斯兰世界的两大主要语言——阿拉伯语和波斯语，并将西亚伊斯兰世界盛行的伊斯兰教经学教育体制与中国书院制度相结合，实现了伊斯兰教育体制中国化。由于伊斯兰教最高经典《古兰经》以阿拉伯语降示给先知穆罕默德，因此阿拉伯语在全世界穆斯林心目中成为最神圣的第一语言，穆斯林每日的宗教功修——五次祈祷的祈祷词都使用阿拉伯语。651年，伊朗萨珊王朝被阿拉伯穆斯林军队灭亡之后，伊朗高原的波斯等各民族皈依了伊斯兰教，全面采用阿拉伯文字母创制了波斯文书写系统。在阿拉伯帝国时期，大批原籍伊朗的哲学家、伊斯兰经注学家、圣训学家、苏菲大师普遍使用波斯文进行著书立说、传经布道。大量论著沿着丝绸之路向东进入中国，保存在中国回族等各伊斯兰民族中。在回族社会里，回族穆斯林在日常生活中仍然保存使用着300个左右的波斯语词，这种波斯语词的使用频率远远高于伊斯兰的第一大语言阿拉伯语词。例如，中国回族经堂、社会和伊朗经堂中教师的称谓相同，都是阿訇（Akhong，波斯语）。中国穆斯林使用波斯语学习伊斯兰宗教知识，甚至连阿拉伯语语法都是用波斯语来学习的。

总而言之，在漫长的历史岁月中，中伊两国人民以丝绸之路为纽带，克服千难万险，跋涉千山万水，顽强地进行着物质、人员和文化的交往，伊朗对中国的影响是积极的、主动的，涉及的领域之多、影响的层次之深，是罕见的，也是震撼人心的，历来是中伊学者取之不尽的研究资源。这种平等的双向互动交流丰富了两国人民的物质和文化生活，促进了彼此生产力的提高，开阔了彼此的视野，建立和巩固了源远流长的友谊。另外中伊的友好往来为华夏文明西传欧洲作出了独特的贡献。

第二节　近现代中伊友好关系

相对于古代中伊两国之间交往程度和范围，中伊两国在近代地理距离和心理距离疏远了，在彼此认知中也变得陌生和模糊了。近代伊朗北部面临沙皇俄国的威胁，南部波斯湾面临着大英帝国的欺凌，伊朗卷入资本主义世界体系，西方殖民主义成为伊朗最大的外来威胁。另外欧美资本主义制度的先进性也吸引着伊朗的关注，不论是救亡图存，还是重构现代主权国家，伊朗都重视对欧美的交往，相对忽视和冷落与中国这样的东方文明古国的交往。中国同时也不再热切关注伊朗。这是国际格局演变的结果，也是中伊两国从现实利益和国际处境出发的不得已选择。但两国的近代社会发展演变有一定的可比性，两国的地缘政治处境也有一定的同构性。两国面临着陆权帝国和海权帝国的夹击，边疆形势危急，国家治理能力捉襟见肘，力不从心。例如，两国的近代史都是统治阶级日益腐朽堕落的过程，也是仁人志士日益觉醒反抗殖民侵略、开始现代化的过程，同时又是半殖民地化日益严重的过程。

一　两国近代的交往

伊朗和中国进入近代史以后都变成了半殖民地半封建社会，英、俄帝国主义成为中伊人民的共同敌人，伊朗的巴布教徒起义（1848—1852 年）和中国的太平天国起义（1850—1865 年）都反对殖民主义，在客观上起了相互支援的作用。

1905—1911 年伊朗爆发立宪革命，旅居日本的中国革命者从日本报刊获得消息后传到国内,中国《外交报》在 1907 年 1 月—1908 年 3 月刊登了下列论文:《论波斯现情》《论中波立宪将影响于印度》《论波斯今日形势》《论波斯其内情》。1907 年,英俄签订了共同瓜分伊朗的《英俄协定》,中国《外交报》又发表了下列论文予以揭露:《论波斯内乱已将成为英俄所干涉》《俄国对于波斯内乱之意见》《俄人干涉波斯内乱》《英俄对波斯之改革》《波斯政争与英俄外交官之关系》。中国革命民主派的机关刊物《民报》第 25 号,以"民意"的笔名发表了题为"波斯革命"的文章。

1920 年 6 月 1 日中国驻意大利公使王广圻和伊朗驻意大利公使伊萨刚在罗马签订了《中波友好条约》。该条约全文共七条,第一条强调:"自缔约之日起,两国政府及臣民或人民至诚和好,历年不渝。"第二条为两国互派大使、公使、代办。第三条突出平等交往:"缔约两国之臣民或人民在他一缔约国领土内游历或居留时,受所在国官吏及一国派驻官员之待遇保护。"第四条明确规定相互尊重主权,互不干涉内政:"两缔约国之臣民或人民在他一缔约国游历或居留时,服从所在国之法律。倘遇有诉讼争执、犯所有法律上之一切轻重罪案,归所在国即中国或波斯国法庭审理。"第五条规定两国互派总领事、正领事、副领事、代理领事,除领事裁判权外,享受最惠国领事官之同等特权。《中波友好条约》是中国近代史上签订的第三个平等条约,是中国同西亚国家签订的第一个平等条约,是中伊友好的见证。

1933 年伊朗领事馆在上海建立。1944 年伊朗在重庆建立公使馆,同年提升为大使馆,原公使赛义德·阿里·纳尔格升为大使,后来贾瓦德·戈迪米在南京任代办。

综观近代史上的中伊关系,可以看出两国人民在十分困难的前提下,彼此声援对方的斗争,伸出友谊之手,显而易见的是,伊朗没有把对中国的关系置于重要位置,中国也没有把对伊朗的关系置于重要地位,双方维持着水平很低的交往,双方的官方往来和民间往来冷冷清清,断断续续。

二 两国交往的新开端

1949 年中华人民共和国成立以后,中国批评伊朗国王巴列维的亲美反华政策,支持摩萨台领导的石油国有化运动,而巴列维王朝让伊朗加入《巴格达条约组织》,与美国签订军事防务协定,同中国台湾保持"外交关系"，阻挠恢复新中国在联合国的合法席位，双方的关系因此无法改善。

中国政府坚持人民外交，始终向伊朗人民表达真诚交往之情。伊朗也作出积极反应。1955 年 5 月，以艾哈迈·卡德贾维为首的伊朗工会代表团来华访问，并参加中国"五一"节观礼。1957 年 7 月 23 日，中国红十字会向伊朗汇去人民币 1.5 万元，救济伊朗北部地震灾民。1958 年伊朗国家石油公司职员阿里纳克·阿里罕尼率代表团访华。1960 年伊朗亚非团结委员会访华。1962 年，中国红十字会又向伊朗灾区汇去 1 万元人民币赈灾。从 20 世纪 60 年代中期到 70 年代初，中伊关系由对峙走向缓和与正常化发展。1970 年双方贸易额为 643 万美元，其中，中国对伊朗出口额为 169 万美元，进口额为 474 万美元。

1971 年 8 月 16 日，出于共同反对苏联霸权主义的需要，同时也因为中美关系正常化已正式启动，紧随美国的伊朗政府和中国正式建立外交关系。在此之前，1971 年的 4—5 月，巴列维国王的姐姐阿什拉芙公主和妹妹法蒂玛公主先后访华。伊朗承认中华人民共和国是"中国的唯一合法政府"，中国表示支持伊朗"保证国家资源的正义斗争"。

1971 年 10 月，中国派特使全国人大常委会副委员长郭沫若和张彤参加波斯帝国成立 2500 周年庆祝活动。1972 年 9 月 18 日，伊朗法拉赫·巴列维王后在首相胡韦达陪同下应邀访问中国，董必武代主席、周恩来总理等国家领导人会见了巴列维王后。1973 年 6 月 14 日，姬鹏飞外长应邀访问伊朗。1973 年 6 月 30 日，伊朗参议院议长加法尔·谢里夫—埃马米率伊朗议会代表团访华。1973 年 9 月 5 日，伊朗古拉姆·礼萨·巴列维亲王及其夫人访华。1975 年 4 月，李先念副总理应邀访问伊朗。1975 年 5 月，阿什拉芙公主再次访华。1976 年 11 月 15 日，乌兰夫副委员长率中国人大代表团访问伊朗。双方高层领导的相互访问促进了彼此了解，加强了友谊，也推动了双方的经贸发展。1978 年 8 月，中国领导人出访局势动荡中的伊朗。

在经济贸易方面，到 1971 年底，中国已成为伊朗的第四大出口国，第 22 个进口国。伊朗向中国出口冰箱、电视、化肥、农机、棉花、大米、毛皮，中国向伊朗出口纺织品、纸张、文具、体育用品、茶叶、锡、机械、钢材。1974 年 9 月，中国贸易代表团访问伊朗，同年 11 月，中国外贸部长李强率中国贸易代表团访问德黑兰。1976 年 6 月，中伊联合贸易委员会在北京举行协商会议。双方签订的贸易协定规定,在此后的12个月里,中伊贸易额拟订为5940万美元,即提高30%以上。伊朗除了向中国出口消费品外,还增加了重工业品、石化产品和机械的出口比重;中国继续向伊朗出口纺织品、纸张、钢材、茶叶、瓷器和化工产品。1977年11月,中伊联合贸易委员会在德黑兰举行第三次会议,签订了新的贸易协定,增加了新的出口产品。

这一时期,中伊体育、科技、卫生等代表团也多次互访,这是中伊关系上晴空万里、艳阳高照的时代。

第三节　1979年以后的中伊友好往来

1979年是中伊两国历史的分水岭和转折点,两国交往在以往历史基础和文化基础上进入硕果累累、良性互动的新时代。1979年中国进入改革开放的新时代,开始参与全球化、融入全球化、适应全球化,开始建设中国特色的社会主义,也开始进行全球外交和全面外交,中国与伊朗交往更加积极主动,更加丰富多彩,更加富有成效。同时伊朗建立伊斯兰共和国,开始探索新的发展模式,伊朗文化自觉日益强化,文化自信引人注目,伊朗的国际处境和国家利益促使伊朗更加积极主动与中国交往。两国形成互相依存守望相助的国际关系。两国对彼此的认知也更加客观、立体、系统和真实。

一　1989年以前的中伊关系

1979年伊朗伊斯兰共和国成立后,中国立即承认了伊朗新政权;并认为这次革命是伊朗人民意愿的结果。然而,因为华国锋总理在此前6个月对伊朗的访问被霍梅尼认为是支持巴列维国王,从而使中伊关系相对处于冷淡状态,但伊朗很快就开始改善中伊关系。

1982年6月,伊朗新任驻华大使到任。7月,伊朗农业部首席副部长率领革命后第一个政府经济代表团访华。10月,伊朗体育代表团访华,1983年4月伊朗交通部长访华,5月,伊朗农业部副部长访华。

1982年12月,中国外贸部部长贾石率团访伊。1983年1月,外交部顾问何英访伊。2月,中国体育代表团和伊斯兰教协会前往伊朗参加国庆。1983 年 5 月，中国石油部副部长赵宗鼐出席在伊朗召开的"第三世界能源前景讨论会"。8 月，铁道部长访伊。1984 年 2 月，中国乒乓球队访伊。1984 年 10 月，中国农牧渔业部部长访伊，11 月，国务委员兼外长吴学谦回访伊朗。1984 年中伊贸易额为 2.03 亿美元。1985 年 3 月，张劲夫国务委员率中国政府经济代表团访伊，双方决定成立部长级经济、贸易和科技合作联合委员会。6 月，伊朗议长拉夫桑贾尼率团访华。1985 年两国贸易额为 1.91 亿美元。1986 年，两国贸易额为 1.18 亿美元。1987 年两国贸易额为 2.7 亿美元。

纵观这一时期的中伊关系，有以下几个特点：（1）双方关系从冷淡向友好的方向发展；（2）双方都尽了很大努力，但来往的层次仅限于副部级、正部级，偶尔有副总理、副委员长及议长互访；（3）双方的贸易额增长缓慢，且反复波动。

二　1989 年以后的中伊关系

1989 年是中伊关系史上的转折点。1989 年至 21 世纪初期，伊朗外交战略转变为以缓和为主调，以经济合作为重点，实行全方位的关系正常化。中国是一个独立的、不结盟的发展中亚洲大国，是第三世界中唯一的联合国安理会常任理事国。中国在国际社会中主持正义，维护公平，为穷国、小国、弱国奔走呼吁，坚决反对大国政治和霸权主义，这与伊斯兰共和国的外交战略相符合。中国和伊朗都反对美国的全球霸权主义，中国成功的现代化建设也是伊朗学习的榜样。正如 1990 年 5 月伊朗卡鲁比议长对到访的万里委员长所说："伊朗正在进行战后经济重建工作，希望能借鉴中国的经验。"从历史上看，中伊两国都是亚洲的文明古国，通过丝绸之路早已存在着友好交往。在近代史上，两国都有相同的历史遭遇，当代两国都面临着现代化建设的共同任务，1991 年 7 月 7 日，拉夫桑贾尼总统在欢迎李鹏总理的宴会上讲道："如此伟大的历史基础能够在深入加强两国各个方面的未来关系中发挥重要和令人鼓舞的作用，并将使双边关系提高到与光辉的过去相媲美的最高水平。"1997 年，伊朗总统哈塔米上台后主张与西方缓和关系，进行文明对话，但由于美国提出"双遏制"战略，不断加大对伊朗的制裁，哈塔米与西方改善关系的努力宣告失败。2000 年，中伊两国外交部建立了密切的政治磋商机制。2001 年，哈塔米决定调整政策，转而实施"向东看"的发展战略，并对中国进行了正式访问。2002 年，中国国家主席江泽民访问伊朗，两国政治互信得到进一步加强。这一时期，正是由于伊朗国内因素和国际因素、政治因素和经济因素、历史因素和现实因素的综合作用，伊朗特别重视中伊关系，具体表现如下：

1. 双边高层领导人互访频繁，中伊政府各部门全方位交往，尽一切可能增加了解，拓宽合作空间。

2. 双方在国际问题上具有共识。例如都主张实行和平共处五项原则，抵制霸权和强权政治，建立公正合理的国际新秩序，充分发挥第三世界国家的作用，稳定石油价格，排除外来干涉，维持中东和海湾地区的和平和稳定等。

3. 双方的经济贸易和技术合作发展很快。1989 年两国贸易额仅为9835 万美元，1996 年两国贸易额达到 7. 81 亿美元，其中，伊朗出口额为3. 86 亿美元，进口额为 3. 95 亿美元，1997 年 1—6 月双边贸易总额达到4. 2576 亿美元。伊朗从中国主要进口机器、工业设备、化学制品、车床、仪器、纺织品、运动器械、文化用品、电器、渔船、食用肉类和油菜籽。伊朗向中国出口石油、坚果、客车、金属矿石、生铁、铬酸盐。到 1996年 11 月，中伊双方的合作项目达到 45 个，合同总额为 26. 65 亿美元。其中北京城建集团承接的伊朗地铁项目，合同额为 1. 47 亿美元，有色公司承接的伊朗松贡铜造厂，合同额为 9968 万美元；化建公司承接的伊朗 K光胶片项目，合同额为 3600 万美元。随着现代化建设的发展，中国对能源的需求量不断增加。2001 年，中国已成为伊朗最大的石油出口国。

4. 双边文化交流顺利开展。1989 年 5 月 7 日，哈梅内伊总统访华期间，西安和伊斯法罕两大文明古都正式结为友好城市。1990 年 1 月，北京大学成立伊朗文化研究所，1993 年北京大学出版社出版了《伊朗学在中国论文集》。1997 年，《伊朗通史》（上、下册，作者为阿宝斯·艾克巴尔·奥希梯扬尼）中译本由经济日报出版社出版。伊朗驻华大使侯赛因·米尔·法豪尔为《伊朗通史》中文版作序，希望"中国的波斯语学者有更多的作品问世，使中伊两个古老友好邻邦的新老朋友能够建立更牢固而久远的联系"。与此同时，中国顺利召开"第二届伊朗学在中国"研究会。此外，两国的宗教、艺术和体育代表团经常进行友好互访，并有学者访问和留学生交换培养等项目。

5. 双方都给予对方人道主义的帮助。1990 年 6 月，中国政府向伊朗提供 200 万元人民币的地震救灾物资，中国红十字会也提供了 50 万元人民币的抗震救灾物资援助伊朗。

三　21 世纪的中伊关系

21 世纪以来，中伊不断加强政治互信，深化经贸合作，两国友好关系稳步发展。在这期间，美国对伊朗的严厉制裁对中伊关系影响深远。美伊关系的紧张既为中伊关系制造了障碍，也为中伊关系创造了机遇。与西方矛盾的加深促使伊朗政府决心制定和落实"向东看"战略，积极与中国建立更密切的全面战略伙伴关系。与此同时，中国也在共建人类命运共同体理念和文明互学互鉴思想的指导下力邀伊朗共同参与"一带一路"倡议，实现互利共赢。

2005 年，伊朗强硬派总统内贾德上台。内贾德延续了哈塔米的"向东看"战略，并积极向中国靠拢。2007 年，中国成为伊朗最大的贸易合作伙伴。2009 年，伊朗国家石油公司与中石油集团签署了 17.6 亿美元的石油开发协议，开发伊朗北阿扎德甘油田。同年，中石油集团又与伊朗签署 47 亿美元的合约，开发伊朗南帕尔斯气田。2011 年，中伊两国贸易额达到 450 亿美元，前往中国经商的伊朗人达 13 万人次以上，同期前往伊朗经商和旅游的中国人也达 6 万人次之多。为促进中伊经贸往来和文化交流，中国南方航空公司开设中国直飞马什哈德等伊朗城市的航线。

2013 年，伊朗温和派总统鲁哈尼上台，一改内贾德时期的政策，在东西方之间建立平衡外交。同年，习近平主席提出共建丝绸之路经济带和 21 世纪海上丝绸之路的倡议，得到伊朗的积极响应。2016 年 1 月 22—24 日，习近平主席对伊朗进行国事访问，并在《伊朗报》发表题为"共创中伊关系美好明天"的署名文章，提出中国与伊朗应当增强政治互信，筑牢合作之基；坚持互利共赢，共享繁荣发展；促进互联互通，扩大务实合作；秉持开放包容，鼓励文明交流的倡议，并对中伊两国在"一带一路"框架内加强政治、经济、能源、基础设施建设等方面的合作，推进文化、教育、旅游、新闻等领域的交流寄予殷切希望。在此次访问期间，中伊正式建立全面战略伙伴关系，中伊关系迈上新台阶。2016 年 8 月，伊朗经济事务与财政部长塔伊布尼亚在访华期间对"一带一路"倡议予以积极回应，并欢迎中国在伊朗非能源领域进行投资。2018 年 5 月 8 日，美国宣布退出伊核协议，对伊朗的经济制裁进一步升级，伊朗开始拓宽与中国的经贸合作，以此缓解美国制裁带来的经济压力。2018 年 1—11 月，中伊双边贸易额为 333.9 亿美元，中国对伊朗的出口额为 136.5 亿美元，进口额为 197.4 亿美元。2019 年 2 月，伊朗伊斯兰议会议长拉里贾尼访问中国，在与习近平主席会面时表示希望伊中双方的石油贸易持续发展。

新冠疫情暴发以来，中伊两国守望相助，共同抗疫，以实际行动诠释了同舟共济的深厚友谊。2021 年，在中国和伊朗建交 50 周年之际，两国关系取得了新进展。1 月 25 日，全国人大常委会委员长栗战书与伊朗议长卡利巴夫进行视频会谈，强调中伊友好源于历史上的交往，源于困难时期的互相扶助，源于重大问题上的无私支持，源于互利共赢的合作理念。3 月 26—27 日，中国外交部部长王毅访问伊朗，与伊朗外交部部长签署"中伊 25 年全面合作计划"，开创了中伊合作共赢的新局面。该协议的具体内容涉及经济、金融、能源、军事等领域：在经济方面，中国将在未来 25 年里向伊朗电信、基建等数十个领域投资约 4000 亿美元，并将获得伊朗石油长期而稳定的供应；在金融方面，伊朗的石油供应将绕开美元结算系统，用人民币进行结算；在军事方面，伊朗军队的导弹导引头将使用中国"北斗"全球定位导航系统进行制导。中伊 25 年合作协议的签订是对双方战略伙伴关系的定位和顶层设计，意义重大，其既是中伊双方互利共赢的延续，也是对美国霸权主义的严厉警告。

2021 年 3 月 16 日，中伊双方以交换文本的方式签署了《中华人民共和国国家新闻出版署与伊朗伊斯兰共和国伊斯兰文化联络组织关于经典著作互译出版的备忘录》，中宣部副部长张建春、伊朗伊斯兰文化联络组织主席艾布扎里·易卜拉希米·土勒凯曼博士代表双方在备忘录上签字。根据该备忘录，中伊双方约定在未来 5 年内，共同翻译出版 50 种两国经典著作，为两国读者和人民奉献更多优秀精神文化产品。2021 年 5 月 21 日，国家电影局和伊朗国家电影视听组织以交换文本的方式签署了《电影交流合作谅解备忘录》，国家电影局局长王晓晖、伊朗国家电影视听组织主席侯赛因·银提扎米分别在备忘录上签字。根据备忘录，双方将在平等互利的基础上加强电影合作，推动文明交流互鉴，促进民心相通。2021

年 5 月 22 日，中国文化和旅游部副部长、国家文物局局长李群与伊朗文化遗产、旅游和手工业部副部长穆罕默德·哈桑·塔勒比安以视频方式共同签署《关于协同开展"亚洲文化遗产保护行动"的联合声明》。李群在签署仪式上致辞，他表示，这一中伊联合声明是两国文化遗产主管部门近十年来签署的第一份双边文件，标志着两国文化遗产合作进入了全新发展阶段，具有里程碑意义。他提出，中国愿同伊朗及其他亚洲国家一道，共同推动亚洲文化遗产保护驶入"快车道"，为共建亚洲命运共同体、促进"一带一路"国家民心相通、增进人类文明交流互鉴注入强劲的人文动力。塔勒比安对"亚洲文化遗产保护行动"给予高度评价，表示愿意与中方一起，共同推动亚洲文化遗产保护事业发展。根据这一联合声明，中国与伊朗将在"亚洲文化遗产保护行动"框架下，在联合考古、文化遗产保护修复、世界遗产、博物馆展览交流、防止文物非法贩运和人才培养等领域开展务实合作。

　　总体而言，中伊的友好关系有着良好的历史基础、文化基础、政治基础和经济基础，在坚持和平共处五项原则的基础上，求同存异，拓宽双方的经济和文化的交流与合作符合中伊两国人民的根本利益和长远利益。可以预见，随着中伊战略合作的深化，两国未来的关系将会更加紧密。

第二章　中伊双边关系的历史与展望

　　历史上被称为中波关系的中伊关系，可以说是两大帝国之间的关系，这两个帝国是亚洲大陆的主导力量，也是古代两大文明的摇篮。帕提亚和萨珊帝国与汉、唐、宋、元、明等朝代都有各种联系。几千年来，亚洲的两个古老文明通过丝绸之路在经济和文化上进一步联系起来，无数的历史古迹和文件在漫长的时间内塑造并幸存下来。中伊关系源远流长，现代关系可以追溯到 20 世纪初。伊朗是 1920 年王朝结束后第一个承认中国新政府的中东国家，但双边的外交关系直到 1971 年才建立。但伊朗与中国关系的发展大多发生在 1979 年伊朗伊斯兰革命之后，尤其是冷战结束后。

　　两国尽管意识形态和治理结构存在根本差异，但基于一些共同点，最突出的是与发展中国家的国际视野相似，以及在经济领域的共同需求，特别是能源和贸易。总而言之，尽管两国至少从前 200 年（甚至可能更早）起就在丝绸之路沿线进行了文化、政治和经济交流，但中国和伊朗摒除一切障碍发展了友好的经济和战略伙伴关系。

　　据此，本章将简要讨论伊朗与中国关系的历史，然后重点讨论影响伊朗伊斯兰共和国与中华人民共和国关系发展的决定性因素，最后探讨伊朗伊斯兰共和国与中华人民共和国关系的前景。

第一节　中伊双边关系的历史背景：前现代时期

　　中伊关系源远流长。自古以来，帕提亚人和萨珊人就与中国的汉、唐、宋、元、明帝国有各种接触，并通过丝绸之路将两地进一步联系起来。① 评论家经常使用"20 世纪的合作"一词来描述历史悠久的中波关系。事实上，几个世纪以来，中伊两国通过丝绸之路进行的文化接触和相互影响一直很强劲。地理的偶然性意味着波斯和中国这两个连续的伟大王朝帝国足够接近，可以互动，但又足够远，而且被不利的地形分隔开来，它们从未发生冲突或竞争。②

研究人员发现，前二世纪张骞前往汉帝国西域时，伊朗和中国文化之间的接触开始以及随后丝绸之路形成。但在此之前，中伊肯定有一些接触为丝绸之路的交流铺平了道路。通过研究周朝文化及其与印度—伊朗的琐罗亚斯德教的相似之处、考古发现、中国和希腊作家书籍中的信息，特别是在中国新疆北部沙漠中发现的两块骨骼上的居鲁士宪章副本，伊朗和中国文化的间接接触可以追溯到阿契美尼德时期。随着前 3 世纪粟特人与中国贸易的扩大以及亚历山大的入侵，两国开始了直接接触和推动了丝绸之路的形成。③

前 126 年，中国探险家张骞在访问汉朝西域时，对帕提亚有所记载，称帕提亚为安息，这是帕提亚王朝名称"Arsacid"的音译。在张骞出使西域后，中国、中亚和帕提亚之间的商业关系蓬勃发展，在整个前 1 世纪，许多中国使团都是通过丝绸之路派遣的。帕提亚人非常热衷于与中国保持良好关系，并且从前 110 年左右开始，他们向中国派出了自己的使团。帕提亚人在丝绸之路上将佛教从中亚传播到中国方面发挥了作用。在前 148 年，帕提亚贵族和佛教传教士安世高前往中国首都洛阳，他建立了寺庙，成为第一个将佛教经典翻译成中文的人。与帕提亚人一样，萨珊帝国与中国保持着活跃的外交关系，波斯的大使经常前来中国。④ 据中国史

① Wu Lei, & Liu June, "Key Issues in China-Iran Relations," *Institute for International Studies*, Yunnan University Press, 2010, pp. 41 – 42.

② Garver, J., "China and Iran: An Emerging Partnership Post," *Middle East Institute*, 2016, pp. 3 – 4.

③ Pashazanos, H., "The Contact of Iranian and Chinese Cultures: The Role of Achaemenids and Sogdians in the Formation and Development of the Silk Road," *Quarterly Journal of Foreign Relations History*, Vol. 17, 2016, pp. 5 – 34.

④ Wu Lei, & Liu June, "Key Issues in China-Iran Relations," *Institute for International Studies*, Yunnan University Press, 2010, pp. 41 – 42.

料记载，仅在萨珊王朝时期，就有 13 位波斯使节到过中国。在中国南方发现的萨珊王朝的钱币，证实两国之间还有海上贸易。由于两个帝国都从丝绸之路的贸易中获得了利益，它们合作守卫了这条道路，尤其是在中亚地区。① 在商业上，陆地和海上贸易对萨珊王朝和中华帝国都很重要。萨珊王朝的国王还将他们最有才华的波斯音乐家派往中国宫廷，两个帝国都从丝绸之路沿线的贸易中受益，并在维护和保护贸易方面拥有共同利益。如前所述，它们合作守卫通过中亚的贸易路线，并在边境地区建立前哨以保护丝绸之路免受游牧部落和土匪的侵害。在游牧突厥人侵占中亚国家之后，我们也看到了中国和萨珊王朝之间的合作，共同击退突厥人的进攻。②

即使在伊斯兰征服波斯之后，波斯仍继续与中国保持关系。两国唯一一次面临的挑战是在 751 年对锡尔河地区的控制。后来，当战斗结束后，帝国之间没有发生更大的冲突。甚至，琐罗亚斯德教也传播到了中国。元朝时期，中波斯关系密切，两国几乎每年都进行外交交流。③ 可以说，伊朗和中国关系辉煌的时期之一是中国元朝和伊尔汗国时期。当时，伊朗和中国先前的壁垒被消除，两国关系更加密切。伊朗和中国的政治家之间的思想和经验交流得到加强。随着元朝的首都迁往北京，中伊关系在商业和文化方面达到顶峰。在元朝时期，中国与其他国家的关系在各个方面都有所扩大。鉴于伊朗伊尔汗家族与中国元朝政府之间的密切友好关系，这段时期可以说是中伊关系的高潮。穆斯林伊朗人担任过各种职务，在这个历史时期，伊朗人和中国人相互进行文化科学和技术交流，如医学、天文学、绘画和印刷。④

在此期间，伊玛目 Zaynilabidin（什叶派穆斯林的第四位神圣伊玛目）的后裔赛典赤·赡思丁移居中国，取得了重要的社会地位，并为中国人民

---

① Ghoghnos Blog Post, "China and Iran Relationship in Historical and Modern Eras," 2020, https://www.ghoghnos.net/blog/news/china-and-iran-relationship-in-historical-and-modern-eras/.

② Wu Lei, & Liu June, "Key Issues in China-Iran Relations," *Institute for International Studies*, Yunnan University Press, 2010, pp. 41 – 42.

③ Ghoghnos Blog Post, "China and Iran Relationship in Historical and Modern Eras," 2020, https://www.ghoghnos.net/blog/news/china-and-iran-relationship-in-historical-and-modern-eras/.

④ Aghili, A. & Ghorbani, A., "A Study of Cultural Relations between Iran and China in the Il-khanate Period," *Quarterly Journal of Foreign Relations*, Vol. 17, Nos. 68 – 69, 2016, pp. 134 – 157.

提供了宝贵的服务。从历史学家的角度来看，伊斯兰教在中国云南省传播的最重要因素是赛典赤·赡思丁及其儿子的推动。他们升任特殊职务，包括高级长官、监察等，甚至在忽必烈统治时期担任内阁副手。他在任职期间，为中国做出了贡献，包括努力促进和平与稳定、重建被蒙古人破坏的北京老城以及促进公共教育和培训。除了这些情况外，波斯语对元朝的行政和军事机构的影响如此之大，以至于它可以被认为是继突厥—蒙古语和汉语之后的中国第三种语言。

唐朝时期，波斯语商人社区被称为胡人社区，形成了中国西北部的主要贸易中心。中国元朝招募了大批中亚和波斯士兵、专家和工匠。其中一些被称为色目人，在元朝担任重要官职。阿拔斯大帝在他的首都伊斯法罕拥有数百名中国工匠，萨法维伊朗艺术在某种程度上也受到中国艺术的影响。① 虽然中伊有着如此深厚的渊源，但中伊关系的下一个篇章恰逢这两个伟大文明的衰落，两者都与殖民主义和西方列强的侵略进行了深度斗争。在这种情况下，中伊关系的重要性大打折扣。这给它们关系的发展造成了巨大的真空。然而，20 世纪初以来两国关系获得了重新发展，从而扩大了双边关系。

第二节　中伊双边关系的历史背景：现代时期

一　19 世纪和 20 世纪初

近代以来，伊朗和中国这两个昔日的伟大帝国，因无法与时俱进，逐渐走向没落。在 19 世纪和 20 世纪初，它们是西方帝国主义侵略的受害者，两国关系也因此逐渐断开。因此，当它们开始恢复权力和地位的过程时，它们开始再次发展它们的关系。② 伊朗和中国政府于 1920 年 6 月 11 日在罗马缔结了两国首个当代友好条约，这份由七条组成的条约成为两国交换政治和领事代表以及在对方领土上设立使领馆的基础，该条约是在伊朗国民议会闭幕时缔结的。次年，当议会重新开放时，该条约于 1921 年

---

① Dillon, M., *China's Muslim Hui Community: Migration, Settlement and Sects*, New York: Routledge, 1999, pp. 19 – 21.

② Bagheri, A. & Zarei, R., "The Future of Iran-China Relations: An Alliance of Pure Cooperation?", *Comparative Politics*, Vol. 9, No. 1, 2018, p. 61.

11月7日获得批准。① 但两国关系的进一步发展受到国际体系发展及两极，特别是两次世界大战的巨大影响。

二 冷战时期

在冷战的早期阶段和第二次世界大战后的敌对竞争中，伊朗受到两个重要且相互关联的外交政策考虑的影响：首先，对共产主义的极度恐惧；其次，强烈希望确保得到美国的政治、军事和经济支持。这些考虑促使德黑兰追随华盛顿，考虑到中华人民共和国成立于1949年，最初遵循苏联的政策。伊朗政府拒绝承认中华人民共和国及其在联合国的合法地位。② 同时，中国在1950年和1960年初期对伊朗的态度，尽管带有强烈的意识形态色彩，但在某种程度上更为微妙，与伊朗采取的各种外交政策立场存在差异。例如，在20世纪50年代初期，中国支持伊朗首相穆罕默德·摩萨台将波斯石油工业国有化的政策，以此作为抵抗英美帝国主义的行为。1953年8月19日的政变推翻了穆罕默德·摩萨台政府，而穆罕默德·礼萨·巴列维的复职又被谴责为由美国策划并针对苏联。1955年4月，在万隆举行的亚非团结会议上，国务院总理周恩来强烈反对美国企图在第三世界国家之间结成反共联盟，但他对伊朗的态度作为此类政策的假定目标，相对温和。中国自己的第三世界政策并没有排除与伊朗的和平共处，但伊朗政府认为，苏联和中华人民共和国的共产主义运动没有什么不同。在这种意识形态的反对和美国政府的压力下，伊朗于1955年10月加入了巴格达条约，并与台湾反共"政府"建立外交关系。伊朗受到中华人民共和国的严厉指责，但"美帝国主义"被视为最终的罪魁祸首，并对德黑兰所采取的立场负责。③ 1960年，意识形态和政治压力导致苏联和中华人民共和国之间公开分裂。与此同时，伊朗在保持强烈的亲美立场的同时，采取了更加灵活和独立的政

---

① Islamic Consultative Assembly Library, "Detailed Discussions of the National Assembly," 2018, https://www.ical.ir/ical/fa/Content/4_artmajles1/.

② Mohajer, P., "Chinese-Iranian Relations v. Diplomatic and Commercial Relations, 1949 – 90," *Encyclopædia Iranica*, V/4, 2012, pp. 436 – 441, http://www.iranicaonline.org/articles/chinese-iranian-v.

③ Entessar, N., "The People's Republic of China and Iran. An Overview of Their Relations," *Asia Quarterly*, Vol 1, 1978, p. 62.

策，1966 年，伊朗部长理事会正式批准与中国进行贸易。① 其他一些事态的发展，特别是 1960 年后期苏联与伊拉克和印度之间关系的加强，以及 1971 年 3 月原巴基斯坦的解体，使伊朗更接近中华人民共和国。但在 1970 年，德黑兰政府仍然主要关心的是伊中的关系发展不要超过中美和解的速度。②

当科威特于 1971 年 3 月承认中华人民共和国，土耳其则于 1971 年 4 月宣布承认中华人民共和国时，伊朗也为与中国建立更密切的关系迈出了最后一步。1971 年 4 月 14 日，巴列维国王的孪生妹妹阿什拉芙公主应中国政府邀请访问中国。1971 年 7 月 15 日，尼克松总统宣布访问中国，为伊朗和中华人民共和国建立正式外交关系奠定了基础。1971 年 8 月 16 日，两国大使在巴基斯坦伊斯兰堡会晤，签署了伊朗承认中国政府的文件，第二天，两国同时发布了正式建交公告。③ 此后，中伊关系稳步改善，其特点是频繁进行高级别互访，并在一些区域和全球问题上的政策趋于一致。1972 年 9 月，法拉赫王后率领包括首相胡韦达在内的代表团对中华人民共和国进行了为期 10 天的正式访问。1973 年 6 月，中国外交部长姬鹏飞访问德黑兰，1975 年 4 月，李先念副总理访问了德黑兰。1976 年 7 月 24 日，阿什拉芙公主再次访华。在所有这些代表团交流中，即使在 1976 年周恩来总理和毛泽东主席去世后，中国仍派使团访问德黑兰，以积极的态度讨论了两国的共同关切和利益。当年 11 月 15 日，由中国全国人大常委会副委员长乌兰夫率领的代表团向伊朗政府保证中国外交政策的连续性。

1979 年是伊朗和中国历史上的重要时刻，也深刻地影响了两国关系。1979 年 1 月 31 日，邓小平副总理与美国总统卡特签署了中美两国历史性的外交协议。此后，中国奉行改革开放政策，与美国建立政治外交关系，

① Mohajer, P., "Chinese-Iranian Relations v. Diplomatic and Commercial Relations, 1949 – 90," *Encyclopædia Iranica*, V/4, 2012, pp. 436 – 441, http://www.iranicaonline.org/articles/chinese-iranian-v.

② Chubin, S. & Zabih, S., *The Foreign Relations of Iran. A Developing State in a Zone of Great Power Conflict*, Berkeley, California, 1974, pp. 297 – 298.

③ Mohajer, P., "Chinese-Iranian Relations v. Diplomatic and Commercial Relations, 1949 – 90," *Encyclopædia Iranica*, V/4, 2012, pp. 436 – 441, http://www.iranicaonline.org/articles/chinese-iranian-v.

同年，在伊玛目霍梅尼的领导下，伊朗发动了伊斯兰革命，宣布成立伊斯兰共和国。这两件事改变了冷战后的国际政治格局，也改变了中伊关系。中国从封闭走向开放，与美国建立了政治关系，而伊朗政治则从完全依赖西方特别是美国转向了独立，革命和伊斯兰运动不断发展。结果，美国和伊朗的联盟关系在几十年后变成了敌对关系。换言之，中国和伊朗在这一时期的政策几乎同时朝着相反的方向发展。因此，中伊关系发生了一系列根本性变化。

伊朗伊斯兰革命是 20 世纪重要的社会发展之一，它导致西方支持的穆罕默德·礼萨·巴列维的专制政权被推翻。1979 年的伊斯兰革命推翻了君主制，并导致了伊朗伊斯兰共和国的建立。中国是较早承认伊朗革命的国家之一。[1] 如前所述，伊朗与中国的关系在巴列维统治时期发展的意义不大。在 1979 年伊斯兰革命之前，与中国的关系保持在最低限度，这在很大程度上是由于美国向伊朗施压，要求其切断与中国的经济和外交关系。然而，在巴列维被推翻之前，他确实曾寻求改善与中国的关系以制定更加独立的外交政策，而对苏联在中亚、南亚、东南亚和东亚的行动关注促使伊朗和中国采取了试探性的接触，以期展开更大的合作。[2] 伊斯兰革命后，形势发生了变化，伊朗和中国都强烈反对西方对国际体系的"统治"，这一共同诉求导致了两国利益的接近。伊斯兰革命导致西方在西亚地区的主要盟友之一丢失。因此，中国在多个方面将与伊朗的关系视为在美国主导的具有重要地缘战略意义的地区增加影响力的机会。可见，两国在利益上有着密切的联系。

因此，可以说，中国的改革开放与伊朗伊斯兰革命的大致重合，为中国增加对伊朗的关注创造了条件。作为改革开放的结果，中国采取更加务实的方式扩大其在各地区的影响范围，并满足中东和伊朗逐步工业化的需要。在伊朗正在改写其外交政策原则的情况下，伊拉克发动的战争为中东局势的发展开辟了新的篇章，可以说是中伊关系的一个重要时刻。对于两伊战争，大国都站在伊拉克一边，中国作为安理会常任理事国，对战争持

---

① Pargoo, M., *The Diplomat*, November 8, 2018, https://thediplomat.com/2018/11/what-does-iran-really-think-of-china/.

② Harold, S., & Nader, A., "China and Iran Economic, Political, and Military Relations," *Rand Center for Middle East Public Policy*, 2012.

中立立场。中国在战争中宣布中立的同时，也将稳定作为中国经济增长的必要因素，仔细研究了波斯湾地区的紧张局势。① 因此，中国在没有超出其国家利益的情况下对两伊战争采取了相对公平的立场。② 事实上，美国在两伊战争期间对伊朗的禁运为发展中国与伊朗之间更密切的关系提供了机会。③

中伊经济关系在 1980 年有所增加。在这十年中，恰逢西方经济压力和伊朗有加强被战争破坏的基础设施和改善经济状况的需要，中国在伊朗对外贸易中的份额从双边贸易总额仅 8.26 亿美元增加到 10 亿美元和 6.27 亿美元。从 1978 年（伊朗革命前夕）的不到 1%，到 1991 年达到了 2%。另一个重要的事实是，战争与伊朗外交政策的重新定义同时发生，因此，两国利用反帝国主义和第三世界团结的意识形态主题，结成了更紧密的联盟。此外，两国的文化关系也有所扩大：学生交流、奖学金和研究计划、艺术互动的增加以及免除游客的签证要求。④

出于八年两伊战争和伊朗战后重建的需要，伊朗政府以经济建设为目的追求向东看。因此，伊朗与中国的关系被认为更加重要。在后两伊战争时期，一方面，伊朗进入建设和努力推动经济发展的时期；另一方面，中国在 20 世纪 90 年代进入了发展的黄金时代，其在全球经济中的作用日益突出。因此，这也导致中国对新的能源供应和投资市场的需求日益增加，同时，伊朗需要一个可靠的石油和天然气买家以及必要的商品供应商。因此，相互的需求和利益使双方更加清楚互利关系背后的缘由。除了物质激励之外，双方都发现对方是全球事务中的潜在合作伙伴。作为联合国安理会成员，中国的积极态度对伊朗变得更加重要。此外，伊朗成为中东和全球石油市场的主要参与者，有助于中国在该地区的政治和经济利益。⑤ 因

① Jamshidi, M., "China's Foreign Policy Towards the Iran-Iraq War," *Journal of Defense Policy*, 2010, p.31.

② Olson, W., *US Strategic Interests in the Gulf Region*, Westview Press, 1987, p.52.

③ Harold, S., & Nader, A., "China and Iran Economic, Political, and Military Relations," *Rand Center for Middle East Public Policy*, 2012, p.7.

④ Dorraj, M. & Currier, C. L., "Lubricated with Oil: Iran-China Relations in a Changing World," *Middle East Policy*, Vol.15, No.2, 2008, p.70.

⑤ Dorraj, M. & Currier, C. L., "Lubricated with Oil: Iran-China Relations in a Changing World," *Middle East Policy*, Vol.15, No.2, 2008, p.71.

此，在此期间，两国经济合作大幅增长，两国关系的经济和政治层面不断上升。1989 年，伊朗时任总统哈梅内伊访华，重申要扩大两国友好关系。当时，中国也将伊朗视为应对苏联威胁和贸易合作的好伙伴。结果，两国发展了越来越密切的关系。[①]

总之，冷战时期经济、政治和地缘战略的复杂因素促进了中伊关系的蓬勃发展。但进一步加强这些联系的主要因素是伊拉克对伊朗发动的战争。20 世纪 90 年代中期以来，中国迅速发展为世界经济大国，并成为世界第二大经济体。中国作为经济强国恰逢美国对伊朗施加经济压力，这提高了伊朗与中国建立友好关系以抵御上述压力的战略重要性。[②] 因此，上述经济、政治和战略层面的复杂因素为今后几年中伊关系的加速互动铺平了道路。

三　后冷战时代

20 世纪 90 年代见证了冷战的结束，也影响了中伊关系。在此期间，中国由于经济的繁荣和发展，逐渐投资了伊朗的重要经济部门，如发电厂、水泥工业和地铁工业等。当时实施的另一项发展战略，为两国关系提供了新的维度，即中国进入了石油进口国的行列，其需求增长速度远快于全球平均需求。[③] 此外，在此期间，随着苏联的解体，国际体系和安全环境发生了变化，伊朗和中国的外交政策议程也随之发生了变化。中国的经济需求以及随之而来的与美国关系的发展，以及伊朗对扩大与西方的关系以消除两伊战争后的国际孤立的关注，中国外交政策中强调与伊朗和阿拉伯人关系平衡的逻辑以及由于苏联解体而导致的中俄之间的战略竞争减少[④]，是当时两国关系保持在政治和经济合作水平的重要原因。

---

① Hongda, F., "China's Policy Options towards Iran," *Journal of Middle Eastern and Islamic Studies* (*in Asia*), 2011, p. 5.

② Sahriatinia, M., "Iran-China Relations: An Overview of Critical Factors," *Iranian Review of Foreign Affairs*, Vol. 1, No. 57, Winter 2011, p. 192.

③ Sahriatinia, M., "Iran-China Relations: An Overview of Critical Factors," *Iranian Review of Foreign Affairs*, Vol. 1, No. 57, Winter 2011, p. 181.

④ Hunter, Sh., *Iran's Foreign Policy in the Post-Soviet Era*, California and London: Prager, 2010, pp. 11 – 20.

　　然而，在伊朗积极外交的影响下，伊朗当时的亲西方态度并没有削弱对华关系的重要性。在 20 世纪 90 年代，中国不断增长的能源需求和伊朗丰富的石油和天然气资源构成了此后扩大和深化两国伙伴关系的基础。①此外，由于在哈塔米第一个总统任期内双方签署了八份合作文件，2002年经济贸易总额达到 73 亿美元，而 1976 年这一数额不到 10 亿美元。因此，中国在生产商品和提供伊朗所需的投资服务方面的强大实力，是两国关系发展的先决条件，中国被视为经济发展的成功典范，以及最终公众舆论，特别是精英阶层对与中国关系的不敏感，导致伊朗积极和建设性地看待与中国的关系。②

　　21 世纪初，中国与伊朗的关系开始成熟，部分原因是美国向欧洲、日本和俄罗斯施压，要求它们减少与伊朗的贸易和对伊朗的投资。中国公司进入伊朗市场，在扩大伊朗炼油能力，向工业注入资本以及合作发展其交通运输基础设施方面发挥了关键作用。③ 当时双方最重要的经济互动是在石油和天然气领域，这主要归功于中国的能源多元化政策，包括2004 年 3 月与中国签订了价值 200 亿美元为期 25 年的液化气购买协议、与中国两个国家石油公司关于开发 Azadegan 油田达成谅解备忘录，2001年中国与伊朗国有石油公司就取代法国道达尔公司开发南帕尔斯气田第11 阶段达成协议，2004 年 10 月伊朗国家石油公司与中国石化达成关于让中国公司参与开发 Yadavaran 油田的协议，作为交换，伊朗向中国出售 15万桶石油。④

　　从 2000 年中期开始，关于伊朗核计划的争议和次要行为者——尤其是美国和西方国家的角色一直是迄今为止影响伊朗与中国关系发展的最大因素。继 2002 年的事件以及随后欧盟三国（英国、法国、德国）和

① Calabrese, J. , " China-Iran Relations: The Not-So-Special ' Special Relationship ' ," *China Brief*, Vol. 20, No. 5, 2020, https: //jamestown. org/program/china-iran-relations-the-not-so-special-special-relationship/.

② Arghavani Pirsalami, F. , " Iran-china Relations under Ahmadinejad: The Look to East Policy and Structural," *Research Letter of International Relations*, Vol. 8, No. 32, 2016, pp. 12 – 13.

③ Calabrese, J. , " China-Iran Relations: The Not-So-Special ' Special Relationship ' ," *China Brief*, Vol. 20, No. 5, 2020, https: //jamestown. org/program/china-iran-relations-the-not-so-special-special-relationship/.

④ Ghafouri, M. , " China's Policy in the Persian Gulf," *Middle East Policy*, Vol. 16, No. 2, 2009, p. 88.

伊朗在2002年至2005年谈判失败之后,伊朗的核计划于2006年初由原子能机构理事会提交给联合国安理会。此时,联合国安理会通过第1737号(2006)、第1747号(2007)、第1803号(2008)和第1929号(2010)决议制裁伊朗。虽然其中一些决议的效力被削弱,以获得俄罗斯和中国的支持,但中国代表在安全理事会有关会议上强调,必须找到解决危机的外交办法,并维护不扩散制度,包括伊朗为和平目的获得核能的权利。①

中国一再强调通过外交和谈判和平解决伊核问题。中国常驻联合国代表张业遂表示:"中国一贯主张通过外交谈判解决伊核问题,我们认为制裁不是解决根本问题的出路。"此外,中方多次强调,伊朗这样的主权国家拥有和平利用核能的合法权利。国际原子能机构应加强对成员国促进和平利用核能的服务。② 为此,中国积极参与了与伊朗的P5+1谈判,该谈判最终于2015年7月签署了《联合全面行动计划》,以解决国际社会对伊朗核计划的担忧。③ 中国在P5+1谈判中发挥了关键的外交作用。因此,伊朗领导人在实现伊核协议方面对中国"积极"和"建设性"作用的赞美性表述是朝着即将开展的两国合作迈出的重要一步。

在这方面,中国国家主席习近平是解除贸易制裁后第一位访问伊朗的国家领导人。习近平主席在访问德黑兰时签署了17项能源、贸易和工业等领域的合作协议。在他访问期间。两国还同意在"一带一路"项目的框架内,在未来十年内将双边贸易总额增加10倍以上,达到6000亿美元。此外,在中国国家主席习近平2016年访问德黑兰时,伊朗伊斯兰共和国和中华人民共和国宣布,通过双边关系就地区和国际问题的所有领域达成重要协议,建立了基于"全面战略伙伴关系"即所谓的伊朗与中国关系发展的路线图。

---

① Security Council, & Press Release, *United Nation*, July 31, 2006, https://www.un.org/press/en/2006/sc8792.doc.htm.

② Wu Lei, & Liu June, "Key Issues in China-Iran Relations," *Institute for International Studies*, Yunnan University Press, 2010, p. 51.

③ Wuthnow, J., "Posing Problems without an Alliance: China-Iran Relations after the Nuclear Deal," *Strategic Forum National Defense University*, 2016, p. 1.

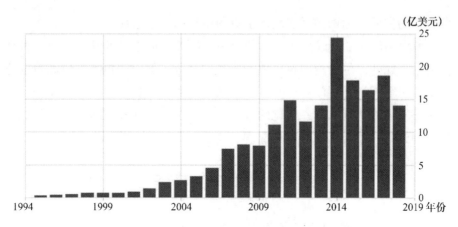

图Ⅲ-2-1　1994—2019 年中国对伊朗的出口额

资料来源：China Export to Iran，1994-2019，"Trading Economics"，https：//tradingeconomics. com/china/exports-to-iran.

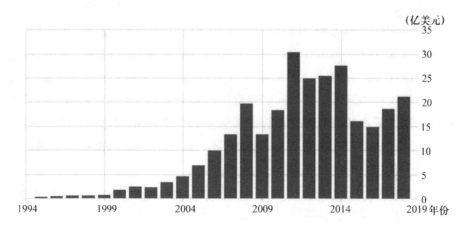

图Ⅲ-2-2　1994—2019 年中国从伊朗进口额

资料来源：China Import from Iran，1994-2019，"Trading Economics"，https：//trading-conomics. com/china/imports-from-iran.

如图Ⅲ-2-1 和图Ⅲ-2-2 所示，尽管存在种种障碍，但在冷战结束后的几年里，中伊的经济关系一直有所发展。此外，当两国之间的贸易规模突然下降时，其他行为参与者造成的紧张局势会有所加剧，次要参与者的作用也变得更加明显。尽管特朗普在 2018 年单方面宣布美国退出《联合全面行动计划》的做法以及所谓的"极限施压"战略阻碍了中伊经贸合作的发展，但两国都表现出了克服困难的政治意愿。

考虑到所有的起起落落，伊朗与中国的关系似乎已经发展成为一种伙伴关系。此外，尽管美国对伊朗实施严厉制裁，但中国拒绝将伊朗石油进口量降至零。毫无疑问，这些事态发展为中伊之间更深层次的合作铺平了道路，并可能达到国际一体化的水平。当两国在地区和国际事务上的观点趋于一致时，就会出现这种情况。①

第三节　中伊关系展望

尽管哈桑·鲁哈尼从上任伊始就强调缓和与西方和地区邻国紧张局势的意愿，但美国的战略及其在该地区盟友的支持进一步加强了伊朗与东方发展关系的倾向。所谓的"伊朗核协议"被认为为伊朗与西方的进一步接触奠定了基础。"伊朗核协议"是伊朗与世界大国之间的国际协议，由联合国安理会在第 2231 号决议中批准。但在伊朗全面实施该协议的同时，美国特朗普政府宣布单方面退出，欧盟随后未能履行其在协议下的责任。在这种情况下，所谓的"极限施压"战略的结果，加上欧洲人无法履行承诺，以及一些地区国家全面支持对伊朗施加巨大压力，都给伊朗对抗新冠疫情增加了不利因素，伊朗与中国签订 25 年协议的消息引发全球关注。这份协议的基础是在习近平主席 2016 年访问德黑兰期间奠定的，见证了中伊进一步融合的政治意愿。

这让伊朗长期争论不休的采取"向东"外交政策的战略更加大胆，因为伊核协议的经验使伊朗人相信，无论表现出多大善意，西方既不可靠也不值得信任。与此同时，伊朗在其东部找到了愿意合作的伙伴。伊朗、俄罗斯和中国反对美国在中东的军事和干预政策，并寻求消除美元在世界经济中的霸权地位。②

在这方面，虽然美国和欧洲对伊朗核协议的态度可以被视为伊朗东望政策强化的一个主要原因，但伊朗外交政策的这种战略似乎源于经济、政

---

① Al-Ghunaimi, A. & Shamsadin, A., "Chinese-Iranian Relations the Prospects of Strategic Partnership in Changing World," *Journal for Iranian Studies*, Vol. 4, No. 11, 2020, pp. 6－21.

② Mousavian, S. H., "Iran's New Doctrine: Pivot to the East," *The Diplomat*, 2020, https://thediplomat.com/2020/10/irans-new-doctrine-pivot-to-the-east/.

治和安全的原因。而中国一直加强与伊朗的合作伙伴关系也有类似的逻辑。

考虑到未来几年向东发展的商业理由，应该指出的是，预计亚太地区的能源需求增长率最高。在石油和天然气领域，消费量的增长有望远远超过世界其他地区。2017 年至 2040 年，石油需求预计将以每天 900 万桶或29.5% 的速度增长，甚至达到 39.5%。这不仅标志着石油需求绝对值的大幅增长，而且其相对值也显著增长。一方面，对于石油生产国来说，亚洲的增长更为重要，因为预计石油需求历史中心北美和欧洲的消费量将下降。就天然气而言，预计同期需求将增加一倍以上，每年增加 8040 亿立方米。同样，亚洲的增长高于世界上其他任何地方。亚洲天然气市场的重要性因全球船舶（液化天然气运输的主要交通方式）的天然气贸易扩散而变得更加重要。此外，在中东这个天然气需求增长居世界第二位的地区，政治竞争削弱了区域内的天然气贸易。因此，亚洲对（以出口为导向的）中东天然气生产国的重要性进一步提高。因此，经济机遇不仅在能源领域给伊朗带来了机遇。亚洲将承载未来的能源市场，同时拥有显著的经济增长前景。就此而言，伊朗向东望并没有什么特别之处。[①] 另一方面，中国将伊朗视为西亚的主要资源国。它是一个拥有一流自然资源、大量人力资本和相对未开发市场的国家。中国已经是伊朗最大的贸易伙伴，此外，伊朗在全球舞台上也是一个政治局外人，如果培养得当，可以成为中国可靠的盟友。此外，伊朗和中国在能源外交领域有着相似的利益。确保石油和天然气等可持续能源对中国的经济增长至关重要，伊朗可以成为稳定的能源供应国。虽然主要的阿拉伯石油生产国与美国结盟，但伊朗不受美国的经济影响。[②]

从政治和战略上看，伊朗、中国和俄罗斯在遏制美国单边主义方面也有着共同的战略和长远利益，这是决定中东未来的重要因素之一。时机成熟，美国政府的单边主义政策和退出国际条约（包括但不限于伊核协议）

---

① Zamirirad, A., "Forced to Go East? Iran's Foreign Policy Outlook and the Role of Russia, China and India," *SWP Working Paper*, 2020, p. 7, https: //www. swpberlin. org/fileadmin/contents/products/arbeitspapiere/Working_Paper_FG06_01 - 2020__Forced_to_Go_East_Zamirirad. pdf.

② Mousavian, S. H., "Iran's New Doctrine: Pivot to the East," *The Diplomat*, 2020, https: //thediplomat. com/2020/10/irans-new-doctrine-pivot-to-the-east/.

都严重损害了美国作为世界强国的合法性和可信度。① 此外，中伊在很大程度上有着务实和非意识形态的关系。伊朗完全理解中国迅速发展为全球大国的影响。事实上，鉴于美国二级制裁对欧洲与伊朗的贸易产生了广泛影响，伊朗领导人现在将中国视为可以挑战美国经济主导地位的主要世界大国。与此同时，中国明白伊朗是一个重要的地区大国，位于中东和中亚的十字路口——这一地区对其"一带一路"倡议非常重要。尽管中国是其最大的贸易伙伴，但伊朗仍有大量未开发的外国投资潜力。② 因此，伊朗和中国都将从双边关系的正式和长期框架中受益。一项总体协议几乎肯定会使它们的伙伴关系更加牢固。

虽然伊朗和中国在双边协议和"一带一路"倡议框架内进一步合作所需的一切必要条件都已准备就绪，但包括美国和一些地区国家在内的次要行为者的作用也应得到考虑。中国将考虑与美国和该地区阿拉伯国家的关系，特别是沙特阿拉伯和阿拉伯联合酋长国的关系。由于美国征收关税导致中国与美国的贸易萎缩，中国将试图抵消其他地方的贸易下降。因此，鉴于阿拉伯国家对伊朗和中国有着广泛互动的敏感性，中国无意在短期内损害与其关系。此外，从长远来看，中国自然会呼吁中东地区行为体实现持久和平与更大程度的接触。③ 在这方面，虽然有些人将伊朗与海湾合作委员会关系正常化列为伊朗与中国签订25年合作协议的重要先决条件，但对中东事态发展的简要回顾，特别是在所谓的"阿拉伯之春"事态发展造成的动荡期间，伊朗在巩固和平、进一步区域融合和打击极端主义方面比该地区任何其他参与者付出了更大的努力。伊朗提出了不同的合作理念和倡议，例如与全球共同反对暴力和极端主义、塑造强大的地区和网络安全以及最近的霍尔木兹和平倡议。此外，与沙特阿拉伯王国或其他一些参与者不同，伊朗从未拒绝通过双边或多边的地区谈判来缓和紧张局势。伊朗还欢迎包括巴基斯坦、卡塔

① Mousavian, S. H., "Iran's New Doctrine: Pivot to the East," *The Diplomat*, 2020, https://thediplomat. com/2020/10/irans-new-doctrine-pivot-to-the-east/.

② Geranmayeh, E., "A Pragmatic Partnership: Why China and Iran Try to Collaborate," The European Council on Foreign Relations, 2020, https://ecfr. eu/article/commentary_ a_ pragmatic_ partnership_ why_ china_ and_ iran_ try_ to_ collaborate/.

③ Farajirad, A., "The Hard Offer," *Iranian Trade*, No. 381, 2020, pp. 381 – 382.

尔、日本和伊拉克在内的一些国家为改善伊朗、沙特阿拉伯和该地区其他国家之间的关系所做的调解努力。①

因此，缓和紧张局势和进一步的区域合作应被视为中伊双方一直努力追求的共同目标，但最重要的是需要海湾合作委员会成员内部的政治意愿，更重要的是美国对亚洲西部政策的重大转变。

如前所述，伊朗与中国的关系可以被认为是世界上十分古老的关系之一。需要仔细的史学研究来检查其各个方面的关系，以及从中留下的文化和文明文物，证明两国随着时间的推移进行了广泛的互动。尽管近代恰逢中国和伊朗历史帝国和统治地位的衰落，但它们的历史证明它们为重振古老的辉煌付出了艰辛努力，尽管路径不同，存在的具体问题不同，但它们在地区和全球发挥了积极和决定性的作用。在这方面，全球和区域趋势，特别是第二次世界大战之后的趋势，对两国选择的发展道路产生了决定性的影响。

一方面，战争将东亚地区转变为地缘经济中心，使经济发展成为其主要议程，并导致地区大国之间的和平合作与竞争。另一方面，中东已成为大国之间争夺和利益冲突的热点地区，迄今为止，导致了永久性的战争和危机，并阻碍了促进区域合作的道路。在这种情况下，中国一方面将自己提升为一个经济大国，并在不同方面扮演着全球角色。另一方面，伊朗尽管面临着伊拉克及其盟国发动第二次世界大战以来最长的战争、美国自1979年革命以来的敌对态度以及严厉的单边胁迫措施等严重危机和问题，但伊朗在科学、军事和社会领域取得了无数的成功，证明其是地区大国。

如前所述，伊朗是20世纪20年代王朝统治结束后中东第一个承认新中国政府的国家，同样，中国也是巴列维王朝之后较早承认伊斯兰共和国的国家之一。当代历史证明，中伊深化关系主要发生在1979年伊朗伊斯兰革命之后，特别是冷战之后。此后，中伊关系发生显著深化，特别是在经济、能源、安全和政治领域。对此，中国和伊朗在面临诸多问题的同时，塑造了友好关系，提升了中伊关系的重要性和前景。纵观中伊外交史，文化、宗教、贸易、艺术、科技等领域的频繁交流是两国关系的显著

① Dehshiri, M. & Shahmoradi, H., "Resurgence of Geopolitical Rivalry in the MENA after the 'Arab Spring'," *Asian Journal of Middle Eastern and Islamic Studies*, Vol. 14, No. 2, 2020, p. 231.

特点。美国佐治亚理工学院国际事务教授 John W. Garver 认为，中国和伊朗通过文化互动塑造了它们的观念和权力投射，从而为它们的合作和友谊铺平了道路。① 事实上，这些早期的联系为我们今天看到的中伊关系奠定了基础。虽然这些因素为进一步接触奠定了基础，但中伊当代关系一直受到第三方或外部行为者的影响，这在某些时期减缓了两国关系的发展。

关于中伊关系的未来，很明显，双方关系全面发展有很强的政治意愿，这主要是基于双方的国家利益。伊朗是中东地区大国，其外交政策建立在"抵制"美国霸权的基础上，这也符合中国的长远利益。但在抵抗美国众多压力的过程中，伊朗经济却失去了原本可以利用的机会——价值数千亿美元的机会。伊朗为其抵抗战略付出了代价。现在，伊朗为中国等国家提供了建立长期联盟的独特机会。② 自 21 世纪初以来，中国已成为伊朗最大的贸易伙伴和石油客户，合作已扩展到针对美国的地缘战略制衡。中国的规划者已将伊朗确定为通过"一带一路"倡议连接亚欧的重要国家之一。习近平主席提出了将全球贸易规则和投资实践体系重组为非美元导向的倡议。这个倡议对伊朗和中国都更有利。虽然这解释了中国在面对美国经济和政治压力时的韧性，但伊朗认为与中国的进一步战略合作和接触是其全面发展的更可靠途径。

因此，笔者认为，中伊关系将因多种原因而得到显著发展，包括具有文化和社会互动的友好背景、经济和政治利益，以及最终两国领导人的战略和长远眼光。然而，管理次要行为者角色的必要性也将构成两国未来关系的重要组成部分。

---

① Garver, J., *China and Iran：Ancient Partners in a Post-Imperial World*, University of Washington Press, 2006.

② Mousavian, S. H., "Iran's New Doctrine：Pivot to the East," *The Diplomat*, 2020, https：//thediplomat. com/2020/10/irans-new-doctrine-pivot-to-the-east/.

第三章　中国和伊朗两国的人文交流

中国和伊朗具有 2000 多年的交流历史，作为丝绸之路上的两个重要文明体，古代中国和伊朗之间的交流就已经达到空前高度。在近代，两国都遭到西方国家的殖民和侵略，中国和伊朗几乎断绝往来。中国改革开放和伊朗伊斯兰革命后，两国外交关系等级不断提升，友好交流的广度和深度正在进入新时期。2016 年，习近平主席访问伊朗，两国发表关于建立全面战略伙伴关系的联合声明，联合声明认为中伊双方在人文领域具有历史共通点与巨大的合作潜力，要加强各种形式的人文交流与对话，提升中伊文化教育合作水平。① 联合声明为新时期中国和伊朗的人文交流奠定了坚实的政治基础，指明了方向，中伊人文交流必将再创辉煌。

第一节　中伊两国古代的人文交流

中国和伊朗人文交流历史悠久。从古代开始中国和伊朗两个文明古国就在政治、经济、宗教、科技、语言、文学和艺术等领域开始了交流互鉴、相互影响。

一　政经往来概述

作为丝绸之路上十分重要的两个国家，伊朗和中国在古代就已经开始深入交流，横跨亚洲东西两端的两大文明互相影响，相互交融。中伊两国间的往来始于西汉与安息之间的接触，双方之间的往来也标志着丝绸之路

---

① 《中华人民共和国和伊朗伊斯兰共和国关于建立全面战略伙伴关系的联合声明》，新华网（http：//www.xinhuanet.com//world/2016-01/23/c_ 1117872814.htm），2016 年 1 月 23 日。

的初步形成。东汉建立后，也与安息保持着友好关系。87 年，安息国王遣使到洛阳，向东汉赠送狮子、符拔。97 年，汉和帝派班超出使西域，班超遣副使甘英访问大秦（罗马帝国），途经安息。几年之后，安息王满屈又派使者来中国。这一时期，长安已经有安息人，如早期宣传佛法的安息人安清和安玄。上述事实表明，两汉时期的中国和伊朗就已经在频繁交流，互相影响，这为后来两国文化进一步交流打下了良好的基础。

魏晋南北朝的动荡局面使中国和伊朗双方的交流出现波折。唐朝（618—907）统一后，正值萨珊波斯（224—651）后期，波斯与兼容并蓄的唐朝的文化交流进入一个高峰。波斯通过陆上丝绸之路不断遣使入唐，请求唐朝援助，以抵御来自阿拉伯半岛的大食人的大举进攻。萨珊波斯帝国灭亡后，许多王室贵族及其仆从逃到长安。唐朝于 678 年册立留在长安的萨珊波斯王室后裔泥涅师为波斯王，在吐火罗地区抵抗大食 20 多年后，泥涅师最后在长安病死。荣新江认为，从陆上丝绸之路来华的波斯人主要是肩负外交和政治使命的使者，而不是严格意义上的商人，使团的商业活动仅仅局限于朝贡贸易的范畴。这是因为西域与中原的商业网络此时被粟特人控制着。但波斯人在陆路的损失，通过海上丝绸之路得到部分弥补，虽然史料记载长安市面上有波斯商贩，但文献记载的波斯商人或他们开设的店铺，更多地出现在东南沿海地区。[①]

广州等沿海口岸与波斯的海上交通很早就已开通，但在 7 世纪中叶以后波斯商船才频繁来到中国东南沿海。波斯商人多聚集在广州、扬州、南昌等地，湖北和四川也有他们的足迹。值得一提的是，当时来扬州的波斯商人众多，为此后历代波斯商人来扬州奠定了基础。元朝末年，一位经营珠宝古董的波斯商人来到这里，他娶了当地人为妻，并带领乡民抗击土匪，最后不幸遇害。为了纪念这位波斯友人，扬州的榉树阁改名波斯庄。1994 年，中伊两国在此修建波斯庄纪念亭，纪念中伊传统友谊。[②]

中古时期来华的波斯人为了更好地融入华夏生活，往往会将其姓改成更易为汉民族文化接受的姓氏。波斯人往往直接取汉族姓名，在李唐一

---

① 荣新江：《丝绸之路与东西文化交流》，北京大学出版社 2015 年版。
② 《扬州的波斯庄和当年的波斯什么关系？中伊媒体昨来探访》，扬州发布，2018 年 1 月 7 日，http：//www.yznews.cn/p/458835.htm。

朝，李姓最为尊贵和常见，故波斯人也多取李姓。部分在长安的波斯贵族后裔被加官进爵，入仕唐朝，他们甚至被唐朝皇帝特赐姓李。如陕西西安出土的《李素墓志》记载李素是"西国波斯人"，被唐王朝"特赐姓李，封陇西郡，因以得姓也"。

　　宋朝由于国力衰弱，且南宋长期偏安东南，因此陆上丝路被阻绝，海上丝路因为民间商旅往来得以维持。蒙古人建立元朝后一路向西征服，在伊朗建立伊利汗王朝，由于同属蒙古人建立的政权，中国与伊朗的交往进入新的阶段。元朝恢复了陆上丝绸之路，在沿途设立驿站，方便交流。双方频繁互派使臣，开展经济和文化交流。双方还常互换官吏，伊利汗遣往元朝的伯颜为忽必烈所器重，忽必烈的丞相孛罗则为伊利汗赏识而居留伊利汗国。①

　　元代与伊利汗国的交往不只限于陆路，双方使者、商贾也通过海上丝路频繁往来。海上丝路一般由泉州港出发，绕过中南半岛至印度洋，在波斯湾口的忽鲁谟斯登陆，进而至伊利汗国都城帖必力思（大不里士）。根据泉州出土的大量伊斯兰教石刻及相关史籍，学者多以为"当时由海路来泉的波斯人，多来自阿达比勒、亦思法罕、卡泽沦、大不里士、设拉子、施拉夫、霍鲁木兹、布希尔、布哈拉等地"②。现在位于泉州的艾苏哈卜清真寺是古代中伊文化交往的见证。该寺始建于北宋，元至大三年，由波斯商人出资重修扩建，可见当时聚居海港泉州的波斯人不少，为满足他们宗教生活的需求，不得不重建清真寺。该清真寺后来经历多次重修扩建，成为中国现存最早、独具古阿拉伯伊斯兰建筑风格的清真古寺。

　　明清两代专注于内政治理，对与异域的交往缺乏兴趣，且自认为天朝上国，不屑于对外交流，因此逐渐封闭。明朝郑和下西洋到达过伊朗，这是中国古代探索西域最后的辉煌，但由于郑和下西洋完全由朝廷资助，耗费巨大，故无法持续。民间的交往则由于各种原因而不断衰退。

　　总之，中国古代与伊朗通过陆上和海上丝绸之路开始了持续且频繁的政治和经济往来，唐朝和元朝是双方交往的两个高峰，双方频繁的人员流

---

①　马建春：《蒙·元时期的波斯与中国》，《回族研究》2006 年第 1 期。

②　庄为玑、陈达生：《泉州清真寺史迹新考》，《世界宗教研究》1981 年第 3 期。

动促进了宗教传播、科技和文化交流，带来了文化的交流和繁荣。

二　宗教传播

在中国和伊朗的古代交流中，宗教传播是一个重要方面，大约在南北朝至唐代，琐罗亚斯德教、景教、摩尼教和伊斯兰教等均经由伊朗传入中国。当时中国政治安定、经济繁荣、对外开放，容许各种思想传播，这些传入的宗教有些虽已灭绝，但在文化交流史上曾起到了一定的推动作用，并且沟通了各国人民之间的思想感情。

南北朝时期琐罗亚斯德教传入中国，在中国又称祆教、火祆教、拜火教，该教流行于古代波斯、中亚等地，比伊斯兰教在伊朗的传播要早得多。琐罗亚斯德教信奉善恶二元论，认为善与恶这两种对立的本原一直在斗争，最终将是善战胜恶。唐朝初期，琐罗亚斯德教在中国受到优待，在华聚居的波斯人多建有祆教寺院，长安西北部就有祆祠三座。不过祆教在中国并未进行大规模传播，也无祆教经典传世，宋朝时候在镇江尚有祆教祠，宋以后就不再见到有关祆祠的记载。

摩尼教由波斯人摩尼创始于3世纪，但不为波斯所容，摩尼被处死后，教徒四处逃散。它宣传"二宗三际说"，即明暗两宗的斗争分为初际、中际和后际三个阶段。摩尼教传入中国是在唐武后延载元年（694年），波斯摩尼教徒携带二宗经入唐，在长安、洛阳等地建立了摩尼教寺院。摩尼教在中国发展较快，对贫苦民众有一定的吸引力，在中国封建社会后期的农民起义中产生过较大的影响，有些农民起义用摩尼教的"明暗斗争说"来动员民众。摩尼教对五代、宋、元、明和清的秘密宗教组织——明教、白云教、白莲教等均有过直接影响。在甘肃敦煌莫高窟和新疆吐鲁番都发现了摩尼教经典。在福建泉州华表山有摩尼教草庵，据考证为元代的摩尼教建筑。

景教是基督教中的聂斯托利派，由于与正统基督教教义不同，受东罗马帝国排挤，后来向东发展，在伊朗得到统治者的支持。具体传入中国的时间不详，但根据保存在陕西的"大秦景教流行中国碑"，在唐代贞观九年（635年），波斯僧阿罗本抵达长安传布景教。在天宝四年（745年）以前，波斯被认为是聂斯托利派的发源地，故其寺院在中国均被称为"波斯寺"，其僧侣则被称为"波斯僧"。唐玄宗曾亲自为景教题额，745年，唐玄宗下令将波斯寺改名为大秦寺。据"大秦景教流行中国碑"所载，当时景教在中国"法流十道，寺满百城"，可见信徒不少。在新疆和甘肃的考古发现景教寺院和进行宗教活动的壁画。

伊斯兰教在 7 世纪由先知穆罕默德开创，尽管伊斯兰教不是伊朗人所独创，但一般认为伊斯兰教是在大食灭萨珊波斯后，经过海陆两路传入，由海路传入则应当更早。最早把伊斯兰教传入中国的是部分阿拉伯人和波斯人，元朝时期，伊斯兰教的影响更大了，据史料记载，在中国当时的 12 个省份中，八个省有穆斯林。伊斯兰教的传入对中国回族的形成有直接的影响。虽然中国穆斯林绝大部分属于逊尼派，但他们也受到什叶派风俗习惯的影响。

三　科学技术交流

中国丝绸在古代是最受伊朗人喜爱的外来商品，由于掌控中国与西方贸易的通道，伊朗人最先将中国丝绸和养蚕缲丝技术传入中东地区，由于丝绸是中国与西域各国交流的象征，因此中国与西域联系的通道也被学者命名为"丝绸之路"。中国瓷器以精美著称。伊朗历代王朝都大量订购中国瓷器，其中以萨法维王朝（1502—1735 年）最为突出，中国瓷器经由陆海两条"丝绸之路"源源不断运到伊朗，伊朗各地都有中国历代瓷器出土。在广东省博物馆保存了伊朗宫廷专门订制的明代瓷器。另外，指南针、雕版印刷术、造纸术、硝等技术都先后传至伊朗，再由伊朗传到欧洲，促进了伊朗的经济发展和文化繁荣。

古代伊朗也对中国科学技术的发展作出了贡献。如 1270 年，波斯著名天文学家贾玛如丁向元朝宫廷呈献了多件天文仪器。在伊利汗王朝时，伊朗向元朝宫廷进献了由伊朗天文学家纳西鲁丁·图西创立的新纪年法——"万年历"。古代伊朗的建筑材料如发券的砖石结构、拱顶建筑形式以及色泽鲜艳的琉璃砖瓦等，均对中国的建筑技术产生过影响。

两国在农作物上也是互相影响，互通有无的，由伊朗传入中国的作物有苜蓿、葡萄、阿月浑子（开心果）、扁桃（巴旦杏）、波斯枣、没药（没药树）、阿魏（一种药材）、没石子（无食子）、小茴香和甜菜等。而由中国传至伊朗的作物则有桃和杏、茶叶、肉桂和茯苓等。

四　语言、文学和艺术交流

在张骞出使西域之后，一些波斯语词汇陆续融入汉语中。许多来中国经商或传教的波斯人在中国都说波斯语。元代朝廷录用众多色目人，其中就有不少波斯人。叶奕良认为，波斯语很可能是元代朝廷里的通用语言之一，其地位仅次于蒙古语和汉语。① 元朝还曾专设"回回国子学"，教授波斯语。在元朝任职多年的威尼斯人马可·波罗在所著的游记中，有一些词用的是波斯语。中国研究波斯语的历史也比较悠久，早在清代康熙年间，中国学者便编著一部名为《学习门径》的波斯语语法书。在北京和南京发现该书的手抄本多种，现在该书已经在伊朗影印出版。

唐代一些波斯后裔在文学艺术上造诣颇深，李珣就是其中之一。他原是波斯人，在黄巢起义时，随僖宗入蜀，后来定居当地，李珣的诗文颇具特色，著有《琼瑶集》等，《全唐诗》收录他的诗作 50 多首。伊朗古代文学作品在中国也得到较为广泛的流传，例如萨迪名著《蔷薇园》（14 世纪），由于作者优美的文笔和韵律，几百年来一直在中国流传。该书在中国存有不同时期的抄本。还有一些波斯古籍的手抄本也陆续在中国被发现。在波斯古典文学中，常有描述中国帝王的故事情节。在波斯文学作品里常把最美的女性比作中国姑娘。

中伊两国在文化艺术方面的交往十分丰富多彩。在绘画方面，伊朗绘画艺术在蒙古人统治伊朗后，受到中国工笔画和水墨画的影响；在绘画风格上，甚至连花纹构思和形状都极为相似。同样，在中国雕像和其他美术作品中所见到的古代武士盔甲鳞片，很可能仿自伊朗。这些武士盔甲和马饰等装饰，在伊朗安息王朝时代便已存在。

在音乐领域，中伊之间的交流也不少。中国音乐在元代、明代时曾受伊朗音乐的影响。双方均有名为"十二木卡姆"的大型套曲，但两者起源还需考证。两国在乐器上的交流也很明显：中国向伊朗送去了琵琶、竹笛等古乐器，中国则从伊朗获得唢呐和洋琴等乐器。伊朗和新疆地区所使用的乐器十分近似，甚至名称都相同，如冬不拉、都塔尔等。从这些乐器

---

① 叶奕良：《中国和伊朗在古代的文化交往》，《中国钱币学会丝绸之路货币研讨会专刊》2004 年。

名称就可看出应该出自波斯语。

在中国发现的诸多外国钱币中，伊朗古代钱币就有不少。中国著名学者夏鼐先生对伊朗古钱币在中国的情况有专门研究。据统计，现在中国境内考古发现和保存的伊朗古钱币达 2000 枚左右，其中大部分为萨珊王朝所铸造，且以硬币为主。上海博物馆就收藏了萨珊王朝银币共 200 多枚，包括该王朝各个国王发行的各种类型的银币。[①] 这也从侧面说明当时伊朗和中国商旅往来十分频繁。

第二节　中伊两国现当代的人文交流

中国驻伊朗前大使华黎明认为："在近代，中伊两国的命运相同，但是相互的关系却隔绝了数百年，形成中伊关系史的一段空白。"近代中伊文化交流几乎停滞，直到中国改革开放和伊朗伊斯兰革命之后，两国各领域的文化交流才得以逐渐展开，21 世纪的中伊人文交流不断深入，内涵更加丰富。本节将重点论述中国和伊朗在学术教育、出版和电影领域的交流与合作，之所以选择从这三个角度入手，一是因为中伊两国在这几个文化领域交往比较深入，二是因为便于大众通过这些途径互相了解、增长知识。

一　学术和教育交流

在新中国成立后的很长一段时间里，由于各种历史条件的制约，中国对伊朗的研究停滞不前。中伊建交，尤其是中国改革开放，加深了两国政治、经济和文化交流与合作，以及中国学者认识伊朗在中东的地位，越来越多的学者对伊朗产生兴趣，开始深入研究伊朗政治、外交、经济和文化等议题。中国学者叶奕良在 20 世纪 90 年代就提出要发展中国的"伊朗学"，加深对伊朗历史和文化的研究。而随着时代的发展，中国对伊朗的研究扩展到外交政治等各个方面，可以说凡是有关伊朗的研究，都可以视为"伊朗学"。

---

① 叶奕良：《中国和伊朗在古代的文化交往》，《中国钱币学会丝绸之路货币研讨会专刊》，2004 年。

1990 年，在北京大学和德黑兰大学的支持下，北京大学伊朗学研究所建立，标志着中国伊朗学正式形成，在第一任所长叶奕良的带领下，1992 年首次在北京大学举办"伊朗学在中国"研讨会，此后每五年召开一次"伊朗学在中国"的研讨会，最近一次是在 2016 年，由北京大学伊朗文化研究所所长王一丹主持开幕式，会议邀请了中国和伊朗学者，伊朗驻华外交官员致词。①

中国过去的伊朗研究都设立在国际关系研究学院或者中东西亚研究所之下，尚未独立出来。新世纪以来，中国的伊朗研究朝着更加精细化、专业化的方向发展，在西北大学、云南大学、上海外国语大学和西南大学先后成立了"伊朗研究中心"，与北京大学外国语学院伊朗文化研究所等，共同形成中东研究系统下的专门化伊朗研究机构。②

云南大学作为国内较早成立伊朗研究中心的高校，也举办过多次促进中伊文明交流的会议。2007 年，伊朗驻华使馆和云南大学国际关系研究院共同举办了云南大学首届伊朗学国际学术研讨会。2018 年，由云南大学与伊朗穆斯塔法国际大学（Al-Mustafa International University）联合主办，教育部国别研究基地云南大学伊朗研究中心承办的第三届"回（伊斯兰）儒文明对话国际学术会议"在云南大学举行，伊朗驻华大使哈吉给大会发来贺信。③

随着中国研究伊朗问题的科研机构和专家学者的增多，越来越多的中国学者有机会到伊朗进行访学交流，中伊两国学者之间的往来互动有利于增进民间友谊，深化学术合作，促进战略理解。2016 年 1 月，在习近平主席访问伊朗期间，由中国人民大学和伊朗政治与国际问题研究院主办，得到两国外交部、国家发改委和伊朗经济部支持的"中伊智库'一带一路'对话"会议在德黑兰举行。在此次对话会上，两国签署了《中国国家发改委、中国人民大学和伊朗外交部、伊朗政治与国际问题研究院共建"一带一路"智库合作备忘录》，该备忘录是第一个重要大国之间官学合

---

① 《第六届"伊朗学在中国"国际学术研讨会在北京大学举行》，中国国际广播电台，2016 年 11 月 10 日，http：//124.205.79.179/xyxw/50819.htm。

② 杨兴礼：《中国的伊朗研究六十年》，《西亚非洲》2010 年第 4 期。

③ 《我校与伊朗穆斯塔法国际大学第三届"回儒文明对话"国际学术会议举行》，云南大学官网（http：//www.news.ynu.edu.cn/info/1099/24228.htm），2018 年 4 月 28 日。

作、共建"一带一路"的国际智库合作协议,是此次习近平主席访问伊朗的重大成果之一。①智库合作备忘录的签署将进一步促进两国学界的沟通交流,是培养民间关系纽带,加强政策沟通的重要渠道。表Ⅲ-3-1列举了国内部分伊朗研究机构的研究成果及与伊朗的学术交流情况。

表Ⅲ-3-1　　中国高校的伊朗研究成果及与伊朗高校的交流情况

研究机构	研究成果	与伊朗高校的学术交流
北京大学伊朗文化研究所	连续举办多届"伊朗学在中国"学术研讨会,曾在研究所任职的曾延生教授主编过《汉语波斯语词典》	伊朗学者穆罕默德—阿米尔·贾拉里(Mohammadamir Jalali)任伊朗文化研究所外聘副教授;2020年10月,北京大学外国语学院西亚系波斯语言文化教研室和伊朗伊斯兰共和国驻华大使馆文化参赞处联合举办"伊朗文学里的中国和中国文学里的伊朗"线上研讨会
西南大学伊朗研究中心	研究中心主任冀开运主编的《伊朗发展报告》已经连续出版三年,是社会科学文献出版社"伊朗蓝皮书"系列著作	伊朗学者艾森·杜思特·穆罕默迪(Ehsan Doostmohammadi)在中心任特聘研究员;2020年1月,伊朗亚兹德大学(University of Yazd)校长、国际处处长和亚兹德医科大学国际处处长访问伊朗研究中心,希望中心帮助亚兹德大学建立中国研究中心,设立孔子学院,加强西南大学与两校之间的学术交流;伊朗研究中心黎力博士参与伊朗学界《新冠病毒与国际关系》的撰写,负责"新冠病毒与中伊关系"一章
北京外国语大学	波斯语教研室主任于桂丽编写《波斯语基础教程》,专著《波斯文学简史》由伊朗塔巴巴伊大学出版社出版,并即将出版中文版	霍梅尼国际大学(Imam Khomeini International University)校长与北京外国语大学校长互访,商讨两校合作事宜。波斯语专业先后举办了学术讲座、教学研讨会、全国波斯语演讲比赛等多种形式的文化交流活动。在使馆文化处和伊朗高校的协助下,2019年秋季学期波斯语专业学生赴阿拉梅·塔巴塔巴伊大学(Allameh Tabataba'i Universit)留学并顺利完成学业。伊朗驻华大使馆文化参赞阿巴斯阿里·瓦法伊(Abbasali Vafaei)建议北京外国语大学承办下一届"伊朗学名家座谈会"
北京语言大学		2020年6月和7月,北京语言大学校长刘利分别与塔巴塔巴伊大学校长和设拉子大学(Shiraz University)校长举行线上会议,讨论校际学术交流及合作事宜。北京语言大学还与设拉子大学签署了《文化科研及教育合作协议》

① 王文:《透过伊朗高访看中国智库外交》,《对外传播》2016年第3期。

续表

研究机构	研究成果	与伊朗高校的学术交流
上海外国语大学		上海外国语大学和霍梅尼国际大学校长互访。上海外国语大学和塔巴塔巴伊大学曾于 2016 年签署合作谅解备忘录，随后双方连续互派学生，参加对方组织的短期暑期班活动。2019 年，上海外国语大学与塔巴塔巴伊大学联合成立的中国研究中心在德黑兰揭幕。上海通过研究项目向德黑兰和德黑兰师范大学派遣留学生
安徽大学西亚北非研究中心	中心主任王泽状教授与伊朗马什哈德大学学者 Seyed Ali Mazinani 和 Ghulam Hossein Noee 等联合主编的学术著作 Two Sides of the Horizon：An Investigation on 2100 Years of Historical，Cultural and Economic Relations between Iran and China along Silk Road 由伊朗 Beyn al Nahrien Publishers 出版社正式出版发行①	王泽状教授曾于 2016 年受邀参加霍梅尼国际学术研讨会暨纪念活动，2019 年参加由伊朗驻华大使馆文化处主办的"伊斯兰革命成就与历史意义"学术研讨会②
云南大学伊朗研究中心	中心主任姚继德与德黑兰大学历史系教授穆罕默德·巴盖尔·乌苏吉（Mohammad Bagher Vosooghi）合作开展"伊朗古地图中的'中国海'"研究，为中国对南海诸岛主权的举证提供了较为充分的"第三方"实物资料③	云南大学与德黑兰大学共建孔子学院。2018 年，云南大学与穆斯塔法国际大学联合主办"回（伊斯兰）儒文明对话国际学术会议"
吉林外国语大学		2020 年 9 月 21 日，吉林外国语大学与塔巴塔巴伊大学召开视频会议，两校讨论了互派师生、教学科研合作等事宜④

---

① 《我中心与伊朗学者合编 Two sides of the horizon 在伊朗正式出版发行》，安徽大学西亚北非研究中心官网（http：//yfyjzx. ahu. edu. cn/2020/1109/c12115a249197/page. htm），2020 年 11 月。

② 《我中心主任应邀参加"纪念伊斯兰革命胜利四十周年"学术研讨会》，安徽大学西亚北非研究中心官网（http：//yfyjzx. ahu. edu. cn/2019/0214/c12102a195482/page. psp），2019 年 2 月。

③ 《中伊学者揭秘伊朗古地图，南海海域一直被标明为"中国海"》，新浪网（http：//news. sina. com. cn/o/2016-06-15/doc-ifxszmnz7370262. shtml），2016 年 6 月 15 日。

④ 《我校与伊朗阿拉麦·塔巴塔巴伊大学召开教育合作视频会议》，吉林外国语大学官网（http：//www. jisu. edu. cn/info/1019/4081. htm）。

续表

研究机构	研究成果	与伊朗高校的学术交流
厦门大学		与伊朗伊斯法罕大学（University of Isfahan）缔结姐妹学校，两校校长实现互访，两校在语言教学、科研合作、师生互换、博士联合培养、共同举办会议等方面达成多项合作共识。2017年，厦门大学举办"伊斯法罕大学日"活动，未来伊斯法罕大学也将举办"厦门大学日"活动①

2015 年，北京大学外国语学院张鸿年、曾延生、叶奕良三位学者获得北大伊朗文化研究所授予的"杰出贡献奖"、伊朗伊斯兰文化联络组授予的"终身成就奖"和德黑兰大学专门为有突出成就的国内外学者设立的纪念奖章，叶奕良进入伊朗"名人堂"。这些奖励表明北京大学及中国学界在波斯语教学和研究、伊朗文化研究和传播方面取得显著成就。

中国的伊朗研究从古代就已经开始。其中历史、宗教等领域的研究进展较快，这为后来学者研究中伊关系打下坚实的基础。目前，学界的研究视野不断扩大，涉及政治、外交、经济、能源和文化等诸多方面，取得了可喜的成绩，中国的伊朗研究有了长足进步。但仍存在不足之处，例如国内学者多集中于政治和外交关系研究，研究视野还需要扩展，对中伊军事关系、中伊产业和技术合作、国际旅游、劳务输出等议题的研究还需深化。②

在中国学者研究伊朗的同时，伊朗学界研究和了解中国的兴趣也不断增强。1997 年，为了满足中伊两国日益密切的政治、经济、贸易、科技和文化交流的需要，伊朗政府在首都德黑兰北郊的国立沙希德贝赫什提大学人文学院正式开办了伊朗高校唯一的中文系，填补了伊朗高校无汉语教育的空白。至今该系办学已有 12 年，培养了汉语言文学本科毕业生百余人，并在此基础上于 2000 年成立了一个"汉学研究中心"。③

德黑兰大学（University of Tehran）是伊朗最高学府，在中国国家汉办

①　《伊朗"伊斯法罕大学日"在我校圆满举办》，厦门大学官网（https://ice.xmu.edu.cn/info/1014/1481.htm）。

②　刘雪莉、陈俊华等：《中国与伊朗关系研究回顾与展望》，《世界地理研究》2016 年第 1 期。

③　姚继德：《伊朗的汉语教学与德黑兰大学孔子学院》，《云南师范大学学报》2009 年第 6 期。

和孔子学院总部的支持下，德黑兰大学成立了伊朗第一所孔子学院，由云南大学和德黑兰大学联合共建。孔子学院设在德黑兰大学外语学院，依托孔子学院，外语学院还设立了中国研究中心。2009 年举行了孔子学院揭牌仪式，中国驻伊朗大使和伊朗驻华大使共同出席，中伊两国媒体热烈报道。2016 年，广州大学和马赞德兰大学（University of Mazandaran）合作建设马赞德兰大学孔子学院，2019 年在马赞德兰大学举行揭牌仪式。这也是伊朗建立的第二所孔子学院。

此外，伊朗设立汉语言文学专业的大学还包括：塔巴塔巴伊大学，开设时间为 2014 年；伊斯法罕大学，开设时间为 2013 年 2 月；塞姆南大学，开设时间为 2014 年 2 月。[①]

总体而言，伊朗对中国学的研究基础比较薄弱，专业师资力量不足，目前各大学还处于语言学习的阶段，未来有待进一步深入。而且伊朗汉学专家对中国的研究多厚古薄今，对古代历史文化的研究多过对当代中国的研究。例如，沙希德贝赫什提大学中文系的创建者唐内希普对中国艺术情有独钟，对宋徽宗的绘画及中国古代青花瓷器艺术都有深入研究。[②] 伊朗汉学界的著名学者、德黑兰大学教授巴赫提亚尔则对中国的古代诗歌和古代丝绸之路研究颇深。德黑兰大学孔子学院的建设目前也面临着困难和挑战，如何利用孔子学院传播中国文化，加深伊朗对中国的研究和认识还任重道远。

随着中国经济的发展，中伊经贸往来扩大，伊朗对本国汉语人才的需求不断增长，但伊朗国内无法提供合格的汉语教育，越来越多的伊朗学生选择到中国留学。据 2017 年中国科技部报道，伊朗在华留学生约 1600人，他们主要在北京、上海、南京、武汉和西安等大城市学习。伊朗在华留学生首选中文专业，因为好就业。部分伊朗留学生通过做翻译和带旅游团能够挣得不错的收入。其次会选择工商管理、工业、文艺和农业。这些留学生既是中伊文化交流的见证人，又是文化交流的使者和传承者。他们将鼓励更多的伊朗青年来华留学，帮助伊朗社会深入认识中国，了解中

---

① 姜楠：《中国在伊朗的文化软实力建设研究》，《对外传播》2017 年第 3 期。
② 《伊朗知名汉学家唐内希普教授：今天中国的幸福生活来之不易，希望中国人日子越过越好》，中国国际在线（https://www.sohu.com/a/340767944_115239）。

国，助力中国文化软实力的传播。

二　出版交流与合作

书籍是文化交流的重要载体，书展则是文化交流的重要舞台。近年来，两国越来越多的出版机构出现在对方国家举办的国际书展上。德黑兰国际书展是伊朗规模最大的图书展会，1988 年首次举办，此后每年举办一届。在中东地区和亚洲出版界也颇有影响力。每届博览会平均有 2000多个国内参展商，100 多个国外参展商参加。博览会期间还举办各类图书发布会、与伊朗作家面对面、演讲、写作坊等文化活动。中国参加了历届德黑兰国际书展，继 2017 年北京国际图书博览会伊朗成为主宾国后，伊朗政府将 2019 年德黑兰国际书展的主宾国定为中国。中国出版社本着交流文化、开拓市场的目的，携带 4000 多种、15000 多册精品图书参展，其中包括反映习近平新时代中国特色社会主义思想的发展脉络和丰富内涵的图书，有助于伊朗民众理解当代中国。

作为主宾国，中国举办多场出版交流活动，促进两国出版交流。其中，"中国好书"推介会，让"中国好书"走进更多的伊朗家庭，让更多的伊朗人民阅读中国；"'一带一路'与民心相通论坛"，邀请"一带一路"沿线国家出版合作体的出版人、作家和学者奉上出版与学术的高端对话，让世界各国文明之间的思想在这里碰撞；"中国故事"系列图书波斯语版联合签约暨中伊出版新合作启动仪式将以书为媒讲述"中国故事"，搭建中伊出版社合作共赢的桥梁，促进中国文化在伊朗乃至中东地区的传播；"时代的记忆：中国人的 40 年演讲会"通过生动的图片和鲜活的故事，从小视角反映大时代，展现中国改革开放 40 年对于城市图景、社会生活、文化消费和个人命运带来的深刻改变；"文明互鉴与文化自信：中伊出版文化论坛"通过讨论中华文明与伊朗文明间的交流展示中伊出版成果，从传承发展的角度寻找实现文化自信的力量。另外，书展期间中方还举办了丰富多彩的文化艺术展览活动。①

中国国内出版了大量与伊朗相关的图书，其中最多的是文学作品。20

①　《第 32 届伊朗德黑兰国际书展迎来中国主宾国》，中国新闻出版广电网（https：//www.chinaxwcb. com/info/552461），2019 年 5 月 7 日。

世纪 80 年代以来，国内大规模翻译和出版伊朗文学作品，主要作家的代表作品基本都被译为中文出版。2017 年，伊朗作家萨迪克·赫达亚特的《瞎猫头鹰》在国内翻译出版，1936 年出版的《瞎猫头鹰》是"伊朗现代文学史上最著名、最优秀、最耀眼的作品"。除文学作品外，有关伊朗的图书以商务印书馆的《世界征服者史》等几种商务汉译世界名著，美国劳费尔的《中国伊朗编》以及《伊朗史》《波斯史》等图书为主，涉及元代史、古代中亚史、伊朗历史等主题。

商务印书馆目前正在出版"汉译波斯经典文库"，拟收录包括波斯文学"四大柱石"（著名诗人）在内的八位诗人的十部主要作品，堪称波斯文学的精粹。"文库"首批与中国读者见面的作品将是《果园》《蔷薇园》《哈菲兹抒情诗全集》《蕾莉与玛杰农》《内扎米诗选》等。此外，商务印书馆还在哲学、历史学、法学、政治、艺术、文学等多个学科领域与伊朗展开合作。同时商务印书馆也向伊朗输出版权。伊朗还是商务印书馆中华文化图书版权输出的优先合作对象。《新华字典》将译为波斯语在伊朗出版发行。商务印书馆与伊朗在人文社科领域展开的合作，为"汉译名著"事业注入新的活力，有着重要的学术价值和文化意义。

2017 年，五洲传播出版社与伊朗知识和人文翻译出版中心签订"翻译与出版合作框架协议"。近年来，五洲传播出版社向伊朗输出版权 50 余种，与伊方合作出版"当代中国""中国文化"和"人文中国"三套丛书，向伊朗读者介绍中国国情和传统文化。同时，该社还将出版汉英对照画册《"家园"系列摄影集——伊朗》，介绍伊朗的风土和人情；出版《我们和你们——中国和伊朗的故事》，介绍两国友好交往的历史。五洲社传播出版社还为 2019 年德黑兰国际书展中国主宾国活动推出一批波斯文版的中国当代文学作品。①

为服务国家"一带一路"的重大决策，践行"文化走出去"国家战略，2017 年，陕西师范大学出版总社、西安外国语大学与伊朗阿拉梅塔巴塔巴伊大学出版社共同创建陕西师范大学出版总社伊朗分社，旨在让中国文化快速走出去，落地生根，辐射周边。

"世界图书奖"（World Book Award）是伊朗政府在 1993 年设立的最

---

① 王立平：《"一带一路"视域下的伊朗出版业》，《出版参考》2019 年第 2 期。

高图书荣誉奖励，旨在奖励上一年度由外国作者和出版社撰写和出版的有关"伊斯兰研究"和"伊朗研究"的优秀图书，前者包括以伊斯兰史、伊斯兰文化和文明等为主题的图书，后者则主要是以波斯语言和文字、波斯文学和诗歌、古代波斯文明等为主题的图书。获奖图书和作者将由伊朗总统亲自颁奖。

2018 年北京大学外国语学院西亚系波斯语教研室时光凭借译注的《〈伊利汗中国科技珍宝书〉校注》一书喜获第 25 届世界图书奖，受邀赴伊朗领奖。2018 年 2 月 7 日，在伊朗首都德黑兰瓦赫达特大会堂隆重举行了图书奖颁奖典礼，伊朗总统哈桑·鲁哈尼及伊朗文化与伊斯兰指导部部长阿巴斯·萨利赫·沙里亚提亲自为获奖者颁发了获奖证书及纪念奖章。①

《伊利汗中国科技珍宝书》是一部成书于 14 世纪伊朗伊利汗王朝时期关于中国医学的波斯文古籍，反映了当时伊朗地区与中国在医学等科技文化方面的密切来往与交流，具有极高的学术研究价值，时光经过多年努力，于 2016 年 10 月完成了《〈伊利汗中国科技珍宝书〉校注》一书，由北京大学出版社公开出版发行。《伊利汗中国科技珍宝书》本就是古代中伊文化交流的象征，时光对其进行校注，又获得伊朗世界图书奖，再续了中伊文化交流佳话。

在中国学者介绍和翻译伊朗典籍的同时，精通中文和中国文化的伊朗学者也向伊朗传播中国传统文化。西南大学伊朗研究中心特聘研究员艾森·杜思特·穆罕默迪（Ehsan Doost Mohammadi）将中国传统文化和中医介绍给伊朗人民，翻译了《黄帝内经素问》《孟子》《墨子》《大学》《中庸》《四书五经的名言》《濒湖脉学》《舌诊》《中药学》《中医内科学》，以及莫言的短篇小说《初恋》，并负责《习近平用典》古文章节的波斯文翻译。他目前正在参与"中医基本名词术语中波对照国际标准"的研制工作。2019 年 4 月 24 日，在伊朗德黑兰第 32 届国际书展上，艾森·杜思特·穆罕默迪翻译的中国作家路内的《慈悲》（波斯文版）举行了新书首发仪式。②

---

① 《外国语学院西亚系时光副教授荣获伊朗年度世界图书奖》，北京大学外国语学院，2018 年 2 月 28 日，https：//sfl. pku. edu. cn/xyxw/61043. htm。

② 西南大学伊朗研究中心翻译的《慈悲》一书在伊朗发行，西南大学伊朗研究中心官网。

两国出版界通过图书出版交流与合作促进了两国人民的互相理解，加强文明互鉴，也为双方出版商提供了更大的商机，做大做强了双方文化出版事业。目前中伊图书出版交流还面临着一些障碍，如缺乏翻译人才，伊朗市面上不少中国经典图书都是从英语转译而来，其中不乏错漏之处。因此培养中文和波斯语互译的人才能够为中伊图书出版交流奠定坚实的基础。

三 影视文化交流与互鉴

当今世界，电影是衡量文化软实力和工业硬实力的重要标志。电影通过影像展示着一个国家和民族的特点，例如美国的好莱坞，载歌载舞的印度电影和日本的动漫都向世界传递着该国的文化特色。因此各国都非常重视发展本国的影视产业，以影视作品为媒介促进对外文化传播和文化软实力建设，扩大国际影响力。除了文化动机外，在人们愈加重视精神文化消费的现代社会，影视娱乐行业也蕴含着重要商机。近年来，中国电影市场不断发展，电影制作技术不断进步，中国电影与世界电影之间的合作交流也愈加频繁。其中，中国与伊朗电影之间的交流成为两国文化交流的新亮点。

《少林梦》主要讲述痴迷中国少林功夫的伊朗青年来华与其中国伙伴共赴少林、学武求艺的坎坷经历，是一部动作喜剧电影，集结了两国一线电影导演和明星加盟，将在中国和伊朗两地进行拍摄，并将在中伊两国放映。

2013年，应伊朗曙光旬电影节组委会的邀请，中国国家广播电影电视总局和中国电影集团公司在曙光旬电影节期间举办了中国电影周活动，集中展映《唐山大地震》《飞越老人院》《额吉》等近年来出品的10部优秀中国国产电影作品，向伊朗民众介绍中国的电影文化。中国电影代表团也借此机会访问伊朗，代表团成员包括冯小刚和薛晓路导演、演员徐帆及闪亮文化传播公司董事长沈健。此次访问最重要的一场电影活动是在德黑兰标志性建筑米拉德电视塔的会展中心放映中国电影周开幕影片，冯小刚导演、徐帆主演的《唐山大地震》。伊朗观众深受感动，放映结束后与主创人员热烈交流。

两国有关部门在中国电影周的开幕式上，正式签署了两国电影合作谅解备忘录。中伊两国将鼓励各自国内的电影公司参加对方举办的电影节，鼓励双方的电影机构合作拍片，同时加强两国电影资料馆之间的合作、推动两国电影从业人员的交流。

在此次中国电影代表团的伊朗之行中，沈健还结识了一位热衷少年武术的伊朗友人马苏德·贾法里，他曾在河南嵩山少林寺学习武术，还给自己起了个中文名字"云小龙"。他学成回国后从事武术教学，如今在伊朗有上千弟子。他穿着一身中国练功服找到沈健，还赠送沈健一部他自己筹钱拍摄的功夫片，这可是首部以中国武术为主题的伊朗电影！云小龙的经历使沈健决定以他为原型拍一部中伊合作电影，这个想法得到了国家新闻出版广电总局的支持。① 在 2015 年伊朗第三十三届曙光旬国际电影节上，中国与伊朗首部合拍故事片《少林梦》举行签约仪式。来自中国的闪亮传媒董事长沈健与伊朗最大的电影公司法拉比电影基金会代表在协议上签字，伊朗文化部部长和文化部副部长、伊朗电影组织主席霍杰托比·阿尤比出席签字仪式。②

2014 年，伊朗总统鲁哈尼访华，达成的交流成果之一是在伊朗举办中国电影节。同年 9 月 17 日，中国电影节在伊朗电影博物馆拉开帷幕，13 部纪录片和《中国合伙人》《大闹天宫》《警察日记》《转山》《龙门飞甲》五部电影参展。中国驻伊朗大使庞森说，两国电影界都对合作表现出很大兴趣，今后电影、导演和演员的交流，以及合拍电影都有广阔的合作空间。中国已经是世界上第三大电影生产国和第二大电影市场，伊朗电影在中国也有希望占据一席之地。③

2018 年 8 月 15—17 日，中国驻伊朗大使馆与伊朗文化指导部下属的艺术与体验电影机构合作，举办"中国电影回顾展"，选取三部影片《唐山大地震》《山河故人》和《三城记》，分别在德黑兰、伊斯法罕、设拉子等六个城市同时展映，使伊朗观众有机会通过电影了解当今中国。伊朗艺术与体验电影机构负责人贾法尔·萨内伊·莫卡达姆在开幕式上接受采

---

① 沈健：《一个中国电影人的伊朗情缘》，《世界知识》2017 年第 4 期。
② 《首部中国伊朗合拍电影〈少林梦〉举行签约仪式》，国际在线新闻网（http：//news. cri. cn/gb/42071/2015/04/28/3245s4946090. htm），2015 年 4 月 28 日。
③ 《中国电影节打开中国与伊朗交流新窗口》，中国社会科学网（http：//www. cssn. cn/gj/gj_gwshkx/gj_ wh/201409/t20140918_ 1332664. shtml），2014 年 9 月 18 日。

访时表示，这是他们机构第一次与中国大使馆进行影视文化方面的合作，他希望通过双方合作将中伊两国电影作品介绍到对方的电影市场：

> 现在德黑兰和其他五个城市一共展映三部中国电影，这是我们的艺术与体验项目第一次与中国使馆举行这样的活动，这个非常重要，这是双方合作的第一步。第二步我们希望两国之间的导演能一起拍电影。然后接着希望在两国之间能够促进电影上的贸易，也就是中国电影进入伊朗影院，伊朗电影进入中国影院。①

可见，伊朗官方和伊朗电影界人士非常重视中国市场的前景，希望伊朗电影能够在中国的院线上映，但由于中国观众对伊朗文化和社会不够熟悉，伊朗电影要在中国大银幕上线还有一段路要走，从合拍片开始可能是个不错的选择。

中伊两国电影互相参加对方举办的电影节成为两国电影交流的重要渠道，也是两国观众了解彼此的重要窗口。伊朗曙光旬国际电影节创办于1982年，从2015年开始，电影节分为2月举行的国内电影节和4月举行的国际电影节，由伊朗文化和伊斯兰指导部负责举办。中国电影在曙光旬国际电影节上多次获奖：2001年，张艺谋导演的《我的父亲母亲》获得最佳影片和最佳女主角奖；2013年，冯小刚导演的《一九四二》获得最佳编剧奖；2015年，巴音导演的《诺日吉玛》获得最佳影片和最佳女主角奖。曙光旬国际电影节也十分重视中国电影和电影人，2019年第37届伊朗曙光旬国际电影节举办"中国电影回顾展"，《红花绿叶》《第一次的别离》《好友》《照相师》《阿拉姜色》《抵达之谜》六部电影在电影节期间展映。而且，中国导演王小帅担任此次曙光旬国际电影节的主评委之一。

伊斯法罕国际儿童电影节也是伊朗的重要电影节，每年由伊朗电影和视听事物组织、法拉比电影基金会和伊斯法罕市政府举办，至今已有33

---

① 《"中国电影回顾展" 15—17日在伊朗6个城市进行，展映〈唐山大地震〉等影片》，国际在线新闻网（http://news. cri. cn/20180816/a2471395-4d43-e0e7-7609-e8d2f422fe8f. html），2018年8月16日。

年的历史。该电影节旨在通过展示高质量的儿童电影、创造儿童电影制作人和专家的交流平台，以促进家庭团结、尊重人性、自尊自信、社会责任、保护环境等道德观，并提高对人类未来可能的挑战的认识。中国导演王君正的《天堂回信》和黄宏导演的《二十五个孩子一个爹》分别获得第 9 届和第 17 届伊斯法罕国际儿童电影节最佳导演金蝴蝶奖。黄宏后来也受邀担任过电影节评委。方刚亮导演的儿童题材作品《上学路上》曾参加了第 20 届伊朗伊斯法罕国际儿童电影节，并获得了亚洲竞赛单元的最佳影片奖，他本人获得了最佳导演金蝴蝶奖。2018 年，方刚亮导演还担任伊朗第 48 届 ROSHD 国际电影节评委，ROSHD 国际电影节是伊朗教育部从 1963 年开始举办的另一个重要的伊朗电影节。

伊朗电影也频频亮相上海国际电影节和北京国际电影节，并显露头角，获得不少殊荣。"金爵奖"是上海国际电影节的最高奖项，伊朗导演克斯罗·马素米凭借电影《代价》和《熊》，分别于 2004 年和 2012 年获得"金爵奖"最佳影片奖；莫斯塔法·塔吉扎德赫执导的《筹款风波》获得 2017 年"金爵奖"评委会大奖和最佳女演员奖；普雅·巴德库贝导演的《盛装舞步》获得 2018 年第 21 届上海国际电影节亚洲新人奖提名。2019 年有 10 部伊朗电影参加上海国际电影节，雷萨·米尔卡里米导演的《梦之城堡》获得"金爵奖"最佳影片、最佳导演和最佳男演员三项大奖。2019 年上海国际电影节还举办了"聚焦伊朗——中伊电影人对话"活动，雷萨·米尔卡里米在活动上说，中伊两国有共同的文化、共同的文明，"伊朗电影专业人才水平比较高，尤其是在动画制作上，我们最希望跟中国合作，尤其是和亚洲国家进行合作。"① 值得一提的是，伊朗导演克斯罗·马素米和佩曼·莫阿迪都曾任上海国际电影节评委。

为加强"一带一路"沿线国家的跨文化交流，清华大学学生全球胜任力发展指导中心与学生"一带一路"研究协会联合发起"丝路电影交流计划"。2019 年 11 月 7 日，"丝路电影交流计划·伊朗当代电影艺术巡礼"首期放映会在清华大礼堂举办，伊朗导演雷萨·米尔卡里米携电影《梦之城堡》出席放映会，伊朗驻华大使夫人科沙瓦兹，文化参赞瓦菲，

---

① 《上海电影节落幕，伊朗电影获最佳》，《北京晚报》，https://news.hexun.com/2019-06-24/197621777.html。

清华大学国际处副处长朱大卫等嘉宾，以及清华大学师生与各国电影文化爱好者出席活动。创始于 2011 年的北京国际电影节也吸引了越来越多的伊朗电影参加。2017 年伊朗电影《姐姐》的主演戈拉布·阿迪娜获得北京国际电影节"天坛奖"最佳女主角奖。《姐姐》是伊朗青年女导演玛尔江·阿什拉菲扎德的长篇处女作。玛尔江在接受采访时说："在文化层面上，我们两个国家在一些地方很相近，这实际上也为两国电影行业的交流提供了很好的机会。我听朋友说在中国有很多人喜欢伊朗电影。伊朗和中国除了商品的贸易之外，也有文化上的交流，电影节给了我们一个通过电影加强文化交流的平台。"

结合当下十分火热的"一带一路"倡议，玛尔江女士也表达了她与中国电影人合作的愿望："如果有我觉得合适的机会，我个人非常欢迎、也有兴趣与中国进行合作。我认为这是一件非常好的事情，既然现在已经有了'一带一路'的倡议，我们完全可以把这条贸易路线变成一条国家间的文化交流之路。我很希望能够完成这样的事情，并且取得好的结果。"①

除了入围主竞赛单元的《姐姐》之外，在第七届北京国际电影节的"北京展映"单元还有两部伊朗影片《推销员》和《龙来了》与中国观众见面。观众可以借助影片了解伊朗人的日常生活。2018 年，两部伊朗电影《灼热之下》和《未择之路》参加了第八届北京国际电影节"天坛奖"最佳影片的角逐。在影片发布会上，《未择之路》的导演塔米尼·米兰妮表示："能够进入中国的电影市场，对于任何一个国家来说都是一件大好事。中国拥有着无可比拟的巨大文化市场。中国和伊朗在很多方面都有着共同点，特别是在文化艺术领域。古老的丝绸之路早就将我们联系在一起，我们要始终做彼此最坚定的文化支持者。"② 2019 年，伊朗导演阿里·贾比尔安萨里的《德黑兰，爱之城》入围"天坛奖"，伊朗女演员弗鲁格·凯哲贝格里凭借该片获得最佳女主角奖。

2018 年创办的海南岛国际电影节也在寻找与伊朗导演和电影合作的

---

① 《第七届北京国际电影节闭幕，伊朗演员获封天坛影后》，国际在线新闻网（http：//news. cri. cn/20170424/690ab56a-b3b2-802e-ab0b-59dd329b5293. html）。

② 《伊朗电影人期待与中国同行开展合作："做彼此最坚定的文化支持者"》，国际在线新闻网（http：//news. cri. cn/20180420/babe8db2-fc61-6414-f666-aa89454e3b30. html）。

机会。2019 年，伊朗著名导演阿斯哈·法哈蒂参加第二届海南岛国际电影节"大师嘉年华"活动，与观众畅谈他的电影创作经验和故事。相信未来会有越来越多的伊朗电影、导演和演员亮相海南岛国际电影节。

伊朗导演马吉德·马吉迪近年来在中国十分活跃，经常参加各种讲座和电影交流活动。1998 年由他执导的电影《小鞋子》成为首次获得奥斯卡最佳外语片提名的伊朗影片。2008 年，沈健的闪亮传媒和北京市新闻办合作举办"国际导演拍北京"活动，沈健推荐马吉迪参加，马吉迪最后拍摄了《飞扬的五环》，与中国工作团队建立起深厚友谊。马吉迪导演曾在接受媒体采访时表示，中国这些年来的发展成绩令世界瞩目，中伊两国在文化上有很多共性，可以以电影为载体促进两国之间的文化交流。2019 年，马吉迪在筹备执导一部中国儿童题材的故事片，所有演员都来自中国，拍摄地点初步定在北京郊区。期待这部由伊朗导演拍摄的中国儿童故事片能早日在大屏幕上映。

已故著名伊朗导演阿巴斯·基亚罗斯塔米与中国电影界也颇有渊源。2016 年，阿巴斯因肠癌去世，他的作品包括《樱桃的滋味》《何处是我朋友的家》《橄榄树下的情人》《随风而逝》《原样复制》《特写》等，并曾于 1997 年凭借《樱桃的滋味》收获金棕榈奖，此后更是再次获得金棕榈奖的提名。作为伊朗电影复兴的功臣，他对马吉德·马吉迪等伊朗导演影响颇深。在获悉阿巴斯去世的消息后，贾樟柯在微博上发出与他的合照以示纪念。

阿巴斯去世前为拍摄《杭州之恋》四次来杭州考察，据《杭州之恋》的中方制品人王平介绍，阿巴斯已经完成剧本的写作，没有确定任何主演，2015 年阿巴斯来北京的时候，见过陈道明和李立群，姜文也想参演阿巴斯的电影。根据计划，《杭州之恋》拍摄完成后将在内地公映，王平称："我们更大的遗憾是电影准备了两三年，但最后没做完这个工作，非常遗憾。"他透露，除了《杭州之恋》外，阿巴斯生前其实计划在中国拍摄多部电影，其中包括拍摄一部中国清洁工的影片。①

为贯彻落实"丝绸之路经济带"和"21 世纪海上丝绸之路"的战略

---

① 《伊朗电影大师去世，生前曾计划在中国拍摄多部电影》，人民网（http：//culture.peo-ple.com.cn/n1/2016/0706/c1013-28527518.html），2016 年 7 月 6 日。

构想，国家新闻出版广电总局于 2014 年创办以海陆丝绸之路沿线国家为主体的"丝绸之路国际电影节"，旨在以电影为纽带，促进丝路沿线各国文化交流与合作，传承丝路精神，弘扬丝路文化，为"一带一路"建设创造良好的人文条件。作为丝绸之路上的电影大国，伊朗每年都参加丝绸之路国际电影节，伊朗电影《红龙》和《推销员》分别在第一届和第四届丝绸之路国际电影节上获奖。伊朗导演雷扎·米尔卡里米、阿曼·卡汉萨连和斐捷·阿兹卡尼等都出席过丝绸之路国际电影节的交流活动。

第三节 中伊人文交流的挑战和前景

中国和伊朗的人文交流虽然取得了辉煌的成果，对中国和伊朗的发展作出了不可磨灭的贡献，但新时期中国和伊朗的人文交流机遇与挑战并存：第一，美国对伊朗的长期制裁与污名化，使得中国社会对伊朗的了解比较片面和肤浅，对伊朗深厚的文化积淀缺乏兴趣。两国之间要通过广泛的文化交流和媒体宣传报道，加深两国民众对另一国文化的认识。第二，人文交流的基础是经济，中伊人文交流滞后于经济交流。由于长期受到制裁，伊朗巨大的经济潜力无法得到释放，经济发展面临诸多困难。而经济的发展壮大是人文交流的基础和推动力量。有理由相信，在美国解除对伊制裁，伊朗经济腾飞后，中伊之间的文化交流将更上一层楼。第三，伊朗以伊斯兰教立国，而中国是世俗社会，民众多受儒家传统文化熏陶，中国文化和伊朗文化差异过大，可能阻碍双方之间的文化交流。

中国和伊朗作为两个拥有悠久历史、灿烂文化的文明，除了近代两国因实力衰弱，交流几近中断外，在其他历史时期，中伊两国之间长期保持着友好交流，过去的丝绸之路把两国连接起来，如今的"一带一路"必将书写两国文化交流的新篇章。

第四章　中伊两国的基础设施合作

中资企业进入伊朗市场已有 40 年的历史，基础设施合作一直是两国双边合作的重点领域，两国在基础设施领域的合作也取得了丰硕成果。伊朗是最早一批和中国签署"一带一路"合作备忘录的中东国家，目前已成为中国在海外工程承包、技术和成套设备出口的主要市场之一。

第一节　合作概况和机制

一　合作概况

改革开放之后，中国的社会经济迅速发展，综合国力逐渐增强，企业竞争力不断提高，有实力的央企、民企开始走向国际市场。早在两伊战争期间，就有中资企业接触伊朗市场，两伊战争结束之后，经历过残酷战争的伊朗各行业百废待兴，能源、交通运输、机械设备、民生等领域急需和外国公司进行合作，这期间义乌和温州等地的小商品和配件公司开始进入伊朗市场，中国大型国企也同时进入，伊朗成为中国企业"走出去"最先开辟的海外市场。

20 世纪 90 年代，德黑兰地铁 1、2 号线和地铁 5 号线分别由中信和北方国际参与完成，开启了中资企业在伊朗从事基础设施建设的先河。在 2005 年 8 月—2013 年 8 月内贾德任总统时期，伊朗政府对中国采取了更加务实的合作态度，中资企业在伊朗实施了多个具有影响力的工程项目，中石油、中石化、中有色、中工国际、葛洲坝、中信、北方国际等中资企业在当地市场取得了长足发展，也提升了伊朗的基础设施发展水平。

2013 年 8 月，鲁哈尼当选伊朗总统，主张通过外交方式缓和与西方的紧张关系, 2015 年 7 月, 伊朗和六国达成伊核协议, 该协议自 2016 年 1 月正式实施。国际社会解除对伊朗的制裁后, 一些大的国际公司纷纷进入。尽管此时也有大批中资企业跟踪和开发项目, 但由于中伊双方未就融资框架达成一致, 所以在鲁哈尼任期内真正落地启动的基础设施项目并不多。

2018 年 5 月, 美国单方面退出伊核协议, 并于当年 11 月重启对伊制裁, 主要涉及能源、金融、航运等领域, 之后美国多次制裁伊朗公司和个人, 同时对和伊朗保持业务往来的外国公司和个人实施制裁。美国的极限施压政策导致伊朗市场日益低迷, 外国公司纷纷撤离伊朗市场, 中伊间的基础设施合作也因国际大环境形势的变化而受到影响, 一些业务不得不暂缓开展。

由于社会经济发展水平不同, 两国间基础设施合作主要体现在中资企业在伊朗跟踪开发和承揽工程项目, 涉及领域包括油气开发、铁路、地铁、电力、矿业、通信等。截至 2016 年 6 月底, 中国企业累计在伊朗新签工程承包合同额 495.58 亿美元, 累计完成营业额 206.07 亿美元。

二 合作机制

伊朗从 1979 年建立伊斯兰政权以后, 和西方关系恶化, 美国等西方国家对伊朗开始了长达 40 多年的封锁和制裁, 美伊冲突不断。制裁中的一个重点领域是金融制裁, 断绝了伊朗银行与全球金融体系的联系, 导致资金不能自由进出, 给伊朗的对外经贸及基础设施合作带来了重大阻碍。

伊朗市场环境脆弱, 国外金融机构不愿意为伊朗提供融资或保险服务, 而政府财政困难, 现汇项目少, 本土金融机构又缺乏融资能力。所以想在伊朗从事工程项目, 首先要解决融资问题, 这是在伊朗能否承揽基础设施项目的关键所在。

20 世纪 90 年代中期, 珠海振戎创始人杨庆龙创造性地提出了以伊朗、伊拉克等中东国家的石油资源来冲抵巨额军贸欠款(即军品易油)的方案, 经过多方运作, 该方案被成功"移植"到了基础设施领域: 购买伊朗的原油款项放在中国, 然后通过在伊朗建造基础设施工程项目的形式进行抵消(既"中伊一揽子合作计划", 2000—2015 年的基础设施项目都以进入一揽子合作计划为落地的前提), 该模式解决了伊朗工程缺少建设资金和融资难的问题，为中企在伊朗基础设施市场的发展创造了机会，也提供了资金保障。

除了"中伊一揽子合作计划"外，伊朗还是中国"两优贷款"模式（援外优惠贷款和优惠出口买方信贷）较早运用的海外市场之一，主要是优惠出口买方信贷模式，中国较早承诺的对外提供优惠出口买方的国家和组织中就有伊朗。早期和伊朗在基础设施领域开展的合作富有成效，为中资企业"走出去"培养了宝贵的商务和管理人才，积累了技术经验，提升了海外开发能力和项目建设水平，也促进了相关融资制度和出口信用保险体系的建立和完善。伊朗塔里干水利枢纽工程是中国出口信用保险公司承保的第一个大型出口信用保险项目，该工程位于德黑兰西北部，兼有灌溉、城市供水、防洪和发电功能。2001 年 1 月，中国水电与伊朗德黑兰水组织签订 EPC 合同，金额为 1.43 亿美元，中国水电利用中国进出口银行买方信贷方式向业主提供融资 85%、伊朗德黑兰水组织出资 15%，该项目于 2006 年 8 月正式投入运行。

中国和伊朗在 2016 年 1 月建立了全面战略伙伴关系，随着两国交往的不断加深，两国的交往合作又有了新进展，2021 年 3 月，中国国务委员兼外长王毅在德黑兰同伊朗外长扎里共同签署了中伊 25 年全面合作计划。该计划是两国建立全面战略伙伴关系后，双方达成的一份全面合作计划，重点是挖掘两国在经济、人文等领域的合作潜力，规划长远合作前景和路径，不包括量化的具体合同或指标，不针对任何第三方，这将为中伊未来合作提供宏观框架。

第二节　合作领域和主要成果

基础设施是经济社会发展的基础和必备条件，可以为国家发展积蓄能量、增添后劲，建设滞后则可能成为制约发展的瓶颈。伊朗油气等资源丰富，属于典型的能源密集型国家，为促进国民经济发展，政府在能源（油气）、石化、交通、电力、通信、冶金等领域建设和发展了大批项目，是中东地区大型工程项目较多的发展中国家之一。基础设施是两国工程合作的重点领域。

一　合作领域

（一）能源基础设施

根据 2017 年《BP 世界能源统计年鉴》的数据，伊朗的石油探明储量为 1584 亿桶，占世界总储量的 9.3%，天然气总储量为 3.5 亿立方米，占世界总储量的 18%，世界石油储量位居世界第四、天然气储量位居第一，煤炭含量丰富，北部还有丰富的水能资源等，是名副其实的能源大国。两国在能源基础设施领域的合作主要有中国石油公司对伊朗油田进行投资，参与承建水电站等。

伊朗法律规定禁止外国企业"租赁"伊朗油田，也不允许签订产量分成协议，因此外国石油公司只能按服务合同—回购合同模式（Buy-Back）勘探和开发油田。按照该模式，外国石油公司需承担油田勘探开发和建设费用，油田产油并且产量达到一定规模后，伊朗方面会按照合同中的比例给予外国企业售油分成作为还款和报酬，一般的回购模式规定，在完工 3—5 年后，外国石油公司必须退出。2015 年伊朗石油部修改了石油合同条款，推出了伊朗新石油合同（IPC），允许外国石油公司加入实际生产过程，新合同将期限延长到 20 年至 25 年，比回购模式增加了近一倍。依据回购模式，中国石油公司在伊朗投资的大型油田项目有两个，包括中石油阿扎德甘油田项目一期及中石化雅达瓦兰油田项目一期。

伊朗是个高原国家，境内山脉众多，地势落差大，水电能源丰富。尤其是位于北部的厄尔布尔士山脉，东西绵延 900 千米，平均海拔 3000 米，北侧年均降水量达 1000 毫米以上，南侧年均降水量为 280—500 毫米，是伊朗水电能源最丰富的地区。2016 年，伊朗全国发电量为 2760 亿千瓦时，其中化石能源（石油、天然气）提供了 93% 的发电，是主要的发电燃料来源，水电能源占 6%，其他如燃煤、风电、核电、太阳能等清洁能源电力占比为 1%。为满足城市用水用电及农业灌溉需要，政府修建了一系列水电站，中国参与和承建的水电站有：德黑兰塔里干水利枢纽工程、马赞德兰省 Namarestagh 水电站、洛齐斯坦省鲁德巴水电站、法尔斯省莫拉萨德拉水电站等项目。

（二）交通基础设施

由于缺乏建设资金，伊朗在交通基础设施领域的发展相对落后，车辆

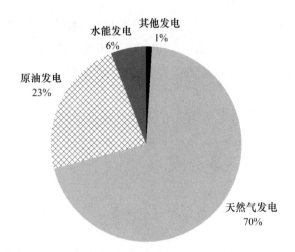

图Ⅲ－4－1　2016 年伊朗电力生产能源结构（%）

资料来源：国际商业观察（BMI）。

和技术设备陈旧，交通运营效率低下，一些道路、机场和港口急需新建或重修，综合交通运输网尚未形成，不能满足社会经济发展的需要。无论是在项目数量还是在金额上，交通领域一直都是中伊基础设施合作的重点行业，一方面是中资企业在伊朗承建交通工程项目，如铁路、公路、地铁、隧道、城际轻轨等；另一方面是将中国交通网络和伊朗交通网络连接起来，实现互联互通。

中资企业在伊朗参与或承建了一批交通基础设施项目，出口技术和设备如车辆、信号系统等，大大提高和改善了伊朗的交通运输状况。如德黑兰地铁 1、2 号线项目，地铁 5 号线项目（又称德黑兰—卡拉季电气化铁路项目），德黑兰北部高速公路一期，德黑兰 Niyayesh 隧道项目等，在建的有德黑兰—库姆—伊斯法罕高铁项目，已签约尚未实施的交通项目有德黑兰—马什哈德铁路电气化改造项目、布什尔—设拉子铁路项目、克尔曼沙赫—霍斯拉维铁路项目等。

在交通网络连接方面，主要是铁路线的互联互通。2016 年 1 月 28 日，首列"义乌—德黑兰"国际货运班列从义乌始发，在中国新疆阿拉山口出境，途经哈萨克斯坦、土库曼斯坦，开赴伊朗，全程 10399 千米，在运行 18 天后于 2 月 15 日抵达终点站德黑兰。这是首列从中国开往中东的铁路集装箱货运班列，经过四个国家，先后两次换轨。

随着经贸合作的扩大,又先后开通"银川—德黑兰"班列、"长沙—德黑兰"班列、"临河—德黑兰"班列、"怀化—德黑兰"班列等,平均运营时间为 15 天,比海洋运输节省 20 天,更加安全、经济、便捷。班列路径为:中国怀化—(霍尔果斯/阿腾科里)—哈萨克斯坦—(萨雷阿加克—克列斯)—乌兹别克斯坦—(法拉普—霍贾达弗利亚特)—土库曼斯坦—(萨拉赫斯—谢拉赫斯)—伊朗首都德黑兰。班列的运行里程为 10330 千米,在途时间为稳定时效 18 天。

(三)市政基础设施

2019 年伊朗人口总数为 8291. 39 万人,城市人口为 6250. 95 万人,城镇化率为 75. 39%。与 2010 年人口数据对比,伊朗近十年人口增长了 915. 14 万人,城市人口增长了 1041. 4 万人,农村人口逐渐减少,城镇化水平不断提升。

表Ⅲ - 4 - 1　　　　2010—2019 年伊朗人口总量及城镇化率

年份	人口总量(人)	城市人口(人)	农村人口(人)	城镇化率(%)
2010	7376. 25	5209. 55	2166. 70	70. 63
2011	7463. 50	5314. 01	2149. 49	71. 20
2012	7553. 99	5420. 36	2133. 62	71. 76
2013	7648. 19	5529. 26	2118. 93	72. 30
2014	7746. 58	5641. 83	2104. 74	72. 83
2015	7849. 22	5758. 19	2091. 19	73. 36
2016	7956. 40	5878. 19	2078. 21	73. 88
2017	8067. 40	6001. 66	2065. 74	74. 39
2018	8180. 03	6126. 68	2053. 35	74. 90
2019	8291. 39	6250. 95	2040. 43	75. 39

资料来源:世界银行。

受地形和气候的影响,伊朗北部及西部地区降水较多,而广大的西南部、南部及东部气候干旱,降水较少。随着社会经济的发展,伊朗城市人口规模和城市数量不断增加,城镇居民生活用水、工业用水量急剧增加,与此同时产生了更多的垃圾和废弃物。为解决这些问题,就需要建设更多的市政基础设施项目（不包括交通设施），如垃圾处理厂、污水处理厂、输水供水工程、给排水工程、海水淡化、城市综合管道网等项目。

市政民生工程是伊朗政府历年来优先发展的领域，国家财政预算中会留出专项发展资金，越来越受到外国企业的青睐。浙江泰来环保科技有限公司是第一个为伊朗建设垃圾发电厂的高科技环保公司，2011 年到伊朗开拓垃圾焚烧发电市场，同伊朗当地公司合作，2013 年签订建设德黑兰、瑙沙赫尔和萨里三个垃圾焚烧发电厂合同，为项目提供垃圾焚烧发电技术和设备，其中德黑兰市垃圾焚烧发电厂在 2015 年 2 月正式落成并开始发电。

（四）邮电通信基础设施

邮电通信系统是现代城市的重要基础设施之一，是城市公用事业的组成部分，分为电信系统和邮政系统两个部分。其中城市电信系统由终端设备、传输设备、交换设备及其附属设备组成，如电话交换网、电报交换网、数据交换网等，实现各种信息的交换和传递的任务。得益于移动电话和互联网的迅速普及，伊朗的邮电通信基础设施发展较快，截至 2020 年 3 月，伊朗移动互联网用户超过 6760 万户，较 2018 年 3 月增长 27.5%。但因起步晚，受外界影响大，伊朗邮电通信的综合通信能力依然不足，发展前景广阔。

邮电通信基础设施是西方对伊朗制裁的重点领域，一些集成电路设备、通信硬软件技术等被禁止和伊朗交易，美国多次以此为借口对外国公司进行"长臂管辖"。在 2018 年美国重启对伊制裁后，伊朗邮电通信市场环境不断恶化，中国电信设备制造商如华为、中兴、烽火通信、海能达等公司已逐步缩减其在伊朗市场的业务或退出伊朗市场。

二　主要成果

（一）北阿扎德甘油田项目

阿扎德甘油田位于伊朗西部与伊拉克边境，1999 年被发现，其中伊朗境内面积约 1400 平方千米。是伊朗 30 年来发现的最大油田，也是世界上的大油田之一，原油储量约 420 亿桶。阿扎德甘油田一经问世便吸引了国际油气公司的关注，日本国际石油株式会社（INPEX 公司）、中国石油天然气集团公司（中石油）、意大利 Saipem 公司，俄罗斯天然气工业公司先后就开发油田和伊朗进行过接触。

中石油从 2004 年起介入伊朗石油勘探开发合作项目，2009 年 1 月，中石油与伊朗方面签约开发北阿扎德甘油田（北阿项目），此项目以回购模式（Buy-Back）进行，合同期 45 个月，开发成本为 17.6 亿美元。北阿项目于 2010 年启动，2015 年 10 月投产试运营，2016 年 4 月正式启动原油外输，当年 10 月，投资的北阿项目回购合同模式顺利进入成本回收阶段。

北阿扎德甘油田项目开发困难重重，北阿项目部针对这些问题和困难采取了切实有效的应对措施，取得了良好的效果。

首先，地质条件复杂。油藏埋深 2800 米，原油高含硫、高含蜡、高含二氧化碳，开采作业技术难度大。为此北阿项目部引入了国内油田成熟的多功能气举技术。

其次，投资环境复杂。一方面，由于回购合同的严格限制，必须严格控制投资不能超出限额；另一方面，国际制裁逐渐加大，油价变动幅度大、外部风险也在加大。为此，北阿项目部实行了严格的项目成本和风险内控，层层细化；同时严格按照合同工期施工，保证项目按时完工。

再次，能源与生态环境保护的挑战。北阿扎德甘油区近三分之二的面积位于国家级湿地自然保护区内，自然风光得天独厚，但对油田开发建设来说却是巨大的挑战。伊朗政府对项目施工中的 HSE（健康、安全和环境）的标准和要求很高，伊朗环境保护组织（IEPO）以备忘录的方式开出一条条"铁律钢规"，至少 25% 的绿地作为生态和物种保护地，必须采取措施消除对动植物的负面影响……北阿项目部以建立"湿地石油公园"的标准来开发油田，修建了 157 个涵洞保证动物正常迁徙，同时运用了中国石油丛式井成熟技术，这在伊朗是首开先河。北阿项目部对源头—运输—运达每个环节都实施严格监管，堪比 5A 级公园的环境保护标准。

2016 年 2 月，中石油北阿项目被伊朗政府授予环保大奖，成为伊朗对外合作项目中首个荣获该奖项的外国企业，同时创造出了 4200 万工时无事故的安全生产纪录，成为伊朗对外合作项目安全生产的新标杆。2017 年 1 月，北阿项目获伊朗劳工部颁发的安全资质证书。2017 年 12 月，中国施工企业管理协会（国家级）授予北阿项目地面工程"2016—2017 年度国家优质工程金质奖"。北阿项目已成为中国石油中东重要油气合作区，是为中伊能源合作的典范。

（二）德黑兰地铁 1、2 号线项目

德黑兰地铁 1、2 号线项目是中东首个地铁工程，早在 1978 年就由法国 RatpSofretu 咨询公司完成了工程设计和 34 千米隧道及大部分主体结构的施工，后因两伊战争的原因而搁浅。1991 年伊朗政府对德黑兰地铁 1、2 号线项目建设进行国际招标，参与投标的有来自中国、法国、俄罗斯等国的大型公司，经过激烈竞争，中方联合体最终中标并于 1995 年 3 月和伊方签约。其中中信国际合作有限责任公司（中信）为总承包商，北京城建设计研究院为设计总体单位，施工单位有北京城建等，中国技术进出口负责车辆供货，1996 年 11 月合同正式生效。

德黑兰地铁 1、2 号线项目线路全长 46.5 千米，其中地下线 31 千米、地面线 15.5 千米，共设 43 座车站、2 座车辆段、1 处控制中心，两条线路呈十字形贯穿德黑兰市区的南北和东西方向。分三期建设，一期为 2 号线 E2-M2 段，二期为 1 号线 R1-A1-6 段，三期为 3 号线 M2-X2 段。合同总金额为 5.83 亿美元，合同工期为 3 年。2006 年 3 月，德黑兰地铁 1、2 号线项目全线建成开通，该项目是当时中国公司在伊朗承建的最大的交钥匙工程，也是带动中国成套设备出口较多的海外工程之一，工程所需 85% 的产品由中国厂家制造。

德黑兰地势北高南低，一号线隧道的起点与终点地势高差为 286 米，最大坡度达 50‰，施工难度很大；原有的设计主要依据法国标准、车辆和设备，和中方存在很大差异。设计和施工单位对此进行了线路调整设计研究，专门研制出 IRM-1 型扣件和新型轨道施工等方法，在通信信号与控制系统领域的设计研究实现了国产化，如列车自动监控 ATS 系统、地铁电力监控 SCADA 系统、车站机电设备监控系统 BAS，保证了德黑兰地铁工程整体上的经济性与先进性。

德黑兰地铁 1、2 号线项目是中国承建的第一条按照国际商业惯例运作的地铁线，无论在谈判阶段还是在实施阶段，都得到了两国政府的关注，伊朗前总统拉夫桑贾尼曾将其命名为"总统一号工程"。该工程对中伊友好起到了积极作用，是中国两国友谊的象征、工程合作的典范，为中国城市轨道交通行业拓展国际市场奠定了基础，并产生了巨大的延伸效益。

德黑兰地铁系统目前有 7 条线路，其中 5 号线是连接德黑兰与卡拉季的通勤地铁线。德黑兰地铁目前共有 122 个车站，含 12 个换乘站，运营总里程为 220.5 千米，最新建成的线路是 6 号线一期，于 2019 年 4 月开通。随着德黑兰地铁网初步形成，覆盖率大大增加，地铁受到了越来越多德黑兰市民的喜爱，日均乘坐已超过四五百万人次。为缓解地面交通压力，近年来，伊朗加大了地铁建设力度，马什哈德、大不里士、伊斯法罕、设拉子等多个城市也陆续新建和开通了地铁，其中不乏中国设计、中国制造、中国标准的身影。

（三）德黑兰轨道车辆制造公司

随着本地轨道交通对车辆和设备的需求不断增加，伊朗政府在 2003 年提出"引进技术、当地制造"政策，要求实现轨道车辆采购国产化。在此大背景下，由中国企业的北方国际、中车长客和伊朗企业的德黑兰城郊铁路公司、格林普乐工业集团四家公司共同投资兴建了德黑兰轨道车辆公司（Tehran Wagon Manufacturing Company，TWM），车辆厂于 2007 年 3 月正式竣工。TWM 是伊朗唯一一家拥有双层铁路客车生产及地铁车辆维修维护许可的公司，具有批量组装生产地铁车辆能力，不仅为德黑兰市内轨道交通系统提供车辆及车辆维修维护服务，还为其他发展轨道交通的城市如马什哈德等提供地铁车辆，是伊朗本国批量组装生产地铁车的支柱企业。

该合资公司的投资主体和占比情况：伊朗德黑兰城郊铁路公司（TUS-RC），隶属于伊朗德黑兰市政府，是伊朗国有控股并唯一具有地铁运营资质的公司，负责德黑兰市轨道交通的规划、建设和运营，在合资公司中占比为 31%；伊朗格林普乐工业集团（GPIG），隶属于克尔曼省发展组织，成立于 2002 年 2 月，主要从事铁路车辆的生产和进出口业务，在合资公司中占比为 30%。中国北方国际合作股份有限公司，专注于国际市场的经营，实现国际工程与专业化产品贸易的有机融合，在合资公司中占比为 29%；中国长春轨道客车股份有限公司，始建于 1954 年，是中国最大的铁路客车和城市轨道车辆的研发、制造和出口基地，在合资公司中占比为 20%。

TWM 的主营业务为地铁车辆、铁路客车的生产和组装，以及地铁车辆、铁路客车和电力机车的维护、大修及日常修理。通过合资，TWM 引进了中国先进技术与管理经验，年生产能力达到组装地铁车 450 辆、双层客车 72 辆，生产地铁车车体 140 辆、双层客车车体 72 辆。在最近几年里，TWM 主营业务发展很快，已具备地铁车辆和铁路双层客车的生产组装能力，在合同 TWM-NOR-2 项下已承担过 135 辆双层客车和 343 辆（49组）地铁车辆的组装任务。

TWM 现有当地员工 1000 多名，其中约 500 名员工在车体生产及组装车间工作，另约有 500 名员工进行地铁车辆的维护和维修工作，为解决当地就业问题起到了重要作用。TWM 是中国在海外投资的典范，不仅将中国的技术和生产线简单地搬至他国，而且在当地化方面做出了杰出贡献。

（四）洛雷斯坦鲁德巴水电站项目

鲁德巴水电站项目位于伊朗西部洛雷斯坦省扎格罗斯山脉的鲁德巴河上，距离德黑兰约 454 千米，在电站机组全部发电后，年发电量约为 10 亿千瓦时，占伊朗水电装机的 4%，是伊朗目前装机容量最大的水电站。

鲁德巴水电站项目由中国葛洲坝集团承建，是该公司在伊朗承建的第二个水电站，总投资为 40 亿元人民币，采取 EPC 模式。该项目于 2007 年签订合同，2011 年 4 月开工，2017 年 5 月正式竣工。在中方公司完成鲁德巴水电站的建设后，伊朗业主继续将该水电站的 3 年期商业运行项目托付给了葛洲坝集团。

鲁德巴水电站项目开创了多个第一，是目前中国与伊朗在可再生能源领域最大的合作项目，是中伊融资合作框架下的首个项目，也是中国和伊朗工程合作史上第一次使用人民币结算的项目。按照 EPC 总承包合同要求，设计和建设原计划采用欧美标准或伊朗本国标准，中方设计团队经反复与业主沟通、通过计算分析对比，有理有据地阐述中国规范的条款及优势，在工程进展到详细设计阶段，业主方基本认可了中国标准。最终整个工程的 80% 采用了中国标准，其中，中国国产机电成套设备出口约占项目投资额度的 50%，通过技术和施工团队的努力，相继实现了两台水轮发电机组一次性启动成功、一次性过速试验成功和一次性甩负荷成功三大节点目标，节省工期近 3 个月，为实现鲁德巴水电站提前发电目标打下了坚实基础。

鲁德巴水电站项目为中国企业参与伊朗水电项目建设打下了良好基础，不仅为伊朗带来了丰厚的收益，还有利于调整伊朗能源结构，这对于缓解当地电力短缺、节约煤炭资源、提高供电质量、解决当地就业、治理环境污染以及改善人民生活都具有积极意义。

图Ⅲ-4-2　鲁德巴水电站 EPC 项目主要指标

资料来源：伊朗水电资源开发公司。

第三节　挑战与风险

近些年来，中国企业在伊朗参与或承建过多个大型基础设施项目，在当地有着较强的影响力和竞争力。但中国企业在伊朗市场的业务开展也不是一帆风顺，有成功经验，也有失败教训。部分进入伊朗市场的中国工程公司急于求成，对当地市场缺乏了解和认识，遇到过不少困难，甚至吃过苦头。

伊朗市场具有特殊性和复杂性，经商环境差。世界经济论坛《2019年全球竞争力报告》显示，伊朗在全球颇具竞争力的 140 个国家和地区中排第 89 名。世界银行《2020 年营商环境报告》（DB）显示，伊朗在全球190 个国家和地区中营商环境综合便利度排第 127 名。在透明国际"2019腐败感知指数"中，伊朗在全球 180 个国家和地区排名当中，排第 146名。这些排名表明，伊朗市场依然有不少问题，存在不透明的情况，同时受国际形势和地区局势的影响较大，伊朗基础设施市场上的不确定因素日益增多。

伊朗基础设施市场的挑战和风险主要有以下方面。

一　政治、宗教、军方关系错综复杂

自 1979 年推翻巴列维王朝，建立伊斯兰政权后，伊朗实行政教合一的政治体制，推行全盘伊斯兰化。精神领袖掌握着国家最高权力，政府首脑为总统，但伊斯兰教内部改革派和保守派长期斗争，政府、宗教、军方关系错综复杂，政府、议会、司法也是相互制衡的关系，这种错综复杂的关系使得基础设施市场复杂化，项目开发和实施的难度加大。

错综复杂的关系使得伊朗行政办事效率低，审批流程慢，一些环节和问题不是政府说了算，政府部门内部有时也会互相推诿，导致企业运营成本居高不下，基本抵消了政府招商引资的良苦用心。伊朗项目的立项审批流程不同于中国，项目流程是先招标，后立项审批，然后报送给国家计划和管理委员会（类似于中国的发改委）申请政府预算，从签约到正式施工的周期一般要 3—4 年；在项目施工过程中也会遇到各种问题，比如征地、劳务纠纷、环境保护等，所以一个项目从跟踪、签约、开工到完工运营需要 10 年，甚至更长时间。

以确保国家利益不受侵害，宗教势力和军方会介入国家重大项目，而宗教势力在经济发展方面偏于保守，导致大型基础设施项目的战略决策、模式选择、资金落实等关键环节需要突破重重困难。伊朗有不少被暂缓或搁置的基础设施项目，如铁路、桥梁、隧道等，军方公司完成了部分土建作业，外国企业想承揽这类项目，就要和军方公司进行协商，可能会遇到漫天要价的情况。

二　受"波斯商人"思维的制约

伊朗人普遍具有传统"波斯商人"的商业思维，追求"利益最大化"，忽视时间成本，尤其是 40 年来相对封闭的营商环境，无论政府、公司还是个人在国际工程合作中都缺少合作共赢、共同发展的长远战略眼光。

伊朗政府对经济发展缺乏系统、科学而长期的规划，一些项目只是处在"概念上"，项目前期资料如可研报告、地勘报告、商务文件和行政批文不足，不具备立项上马的条件。因为缺乏建设资金，伊朗政府倾向于由外国企业直接投资,既以 BOT、BT、BOO、PPP 等模式进行项目合作,但又不愿提供主权担保,加上项目自身风险大,一旦发生纠纷,外国企业权益很难得到保障。目前,中国公司在伊朗参与或承建的基础设施项目主要是以 EPC 或 EPC + F 模式展开的。

伊朗业主会请专门的咨询公司监理管理检验工程质量,模仿欧洲的经验和做法,在产业和产品标准、生活标准上向欧美看齐,但在效率和诚信上则坚持"伊朗特色",言而无信时有发生。喜欢到处推销项目,四处比较各承包商的方案、报价和优惠措施,并进行多番讨价还价,不太在乎项目实施的时间,在乎的是拿到更优惠的资金方案、更好的建设方案,造成时间和机会的流失。

伊朗国内存在着形形色色的各种中间人,标榜着具有特殊关系,项目代理鱼龙混杂、真假难辨。在和外国投资者进行合作时,伊朗人更倾向于将自己的人脉关系、信息渠道当作知识资本,而不是投资资金、设备或技术等要素,将自己置身于合作的风险之外,往往会导致合作关系破裂。

三 伊朗政府财政能力不足

石油是伊朗经济的命脉,石油出口收入占其财政收入的一半以上,曾一度占其外汇收入的 80%。随着美国制裁的加剧、国际油价的低迷及受新冠疫情的影响,伊朗财政收入和外汇收入减少,石油收入下降将使基础设施市场的前景蒙上阴影。为摆脱对石油经济的依赖,近年来,伊朗政府大力发展"非石油"经济,但这种经济体系和收入结构在短期内并不能发生改变。

当前伊朗经济总体形势仍然呈现出"三高三低"态势。"三高",一是通货膨胀率高,羊肉、牛肉的价格近两年来增长数倍;二是高失业率,特别是大学毕业生失业率更高;三是生活成本及住房价格高。"三低",一是经济增长率低,甚至是负增长;二是外来投资增长率低;三是私人资本投资增长率低。经济衰退状况将影响近期大型能源项目的融资方案和政府赞助,政府投资大型基础设施项目的能力减弱,加上官方货币里亚尔疲软、国内需求疲软、美国制裁限制以及市场吸引力下降,外国公司对伊朗基础设施市场的参与程度将在 2021 年进一步下滑。

四　美国制裁的影响

伊朗伊斯兰革命前，美国与巴列维王朝关系密切，1979 年伊斯兰革命后，发生了"美国人质事件"，两国关系恶化并于 1980 年 4 月断交至今。断交后，美国对伊朗实施遏制和孤立政策，多次对伊朗实施制裁，伊朗视美国为敌人，两国关系从此处于严重敌对状态。温和保守派鲁哈尼任伊朗总统期间，长期紧张的伊美关系出现一定程度的缓和，2015 年 7 月，伊朗和六国达成伊核协议。整体来说，美伊关系在这 40 年的大部分时间里处于紧张状态，摩擦升级、冲突不断。

2018 年美国单方面退出伊核协议并重启对伊朗的制裁，领域涉及能源、国际航运和金融行业等，美国还曾多次制裁同伊朗保持经贸往来的外国实体和个人，如为伊朗马汉航空提供配件的土耳其公司，为伊朗原油交易提供金融服务的韩国工业银行，为伊朗石油产品提供运输的新加坡和阿联酋航运公司。美国制裁给伊朗国民经济和市场发展带来了障碍，影响了外国公司在伊朗的市场开发和项目实施。制裁带来的不利影响主要表现为：

一是基础设施工程项目机会减少。根据石油输出国组织（OPEC）发布的年度报告，伊朗在 2019 年的原油和石化产品出口额为 192.3 亿美元，2018 年为 605 亿美元。原油出口量下降直接导致伊朗外汇收入减少，部分原油款项被外国银行冻结，政府无法拿出足够的资金来发展基础设施工程项目。伊朗政府不得不找本土公司来承建实施，以节约建设成本，保障国内就业，但也使得工程建设质量标准下降、技术水平达不到要求。

二是项目开发和建设的周期延长。美国重启制裁后，外国公司通过国际融资、投资参与伊朗基础设施项目陷入了困局，甚至被禁止使用美元进行结算，导致项目开发更加困难。美国规定不能向伊朗出售含有美国技术的产品设备，人员、技术设备、机械以及原材料等不能顺利进出，建设周期延长，施工和管理风险增加。2018 年之后，因担心美国制裁，一些国际公司如法国道达尔、法国标致、丹麦马士基、韩国三星逐渐撤出伊朗市场。

五　新冠疫情影响

伊朗是中东地区新冠疫情十分严重的国家之一，疫情使得本已低迷的伊朗经济更加不景气，政府为控制疫情蔓延投入了大量的人力、物力和财力，工业生产和商业活动受到影响，基础设施发展的空间在短期内会受到影响。

受美国的阻挠，伊朗无法从世界银行和世界货币基金组织借款，政府不得不借用国家发展基金的资金用以购买疫苗和抗疫物资等，2021年借款高达42.82亿欧元，所以在疫情控制前，伊朗无心也无力过多地发展基础设施项目。同时全球各国为了控制疫情，停运航线、减少航班、控制人员流动、减少商业活动。

受疫情影响，中国和伊朗之间的经贸和商业往来也有所减少，2020年两国经贸额仅为149.1亿美元，疫情期间中资企业对伊朗市场的开发力度减小，在建项目不得不放慢施工速度。

第四节　合作前景和建议

伊朗拥有丰富的油气资源、矿产资源、农业资源，有着广阔的土地和庞大的人口基数，工业体系相对齐全，但基础设施薄弱、设备技术老旧，交通运输效率低下，政府也规划了不少基础设施新建和扩建项目，还有一些现有基础设施需要翻修重建或技术升级，有着很广阔的发展前景。

经过多年的高速发展，中国面临着经济结构调整、产业结构升级等问题，"一带一路"倡议得到越来越多沿线国家的认可和配合，中国和伊朗在基础设施领域有很强的互补性。无论是从地缘政治还是资源来说，伊朗在"一带一路"沿线国家中都占据着无可替代的地位，伊朗也采取了措施，特别为"一带一路"建设成立了跨部门委员会，不断提高在"一带一路"倡议中的参与度，同中国进行产业对接与合作，两国合作空间广阔，尤其是在交通、能源、通信及互联互通方面。

当前美伊紧张关系有所缓和，有关各方已对重启伊核协议进行了多轮谈判；疫情形势逐渐好转，一些生产和商业活动逐渐恢复。据2021年4月7日报道，国际货币基金组织在其最新的《世界经济展望》中预测伊朗2021年GDP将增长2.5%。针对伊朗市场形势的变化，特为进入伊朗基础设施市场的中资企业提出如下建议。

一　关注伊朗国内外形势变化，顺势而为

（一）首先要关注伊朗政治局势变化

2021年6月18日伊朗进行了总统大选，保守派莱希当选伊朗第十三届总统，按以往经验，新总统上任后，会对未来发展进行梳理和规划，大力发展经济、积极改善民生、提升民众满意度，这既是当下和今后伊朗经济社会发展之紧迫，也是稳固政权之必需，将推出一些更适合市场发展和满足社会需要的新工程项目。伊朗政局稳定、社会安全，政府对国家有很强的管控能力，在未来很长一段时间里，伊朗基础设施市场仍将是重点关注的对象。

（二）美国对伊朗政策的变化

拜登就任美国总统后，多次对伊朗释放善意以缓和美伊冲突关系，并有意重回伊核协议，有关各方在2021年3月至6月进行了多轮谈判。虽然各方尚未达成最终共识，但美伊关系缓和是大趋势。一旦美伊关系缓和，西方解除或放松对伊朗的制裁，资源优势将转为经济优势，伊朗将有更大的精力发展经济，这将会给中国和伊朗基础设施合作提供较好的国际环境，但对美国重点关注的领域需要主动规避，避免出现不必要的麻烦。

（三）关注中伊25年合作计划

2016年1月中伊两国正式建立全面战略伙伴关系，双方决定把能源合作作为"压舱石"，把互联互通合作作为"着力点"、把产能合作作为"指南针"，把金融合作作为"助推器"，中伊25年合作计划是对战略合作伙伴关系深化和升华的表现。虽然目前该计划还只是宏观框架，尚未有具体合同，但相信今后两国会在此框架基础上加强合作，不断充实和落实合作内容。有了政府间的合作协议，两国企业间的基础设施合作更容易达成和落地，所以中国企业要关注中伊25年合作计划，及早准备、提前布局。

二　转变市场开发思路，将眼光放长远

中资企业在伊朗市场开展业务的过程中要注意改变思路，选择更易落地的项目，加强内部沟通，还需要有耐心和定力，从长远的角度审视这个市场。

（一）市场领域选择的转变

交通运输等传统基础设施需要的资金大，项目审批流程长、手续复杂，启动相对较慢。中资企业在项目跟踪时，要注意筛选项目信息，多关注能源、市政、互联互通类项目，如冶炼厂、通信网络、污水和废弃物处理厂、工业园区、电站、油气和铁路、管道线的互联互通等。据中国商务部统计，2019 年中国企业在伊朗新签承包工程合同 31 份，新签合同额为31.15 亿美元，新签大型项目包括伊朗 TPPH5000MW 联合循环电站项目、伊朗帕瓦德 4 号矿井建设工程施工项目、伊朗拖网项目等，这些项目工期短，需要资金少，比铁路、公路等传统基础设施项目更容易落地和操作实施。

（二）市场开发思路的转变

中国承包商进入伊朗市场，不要急于求成，要做好"持久战"的准备。同时中资企业间要加强交流和合作，准确调查和梳理项目所涉及的利益链条，节约经营成本，避免"单打独斗"，更不要互相压价，维护企业和国家的利益。例如，连接阿巴斯港和格什姆岛的波斯湾跨海大桥，该项目被提出十多年，已成为伊朗基础设施领域有名的"烂尾"工程，背后关系复杂，如果企业贸然跟进，大概率会无功而返。

（三）积极应对"波斯商人"的传统观念

在熟悉伊朗市场的同时，要提醒伊朗业主认清形势，对西方国家少一些幻想，对东方国家多一些务实态度，重视时间成本、把握机会，提高工作效率。伊朗传统"波斯商人"商业思维根深蒂固，在与伊朗业主打交道时，适应其偏好短期利益和轮番压价的习惯，要有耐心和定力，以长远的眼光开拓伊朗市场。

三 增强风险意识，维护合法权益

在伊朗市场的项目开发和建设过程中，要时刻谨慎，从市场开发、签订合同到项目融资、项目施工、项目管理等各个环节都要增强风险意识，将工程项目开发和施工做实，确保项目利润。

首先，准备进入伊朗基础设施市场的中资企业，要重视前期调研和加强可行性研究工作，吸取其他中国承包商的经验和教训，尽可能地获得详细信息，拿到一手的项目资料、批文和相关政策，重点关注当地不断变化的政策法规，确保项目真实存在，还要检验中介或代理人的真正实力。

其次，在项目合同谈判过程中，不要为了迎合业主而低价签约或将风险转移到我方，尽量避免签订总价和工期包死的闭口合同，在合同条款上要为日后合理调整留有余地。同时，要提防伊朗业主在兜售项目过程中套取设计方案，在未达成约束性协议之前，要避免将设计方案透露出去，否则将陷入非常被动的局面。

最后，在项目施工过程中，要熟悉伊朗项目流程及相关税法、刑法、民法、劳工法等要求，加强政治风险和法律风险防范意识，提前做好风险识别和评估，合规经营。伊朗是个相对保守和传统的伊斯兰国家，外国企业在伊朗开展业务要遵守其宗教规定和文化习俗。

四　提高工程质量，树立企业形象

随着中国改革开放的逐步深化，中国在基础设施建设很多领域，如技术、资金和标准方面具有强大的实力，特别是在高铁、隧道、桥梁、电站、通信网络的建造方面已具有世界最先进水平。但仍有不少伊朗人对中国技术、中国设备、中国工程有偏见，要改变这些偏见，可以从以下两方面入手：

首先，加强宣传力度。中国承包商应足够自信，利用新闻媒体、推介会、研讨会等形式，推广自己的品牌和技术标准，宣传自身实力和业绩，以现实案例改变伊朗人的传统偏见，使其在发展基础设施时优先选用中国制造或中国建造。

其次，项目建设中要严把质量关，确保品质和施工安全，争做精品工程、样板工程。用实际行动告诉伊朗民众，中国技术和中国方案经得起检验。例如，德黑兰北部高速公路项目的 BR-06 特大桥，中国专家通过方案比选，提出了采用大跨度波形钢腹板 PC 连续梁桥方案，抗震性能好且造价低。大桥的设计和建设得到伊朗工程专家高度评价与认可，已成为宣传中国桥梁技术的良好平台。

五　探索易货贸易、尝试人民币结算

中国企业是"一带一路"倡议的践行者、先行者，更应该成为倡导者，在和伊朗的商业活动中要根据实际需要，探索和创造新的合作模式。

伊朗基础设施建设资金缺乏，在两国顶层融资框架尚未明确的情况下，可以充分利用伊朗石油天然气、矿石资源、农产品丰富的优势开展易货贸易。易货贸易在中伊合作中不是新名词，从本质上说"中伊一揽子合作计划"也是一种易货贸易，只不过是在国家层面，民间贸易和企业合作也可以采取这种方式，虽然这一方式传统，但相对安全。这样做能化解决资金不足的难题，避开伊朗资金进出困难的局面，可以获得更多开展项目的机会。

在发展易货贸易的同时，中资企业在伊朗从事基础设施合作时，要尝试探索使用人民币进行工程计价和资金结算。中国已连续十多年是伊朗最大的贸易伙伴国，在伊朗市场上，中资公司是承揽工程项目最多的外国公司。随着伊朗市场形势的好转，中伊两国贸易交往和工程合作会回升和走高，使用人民币进行计价和结算，可以减少对美元的依赖，减少美元汇率波动对两国正常贸易和资金往来的不良影响，同时可以使人民币国际化，提升人民币的全球地位。

中伊友谊源远流长，早在2000多年前，我们的前人就通过闻名遐迩的丝绸之路开始了友好交往，丝绸之路即为两国文明交往的突出表现和重要成果。当前，中国和伊朗是全面战略合作伙伴关系，又签订了25年合作计划，伊朗对基础设施的全面升级和改造计划与"一带一路"倡议存在较高的契合度。无论国际形势怎么变化，相信在两国高层和人民的共同努力下，中伊两国友好关系会继续推进，在基础设施领域的合作会越来越多，为两国人民和世界人民谋福祉。

伊朗市场既有机遇，又充满着困难和挑战，很多外国企业都看好伊朗的发展前景，但在具体实施上又感觉到限制因素很多。中资公司对伊朗市场要有清醒的认识，对存在的种种阻碍因素进行认真评估，提出卓有成效的对策，同时要了解当下伊朗国家发展需要，将中国的优势技术和产能同伊朗丰富的资源和市场需求相对接，成功地落实基础设施项目，共建"一带一路"实现两国互利共赢。本章仅选择有限的几个方面对伊朗基础设施市场的发展机遇和挑战进行分析，希望利用有限的经验为参与者提供借鉴。

第五章　旅游资源与中伊旅游合作

伊朗是世界上古老的国家之一，凭借波斯文明和伊斯兰宗教传统而闻名世界，留下了不计其数的波斯历史遗迹和伊斯兰文明遗产，故而成为联合国教科文组织世界遗产名录较多的十大国家之一。优越的区域位置和独特的地理环境造就了伊朗丰富的自然资源和多样的自然景观，这是伊朗旅游资源易被忽视的一面。自伊斯兰革命以来，伊朗一直受到美国为主的西方国家的制裁，美国通过石油制裁等手段对伊朗经济造成严重打击，在国际制裁的背景下伊朗逐渐将注意力转向旅游业，通过发展旅游业的方式振兴国内经济和扩大对外交往。2015 年 7 月，伊朗和 5 + 1 集团签署了伊核协议，迎来了旅游业发展的春天。但在特朗普上台后，很快又对伊朗实施制裁，并将制裁全面深化，致使伊朗加强发展旅游业。伊朗的旅游业经历了一个曲折发展的过程。伊斯兰革命和两伊战争使伊朗旅游业遭受重大挫折。两伊战争结束后，伊朗政府才致力于发展旅游业，并颁布了一些政策加以鼓励和指导。此外，伊朗旅游业的发展也离不开基础设施的建设，伊朗基础设施建设起步较晚，在通信设施、交通道路、酒店、机场等方面建设较为落后，仍有很大的改善空间。签证申请程序不透明、审核时间过长也是伊朗旅客需要面对的难题。尽管存在不足，但伊朗旅游业发展还是有很大空间的。在国际制裁和"一带一路"建设的背景下，伊朗寻求与中国的旅游合作是必然选择，也是符合两国利益的一致需求。

第一节　旅游资源概述

作为世界上古老的文明之一，伊朗不仅拥有数千年的历史底蕴，还保留着十分丰富的文化遗产。古代和中世纪伊朗文明留下的考古遗产，从地中海延伸到印度，从前 3 世纪的青铜时代延伸到古典伊斯兰教的辉煌时代，不胜枚举。① 正因如此，伊朗以 24 个文化遗址成为 10 个入选联合国教科文组织世界遗产名录较多的国家之一。本节将从伊朗的地理环境与自然景观、人文旅游资源两方面进行介绍。

一 地理环境与自然景观

伊朗不仅在数千年的历史中孕育出灿烂文明和文化遗产，还形成了丰富的自然资源和景观。这是由伊朗独特的地理环境所造就的，也是伊朗旅游资源易被忽视却值得关注的一面。

伊朗地处亚洲西南方之中东地区，北濒里海，与阿塞拜疆、亚美尼亚、土库曼斯坦接壤，南靠波斯湾、阿曼湾和阿拉伯海，西接伊拉克和土耳其，东临阿富汗和巴基斯坦。这一地理位置决定了伊朗自古以来就是东西方交往的桥梁，因此有"欧亚陆桥"和"东西方空中走廊"之称。古代时期，伊朗作为中西方贸易的中介，"有三条商路经过伊朗，沿途也出现了许多重要商贸城市。最著名的当推北部的丝绸之路，有内沙布尔、雷伊、大不里士等城市通往君士坦丁堡、中欧和北欧"②。设拉子、伊斯法罕、亚兹德和马什哈德也是伊朗著名的旅游城市。在当代，伊朗重新加入丝绸之路，与"一带一路"沿线的众多国家建立起联系，必将会对伊朗的经济和旅游业产生积极影响。

伊朗地貌复杂多样，平原面积狭小，大多是高原、盆地或山脉，"高原山地相间、分隔出许多陷落盆地，盆地底部有伊朗特有的各种荒漠"③，由此形成伊朗地貌独有的特点。其主要地貌特征有东西走向的厄尔布尔士山脉、西北—东南走向的扎格罗斯山脉、伊朗第三高峰—萨巴兰山脉、沙漠景观之卡维尔荒漠和卢特荒漠、里海和波斯湾海岸的冲积平原，以及伊朗最大的高原——伊朗高原。伊朗的气候类型也是多种多样的，典型的包括干燥炎热的沙漠气候、寒冷的高山气候和潮湿的里海气候。正是这些气候和地貌条件，形成了伊朗丰富多样的自然旅游资源和景观区。伊朗现已

① Eve MacDonald, "Iran's Cultural Heritage Reflects the Grandeur and Beauty of the Golden Age of the Persian Empire," *The Conversation*, January 8, 2020.
② 王新中、冀开运：《中东国家通史·伊朗卷》，商务印书馆 2002 年版，第 8 页。
③ 王新中、冀开运：《中东国家通史·伊朗卷》，第 3 页。

留有大量的保护区，包括 48 个自然保护区、285 个森林公园、25 个野生动物保护区、6 个自然国家纪念碑和 11 个国家公园，其中许多地方，如 Mian Kaleh 野生动物保护区、Namak 盐湖、Golestan 国家公园都是独特的、具有重要国际性的旅游景区。其他的自然旅游资源包括列入世界遗产的卢特沙漠、冷热矿泉、治疗泥浆、具有保健潜力的温泉及湖泊地区，特别是萨巴兰山脉的火山温泉和乌鲁米耶湖的治疗泥浆。[1] 伊朗还拥有一系列人造旅游资产，其中引人注目的是里海海岸的避暑胜地、厄尔布尔士山脉的山村，以及厄尔布尔士和扎格罗斯中心的冬季滑雪场。

基于这些丰富多样的自然资源和旅游景观，伊朗支持将自然多样性作为发展旅游业的一个有价值的参考因素，形成了休闲旅游、生态旅游、医疗旅游等类型的旅游方式。其中，医疗旅游是伊朗的一大旅游特色。近年来，伊朗在医疗和医药领域取得长足进步。伊朗前总统内贾德强调，伊朗在医疗领域具有很高水平，同时也要发展医疗旅游业，并表示许多来自世界各地的人现在选择到伊朗接受治疗。[2] 外国患者主要来自伊拉克和阿富汗，主要目的地为马什哈德和德黑兰。[3] 根据伊朗政府的报告，2017 年向伊朗输送患者较多的国家是阿富汗、伊拉克、巴基斯坦、阿塞拜疆和阿曼。[4] 根据伊朗文化、手工艺和旅游组织的统计数据，在过去十年里，伊朗医疗旅游市场的增长率为 20%—25%。这些数字相当可观，特别是考虑到直至 2003 年之后伊朗卫生部才开始计划发展医疗旅游。而医疗旅游的全球增长率在 2012 年为 10%—12%。[5] 伊朗在这方面具有竞争优势的主要原因有以下几点：地理位置、价格低廉的医疗服务、汇率波动、高素质专业医疗人才与先进的医疗技术、改革医疗签证的发放规则。这些综合因素使伊朗相对于其中东竞争对手具有巨大优势。

---

① Habib Alipour, Rahim Heydari, "Tourism Revival and Planning in Islamic Republic of Iran: Challenges and Prospects," *Anatolia*, Vol. 16, No. 1, July 2005, p. 45.

② Fars News Agency, "*Ahmadinejad Stresses Iran's Growing Medical Tourism Industry*," January 17, 2012.

③ IMTJ (2018), *Over 300, 000' Went to Iran in Past Year*, https://www.imtj.com/news/over-300000-went-to-iran-in-past-year/.

④ *Department of Health Tourism*, http://mohht.ir/index.aspx? siteid = 430 2019.

⑤ *Medical Tourism in Iran*, 2015 年 3 月 25 日, https://fanack.com.

二　人文旅游资源

伊朗是一个具有悠久历史和璀璨文明的国家。文化遗迹和历史名胜十分丰富，主要分为两大类型：波斯文明和伊斯兰文明。作为古代波斯文明的发祥地，伊朗保存着波斯文明的大量遗迹，主要代表有波斯波利斯、波斯园林、法尔斯地区萨珊王朝考古景观和巴姆古城等，其中巴姆古城还是丝绸之路沿线十分具有历史意义的军事要塞之一。除此之外，伊朗还有延续千年的宗教传统——伊斯兰教，因而伊斯兰文化遗产十分丰富。伊斯法罕的伊玛目清真寺、亚兹德的星期五清真寺（又称"聚礼清真寺"）、赞詹的贡巴德—苏丹尼耶等皆为伊斯兰文明的杰出代表。16 世纪初，伊斯玛仪一世建立萨法维王朝并将什叶派伊斯兰教确立为萨法维的正式宗教，直至今天伊朗的国教仍是什叶派伊斯兰教。因此，在伊朗的伊斯兰文化遗址和建筑中，什叶派的属性尤为鲜明。伊朗拥有众多的什叶派圣地，马什哈德的伊玛目礼萨圣陵和库姆的法蒂玛圣陵即为两个典型代表。以什叶派圣地为基础，伊朗拥有一个庞大的朝圣市场，每年有数百万名来自伊朗和其他什叶派国家的朝圣者参观这些圣地。朝圣者通过陆路往返于沙特阿拉伯的麦加和伊拉克的卡尔巴拉，大概占整个伊朗旅游市场的30%。[1] 据考古学家估计，现代伊朗有 100 多万个历史遗迹。在过去几个世纪中，超过15 万个此类遗址位于伊朗不同地区。自 1930 年伊朗批准第一部《古迹保护法》以来，在伊朗已登记 32000 处历史遗迹。[2] 由此可见，伊朗的文化遗产和历史古迹数不胜数，吸引了国内外的大量游客前往参观。

值得注意的是，伊朗手工艺品生产历史悠久，产品精美而又独具特色。多元的民族社区和村庄为其工艺、服饰、音乐、美食、习俗和传统等丰富的非物质文化旅游资产提供了支持。每个地区甚至城市都有自己的传统工艺，例如大不里士地毯、锡斯坦和俾路支斯坦的刺绣、拉扎维·霍拉桑的石雕、德黑兰的玻璃制造、佐努兹的陶器。目前有 900 万名伊朗人从事手工艺品和其他农村产业的生产。[3] 这无疑为伊朗旅游业提供了丰富而

---

①　Habib Alipour, Rahim Heydari, "Tourism Revival and Planning in Islamic Republic of Iran: Challenges and Prospects," *Anatolia*, Vol. 16, No. 1, July 2005, p. 51.

②　"Iran Tourism: After the Nuclear Deal," *Surfiran Journal*, July 14, 2016.

③　参见 https://www.mcth.ir/english。

具特色的旅游资源。2006 年 5 月，由世界旅游组织主办的首届国际旅游与手工艺品大会在伊朗首都德黑兰举行，在此次会议期间还对伊朗手工艺品制作进行实地考察，足可见世界对伊朗手工艺品的认可。这也是伊朗旅游资源的一大特色，伊朗的手工艺品生产不仅带动了国内就业，也促进了旅游业的发展。

概而言之，伊朗的自然、文化和历史多样性使其成为一个非常有吸引力的旅游胜地。根据 2019 年旅游风险地图，伊朗和英国、斯洛文尼亚、丹麦和瑞士一样安全，都是世界上十分安全的国家。[①] 2018 年，约有 900 万名外国游客到伊朗旅游。

第二节　旅游业发展现状及政策导向

在当今时代背景下，伊朗政府已将旅游业作为国家经济和社会发展计划的一个有效经济因素，也是通过赚取外汇、创造就业机会等方式发展国民经济的一种选择。为此，伊朗政府鼓励旅游业发展，并为旅游业提供计划资金。而在此之前，伊朗的旅游业则经历了一段曲折的发展历程。

一　旅游业的曲折发展

早在萨法维王朝时期，伊朗就出现了著名的景点城市。

十六世纪末（1598 年）阿拔斯一世迁都伊斯法罕后，进行了大规模的城市建设，先后修建了市中心的国王广场（梅丹·沙）及其周围的"多彩门"（阿里·考普宫）、四十柱宫（谢赫尔·西腾）、国王清真寺（伊沙清真寺）、谢赫·卢特夫拉清真寺、查尔·巴格林荫道（意为"四座花园"）和阿劳维尔第桥等。[②]

因此，许多具有波斯风格的建筑重新焕发出生机，伊斯法罕可谓是集萨法维建筑艺术之大成，在当时成为一座美丽而繁荣的城市，吸引了许多

---

① "Iran, the Hidden Heaven," *The Diplomatic Insight*, Vol. 12, No. 2, February 2019, p. 18.
② 王新中、冀开运：《中东国家通史·伊朗卷》，商务印书馆 2002 年版，第 231 页。

西方游客前来观赏。在之后的萨非一世（1629—1642 年）和阿拔斯二世
（1642—1666 年）时期，伊朗的国内经济和对外贸易继续繁荣活跃，吸引
了许多欧洲商人、使节、传教士和旅行者前来。一些西方旅行家还撰写了
介绍伊朗政治、文化、民情风俗等方面的文章。可见，古代伊朗就为旅游
业的发展奠定了悠久的历史基础和留下了相当多的文化资源。

　　1979 年伊斯兰革命前，伊朗是一个世俗化的国家。尤其是 20 世纪 60
年代巴列维国王发动的"白色革命"，使伊朗一举进入现代化社会。这一
时期，由于丰富的自然资源和众多的历史遗迹，以及各式各样的旅游活
动，伊朗每年吸引着数百万游客前往。伊朗的旅游项目得到发展，里海和
波斯湾的海岸和岛屿，如巴博尔萨、基什等，以及伊斯法罕、设拉子、哈
梅丹、波斯波利斯等文化历史名胜古迹，得到了重建和改造。旅游业的收
入水平和游客人数都很高。1967 年至 1977 年，伊朗被认为是中东地区的
顶级旅游目的地，而拥有世界七大奇迹之一的埃及在该地区仅排第 14 位。

　　然而，伊斯兰革命的爆发，加之持续八年之久的两伊战争（1980—
1988 年），使伊朗的旅游业遭受了极大的破坏。随着 1979 年伊斯兰革命
带来的政治变革，伊朗旅游活动水平显著下降。在革命期间，神职人员中
的激进分子主张摧毁伊朗一些重要的前伊斯兰遗址，包括居鲁士大帝的陵
墓和波斯波利斯古城遗迹。[1] 而在两伊战争时期，许多建筑物和工业亦遭
到彻底毁坏或严重破坏，大约有 87 个城市和 2676 个村庄在战争中遭到严
重破坏。战时许多地方物资短缺，通货膨胀、赤字开支、对石油的过度依
赖等问题比以往任何时候都更加严重。[2] 由此可见，伊斯兰革命和两伊战
争给伊朗人民的经济和生活带来了巨大的灾难和损失。伊朗国内的这些不
安定因素也促使国际游客望而却步。总而言之，这一时期伊朗旅游业惨淡
经营。据伊朗旅游组织的官方统计，前往伊朗的国际游客人数从 1978 年
的 68 万人下降到 1990 年的 9300 人。[3] "从 1991 年起，政府开始致力发展
旅游业，旅游业逐渐复苏，2000 年外国游客达到 170 万人，旅游收入 10

---

[1] Sciolino, E., *Persian Mirrors*, Free Press：New York, 2000.

[2] Keddie, R. N., & Richard, Y., *Modern Iran：Roots and Results of Revolution*, New Haven
Yale University Press, 2006, p. 264.

[3] Iran Touring and Tourism Organization（2002）, *Tourism Management and Impact Analysis*, Teh-
ran：National Tourism Development Office.

亿美元。"①

　　除了战争因素外，伊朗旅游业还需要面对的则是国际制裁的影响。一方面，自伊斯兰革命以后，美国对伊朗一直实施经济制裁。"9·11"事件的爆发更是致使美国将伊朗纳入"邪恶轴心国"行列，这给潜在的伊朗游客造成了负面形象。禁止与伊朗银行进行金融交易的禁令，也影响了国际游客在伊朗旅游时使用国际信用卡的能力。② 在多方面因素的影响下，伊朗的旅游业再次遭受较大的冲击，赴伊的外国游客数量锐减。这一状况直至伊朗地区安全形势转好以后才有所改变。据相关资料介绍，"2004 年共接待入境游客 5 万余人，主要来自日本、独联体和海湾各国，实现旅游收入 5 亿美元。伊朗全国有各类旅游组织、旅行社约 3000 个。伊朗德黑兰、伊斯法罕、设拉子、亚兹德、克尔曼、马什哈德是伊主要旅游地区。"③

　　另一方面，30 多年的国际制裁也使伊朗在经济发展的过程中出现了许多问题，诸如失业率上升、通货膨胀率高企、货币波动和经济不稳定，等等，进而对旅游业造成了消极影响。与此相对，经济制裁的一个好处是伊朗国内旅游业的增长。首先，制裁导致伊朗货币里亚尔贬值，降低了伊朗人在国外的购买力。国外旅行费用远高于国内旅行，导致伊朗出境旅游减少，自 2008 年以来伊朗国内游客数量大幅增加。其次，伊朗大力鼓励国内旅游业，以减轻城市生活的压力和限制。而旅游业反过来又刺激了住宿、交通和娱乐等相关行业的增长。此外，前往土耳其、伊拉克、叙利亚和阿拉伯联合酋长国等邻国的旅行有所增加（与长途旅行相比）。④

　　2015 年 7 月 14 日，经过十年的密集核谈判，伊朗与 5 + 1 集团（联合国安理会五个常任理事国加上德国）就伊朗核计划达成全面协议，国际社会对伊朗的制裁有所缓和。在这一形势下，伊朗的旅游业迎来一个重要机遇期。入境人数，特别是来自西方市场的入境人数显著增加。然而，自

---

　　① 牛鸿斌、俞文岚主编：《构建第三亚欧大陆桥研究》，云南人民出版社 2014 年版，第 71 页。

　　② Stephen Pratt & Valiollah Alizadeh，"The Economic Impact of the Lifting of Sanctions on Tourism in Iran," *Current Issues in Tourism*, Vol. 21, No. 11, 2017, p. 5.

　　③ 牛鸿斌、俞文岚主编：《构建第三亚欧大陆桥研究》，第 71 页。

　　④ Farahani, B. M. & Shabani, M., "The Impact of Sanctions on Iran's Tourism," *The Open Access Journal of Resistive Economics*, 2013, pp. 1 – 13.

唐纳德·特朗普就职总统以来，伊朗和美国之间的紧张局势大大加剧。早在竞选总统期间，特朗普就极力反对伊核协议，2017 年上任后不久，特朗普因伊朗的弹道导弹项目对伊朗实施新的制裁，后来特朗普又拒绝承认伊核协议，并将此事提交国会。特朗普对伊朗日益咄咄逼人的姿态致使伊朗在实现经济发展和融入国际社会方面的困难加剧。除此之外，伊朗还是地区斗争的中心，包括叙利亚、伊拉克和也门的战争，而且它与主要的地区对手沙特阿拉伯之间的关系日益紧张。从而招致了一个结果，"国际投资者才刚刚开始胆怯地接近伊朗……其他投资者似乎在观望和等待更确定的未来和长期投资的坚实基础"①，这可能会严重危及伊朗旅游业的发展和未来。

二 伊朗政府政策导向对旅游业的影响

伊朗旅游业经历了曲折的发展历程，这当中既有伊斯兰革命和两伊战争的打击，也有"9·11"事件和国际制裁尤其是美国制裁的负面影响。在复杂多变的国内环境和国际局势面前，伊朗政府制定了一些政策来发展旅游业。

伊朗在近代才正式成立了管理旅游业的官方机构。1934 年伊朗第一次尝试组织和管理旅游业，并由内政部主持成立"旅游局"。1940 年"旅游局"被重新命名为"高级旅游委员会"。到 1953 年，伊朗内政部修改了一些与旅游机构有关的法律和条例。从 20 世纪 60 年代开始，旅游业受到一些重视，一个由不同部委 12 名成员组成的行政机构负责为旅游业部门提出一些政策，在当时受到了内政部的支持。这是旅游由一种被称为"嬉皮士之路"的特殊旅游形式的普及引起的，它构成了横跨亚洲和南亚古文明的旅行。伊朗也是这条路径上的目的地之一。② 这一进程最终促使伊朗进一步开展旅游活动，并在 1962 年建立了一个半政府性质的旅游事务组织（Sazemane Jalbe Sayyahan）。它成功地建立和重组了众多的旅游设施和上层建筑，1975 年又与新闻部合并，命名为信息旅游部。这一行政

---

① *Travel in Iran*, Euromonitor International, October 17 2017, p. 1. Retrieved from https://www. portal. euromonitor. com.

② Habib Alipour, Rahim Heydari, "Tourism Revival and Planning in Islamic Republic of Iran: Challenges and Prospects," *Anatolia*, Vol. 16, No. 1, July 2005, p. 45.

变化导致入境伊朗的游客增加。

尽管 20 世纪 70 年代末伊斯兰革命和 20 世纪 80 年代两伊战争使伊朗旅游业遭受了巨大挫折，但伊朗政府的意识形态和政策也随之发生了变化。伊斯兰革命之后，伊斯兰价值观成为建立伊朗社会法律法规的基础。《伊朗伊斯兰共和国宪法》第 2、4、72 条和第 94 条强调了这一问题。[1]这意味着旅游政策和旅游活动应符合伊斯兰法律、价值观和规章。例如，在伊斯兰教中，妇女必须遮住头发和身体[2]，禁止饮酒，禁止妇女从事音乐和舞蹈行业，禁止婚外性关系。一些外国游客也遇到了这样的问题和限制，在伊朗逗留期间不得违反这些规定，从而致使这些游客尤其是来自中东地区以外的游客，开始寻求替代伊朗的目的地，如土耳其。伊朗的旅游部门也经历了结构调整，1980 年"伊朗旅游组织"成立，取代了原来的旅游行政机构。[3]

两伊战争造成伊朗不安全的环境，使旅游业的吸引力在 20 世纪 80 年代急剧下降，给伊朗人民的经济和生活带来了巨大的损失。相关资料显示，伊朗在战争期间花费 6440 亿美元，将近 1978 年国民生产总值（GNP）的十倍，这还没有考虑通货膨胀、战争伤亡等问题。[4]此外，失业率大幅增长，成为伊朗面临的突出问题。这些情况给哈希米政府带来了巨大的压力，迫使它开展了战后经济重建计划。于是，伊朗在 1988 年制订了第一个社会经济发展五年计划。此后，又连续实施了两个五年计划，调整经济结构和政策，尤其是将旅游业列为高度优先事项，以振兴伊朗经济。

两伊战争结束后，为了适应伊朗社会和世界新形势，伊朗政府致力于发展旅游业。20 世纪 90 年代的改革运动对伊朗的"旅游开发和推广"产生了积极影响。1997 年，改革派代表哈塔米在总统选举中获得胜利，并在联合国大会上主张推动"文明对话"，融入国际社会。1999 年哈塔米访问意大利、法国、德国，这是自 1979 年伊斯兰革命以来伊朗总统对欧洲的首次访问。此次欧洲之行签署了一系列旅游、投资、能源协议。伊朗与

---

[1]　Amin, M., *The Constitution of the Islamic Republic of Iran*, Tehran: Khorshid Publ, 2001.

[2]　Ayatollah Khomeini, R., *Resaleh Towziholmasael*, Tehran: Islamic Guidance Ministry, 1986.

[3]　Mahallati, S., *An Overview of Tourism*, Tehran: Shahid Beheshti University Press, 2002.

[4]　Sadowski, Y., M. *Scuds or Butter?* Washington, DC Brooking Institution Press, 1993.

欧洲国家关系的改善，加之这一时期改革派实行的宽松政策，吸引了许多伊朗侨民的回访。1990 年到 2000 年，国际入境人数平均增长了 27.2%。[①]近年来，伊朗旅游组织已加强对旅游业的规划、决策和监督，并与联合国开发计划署和世界旅游组织合作编制旅游总体规划。

伊朗旅游发展已达成两点共识。首先，旅游与伊朗文化遗产保护之间的联系；其次，伊朗旅游的潜在重要性加强。于是，2005 年，伊朗文化部下的两个小部门——伊朗旅游组织和伊朗文化遗产组织合并，形成伊朗文化遗产和旅游组织。[②] 后来，进一步强调旅游业和文化遗产之间的联系，从工业部转来的手工艺组织加入伊朗文化遗产和旅游组织，扩大后的组织被称为伊朗文化遗产、手工艺和旅游组织（ICCHO）。2019 年 7 月，伊朗文化遗产、手工艺和旅游组织在伊朗议会的批准下转变为一个部门，在总统的直接监督下工作，参与旅游业的规划、发展、推广和管理。自特朗普上台后，美国对伊朗的制裁有所加强。为了发展伊朗旅游业，伊朗文化遗产、手工艺和旅游组织负责人阿里·阿萨尔·穆内桑表示，伊朗旅游部门已成立特别机构，制定各种方案并采取措施，以减少制裁对伊朗旅游业的影响。[③]

由此可见，一方面，从萨法维时期到现今的伊朗，旅游业经历了一个波折发展的过程。推动伊朗旅游业发展并公开化的动力，离不开伊朗政治和社会改革的努力，离不开伊朗政府政策的鼓励与指导。

另一方面，由于美国对伊朗一直采取孤立与遏制的政策，对伊朗实施广泛的制裁，打破这种局面与扩大对外活动的空间便成为伊朗政府关注的重要问题。因此，"对外交往的限制也有所放宽，旅游业的发展便是一例。伊朗一位负责旅游宣传工作的官员说，'我们尽量把旅游与政治分开来。每个想到伊朗来旅游的人都受欢迎，当然包括美国人，但不能有以色列人。除此以外的所有人，我们都不介意'"[④]。

---

① World Tourism Organization, *Tourism and Poverty Alleviation Recommendations for Action*, WTO, Madrid, Spain, 2004.

② O'Gorman, K. D., "Iranian Hospitality: A Hidden Treasure," *The Hospitality Review*, Vol. 9, No. 1, 2007, pp. 31 – 36.

③ 参见 https://m.sohu.com/a/332566917_99914489。

④ 陈嘉厚主编:《现代伊斯兰主义》，经济日报出版社 1998 年版，第 586 页。

为了发展旅游业，伊朗政府也制定了相应的规划。根据《伊朗未来展望》中的旅游业宏观规划，到 2025 年第七个发展计划结束时，伊朗需要吸引 2000 万名游客，实现每年 300 亿美元的旅游收入。[①] 然而，到目前为止，伊朗旅游业只实现了 13% 的预期。伊朗在世界旅游市场上所占份额仅为 0.5%，这是一个相对微不足道的比率。可以看到，伊朗旅游业的发展相对缓慢，但存在巨大的潜力空间。自伊核协议签订以来，伊朗的贸易壁垒正在减少，传统工业已无法再支持年轻人口需求，但旅游业有能力缓解伊朗所面临的一些紧迫的社会经济困难。因此，开发旅游业是大势所趋，也是伊朗政府未来所要重点关注的问题。

第三节　伊朗旅游业发展面临的问题与中伊旅游合作

伊朗旅游业的发展不仅离不开政府政策的指导，也需要基础设施的铺垫。先进的基础设施建设将会为旅游业提供一个便捷而舒适的环境，进而推动旅游业的发展。而伊朗在基础设施建设方面存在着一些不足：通信设施覆盖率有限，汽车、航空、酒店、交通道路等方面亦需要加强。此外，签证也是不可忽视的一个方面。

一　伊朗的基础设施建设

伊朗旅游业的发展离不开基础设施建设，而伊朗基础设施建设起步较晚。

自 20 世纪初以来，随着工业化进程的加快，人们的休闲方式开始受到影响。电视网络和报纸等大众媒体也让人们知晓了遥远的名胜古迹，从而吸引了许多游客的参观。这一过程极大地促进了国家旅游业的繁荣。伊朗也是如此，这个国家正朝着工业化的方向和现代化的标准发展，公民们的休闲时间大大增加，并因此促进了旅游业的发展。尽管如此，到 21 世纪初，伊朗的通信设施仍然存在很大的发展空间。据相关统计数据，直到

---

① Rahimpoor, A., "Study and Survey of the Status of Iran's Tourism Industry in the International Market of Tourism Business," *Human Geography*, 2008, p. 1.

2005 年，伊朗的国家广播电视组织才拥有足够的广播电视传输能力，覆盖了伊朗95％的人口。同一年，伊朗的电话系统仍然不能满足需求，电话数量尚未达到 2000 万部（伊朗当时人口为 6980 万人），但正在进行的现代化计划扩大了服务范围，特别是在农村地区。1998 年，只有九家企业在伊朗提供互联网服务，这九家企业都在德黑兰；而从 1997 年至 2006 年，互联网用户增加到 750 万户。① 由此可见，通信设施还有很大的建设空间。

在其他基础设施方面，汽车、航空、酒店、交通道路等方面的加强，也推动了伊朗旅游业的发展。在汽车方面，20 世纪二三十年代汽车产量的增加和汽车的使用促进了全球游客数量的增加。这最终也影响了伊朗国内的旅游业。就伊朗的汽车拥有量而言，2007 年全国人均可支配的汽车约有 800 万辆。②

在航空方面，1946 年伊朗第一家航空公司——伊朗航空公司开始运营，它是一家私营公司，后来与泛美国际航空公司签订了管理合同。1962 年，它与波斯航空服务（PAS）合并组建伊朗国家航空公司，称为伊朗航空公司。除了一些较老的机型外，该公司还运营着波音 707、波音 727 和波音 737，并订购了协和式飞机。它的资本是 40 亿里亚尔。伊朗航空公司经常飞往国内近 20 个城市和城镇。它为波斯湾沿岸的阿拉伯国家提供飞往巴林、达兰、迪拜和阿布扎比的航班。它飞往欧洲的国际航线停靠莫斯科、伦敦和其他几个国家的首都。向东飞到喀布尔、卡拉奇和孟买，1973 年又将这一服务扩展到北京。该航空公司每年运送多达 4.5 万名穆斯林朝圣者前往麦加，他们在吉达附近降落。该航空公司每年载客量超过 70 万人次，载客率约为 5％，运营有盈利。③ 1970 年，第二家航空公司 Parsair 开始运营小型飞机，服务于不那么重要的省级城镇。到 2004 年，伊朗为大约 430 万人次国际航班乘客提供服务，其中约 67％的乘客乘坐

---

① Glenn E. Curtis, Eric Hooglund, *Iran: A Country Study*, 5th ed. (Area Handbook Series), Library of Congress, pp. 188 – 189.

② Mohammad Taghi Sheykhi, "Domestic Tourism in Iran," *An International Multidisciplinary Journal of Tourism*, Vol. 4, No. 1, Spring 2009, pp. 111, 117.

③ Donald N. Wilber, *Iran, Past and Present—From Monarchy to Islamic Republic*, Princeton University Press, 1981, p. 330.

国内航线。德黑兰、设拉子、阿巴丹和阿巴斯都有国际机场。梅赫拉巴德机场位于德黑兰以西约 6 英里处，大约有 20 家外国国际航空公司提供服务。2005 年，伊朗最大的伊玛目霍梅尼国际机场在投入 3.5 亿美元后开放使用，该机场初期年客运量为 650 万人次，参与该区域其他主要国际机场的竞争。2006 年，伊朗有 9 个国际机场，国内航空公司从伊朗运送的乘客经过 40 多个外国国际机场，大约 900 万人次的旅客乘坐国内航班通过伊朗机场。① 在国际制裁解除后，伊朗在航空运输基础设施上进行了重大投资，从空客、波音和 ATR（法意两国合资的飞机制造商）订购了近 200 架飞机，价值达 360 亿美元。② 除此之外，伊朗还计划在伊斯法罕、大不里士、马什哈德和设拉子建造机场。尽管如此，21 世纪初伊朗航空公司由于员工膨胀和技术投资不足而遭受了财务损失，目前仍然有建设与管理的空间。

在酒店方面，伊朗每年接待 4000 万至 5000 万人次的游客。然而，目前的基础设施条件，如机场、交通和旅馆，还不足以应付国内和国际游客的涌入。伊朗多数酒店的设施都是 20 世纪 70 年代后期修建的，内部装修急需现代化。随着越来越多的人经过伊玛目霍梅尼国际机场，大型酒店公司也随之而来。法国休闲集团旗下的阿卡酒店（Aqua hotels）是第一家在伊朗运营的国际酒店集团，2014 年 10 月，该集团旗下的宜必思（Ibis）和诺富特（Novotel）品牌也在机场附近出现。③ 欧洲最大的酒店集团雅高还在伊朗首都外的伊玛目霍梅尼国际机场建造了两家四星级酒店。就伊朗国内旅游业的旅馆而言，伊朗主要集中建造大多数普通人无法轻易使用的豪华酒店。因此，国家必须增加对四星级酒店的投资，而不是更高级的酒店。④ 面对伊朗酒店业的情况，2016 年伊朗副经济部长哈扎伊在德黑兰举行的国际旅游峰会上指出："所有与旅游业有关的经济活动都将享受百分之百的税收假期，具体视该区情况而定。"⑤ 为此，伊朗向酒店经营者提

---

① Glenn E. Curtis, Eric Hooglund, *Iran: A Country Study*, 5th ed. (Area Handbook Series), Library of Congress, p. 188.

② Popova, N., *Resuscitating Iranian Aviation*, February 10, 2016.

③ 参见 http://economist/2F8I0jB。

④ Sadra-Khorasani, H., *Who Is Tourist?* Tehran, Ketabsaraye-Tandis, 2002, p. 29.

⑤ Iran Offers 13-year Tax Break to Hoteliers, http://www.presstv.ir.

供了 13 年的税收减免优惠。这一政策鼓励了酒店业的经营者,尤其是国际酒店经营者迅速制订计划,投资于伊朗的酒店业。波斯湾阿拉伯国家、德国、希腊、韩国和新加坡等国的酒店集团与伊朗官员就酒店建设计划进行了谈判。此外,安卡拉官员在 2016 年 5 月宣布,伊朗投资者将获准在伊朗建造至少 10 家酒店。这些旅馆将建在德黑兰、伊斯法罕、希拉兹、塔布里兹和马什哈德。在国际制裁解除后,许多国际连锁酒店——包括雅高酒店、罗塔纳和西班牙的米利亚——已经对伊朗的酒店业进行了投资。[1] 到 2018 年,伊朗应该至少有 "6 个不同的国际经销点"[2]。随着近年来游客的大量增加,尽管目前伊朗仍然存在酒店供不应求的情况,但政府也在提供奖励和做出规定,增加酒店和其他基础设施的建设,以跟上旅游业的发展速度。

在道路方面,伊朗的道路和贸易历史可以追溯到遥远的古代。在阿契美尼德时期,著名的 "皇家道路" 从苏萨市穿过美索不达米亚和小亚细亚,一直延伸到爱琴海海岸的内陆城市萨迪斯市,全长约 1500 英里。在公纪年元初期,这条从中国通往地中海的东西高速公路客流量很大,被称为 "丝绸之路"。不仅是丝绸,还有大量的陶器、香料和其他商品从远东运到西方世界的市场。在漫长的几个世纪里,骆驼商队一直是主要的交通工具,直到贸易路线网络的发展覆盖了伊朗。[3] 如今,骆驼商队在许多机动车道上已经很少出现,但在伊朗东部地区仍然很常见,那里古老的小径穿过沙漠荒原,汽车无法通行。第一条现代道路可能是 1883 年修建从德黑兰到库姆的公路。1899 年,从里海沿岸的拉什特到德黑兰的一条新公路开通,其中一段由一家俄罗斯公司建造,其余部分由伊朗政府建造。近年来,公路网得到了极大的扩展。由于现代工程设计去掉了早期路线的陡坡和急转弯,主要公路的大部分路线已经改道。1973 年,有 9000 英里的沥青公路和 8500 英里的砾石路面公路。此外,还有 12000 英里的碎石和

① Khodadadi, M. , "Return to Glory? Prospects of Iran's Hospitality Sector Post-nuclear Deal," *Tourism Management Perspectives*, 2016, p. 16 – 18.

② *Travel in Iran*, Euromonitor International, November 8 2016, p. 1. https://www. portal. euromonitor. com.

③ Donald N. Wilber, *Iran*, *Past and Present—From Monarchy to Islamic Republic*, Princeton University Press, 1981, p. 223.

泥土支线公路，将农村地区相互连接起来，并与城市中心连接起来，从而促进了农产品的销售。这里没有混凝土铺设的公路：沥青由石油工业供应，而水泥的运输成本更高，而且伊朗在很长一段时间内缺乏搅拌混凝土所必需的水。到目前为止，全国主要公路都已纳入区域发展规划。直到20 世纪 30 年代，伊朗才修建了贯通南北，连接里海和波斯湾的铁路以及1 万多英里的公路。1960 年至 1979 年，伊朗的公路和高速公路从 4.2 万千米增加到6.3 万千米。在两伊战争期间，公路被扩大到 10 万千米，到2003 年，公路系统已经扩大到 179990 千米，大约 36% 的公路被归为主要公路（高速公路）。自 1989 年以来，在道路建设方面伊朗一直强调修建大城市周围的环城公路和大城市之间的多车道高速公路，主要是横跨伊朗北部、南部，以及从北向南穿越伊朗中部的三条国家高速公路。

　　关于铁路的修建，伊朗早期铁路网的主要项目包括 1957 年完成从德黑兰到马什哈德的铁路线，以及 1958 年完成从德黑兰到大不里士的铁路线。1971 年，一条从大不里士到土耳其边境的铁路的建成，连接了土耳其的铁路。现在，乘客们可以通过这条铁路线从伊朗前往伊斯坦布尔，然后乘坐渡轮穿越土耳其的范湖前往欧洲。铁路网每年运送 350 万人次的乘客和 5000 多万吨货物，不包括运送到阿里亚·梅赫尔钢厂的材料。然而，自伊斯兰革命后，外汇短缺、战争的财政负担和贸易制裁使伊朗在 1980年代无法充分扩展其铁路线，但铁路投资在 1990 年代开始增加。1991 年至 2003 年，铁路旅客人数每年从 800 万人次增加到 1600 万人次。第四个经济发展计划要求进一步扩大到 3400 万人次乘客，包括大量购买新的轨道车辆。据报道，2005 年新的友谊线开通，土耳其和中亚国家可以进入伊朗南部海岸地区。这条 1000 千米长的铁路将伊朗东北部与南部连接起来，绕过德黑兰，缩短了 800 千米的里程，可供乘客、制造业、采矿业和钢铁业使用。2006 年，伊朗东北部的卡夫和阿富汗的赫拉特之间也修建了一条新的铁路线，连接扎赫丹、伊斯法罕和设拉子。在国际制裁解除后，伊朗在铁路运输上投入了巨资。例如，伊朗国有铁路公司和意大利Ferroviedello Stato 于 2017 年 7 月签署最终协议，在库姆和阿伦之间修建了一条价值 12 亿欧元的高速铁路。①

---

① Factbox, *Iran's Deal with Foreign Firms Since Easing of Sanctions*, Reuters, 15 October, 2017.

二 影响旅游业发展的其他因素

签证问题也是涉及伊朗旅游业发展的重要问题。多年来，获得伊朗签证是吸引游客的最大问题。签证申请程序不透明、申请过程漫长是伊朗旅客需要面对的难题。尤其是对于美国游客来说，有着更多的规则。美国游客不允许自发旅行，必须有导游陪同。但近年来，随着伊朗加强发展旅游业，伊朗采取了各种方法，为外国公民的签证发放提供便利。首先是伊朗周边国家。与邻国的关系对伊朗很重要，为此伊朗一直采取措施增加从邻国到伊朗的游客。在发展旅游业计划的框架内，伊朗最近撤销了来自七个国家的公民的签证要求：土耳其、黎巴嫩、阿塞拜疆、格鲁吉亚、玻利维亚、埃及和叙利亚。根据伊朗媒体发表的一份报告，这些国家的公民可以免签证前往伊朗。伊朗当局已经开始评估免签证计划，根据该计划，全球60个国家的公民将取消签证限制。伊朗副总统索尔塔尼法尔指出，为签证发放提供便利对于伊朗旅游业的发展至关重要。他还表示，伊朗政府准备明年推出电子签证设施，这将简化渴望访问伊朗的游客的签证申请程序。[①] 其次是亚洲的游客。自2018年5月实施制裁以来，旅游业已成为伊朗经济的一个关键部门。为此，伊朗放宽签证要求和其他限制，寻求更多的游客，特别是来自东亚的游客。自2019年7月16日起，伊朗给予中国公民免签待遇，以吸引更多中国游客到伊朗旅游。

第四节 中伊旅游合作

伊朗拥有优越的地理位置、得天独厚的自然资源以及丰富的文化遗产，这不仅为伊朗旅游业发展提供了最硬核的条件，也为中伊旅游合作提供了巨大的空间。中国和伊朗同为世界文明古国，早在前2世纪，汉朝与安息王朝（古伊朗）就通过丝绸之路建立起商贸联系和人文交流。"作为古丝绸之路上的重要国家，伊朗对曾给它带来经济交流与合作、经贸、能源、国防等多个领域利益和文化瑰宝的丝绸之路有着比较积极的历史记

---

① Sara Rajabova, *Nearly one Million Azerbaijani Tourists Visit Iran Annually*, Azernews, 13 November 2015.

忆，而与其他西方国家交往则大都充斥着侵略与屈辱。"① 因此，从这一历史渊源来讲，伊朗一直非常看重与中国的关系。

步入近现代，自伊斯兰革命以来，美国对伊朗一直实施经济制裁，"9·11"事件的爆发更是致使美国将伊朗纳入"邪恶轴心国"行列。如此一来，伊朗的经济发展面临着严峻的形势。吸引中国投资并加强中伊合作，成为伊朗发展经济的一个重要通道。1971 年中伊两国正式建交。1979 年伊朗建立新政权后，近几十年来中伊两国高层曾多次互访，在经贸、能源、国防等多个领域的合作不断加强。此外，中伊两国正在通过旅游、教育和文化等领域开展人文交流，巩固和加强友好关系。在建交初期，中国就与伊朗开展了文化和教育交流项目。② 同样，在同革命政权建交后，中伊两国于 1983 年在北京签署了《中伊文化、科技合作协定》。1989 年，哈梅内伊总统访问中国，并签署了中伊两国 1989—1990 年科学、文化和艺术合作执行计划，以及为持有政府公务护照的人员提供免签旅行的备忘录。③ 1991 年，中国与伊朗签署了文化、艺术和教育合作谅解备忘录。双方一致认为，应加强两国间的旅游业，两国一致鼓励相关组织在这方面的发展。通过这些倡议，伊朗和中国正朝着恢复两国历史联系的方向发展。

2002 年，江泽民主席访问伊朗诗人之都设拉子，并签署协议拓展双方在经贸、文化、旅游等领域的友好交流合作。2003 年，中国政府发行了一枚纪念两国长期友好和历史联系的特别邮票。2005 年，中国宣布伊朗成为中国公民自费旅游的目的地国。为向中国游客提供旅游便利，伊朗特为中国游客推出了 7 天有效期落地签证优惠政策，这是伊朗首次对外国入境者实行落地签证政策。2006 年，中伊两国在德黑兰签署了《中华人民共和国国家旅游局和伊朗伊斯兰共和国文化遗产、手工艺和旅游组织关于中国旅游团队赴伊朗旅游实施方案的谅解备忘录》。④ 伊方表示，非常

---

① 曹文泽主编：《欹语诸国胜览》（第三卷），北京理工大学出版社 2009 年版，第 68 页。

② Emadi, Haflzullah, *China's Foreign Policy toward the Middle East*, Karachi：Royal Book Company，1997，p. 39.

③ John W. Garver, *China and Iran：Ancient Partners in a Post-Imperial World*, University of Washington Press，2008，p. 102.

④ 徐俨俨、梁有昶：《中国和伊朗签署旅游谅解备忘录》，《人民日报》2006 年 12 月 29 日。

重视帮助中国游客赴伊旅游，并详细拟订了一些计划，诸如培训中文导游、奖励旅行代理机构等措施，以吸引更多中国游客。2012 年初，伊朗和中国成立了中伊文化联合委员会，并商议在两国互设文化中心，促进两国在旅游、媒体、教育和艺术等领域的合作。[①] 总的来说，中伊两国领导人都认识到中伊关系的重要性，都积极采取政策措施来促进旅游业的发展与合作。

除了政策支持、签署协议外，伊朗也通过博览会、论坛等形式增进与中国的相互了解与友好合作。例如，2006 年举行的中国宁夏·伊朗经贸合作论坛，双方讨论了在文化旅游方面的合作。2010 年上海世界博览会，伊朗馆向数以百万计的游客敞开了大门，充分展现了伊斯兰传统建筑风格，显示了其辉煌的古代艺术和多彩的当代生活。此外，两国还举办艺术和文化展览，以加强两国人民之间的文化联系。[②]

尽管两国在旅游领域进行了探索与交流，但相较于在能源、金融、贸易等方面的发展与合作，中伊两国在旅游业发展方面仍处于初级阶段。伊朗和中国之间每周只有 7 个航班。2015 年，在前往世界各地的 1.2 亿中国游客中，只有 15 万人选择伊朗作为目的地。伊朗计划将这一数字至少增加到 250 万人。[③] 因此，在这一领域，两国之间也存在着相当大的合作与互动潜力，但现实中仍有很长的路要走。两国之间的人文交流仍然非常有限。以孔子学院为例，目前，全世界共有 480 所孔子学院，但只有一所孔子学院在德黑兰大学成立，它不提供任何文化或教育活动。[④] 此外，两国还没有为对方文化年定期举行庆祝活动的计划。因此，加强中伊旅游合作也是促进两国之间进一步对话、增进互相了解和友好文化交流的一种方式。尽管中伊两国可能会遇到挑战，但加强旅游业合作是双方一致的利益需求，也是伊朗社会发展的必然选择。

自 1979 年伊斯兰革命后，以美国为首的西方国家就开始了对伊朗的广泛制裁，尤其是石油、金融等领域的经济制裁，这给视石油产业为经济

---

① 参见 http：//www. chinanews. com/gn/2012/02-16/3674522. shtml。

② Fars News Agency，"Iran Holds Cultural-Arts Exhibition in China，" February 15，2009.

③ Tasnim News Agency，"Iran Eyes Attracting 2. 5 Million Chinese Tourists Annually，" 2016.

④ UCLA Confucius Institute，"Confucius Institutes Worldwide，" 2017，http：//www. confucius. ucla. edu/about-us/confucius-institutes-worldwide.

命脉的伊朗造成了沉重的经济打击。在经济贸易制裁的困境下，伊朗只能寻求其他的方式来转移国内压力、振兴国民经济。旅游业是伊朗实现这一目标的理想方式，自两伊战争结束后，伊朗政府逐渐重视旅游业的发展，并将其视为实现经济利益、现代化以及与国际社会接轨的手段。伊朗也更加注重同亚洲国家，尤其是中国发展经贸和人文关系。2009 年 3 月，伊朗文化遗产、手工艺与旅游组织副主任马勒克扎德在亚太地区促进旅游业发展的国际会议上指出："发展旅游业对国民经济的发展和增加外汇收入十分重要。"[①] 根据世界旅游业理事会发布的报告，2014 年伊朗旅游业产值达 78 亿美元，直接解决了 41 万个就业岗位，累计完成投资 28 亿美元，占全国总投资的 3%。[②] 2018 年伊朗旅游业产值约 88.3 亿美元，占 GDP 的 6.5%，创造了大约 133 万个工作岗位，占总就业的 5.4%。[③] 足可见出，伊朗旅游业对国民经济发展的突出作用，以及开发的巨大潜力。中国不仅是伊朗主要的贸易伙伴国，前往世界各地的中国游客数量也十分庞大，未来中伊旅游合作还存在广阔空间。

2015 年 7 月，伊朗与六国最终达成伊核问题全面协议。自该协议在 10 月生效后，欧美国家逐渐解除对伊朗能源、金融等领域的制裁。伊朗也迎来了一个发展的春天。鲁哈尼政府对内提出了经济社会十年发展规划，推出了涵盖基建、交通、旅游等领域的一揽子项目。鲁哈尼自执政以来，一直强调对内改革经济，对外加强与各国的"建设性互动"，伊核协议签署后，伊朗社会朝着更加多元开放的方向发展。而中国"一带一路"倡议的推进，也为中伊关系升级和中伊旅游合作创造了条件。习近平主席与鲁哈尼总统多次会晤，2016 年 1 月，习近平访问伊朗，就"一带一路"建设与鲁哈尼达成多项共识，其中在旅游业方面双方同意深化旅游合作。伊朗文化遗产、手工业和旅游组织主席马苏德·苏坦尼法尔高度评价了这一共识，并表示"伊朗当前吸引的中国游客不足每年来访的 500 万名外国游客的百分之一，伊朗希望在 2025 年吸引 2000 万名外国游客，其中，希

---

① 曹安胜：《伊朗加强发展旅游业》，驻伊朗使馆经商参处，2009 年 3 月 3 日，http：//ir. mofcom. gov. cn/aarticle/jmxw/200903/20090306075376. html。

② 《伊朗旅游业保持增长》，驻伊朗使馆经商参处，2015 年 7 月 6 日，http：//ir. mofcom. gov. cn/article/jmxw/201507/20150701035742. shtml。

③ 参见 https：//www. sohu. com/a/346187088_ 99914489。

望中国游客能占到 10%—20%。"① 为此，伊朗将会加快基础设施和软件建设，例如中餐厅的修建和中文导游的培训，以及在中国扩大推广活动。同年 5 月，苏坦尼法尔在伊朗旅游及投资推介会上邀请中国企业投资伊朗旅游业，并称伊朗政府将会出台一系列措施来为中国企业和游客提供便利。2019 年 7 月，伊朗给予中国公民免签入境待遇，希望通过免签方式吸引更多中国游客去伊朗旅游。这一政策也收到了效果，自免签以来中国游客数量比去年同期几乎翻倍。

中伊旅游合作除了可以刺激伊朗经济发展、促进就业、拉动消费外，也是反制美国对伊朗的经济制裁，与伊朗谋求融入国际主流社会和全球化进程的步伐相一致。"一带一路"建设则刚好为中伊旅游合作提供了一个良好的发展机遇，自"一带一路"倡议实施以来，中伊两国在旅游领域不断深化合作，通过旅游线路和产品开发、基础设施建设等方式，两国之间不断加深了解，达成广泛共识。2016 年，中伊两国已升级为全面战略伙伴关系。此外，伊朗通过旅游渠道也逐渐打破了以往西方媒体宣传的负面形象，向世界、向中国展示了一个历史悠久、文化璀璨、人民友好的伊朗。未来伊朗还会向中国继续扩大开放旅游市场，中伊旅游合作还有很大的空间等待探索。

---

① 参见 http://www.chinanews.com/ll/2016/01-24/7730276.shtml。

第六章　伊朗的中国观和对"一带一路"倡议的认知

第一节　伊朗的中国观

在伊朗最高领袖哈梅内伊"向东看"战略的指导下，伊朗官方高度重视伊中关系，不断推动两国交往与沟通，伊朗官方的"中国观"相对正面并逐步完善。但由于伊中两国的民间交流渠道匮乏，尤其是伊朗民众几乎无从了解中国的文化及发展现状，对于中国的认知相当欠缺，甚至在西方媒体的影响下存在一些偏见和误解。

一　伊朗官方高度认可中国取得的政治经济成就

伊朗官方对于中国政治体制以及经济发展成果，既没有部分国家的"酸葡萄"心理，也没有西方"教师爷"般的指指点点，而是有一种惺惺相惜的认同感和愿意交流学习的态度。

（一）高度认可中国独立自主的政治体制

伊朗在历史上曾被阿拉伯、蒙古、突厥等多个民族所占领，近代以来又备受英国和沙俄的欺侮，虽然巴列维时期伊朗依靠美国摆脱了英、俄的控制，但是又成为美国的附庸，直到1979年伊朗伊斯兰革命爆发后，伊斯兰共和国成立，伊朗才成为一个真正意义上独立自主的国家，提出了"不要东方，不要西方，只要伊斯兰"的独立自主道路。

正因为此，伊朗对于中国百年前的屈辱以及自新中国成立以后坚持走独立自主道路的治国方略可谓是"心有戚戚焉"，在看待中国的政治体制时，不同于欧美等国一向带有的意识形态偏见，而是高度认同并愿意与中方一道携手并进。

2018 年伊朗最高领袖高级外事顾问韦拉亚提①在接受采访时表示：

> 我认为伊中两国有很多共通之处，尤其重要的是，两国能够真正享有"独立"。伊斯兰革命最重要的成果就是让伊朗成为一个独立的国家，而在此之前我们并不是真正的独立。同样，是中国共产党领导的革命让中国摆脱了西方的控制，成为一个独立自主的国家。我们两国都经过了艰苦卓绝的努力才获得独立，这是两国非常重要的共通点。所以我真心认为东亚和西亚两个重要、独立、强大的国家能够携起手来，更加紧密地合作。

其实，这一点非常难能可贵，也是中伊两国友好最根本的政治基础。长久以来，西方国家一直将中国视为不同意识形态的国家，即使冷战已经结束 30 多年，但是西方国家仍然坚持主张资本主义国家与社会主义国家的分野，仍然以自身并不完善的民主体制来衡量中国，从而对中国多有批评，不愿意真心实意接纳中国。而自伊斯兰共和国成立以来，其强烈的伊斯兰教色彩与以基督教为主的西方国家难以融洽，更是因为政教合一的政治体制而被西方国家视为异类。在此情况下，中伊两国并没有受西方的观点所影响，反而"惺惺相惜"，更加尊重对方的政治体制和政治文明，从而拥有了牢固的政治友好基础。

（二）加强学习习近平主席的治国理政思想

就笔者在伊朗几年的亲身感受来看，伊朗方面从最初对"一带一路"倡议缺乏基本的认知到现在对于中国最高领导人治国理政思想的熟稔，既说明了中伊两国关系在近年来取得的长足进步，同时也说明了中国政治成就在伊朗政界获得了越来越大的认同和称赞。更为可贵的是，伊朗高层领导人从 2018 年以来，不断加强学习习近平主席的治国理政思想，并对此有着非常积极的评价。

2018 年伊朗议长拉里贾尼访问中国，笔者注意到拉里贾尼临行前在机场与媒体见面时，随身携带《习近平谈治国理政》一书，并在接受采

---

① 采访者朱宁，被采访者伊朗最高领袖高级顾问阿里·阿克巴尔·韦拉亚提，采访地点伊朗德黑兰，2018 年 7 月 11 日。

访时将书放在了自己的手边。拉里贾尼访问结束后，笔者在对其进行专访①时专门谈到此事，拉里贾尼表示，他一直将2016年初习近平主席访问伊朗时赠送的著作珍藏在办公室，在阅读习主席的书中他看到了中国领导人对于发展邻国关系、"一带一路"建设、中美关系发展的完整理念，尤其喜欢习主席提出的"构建人类命运共同体"，将各个国家的利益连接在一起的宏大构想，这个想法不仅新颖而且充满智慧，是一个特别成熟的政治家的想法。通过阅读这本书，他认为，习主席的许多执政经验值得借鉴，包括习主席提出的"四个自信"，与伊朗的"抵抗政策"有异曲同工之妙。"在我们看来，习主席通晓工作的方方面面，是世界上非常有智慧、非常有远见的一个领导。"在谈论习主席著作的时候，拉里贾尼议长还专门让秘书拿来他的那一本，给记者翻看他做的读书批注。他边翻看边说："大国关系我看过，周边国家政策我看了，'一带一路'很有意思。"

2019年伊朗伊斯兰议会第一副议长加吉扎德②在接受采访时，专门提出要在中国共产党成立99周年到来之际表示祝贺并且提到了习主席提出的"人类命运体"。他表示："中国共产党的总书记、尊敬的习近平主席提出人类命运共同体的概念让我印象深刻，事实证明这是非常正确的。我们越往前走，越能感受到全世界所有人之间牢固而深刻的联系。不论是关于抗击疫情的合作还是国家间的交流，只有不断践行人类命运共同体的概念，才能推动世界发展。"

（三）非常美慕中国的经济发展成就

2016年初，习主席访问伊朗，在与伊朗最高领袖哈梅内伊会见时，哈梅内伊表示："伊朗高度赞赏中国取得的发展成就，感谢中方长期以来给予的支持，愿同中方将全面战略伙伴关系落到实处，推动两国务实合作迈上新台阶。"③伊朗第一副议长加吉扎德也表示："中国共产党关心本国

---

①　采访者朱宁，被采访者伊朗伊斯兰议会前议长阿里·拉里贾尼，采访地点伊朗德黑兰，2019年3月9日。

②　采访者朱宁，被采访者伊朗伊斯兰议会第一副议长阿米尔·侯赛因·加吉扎德·哈谢米，伊朗德黑兰，2020年6月28日。

③　《习近平会见伊朗最高领袖哈梅内伊》，http：//www.xinhuanet.com//world/2016-01/24/c_1117872883.htm。

人民的福祉，带领中国跻身世界强国之列。中国在半个多世纪的时间里从一个农业国家转变为世界第二大经济体，这得益于中国共产党以及中国政府和人民的不懈努力。近年来中国在各方面的发展举世瞩目，为世界树立了榜样。"伊朗国家领导人对于中国的评价也是伊朗精英阶层对于中国的共识，即中国改革开放以来取得了非常伟大的经济成就，成为世界上经济实力较强的国家之一，甚至未来将超过美国。这也是伊朗自 2018 年美国撕毁伊核协议以来不断向中国靠拢，希望经济上依靠中国的根本原因。

二　伊朗普通民众对于中国的认知缺乏，带有传统偏见

相较于政界对于中国较为清晰的"积极观"，伊朗普通老百姓对中国却缺乏基本认知，反而受西方误导、洗脑产生了对中国的"错误观"。

（一）伊朗对于中国的认知极度缺乏

来伊朗的中国人被提问频率最高的问题就是"伊朗和中国孰好"，这个问题背后折射出来的事实是，伊朗人并不清楚中国到底有多好。伊朗人对欧美更为了解。很多伊朗人是持美国或者欧洲护照的，伊朗的家具最崇尚的是法国宫廷风；饮食上除了伊朗的传统食物外，美国的比萨、汉堡在伊朗是非常流行的；虽然好莱坞的电影和美剧无法在电视上播出，但是带有波斯语字幕的影视盗版光盘在大街上就有叫卖；伊朗的正装也是西服，只是不打领带以示区别……

反观对中国的认知，可以说乏善可陈。截至 2020 年，伊朗没有播出过中国一部电视剧，往前可能要追溯到 2000 年初的《流星花园》。2019年德黑兰国际图书展上推出了麦家的小说《解密》的波斯语版本，这是伊朗图书市场唯一一本正式发行的中国小说。中国国际广播电台曾经有一档《东方之珠》的广播节目，这是中国所有媒体在伊朗唯一落地的节目且 2019 年这档节目也停播了。一位伊朗非常有名的女演员还曾在中国电影节上获奖，可在私下交谈中，当笔者问她知道哪些中国演员和导演时，她思考良久终于"挤出"了一个名字"JACKEY CHEN"。由于信息渠道的缺乏，文化交流活动稀缺，可以说，在伊朗除了一些最基本的中国符号外，伊朗普通老百姓对于中国的了解非常有限。

（二）伊朗对中国制造的错误认知

中国制造本是中国在世界上的一张名牌，可为何在伊朗就给打了差评甚至引发民众的反感呢？另外一个非常严重且非常普遍的误解就是"中国制造"的质量十分低下。2019 年在逛书展的时候，一个伊朗青年就凑到笔者身边抖落一个耳机，用蹩脚的英文说："MADE IN CHINA，VERY BAD，SHAME ON YOU！"久居伊朗的华人都知道这是伊朗人对于中国制造的一种普遍态度。

首先，伊朗老百姓接触到的中国商品确实以质量低劣的低端商品为主。中国官方曾经因为伊朗对于中国制造的民意太大，对伊朗的几个重要港口和贸易区进行过调研。此前我们担心是中国的黑心商人以次充好坑害伊朗消费者的利益，败坏了中国制造的名声。但是经过深入调研发现，伊朗的小商品或者说日用商品进口完全被伊朗商人所垄断，而他们为了谋求利益最大化，在选择或者定制商品时一味压低成本而不考虑质量，导致进入伊朗市场的中国商品确实质量堪忧。笔者也从一些在义乌经商的朋友处了解到，他们不喜欢与伊朗商人打交道，认为伊朗商人过于精明，总是把价格压得太低，会最大限度地压低对手方的利润。当然，中国商人也不可能赔本赚吆喝，所以伊朗商人就不可能买到好的中国产品。

其次，伊朗民众没有享受到中国商品"物美价廉"的好处。从国际声誉来看，德国制造、日本制造都有着非常好的名声，但是中国制造在质量上的口碑不如它们，但是胜在"性价比"。然而伊朗情况特殊，在美国制裁的逼迫下，美国、欧洲、日本的商品几乎没法进入伊朗市场，间接造成了中国商品的垄断局面。在此情况下，伊朗商人并不需要用中国商品来打价格战，而是用垄断的机会赚取高额利润。比如向伊朗供应瓷盘的中国商家告诉笔者，他卖给伊朗商人的批发成本不到 3 块人民币的普通餐盘，伊朗商人在国内可以卖到 12 块人民币甚至更高，就是这么高的利润，伊朗商人还要求他把价格再降低点，最好 2 块钱成交。所以在伊朗市场上，中国制造并不便宜，甚至可以说很贵，伊朗老百姓花了钱还买不到好东西，很多东西用两天就坏了，自然很气愤，也只能把账算到了中国制造上。

而且从 2018 年下半年开始，伊朗货币里亚尔大幅贬值，到 2020 年底里亚尔兑美元、人民币的贬值幅度几乎是十倍之多。在这个情况下，任何进口商品对于伊朗老百姓而言都成了天价，这下就算伊朗商家肯让利，中国的商品也没有办法"价廉"了。

最后，伊朗有强烈的发展"国货"意愿，中国制造无奈躺枪。伊朗是中东国家中少有的有着比较完善产业链和制造能力的国家，部分产品与中国制造形成了竞争关系。而且在美国的制裁重压下，伊朗大力推行"抵抗经济"政策，其中很重要的就是扶持国货，鲁哈尼政府甚至在 2018 年后出台相关政策，限制了上千个品类伊朗有生产能力的商品的进口。在这种情况下中国制造时不时就成了"替罪羊"，成为抬高伊朗制造的比较对象。伊朗地铁出现过多幅宣传画，比如伊朗制造下面有着一张笑脸表情，而中国制造下面有着一张瘪嘴的表情，还有暗示中国制造打压了伊朗制造之类的。正是在这种所谓的爱国情绪驱使下，伊朗民众对于中国制造有了更大的偏见和误解。

（三）伊朗对中国人饮食不洁的偏见

伊朗是伊斯兰国家，对于"饮食洁"这个问题比较重视，在伊朗的食谱中，主要以牛、羊、鸡肉以及蔬菜水果为主，猪肉是完全禁止的，螃蟹、带鱼、龙虾等因长相"奇特"也不食用。但是不知道为何，伊朗人普遍认为"中国人什么都吃"，更过分的是认为"中国人吃蟑螂"，而 2020 年新冠疫情的全球流行加上西方媒体的渲染，更加"坐实"和强化了伊朗人的这一错误认知，中国人从吃蟑螂又多了一条罪状——吃蝙蝠。

2020 年 2 月初，德黑兰大学有一个非官方的 INS 账号，发布了一张公然歧视的图片，餐盘上放着几只独角仙和番茄天牛汤（应该是想放蟑螂图片的），图片上用大大的字写着"中国人"，这非常符合伊朗人对于中国饮食文化的认知。好在伊朗也有一些熟悉中国饮食文化的"饕客"，他们通过线下的渠道找出了账号管理人，让其删帖道歉，几天后管理人发布了一封道歉信，并在信的最后还写上了"中国爱你哟"之类的话，画上了三朵玫瑰。事情虽然有个不错的结局，但是伊朗最高等学府的社交媒体上能出现这样的图片，伊朗人对于中国饮食不洁的误解和厌恶可见一斑。

笔者的伊朗朋友带着一家人来中国旅游后，其女儿向同学们炫耀在中国的所见所闻。对于中国的高楼大厦、文明古迹，同学们都惊叹不已，但是当她展示在中国餐厅品尝的色香味俱全的美食时，同学们对于她爱吃中国食物纷纷表示"真勇敢"。在挖掘误解背后的原因时得到的答案多是"大家都这么说啊"，笔者只能猜想，可能是因为伊朗人食物谱系过于单调，比如吃鸡肉主要吃鸡胸，不吃皮和内脏，吃牛羊肉要把肥肉部分剔除，海鲜除了海鱼外其他几乎不吃……所以对于我们拥有的全世界最丰富多彩的食物种类，伊朗人势必有些无所适从，加上西方最为诟病的吃狗肉，一些纪录片里中国人吃昆虫，再经过添油加醋的演义，最终就变成了"中国人什么都吃"。

第二节　伊朗对于"一带一路"倡议的认知

2013 年 9 月和 10 月习近平主席提出建设"新丝绸之路经济带"和"21 世纪海上丝绸之路"的合作倡议，依靠中国与有关国家既有的双多边机制，借助既有的、行之有效的区域合作平台，"一带一路"倡议旨在借用古代丝绸之路的历史符号，高举和平发展的旗帜，积极发展与沿线国家的经济合作伙伴关系，共同打造政治互信、经济融合、文化包容的利益共同体、命运共同体和责任共同体。伊朗作为"一带一路"倡议沿线重要国家，对于"一带一路"倡议的理念高度认同，对于建设"一带一路"十分支持，但是在理解"一带一路"倡议的深度内涵以及具体执行上，还存在一定的欠缺。

一　伊朗对"一带一路"倡议理念的高度认同

中伊两国虽相隔千里，但自古以来就通过"丝绸之路"频繁互动。在历史上，伊朗是陆上"丝绸之路"西端的重要国家，"丝绸之路"的西北方向自新疆出境后分为三条主线，都直接或间接与伊朗相关联，且必然途经伊朗的阿尔达比勒地区，然后继续向西通过里海或地中海进入欧洲。而海上"丝绸之路"上伊朗的阿巴斯港位于波斯湾入口处，是西洋航线上的重要港口。

两国最早的来往记载于《汉书·西域传》里，书中写道："安息国王派 2 万骑兵在东部边界迎候，并将中国使团护送至数千里外的都城。中国使团受到安息国王和人民的热情款待。西汉和安息建立关系后，两国使节互往。"还记载了，在前 119 年，张骞第二次出使西域途中派其副使访问伊朗安息古国。

对于历史上中伊两国通过"丝绸之路"的交往，伊朗官方与民众都高度认同并认为是"中伊间美好的回忆"，伊朗官方还采取了一系列举措来增强民众对于古代丝绸之路这个符号的认知。伊朗曾大力宣传 1988 年联合国教科文组织启动的"综合研究丝绸之路——对话之路"项目和

2008 年联合国开发计划署发起的"丝绸之路复兴计划"。在 2013 年"一带一路"倡议提出之前，伊朗就拍摄了"海上丝绸之路"故事片，还与中国国际广播电台合拍了"重走丝绸之路"。笔者在伊朗工作期间也能感受到伊朗各界对于"丝绸之路"的认可，其中有两点感受笔者认为在伊朗社会比较突出。

一是伊朗各行各业都能感受到中伊历史上大量的经贸、文化、科技、宗教、艺术往来。笔者 2018 年在采访伊朗国家博物馆前馆长吉拉时，她重点向笔者介绍了博物馆中馆藏的元青花，她表示："伊朗可能是世界上收藏元青花仅次于中国的国家"，仅伊朗国家博物馆的藏品就有 30 件左右，然后阿尔达比勒博物馆还有大量中国各个时期的瓷器。吉拉还表示，她正在配合中国的考古团队来揭开青花瓷的颜料——苏麻尼青的秘密，"可以肯定的是苏麻尼青原产自伊朗"。

除了瓷器外，伊朗最负盛名的波斯地毯和细密画也都因为丝绸之路而发生了巨大变化。波斯地毯早期以羊毛和棉线为主，后引入了中国的蚕丝，织造出波斯地毯中最为奢华的"丝毯"。伊朗著名地毯商阿兹姆扎德告诉笔者，虽然伊朗今天也在生产蚕丝，但无论在数量还是质量上都无法满足需求，所以直到近日伊朗生产最高级的丝毯依然要从中国进口高档蚕丝。

细密画同样受到中国的影响，不仅技艺上吸收了中国工笔画的精髓，从而达到更为精密细致的程度，而且在人物的造型上更是深受中国影响。在伊朗著名的阿巴斯私人博物馆细密画区可以看到，最为突出的就是很多叙事细密画中伊朗人物的脸部更接近东方人的特征，比如细长的眼睛还有蒙古人的脸盘等。

除此以外，伊朗人比较熟知的狮子、孜然、马球、摩尼教都是从波斯传到中国的，而水稻、生姜、造纸术、茶叶都是从中国传到波斯的。

二是中伊两国之间从未发生过战争，也没有过一方对另一方的霸凌、殖民等不愉快的历史，这是中伊友好的重要基石。伊朗在历史上长期受外部势力侵扰，波斯帝国曾与希腊发生了著名的希波战争，后波斯曾被马其顿人、阿拉伯人、蒙古人、突厥人等征服统治，近现代又受到英国、沙俄、美国的欺侮。而中国虽一直与伊朗往来频繁，但从未发生过争斗，"和平共处"一直是中伊交往的基调。

2020 年，伊朗第一副议长加吉扎德在专访中①表示："从历史上看，伊朗与西方经常是处于竞争、敌对状态，但是几千年来中国从来没有试图侵略或者征服伊朗，和平友好的关系从来没有发生过大的变化，两国一直是文化交流、经济相通。这是中国与西方对于伊朗来说最大的区别。"中国社会科学院西亚非洲研究所陆瑾写道："在与伊朗人交流中深刻地感到，伊朗高度认同上述历史和强调从历史的角度看待现实问题。"②

二 对于"一带一路"倡议的支持和期盼

习近平主席在 2013 年提出"一带一路"倡议，对此伊朗方面高度关注，政府高层多次公开表态，要积极响应。在 2014 年 5 月的亚信上海峰会上，伊朗总统鲁哈尼向习近平主席表示："我们非常赞同重建丝绸之路，丝绸之路沿线这些国家过去通过丝绸之路建立经贸关系、文化关系互通有无，振兴丝绸之路可以加强这些国家之间的合作。"③ 2015 年 2 月 15日，伊朗总统鲁哈尼在总统府会见中国外交部长王毅时表示："伊朗高度重视发展对华关系。伊中关系健康稳定发展，既有利于两国，也有利于地区和世界的和平繁荣。伊方愿积极响应中方'一带一路'建设倡议，与中方拓展基础设施、能源、产能、农业、旅游等领域合作。"④

2016 年习近平主席访问伊朗，分别会见了伊朗最高领袖哈梅内伊、总统鲁哈尼和议长拉里贾尼，两天的访问极大地促进了伊朗对于"一带一路"的理解并大力推动了该倡议在伊朗的落地。在会见中，哈梅内伊表示，伊朗高度赞赏中国取得的发展成就，感谢中方长期以来给予的支持，愿同中方将全面战略伙伴关系落到实处，推动两国务实合作迈上新台阶。中方提出的"一带一路"倡议恰逢其时。伊朗是"一带一路"沿线重要国家，愿在共建"一带一路"过程中发挥更大作用。⑤ 鲁哈尼表示，在新

---

① 采访者朱宁，被采访者伊朗伊斯兰议会第一副议长阿米尔·侯赛因·加吉扎德·哈谢米，采访地点伊朗德黑兰，2020 年 6 月 28 日。

② 陆瑾：《历史与现实视阈下的中伊合作：基于伊朗人对"一带一路"认知的解读》，《西亚非洲》2015 年第 6 期。

③ 《伊朗总统鲁哈尼：伊中两国经贸关系将不断发展》，国际在线，http：//news. sina. com. cn/o/2014-05-23/083730208589. shtml。

④ 《伊朗总统鲁哈尼会见王毅》，http：//www. fmcoprc. gov. mo/chn/szyw/t1238422. htm。

⑤ 《习近平会见伊朗最高领袖哈梅内伊》，http：//www. xinhuanet. com//world/2016-01/24/c_1117872883. htm。

形势下，伊方愿同中方保持高层交往，深化经贸、投资、能源、金融、环保等领域合作，积极参与"一带一路"建设，密切双方在国际事务中沟通协调。在会谈后，习近平和鲁哈尼共同见证了《中华人民共和国政府和伊朗伊斯兰共和国政府关于共同推进丝绸之路经济带和 21 世纪海上丝绸之路建设的谅解备忘录》以及能源、产能、金融、投资、通信、文化、司法、科技、新闻、海关、气候变化、人力资源等领域多项双边合作文件的签署。[1]

在 2017 年 9 月第 72 届联合国大会期间，伊朗总统鲁哈尼在联大一般性辩论发言后举行记者会。在回答《人民日报》记者的提问时，他高度赞赏习近平主席提出的"一带一路"倡议，称这将给伊朗和本地区带来繁荣、和平和发展。他表示，伊朗人民欢迎"一带一路"倡议，也将积极参与到有关项目建设中去，这将使伊朗人民获得实实在在的利益。伊朗期待与中国开展全方位合作，让古老的丝绸之路展现出新的活力。[2]

除了政府层面外，伊朗学界也积极学习、研究"一带一路"倡议的具体内容。笔者在与伊朗外交部官员接触中了解到，伊朗外交部已经将中国官方发布的《推动共建丝绸之路经济带和 21 世纪海上丝绸之路的愿景与行动》全文翻译成波斯语供各个部门学习。外交部下属的政治与国际问题研究所 2014 年至 2017 年一直将"一带一路"倡议作为重点研究目标。

伊朗知名经济学者莱拉兹表示，在伊朗，中国倡导的"一带一路"倡议构想受到普遍认同。伊核全面协议签署后，伊朗更需要与中国加强投资、贸易和科技合作关系。"一带一路"建设将拓宽在伊朗的合作领域和模式，将伊中合作提升到一个新的高度。从长远来看，双方在高速铁路、天然气生产、输油管道等基础设施和资源开发等领域具有巨大的合作空间。莱拉兹同时指出，随着中国经济转型升级，伊中贸易结构也会发生相应变化，除了"硬"的油气和工程承包，"软"的旅游、教育、文化交流等领域的合作也将增多，这将使双边贸易结构变得更加合理，更富有弹性。而伊核协议的达成，扫除了中伊合作的重要障碍，相信将进一步释放

---

① 《习近平同伊朗总统鲁哈尼举行会谈》，http：//www. xinhuanet. com//world/2016-01/23/c_1117872740. htm。

② 《伊朗总统鲁哈尼高度赞赏一带一路倡议》，http：//world. people. com. cn/n1/2017/0921/c1002-29548762. html。

两国合作的巨大潜力。①

伊朗高度重视"一带一路"倡议既是其战略调整的内在导向，也是其现实需求的外化表现。从战略层面上看，中国国际地位不断上升和自身实力不断增强让伊朗必须重新审视和加强与中国的关系，积极支持并参与"一带一路"倡议对进一步夯实伊中关系至关重要。在与美国关系正常化遥遥无期的前提下，向中国靠拢是伊朗为数不多也是最优的选择。这是伊朗"向东看"政策的延续和指向中国更加精准的定位。

从战术层面上看，伊朗加入"一带一路"倡议后有着太多的好处，不仅可以借助中国主导的上海合作组织、亚太经合组织、亚欧会议、亚信会议等多边机制重返国际舞台和重塑自身形象，还可以通过"一带一路"提供的基础设施将公路、铁路、油气管道、通信网络等与地区国界相连接，产生更大的经济效益，而且中国设立的丝路基金和亚洲基础设施投资银行还有可能解决伊朗在面临美国金融制裁时的投融资匮乏等问题。也正是这些看得见、摸得着的好处让伊朗支持"一带一路"倡议并期盼能够参与到"一带一路"倡议中来。

三 伊朗对"一带一路"认知的缺乏和摇摆

2017 年，伊朗外交部一名负责中国事务的官员专门找到笔者想了解"一带一路"倡议的具体内容。笔者清楚地记得他问的第一个问题是："你能不能跟我讲讲，倡议中到底有几条铁路、几条公路，哪些会连接到伊朗？"从这个问题可以看出来，伊朗方面有很强的了解意愿，但又对"一带一路"建设十分缺乏了解。2018 年笔者与国内前来访问的新浪、财经记者受邀参加了外交部下属的政治与国际问题研究所的座谈会，伊朗参会人员都非常热切地想就"一带一路"倡议提出自己的看法和疑问，但让国内同行震惊的是，他们提出的问题都非常基础，且对"一带一路"的看法包含了大量的误解。据伊朗官员介绍，由于伊朗研究中国的学者不多，伊中间的学术交流、高校合作非常欠缺，导致伊朗对中国的了解和研究并不深入。

---

① 《"一带一路"开拓中伊合作新空间》，新华网（http://www.xinhuanet.com/world/2016-01/19/c_128643611.htm），2016 年 1 月 9 日。

比起政界、学界，伊朗民众对于"一带一路"倡议更是缺乏了解。根据陆瑾2015年的调查，在与出租车司机、售货员、商人等的交流中，伊朗民众能理解中国"丝绸之路经济带"或"新丝绸之路"计划的字面含义，但对于"一带一路"术语普遍不熟悉。一位书店售货员表示，他对中国的"丝绸之路计划"有印象，大概与伊中关系相关但是不知道具体内容，更不知道和伊朗老百姓的生活有什么关系。①

从一个媒体人的角度来看，导致出现这种情况在很大程度上是因为中国在伊朗缺乏有效的宣传工具，伊朗民众无从获悉、了解关于中国的信息和政策，其中就包括"一带一路"倡议。据统计，目前中国用波斯语对伊朗宣传的媒体基本为零，无论是报纸、电视、电台还是网络媒体都没有专门的波斯语信息，此前中国国际广播电台的一档名为《东方之珠》的广播节目也在2019年停播，所以即使伊朗民众有意愿了解中国的情况，也是"求告无门"。再加上伊朗民众并不爱看本国官方媒体的新闻，所有有关中国的消息可以说被西方媒体"垄断"了。

近年来情况稍有好转，新华社2017年与伊朗国家通讯社签署合作协议，加强在新闻信息交流、媒体代表团交流以及提供培训课程等领域的合作，建立合作、共享部分稿件。中国广播电视总台从2018年开始在脸书、推特、Instagram上开始用波斯语在社交媒体上发布信息与伊朗网民互动，但总体来说影响力有限。

除了各界对于"一带一路"倡议丰度的认识存在差异外，伊朗在与中国合作的实际推进中出现过摇摆、不坚定的情况，最为突出地表现在2015年7月至2017年即伊核协议签订之后的两年里。当时的伊朗，无论是政府层面还是民间都对伊核协议抱有极大的期待，认为多年的制裁即将结束，大量的外国资本即将涌入市场，伊朗将作为一个正常国家出现在国际舞台上。这个时候，伊朗此前"向东看"的战略和心态都悄然发生了变化，再次拥抱西方成为整个国家的主流思想，自然首当其冲受影响的就是中伊合作。

据笔者向多家中资企业了解，伊朗在签订伊核协议之后就放缓了与中

---

① 陆瑾：《历史与现实视阈下的中伊合作：基于伊朗人对"一带一路"认知的解读》，《西亚非洲》2015年第6期。

国的大型合作项目,很多待签项目被取消,很多洽谈项目被拖延。比如中石油要与道达尔合作开发伊朗的南帕尔斯天然气田 11 期,道达尔持股 51%,中石油持股 30%。还有某大型国企谈了三年的一个大项目,就在中国总部负责人专程飞到伊朗签合同的一刻,伊朗方面表示合同中有些细节需要再次审议,中方只好直接取消了该项目的合作。

坊间一直都有传闻,鲁哈尼政府内部下达了不成文的指令,要求尽量把项目留给欧洲企业。在鲁哈尼及伊朗部分亲西方势力的主导下,2016年、2017 年中伊新进合作项目为零,而与此形成鲜明对比的是,伊朗政府宣布了价值 1850 亿美元的 50 个能源勘探项目的国际招标,向波音和空客提出计划购买 400 架飞机的巨大订单。这种情况直到 2018 年才有所改善,此时伊朗终于意识到伊核协议的内容根本无法落实。此后美国总统特朗普单方面撕毁协议并施加了号称"史上最严厉制裁",鲁哈尼及其亲西方政客的念想被彻底粉碎。2018 年 2 月,伊朗最高领袖发表重要讲话,重新强调"向东看"战略并提出六点原因。① 此后中伊才重回正轨并逐步向更为密切的方向发展。

四 《中伊全面合作计划》与反伊媒体对中伊关系的影响

2020 年 6 月 23 日,伊朗政府发言人阿里·拉比伊宣布,《中伊全面合作计划》(也称"25 年计划")已经获批通过。没有想到的是,伊朗媒体发布的一条简短新闻却在此后引起了轩然大波。

(一)中伊合作计划的实际情况

中国国家主席习近平于 2016 年 1 月对伊朗进行国事访问,中伊两国起草并商定一份战略性的全面合作文件,在该文件第六段提道:"鉴于双方发展关系的强烈意愿,经济能力的互补性以及能源、基础设施、制造、技术和其他共同领域中的合作,双方同意进行必要的磋商和谈判,将一项为期 25 年的全面合作协议列入议程。"

其后两国高层一直就合作内容保持沟通。2019 年伊朗外长扎里夫访问北京期间重新讨论并签署了谅解备忘录。2020 年 6 月 23 日,伊朗政府正式批准了题为"中伊全面战略伙伴关系"的协定草案,并将该协议正

---

① 参见 https://farsi.khamenei.ir/others-note? id = 38981。

式命名为"25 年期中伊全面合作计划",涉及政治、安全、农业、经济、文化、科学、旅游、石油和能源、电信和技术基础设施、贸易、卫生、运输等多个领域的合作。

但是没有想到的是西方媒体以及一些别有用心人士对该协议大做文章、胡编乱造、恶意造谣,试图引发伊朗国内民众的不满情绪,同时也影响了中伊关系的正常发展。

(二) 恶意炒作引发的舆论风波

英国 *OILPRICE* 是石油业界非常著名的媒体,它在 2020 年 7 月 6 日发表了长篇报道,提及了伊朗将以 32% 的折扣向中国出售石油,中国将投资 2880 亿美元用于发展伊朗油、气及石化产业,投资 1200 亿美元用于大型基础设施建设。在经济合作的基础上,中伊 25 年合作计划加入了军事的合作内容,中、俄两国将与伊朗在军港、军机、导弹、军官培养等多个方面加强合作。《纽约时报》7 月 11 日发表了影响力非常大的一篇文章,文中表示已经获取了一份 18 页的机密文件,该文提到了中国将向伊朗投资 4000 亿美元、加大军事合作包括建设军港等问题。该文虽然行文相对客观,但也提出了伊朗政府有"卖国"之嫌。美国的《国家利益》网站上也陆续在 7 月 6 日和 12 日出现专家对于该事件的解读,一篇讨论了中国在波斯湾拥有军事基地的威胁,一篇渲染了中伊要联手针对特朗普。

除了西方媒体,其他媒体也都陆续跟进炒作。在对比网上流出的 18 页版本书件和 25 页版本书件后发现,媒体炒作的"中国将在伊朗设立军事基地并驻军""伊朗将出卖波斯湾岛屿给中国 (有说基什岛,有说贾斯克岛)""伊朗低价向中国出售石油""4000 亿投资"等在书件中没有任何提及,可以说这些媒体在"睁着眼睛说瞎话"。但正是由于他们罔顾事实的报道引发了伊朗国内非常大的民族情绪,一方面批评政府"卖国",另一方面对中国产生反感。

第七章 "一带一路"倡议对中伊经济关系的影响

第一节 "一带一路"建设的现状及挑战

一 "一带一路"倡议：简介

"一带一路"倡议是由中国国家主席习近平于 2013 年在对哈萨克斯坦和印度尼西亚进行正式访问时提出的。这是中国连接全世界人民的历史创举，它被称为"一带一路"倡议。"一带一路"是指"丝绸之路经济带"，是连接中国与中亚、中东和欧洲的旧陆上丝绸之路的复兴，因此，它也被称为现代丝绸之路①。它包括丝绸之路经济带和 21 世纪海上丝绸之路。丝绸之路经济带连接中国与欧洲、波斯湾、地中海和印度洋三条主要航线，而 21 世纪海上丝绸之路则以"一带一路"倡议成员国之间的水路为基础。②

2013 年，习近平主席宣布，通过铁路和公路等基础设施建设，将中国、亚洲、欧洲和非洲之间连接起来，重振旧丝绸之路。它是世界上最大的经济平台，通过加强经济合作促进全球经济增长。该项目由"21 世纪海上丝绸之路"和"丝绸之路经济带"组成，它们将连接超过 65 个国家，占世界总人口的 62% 以上，约占世界贸易的 35% 和占世界 GDP 的 31% 以上。它将推动高速公路、铁路和港口以及能源、电信、医疗保健和教育等一系列基础设施建设。"一带一路"是一个大型项目，覆盖了全球

---

① Van Hout, M. C., and T. Bingham, "Surfing the Silk Road: A Study of Users," *International Journal of Drug Policy*, 2013, pp. 524 – 529.

② Du, M. M., "China's One Belt, One Road Initiative: Context, Focus, Institutions, and Implications," *The Chinese Journal of Global Governance*, 2016, pp. 30 – 43.

三分之二的人口和四分之三的能源资源。

尽管一些研究人员认为"一带一路"是通过创造顺畅的全球市场来促进其经济发展的倡议,但它被描绘成通过发展文化、政治和贸易公司网络来重塑亚洲的政治和经济秩序。"一带一路"倡议下已有 138 个国家和30 个国际组织加入。[①]

"一带一路"倡议对促进和平与经济发展的积极作用不容忽视。它通过海港、油气管道和经济走廊连接孟加拉国、文莱、新加坡、斯里兰卡、柬埔寨、缅甸、马尔代夫、尼泊尔、印度、不丹和巴基斯坦等亚洲国家,它还为其成员国的自由贸易经济区和能源开发项目提供资金,由于中国"一带一路"倡议的影响不断扩大,美国、日本和印度的政策制定者和学者表达了对"一带一路"沿线地区的安全威胁。[②] 中国将其视为反对"一带一路"和平进程的宣传,但由于其相互合作、融合、相互依存等和平性质,"一带一路"倡议将惠及世界各国人民,以和谐与和平的趋势,通过适当实施"一带一路"倡议,将有利于建立一个多极世界。

"一带一路"倡议连接的六条经济走廊

从经济走廊的角度展望发展一直是中国发展模式的一个重要方面。"一带一路"沿线国家的基础设施投资涉及六条经济走廊,涵盖了世界上能源和资源丰富的大部分地区。

1. "新欧亚大陆桥"

按照中国的提议,这条经济走廊将采取国际铁路线的形式,从中国江苏省向西延伸到荷兰鹿特丹。根据计划,它的铁路长度达 11800 千米,将为 30 多个国家提供服务。沿着这条走廊,中国已经开通了四条货运列车路线,其中包括从重庆到杜伊斯堡(德国)的路线、从武汉到梅尔尼克再到帕尔杜比采(捷克共和国)的直达路线、从成都到罗兹(波兰)的路线以及从郑州到汉堡(德国)的路线。此外,在这些路线上,中国发布了"一报一检放"的政策,提高了效率和便利性,输电线路、高速公路、港口等建设项目正在稳步推进。

---

① 参见 https：//www.yidaiyilu.gov.cn/ 2020。

② Aris, S., "One Belt, One Road：China's Vision of 'Connectivity'," *CSS Analyses in Security Policy*, 2016, pp. 1 - 4.

2. "中蒙俄经济走廊"

该经济走廊上有三个国家，并侧重于两条主要路线；一是京津冀区域—呼和浩特—蒙古国—俄罗斯；二是大连—沈阳—长春—哈尔滨和满洲里至俄罗斯的赤塔，就这条经济走廊的发展而言，有两个重大突破：首先，2014 年 9 月，三国的国家元首在上海合作组织杜尚别峰会上会晤，他们同意在双边关系的基础上开展三方合作。此外，他们同意翻新俄罗斯的欧亚大陆桥，并可能开发蒙古国的草原公路。三方达成协议的目的是加强铁路和公路的互联互通、推进通关和运输便利化、促进跨国合作。其次，2015 年 7 月，在乌法举行的第二次峰会上，正式通过了《中俄蒙三边合作发展中期路线图》。2016 年 6 月，这三个国家制定了一项发展计划并予以落实。在 2017 年 5 月举行的 "一带一路" 倡议论坛上签署了更多的合作协议。2016 年 8 月，来自三个国家的卡车仪式代表团被派往拟议中的走廊进行测试。

3. 中国—中亚—西亚经济走廊

这条走廊是从新疆到阿拉山口，再到中亚和西亚的铁路，直至地中海沿岸，最后是阿拉伯半岛。这条走廊主要覆盖中亚的哈萨克斯坦、吉尔吉斯斯坦、塔吉克斯坦、乌兹别克斯坦、土库曼斯坦以及西亚的伊朗和土耳其。这条走廊通常沿着古丝绸之路的路径延伸。2015 年 6 月在山东举行的 "第三届中国—中亚合作论坛" 上，中国和中亚五国签署了一项联合声明，承诺 "共同建设丝绸之路经济带"[1]。2016 年，亚投行批准了一项 2750 万美元的贷款，用于塔吉克斯坦杜尚别—乌兹别克斯坦边境公路改善项目。2017 年，塔吉克斯坦努雷克水电站宣布复工。

4. 中国—中南半岛经济走廊

这条路线从珠江三角洲出发，沿南充—广安高速公路和南宁—广州高速铁路向西延伸，途经南宁、凭祥，到达河内和新加坡。它将中国与中南半岛连接起来，途经越南、老挝、柬埔寨、泰国、缅甸和马来西亚。就进展而言，2014 年 12 月，在曼谷举行的 "第五次大湄公河次区域领导人会议" 上，中国国务院总理李克强提出深化与中南半岛五国关系。大湄公河

---

[1]　Du, M. M., "China's ' One Belt, One Road ' Initiative: Context, Focus, Institutions, and Implications," *The Chinese Journal of Global Governance*, 2016, pp. 30 – 43.

次区域的九条跨境高速公路目前正在建设中。在南部，中国在印度尼西亚的几个地区资助并修建了道路。昆明—新加坡高速铁路网络是一个旨在通过三条高速铁路线将中国与中南半岛连接起来的项目：东经河内、胡志明市、金边和曼谷，中经万象、曼谷、吉隆坡和新加坡，西经曼德勒、仰光和曼谷。中国境内的大部分铁路项目已经完工，越南部分地区铁路已投入运营，西部段目前正在建设中，而马来西亚和新加坡正在联合升级从泰国到新加坡的路段。在这条走廊内，有许多航线扩张和整合的计划，东盟和中国已经达成协议，允许中国飞机使用东盟门户的城市机场。这是对东盟"开放天空政策"的补充，该政策除印度尼西亚、老挝和菲律宾之外，所有东盟国家都已批准该协议，这些政策仍在全面实施过程中。目前，东南亚港口与中国主要城市的连接正在取得进展。东盟地区拥有巨大的未开发煤炭、石油和天然气潜力，这些很可能在未来 10 年内得到开发和利用。中国已经在这一领域开展了许多项目，例如在老挝，中国的三峡集团公司已经完成了两个水电项目。

5. 中国—巴基斯坦经济走廊

这条经济走廊全长 3000 千米，始于喀什，终点为瓜达尔，连接北部的丝绸之路经济带和南部的 21 世纪海上丝绸之路。2015 年 4 月，中巴两国签署了一项联合声明，声明两国将积极主动地开展旨在进一步连接两国的联合项目。中国已向中巴经济走廊投资了 620 亿美元。沿着这条走廊，计划将瓜达尔打造成一个经济特区：一个"新迪拜"。瓜达尔港是走廊的中心，中国计划投资 13 亿美元，将其发展成为一个深海港口，由中国管理，租期为 43 年。① 为了将瓜达尔打造成一个"新迪拜"，有计划将其打造成一个拥有炼油区以及采矿和矿产、农业、食品加工、技术和先进制造中心的石油城市。此外，还计划新建瓜达尔国际机场，并计划投资能源和水利基础设施。此外，中国希望在瓜达尔发展第三产业和住宅项目，例如教育、商业服务、零售和休闲运动。此外，还计划建立瓜达尔—喀什管道和运输网络，这将是一个由铁路、公路、电信和能源供应组成的网络。其中的输油管道将覆盖中国石油进口的 17%，它将由中国资助，由巴基斯

---

① Ezzati, Ezzatollah, and Shamsollah Shokri, "Analyze the Chabahar Port in North-South Corridor and Its Role in Development of City Side," *Land's Geography Periodical*, 2010.

坦边境工程组织建造。该走廊超过一半的投资将集中在能源项目上，以应对巴基斯坦的能源短缺。预计这些项目将使巴基斯坦的电力容量增加一倍。中国已经在燃煤、核能和绿色能源方面投入了大量资金。目前的发展包括旁遮普省的世界上最大的太阳能发电厂、卡洛特的水电站、吉姆普尔的风力发电厂、卡拉奇附近的两座核电站以及卡西姆正在规划的一座大型燃煤发电厂，这些项目旨在提供巴基斯坦约20%的短缺能源。[1]

6. 中国—孟加拉国—印度—缅甸经济走廊

这条经济走廊包括提到的四个国家，重点是印度。这条走廊涵盖了地球陆地面积的9%和4.4亿人口。走廊的主要部分是一条2800千米的路线，连接加尔各答—达卡—曼德勒—昆明，它由铁路、高速公路、航空、水路和电信网络组成。2013年5月，中国和印度提出共建这条走廊。2013年12月，走廊"工作组"在昆明举行会议，四国官方代表展开深入讨论。随后，四国签署了会议纪要，达成"孟加拉国—中国—印度—缅甸经济走廊联合研究计划"，为四国之间的合作奠定基础。[2]

二 "一带一路"倡议的经济目标和合作机制

与20世纪相比，中国的外交政策方向在过去几年中发生了重大变化，变得更加积极主动、自信和全球化。中国国内经济形势是中国"一带一路"倡议制定和实施的重要考虑因素。鉴于全球化时代，地区相互依存度不断上升，"一带一路"倡议是中国展示金融实力，并推进海外经济利益的重要工具。[3]

我们认为"一带一路"倡议的经济目标有如下方面。

（一）成员国的经济一体化

由于"一带一路"倡议能够加强成员国的相互依存关系，因此可以形成经济联盟，这将有助于中国加强和提高其与主要贸易对手美国的议价能力。

① He, T., "One Belt, One Road: How Will Partners Profit?" *Brink News*, 2017, http://www.brinknews.com/asia/one-belt-one-road-how-will-partners-profit/.

② "The Belt and Road Initiative," Lehman Brown International Accountants, 2017.

③ Yu, Hong, "Motivation behind China's 'One Belt, One Road' Initiatives and Establishment of the Asian Infrastructure Investment Bank," *Journal of Contemporary China*, 2017, pp. 353–368.

（二）推进成员国的基础设施建设

通过推进"一带一路"倡议，中国希望帮助亚洲国家实现基础设施现代化，改善跨境运输和其他关键基础设施。这反过来将有助于中国与亚洲邻国建立牢固的双边贸易和经济一体化。长期以来，经济地理学理论家一直认为，基础设施发展对于克服落后的地理条件和降低内陆国家高昂的生产成本非常重要。[①] 中国相信，"一带一路"倡议将通过区域间基础设施改善和产业转移来促进亚洲的区域贸易和经济发展。尤其是通过高速铁路连接深水港湾和海上贸易被视为经济腾飞和繁荣的关键先决条件。

中国的经济增长是由其庞大的出口导向型制造业驱动的，而它必须进口大量的中间零部件和原材料来为这些行业提供动力。由于这些原材料和半成品运往中国在很大程度上取决于海运，因此安全可靠的海运贸易航运公司对中国至关重要。

（三）联盟与金融一体化

在贸易中排除美元作为通用货币，并在区域间贸易中替代本国货币。专注于基础设施将有助于中国加强其国际货币地位，并将其提升到可靠和值得信赖的全球货币水平。2015 年，中国加入欧洲复兴开发银行，为向人民币提供贷款的项目提供融资，并成立了亚洲基础设施投资银行，国际货币基金组织已将人民币加入全球货币排名。

（四）寻找新市场

从中国的角度来看，通过双边基础设施、贸易和投资合作以及开拓中国庞大的国内市场，将一些过剩的产能转移到有需求的东南亚丝绸之路周边国家，也将有利于经济发展，并加速当地工业化进程。中国还需要与其他快速崛起的亚洲市场接触，以推动可持续的国内经济发展。

丝绸之路沿线国家将为中国巨大的制成品和建设能力提供新的市场。虽然中国正在寻求更加平衡的经济增长，其中，国内消费将发挥重要作用，但这是一项非常艰巨的任务，需要时间。因此，出口对于促进中国经济和国内工业发展仍然至关重要。向亚洲国家出口"中国制造"商品将有助于吸收中国的许多制成品，如钢铁、铝、造船产品、水泥和平板玻璃，这将

---

① Kraf, Gerald, John R. Meyer, and Jean-Paul Valette, "The Role of Transportation in Regional Economic Development," D. C. Health and Company, 1971.

有助于解决国内产能问题，并通过产业升级刺激国内经济增长。[①]

（五）促进中国企业投资

寻求获得更大利润并扩大其全球业务运营是"一带一路"倡议的另一个目标。在"一带一路"倡议下，中国企业有很强的动力将资金投资于其他国家，并实施"走出去"战略。中国渴望参与地区港口和其他相关设施的建设，因为这种对外基础设施投资将促进其制造业投资，从而促进其经济增长。

（六）促进内陆经济

"一带一路"倡议可促使中国新疆和云南等广袤的西部内陆地区改善内部经济一体化并参与全球贸易。实施这些举措将改善西部内陆地区的区域间联通性，并允许它们直接进入邻国的港口。[②] 例如，云南省需要跨境经济联系，以实现振兴和经济繁荣。通过高速公路和铁路方面的合作以及港口和港口相关基础设施的发展，将加强其与东盟的陆地联通性。云南与缅甸、老挝和越南三个东盟国家接壤，距离南亚的印度和孟加拉国、东南亚的泰国和柬埔寨不远，这一地理优势使云南成为中国连接东南亚和南亚的国际门户。

（七）复兴历史丝绸之路

从历史的角度来看，中国"一带一路"倡议背后是重振其历史上的丝绸之路。

（八）能源

中国的另一个目标是确保能源通过中亚、俄罗斯和东南亚深海港口的运输。确保能源输入一直是中国企业关注的问题。自 1980 年以来，中国对能源需求快速增长，中国目前是世界上最大的能源消费国和最大的石油进口国。

通过推动"一带一路"倡议，中国政府重新整合了现有的各种区域合作机制，以促进区域经济一体化，并通过改善区域间互联互通来推进国家利益。这些合作机制包括上海合作组织、东盟加中国（10＋1）、中

[①] Yu, Hong, "Motivation behind China's 'One Belt, One Road' Initiatives and Establishment of the Asian Infrastructure Investment Bank," *Journal of Contemporary China*, 2017, pp. 353 – 368.

[②] Aris, S., "One Belt, One Road: China's Vision of 'Connectivity'," *CSS Analyses in Security Policy*, 2016, pp. 1 – 4.

国—东盟博览会、亚太经济合作组织和大湄公河次区域经济合作组织。通过在这些合作机制中发挥积极作用,中国正寻求各国对"一带一路"倡议的支持。[①]

三 "一带一路"面临挑战

中国在实施"一带一路"方面面临着一些挑战。事实上,东盟已经警告说,中国参与大规模关键基础设施建设可能会威胁到地区安全。一些亚洲邻国怀疑中国是否会利用其日益强大的经济和政治实力成为地区或全球霸主。亚洲国家对中国的真正动机和意图的怀疑可能会阻止这些国家与"一带一路"基础设施建设计划充分合作,这可能会危及亚投行的运作和中国宏伟计划的实施。中国必须让亚洲国家相信,实施"一带一路"倡议对双方来说都是双赢。

中国需要以更加平等和协作的方式与亚洲小国合作,因为这些国家肯定讨厌被视为中国倡议的被动接受者。中国曾多次关注自身单边利益,未与东盟方面进行适当磋商和沟通。与此同时,广西自治区政府对2006年提出的"南宁—新加坡经济走廊"倡议未能吸引东盟国家的支持表示惊讶,尽管中国愿意为区域间交通建设提供很大一部分资金。他们认为,越南过分关注与这项建议有关的国家安全和领土主权。然而,从东盟国家的角度来看,鉴于中国在外交政策上越来越自信,它们避免在中国与一些东盟成员国领土争端日益加剧的时候在经济上过度依赖中国。[②]

具体总结一下"一带一路"倡议实施的考虑因素:

1. 基础设施建设市场的绝对规模是"一带一路"倡议面临的主要挑战之一。私人资金以及中国政府和亚投行的资金对于完成"一带一路"倡议的基础设施是必要的。

2. 大量的基础设施建设需要足够的时间来完成。在完成之前,任何基础设施都不会有效地实现经济回报。由于中国目前正面临经济放缓、地方政府融资和坏账的挑战,因此在不久的将来,基础设施建设资金可能面

---

① Yu, Hong, "Motivation behind China's 'One Belt, One Road' Initiatives and Establishment of the Asian Infrastructure Investment Bank," *Journal of Contemporary China*, 2017, pp. 353–368.

② Yu, Hong, "Motivation behind China's 'One Belt, One Road' Initiatives and Establishment of the Asian Infrastructure Investment Bank," *Journal of Contemporary China*, 2017, pp. 353–368.

临困难和压力。因此，有必要邀请一些潜在的金融合作伙伴来改善这种情况。

3. "一带一路"的基础设施不足以为"一带一路"倡议带来适当的经济效益。在基础设施建设过程中，应考虑伙伴国家的基础设施，以提高"一带一路"倡议的有效性。一些发达国家对基础设施发展没有要求，但另一些发展中国家需要足够的基础设施来与其他合作伙伴建立联系。

4. 所有伙伴国家的地理和地形都不尽相同。要使高地形与低地形之间实现平稳运输非常困难。长距离、高低地形、茂密林区和高山在陆路规划建设中应予以考虑。

5. 地缘政治挑战是实施"一带一路"倡议的主要挑战。由于中巴走廊穿过巴基斯坦控制的克什米尔，印巴关系不睦，这是印度政府极其反对的。俄罗斯和乌克兰之间的争端，叙利亚、伊拉克和阿富汗的内战不利于"一带一路"倡议实施。其他一些伙伴国家正遭受着政治不稳定、制裁、腐败和效率低下，这些都影响了"一带一路"倡议的成功实施。[1]

6. 安全挑战是伙伴国家面临的主要挑战。有学者认为，保障伙伴国家的内外国家安全是非常困难的。[2] 在某些情况下，它可能受到中国军方或海军的影响。

四 "一带一路"倡议的资助机构

"一带一路"倡议的资金将通过各种制度机制获得保障。

1. 政策银行：中国农业发展银行、国家开发银行、中国进出口银行。

2. 国有银行：中国农业银行、中国银行、中国建设银行、中国工商银行。

3. 国有基金：中国投资有限责任公司、丝路基金。

4. 国际金融机构：亚洲开发银行、亚洲基础设施投资银行、新开发银行。

要为估计 4 万亿—8 万亿美元的"一带一路"项目提供全部资金，

---

① Djankov, S., and S. Miner, "China's Belt and Road Initiative: Motives, Scope," Peterson Institute for International Economics Briefing, PIE Briefing, 2016, pp. 1 – 35.

② Haiquan, L., "The Security Challenges of the 'One Belt, One Road' Initiative," *Croatian International Relations Review*, 2017, pp. 129 – 147.

"一带一路"债券、私人资本投资和公私合作伙伴关系以及国有企业投资等多元化融资渠道对于实现"一带一路"倡议至关重要。中国银行和中国建设银行等许多银行正在发行价值数十亿美元的"一带一路"债券。[①]债券市场 Pandaand Dim Sum Bonds 为外国和私人资本提供早期准入。"一带一路"债券市场的增长可能会吸引中资银行以外的新债券发行人,从而为外国企业创造更大的机会。随着该倡议的实施,对商品交易的需求不断增加。中国银行在新加坡开设了两个离岸全球大宗商品业务中心,并提供400亿美元的金融服务,以支持希望投资"一带一路"的中国和新加坡公司。亚洲基础设施投资银行已经获得了1000亿美元的初始资金,用于处理"一带一路"问题,特别是建筑施工和基础设施。[②] 中国国家开发银行和中国进出口银行承诺分别为"一带一路"项目提供2500亿元和1300亿元人民币的贷款,中国的金融机构也致力于为"一带一路"建设增加高达3000亿元人民币的海外资金。

第二节　伊朗的地缘政治及中伊经贸关系

一　伊朗的地缘政治

地缘政治概念由瑞典科学家鲁道夫·基伦于1899年首次提出。在他看来,国家的军事、政治和经济特征受其物理和环境的影响。事实上,他将地缘政治定义为山地、海洋、自然资源、能源、人口等地理因素对国家政治重要性的影响。[③] 伊朗现代地理学之父 Mohammad Hassan Ganji 在一份关于德国地缘政治学定义的备忘录中指出:"艺术的地缘政治是利用地理知识来支持和指导国家政策。"

在政治思想家看来,地缘政治一直是不可持续和不断演变的概念,其中各国的地缘政治地位在国际和地区科学评价体系的不同层面发生着变

---

① AIIB, "Global Governance," Asian Infrastructure Investment Bank, 2016, http://www.aiib.org/.

② AIIB, "Global Governance," Asian Infrastructure Investment Bank, 2016, http://www.aiib.org/.

③ Hafez Nia, M. R., "Fundamentals of Political and Social Studies," Tehran: Organization of Fields and Schools abroad, 2000.

化。实际上，地缘政治方法和观点强调地理位置作为影响国家战略因素的重要性。它的地理位置具有双重功能，既可以加强国家实现国家目标和利益，也可以暴露国家的依赖和弱点。在传统理论中，伊朗地缘政治有着特殊的地位。例如，麦金德将伊朗的大部分地区置于陆地中心说的重要位置。马汉强调了伊朗在俄罗斯通往印度洋航线上的过渡性作用。

由于其人口众多，政治稳定，具有潜在的经济资源，最重要的是，拥有最大的海湾沿岸和霍尔木兹海峡的战略控制权，以及连接中亚和里海的国家，作为亚欧非三大洲的桥梁，伊朗具有重要的地缘政治意义。

随着经济兴起及其对社会演变的全方位影响，有证据表明，在21世纪，管理稀缺资源和经济能力是衡量国际层面的权力标准。因此，近年来，国家利益、权力、全球影响力的工具和每个国家的经济实力在国家优先事项中发挥了重要的作用。冷战后，地缘政治和地缘战略区域是指自然资源丰富、GDP增长率高的地区。对此，中东，尤其是波斯湾地区，拥有60%以上的能源生产资源（石油和天然气），在21世纪具有独特的地缘经济作用。现在，如果（地缘政治）战略区域与经济因素（地缘经济）重合，这些区域将具有不可替代的国际地位，并将在制定全球战略中发挥举足轻重的作用。①

伊朗人口占全球的1%，在天然气和石油储量上位居世界第二和第四，在波斯湾和阿曼海拥有超过2000千米的海岸线（适合作业）和大量的战略岛屿。② 伊朗北部与世界第二大油气资源国接壤，因此它在确保地区安全和协助建立21世纪国际和平与稳定方面发挥着关键作用。

二　中伊经贸关系

（一）中伊关系史

在讨论伊朗与中国在丝绸之路上的合作时，历史在为进一步合作提供背景和动力方面起着至关重要的作用。从历史上看，伊朗与中国的交

① Semnani, Abbasi, "Iran's Geopolitical Position in Regional Power Relations and the World," Sepehr, 2007, pp. 96 – 104.

② Lotfi, Heidar, Somaye Tarnas, Zeinalabedin Karami, and Zeynab Arabgari, "Geopolitical Features of Iran and Formulation of a National Strategy with an Emphasis on Foreign Policy," *Journal of Tourism & Hospitality Research*, 2018, pp. 5 – 32.

往始于前 2 世纪后期,并在不同的历史时期起起落落。其实,当分析中伊关系时,首先看到的就是古老的文明、1000 年的友好交往史、西方的压迫,等等。可以从不同时期了解中伊合作:1970 年阻止苏联扩大其影响力;1990 年抵抗以美国为首的反对派,发展自己的经济和军事力量,生产和消耗能源,等等。中伊合作的关键是其国家利益,而不仅仅是其文明团结的自由互动。各方用这些文明的词汇来表示它们古老的交集和深厚的亲密关系。在这些关系中,最突出的问题是两者的互动,最困难的问题是这两个大国的进步状态,最大的问题是文明含义的使用。"文明统一"的口号似乎是一种道德承诺,在这种关系中发挥了极大的作用。中伊关系的灵魂在于,两国都是人类最强大、最高效、最持久的帝国,而有着辉煌历史的帝国在近代被西方列强欺凌,从昔日的辉煌历史中衰落。根据两国的历史文献和叙述,伊朗和中国在西方强国面前的危机非常相似。

换言之,中国和伊朗是两个历史渊源深厚、文化底蕴丰富、历史上赫赫有名的帝国。事实是,两国在历史上从未发生过战争和冲突。它们反对新殖民主义的经历导致了它们的文明和政治身份的出现。这种历史身份和民族自豪感解释了为什么两国在 20 世纪经历了各种革新运动。

中国和伊朗的外交和商业关系最早发生在前 139 年中国汉朝和伊朗波斯人之间。两个帝国被称为"丝绸之路"的贸易路线连接起来。

伊朗是西亚第一个承认中华人民共和国的国家。1979 年的伊斯兰革命结束了伊朗的君主制,并被中国视为积极的发展。[①] 因为新成立的伊斯兰政府以反美的姿态出现。中国和其他一些反西方国家的政府立即承认了伊朗新成立的政府。

(二) 中伊经贸关系

在这两个文明沿着丝绸之路互动的悠久历史中,中国丝绸是最重要的交换商品。伊朗人主要在东西方贸易中扮演中间人的角色。自 15 世纪以来,丝绸之路的陆路逐渐失去了特权,取而代之的是海上贸易路线。这一事态发展导致伊朗被推到全球贸易的边缘。然而,随着现代西方的出现以

---

① Lendering, Jona, "Silk Road the Ancient Trade Route between the Mediterranean Sea and China," *Iran Chamber Society*, 2020.

及权力和财富中心向大西洋两岸的转移，包括伊朗和中国在内的东方大国开始衰落，成为殖民大国的牺牲品，两个东方大国之间的互动大幅减少。然而，伊朗与中国的关系在过去几十年中日益发展。在过去 500 年中，中国这个东方大国首次在与伊朗的贸易中取代了欧盟，并成为伊朗的第一大贸易伙伴。自中国政府提出"一带一路"倡议以来，两国政界人士以及媒体在这方面的讨论一直提到伊朗与中国通过古代丝绸之路互动的历史以及恢复这些旧关系的可能性。[①]

伊朗和中国都有自己的经济需求，这导致了它们的相互联系。一方面，伊朗与包括中国在内的强大东方行为体有着重要的经济联系。这就是为什么伊朗与中国的经贸往来量在其他伙伴中处于最高水平。另一方面，中国还将伊朗视为一个非凡的市场，因此，两国之间的贸易和经济交流量是巨大的。伊朗是中国十分重要的能源伙伴之一，而且很难找到其他替代能源伙伴。能源是中伊关系中十分重要的领域之一，因为在这个领域里，伊朗是能源储备和地缘政治地位的关键参与者之一，因此，中国是这一重要产品的最大消费国。[②] 2019 年，伊朗与中国的贸易总额为 230 亿美元，其中出口额是 120 亿美元，从中国的进口总额为 110 亿美元。

"一带一路"倡议框架中的第一个引人注目的事件发生在 2016 年 2 月，当时第一趟来自中国的列车抵达伊朗。这趟货运列车完成了从浙江到德黑兰的整条路线。它耗时大约 14 天，比海上航行少了 30 天。就伊朗而言，它计划成为一个区域铁路枢纽，看到中国火车继续通过其领土前往欧洲。德黑兰也有可能与哈萨克斯坦、阿塞拜疆、格鲁吉亚和乌克兰通过跨里海过境路线联系起来，作为通往欧洲的另一种方式。

总的来说，中国将伊朗视为重要的能源来源国，尤其是石油和天然气。《石油经济学家》杂志发表的一份报告称，根据"与伊朗石油部关系密切的高级消息人士"提供的信息，中伊在 2019 年 8 月下旬签署了一项价值 2800 亿美元的中国投资协议，用于伊朗的石油、天然气和石化行业；

---

① Shariatinia, Mohsen, and Hamidreza Azizi, "Iran and the Belt and Road Initiative: Amid Hope and Fear," *Journal of Contemporary China*, 2019, pp. 1 – 11.

② Soleimani, Fatemeh, "Comprehensive Study of Bilateral Relations between Iran and China," *The Parliament of Iran*, 2016.

另有1200亿美元专门用于"升级伊朗的运输和制造基础设施"①。这一计划如果实现，未来中国对伊朗如此巨额的投资将突显北京对一个被美国视为中东贱民国家的坚定承诺。

伊朗也被中国视为一个幅员辽阔、人口众多的国家，是位于霍尔木兹海峡和里海之间的中东心脏地带的强大政治和战略参与者。从地缘上看，伊朗也是实施"一带一路"倡议中国—中亚—西亚经济走廊的关键。因此，中国认为伊朗的参与是在该地区成功实施"一带一路"倡议的必要条件。② 中国还将伊朗视为美国在海湾地区影响力的制衡力量。

在"一带一路"倡议下，贸易和互联互通仍然是中国和伊朗的优先事项，该倡议被视为通过开发和建设公路、铁路和港口来改善伊朗互联互通的框架，甚至声称"一带一路"倡议的最终成功在很大程度上取决于伊朗的参与和支持，尤其是在地缘政治和后勤问题方面"③。伊朗的基础设施被视为"一带一路"从中国穿过中亚、伊朗、土耳其和巴尔干半岛的所谓南部走廊（中国—中西亚经济走廊）的关键。甚至在"一带一路"倡议启动之前，中国就积极参与了伊朗的建设项目，在伊朗洛雷斯坦省和德黑兰地铁系统的部分地区建造了世界上最高的大坝。在"一带一路"倡议内，从中国东部的浙江出发，途经新疆的乌鲁木齐到德黑兰，将距离缩短到14天，而海上则为50天。最重要的连接项目包括德黑兰和伊朗东部朝圣小镇马什哈德之间的铁路电气化项目。国有企业中国铁路总公司正在建设一条经由库姆连接德黑兰和伊斯法罕的高速铁路线，以及在伊朗西部克尔曼沙汗和霍斯拉维修建一条铁路。中国机械工业集团公司还于2018年3月签署了在德黑兰、哈马丹和萨南达吉之间修建另一条铁路的合同。基础设施项目包括开发印度洋沿岸的恰巴哈尔港，这将改善印度洋、中亚和中国之间的联通性。然而，恰巴哈尔港非常靠近巴基斯坦的瓜达尔港，该港由中国人开发，作为中巴经济走廊的一部分：这可能会导致

① Watkins, Simon, "China and Iran Flesh out Strategic Partnership," September 3, 2019, https://www. petroleum-economist. com/articles/politics-economics/middle-east/2019/china-and-iran-flesh-out-strategic-partnership（Accessed June 24, 2020）.

② Osiewicz, Przemysław, *The Belt and Road Initiative（BRI）: Implications for Iran-China Relations*, Adam Mickiewicz University in Poznań, 2018, pp. 221–232.

③ Raoufi, Majid, "Iran's Place in OBOR," *Energy Policy Brief*, 2019.

两个港口之间在"一带一路"倡议中的经济竞争。

1. 中国对伊朗的出口

据国际贸易中心统计，2019 年中国对伊朗出口额最高的是"机械、机械器具、核反应堆、锅炉、电机及设备及其零部件；录音机和重放机、电视"。表Ⅲ-7-1 是 2019 年中国对伊朗出口居前的商品清单。

表Ⅲ-7-1　2019 年中国对伊朗出口商品清单

产品代码	产品标签	选择指标						
		伊朗伊斯兰共和国从中国进口						
		2019 年出口总值（万美元）	2015—2019 年年出口增长率（%）	伊朗伊斯兰共和国的进口份额（%）	伊朗伊斯兰共和国适用的从价关税（%）	2019 年进口量	数量单位	单位价值（美元）
合计	所有产品	960872.6	-13	35		0	无	
84	机械、机械器具、核反应堆、锅炉；其他零部件	174481.7	-15	50	13	0	无	
85	电气机械设备及其零部件；录音机，电视……	157806.3	-9	75	19	0	无	
29	有机化学品	65044.7	17	53	7	133461	吨	347
87	铁路或有轨电车以外的车辆及其零部件和配件	51057.6	-21	73	34	0	吨	
90	光学、摄影、电影摄影、测量、检查、精密、医疗或外科仪器……	47794.4	1	36	11	0	无	
39	塑料及其制品	46466.4	-11	51	12	194182	吨	
73	铁或钢制品	36310.3	-18	74	16	178087	吨	
40	橡胶及其制品	35661.4	2	63	25	145260	吨	

续表

产品代码	产品标签	选择指标						
		伊朗伊斯兰共和国从中国进口						
		2019年出口总值（万美元）	2015—2019年年出口增长率（%）	伊朗伊斯兰共和国的进口份额（%）	伊朗伊斯兰共和国适用的从价关税（%）	2019年进口量	数量单位	单位价值（美元）
48	纸和纸板；纸浆、纸或纸板制品	31084.0	-9	46	13	217988	吨	
38	其他化学产品	23165.2	11	40	9	108944	吨	
94	家具；床上用品，床垫，靠垫和类似的填充家具	22967.2	-18	89	41	23632	吨	
72	钢铁	21754.8	-27	63	15	199841	吨	
31	化肥	19369.3	169	89	5	401770	吨	
95	玩具、游戏和运动必需品；零件及其配件	17320.2	9	97	15	19221	无	
55	人造短纤维	15180.4	-6	51	20	57337	吨	

资料来源：中国国际贸易中心。

2. 伊朗对中国的出口

据中国国际贸易中心统计，2019年，伊朗对中国出口额较高的产品包括矿物燃料、矿物油及其蒸馏产品，沥青物质，矿物。表Ⅲ-7-2是2019年伊朗对华出口居前的商品清单。

从表Ⅲ-7-2中可以看到，伊朗与其最大贸易伙伴中国的贸易额比上年下降了34.3%，总额为230.2亿美元。在此期间，伊朗向中国出口了价值134.3亿美元的商品，比上年减少36.3%。反过来，中国向伊朗出口了价值95.9亿美元的商品，下降了31.2%。与此同时，中国仍然是伊朗最大的贸易伙伴，但伊朗在中国国际贸易中的份额较小，只占中国外贸总额的0.5%。

表Ⅲ - 7 - 2　　　　　　　　　　伊朗对中国出口商品清单

产品代码	产品标签	选择指标						
		中国从伊朗伊斯兰共和国进口						
		2019年出口总值（万美元）	2015—2019年出口年增长率（%）	占中国进口的份额（%）	中国适用的从价关税（%）	2019年进口量	数量单位	单位价值（美元）
合计	所有产品	1340155.9	0	1		36799833	无	
27	矿物燃料，矿物油及其蒸馏产品；沥青物质；矿物	715507.4	-4	2	2	14965626	无	350
39	塑料及其制品	253213.3	5	4	7	2615634	无	1854
26	矿石、矿渣和灰烬	132094.3	4	1	0	12890840	吨	125
29	有机化学品	131491.6	2	2	5	3771231	无	961
74	铜及其制品	35250.7	80	1	3	60923	无	6238
08	可食用的水果和坚果；柑橘类水果或甜瓜的果皮	29965.9	63	3	15	46296	吨	1619
25	盐；硫黄；泥土和石头；抹灰材料、石灰和水泥	27854.5	4	3	3	2078484	无	106
72	钢铁	10461.2	512	0	4	314341	无	1028
31	化肥	845.3		0	22	40250	吨	318
28	无机化学品；贵金属的有机或无机化合物，稀土金属	613.1	10	0	5	565	吨	1754
76	铝及其制品	354.5	-78	0	6	2017	无	2778

续表

产品代码	产品标签	选择指标						
		中国从伊朗伊斯兰共和国进口						
		2019年出口总值（万美元）	2015—2019年出口年增长率（%）	占中国进口的份额（%）	中国适用的从价关税（%）	2019年进口量	数量单位	单位价值（美元）
03	鱼类和甲壳类动物、软体动物和其他水生无脊椎动物	343.8	27	0	7	1132	无	3530
57	地毯和其他纺织地板覆盖物	339.0	−5	3	5	1928	无	4714
38	杂项化学产品	316.3	197	0	6	3412	无	3601
09	咖啡，茶，马黛和香料	245.2	29	0	11	3	吨	2619
40	橡胶及其制品	221.3	−6	0	11	1704	无	2117

资料来源：中国国际贸易中心。

在华盛顿退出《联合全面行动计划》（通常称为2018年5月的伊朗核协议）以及美国重新对德黑兰实施制裁之前，中国是伊朗原油的最大买家。与此同时，中国石油化工集团公司（中石化）和中国石油天然气集团公司仍在石油资源丰富的胡齐斯坦省西南部从事伊朗特大阿扎德甘和亚达瓦兰油田的开发。在日本和欧洲公司因制裁退出项目后，中国公司正在开发伊朗油田。为了建立战略互信，并受到中国雄心勃勃的"一带一路"倡议的启发，伊朗和中国共同制定了未来合作的指导方针。

在经济利益的驱使下，中国是美国制裁时期持续活跃在伊朗石油市场上的唯一主要参与者。这些甚至对中国的外交也产生了影响，中国在2011—2012年对伊朗的投资总额为30亿美元，2012年急剧下降到4亿美元。与此同时，2011年，中国和伊朗的双边贸易额为450亿美元，2014年增至518亿美元，其中大部分是在石油和天然气领域。

不过，近期伊朗重返国际社会，很可能对中伊关系产生重大影响。不受美国制裁和全球限制，涵盖从银行业务安排到备件供应的方方面面，两国有望加快投资和发展计划，其中大部分是中国方面的能源驱动，以及由伊朗驱动的产品和零部件。在未来三年里，中伊贸易将成为全球增长较快的领域之一，这也将对包括巴基斯坦和印度在内的其他国家产生连锁反应。石油供应管道预计将跨越这两个国家的领土，并可能为位于中国和伊朗边境的受困巴基斯坦带来更大的稳定。

预计伊朗很快将成为上海合作组织的正式成员，这为其提供了一个与邻国在安全、基础设施发展和贸易方面进行交流的额外平台。只要美国主导的伊朗核协议成立，伊朗、中国和巴基斯坦的未来似乎会更加光明。

第三节 伊朗与"一带一路"倡议

一 伊朗在"一带一路"倡议中的作用

一方面，伊朗处于"一带一路"和"南北走廊"两大工程线上，位于国际过境十字路口，堪称东西南北中的过境桥梁。另一方面，伊朗是东欧到欧陆最短的陆路通道，是中亚国家开放水域的最佳通道。根据已公布的文件，"一带一路"倡议中只有一条走廊（中国—中亚—西亚经济走廊）将穿过伊朗北部。

在战略层面，伊朗将这一倡议视为促进自身发展和地区发展的契机。一个典型的例子是伊朗最高领导人对这一倡议的态度。伊朗最高领导人阿亚图拉哈梅内伊在会见中国国家主席习近平时称"一带一路"倡议是明智之举，并欢迎两国在此框架内开展合作。[①] 伊朗总统哈桑·鲁哈尼也多次谈到伊朗与中国在该项目中合作的必要性。

二 伊朗加入"一带一路"倡议的挑战

如果我们想在这个倡议的背景下讨论中伊合作的挑战和机遇，就应该考虑一些问题，如政策协调、互联互通的可行性、贸易畅通、金融一体化和人文交流等问题。

---

① Ali, Khamenei, "Six Reasons for Preferring the East to the West," 2018, http://farsi.khamenei.ir/others-note?id=38981.

（一）政策协调

根据中国的部署，促进国家间合作，在宏观政策领域建立对话和共识机制，发展共同利益，加深政治信任，达成新的合作共识，具有特别重要的意义。习近平主席在与伊朗的正式会晤中也说了类似的问题。在他看来，两国应加强政策协调，继续支持对方的根本国家利益，以达成更大的共识，加强双边关系与合作。

然而，伊朗和中国在这一领域的合作还有很长的路要走。这两个国家在宏观政策领域仍然缺乏协调。目前，两国之间唯一的对话机制是由伊朗经济和财政部长与中国商务部长共同领导的伊朗—中国联合委员会，不过，该委员会最近一届会议的召开，可视为两国在政策领域合作迈出的一步。不幸的是，该委员会的上一届会议是于2014年举行的。

伊朗在发展问题上最重要的决策机构是规划和战略监督副主席，负责制定该国的发展计划和宏观政策。该机构与中国国家发展和改革委员会之间的定期机制和密切合作对于寻找在两国之间建立政策协调的途径非常重要。此外，由于两国领导人在制定宏观经济政策方面的作用非常重要，他们的定期会晤可以对他们在政策协调方面有所帮助。自2013年8月哈桑·鲁哈尼就任总统以来，两国领导人已五次会面，自1971年两国建交以来这是首脑会晤次数最多的时期。因此，首脑外交可被视为在"一带一路"倡议背景下两国政策协调的重要内容。

（二）互联互通的可行性

促进互联互通是"一带一路"倡议的优先事项之一。相关国家应尝试优化其基础设施连接，并与其他成员国共享技术系统。这将促使它们共同为国际运输路线的发展做出贡献，并创建一个基础设施网络，该网络可以逐步连接所有参与倡议的地区。此外，应认真尝试创建低碳和绿色基础设施。在交通方面，《共建丝绸之路经济带和21世纪海上丝绸之路的愿景与行动》文件强调，要建立以宏观协调管理为基础的交通运输机制。该文件还建议，清关过程应基于兼容和标准的运输规则，以逐步实现轻松顺畅的国际运输理念。

中国信息技术公司，尤其是华为，已成为伊朗市场上的主要参与者，但两国之间的信息技术互动尚未在丝绸之路经济带优先事项框架内确定。值得一提的是，在该地区，伊朗连接欧亚非的地缘地位，对实现"通信丝绸之路"可以发挥重要作用。

伊朗应与其邻国启动海关协调程序,以简化货物过境事宜。此外,中亚国家和伊朗应该找到一些技术问题的解决方案,尤其是不同的衡量标准。中国和伊朗的系统基于标准轨距铁路,即1435毫米,而中亚国家拥有1520毫米的宽轨铁路。因此,在从上海到德黑兰的单程中必须更换两次转向架。

(三)促进自由贸易、投资和产业合作

"一带一路"倡议的其他优先事项之一是努力消除自由贸易、投资、产业合作以及技术和工程服务的壁垒。对此,《共建丝绸之路经济带和21世纪海上丝绸之路的愿景行动》提出了一系列措施,如扩大自贸区、改善贸易结构、寻找新的贸易潜力领域和改善贸易平衡、制定促进常规贸易形式的新举措、发展跨境电子贸易等先进经营模式,建立服务贸易支持体系,加强和扩大常规贸易,加强海关合作,定期共享这些领域的信息。《共建丝绸之路经济带和21世纪海上丝绸之路的愿景与行动》强调的其他措施包括:扩大能源基础设施互联互通合作;在保障油气管道和其他能源转型路线方面的合作与协调;加快投资便利化进程;消除投资壁垒,扩大联合投资区;发展新兴产业,特别是新一代信息技术、生物技术、新能源技术、新材料等形式的新兴产业领域合作;完善产业链分工布局,鼓励全产业链及相关产业协同发展;扩大服务业相互开放,加快区域服务业发展;鼓励中国公司在伙伴国家投资,反之亦然。[1]

因此,在扩大和便利贸易方面,两国之间存在着相当大的合作潜力。然而,实现这种潜力有其自身的挑战。两国贸易结构存在重大差异。伊朗政府一方面采取贸易保护主义政策,另一方面西方特别是美国在过去30多年中实施的多层次制裁,部分制裁在伊核协议后依然存在,深刻地影响了伊朗的国际贸易结构。这给伊朗发展与中国以及参与丝绸之路经济带的其他国家的贸易带来了一些结构性问题。

例如,尽管伊朗是中国在西亚的第二大贸易伙伴,但两国之间的贸易并非基于全球自由贸易规定。目前,全球97%的贸易受世界贸易组织的监管,包括中国在内的162个国家是该组织的成员,但伊朗是唯一一个非

---

[1] Shariatinia, Mohsen, and Hamidreza Azizi, "Institue of World Economics and Politics," 2017, pp. 46 – 61.

WTO 成员的重要经济体。因此，改善伊朗的贸易结构并使其与公认的全球贸易法规同步是两国在该领域开展合作的关键前提。自 2016 年以来，伊朗已推进其加入 WTO 的申请，并在努力中；它将得到欧盟的支持。由于中国是世贸组织的主要参与者，它对伊朗成员资格的支持有助于促进两国之间的贸易互动并使之制度化。此外，有必要对两国签署双边自由贸易协定（FTA）进行可行性研究。中国正在与包括波斯湾国家在内的广泛国家进行谈判，以签署此类协议。因此，可以与伊朗开始同样的谈判，这反过来将有助于促进与丝绸之路经济带相关的其他领域的合作。

两国在丝绸之路经济带框架内扩大和制度化经贸往来面临的另一个挑战是双边经济外交的薄弱。两国政府之间的互动仅限于冷战时代遗留下来的传统联合委员会机制，它管理 21 世纪日益复杂的经济互动的有效性受到严重质疑。此外，中国公司对伊朗市场的了解非常有限，而且通常来自英语媒体。同样，伊朗政府和商界对中国企业的经济、金融和技术能力知之甚少。因此，可以说，在贸易领域，两国发展关系具有相当大的潜力，但这种潜力的实现在很大程度上取决于解决国际和国家层面的挑战。

能源基础设施和能源安全是两国在"一带一路"背景下合作潜力巨大的领域。伊朗是世界上重要的石油生产国之一，中国是世界上最大的能源消费国。此外，近年来为 Azadegan 和 Yadavaran 油田开发做出贡献的中国石油天然气集团公司和中国石化与伊朗石油部达成了新的协议，其中重要的协议之一是最初美国开发的南帕尔斯气田的 48 亿美元协议。能源巨头石油和道达尔均表示愿意参与该项目，这被视为后伊核协议时代外国投资伊朗能源行业的最大机会。

除了两国现有的能源合作外，进一步发展这一领域的关系也具有巨大潜力。根据伊朗石油部长 Bijan Zanganeh 的说法，伊朗需要在上游石油部门吸引 1340 亿美元的投资，并在其石化行业再吸引 520 亿美元。伊朗国家石油公司目前有 515 个项目以及 88 个大型项目和 2000 个子项目。还有一些竞争项目。最引人注目的是通过印度洋与新港口相连，伊朗赞成进一步开发其主要港口之一恰巴哈尔港。需要注意的是，这是伊朗唯一的远洋港口。恰巴哈尔港于 1983 年开阜，是通往中亚和中东市场与能源路线的门户。其主要功能之一是连接印度洋与阿富汗的交通枢纽，以及哈萨克斯坦或土库曼斯坦等中亚苏联加盟共和国。恰巴哈尔港发展的主要支持者之一是印度。由于它的存在,印度企业可以进入阿富汗和苏联中亚共和国,从而绕过其主要竞争对手巴基斯坦。如果伊朗没有港口投资,由于持续的边界争端及与巴基斯坦的紧张局势,印度将无法进入中亚。

从上述分析来看,伊朗是"一带一路"倡议的主要参与国之一,具有相当大的潜力吸引中国投资和技术发展其能源基础设施。此外,伊朗的地理位置使其能够连接"一带一路"沿线国家的能源基础设施。伊朗是西亚唯一有能力通过陆路和海路满足中国部分油气需求的国家。目前,伊朗对中国的石油出口全部通过海运;过境中亚和巴基斯坦是两条潜在的陆路通道,可以将伊朗的能源资源连接到中国市场。[①]

此外,伊朗已经将部分能源基础设施与其他一些重要的丝绸之路国家即土库曼斯坦、土耳其和巴基斯坦连接起来。在中国公司的参与和投资下,以单独的三边合作倡议的形式发展伊朗与这些国家之间的关系,可被视为该领域另一种潜力的来源。

(四)金融一体化

国家间金融一体化的形成和推动是"一带一路"倡议的另一个重要方面。该倡议提出了实现丝路国家金融一体化的若干措施,包括深化金融合作和构建货币稳定体系,在亚洲建立投融资体系和信用信息系统,扩大范围和规模。推动丝路沿线国家双边本币互换,发展亚洲债券市场,共同筹建亚投行和金砖国家新开发银行,就建立上海合作组织融资机构等相关机制进行谈判,支持"一带一路"沿线国家政府和企业、信用评级良好的金融机构可以在中国境内发行人民币债券,鼓励符合条件的中国金融机构和企业在境外发行本外币债券。[②]

中伊两国在该领域的合作仍处于起步阶段。正如"一带一路"倡议所强调的那样,亚投行将在为"一带一路"建设相关项目融资方面发挥关键作用。2015年6月,伊朗与中国签署了加入亚投行的协议,并于2017年1月7日获得批准。此外,伊朗仍是上合组织的观察员国,因此

---

① Osiewicz, Przemysław, *The Belt and Road Initiative(BRI):Implications for Iran-China Relations*, Adam Mickiewicz University in Poznań, 2018, pp. 221 – 232.

② Shariatinia, Mohsen, and Hamidreza Azizi, "Institue of World Economics and Politics," 2017, pp. 46 – 61.

无法为其金融机构的建立做出贡献。

从更广泛的角度来看，国际制裁对中伊在该领域的合作产生了相当大的影响。其中部分制裁对两国金融合作仍有较大影响。

尽管联合国和欧盟暂停对伊制裁，但美国在全球金融体系中的主导地位以及华盛顿对伊朗制裁的持续给伊朗与国际社会的金融互动带来了挑战，伊朗和中国之间的银行业互动仍然存在问题。因此，在"一带一路"倡议框架内开展更广泛的合作极具挑战性。

（五）人文交流

使丝绸之路沿线国家的人民建立联系对于实施"一带一路"倡议也很重要。"一带一路"倡议提出的举措包括：促进广泛的文化和学术交流；组织青年妇女交流和志愿服务，为深化双边和多边合作赢得民意支持；中国政府每年向丝绸之路沿线国家提供1万个奖学金名额；举办文化年；加强科技合作；建立联合实验室或研究中心和国际技术转移中心。

中伊两国虽然有许多共同的文化和历史特征，但两国人民间的交往仍然非常有限。如果把孔子学院看作中国与其他国家文化交流的象征，这个问题就更容易理解了。目前，全球共有480所孔子学院，尽管德黑兰大学已经建立了其中一个分支机构，但它仍然不提供任何文化或教育活动。关于中国政府向伊朗学生提供奖学金的数量以及中国在伊留学生的确切人数，均没有可靠的统计数据。此外，两国目前还没有定期举办彼此文化年庆祝活动的任何计划。在科技领域，2016年初，在习近平主席访问伊朗期间，双方就建立科技园区达成了谅解备忘录，但该计划尚未实现。此外，在旅游业方面，两国关系仍处于起步阶段。伊朗和中国之间每周只有七架次航班。2015年，有1.2亿人次中国游客周游世界，但只有15万人次选择了伊朗作为他们的目的地。伊朗的目标是将这一数字增加到至少250万人次。因此，在这一领域，两国之间也有相当大的合作和互动潜力，但还有很长的路要走。

三　"一带一路"倡议对伊朗的积极方面

伊朗是亚洲基础设施投资银行的主要成员和发起人之一，现在中国已经认真呼吁伊朗参与丝绸之路经济带项目，这是伊朗在其中发挥作用的好机会。中国"一带一路"倡议强调的许多项目都需要外国投资，而这一倡议为吸引这些投资提供了重要平台。伊朗位于阿拉伯世界，与中亚、南亚、高加索和土耳其相邻，但不在其内。伊朗与任何聚合地区都没有结构性联系，我们可以看到伊朗地缘政治孤独感的延续。①

伊朗分析人士认为，由于中国在该地区一些十分重要的国家（如巴基斯坦和白俄罗斯）有大量投资，因此他们认为中国正在绕过伊朗。与此同时，中国分析人士将伊朗视为丝绸之路经济带的主要目的地之一，并宣称在其他国家进行大规模投资的主要目标之一是进入伊朗。中国在伊朗投资启动丝绸之路经济带的三大项目是：（1）库姆—伊斯法罕高铁；（2）樱桃产业园；（3）恰巴哈尔港项目。

目前，中伊两国商定的极其重要的项目是德黑兰—库姆—伊斯法罕高速铁路。库姆—伊斯法罕双车道高铁全长 410 千米，将德黑兰与库姆连接起来，到伊斯法罕仅需 1.5 小时，列车时速为 300 千米。在接下来的 20 年中，这条铁路每年将运送大约 1250 万人次乘客。伊朗道路和城市建设部长 Abbas Akhondi 称，该项目的第一阶段将耗资 220 亿美元。中国承包公司将提供资金并进行 40% 的工程建设。

中伊两国铁路通信领域的第二个重要项目是德黑兰—马什哈德铁路的电气化。该项目协议于 2014 年由伊朗铁路公司与伊朗—中国财团签署，其中包括伊朗公司 MAPNA、MAPNAEhdas 和 MAPNA International 以及中国 CMC 和 SUPower 公司。在该协议的签署中，改造和建设现有德黑兰—马什哈德 200 千米/小时列车运行铁路，建设 250 千米/小时列车运行电气化铁路和采购 70 台电力机车的任务被分配给该财团。该协议合同采用工程采购建设形式，从中国信贷额度中提供资金。该项目的建设总额为 20 亿美元。这条铁路的开发和提速可以看作实施丝绸之路铁路线关键部分的重要一步，因为按照现有计划，这条铁路将从伊朗东北部向西北穿过德黑兰，最后到达土耳其。

然而，关键的一点是，为了发展铁路运输，伊朗在未来十年里需要投入 250 亿美元，此外，伊朗有 55 个机场需要重建和改善。根据伊朗政府的官方统计数据，在未来十年里伊朗每年需要 145 亿美元的投资来改善其现有的交通基础设施并建设新设施。为此，2015 年，伊朗道路和城市发

① Shariatinia, "Silk Road Round Table," 2016.

展部宣布了 121 个需要外国投资的大小交通项目。与此同时，2012—2016 年，中国企业成为伊朗邻国，尤其是中亚邻国交通基础设施建设的最大投资者和建设者。因此，伊朗在交通基础设施领域日益增长的需求和中国企业不断增长的能力为两国创造了更多利益共享的机会。①

实际上，中国有意参与恰巴哈尔港主体工程建设，2014 年首次出资 6000 万欧元在恰巴哈尔投资。但现在印度被称为恰巴哈尔的主要投资者。2016 年，伊朗和中国签署了一项 5.5 亿美元的协议，用于建设一个油港。中国也在寻求对伊朗核设施的投资。实现这一倡议最重要的问题是中国在巴基斯坦的大量投资，特别是瓜达尔港，这可以被认为是"一带一路"倡议安全层面的最明显标志。印度曾表示，中国打算利用瓜达尔港夺取对印度洋的控制权，并承诺巴基斯坦将共同努力建立一个针对印度的安全联盟，以在巴基斯坦和印度发生冲突时瞄准印度设施。因此，中巴两国的参与不是集中在投资和经济问题上，而是有安全方面考虑的。通过瓜达尔港取代陆路，而不是南海航线，缩短了中国的石油和商品输送距离，这对中国来说是一个非常重要和有利可图的点。②

虽然中国和巴基斯坦都提出要在这个计划中加入伊朗，但伊朗在这个问题上的看法并不纯粹是经济上的。在伊朗看来，中巴经济走廊和瓜达尔港的建设对俾路支斯坦乃至整个巴基斯坦的发展都有很大帮助，为伊朗的安全铺平了道路（这是伊朗的愿望之一）。

伊朗在大部分运输和过境路线甚至能源输送路线中的作用和地位至关重要。近 30 年来，伊朗伊斯兰共和国一直计划修建新公路或改善现有公路和铁路，将亚洲和欧洲或中亚与南部温暖水域连接起来，现在有几个项目已提上日程。南北走廊是亚欧国家之间货物过境领域最重要的国际运输走廊，也是亚欧之间最短、最便宜和最快的过境路线，其重要部分经过伊朗。该走廊目前始于印度洋的孟买港，经海路连接伊朗南部的阿巴斯港。在伊朗境内，过境货物通过公路或铁路运输到伊朗北部港口，并通过里海运输到俄罗斯港口。此外，这条走廊与该地区的其他走廊有几个交叉点，

---

① Shariatinia, Mohsen, and Hamidreza Azizi, "Institue of World Economics and Politics," 2017, pp. 46 –61.

② Khodagholipor, Alireza, "Iran's Profits from Joining OBOR," *Foregin Affairs Periodical*, 2018: 17-49-farsi.

有助于在整个地区均匀分布负载。恰巴哈尔港位于南北中转走廊上,因此该港口一方面与俄罗斯、东欧、中亚、北亚、中亚、高加索以及东南亚、远东、大洋洲和波斯湾国家有过境合作。另一方面,提高了伊朗在该地区任何过境项目中的重要性,对伊朗来说是一个巨大的优势。

与丝绸之路沿线的许多其他国家相比,伊朗具有巨大的经济潜力,在成员国之间发展出口市场的情况良好。在中东,伊朗被认为是能源领域的来源国和过境国,有 15 个国家与其有海洋或陆地接壤。在海洋领域,伊朗是通往世界北部和西南部地区的重要航道国家。伊朗在从中国到高加索和中亚的货物运输中扮演着重要的角色。它可以利用"一带一路"中的经济、贸易和文化倡议,而不会仅限于这个倡议。预计沿线几乎所有国家都将经历高于平均水平的全球增长率,并成为全球极具吸引力的市场。这一举措可以显著促进伊朗的经济增长。

通过加入"一带一路"倡议,伊朗将把其地理位置转变为地缘政治位置。与此同时,伊朗在丝绸之路上强大而稳定的存在对中国来说非常重要。这就是中国将伊朗视为合作伙伴的原因。中国是伊朗 2018 年最大的贸易伙伴,两国贸易额已达 350 亿美元左右。此外,伊朗可以在维护动荡的中东地区的稳定方面发挥重要作用,这对于新的丝绸之路经济计划来说是必要的。[①]

总体而言,"一带一路"倡议在许多方面与伊朗的经济、商业、商业目标、计划和需求并行不悖,并且在国家和地区利益方面对伊朗有利。伊朗在该倡议中收获的重大的成就是:减少了伊朗的地缘经济孤独感;有将伊朗连接到欧洲和亚洲价值链中的可能性;在伊朗与欧亚主要国家之间建立了基础设施连接;缩小区域基础设施差距;基于连接到亚洲和欧洲两个价值链的可能性,加强了伊朗的基础设施建设;减轻了对伊朗的制裁;吸引外国直接投资;实现集体和综合安全;帮助发展伊朗周边地区和国家,减少这些国家的不稳定性。

四 "一带一路"倡议对中伊经济关系的影响

随着"一带一路"倡议的实施,该地区越来越多的国家正在升级其

---

① Raoufi, Majid, "Iran's Place in OBOR," *Energy Policy Brief*, 2019.

基础设施，以准备充分利用这一巨大的经济机遇的潜力。毫无疑问，"一带一路"倡议为中国和伊朗提供了新机遇。在这种情况下，双方具有互补的政治和经济利益。两国在 2016 年习近平主席访问伊朗期间签署的许多协议都被纳入"一带一路"倡议。① 根据学者 Mohsen Shariatinia 和 Hamidreza Azizi 的说法，"一带一路"倡议有几个方面对伊朗有吸引力：它可以减少贫困，从而对伊朗的一些邻国（例如巴基斯坦和阿富汗）产生稳定作用；这可能意味着对能源和基础设施进行大量投资；加大的联通性反过来可以促进伊朗的经济发展。

中国实现"一带一路"倡议的雄心勃勃的计划，不可避免地需要伊朗的支持。当然，即使没有伊朗的参与，该倡议也是可以执行的，但无论是从字面上还是在具体执行上，其成本都不合理。总的来说，中国将伊朗视为重要的能源尤其是石油和天然气来源。

考虑到两国的政治和经济议程及利益，双方需要共同前进，这是众所周知的事实。② 实际上，在没有受到美国制裁威胁的情况下，中国可能是伊朗为其基础设施项目融资所需的最大资金来源国。自 1979 年以来，伊朗一直试图限制美国在该地区的存在，这符合中国的期望和外交政策目标。很明显，"一带一路"倡议的作用不仅在于促进欧亚大陆的合作、和平与贸易，还在于限制美国的势力范围和美国的海军优势。③ 美国退出伊核协议并重新对伊朗实施制裁，使伊朗更加坚定地寻求形成一个有弹性的经济，其中包括对美元的依赖最小化。在这方面，与中国的经济联系的重要性再次成为焦点。

中国在亚洲扩大经济也是考虑的一个重要方面，现在，在"一带一路"倡议下对其予以重新概念化，通过中国主导的制度安排来使用区域化外交政策。为了根据其需要塑造区域合作，中国使用制度和实践规范重新配置国家参与者之间的互动。其目的是通过塑造区域机构和实践，在海外环境中为保障中国政府和区域参与者的利益产生长期的中国经济和政治影响。

---

①　Shariatinia, Mohsen, and Hamidreza Azizi, "Iran and the Belt and Road Initiative: Amid Hope and Fear," *Journal of Contemporary China*, 2019, pp. 1 – 11.

②　Fallahi, Ebrahim, "One Belt-one Road, a Path to Economic Resilience," Tehran, 2019.

③　Osiewicz, Przemysław, "The Belt and Road Initiative (BRI): Implications for Iran-China Relations," *Adam Mickiewicz University in Poznań*, 2018, pp. 221 – 232.

因此，中国可以从这种合作中受益，特别是在从伊朗进口化石燃料和出口工业产品方面。此外，伊朗的地缘政治地位使中国能够利用现有的连接中亚国家和波斯湾地区的贸易路线，并建立起新的运输走廊，特别是所谓的"一带一路"南部走廊，即穿越中亚、伊朗、土耳其和巴尔干地区，思想的力量是通过形成新的中国领导机构产生的，并用于实现物质目标。

2018 年，最高领袖阿里·哈梅内伊概述了他更喜欢伊朗与东方尤其是中国进行贸易的一些原因：亚洲可以让伊朗进入几个非常大的市场，这些市场占全球人口的 60%。专注于与亚洲的贸易可能会产生更平衡的贸易关系，因为一些亚洲国家可能不仅会从伊朗购买原材料，还会购买消费品。在哈梅内伊看来，在政治前景方面，伊朗与中国等亚洲国家的共同点比与西方国家的共同点要多得多，西方国家倾向于与美国的政策保持一致。此外，亚洲为伊朗提供了获取先进技术的机会。[①] 在当前情况下，伊朗的许多潜在亚洲伙伴也与美国有着重要关系，这一事实对哈梅内伊的愿景构成了重大障碍。对于中国而言，美国因素在其处理与伊朗的关系中发挥着重要作用。

在历史上伊朗一直都是丝绸之路的一部分。伊朗和中国是老伙伴，丝绸之路是获得地区和多边成功的途径。"一带一路"倡议可以打击众多跨境犯罪以及经济、社会不平等和毒品走私，助力各国发展进程。与此同时，伊朗可以在这一倡议中发挥有效作用。伊朗可以利用其南北走廊和东西走廊推进丝绸之路计划，并在海上和陆地线路上发挥重要作用。伊朗希望成为这条线路的主要组成部分之一，并将这条线路与欧洲连接起来。

---

① Ali, Khamenei, "Six Reasons for Preferring the East to the West," 2018, http://farsi. khamenei. ir/others-note? id = 38981.

第八章　伊朗农业与中伊农业合作前景

第一节　伊朗农业生产的自然条件

一　土地

伊朗幅员辽阔，国土面积大约为 165 万平方千米，边界总长达 2750 英里。伊朗北邻里海，海岸线长 400 英里；南靠波斯湾和阿曼湾，海岸线长 1000 英里。[①] 伊朗地貌错综复杂，其中山脉和高原占主导地位，构成伊朗地貌的典型特征。伊朗平均海拔超过 1200 米，50% 以上的国土海拔处于 1000—2000 米，16% 的国土海拔高于 2000 米。大致而言，伊朗地势由西北向东南逐渐降低。扎格罗斯山脉（Zagros）位于伊朗西部和南部，大致呈西北—东南走向，由西阿塞拜疆省绵延至锡斯坦—俾路支斯坦省，长达 2300 千米。包括扎格罗斯山脉在内，一系列平行山脉延伸至波斯湾和阿曼湾附近的低地，诸多平均海拔在 1000—2000 米的高地散布于这些山脉之间。伊朗北部的厄尔布尔士山脉（Alburz）从西北部延伸至东北部的呼罗珊省。相比扎格罗斯山脉，厄尔布尔士山脉较为短窄，但也有许多颇为壮观的山峰，如伊朗最高峰达马万德火山（Damavand）海拔达到 5671 米。

伊朗中部有数个相互隔离的内陆盆地，合称"中央盆地"。伊朗边缘地带亦有一些低矮平原。胡齐斯坦平原位于伊朗西南部，是美索不达米亚平原的延伸；扎格罗斯山脉与南部海岸之间，以及厄尔布尔士山脉与里海

---

① W. B. Fisher（ed.），*Cambridge History of Iran*，Vol. I，New York：Cambridge University Press，2008，p. 3.

南岸中间亦为狭长的平原地带，宽度普遍在 15—20 英里，最窄处仅 1 英里左右。[①]

二　降水

扎格罗斯山脉与厄尔布尔士山脉对伊朗高原腹地形成环抱之势，阻挡着来自波斯湾、两河流域和里海的湿润气流进入伊朗广阔的中部与东部地区，进而导致其绝大多数地区处于干旱、半干旱甚至极度干旱的状态。整体而言，伊朗年均降水量仅为 280 毫米[②]，远低于世界 800 毫米的年均降水量。"仅 1/3 的国土年降水超过 400 毫米……超过一半的国土降水在 200—400 毫米，而其他地区降水不足 200 毫米。"[③] 除里海沿岸之外，伊朗大致可以分为东部和西部两大区域。西部区域包括阿塞拜疆省和波斯湾沿岸平原，年均降水约为 300 毫米。东部区域占伊朗总领土的 73.6%，年均降水少于 300 毫米，降水严重不足。西部区域年均降水量超过东部 2.6%。[④] 加上渗透、增发、积雪等原因，伊朗可控制和利用的水量更显不足。

降水不足还伴随着明显的地区和季节分布不均。伊朗降水量大致呈自北向南、自西向东逐渐下降的趋势，地区分布极不均衡。里海沿岸、南部海湾沿岸、乌鲁米耶、格尔古姆、西部边境等区域降水较为充沛，西北部曾有年降水 1950 毫米的记录，里海平原的年均降水量超过 1000 毫米；中部、东部、东南部的大片地区降水不足，伊朗东南部与巴基斯坦交界处的米尔贾维赫（Mirjaveh）曾有年降水仅 48 毫米的记录。[⑤] 伊朗内陆盆地被视为是世界上十分干旱的地区之一，其中一半以上为盐沙地所覆盖，包括卡维尔盐漠（Dasht-iKavir）和鲁特盐漠（Dasht-iLut）。显然，伊朗降水集

---

① Fisher, W. B. （ed.）, *Cambridge History of Iran*, Vol. I, New York: Cambridge University Press, 2008, p. 47.

② Kazem Alamdari, *Why the Middle East Lag Behind: The Case of Iran*, Lanham: University Press of America, 2005, p. 173.

③ W. B. Fisher （ed.）, *Cambridge History of Iran*, Vol. I, New York: Cambridge University Press, 2008, p. 3.

④ Alamdari, Kazem, *Why the Middle East Lagged Behind: The Case of Iran*, UPA, 2005, p. 173.

⑤ 两个极端降水记录参见 W. B. Fisher （ed.）, *Cambridge History of Iran*, Vol. I, New York: Cambridge University Press, 2008, pp. 234 – 235.

中于其领土的外围地带，而广阔的腹地则降水不足。

伊朗冬季长期受来自北部和东北的大陆性季风影响，偶尔会有来自地中海温暖潮湿气流；夏季，伊朗风向受印度季风系统的影响，但由于北部偏西的高压空气，冬季主要风向仍是北风或西北风。但是，复杂的地形地貌极为明显地塑造了风向风势，导致伊朗局部地区的气候，尤其是降水受区域性季风的影响更为明显。整体而言，伊朗降水集中于每年10月至次年3月的冬季，在此期间北部和西北地区常遭遇洪涝；在其余时间的旱季，大量土地则因降水不足而严重干裂。

三　灌溉

降水的整体缺乏与分布不均明显制约着伊朗的农业种植。伊朗国土仅11%左右为可耕地，其余则为山脉、河流、湖泊、道路、居住用地、工业用地，或不适于农业种植的土地；[1] 且由于大面积的土壤贫瘠和水源匮乏，其中不足1/3的土地得到灌溉，其余土地则采用旱耕。[2] 伊朗肥沃的土壤位于西部与西北部地区，尤其是里海沿岸地区，仅大约占伊朗土地面积的5.5%。[3]

地貌错综复杂和降水分布不均导致伊朗历史上部落游牧与定居农业长期并存、互相交织。水源充沛的沿海平原、山间平地、河谷沿岸构成主要的农耕区域，人口密集；山地、高原，以及中部盆地零星分布的绿洲则以游牧或半游牧为主。此外，诸多不毛之地则人迹罕至。伊朗农业用地可大致分为以下四类：（1）密集而广泛的自然灌溉农业地区，具有充足的降水。该类土地主要集中于低海拔地区，尤其是吉兰省、马赞德兰省西部与中部。（2）旱作农业地区，遍布全国大多数地区，尤其是阿塞拜疆、呼罗珊与法尔斯等省与伊朗中部高原之间的地带。（3）人工灌溉地区，在伊朗中部高原尤为突出。（4）草地和牧场，这类土地在空间分布上是伊

---

① Glenn E. Curtis, Eric Hooglund（eds.）, *Iran: A Country Study*, Washington, DC: Library of Congress, Federal Research Division, 2008, p. 168.

② E. Ehlers, "Agriculture in Iran," *Encyclopaedia Iranica*, https://iranicaonline.org/articles/agriculture-in-iran.

③ Glenn E. Curtis, Eric Hooglund（eds.）, *Iran: A Country Study*, Washington, DC: Library of Congress, Federal Research Division, 2008, p. 168.

朗最为普遍的土地使用类型。伊朗重要的农耕区域包括：位于吉兰省和马赞德兰省的里海沿岸平原，胡齐斯坦省、洛雷斯坦省和呼罗珊省等地的河流沿岸平原，以及分布于哈马丹、克尔曼沙汗、马拉耶尔、尼哈万德等地的山间平原。

　　农业生产受自然地理环境的影响极为明显。水源在农业发展中是一个令人敬畏的因素，它对于伊朗而言尤为重要。艾森·泰伯里曾指出，伊朗至关重要的问题就是水。[①] 兰布顿亦言："灌溉是波斯农业发展最大的限制因素，并在很大程度上决定了灌溉耕作地区所实践的农牧业类型。"[②]因降水相对充足，北部和西部农业生产主要依靠降雨灌溉，其他诸多地区则需要利用人工灌溉。水的至关重要性导致伊朗社会、政治和宗教的诸多特征明显受到水的影响，尤其是在乡村社会中。水源因素决定着农业生产的质量和数量、灌溉方式、耕作方式、作物类型、人口增长与生产组织等乡村生活。

　　降水不足使古代伊朗人不断挑战技术和环境，发展出人工灌溉技术和水源管理技术。自然环境促使伊朗人创造出所谓的"经济蓄水"（Economic Water Storage）和闻名于世的地下水渠卡纳特（Qanat）。即使近现代以来大量新式灌溉技术和设备得以引进，卡纳特在伊朗乡村经济活动中仍具有重要作用。在伊朗中部、东部和东南部等降水稀少的地区，卡纳特尤为集中。1976 年的统计数据显示，伊朗还有大约 4.6 万条卡纳特。[③] 此外，伊朗现存数千个诸如堰坝、水库、水磨等水利建筑，其中诸多建筑至今仍在使用。伊朗水利技术和灌溉技术令人钦佩，甚至对其他文明和现代科学技术都产生了诸多影响。伊朗古代灌溉技术如此之先进的原因就在于这种急迫的需求。灌溉工程的困难程度、高昂成本和协作需求，对古代伊朗土地制度和政治结构均具有重大影响，现已发现阿黑美尼德、帕提亚和萨珊政府直接参与建造人工灌溉系统的大量证据。

　　由于灌溉的至关重要性，伊朗不同地区发展出不同的灌溉方式。河水、溪流、泉水、井水都是灌溉的重要来源，水坝、水渠和卡纳特则是重

---

① Kazem Alamdari, *Why the Middle East Lagged Behind: The Case of Iran*, UPA, 2005, p. 65.

② A. K. S. Lambton, *Landlord and Peasant in Persia: A Study of Land Tenure and Revenue Administration*, London: Oxford University Press, 1953, p. 2.

③ Kazem Alamdari, *Why the Middle East Lagged Behind: The Case of Iran*, UPA, 2005, p. 175.

要的灌溉方式。水坝在伊朗历史上主要用于两个目的。其一,由于绝大多数河流常年无水,水坝的用途就是在冬季储水以供农耕所需之用;其二,由于诸多河流穿流于山地之间,沿岸缺乏适合耕作的土地,水坝之用途就是提升水位高度,以能沿河床或水渠引导至耕地所在区域。泉水和井水亦是伊朗乡村农业生产的重要灌溉资源,它们通过修建于地表的普通渠道流入农田。

卡纳特灌溉系统充分显示了伊朗古代人民在克服水资源缺乏的困难方面所展现出的聪明智慧。这种技术主要是将地下水引至地表,通过利用山地的坡度,在地下挖掘卡纳特直至山脚以获取水源。具体而言,在修建卡纳特之前,首先需要考虑自然环境并对水流状况做出估计,以确定挖掘卡纳特头井的地点。头井通常处于含水层丰富且地势较高的山脚地带,其渠道通常修筑于有一定坡度的土地附近,以使引水能沿着渠道自流。经过对卡纳特坡度的仔细计算和设计,由头井获取的地下水通过由诸多子井所衔接的地下渠道的引导流向远方的乡村,最终露出地表穿流于田地之间。子井便于在施工时将挖出的泥土运出地表,也用于卡纳特的后期维护,即清理淤泥。根据作物种类的不同,卡纳特按照严格的计划对土地提供周期性的定量供水。例如,小麦种植土地通常每隔 12 天持续灌溉 24 小时,或每隔 6 天持续灌溉 12 小时。[①] 卡纳特的深度、长度和水量根据各地环境的不同而有所差别。这一古老而精巧的灌溉系统的使用十分昂贵,不仅仅是因为卡纳特难于挖掘,而且在使用过程中还需持续不断地进行日常维护。

第二节　近代以来伊朗农业的变迁

一　伊朗传统土地制度与农业生产

农业在伊朗传统经济生活中长期占据着主导地位,它不但是伊朗传统经济的重要部门,也是历代王朝获取岁入的主要来源。在王朝不断更迭的伊朗历史上,每一个新兴王朝均将土地及来自于土地的收入视作其获取权力的主要目标。在萨法维王朝时期,国王的年收入约 70 万土曼,其中

---

① Hooglund, E. J., *Land and Revolution in Iran*, 1960 – 1980, Austin: University of Texas Press, 1982, p. 7.

83% 来自土地税，农业在伊朗经济生活中的主导地位由此可见。①

　　在萨法维王朝时期，从理论上讲所有土地均属国王所有。根据十二伊玛目什叶派的理念，伊玛目作为什叶派共同体之领袖，是授予土地使用权和规定土地税率的唯一权力来源。由于除阿里之外，其他伊玛目未实践过尘世权力，于是伊玛目对土地的所有权和征税权转予世俗统治者成为可以让民众接受的现实。因此，萨法维国王作为伊玛目的代理人是所有土地的拥有者。然而，这种"普天之下，莫非王土；率土之滨，莫非王臣（Ra'iyat）"理论在经济生活的现实层面却存在差异。在萨法维王朝时代，乡村地产形态大致包括四种类型，即王室领地、国有土地、宗教地产和民间私人地产。②

　　王室领地在伊朗历史上长期存在，其称谓不断变化。据考古发现推测，伊朗高原早至埃兰时期或已存在王室土地。③ 在萨法维时代，王室领地称为"哈瑟"（Khasseh），包括国王私人地产在内；④ 其土地收入用于维持王室开支，佃农向王室直接缴纳租税。早在前伊斯兰时代，土地的国家所有权已经存在，这类土地主要是由于拖欠税款或债务而被没收充公。⑤ 自伊斯兰时代以来，国有土地在伊朗高原广泛存在。在萨法维王朝时期，国有土地称为"麦玛立克"（Mamalik），其税收被纳入国库，用于国家行政和军事机构，而并非属于国王的个人账目；其形式主要有"提尤尔"（Tiyul）和"索古尔加"（Sogurghal）。两者之区别在于封赐时效，前者有明确期限，终身或更短；而后者则可世袭。"从阿拉伯人的征服至巴列维王朝的建立期间，国有土地和王室领地之间界限模糊，难以区别。"⑥ 伴随着中央集权的发展和衰落，两者的规模呈现出此消彼长的运动态势，

　　①　John Foran, *Fragile Resistance: Social Transformation in Iran from 1500 to the Revolution*, Boulder: Westview Press, 1993, p. 83.

　　②　亦有学者将萨法维王朝时期的地产类型分为五种，除王室领地、国有土地、宗教地产和民间私人地产之外，同时将"死地"（Dead Lands）归为一类。然而，死地实质上属国家所有，意图开垦并耕作死地之人将获得为期 99 年的使用权。

　　③　埃兰王国地产大致分为王室土地、神庙土地和民间私有土地三类（参见王兴运《古代伊朗文明探源》，商务印书馆 2008 年版，第 102、204—273 页）。

　　④　A. K. S. Lambton, "Landlord and Peasant in Persia: A Study of Land Tenure and Revenue Administration," p. 102.

　　⑤　Kazem Alamdari, *Why the Middle East Lag Behind: The Case of Iran*, p. 189.

　　⑥　Kazem Alamdari, *Why the Middle East Lag Behind: The Case of Iran*, p. 191.

王权的强化与国有土地的增长往往表现为同步状态。

宗教地产被称为瓦克夫（Vaqf）①，是根据什叶派伊斯兰教义而用于宗教慈善或个人利益的永久性捐赠土地，受赠人可以是清真寺、圣地、陵寝或图书馆等，或是某特定群体。民间私人地产被称为 "穆尔克"（Molk）或 "阿尔巴比"（Arbabi），后者意为私有大地产，土地所有者则被称为 "马勒克"（Malek）或 "穆尔克达尔"（Molkdar）。自阿拉伯人征服以来，私有地产仅占很小部分，虽其具体数量不可得知，但诸多土地转变为瓦克夫的现象，意味着这些土地所有者有权支配他们的土地。

伊朗王朝历史上的一个长期现象就是封赐土地以外的私人地产不断增加，国有土地的经济制度与私人支配土地的经济现实之间的矛盾运动，贯穿伊朗封建社会的历史进程。在萨法维王朝末期，提尤尔和瓦克夫出现私有化倾向，土地使用权和所有权的界限日益模糊。至 17 世纪末，随着王朝中央权力的衰落，这一界限的模糊趋势更加明显。②

国王、王室成员、军事贵族、部落首领和行政官员等群体支配着伊朗绝大部分土地，他们通常并不居住在乡村地区，成为在外土地所有者。农民不享有土地，按照实物分成的方式租种土地。实物分成制租佃关系被称为 "穆扎拉赫"（Muzara'eh），其长期广泛的存在源于农业生产力的低下和货币的匮乏。农作物的收成通常按照五项生产要素进行分配，即土地、劳动力、种子、水源和牲畜，故被称为 "五项实物分成制"（Avamel-e Keshavarzi）。从理论上讲，作物收成被平分为五份，每种要素各占其一。但在现实生活中情况更为复杂，且由于地方传统、作物类型、土壤条件、耕作和灌溉方式等因素在不同地区普遍存在差异，实物分成的具体比例亦有所区别。

农民的土地使用权构成实物分成租佃协议的基础，被称为 "纳萨克"（Nasaq），意为耕作土地的权力。农民在享有纳萨克的同时，亦享有水资源的使用权。享有耕作权并租得土地的农民则被称为 "纳萨克达尔"（Nasaqdar）。然而，单个纳萨克达尔往往并不拥有具体某块土地的耕作权

---

① 从广义上而言，瓦克夫可以是为慈善事业或宗教目的而捐赠的任何类型的动产或不动产，包括土地、水源、澡堂、咖啡室、旅社、图书馆等诸多类型。为陈述方便，本书中的瓦克夫仅指农业土地。

② John Foran, *Fragile Resistance: Social Transformation in Iran from* 1500 *to Revolution*, p. 29.

力，土地耕作权通常是由诸多纳萨克达尔集体拥有，农民耕作的土地通常每年均会轮换。

伊朗传统农业生产活动通常并非由佃农家庭独自完成，而是在诸如"布勒赫"（Buneh）、"科特"（Kote）、"萨赫拉"（Sahra）、"哈拉瑟"（Haraseh）或"海什"（Khish）等生产小队中集体进行，通常由2—6名成员组成，最多可达14名成员。为最大化利用水源、提升产量，伊朗乡村广泛存在特殊类型的农民组织，提供集体形式或家庭合作形式的生产。尽管在不同地区有不同的称谓，也存在一些细微的差别，但是这些农民组织的主要特征大致相同，享有土地耕作权是加入生产集体的前提条件。

在萨法维时代，伊朗农业生产普遍以人力和畜力作为主要物力，生产工具简单而原始。此外，主要的有机肥料使用乃是鸽子粪便，牛羊等牲畜粪便经常被用作燃料使用。

二　农业商品化与土地私有化

在恺加王朝时期，随着西方势力的军事侵略、商业特权和产品输出等多维度的冲击，伊朗逐渐融入资本主义世界体系之中，"由非欧洲的经济核心转变为资本主义世界外围经济的重要组成部分"①，其传统经济社会亦随之发生明显改变。在逐渐卷入资本主义世界体系的过程之中，伊朗传统社会秩序渐趋瓦解。农业生产商品化与土地私有化构成乡村经济变化的重要内容。

俄国和英国迫使伊朗签订《古列斯坦条约》《土库曼查伊条约》《德黑兰条约》和《巴黎条约》等一系列不平等条约。伊朗不仅大量割地赔款，亦丧失诸多主权，门户大开，与西方国家的贸易随之扩大。与此同时，伊朗对外贸易结构也发生明显改变，逐渐成为西方国家的农产品原材料供应地和工业产品倾销地，形成典型的殖民地半殖民地经济模式。

农作物产品出口的显著增长突出体现了农业生产的商品化发展。1844年，伊朗尚有超过70%的出口货物为传统手工业制品，到1910年，除地毯以外的传统手工业制品出口微乎其微；地毯几乎成为伊朗唯一的手工业

---

① John Foran, *A Century of Revolution: Social Movements in Iran*, London: UCL Press, 1994, p. 22.

出口商品，在1911—1913年约占出口贸易总额的12%。① 相比之下，农作物产品则逐渐取代传统手工业制品，成为恺加伊朗最为重要的出口商品类型。从1830年到1900年，原棉、生丝、小麦、大米、烟草、兽皮和地毯等商品的出口额从200万英镑增长至380万英镑。② 1911—1913年，生丝、羊毛和棉花占伊朗出口贸易总额的26%，大米、干果和鸦片则占32%。③

　　经济作物种植面积的扩大是恺加伊朗农业生产商品化发展的另一重要体现。穆哈丹·法提米赫曾指出："伊朗20世纪后半叶的重要特征就是鸦片、棉花、烟草、生丝等作物生产和出口的增长。"④ 以鸦片为例，1800年左右，鸦片已经在诸多省份种植，但种植较少，且绝大多数产品仅用于本地消费。然而，当世界市场上形成对鸦片的强烈需求之时，鸦片的价格和利润随之增长，进而促使鸦片种植面积急剧扩大。自19世纪中期开始，鸦片在伊朗南部广泛种植，并由英国大量销往远东市场。19世纪60年代，鸦片种植在伊斯法罕、亚兹德、法尔斯、克尔曼、呼罗珊、胡齐斯坦和克尔曼沙汗等地区开始持续增长，到70年代已经成为当地的主要作物之一。布什尔地区的一个英国领事曾于1873年称："几年之前，鸦片的利益开始吸引波斯人的关注，在亚兹德、伊斯法罕和其他地区，几乎所有适宜的土地都放弃种植谷物或其他农作物而改种鸦片。"⑤ 部分地区种植鸦片的热情甚至导致行政部门不得不采取强制规定来限制其产量，例如伊斯法罕长官齐尔·斯利坦（Zell al-Slitan）下令：每种植4英亩鸦片就必须种植1英亩小麦。⑥ 与鸦片类似，棉花的种植也快速增长并大量出口到俄国。受美国内战的影响，国际市场棉花供应出现短缺，刺激了包括伊朗在内的诸多国家的棉花生产和出口。与此同时，俄国的棉花需求在产业革命的进程中不断增长。于是，俄国棉花商人向伊朗北部地区的农民提供优质

---

① Massoud Karshenas, *Oil, State and Industrialization in Iran*, New York: Cambridge University Press, 1990, pp. 48, 49.

② E. Abrahamian, *Iran: Between Two Revolutions*, Princeton: Princeton University Press, 1982, p. 51.

③ John Foran, *Fragile Resistance: Social Transformation in Iran from 1500 to the Revolution*, p. 115.

④ William Floor, *Agriculture in Qajar Iran*, Washington DC: Mage Publishers, 2003, p. 51.

⑤ H. M. Malek, "Capitalism in Nineteenth-Century Iran," *Middle Eastern Studies*, Vol. 27, No. 1, 1991.

⑥ William Floor, *Agriculture in Qajar Iran*, Mage Publishers, 2003, p. 27.

棉花种子，鼓励他们种植棉花。[1] 在此背景下，棉花种植在以阿塞拜疆、呼罗珊和伊斯法罕为典型代表的伊朗诸多区域迅速增长。"到一战前夕，伊朗（棉花种植面积）达到 10 万公顷，约 2.5 万吨价值 150 万英镑的棉花出口至俄国。"[2]

随着农业生产的商品化发展，加之恺加政府中央权力的衰微，伊朗乡村地产形态亦发生相应的改变。王室领地、国有土地的衰落与民间私人地产的不断扩大构成恺加后期地产运动的重要特征。[3] 恺加王朝在建立之初基本延续萨法维王朝的土地制度。19 世纪上半叶，伊朗乡村地产形态相对稳定，王室领地和国有土地构成十分重要的两种土地类型。然而，自 19 世纪中叶后，王室领地和国有土地转变为私有地产的趋势日益显著。

对外贸易的扩大和农业生产的商品化发展，促使农业生产的收益明显增长，土地作为财富和地位之象征的属性极为突出。大量商人、官员和部落贵族投资购买土地而成为新兴地主阶层；诸多原有地主亦通过商人获取贷款来购置更多的土地。随着 19 世纪中叶以后作物出口的增长，城市商人购置土地的现象日趋显著。自纳绥尔丁统治以来，大量商人就以极为低廉的价格将国有土地购为私有。与此同时，一方面，由于恺加王朝中央权力的衰落，政府对游牧地区和封邑土地的控制力不断弱化，土地税收大量流失，国库空虚；同时恺加王室却需要大量货币来购买西方奢侈品、加强军备，以及偿还西方国家贷款，出售国有土地和王室领地遂成为恺加王室获取财富的重要手段。1887 年，纳绥尔丁国王颁布命令，将首都德黑兰周边地区以外的所有国有土地出售给私人。另一方面，中央权力的弱化同时也导致封邑领有人对提尤尔的支配权增大，残余的提尤尔实际上亦与私人地产差别甚小，可以世袭享有并出售转让，进而促使他们将有条件的封赐土地转变为毫无限制的私人财产。

经济层面的土地私有化发展促使制度层面私有地产的合法化。早在宪政革命期间，《卡轮报》（Qanun）就提议立法保护私有土地，防止私有土

---

[1] N. R. Keddie, *Iran: Religion, Politics and Society*, London: Frank Cass, 1980, p. 129.

[2] Peter Avery (ed.), *The Cambridge History of Iran*, Vol. 7, Cambridge: Cambridge University Press, 2006, p. 600.

[3] 杜林泽:《伊朗现代化进程中的农业发展与乡村社会变迁》，博士学位论文，南开大学，2012 年，第 52 页。

地被政府没收。[1] 1907 年第一届议会颁布伊朗历史上第一部宪法，正式废除提尤尔，大量提尤尔转变为其领有者的私人地产；同时还承认私有财产的神圣性，1907 年 10 月的补充基本法第 15 条指出："有产者的土地无法被剥夺，除非受沙里亚法的制裁，而且即使如此，也只能在确定并支付一个公正的价钱之后方能实施。"第 16 条进一步指出："禁止作为惩罚性措施扣押任何人的地产和财产，除非符合法律秩序。"[2] 伊朗涉及土地的法律制度开始逐渐形成，尤其是民法中的相关部分对土地所有权予以明确规定，体现出极力支持私人土地所有权的特征。[3] 在礼萨·汗时代，土地私有化进一步发展。1926 年至 1930 年，议会通过一系列财产登记法案及相关修订、补充条款，对私人地权予以更为清晰和明确的法律保障。尽管地权勘察与土地登记的工作进展得比较缓慢，且地区进展不一，但仍推动了土地私有化的进一步发展。与此同时，国有土地的出售从礼萨·汗至巴列维统治早期仍在陆续推进。至 20 世纪 50 年代，伊朗地产形态的结构发生明显改变，私有地产占据主导地位。据 1956 年伊朗第一次国民统计数据，伊朗共有 51300 个乡村，其中国有土地占 10%，王室领地占 4%，瓦克夫地产占 10%，私有地产占 76%。[4]

三　土地改革与农业生产变化

私有地产的发展源于农业生产的商品化趋势，亦体现了土地的商品化趋势。土地作为商品进入流通领域，亦是农业商品化和市场化发展的重要体现，以及农业现代化进程中的重要内容。作为农业经济最为重要的生产资料，土地的私有化和商品化无疑有利于促进农业投资的增长，对农业生产的发展具有重要意义。然而，由于大量国有土地和王室领地的存在，土地市场供给丰富，农业投资主要体现为购置田地，进而导致土地兼并和地产集中的现象，私有大地产随之出现，乡村地权分布不均的矛盾极为尖

---

[1]　N. R. Keddie, *Iran: Religion, Politics and Society*, p. 45.

[2]　A. K. S. Lambton, *Landlord and Peasant in Persia—A Study of Land Tenure and Land Revenue Administration*, 1953, p. 178.

[3]　A. K. S. Lambton, *Landlord and Peasant in Persia—A Study of Land Tenure and Land Revenue Administration*, 1953, pp. 194 – 209, 402 – 404.

[4]　Afsaneh Najmabadi, *Land Reform and Social Change in Iran*, Salt Lake City: University of Utah Press, 1987, p. 45.

锐。在 1962 年土地改革前夕，超过 80% 的耕地属大地主、政府、宗教机构和王室所有，超过 10% 的土地属中小地主所有。[①]

土地所有权的高度集中及封建生产关系的广泛存在导致农业生产力停滞不前，进而构成土地改革的经济根源。1962 年 1 月，土地改革法案的颁布标志着土地改革的开始，至 1971 年 9 月巴列维国王宣布土地改革正式完成，土地改革历经 9 年多时间，大致分为三个阶段。

第一阶段的主要目标在于限制在外大地产的规模，实现对在外大地主土地的分配，以及在土地分配的过程中建立乡村合作社。土地改革法案的主要内容包括：（1）私人地产规模限制在 6 当以下，超出部分的土地由政府征购；（2）土地价格由农业部决定，以近几年平均纳税值为基础，乘以一个介于 102—180 的系数；（3）政府将土地转售给享有耕作权的佃农，农民支付地款期限为 15 年，在期限内于每年的收获时节等额支付地价的 1/15，在土地被分配给布勒赫集体所有而非享有耕作权的农民个人之时，土地应在布勒赫成员之间分配；（4）依法获取土地的农民必须加入乡村合作社；（5）果园、茶庄、林地、机械化农场和瓦克夫地产不在土地改革范围之内。[②]

1964 年土地改革进入第二阶段，目标旨在消除五项实物分成制。根据附加条款，在外地主的最高土地限额从一整个乡村修改为 20—150 公顷，根据地区、土地质量和作物类型而有所区别。[③] 超出部分可做以下五种选择：（1）可出租给农民，租赁期为 30 年，租金根据前三年的平均净收入估算，以现金支付，租约每五年调整一次；（2）可出售给农民，禁止将土地出售给不享有传统耕作权的村民；（3）可根据传统的实物分成比例在地主和农民之间分配，农民在 10 年内向地主支付地价的 2/5；（4）可与农民共同创建股份制农业单位，地主与农民一同成为股东；（5）可购买农民的土地耕作权，并雇用他们成为工资农业工人。在第二阶段中，瓦克夫地产被纳入土地分配之中。

1968 年初，土地改革进入第三阶段，目的主要在于排斥小规模生产，

①　M. J. Amid, *Agriculture*, *Poverty and Reform in Iran*, London: Routledge, 1990, p. 33.

②　Abdolali Lahsaeizadeh, *Contemporary Rural Iran*, Aldershot: Avebury, 1993, pp. 134 – 136.

③　Afsaneh Najmabadi, *Land Reform and Social Change in Iran*, Salt Lake City: University of Utah Press, 1987, p. 95.

通过建立资本主义关系的机械化大规模农业生产单位来提高农业产量。1968 年 1 月，新建"土地改革与乡村合作社部"（The Ministry of Land Reform and Rural Cooperation）宣布组建农业股份公司。同年，《农场公司组建法案》（The Law Governing Establishment of Farm Corporations）和《大坝下游土地开发企业建立法案》（The Law Governing Establishment of Companies for the Development of Lands Downstream of Dams）获准实施，1969 年 1 月《出租农场的分配和销售法》（The Distribution and Sale of Rented farms to Farmers）颁布并开始实施。

　　土地改革并未真正消除乡村大地产，土地集中的现象仍然较突出，大量乡村民众仍然没有土地或享有土地严重不足。土地改革之后，伊朗仍有4.5 万个在外大地主，其中 1350 人的地产面积超过 200 公顷。[1] 根据 1974 年的数据，面积不足 1 公顷的地产总面积约占所有耕地面积的 1.2%，而地产数量占比却为 40.2%；超过 50 公顷的地产总面积约占所有耕地面积的 39%，而地产数量占比仅为 0.9%。[2]

　　但是，土地改革明显改变了伊朗农业经营方式，长期占主导的实物分成租佃方式和布勒赫等集体生产组织急剧衰落，自耕农生产、商品化家庭农场、私营资本主义农场、乡村合作社、农场公司、农事企业等多种经营方式并存，资本主义生产关系在伊朗乡村地区明显扩张。

　　与此同时，现代机械设备和化肥使用的增长、灌溉面积的扩大体现出农业生产技术的进步。自 20 世纪 60 年代初到 70 年代中期，伊朗农业机械的投入增长了 7 倍。[3] 1962 年，伊朗联合收割机和拖拉机的使用数量分别为 900 台和 6000 台；1971 年，两者的数量分别增长到 1800 台和 23000台，到 1977 年进一步增加到 2500 台和 53000 台。[4] 伊朗化肥年均用量在1959—1961 年仅为 3.17 万吨，到 1968—1970 年增长到 21.23 万吨，

---

① John Foran, *Fragile Resistance: Social Transformation in Iran from 1500 to the Revolution*, pp. 320 – 321.

② A. Schirazi, *Islamic Development Policy: The Agrarian Question in Iran*, Colorado: Lynne Rienner Publishers, 1993, p. 12.

③ Ali Shakoori, *The State and Rural Development in Post-Revolutionary Iran*, New York: Pralgrave, 2001, p. 102.

④ M. J. Amid, *Agriculture, Poverty and Reform in Iran*, London: Routledge, p. 122, table 7. 7.

1975—1977 年则增长到 67.53 万吨。[①]

　　尽管如此，土地改革后农业产量增长却相对缓慢。巴列维政府官方宣称伊朗农业产量在 1962—1967 年年均增长 4.5%，1968—1972 年年均增长 2.6%，1973—1977 年年均增长 4.9%，但绝大多数研究者估计，土地改革后伊朗农业产量的年均增长率仅为 2%—3%。[②] 农业产值的增长速度与此类似。农业附加值在 1964—1968 年年均增长 4.6%，1969—1973 年和 1974—1978 年预计年均增长 4.4% 和 7%，然而实际增长率仅为 3.9% 和 4.6%，未达预期目标，其中 1978 年的农业附加值增长率为 - 0.8%。[③] 农业生产增长缓慢的重要原因，一方面在于巴列维政府对城市产业，特别是现代工业的重视，政府工业投入明显增长，农业投入却明显不足；而高度集中的决策模式、国家政策的忽视和官僚腐败等诸多原因又导致农业投入的浪费。另一方面，政府投入明显偏向农事企业和农场公司等大规模的经营单位，乡村信贷亦往往由少数富裕阶层所获取，而这些大型生产单位对农业生产的贡献值很小。相比之下，对农业生产贡献值较大的中农和小农却被忽视，难以获得信贷来提高生产。简言之，政府农业投入的不足，以及投资结构的失衡是此间严重制约伊朗农业生产发展的重要原因。

　　农业产量的增长速度远远落后于人口增长和城市化的速度，导致国内粮食需求与粮食产量之间的严重失衡，进而致使粮食进口不断增长。1960 年，伊朗粮食产品仍能自给；1962 年进口谷物为 5.6 万吨，仅占粮食消费的 1%；到 1977 年，进口谷物增长到 243 万吨。[④] 1973—1978 年，小麦、大麦、稻谷和玉米等谷类作物进口量由 95.6 万吨增长到 217.6 万吨，糖类、肉类等食物进口量亦分别增长 257% 和 420%。[⑤]

　　巴列维国王的土地改革遗留了大量问题。尽管有近 200 万个农户获得

　　① Massoud Karshenas, *Oil, State and Industrialization in Iran*, p. 152.

　　② M. J. Amid, *Agriculture, Poverty and Reform in Iran*, London：Routledge, p. 132.

　　③ Nattagh, Nima, *Agriculture and Regional Development in Iran*, Cambridge Shire：Menas Press, 1986, p. 12.

　　④ G. M. Majid, "Small Landowners and Land Distribution in Iran, 1962 – 1971," *International Journal of Middle East Studies*, Vol. 32, No. 1, 2000.

　　⑤ A. Schirazi, *Islamic Development Policy：The Agrarian Question in Iran*, p. 7.

土地，但仍有"120万农业劳动者根本没有获得土地"①；在获得土地的农户中，大部分家庭的地产难以满足基本生活需要。另外，20世纪60年代末至70年代中，巴列维政府大力发展农场公司和农事企业，诸多农户原本获得的土地再度集中到企业手中。因此，大量的乡村贫农和无地农民对土地状况极为不满。

随着伊斯兰革命后乡村地区权力真空的形成，地主与农民之间曾一度掩盖的矛盾立即爆发。在革命初期，部分农民驱逐地主，占取土地，甚至不乏流血冲突；他们还占取了诸多未耕地、国有森林和牧场，以及农事企业和农场公司的土地。另外，诸多拥护巴列维家族的土地所有者在革命后逃亡国外，当地农民占取了他们留下的土地。

伊斯兰革命后，伊朗乡村地区的农民土地运动分布十分广泛，乡村社会普遍动荡。同时，农民土地运动中还夹杂着民族独立运动、政治派系斗争。因此，伊斯兰共和国政府需要实施土地改革，以稳定伊朗乡村秩序，排挤左派激进主义势力和自由主义势力在乡村的影响，并获取乡村民众对伊斯兰政府的支持。然而，新政府统治集团内部对土地改革的态度不一，导致土地改革法案历经数次争论与修改，呈现出由激进向保守转变的倾向。据官方数据，到1991年中期，共约有60.2万公顷未耕地、国有土地和牧场被分配给10万农户。另外有63.1万公顷临时耕作土地被分配给13万农户；从改革中获益的农户约占乡村家庭总数的6%。② 尽管伊斯兰共和国时期的土地改革影响有限，但却将传统上不享有耕作权的乡村民众纳入土地分配的受益群体之中，促使伊朗乡村地区差距进一步缩小。

伊斯兰革命在一定程度上改变了伊朗的经济社会结构，农业经营方式同样受到影响。在私营领域，农业大资产阶级衰落，中型商业农场主得以维持；在国营领域，诸多生产合作社、农场公司和农事企业解体，部分大型的私有农场被纳入国有或半国有性质的农场公司或农事企业。与此同时，土地分配运动亦促使农业生产关系发生改变。20世纪80年代中，伊

---

① Shaul Bakhash, *Reign of the Ayatollahs: Iran and the Islamic Revolution*, New York: Basic Books, 1984, p. 195.

② J. E. Hooglund, *Twenty Years of Islamic Revolution: Political and Social Transformation in Iran since* 1979, New York: Syracuse University Press, 2002, p. 110.

斯兰共和国政府更加强调传统的农民生产组织形式和中等规模的农场经营，与巴列维时期明显相区别。然而，在农民家庭经营模式下，土地过于分散。这种状况逐渐被视为农业投资不足和农业产量增长未达预期的重要原因。因此，防止农业经营过于分散，进而提高农业产量成为两伊战争后伊朗政府农业经营改革的首要目的。自 80 年代中期以后，特别是自 1989—1994 年五年计划实施以来，大规模的农业经营模式再次得到重视，农场公司和农事企业也逐渐恢复和重建。

伊斯兰革命后新兴的穆萨（Mosha）合作社极具伊朗特色。"穆萨"意为集体所有，它以伊斯兰理念作为基础而具有强烈的民族特征和传统色彩。穆萨合作社具有明显的经营自主权，强调合作社成员的加入必须获得全体成员的允许，合作社成员的利益需基于各自的资本投入或劳动投入按比例分配，合作社的决策需全体成员一致通过，所有成员均需同意合作社管理原则，合作社之间亦不能建立合作社联盟。1999 年官方统计显示，伊朗已建有 21757 个穆萨合作社。[①]

第三节　伊朗农业现状

一　农业部门的定位与农业发展政策

自伊斯兰革命以来，共和国政府的农业政策与巴列维政府形成明显反差。霍梅尼极为重视农业生产自给自足与国家粮食安全，认为伊朗可实现粮食自足而无须求助他国，甚至将实现农业自给自足比作对抗伊拉克入侵的"吉哈德"，将农民比作"战士"。在这种理念之下，农业部门得到政府的极度重视，1984—1988 年五年发展计划宣称农业是"国家经济发展最重要的轴心"。1986 年，针对伊朗议会提出的增加在耕地面积和单位面积产量的目标，农业部制定为期 10 年的"三十条计划"。但是，受革命激进氛围的影响，共和国的第一个五年发展计划和农业部的"三十条计划"所制定的目标过于理想化，且加之两伊战争、国际孤立状态、石油经济下滑等因素的影响，其目标多未实现。

---

① J. E. Hooglund, *Twenty Years of Islamic Revolution*: *Political and Social Transformation in Iran since* 1979, New York: Syracuse University Press, 2002, p. 112.

在两伊战争后，虽然农业部门的核心地位让位于经济恢复与重建，但仍长期被视为"优先"发展部门之一。在 1989—1994 年五年计划中，农业与工业、国防等领域共同构成"优先"发展部门，所获得的预算资金排位第三，仅落后于工业和交通运输业。在 1983—1988 年五年计划中，农业领域政府固定投资为 7559 亿里亚尔，占政府投资总额的 13.4%；在 1989—1994 年五年计划中，农业领域政府固定投资为 7872 亿里亚尔，增长 313 亿里亚尔，因政府总体投资数额的减少，其比重上升到 19.6%。[①] 在五五计划期间，内贾德总统指示加大对农业生产的扶持力度，解决农业生产中存在的困难和问题。

为鼓励重要作物的种植生产，伊朗政府自 20 世纪 80 年代开始实施农作物补贴与保险政策。巴扎尔甘政府将小麦的收购价格由每公斤 12 里亚尔提升至 18 里亚尔，高于 14 里亚尔的国际市场价格；1986 年，小麦收购价格又提高到每公斤 55.5 里亚尔。[②] 自穆萨维政府开始，伊朗政府还向种植战略粮食作物的农户提供实物补助，并赋予 10 年免税期。如每生产 1 吨小麦，政府将提供 100 公斤化肥、4 公斤食糖和 1 公斤茶叶；农民将产品运往当地粮食和谷物组织亦只需要支付运输成本价。[③]

此外，伊朗议会于 1983 年通过农业保险法，并进一步敦促政府扩大保险的作物种类和受益群体范围，以保障农作物应对自然灾害所导致的损失。自 1984 年开始，伊朗政府对甜菜、棉花等重要的经济作物实施价格保险政策。棉花、甜菜保险费用的 80% 由政府负担。[④] 随后，农作物保险的范围不断扩大。1987 年，耕作 59468 公顷甜菜的 24207 农户、耕种 155620 公顷棉花的 44993 农户，以及耕种 26453 公顷大豆的 9259 农户获得政府提供的保险。[⑤] 至 2013 年，农产品保险已覆盖超过 153 种农作物，受保农户达到 200 万人，保费总计达到 2.357 万亿里亚尔，支付赔偿约 11

①　A. Schirazi. , *Islamic Development Policy*：*The Agrarian Question in Iran*, p. 276, table 12. 1.

②　Mehrdad Haghayeghi, "Agriculture Development Planning under the Islamic Republic of Iran," *Iran Studies*, Vol. 23, No. 1/4, 1990.

③　M. Haghayeghi, "Agrarian Reform Problems in Post-Revolutionary Iran," *Middle Eastern Studies*, Vol. 26, No. 1, 1990.

④　张振国：《战后伊朗农业的发展道路》，《西亚非洲》1987 年第 4 期。

⑤　Mehrdad Haghayeghi, "Agriculture Development Planning under the Islamic Republic of Iran," *Iran Studies*, Vol. 23, No. 1/4, 1990.

万亿里亚尔。①

　　然而，补贴政策存在加剧政府财政负担、助长浪费、缺乏针对性等弊端，遭到一定的社会批评。因此，自两伊战争结束以来，伊朗历届政府试图改变农作物补贴政策，但未获成功。1989—1994 年五年计划实施之后，政府逐渐改变价格政策，一方面以保证价格购买特定农作物产品，另一方面通过农业补贴鼓励特殊作物的生产。农产品担保价格政策于 1989 年开始实施，此后在执行过程中根据通货膨胀率而动态上调。从 1990 年开始，伊朗政府扩大农业支持计划，对绝大多数农产品提供政府投资、担保购买价格、补贴、低利率贷款与外贸优惠政策。削减补贴是伊朗改革经济、进行自由化转型的一次尝试。小麦作为最重要的战略粮食作物，获得补贴最多，在 2003/2004 财政年度，小麦补贴增长 17.2%，达到创纪录的 15 亿美元。②

二　农业技术投入与农业生产进步

　　由于政府对农业的重视，伊朗伊斯兰革命后农业投入明显增长，农业机械设备及化肥等生产资料的使用明显提升。1981 年，伊朗在用拖拉机和联合收割机数量分别为 8.5 万辆和 2990 台，1985 年分别增长为 15 万辆和 3550 台，1989 年增长到 20.5 万辆和 4650 台，1994 年增长到 22.84 万辆和 6130 台。③ 1977/1978 年度，化肥和杀虫剂的销售量分别为 77.2 万吨和 3.2 万吨，1984/1985 年度则分别增长到 167.9 万吨和 4.5 万吨；1988/1989 年度化肥销售量为 142.8 万吨，1986/1987 年度杀虫剂销售量为 3.5 万吨。④ 1994—2008 年，伊朗进口农用拖拉机共 15114 辆，年均进口约 1080 辆，其中 2003 年进口达 7195 辆。在此期间，伊朗国内在用联合收割机的数量亦由 6130 台增加到 10208 台；在用播种机的数量由 2003 年的 18667 台增加到 2005 年的 22576 台。⑤ 另据世界银行数据，1996 年

---

　　①　Masoomeh Rashidghalam（ed.），*Sustainable Agriculture and Agribusiness in Iran*，Singapore：Springer，2019，p. 12.

　　②　Glenn E. Curtis，Eric Hooglund（eds.），*Iran：A Country Study*，Washington，DC：Library of Congress，Federal Research Division，2008，pp. 170 – 172.

　　③　国际粮农组织统计数据，http：//www. fao. org/faostat/en/#data/RM。

　　④　A. Schirazi，*Islamic Development Policy：The Agrarian Question in Iran*，p. 287，table 12. 7.

　　⑤　国际粮农组织统计数据，http：//www. fao. org/faostat/en/#data/RM。

伊朗平均每100平方千米土地拥有拖拉机数量为134辆,2001年增长到154辆,2005年增长到174辆,2008年增长到183辆,相比之下,1981年仅有63辆。① 与此同时,伊朗国内化肥使用量亦明显增长。1997年,伊朗人造化肥进口额为447.2万美元,2000年增长到3116.4万美元,2005年则达到5005.4万美元。② 另据数据显示,2002年伊朗平均每公顷土地的化肥消费量为78.4公斤,2004年增长到103.8公斤,2006年增长到113.9公斤。③

与此同时,伊朗耕地面积和灌溉地面积亦明显增长。在1979年到1989年的十年间,伊朗可耕地面积由1486.8万公顷增长到1687.1万公顷,灌溉地面积由382.5万公顷增长到562.6万公顷。相比之下,休耕地面积则由568.3万公顷减少为536.4万公顷。④ 在1989—1994五年计划中,伊朗可耕地面积继续保持增长,1992年增加到1696.9万公顷,1994年增加至1733.7万公顷。⑤ 据世界银行统计数据,伊朗灌溉地面积占农业用地总面积的比例在2001年为12.6%,2005年增长到18%,到2008年增长到19%。⑥ 耕地面积与灌溉面积的增长,得益于伊朗政府对灌溉工程的重视。由于降水等自然条件的缺乏,为充分利用水资源发展农业生产,共和国政府长期重视兴建水利工程,并取得了较大成就。

生产投入的增长无疑有利于农业生产力的发展和农作物产量的增长。据联合国粮农组织统计数据,1991—1993年,伊朗农业总产量的生产指数为77,到2001—2003年,该指数增长到106.5,同一时期的农业人均生产指数则由86.3增长到103.9;2001—2003年,伊朗大麦、豆类和根茎类作物的每公顷土地单位面积产量分别达到2209公斤、522公斤和20733公斤。⑦ 1995—2010年,伊朗农业生产力明显提高,主要农作物单

① 世界银行统计数据,https://data.worldbank.org.cn/indicator/AG.LND.TRAC.ZS? locations=IR。

② 国际粮农组织统计数据,http://www.fao.org/faostat/en/#data/RL。

③ 世界银行统计数据,https://data.worldbank.org/indicator/AG.CON.FERT.ZS? locations=IR。

④ A. Schirazi, *Islamic Development Policy*: *The Agrarian Question in Iran*, p. 281.

⑤ 国际粮农组织统计数据,http://www.fao.org/faostat/en/#data/RL。

⑥ 世界银行统计数据,https://data.worldbank.org/indicator/AG.LND.IRIG.AG.ZS? locations=IR。

⑦ 国际粮农组织统计数据,http://www.fao.org/faostat/en/#data/RL。

位面积产量普遍取得大幅增长。其中小麦单位面积产量增长约 25%，大麦产量增长约 20%，甜菜单位面积产量增长约 48%，玉米单位面积产量增长约 59%（见表Ⅲ-8-1）。1996 年至 2006 年，尽管农业产值占国内生产总值的份额从 16.4% 下降至 11.2%，但人均粮食产量几乎翻番。[1] 从世界范围内横向比较显示，1998 年，伊朗的农业劳动生产率达到 4089 美元，在世界银行所统计的 115 个国家中居第 27 位。[2]

表Ⅲ-8-1　　　　　　　1995—2010 年部分年份伊朗主要
农作物产品的单位面积产量　　　　　　　　（吨/公顷）

作物 年份	小麦	大麦	甜菜	藏红花	玉米	洋葱	土豆
1995	1.71	1.69	27.24	0.53	4.54	23.55	21.55
1998	1.94	1.81	26.98	0.55	6.04	25.25	21.08
2001	1.70	1.63	27.08	0.58	6.16	30.01	19.97
2004	2.21	1.83	31.50	0.65	7.02	33.60	24.22
2007	2.20	1.89	33.84	0.77	7.69	34.23	27.01
2010	2.14	2.03	39.17	0.64	7.23	34.50	27.71

资料来源：FAO 统计数据，http：//faostat. fao. org/site/567/DesktopDefault. aspx？PageID = 567 #ancor。

自伊斯兰革命以来，得益于政府对农业生产的重视，伊朗农业生产发展取得了较大成就。自 1995—2000 年发展计划实施以来，特别是进入 21 世纪后，伊朗农业发展的成绩更为突出，诸多农作物的总产量明显增长。例如，1995—2010 年，小麦总产量由 1122.8 万吨增长到 1502.9 万吨；大麦总产量由 295.2 万吨增长到 321 万吨；玉米总产量由 54.5 万吨增长到 173.6 万吨；土豆产量由 307.4 万吨增长到 405.4 万吨。[3] 国际粮农组织数据显示，伊朗农业产量从 2013 年的近 9700 万吨增长到 2016 年的

---

① Glenn E. Curtis, Eric Hooglund（eds.），*Iran：A Country Study*，Washington, DC：Library of Congress, Federal Research Division, 2008, p. 169.

② 杨万江、徐星明：《农业现代化评测》，社会科学文献出版社 2001 年版，第 195 页。

③ 国际粮农组织统计数据，http：//www. fao. org/faostat/en/#data/QC。

12200 万吨。[①] 近年来，伊朗农业生产仍保持良好的发展趋势。2015 年，伊朗农业总产量达到 1.12 亿吨，农业总产值达 770 亿美元。[②] 2016 年伊朗农业产量相比 2015 年增长 1000 万吨，农业总产量达到 1.22 亿吨。[③] 2016 年，伊朗农产品出口也呈增长趋势，出口农产品总量为 581 万吨，出口农产品总值达 56.86 亿美元，同比分别增长 21.77%、3.61%。[④]

表Ⅲ-8-2　　　　　　　　伊朗部分农产品产量　　　　　　　　（万吨）

作物种类＼年份	2000	2004	2008	2012	2016
小麦	808.8	1456.8	795.7	1380.0	1550.0
玉米	106.4	192.6	177.8	240.0	254.0
去壳大米	130.1	167.8	144.1	153.5	184.8
开心果	6.0	13.5	9.0	16.0	21.0
大麦	242.3	294.0	154.7	277.0	380.0
油菜籽	14.2	19.8	19.7	17.4	19.5

资料来源：数据门户 IndexMundi，https：//www.indexmundi.com/。由于统计渠道的差异，部分数据与伊朗官方统计数据或国际粮农组织统计数据有出入。由于其他渠道统计数据公布不完整，因此采用此数据以示部分农作物产量的发展趋势。

三　主要农作物产品及其产量

谷类作物是伊朗最为重要的农作物。大约 85.5% 的在耕地用于种植谷物，尤其是小麦、大麦和大米。[⑤] 其中又以小麦为主，占谷物总产量的

---

① "FAO Sees Iran's Wheat Output Falling by 2m Tons in 2017," *Tehran Times*, March 12, 2017, http://www.tehrantimes.com/news/411854/FAO-sees-Iran-s-wheat-output-falling-by-2m-tons-in-2017.

② "Iran's Annual Agricultural Output to Rise to 117 Million Tons," *Tehran Times*, August 24 2016, http://www.tehrantimes.com/news/405717/Iran-s-annual-agricultural-output-to-rise-to-117-million-tons.

③ "Annual Agricultural Output Rises by 10m Tons," *Tehran Times*, April 5, 2017, http://www.tehrantimes.com/news/412338/Annual-agricultural-output-rises-by-10m-tons.

④ "Agricultural Exports Fetch Iran $5.7 Billion," *Tehran Times*, May 3, 2017, http://www.tehrantimes.com/news/413134/Agricultural-exports-fetch-Iran-5-7-billion.

⑤ Glenn E. Curtis, Eric Hooglund (eds.), *Iran: A Country Study*, Washington, DC: Library of Congress, Federal Research Division, 2008, p. 169.

65％左右。[①] 小麦主要种植于西部和西北部，水稻种植局限于里海沿岸等
降水充沛的地区。其他主要作物有开心果、甜菜、甘蔗、籽棉、土豆、豆
类、茶叶、番茄、藏红花、洋葱、茶叶、大麻、烟草、蔬菜、饲料植物
（苜蓿和三叶草）、杏仁、核桃以及包括孜然和漆树在内的香料等。伊朗
是世界上最大的藏红花、开心果、蜂蜜和浆果生产国，也是第二大枣生产
国（伊朗主要农作物产量及世界排名情况见表Ⅲ-8-3）。

表Ⅲ-8-3　　　　2018 年伊朗主要农产品产量及其世界排名

农产品	产量（万吨）	世界排名（名）
小麦	1450	13
甘蔗	810	
番茄	650	6
土豆	530	13
甜菜	490	13
西瓜	410	2
大麦	280	16
苹果	250	5
洋葱	240	5
黄瓜	220	2
葡萄	200	10
橙子	180	10
香瓜	170	3
枣椰	120	3
茄子	66.6	5
桃子	64.5	7
开心果	55.1	1
胡桃	40.9	3

---

① "Robust Agro Sector Builds into National Security, Rouhani Says," *Tehran Times*, December
12, 2016, http://www.tehrantimes.com/news/409064/Robust-agro-sector-builds-into-national-security-
Rouhani-says.

续表

农产品	产量（万吨）	世界排名（名）
杏子	34.2	3
李子	31.3	5
猕猴桃	26.6	4
杏仁	13.9	3
茶叶	10.9	8
柑橘	7.6	4
大米	200	
玉米	130	
莴苣	52.5	
柠檬	44.5	
胡萝卜	33.7	
黄豆	28.5	
鹰嘴豆	22.1	
大豆	21.0	
南瓜	15.4	
梨	15.3	
樱桃	13.7	

资料来源：参见维基百科词条"Agriculture in Iran," https://en.wikipedia.org/wiki/Agriculture_in_Iran。

四 粮食安全[①]问题

自伊斯兰革命以来，大力发展农业并实现国内粮食自给和粮食安全一直是伊朗政府工作的重要内容和目标。伊朗历届政府均把农业产品的自给自足视为提升国家实力、保证国家的可持续发展、维护国家主权独立和议价权力

---

① 根据联合国国际粮农组织的规定，粮食安全即是当所有人在所有时间，拥有物理、社会和经济手段而获得可以满足他们日常需求的足够的、安全的和有营养的食品，并且食品偏好一种积极、健康的生活。从粮食数量上看，国际粮农组织对粮食安全提出三个标准，包括：（1）粮食生产上的安全，即国家粮食的自给率必须努力达到95%以上；（2）粮食消费上的安全，即人均粮食应达到400公斤；（3）粮食流通上的安全，即粮食储备（粮食库存）应达到本年度粮食消费的18%，14%为警戒线，低于14%为粮食紧急状态。

的重要基础，因此对农业生产高度重视。伊朗政府一方面通过提高国内农业产量以降低对国外资源的依赖程度，实现主要农作物，包括小麦、大麦、玉米、油菜、甜菜、甘蔗等的自给；另一方面则通过提高动物蛋白摄入量的比例来改变食品消费结构，进而降低对粮食作物的依赖程度。

得益于政府执行的粮食安全战略，伊朗粮食作物产量长期保持增长，粮食自给自足的目标逐渐实现。2004 年，伊朗小麦产量达到 1400 万吨，自给有余，结束了持续 45 年的小麦进口；2011 年，伊朗官方宣称粮食安全和自给率达到 92%。① 自鲁哈尼执政以来，由于国际制裁的影响，政府更加坚定地执行战略性农产品自给自足的策略。2016 年，伊朗官方宣称在第五个五年发展计划（2011—2016 年）末期，已经实现基本作物的自给自足。2016 年伊朗谷物总产量为 2030 万吨，同比增长高达 12%；其中，小麦产量为 1350 万吨，大米为 290 万吨，其他谷物为 390 万吨。②

作为伊朗最重要的粮食作物，小麦的自给自足是伊朗政府长期以来所致力的目标。由于 1999—2001 年干旱的严重影响，伊朗政府对灌溉系统的发展促进了灌溉小麦种植面积的增长，同时也提升了小麦的单位面积产量。1999 年政府启动小麦自给自足战略，通过采取投入补贴、改良种子、机械化和农民培训之类的举措来提高小麦产量。与此同时，伊朗政府长期采取对小麦进口的限制措施，以鼓励国内小麦的种植。据国际粮农组织统计，伊朗 1999 年为全球第 16 大小麦生产国，2004 年伊朗自伊斯兰革命后首次实现小麦自给，到 2012 年则成为全球第 12 大小麦生产国。2016 年伊朗政府几乎全年冻结小麦进口，鼓励国内小麦种植，小麦在此背景下获得丰收，政府向农民、农场主收购的小麦超过 1150 万吨。③

与此同时，为促进国内大米生产，伊朗政府采取的重要措施就是提高大米进口关税，以限制大米进口和保证国内米农的生产积极性。2015 年

---

① 冀开运主编：《伊朗农业发展现状与前景》，《伊朗发展报告 2015—2016》，社会科学文献出版社 2016 年版，第 96 页。

② "FAO Sees Iran's Wheat Output Falling by 2m Tons in 2017," *Tehran Times*, March 12, 2017, http：//www.tehrantimes.com/news/411854/FAO-sees-Iran-s-wheat-output-falling-by-2m-tons-in-2017.

③ "Robust Agro Sector Builds into National Security, Rouhani Says," *Tehran Times*, December 12, 2016, http：//www.tehrantimes.com/news/409064/Robust-agro-sector-builds-into-national-security-Rouhani-says.

伊朗大米产量为 175 万吨；国际粮农组织数据显示，伊朗 2016 年大米产量为 290 万吨；如果以人均年消费 37 千克大米计算，伊朗年均大米需求约为 300 万吨。① 由此可见，伊朗在 2016 年已基本实现大米的自足。

膳食能量供给指标是国际粮农组织判断食品安全的重要指数，亦能综合反映一国食品安全问题。近年来，伊朗平均膳食能量供给的充足性呈较快增长趋势。其主要原因一方面在于伊朗民众饮食结构的改变，畜牧家禽类食物的比重逐渐提高；而另一方面则是由于此间伊朗粮食作物产量的增加。自 20 世纪 90 年代以来，伊朗遭受饥饿的人数稳步减少。国际粮食政策研究所（IFPRI）衡量的全球饥饿指数（GHI）显示出稳定和令人鼓舞的下降趋势。伊朗现在饥饿指数低于 5，远小于 20 世纪 90 年代的 8.5；在中东，伊朗的饥饿指数下降幅度最大。②

尽管在过去 40 多年中，伊朗粮食安全取得长足进步，但仍面临一定的威胁。一方面，伊朗粮食作物生产的增长速度与其需求量的增长速度仍有一定的差距。因此，国际粮农组织预测，伊朗的谷物储备将在 2017 年后呈下降趋势。这意味着伊朗粮食安全问题仍将面临长期挑战。在个人层面上，伊朗正经历营养转型，遭受饥饿的人数显著下降，但饮食趋势的变化导致营养不良和肥胖的比率上升。如今，伊朗 55% 的女性和 38% 的男性被认为肥胖或超重，形成重大的公共卫生问题。③ 此外，伊朗对国际贸易的依赖增加了它对外部动荡的脆弱性，尤其是国际制裁限制了伊朗的石油收入，加剧了国内通货膨胀，影响了伊朗民众获得粮食的机会及其负担能力。

为巩固粮食安全，伊朗政府仍需进一步振兴农业，提高农业投资与技术，增加改良品种使用率，丰富管理经验；完善粮食政策，减少营养过度的负面影响，提高对食物浪费和健康饮食的认识；深化经济改革，降低对能源补贴的依赖，稳定金融市场；努力改善自身的国际环境，避免国际制

---

① "Annual Rice Output in Iran Anticipated to Reach 2.2m Tons," *Tehran Times*, September 22, 2016, http：//www. tehrantimes. com/news/406591/Annual-rice-output-in-Iran-anticipated-to-reach-2-2m-tons.

② Soazic Heslot, *Iran's Food Security*, https：//www. futuredirections. org. au/publication/iran-s-food-security/.

③ Soazic Heslot, *Iran's Food Security*, https：//www. futuredirections. org. au/publication/iran-s-food-security/.

裁对农业部门的影响，引进外部投资发展农业，进而从整体上降低粮食安全的脆弱性。

第四节　中国与伊朗农业合作之现状与前景

一　中伊农业合作的历史回顾

中国与伊朗的物质文明交往源远流长、成果丰硕，而农业交往则是其中的重要内容。早在"凿空之旅"以前，华夏地区与伊朗高原的物质交往已经开始。在中国仰韶遗址和伊朗中部锡亚勒克遗址考古中发现的一些相似性，显示出黄河流域和伊朗高原的人类在前 4000 年就已有物质交往。丝绸也很早便从中国传入伊朗。成书于约前 591 年的《旧约·以西结书》两次提及"meshi"一词，有学者认为该词就是"丝绸"，进而认为当时中国的"丝绸"或已传至米底王朝统治境内。希罗多德在《历史》中说，波斯人"身着米底人的服饰"[1]，亦有学者认为其面料正是后来被希腊人称为"赛里斯"（Seres）的中国丝绸。[2]

西汉武帝年间西域凿空之后，中国和波斯正式建立起外交关系和商业关系。伊朗位于欧亚大陆十字路口，在古代丝绸之路上占有重要地位，陆上丝绸之路与海上丝绸之路交汇于此。陆上丝路在中国境外的中段基本处于古代伊朗地区，是经陆路由中国至地中海周边的必经之地。

它位于厄尔布尔士山脉与卡维尔沙漠[3]之间，路途笔直而便捷。自木鹿西行经番兜（《后汉书》称和椟，希腊人称为"百门"之城，即海克桐皮罗斯，今达姆甘附近）[4]、拉蓋（今德黑兰附近）、阿蛮（安息王的夏都艾克巴塔那，今哈马丹），至太西丰（底格里斯河左岸的安息王冬都，又称斯宾国，今巴格达东南二十英里）和塞琉西亚

---

① 希罗多德：《历史》，徐松岩译，中信出版社 2013 年版，第 70 页。

② 以上观点具有一定的可信度。亚里士多德曾提及希腊妇女身着丝织服饰，据此可推出丝绸传至伊朗地区的时期将更早。

③ 此沙漠位于伊朗高原中部，波斯语中卡维尔即意为"盐沼"。

④ 据余太山所言，番兜应为 Parthava 或 Parthia 之音译，汉人误以此地区名为城市名。和椟则是希腊语 Hekatompylos 之略译，为安息早期都城（参见余太山《安息与乌弋山离考》，《敦煌学辑刊》1991 年第 2 期）。

（底格里斯河右岸的希腊商业城市，又称斯罗国）。[①]

伊朗同样也是海上丝路沿线的重要国家，位于霍尔木兹海峡口的阿巴斯港是当时印度洋航线上的重要港口，波斯人则是海上丝路贸易的重要参与者。

由于其重要的地理位置，伊朗在古代丝绸之路上扮演着重要角色，成为中国商品输往地中海、欧洲的枢纽。有学者认为，波斯语一度是从北京到威尼斯的丝绸之路上的通用语言。[②] 波斯人在丝路贸易中极为活跃，丝路沿线多处考古发现的波斯银币便是极好的证明。

古代中伊双方在丝路上的交往形式多样，内容丰富。正如扎比胡拉·萨法所言，自丝绸之路开通之后，"形形色色的货物，甚至水果都通过这条通道进行贸易。伊朗的石榴、马匹，巴比伦的骆驼都运到了中国。中国的水果，如桃、杏等运到了伊朗。在漫长的历史时期内，文化艺术也通过这条大道进行了交流。"[③]《太平广记》将波斯商人称为"波斯胡"，大量记载了当时定居长安的波斯商人及其经营的珠宝、香料商贸活动。中国的大量物产和技艺传入波斯，影响甚大。如中国蚕桑技术在5—6世纪传至波斯，而波斯则利用中国的生丝生产所谓的"波斯锦"（Zarbar）并通过丝路贸易出口中国。

古代丝绸之路上的中伊农业交往突出体现于物种的交流上。据劳费尔的研究，伊朗传至中国的农业物种包括苜蓿、葡萄树、阿月浑子、胡桃、安石榴、胡麻、亚麻、胡蒜、胡葱、胡瓜、豌豆、红花、胡椒、枣椰树、菠菜、蓖麻、巴旦杏、无花果、胡萝卜、香料（苏合香、没药、青木香、安息香……）等；而从中国传至伊朗的农业物种则包括方竹、丝绸、桃、杏、肉桂、姜、黄连、檀香、茶、桦树等。[④]

古代丝绸之路对沿线各地区各民族的关系及其经济社会的发展产生了

① 夏秀瑞、孙玉琴：《中国对外贸易史》（第一册），对外经济贸易大学出版社2001年版，第15页。

② 阿里·玛扎海里：《丝绸之路——中国—波斯文化交流史》，耿昇译，新疆人民出版社2006年版，第6页。

③ ［伊朗］扎比胡拉·萨法：《伊朗文化及其对世界的影响》，张鸿年译，商务印书馆2011年版，第16页。

④ ［美］劳费尔：《中国伊朗编》，林筠因译，商务印书馆2015年版。

重大影响，而伊朗则依靠其得天独厚的优势成为沿线的重要国家之一，中伊两国古代的农业交往成果丰硕。然而，随着时间的推移，政治经济变迁、民族迁徙与冲突、近代科学技术的发展、西方势力的崛起等诸多因素，尤其是大航海时代以来海上贸易的发展，丝路作为国际贸易通道的重要性逐渐下降。到 19 世纪中叶后，俄国逐渐占据中亚地区，一度繁荣的陆上丝路贸易逐渐埋没在黄沙之中。伊朗国王纳迪尔·汗向乾隆皇帝派遣的使节，则成为伊朗与中国经古代丝绸之路开展官方交往的绝唱。近代以来，中伊两国均面临着严峻的民族危机，致力于国家主权独立的同时，也努力加强自身的现代化建设。然而，正是由于两国政府关注焦点集中于国内问题，加之复杂的国家环境，这一时期两国之间的交往暗淡，农业合作近于停滞。

二　中伊农业合作的进展

新世纪以来，中伊两国的农业合作稳步推进，"一带一路"倡议提出之后，两国农业合作更是快速发展。其背景一是在于两国之间农业领域的互补特征[1]及农业合作的潜在需求；二是在于双方整体外交关系的发展及两国政府对推进农业对外合作的积极态度。

农业是伊朗的基础产业和民心产业，在通过粮食安全保障经济独立的国家战略中具有极其重要的地位。因此，伊朗伊斯兰共和国政府长期关注农业生产，具有开展农业对外合作的强烈经济诉求，进而积极支持与中国的农业合作。一方面，伊朗农业部拟定与中国在农业技术领域的诸多合作项目，主要包括杀虫剂、农业机械化、果品包装、水果改良和干果生产、中草药与蘑菇生产与包装、水产品改良、土豆改良、稻秆与蔗渣造纸、农副产品加工等。另一方面，中国政府自改革开放以来一直致力于推进农业对外开放合作，2010 年后更是多次提出统筹利用国际国内两个市场、两种资源，构建农业对外开放合作的新格局。2013 年，中方提出"一带一路"倡议，伊朗方面积极响应；2016 年初，中伊两国元首宣布建立全面战略伙伴关系，又为双方合作注入新的动力。近年来，随着中国国际影响力的提升，农业成为国家外交与国际合作的重要内容。2017 年，中国农业部、发

---

① 谷秋锋、杨兴礼、郭巧梅：《中国—伊朗农产品贸易互补性分析》，《贵州农业科学》2011 年第 3 期；张超阳：《中国和伊朗农业合作研究》，硕士学位论文，西南大学，2006 年。

展和改革委员会、商务部和外交部四部委联合发布《共同推进"一带一路"建设农业合作的愿景与行动》，提出"政策协同、市场运作、绿色共享、互利合作"的原则，明确"加强政府间双边合作、强化多边合作机制作用、发挥重大会议论坛平台作用、共建境外农业合作园区"的机制。

农业领域的对外交往随着国家层面一系列举措的出台而进一步拓展，中伊两国政府部门亦在此宏观指导下频繁会晤、协商，就农业合作达成诸多共识，共同努力搭建农业合作的机制与平台，稳步推进两国在农业投资、农业技术、农产品贸易等方面的合作。

2012 年 8 月，中伊两国农业部就加强农业科技领域的合作交换意见，建议通过研讨会、技术培训班、科研人员互访和互派留学生等方式，促进双方在分子生物学、畜牧兽医学、农业机械、旱作及节水农业等方面开展合作研究和信息交流，推动两国在农业技术应用方面的共同进步和发展。[①] 2014 年 5 月，两国农业部在德黑兰举行双边会谈，签署《中伊关于加强农业合作的谅解备忘录》，并就具体合作达成共识。双方一致认为：应充分发挥中伊农业联委会的作用，加强两国农业科技人员、高级管理人员、农业专家和学者往来；加强双方在畜牧业、种植业、渔业、农药、化肥及农机具等领域的合作；开展种子资源交换和技术交流。[②] 同年 6 月，中国农业部与伊朗伊斯兰议会农业委员会就加强中伊农业合作交换意见，并一致认为中伊农业合作是中伊合作的重要组成部分，在"一带一路"建设框架下推进中伊农业合作为两国的农业发展提供了难得的机遇，为此双方需要在五个方面共同努力：一是继续加强农业高层互访，充分发挥中伊农业联委会的重要作用；二是认真落实中伊农业合作备忘录，重点推进畜牧、种植、渔、农机、农药、化肥等领域合作；三是促进农业投资；四是加强农业能力建设，扩大人力资源与培训合作；五是推动中伊农产品贸易健康快速发展。[③] 2015 年 1 月，中伊两国农业部签署《中伊农业合作谅

---

① 《李家洋会见伊朗农业官员和澳大利亚农业科技专家》，中华人民共和国农业农村部，2012 年 8 月 16 日，http://www.moa.gov.cn/xw/zwdt/201208/t20120816_ 2827687.htm。

② 《农业部副部长牛盾会见伊朗农业圣战部部长霍加迪》，中华人民共和国农业农村部，2014 年 5 月 14 日，http://www.moa.gov.cn/xw/zwdt/201405/t20140514_ 3903661.htm。

③ 《农业部副部长牛盾会见伊朗伊斯兰议会农业委员会主任诺瑞》，中华人民共和国农业农村部，2014 年 6 月 5 日，http://www.moa.gov.cn/xw/zwdt/201406/t20140604_ 3926692.htm。

解备忘录》，在"一带一路"建设框架下推进四个领域的合作：一是加强高层往来和人员互访，充分发挥中伊双边农业联委会机制作用；二是促进中伊农业投资合作，推动农产品贸易快速发展；三是开拓渔业合作新领域；四是加强能力建设，深化双边农业技术合作。① 2016 年 9 月，两国农业部就全面深化双边农业合作交换意见，双方高度评价近年来中伊农业合作的成绩，特别是在完善合作机制、促进科技与人员交流、粮食安全合作与投资合作等方面取得了快速发展，同意尽早签署《中伊关于推进"一带一路"建设农业合作的协议》，并在此框架下深化两国农业投资与贸易合作，推动中国企业参与伊朗农业建设与发展，促进双边贸易惠及两国人民。② 2018 年 2 月，中伊两国驻国际粮农组织代表就加强双方互动和友好合作进行协商。伊方希望与中方就两个重点领域展开合作：一是农业水资源短缺以及土地荒漠化等问题；二是全球重要农业文化遗产。经讨论，双方同意在"一带一路"倡议和南南合作框架下开展有关节水农业的合作。③ 2019 年 7 月，两国农业部官员再度会晤，商讨扩大双边农业领域的交往，聚焦于机制建设、农业贸易、农业科技、乡村发展、农产品准入以及与国际粮农组织开展南南合作等议题，强调利用两国的潜力推进中伊农业合作新战略的实施，提出用好现有机制平台、拓展合作成效、开展"一带一路"框架下农业合作等建议。④ 2020 年 1 月，伊朗农业部官员与中国驻德黑兰大使讨论扩大农业交往。伊朗方面表示"两国在农业合作方面有着悠久的历史，它们需要在过去的经验基础上，找出当前的障碍，以便在该领域发展合作"，呼吁进一步加强与中国的相互合作。⑤

---

① 《韩长赋会见伊朗农业部部长霍加迪》，中华人民共和国农业农村部，2015 年 1 月 19 日，http：//www. moa. gov. cn/xw/zwdt/201501/t20150119_ 4341595. htm。

② 《韩长赋访问伊朗并与伊农业圣战部部长霍加迪举行会谈》，中华人民共和国农业农村部，2016 年 9 月 26 日，http：//www. moa. gov. cn/xw/zwdt/201609/t20160926_ 5286482. htm。

③ 《我处会见伊朗粮代处大使 Mohammad Hossein Emadi》，中华人民共和国农业农村部，2018 年 2 月 22 日，http：//www. cnafun. moa. gov. cn/news/ldcxw/201802/t20180227_ 6137550. html。

④ 《韩长赋会见伊朗农业圣战部部长霍贾提》，中华人民共和国农业农村部，2019 年 7 月 26 日，http：//www. gjs. moa. gov. cn/dsbhz/201908/t20190815_ 6322650. htm；"Iran, China Explore Avenues of Agricultural Co-op," *Tehran Times*, July 26, 2019, https：//www. tehrantimes. com/news/438572/Iran-China-explore-avenues-of-agricultural-co-op.

⑤ "Iran, China to Boost Agricultural Cooperation," *Tehran Times*, January 8, 2020, https：//www. tehrantimes. com/news/443940/Iran-China-to-boost-agricultural-cooperation.

　　中伊两国政府部门的频繁会谈，表明双方对拓展深化双边农业合作的积极态度，推动两国农业合作机制和平台的不断完善，更有助于双方农业合作实践成果的稳步扩大。2015 年，中伊两国农业部联合主办"中国—伊朗农业投资经贸合作洽谈会"，为中伊双方企业提供农业投资、贸易和经济合作磋商的机会，促进双方寻找合作伙伴、探讨合作方式、拓展合作内容、提升合作水平。来自伊朗和中国的百余名企业家代表出席了本次洽谈会，领域涵盖农产品贸易、水产养殖、远洋渔业、农渔产品加工、农业机械、化肥和农药等诸多内容。[1] 2015—2016 年，中国组织"发展中国家资源高效利用型植物工厂技术培训班""国内植物工厂技术培训班""设施栽培补光技术研讨会"等系列活动，培训包括伊朗在内的其他国家农业技术人员，促进中国日光温室、膜下滴灌、基因改良等先进农业技术在伊朗的推广使用。2019 年 10 月，伊朗农业科研教育和推广组织[2]与中国云南省农业科学院签署农业领域合作谅解备忘录，双方将进一步加强以应用为导向的农业科学合作研究，共同致力于提升双方科技创新水平和农业生产潜力。根据所签订的备忘录，双方在共建农业科技联合研究中心（实验室、试验站、示范区），围绕双方共同感兴趣的内容开展联合研究，共同举办培训班、研讨会、国际会议等学术活动，进行科技人员、研究生的交换，进行科学研究资料、出版著作和信息的交换等方面达成共识，将在备忘录框架下开展作物生产技术、植物保护、采后处理技术、生物技术发展等方面的合作研究。[3]

　　近年来，中伊双方农产品与农业生产设备贸易也取得明显进展。双方的农产品贸易互有往来，具有明显的产品互补特征，而农业生产设备则多是中国向伊朗的单方面出口，且近年来出口规模明显增长。2004 年至2016 年，中国向伊朗出口烟草和人造烟草替代品贸易额由约 178 万美元增长至 269 万美元，蔬菜水果和坚果制品贸易额从约 203 万美元增长至

---

　　① 《中国—伊朗农业投资经贸合作洽谈会召开》，中华人民共和国农业农村部，2015 年 1 月 20 日，http：//www. moa. gov. cn/xw/zwdt/201501/t20150120_ 4342965. htm。

　　② 该组织隶属于伊朗农业部，负责农业领域的研究、教育和推广，注重高科技的应用与农业综合发展。

　　③ 《云南省农业科学院与伊朗农业科学院签订农业科技合作谅解备忘录》，云南省农业科学院，2019 年 10 月 25 日，http：//www. yaas. org. cn/view/front. article. articleView/48317/6/290. html。

338 万美元，油菜籽及水果贸易额更是从约 180 万美元增长至约 20638 万美元；伊朗向中国出口的咖啡、茶与香料贸易额从近 15 万美元增长至约 361 万美元，可食用水果和坚果类贸易额则从 1518 万美元增长至 2250 万美元（见表Ⅲ－8－4）。2009 年至 2019 年，中国出口伊朗化肥的贸易额从约 6336 万美元增长至 19369 万美元，播种机与移植机等设备贸易额从近 70 万美元增长至约 1464 万美元，联合收割机贸易额则从约 504 万美元增长至 6431 万美元（见表Ⅲ－8－5）。

表Ⅲ－8－4　　　中国与伊朗部分农产品类型的双边贸易情况　　　　（美元）

农产品分类	2004		2008		2012		2016	
	中国出口额	伊朗出口额	中国出口额	伊朗出口额	中国出口额	伊朗出口额	中国出口额	伊朗出口额
HS2002_07 可食用蔬菜和根茎	505272		11315231	5496	8434739		6288831	
HS2002_08 可食用的水果和坚果；柑橘类水果或甜瓜的皮	60316	15182036	7233052	40175875	3979159	35573774	99787	22500287
HS2002_09 咖啡，茶和香料	1486767	152622	4166795	67355	16257223	557589	12387425	3609560
HS2002_10 谷物					10780		55575	
HS2002_12 油籽及含油水果	1809181	16814	11563271	261863	26909591	133073	206380672	220641
HS2002_18 可可及可可制品	109440		129011	3360	368388		82875	17000
HS2002_20 蔬菜、水果及坚果制品	2029048	2723	17266124	69141	152848	33847436	33847436	499556

续表

农产品分类	2004		2008		2012		2016	
	中国出口额	伊朗出口额	中国出口额	伊朗出口额	中国出口额	伊朗出口额	中国出口额	伊朗出口额
HS2002_24 烟草和烟草替代品	1783469		1421675		5662686		26940403	

资料来源：UN Comtrade Database，https://comtrade.un.org/data/.

表Ⅲ-8-5　　中国出口伊朗化肥、播种机械与收割机械贸易额　　（美元）

产品类型	2009	2011	2013	2015	2017	2019
化肥	63367735	74256672	161054458	2621190	104838827	193693057
播种机、移植机	195	696485	556264	460491	3120296	14638913
联合收割机	1922625	5048023	16269547	2231317	35389557	64306604

资料来源：UN Comtrade Database，https://comtrade.un.org/data/.

三　中伊农业合作的不足与发展前景

近年来中国与伊朗农业合作取得明显发展，得益于双方各自在农业领域的比较优势。由于自然环境、资金技术等条件的限制，伊朗大量可耕地未开发利用、大量贫瘠荒地有待开垦，且种植技术相对落后，其农业经济仍存在巨大的发展空间和潜力；而中国在农业科学技术、物资装备、人才储备与发展经营方面具有优势，两国在农产品生产、加工、仓储物流、销售的产业链中可实现高度契合。这种比较优势在一定时间内仍将持续存在，这为两国农业合作的进一步发展奠定了基础。在"一带一路"倡议下，开展对外农业合作是对"一带一路"建设的丰富与支撑，不仅有助于中国自身的经济增长和粮食安全，还对伊朗的经济社会发展具有积极意义。农业技能培训与农业技术推广等形式的农业合作为广大农户带来福利，有助于伊朗与中国的民心相通和政治互信。此外，中国已明确农业对外援助为国家对外合作的重要内容。在伊朗长期面临制裁的背景之下，资金与物资支持、技术与规划指导等多种方式的农业援助无疑对伊朗经济稳定和发展具有重要意义，且可彰显中国外交的人道主义。显然，深化双边农业合作无疑是两国的共同利益所在。

虽然近年来中伊两国政府就农业合作表达出积极态度且稳步推进相关举措,但两国之间的农业合作仍有诸多不足之处。这实际上也为两国未来进一步深化农业合作提供了发展空间。

在宏观上,中伊两国可进一步共同探索,推动双方农业合作的扩展。其一,完善农业对外合作的战略布局,统筹农产品进出口,加快形成农业对外贸易与国内发展相互促进的政策体系;其二,加大农产品出口支持力度,实施特色农产品出口提升行动,扩大高附加值农产品出口;其三,加强农业投资、贸易、科技、检疫等方面,以及农产品加工、储运、贸易等环节的合作,建立境外农产品生产基地和加工的仓储物流设施;其四,创建良好的农产品国际贸易环境,改善农产品贸易过境管理;其五,积极参与国际农产品贸易规则和标准的制定工作,尤其是推动农产品标准互认。

在细分领域,中伊农业合作也可在以下诸方面进行充分拓展:

1. 拓展农业投资合作,推动两国农业双向投资。发挥中伊两国农业比较优势,加大农业基础设施和生产、加工、储运、流通等全产业链环节投资,推进关键项目落地;提升两国农业企业跨国合作水平,采取多种方式提升企业跨国投资能力和水平,促进两国涉农企业互利合作、共同发展;鼓励中资企业在伊朗采取租赁、承包、联合开发土地,通过土地入股、土地租赁、种植养殖协议等多元模式,建立政府间、企业间的合作机制,合作开发伊朗境内土地资源,实现海外农业开发,大力发展粮食种植、农畜饲养等产业;鼓励和协助中国企业并购伊朗农场、农业企业、农产品贸易公司、农产品加工企业,扶持农业合作项目,积极促进伊朗农业资源的联合开发投资;选取吉兰、马赞德兰、胡齐斯坦、呼罗珊、阿塞拜疆等重点区域,集中两国资金、人才、产业、装备、信息等优势,建设以高科技为支持、以绿色有机为特色的农业园区,依托园区开展农业研发、农业科技成果转化、绿色农业推广、农业产业规模化经营等,形成产业集群和平台带动效用。

2. 强化农业科技交流合作。突出科技合作先导地位,多渠道加强两国间的知识分享、技术转移、信息沟通和人员交流;结合各自需求并综合考虑国际农业科技合作总体布局,共建国际联合实验室、技术试验示范基地和科技示范园区,开展动植物疫病疫情防控、种质资源交换、共同研发和成果示范,促进品种、技术和产品合作交流;共建"一带一路"农业合作公共信息服务平台、技术咨询服务体系、高端智库和培训基地，推动区域农业物联网技术发展，提升"一带一路"沿线国家农业综合发展能力；加强农产品深加工合作，充分发挥伊朗农产品种类丰富，但受限于资金和技术的缺乏，而中国在农业品深加工领域具有丰富经验和先进技术的比较优势。

3. 探索农业金融合作。伊朗政府对农业尤为重视，但近年来，由于遭受制裁和油价下跌，国内通胀严重，政府财政紧张，积极引进外资投资农业发展无疑是伊朗方面的有益选择。目前，受限于伊朗遭受经济制裁的不利外部环境，中国与伊朗展开合作的金融机构仅限于昆仑银行。① 中伊农业金融领域的合作形式相对单一、规模相对较小。中国可借助亚投行等金融机构引导资金注入伊朗农业开发，探索安全的金融输出途径，换取伊朗农产品、土地开发权、农业企业股份、园区经营权等，深度参与伊朗农业发展。

4. 探索"政府—企业—科研机构"三位一体的农业合作平台，完善与深化中伊农业合作机制。中伊双方可通过协商，建立多级农业合作协调机制，加强农业发展战略和政策的交流沟通；促进民间合作平台，鼓励双方企业间的技术合作、生产合作与产品贸易；推动双边科研机构在农业技术领域的学术合作，以及学术成果的生产转化。

5. 优化农产品贸易合作。推动共建农产品贸易通道，提升贸易便利化水平，扩大贸易规模，拓展贸易范围；建设多元农产品贸易渠道，发展农产品跨境电子商务；加强两国国家农产品检验检疫合作交流，共建安全、高效、便捷的农产品检验检疫监管措施和农产品质量安全追溯系统，共同规范农产品市场行为。

尽管中伊农业合作存在扩展与深化的巨大空间，但同时也面临着一些障碍。在宏观层面，两国农业合作最重要的潜在隐患在于伊朗所面临的错综复杂的国际环境。伊朗与美国关系长期紧张，且与诸多逊尼派阿拉伯国家关系脆弱，甚至长期敌对。伊朗所面临的这种环境，导致中国在与伊朗推进农业合作之时，需要衡量复杂的国际环境与自身利益。在实践层面，

① "China's Bank of Kunlun Starts Operation in Iran," *Tehran Times*, June 7, 2019, https：//www. tehrantimes. com/news/436652/China-s-Bank-of-Kunlun-starts-operation-in-Iran.

中伊两国的农业合作的拓展亦受到诸多限制，其一，认识不足。由于农业经济长周期、低回报的特征，尽管政府重视，但社会媒体与企业对此并不重视。其二，经验欠缺。中国国内农业企业参与海外投资的时间短，经验欠缺，对伊朗农业生产及其相关的气候、土壤等环境因素，以及伊朗投资环境、经济制度与法律规范也缺乏充分的了解。其三，农业投资环境的挑战。农业与生态环境及社会文化紧密相关，农业投资不可避免地面临着对象国保护生态环境与农业文化的要求，进而增加成本和周期，也往往面临着劳工问题和社会文化融入等问题。

综上所述，农业合作符合中伊两国的利益，且在未来具有充分的发展空间，但同时也面临着一些不利的因素。如何克服困难，拓展与深化双边农业合作，是中伊两国各界的共同议题。

第九章　中国与伊朗能源合作

　　能源是工业的"血液"和世界经济的"命脉"，能源领域是中伊两国务实合作的重点领域，而能源合作在"一带一路"倡议中发挥着重要作用。随着中国发展进程的深入、强劲的工业增长以及不断提升的国民生活水平，中国对能源的需求不断加深。同时，能源也是关系到中国经济全局的重大战略问题，全面分析能源形势，研究能源难题，把握能源发展战略和对策，为促进中国经济发展做出独特贡献。伊朗作为世界上石油储量居第四位和世界天然气储量居第二位的能源大国，拥有丰富的能源储备及生产和出口能力，是中国在中东地区开展能源合作的重要伙伴。伊朗作为"能源丝绸之路"上处于枢纽地位的国家，对寻求摆脱"马六甲困境"的中国来说，具有潜在的意义。中伊两国积极开展能源合作，是"一带一路"倡议的重要领域和先行产业，中国将秉承"共商、共建、共享"理念，积极推动打造与伊朗开放包容的能源合作利益共同体。

第一节　中伊能源合作的背景

　　自 1993 年起，中国开始由石油出口国变为石油净进口国，石油缺口不断增大。保证能源安全流通的唯一方法就是，通过购买生产国的股权或长期供应合同来对石油和天然气进行实际控制。制定能源政策和战略，包括能源开发与投资和能源进出口政策，保障国内市场供应，并最大限度地逐步建立完备的国家石油储备制度。同时，通过现汇购买或"走出去"战略购买国外油田股权，从事勘探开发，获得份额油。

一　中国的能源状况及能源瓶颈逐渐突出

作为最大的发展中国家，中国既是能源资源大国，也是能源生产和消费大国。人均能源储量较低，造成了供需关系的不平衡。在中国国土资源问题上，中国人的总体观念是地大物博、资源丰富。但实际上，中国的能源资源状况是总量大、人均少、结构差、效率低，距离国民经济发展和人民生活水平提高的需求仍有很大差距。妥善应对日益增长的能源需求和复杂的国际能源形势，是中国必须长期面对的战略性基础问题。中国国土资源部的资料显示，近 10 年中国原油消费量一直以年均 5.77% 的速度增长。2003 年国内石油消费为 546 桶/日，超过日本的 543 桶/日，成为仅次于美国的世界石油消费大国。中国能源研究会发布的《中国能源发展报告 2011》表明，2015 年中国石油对外依存度将超过 60%。2020 年为 7.115 亿吨，对外依存度高达 76%。同期，国内原油供应增长速度仅为 1.67%，明显滞后于需求增长。石油探明剩余可采储量为 25 亿吨，以 2004 年石油产量 1.747 亿吨计算，约可开采 14 年。国内的石油资源和产能显然不能满足这一日益扩大的供需缺口，由此产生的一个必然结果是对外依存度越来越高。这将带来诸如进口石油来源、石油运输安全、油价高、国际市场竞争等一系列石油安全供应隐患。

中国能源资源的绝对总量相当可观。根据地质勘探调查，中国常规能源包括煤炭、石油、天然气和水能探明总资源量超过 8230 亿吨标准煤，其中剩余探明可采总储量 1392 亿吨标准煤分别约占世界总量的 2.5% 和 10.1%。[①] 进入新世纪以来，中国能源勘探又取得了显著成效，探明资源储量有较大增加。中国常规能源探明总资源量超过 8450 亿吨标准煤，其中剩余探明可采总储量为 1590 亿吨标准煤，分别约占世界总量的 2.6% 和 11.5%。[②]

中国是世界上煤炭消费量最大的国家，也是唯一以煤炭为主要能源的大国。富煤、贫油、少气的能源资源特征造就了中国的能源结构与消费结构仍以煤炭为主。在 20 世纪 50 年代，煤炭消费量占能源消费总量的 93%

---

① 余建华编著：《世界能源政治与中国国际能源合作》，长春出版社 2011 年版，第 241 页。
② 林伯强主编：《中国能源发展报告 2008》，中国财政经济出版社 2008 年版，第 262 页。

以上。该比例从 20 世纪 60 年代初开始下降，1969 年下降到 83%，1979
年下降到 73%。在 20 世纪 80 年代和 90 年代的大部分时间里，煤炭消费
量的比重保持在 70%—75%。自 2000 年伊始，该比例降到了 70% 以下。
2004 年，中国用煤量约为 19 亿砘，远高于 1980 年的 6.1 亿砘、1990 年
的 11 亿砘和 2000 年的 12 亿砘。中国也是煤炭出口国，2004 年出口煤炭
8800 万砘。但与此同时，进口量也在增加，从 2000 年的 200 万吨和 2002
年的 1100 万砘增加至 2006 年的 2200 万吨。[1] 2019 年在中国一次能源消
费结构中，原煤占 68.8%，原油占 6.9%，天然气占 5.9%，水电、核
电、风电等占比为 18.4%。[2] 中国能源结构持续转型，煤炭仍然是最重要
的能源来源，但占比逐渐下降。煤炭消费比重过高、高效能源油气比重过
低的结构逐步改善。

在中国的能源结构中，煤炭消费比例高达 68%，石油消费比例在
22% 左右。风能、太阳能等清洁能源开发尚处于起步阶段。而在国际能源
消费结构中，煤炭消费仅占 18% 左右，石油消费占 40% 左右。显然，中
国的能源结构不合理。首先，过度依赖煤炭这种利用效率低、污染严重的
传统能源，不仅加剧了生态环境问题，也导致区域性污染日益严重。长期
以来，中国采用粗放型经济发展模式，以高能耗、低效率为代价发展经
济，导致能源利用率较低。其次，中国能源存储总量大，但是人均能源占
有量少，其中石油、天然气的人均储量仅占世界人均的 7.7% 和 5%。此
外，中国能源总量分布具有北多南少、西多东少的特点，资源类型分布具
有南水、北煤、西油气的特征。因此，在能源开发利用上形成了西电东
运、南粮北运、西气东输的基本格局。最后，20 世纪 90 年代以来，中国
能源需求快速增长，但是能源开发和供给无法满足消费需要，导致能源供
需矛盾日益严重。中国原油产量增长缓慢，导致国内能源供给短缺，石油
外对依存度飙升。

在新中国成立后的相当一段时间里，中国还是一个贫油国家。1949
年中国石油年产量仅 12 万吨，1952 年增长到 440 万吨，相当于今天的

① Tianshu Chu, Fereidun Fesharaki and Kang Wu, "China's Energy in Transition: Regional and Global Implications," *Asian Economic Policy Review*, Vol. 1, No. 1, May, 2006.

② 中国国家统计局能源统计司、国家能源局综合司：《中国能源统计年鉴 2020》，中国统计出版社 2020 年版，第 199 页。

1/40 左右。50 年代末 60 年代初，随着大庆油田以及华北地区的大港、胜利、辽河等一系列油田的大规模成功开发，中国摘掉了"贫油国"的帽子，石油供应逐渐由依赖国外转向国内自给。1964—1979 年，中国石油产量增长率高达 230%。1990 年中国原油产量已经达到 1.38 亿吨的规模，1995 年达到 1.5 亿吨。中国已建成完整的石油工业体系。1965 年前，中国石油还需要从苏联进口，但从 1975 年起中国已经开始向西方国家出口原油，成为石油出口国，净出口石油在 1985 年达到空前的 3540 万吨。

但是，因投资不足、探明储量增长有限、老油田自然耗减等因素，中国石油产量增长明显趋缓。自 20 世纪 90 年代初以来，中国经济的持续快速增长对能源产生了巨大的需求，1993 年开始中国成为石油净进口国，石油净进口量为 988 万吨（成品油净进口超过原油净出口），到 1996 年中国原油和成品油贸易均出现负值，成为完全意义上的石油净进口国（净进口量为 1395 万吨）。[①] 中国石油对外依存度逐年上升，中国的石油产品消耗量迅速增长，中国石油供需缺口不断扩大，成为中国经济发展的"瓶颈"。

1990 年的石油消费量是 1980 年的 2.5 倍。在 1995—2005 年的十年间中国在能源消费总量中的比重由 17.5% 升至 21%，同期在一次能源生产总量中石油比重由 16.6% 降至 12.58%。[②] 这一升一降导致供需缺口急剧扩大。2005 年，中国石油对外进口依赖度达 44%，原油对外进口依赖度已达 40%，到 2009 年，中国石油和原油对外进口依赖度分别达到 56% 和 52%。[③] 而 1996 年中国石油和原油对外进口依赖度分别只有 8% 和 1.2%。2003 年，中国能源消费总量已经位居世界第二，约占世界能源消费总量的 12.5%，仅次于美国的 23.4%。[④]

2007 年，中国在世界能源消费中的份额上升到 16.8%。总体而言，原油占中国能源消费总量的近 22%。2005—2015 年，中国原油进口量从 250 万桶/日增加至 670 万桶/日。[⑤] 根据国际能源机构（IEA）的石油市

---

① 倪健民主编：《国家能源安全报告》，人民出版社 2005 年版，第 58 页。

② 国家统计局能源统计司、国家能源局综合司：《中国能源统计年鉴 2008》，中国统计出版社 2008 年版，第 79、33 页。

③ 田春荣：《2008 年中国石油进出口状况分析》，《国际石油经济》2009 年第 3 期。

④ BP 英国石油公司：《BP 世界能源统计年鉴 2008》。

⑤ Peter Mackenzie, " A Closer Look at China-Iran Relations," *CNA Roundtable Discussion*: *China's Relations with Iran*, September, 2010.

场报告，2013 年中国的石油需求持续增长，达到 1010 万桶/日，比 2012 年增长 3%，2014 年达到 1040 万桶/日，2015 年达到 1080 万桶/日。从长期来看，2018 年和 2035 年，石油需求将分别达到 1200 万桶/日和 1560 万桶/日。预计到 2030 年左右，中国将超过美国成为最大的石油消费国。

这样看来，为了满足中国经济的快速发展对能源资源的需求，合理地解决供需问题，考虑到石油战略储备的长远利益，中国需要争取一个稳定、安全的原油进口渠道。与此同时，在经济全球化的时代，世界各国经济相互依赖不断深化，中国的能源安全与世界的能源安全紧密地联系在一起。要从根本上解决中国的能源问题，除了立足国内的能源转型策略和优化能源结构等，还必须顺应世界能源供需格局的改变，制定全球能源资源战略，能源合作理念从保障个体安全走向维护集体安全，全方位加强国际上的能源互利合作，实现开放条件下的能源安全。

二 中国"走出去"战略

要从根本上解决中国能源问题，应对能源安全带来的诸多危机，中国必须立足国内，多元发展，坚定不移地走新型工业化和能源可持续发展道路。改革开放 40 多年以来，中国在对外能源合作领域和实践中不断摸索，从"引进来、走出去"到倡导新能源安全观，与国际上开展能源合作与外交，不仅推进了中国可持续能源战略的成功实施，也给世界各国带来更大的发展机遇，为全球能源安全与稳定做出卓越的贡献。

1978 年中共十一届三中全会决定把党和国家工作重心转移到现代化经济建设上来，制定了对内改革、对外开放的战略方针，在自力更生的基础上积极发展与世界各国的互利合作关系。伴随着对外政策的全面调整，中国的对外能源合作逐渐起步。"走出去"战略是指以利用国内外两个市场、以国内外两种资源为核心，服务经济发展。① 它是全球化尤其是经济全球化推动的结果，作为一个越来越重要的能源消费国与生产国，中国必须积极参与国际能源市场，在处理好与国际能源市场的相互依赖中维护中国的能源安全，进而更好地融入经济全球化的发展浪潮。改革开放的政策为"走出去"战略提供了动力与支持。而"走出去"战略又确保了中国

---

① 刘元玲：《中国能源发展"走出去"战略探析》，《国际关系学院学报》2010 年第 1 期。

的经济安全,有效维护中国的国家利益。能源作为关系着国家经济社会发展和国防建设所必需的重要战略物资,始终是世界各国相互角逐博弈的筹码,对世界各国的发展具有重要的意义。

中国石油企业自1993年开始踏上"走出去"征程,中石油(中国石油天然气集团有限公司)先后转战委内瑞拉、苏丹、哈萨克斯坦和伊拉克等国,其获得的海外份额油田由1997年的52万吨增加到2002年的1018万吨。[①] 中海油、中石化(中国石油化工集团公司)和中化集团(中国中化集团公司)等国家石油公司也先后在中东、东南亚等地区成功迈出"走出去"步伐,取得国际化油气投资经营的一系列成就。经过十多年的披荆斩棘、艰苦奋斗,中国油气企业"走出去"战略步步推进,海外石油开发业务由小到大、由点到面,境外投资区域扩大,国际化经营业务已从最初的提高老油田采收率等技术服务和油田生产管理形成油田开发、风险勘探、工程建设、装备出口、石油贸易、油气资产收购等多项并举的局面。

总之,中国实施"走出去"战略、积极参与国际能源市场并开发国际能源,产生了多方面的影响。不仅改善了中国能源紧张的局面,而且促进了中国能源多元化的进程,保障了中国的能源安全。拓宽利用外部能源资源的途径,采取跨国能源的勘探开发,在海外建立石油等能源生产基地,通过国际贸易等方式,科学合理地利用好国内外两种石油资源。同时,中国石油企业"走出去"战略的成功实施,为中国能源海外事业发展奠定了坚实的基础,同时中国面向多元化的全方位国际能源对话与交流也逐步推进。中国在对外能源合作中表现积极,通过这种能源领域的合作也加深了中国与世界能源市场以及全球经济的相互依赖关系,在能源的开发合作中体现了中国日益强大的国际影响力,成为国际能源市场上举足轻重的重要力量。

三　伊朗国内危机

伊朗拥有丰富的石油资源,其战略地理位置横跨世界上两个极丰富的

---

① 唐昀:《大搏杀:世纪石油之争》,世界知识出版社2004年版,第218页。

石油和天然气区域——里海和波斯湾（分别占世界油气总储量的 18% 和 55%）。① 此外，它在波斯湾有很长的海岸线，其领土一直延伸到霍尔木兹海峡，每天有超过 1300 万桶石油经过。石油和天然气在伊朗国民经济中发挥着举足轻重的作用。特别是石油产业是伊朗经济的中流砥柱，石油收入占全部外汇收入的 90% 左右，石油出口收入约占伊朗出口收入总额的 80%，占政府预算的 40%—50% 和国内生产总值的 10%—20%。保障石油出口的稳定持续增长、实行石油出口的多元化，对伊朗的生存与发展具有举足轻重的意义。

1971 年 8 月，中国与伊朗建立外交关系。中国和伊朗自 20 世纪 90 年代以来一直开展石油合作和石油贸易。原本伊朗雄厚的石油和天然气储量可以在财政上维持伊朗政府和未来几年的经济恢复和发展。然而，由于两伊战争对石油基础设施的破坏和美国政府不断对伊朗实施的经济制裁，严重阻碍了伊朗的石油勘探生产和精炼能力，造成伊朗国内经济发展缓慢。

美国对伊朗的制裁是从美伊两国关系因伊朗伊斯兰革命恶化后开始的。1979 年 11 月 4 日，伊朗首都德黑兰的 4000 余名学生在霍梅尼的支持下占领了美国大使馆，扣留了 52 名美国外交官，即震惊世界的"伊朗人质危机"。从 10 日起，美国出台一系列制裁伊朗的措施，同时号召西方盟友对伊朗进行制裁，试图通过外交途径及早解决人质问题。为了迫使伊朗释放人质，卡特总统于 12 日发布第 4702 号公告，援引《贸易扩展法》第 232 条关于国家安全的规定，命令停止从伊朗进口原油以及石油制品，也禁止在美国以及在美国自由贸易区内持有伊朗石油制品，理由是对伊朗石油的严重依赖危及了美国的国家安全，并且要求美国银行冻结伊朗政府和伊朗中央银行高达 120 亿美元的存款和财产。② 1980 年，美国正式同伊朗断绝外交关系，并全面禁止伊朗和美国的贸易，禁止美国人前往伊朗或在伊朗从事投资经营和金融贸易。直至 1981 年 1 月 19 日美伊双方达成协议，持续一年多的人质危机得以解决。

1980—1988 年的两伊战争，是一场名副其实的消耗战。双方主要的

---

① 苏欣、李福泉：《中国与伊朗石油合作探析》，《西安石油大学学报》（社会科学版）2015 年第 24 卷第 3 期。

② 樊大磊等：《美伊对峙升级对世界及中国油气供给的影响》，《中国国土资源经济》2020 年第 33 卷第 5 期。

交战地点正好位于波斯湾沿岸伊朗的主要石油产地，美国及其盟国为伊拉克提供了大量军事援助，并且参与了伊拉克对伊朗油田、炼油厂、油港和油轮的重点攻击，战争使伊朗的石油工业遭到惨重损失，国民经济发展停滞，石油出口骤降。① 在伊斯兰革命领袖霍梅尼去世后，哈梅内伊在1989年6月4日被选举为新的最高领袖。面对严峻的国内形势，他提出了伊朗的当务之急是恢复经济建设和社会稳定，主要目标是要建设经济繁荣、社会公平、伊斯兰观念和具有革命精神的社会②，同时为伊朗争取一个比较宽松的国际环境来恢复和发展经济。其首要任务是修复石油生产设施和炼油厂，加快石油勘探开采进程，建设更多的石油和天然气加工厂，重新确立了把石油工业作为伊朗经济的核心支柱产业的方针。伊朗政府也迅速调整限制石油生产和出口的政策体系，努力改善与世界各国的关系，积极开展石油贸易业务，开拓国际石油市场。1989年以后，伊朗日均产油量已超过300万桶，出口量达到200万桶。尽管与1979年伊斯兰革命前每天600万桶的峰值相比，产量仍然相对较低，但是石油工业产能基本恢复到战前状态。石油工业的恢复，为伊朗恢复国民经济和战后重建提供了坚实的保障。

伊朗在1995年公布了其第二个五年计划，进一步调整经济政策，期望改善国民经济和社会发展状况。1995年1月8日，伊朗与俄罗斯达成核合作协定，俄罗斯将帮助伊朗完成在国王时期就已经开始的布什尔核电站的建设工程。两伊战争以后，大规模杀伤性武器逐渐成为中东地区安全的重大威胁。美国要想控制中东地区国家，就必须把反扩散当作美国的核心国家利益。因此美国迅速出台"双重遏制"政策，阻止了德国和法国参与布什尔核电站的重建工程，伊朗建设核电站工程也就此搁置。

1995年3月6日，伊朗政府与美国康菲（Conoco）石油公司签订了第一项高达10亿美元的回购合同，用于开发伊朗的西里（Sirri）海上石油和天然气资源。这是伊朗为了尽快发展经济，决定能源领域向外开放后的第一笔合同。但是此次与康菲石油公司的合同尚未获得美国政府的通

---

① Dilip Hiro, *The Longest War: The Iran-Iraq Military Conflict*, London; New York: Routledge, 1991, pp. 131–138.

② 邢文海、冀开运：《石油因素对两伊战争的影响》，《大庆师范学院学报》2016年第36卷第1期。

过，就被伊朗新闻媒体提前披露，这迅速引起了美国各部门的紧急商讨，克林顿总统受到了国会和共和党施加的压力，于 3 月 14 日在"紧急经济权利法案"（IEEPA）的框架下颁布第 12957 号行政命令禁止对伊朗石油领域的投资。5 月 6 日又在前一个行政命令的基础上颁发第 12959 号行政命令，宣布对伊朗实行全面贸易制裁。① 这两个行政命令的出台预示着美国新一轮制裁的到来。

1996 年 8 月美国国会通过《伊朗—利比亚制裁法案》，该法案规定外国公司或个人在伊朗油气领域的投资超过 2000 万美元将会受到严厉的制裁。通过阻碍伊朗发展和开采石油和天然气或油气运输管道相关的技术活动，来阻止伊朗发展大规模杀伤性武器的行为，也影响了伊朗的现代化进程。至此，美国对伊朗的制裁达到了顶峰，它不仅断绝了与伊朗的一切联系，严重阻碍了伊朗国内经济的恢复和健康发展，破坏了伊朗国内社会的稳定，还阻绝了世界上其他国家与伊朗进行正常的经济贸易联系。

第二节　中伊能源合作的具体项目

伊朗丰富的能源资源和战略位置使其成为世界上具有战略意义的重要大国，对中东的经济和政治格局具有重大影响。自 20 世纪 90 年代以来，中国石油公司在伊朗的投资取得了重大成就，为中国提供了更多的石油和天然气供应，并与伊朗建立了牢固的伙伴关系。

一　合作的可行性

20 世纪 90 年代，中美关系陷入危机。随着中国经济的增长，对国外寻求充足和安全的石油供应的依赖日益增加，中国的能源安全成为迫在眉睫的问题。有学者认为："确保能源安全流动的唯一途径，是通过购买石油生产国的股权或长期供应合同，对油气进行实际控制。"② 制裁使伊朗无法获得勘探这些石油和天然气储备所需的先进技术和资本，这在很大程度上限制了伊朗的石油和天然气生产。据联合国商品贸易统计数据库

---

① 王明芳：《冷战后美国的伊朗政策研究》，社会科学文献出版社 2015 年版，第 268 页。
② Susan L. Shirk, *China Fragile Superpower*, Oxford：Oxford University Press，2008，p. 137.

（UN Comtrade）数据，1990 年，伊朗共向 15 个国家出口石油，出口国主要包括欧洲、亚洲和巴西等少量的国家。其中日本是其最主要的出口国。但是在 2000 年之后，伊朗调整了油气出口多元化战略，越来越多的油气出口倾向于亚洲国家，向中国、印度、日本三国的出口量占其全部出口量的 83.73%。[①]

美国对伊朗施加强制性制裁，严格禁止各国的企业与伊朗进行贸易来往，导致欧洲、韩国和日本的企业都放弃了与伊朗关于油气资源的贸易和投资。在日本和印度明确表态顺应美国的制裁政策后，中国成为伊朗出口油气资源最可靠的合作伙伴。中国外交部明确表态，将继续在不违反自身国际义务的前提下同伊朗保持正常的石油经贸往来。[②] 中国的目标不仅仅是从伊朗购买石油，而且希望成为伊朗石油开发项目的重要合作伙伴，以保障伊朗的石油安全抵达中国。同时伊朗政府也明确表态优先与中国建立战略合作伙伴关系，并极力允许中国在伊朗能源领域进行投资。中国有能力支付油气基础设施和先进技术的费用也是伊朗恢复和发展经济所急需的。

总体而言，伊朗丰富的能源资源与中国巨大的能源市场相对应，建立中伊互补性能源战略关系，是顺理成章的。中国和伊朗能源合作具有战略互补性。中国油气资源对外依赖日益严重，长期可靠的油气资源供给关系到中国的发展安全，是中国的重大战略关切。而伊朗是全球为数不多的油气资源禀赋好、规模大、对外开放程度高的国家。因此，从伊朗进口油气资源符合中国的战略需求。伊朗的国民经济支柱是石油工业，外汇收入大多来自石油，而中国作为伊朗目前石油最大的进口国，对保障伊朗石油出口安全及国民经济安全具有重大的战略意义。伊朗在能源地缘政治方面具有优势。第一，伊朗扼守中东能源运输的咽喉要道——霍尔木兹海峡，是中亚通往印度洋的唯一通道，也是沟通里海和波斯湾两大世界级油田的桥梁。在目前石油供给仍然大幅依赖中东且以海运为主的情况下，保持霍尔

---

① 杨宇、王礼茂等：《美国对伊朗石油禁运与全球能源安全》，《地理研究》2018 年第 37 卷第 10 期。

② 《外交部发言人陆慷就美国宣布恢复对伊朗首轮单边制裁答记者问》，中国外交部，2018 年 8 月 10 日，https：//www.mfa.gov.cn/web/gjhdq_676201/gj_676203/bmz_679954/1206_680528/fyrygth_680536/201808/t20180810_9361518.shtml。

木兹海峡的畅通至关重要，而伊朗的作用显然不可替代。第二，伊朗是"丝绸之路经济带"的北、中、南、海四线的必经之路，具有较强的地域辐射优势，是中国推动开展"一带一路"能源领域的关键一环。

首先，面对日益严峻的国际环境和动荡的国内政治局势，为了抵抗美国势力的层层制裁，伊朗在制定经济发展政策时将扩大油气领域的对外合作列为重中之重，积极寻求国外市场，吸引外国投资。其次，伊朗所处的战略地理位置极其重要，伊朗是海湾、中东、南亚和中亚具有相当影响力的地区大国。中国保持和发展与伊朗的友好合作关系，对于发挥中国在地区和国际事务中的作用，维护地区的安全与稳定具有十分重要的意义。中国的油田勘探有着数十年的历史，在油气的开采方面积累了丰富的经验，同时也拥有相当可观的勘探技术和先进的基础设施。而伊朗也认为中伊合作关系将在勘探原油油田、开发新的油气项目、提供工程技术服务以及稳定老油田的合理利用等方面提供技术支持和资金保障。

由于中伊两国在油气供求方面的需要，伊朗有着丰富的油气资源和巨大的出口潜力，而中国拥有庞大的能源消费市场，中伊两国在油气领域的合作层层递进，促进了两国经贸的往来。两国的原油贸易量不断扩大对世界石油市场的参与度和影响力都将大大提高，中国的广阔市场将为伊朗发展本国油气工业提供更为广阔的平台。正如中国外交部发言人所指出的，中伊之间有正常的能源合作关系，两国的企业也是按照平等互利的原则和市场经济的操作方式在油气资源领域开展互利的商业合作的，这对当前的世界石油市场具有积极意义。因此，面对伊朗迫切改善投资环境、吸引外国投资和技术，重建石油基础设施的需求，中国逐步开始与伊朗合资参与其新油气田的勘探工作。

二　合作领域

中伊两国的石油贸易飞速发展起步于20世纪90年代。1993年，随着国际形势的变化，中国的能源对外合作事业由"引进来"逐渐转向开拓海外能源市场、实施"走出去"的战略，旨在通过多元化石油策略，利用和开发国际石油资源，规避风险，建立稳定、可靠的石油生产和供应基地。中石化（中国石油化工集团公司）、中石油（中国石油天然气股份有限公司）、中海油（中国海洋石油集团有限公司）等国家石油公司先后在中东地区成功迈出"走出去"步伐，通过购买海外市场的股权、在海外勘探和开采、建设炼油厂和修建油气管道来确保安全获取海外石油资源，取得了国际化油气投资经营的一系列成就。

1996年后，中国带脱硫装置的炼油厂迅速增加，伊朗的原油大量流入中国市场。进入21世纪，中国经济高速发展，对能源需求猛增。从2000年到2002年，中国进口伊朗石油分别为700万吨、1085万吨和1110.7万吨。到2002年，从伊朗进口的石油已经占到中国进口总量的15%。不过，这一阶段的合作还停留在中国进口伊朗的原油上。

1997年，中伊两国签署了一项合作开发伊朗油气田的协议。同年，中国承诺到1999年将从伊朗进口的石油量由当前的7万桶/日增加至10万桶/日，到2000年将增加至27万桶/日。[①] 中国海关统计数据显示，2001—2009年中国从伊朗进口的原油数量增长迅速，从1084.7万吨增长到2315万吨。2002年中国从伊朗进口石油量为1060万吨，相比1992年（进口伊朗石油11.5万吨）增长了91%。2009年，伊朗向中国出口原油2314.7万吨，为中国第二大原油来源国。2011年，中国从伊朗进口石油达2925万吨，约占中国石油总进口量的10%。

随着美欧制裁的加强，2012年，中国自伊朗进口石油量减少到2285万吨，占中国石油总进口量的7%。2013年，中国从伊朗进口石油2354万吨，占中国石油总进口量的7.3%。从2014年上半年起，中国自伊朗的石油进口量又开始大幅度提升，进口量上涨为2746.13万吨，伊朗是中国第六大石油进口国，占中国全部石油进口份额的8.9%。2015年进口量为3206.42万吨，占中国进口份额的7.9%。2016年10月，中国进口伊朗原油达329万吨，同比增长129%。伊朗成为中国第三大原油供应地，占中国石油总进口量的12%。进口伊朗能源已经成为维持中国经济发展，保障中国能源安全不可或缺的重要因素。

中国积极参与伊朗国内油田的开发项目。2000年3月，中伊两国就改造德黑兰和大不里士炼油厂以及在里海沿岸建造一个卸油设施签署协议，目的是接运里海沿岸国家（土库曼斯坦、哈萨克斯坦和阿塞拜疆）

---

① Mahnaz Zahirinejad, Vrushal Ghoble, "Energy Factor in China-Iran Relations," *Journal of Peace Studies*, Vol. 17, No. 2, 2010.

原油到伊朗北部的炼厂进行炼制加工，以替换伊朗南部油田的原油用于出口，总投资为 1.5 亿美元。2001 年 1 月，中石化与伊朗国家石油公司签署了《伊朗卡山区块勘探服务合同》并成立联合公司，这是中石化第一个海外油气风险勘探项目，该合同总投资达到 1.6 亿美元。卡山油气区块位于伊朗首都德黑兰市以南伊朗中部盆地的西南地区，总面积约 5000 平方千米。2003 年 12 月，胜利油田负责实施的卡山项目阿旺 1 号井喷发出高产油流，获得了日产量上千立方米的高压油气流并成功打出高产油气井。这标志着中石化国际油田开发战略获得重大突破①，也为中伊两国的能源合作奠定了良好的基础。

2002 年，伊朗国家石油公司旗下的石油工业工程建造公司（OIEC）与中石油签署了成立联合公司的协议，从而使双方在执行开发伊朗与其他国家的油气田方面以联合的方式进行合作。伊朗石油产品公司和中石油旗下的中国石油技术开发公司签署向伊朗提供石油设备的合作备忘录。② 如伊朗驻华大使韦尔迪·内贾德所言，中国需要在国外寻找更加可靠的能源来源，而伊朗作为大的能源生产国有着丰富的油气资源，也在寻找可靠的能源消费国。

2004 年 1 月，中石油与日本石油公司共同投资阿扎德甘油田项目。7 月 17—19 日，博鳌亚洲论坛与伊朗外交部在伊朗德黑兰联合举行博鳌亚洲论坛能源论坛，主题是"亚洲的能源发展与合作"。这是博鳌亚洲论坛首次在中国以外的国家举办活动，来自 17 个国家的 200 多名代表与会。10 月 28 日，中国国家发改委和伊朗石油部在北京签署了金额超过 1000 亿美元的能源合作备忘录，能源合作不断加深。中石化将负责准备伊朗亚达瓦兰大油田项目的开发计划。位于伊朗南部的亚达瓦兰油田是伊朗最大的未开采油田，也是世界上储量较大的油田之一，大约蕴藏 1180 亿桶原油。伊朗以市场价格每日向中国出口 15 万桶原油。作为回报，中国将在未来 25 年内，每年从伊朗购买 1000 万砘液化天然气，并在伊朗合资建设液化天然气炼制厂。伊朗驻中国大使韦尔迪·内贾德表示，2004 年是中伊能源合作的黄金年。2005 年，伊朗是中国第三大外国供应商，满足了

---

① 穆献中：《中国油气产业全球化发展研究》，经济管理出版社 2010 年版，第 168 页。
② 余建华等：《世界能源政治与中国国际能源合作》，长春出版社 2011 年版，第 329 页。

约 14% 的进口需求。① 2006 年 1 月，伊朗取代沙特阿拉伯成为中国第一大石油进口来源国。伊朗原油不仅有助于满足中国迅速增长的消费需求，而且通过购买丰富的相对低廉的重质石油，有利于遏制进口成本的上升。

同年，伊朗石油部长哈马内期望国际合作伙伴帮助重建伊朗可处理含硫重油的炼油厂。同年 7 月，中石化与伊朗国家成品油销售公司签署扩建阿拉克炼油厂工程的协议，总额达 21.69 亿欧元，以使该厂获得 25 万桶/日成品油的加工能力。这是中国能源企业首次在海外介入石油的中下游领域。2009 年 1 月 14 日，中石油与伊朗国家石油公司签署了一项价值 17.6 亿美元的油田开发协议，开发世界上较大的油田之一的北阿扎德甘油田。在 48 个月的一期工程建设完毕之后，其日产量可达 7.5 万桶，油田开采年限为 12 年。7 月，中石油与伊朗国家石油公司签署备忘录，中方在南阿扎德甘油田开发中承担 90% 的费用，并获得该油田 70% 的权益。与此同时，中国巨大的石油消费市场也对伊朗有着强大的吸引力。

2010 年 8 月，伊朗石油部长马苏德·米尔—卡齐米访华，旨在寻求中方对伊朗新炼油厂的投资。中伊两国达成协议，共同注资 160 亿美元投资石油工业上游领域和注资 30 亿美元投资中游领域及注资 180 亿美元投资下游领域。② 同年 12 月，中国同伊朗在伊朗南部岛屿基什岛举办能源合作讨论会，双方提出了修建从伊朗通往中国的"北路油气管道"计划（伊朗—阿富汗—塔吉克斯坦—中国），这一举措表明中伊两国建立了长期稳定的合作基础。

近年来，中国积极发挥建设性作用，推进解决伊朗核问题，始终保持两国高层的密切接触，继续深化双方的能源合作交往关系。2013 年 9 月，习近平主席在上海合作组织比什凯克峰会期间与伊朗总统鲁哈尼会晤。2014 年 5 月，伊朗总统鲁哈尼访华并出席在上海举行的亚信峰会，与习近平主席举行会谈。2015 年 4 月和 9 月，习近平主席分别在出席亚非领导人会议在联合国活动期间两次会晤伊朗总统鲁哈尼，并表示中伊双方要提升双边关系定位，优先推进能源和金融合作。

---

① "Iran's Crude Oil Sales to China," *Mehr News Agency*, in FBIS-Near East and South Asia［hereafter FBIS-NES］, April 12, 2005.

② 苏欣、李福泉：《中国与伊朗石油合作探析》，《西安石油大学学报》（社会科学版）2015 年第 24 卷第 3 期。

与此同时,中国开始大规模利用天然气清洁能源的框架逐渐显现出来。2020年,中国天然气需求为2000亿立方米,天然气需求的40%依靠进口。然而,中国的天然气资源并不丰富,仅仅依靠国内产能并不能满足对天然气的需求,需要从长远角度考虑能源战略,加快发展与全球产油国的友好关系以扩大能源来源,保证天然气稳定供应。

伊朗天然气探明储量为34万亿立方米,占全球储量的18.2%,居世界第一位。但在天然气出口方面情况并不理想。伊朗的天然气工业发展不太成熟,产量仅占世界总产量的1.5%。伊朗国内的能源供应主要是天然气消耗,主要用于满足发电、家庭、工业和商业的能源需求,但伊朗国内对天然气需求不大。为此,伊朗政府千方百计加大天然气开发力度,在世界范围内寻求合作,扩大天然气的贸易往来。为提高天然气消费比重,伊朗政府一直努力加快天然气开发与利用,改变单一的石油经济结构,积极寻求天然气出口,从而实现经济的多元化、增加产品附加值、扩大下游工业的目标。

目前中国三大国有石油公司均在伊朗寻找气源。2003年12月,中石油获得与伊朗共同在喀山油田勘探高产天然气项目。2004年3月3日,珠海振戎公司与伊朗国家天然气出口公司签署框架协议。从2008年起珠海振戎公司将每年从伊朗进口250万吨液化天然气,从2013年起,进口量将增加至每年500万吨,合同期为25年。2004年5月,中石油公司与伊朗石油天然气公司签署从伊朗进口总值达数十亿美元的液化天然气,同时获得伊朗相关石油区块的开发权的协议。

2006年12月,中海油与伊朗签署了一份价值160亿美元的液化天然气合作谅解备忘录,内容包括在8年中投资50亿美元开发伊朗北帕尔斯油气田,投资110亿美元建设液化天然气输送设施,用以将液化天然气出口至中国,中海油将获得50%的液化天然气。北帕尔斯油气田天然气储量为48亿立方尺,是伊朗第二大天然气工程。中海油将负责建设生产液化天然气的工厂,并负责运输和销售,伊朗则将向中海油供应天然气25年。随即中石油与伊朗达成意向协议,从2011年开始每年购买伊朗300万吨液化天然气,其由南帕尔斯天然气田生产供应,该天然气田由伊朗国家石油公司、法国道尔达石油以及马来西亚国家石油公司合营。

2007年4月,伊朗石油部长哈马内在出席天然气出口国论坛第六届部长级会议期间表示："无论在石油和天然气工业的任何领域，中国都是伊朗在能源领域非常好的伙伴。希望两国在石油和天然气领域开展更为深入和广泛的合作。"2009 年 6 月 3 日，伊朗宣布与中石油签署价值 47 亿美元的协议，开发南帕尔斯天然气田第 11 阶段，计划使天然气日产量达到 500 万立方米。[①] 南帕尔斯是世界上最大的天然气田，由伊朗和卡塔尔共同拥有，其中伊朗的份额被划分为 24 个阶段。

第三节　中伊能源合作的困境和发展趋势

中国获得伊朗的油气，当前面临的风险首先是战争和制裁。美伊或以伊一旦开战，波斯湾和中东将是一片火海，全球经济亦将陷入困境。中国经济正处于高速发展时期，对于海外能源的依赖度逐年增加，维持中东、波斯湾、印度洋，乃至里海地区的和平与稳定，是中国的战略利益所在。减缓对抗与冲突，化解矛盾，防止伊朗核问题演变为战争，是中国外交之首要，也是中国在伊朗核问题上决策的要点。

一　伊核问题

伊朗国内政局不稳，不利于缓解伊朗相对严峻的经济形势，哈梅内伊下令继续开展核研究，伊朗国际形势不断恶化，外国公司对伊朗政局的变化比较敏感，投资伊朗石油的企业有减少的趋势。伊核问题是中伊能源合作领域中的首要政治因素。伊核问题的实质就是美伊之间矛盾的不可调和性。伊朗核问题成为世界的焦点，使地区格局孕育着深刻复杂的嬗变，不确定因素增多，安全隐患突显，中国对此应有充足的思想准备和对应措施。

自 2003 年伊朗核问题曝光以来，引发了美国和欧盟的密切关注。美国认为伊朗油气资源丰富，根本没有发展民用核能的必要，伊朗所做的一切都是为了发展核武器。对美国而言，冷战后大规模杀伤性武器的扩散、恐怖主义等是本国安全的最大威胁和挑战。核武器扩散特别是伊朗等敌对国家拥有核武器更是美国防范的重中之重。美国反对伊朗发展任何形式的

---

① 余建华等：《世界能源政治与中国国际能源合作》，长春出版社 2011 年版，第 330 页。

核武器，也极力反对世界上其他各国同伊朗进行核能合作或开展核活动。冷战后，美国一直阻挠德国、法国、俄罗斯等国同伊朗开展核能合作，阻止它们帮助伊朗重启布什尔核电站项目，因为这些国家的帮助会致使伊朗扩大核基础设施、提高核研发能力以及培养核科技人才，这只会加快伊朗核武器的发展进程。[①] 美国认为，伊朗发展核能都是为发展核武器服务的，伊朗一旦拥有核武器，将不利于美国主导中东的安全事务和地区安全构建。

自伊朗伊斯兰革命以来，伊朗历届政府都把自主开发核技术作为伊朗在中东地区获得自身保障的首要任务。迫于美国和欧盟向伊朗施压的程度不断加深，伊朗政府在核问题上的立场更为强硬。随着核危机的不断加剧，美伊关系的不确定性因素增加，在客观上增加了中国能源来源的安全系数。伊核问题导致伊朗油气能源出口和贸易往来对中国的能源安全体系造成了巨大的影响。伊朗执意于核技术的研发，不符合国际原子能机构的国际原则，遭到欧美国家的多重经济制裁，其核心目标是打击伊朗赖以生存的石油工业，大批国际石油公司纷纷撤离伊朗，导致伊朗石油出口受阻和产量不断下降。

2011 年伊朗石油日产量为 350 万桶，而到了 2013 年 4 月，其日均产量下降到了 265 万桶，几乎降至 1989 年两伊战争以来的最低水平。[②] 2012 年，伊朗日均原油出口 100 万桶，远低于制裁前的 250 万桶，导致伊朗每季度石油出口损失 90 亿美元。[③] 据统计，中国 2013 年全年石油总进口量约为 37800 万吨，其中从中东地区进口石油约 16180 万吨，仅伊朗的进口量就有 2144 百万吨。中东地区绝对是中国最重要的能源进口来源地，而伊朗又是中东地区的重中之重。伊朗的油气资源生产和出口受到西方国家的限制，其与中国进行正常的能源贸易必然会受到阻碍，中国三大石油公司均存在被美国制裁的可能，势必会增加中国石油公司的油气操作成本和交易成本。一旦伊核问题没有取得实质性的协商结果，中国的企业便无法顺利在伊朗建设油气基础设施和勘探新的油气田，影响中伊双方企业的投

① 吕蕊、赵建明：《欧美关系视角下的伊朗核问题——基于 2016 年以来欧美伊核政策的比较分析》，《欧洲研究》2019 年第 1 期。

② 李晓东：《石油禁运重伤伊朗》，《中国石化》2013 年第 10 期。

③ 孙泽生：《伊朗被制裁的损失有多大?》，《能源》2013 年第 1 期。

资合作。更重要的是危及中国的能源供应安全，削弱了中国战略石油储备建设。

二　美国对伊朗的能源制裁

1979 年，对现实不满的各方势力促使伊朗社会爆发了伊斯兰革命并终结了巴列维王朝。随后霍梅尼成为伊朗国家政治与宗教的最高领袖，建立了坚决反美的"伊斯兰神权政体"，导致美伊两国从盟友变为敌人。同年，美国财政部海外资产控制办公室（OFAC）根据《国家紧急状态法》《国际紧急状态经济权力法》制定了《伊朗资产管制条例》，开始对伊朗实施经济制裁。[①] 从 1980 年 4 月美国同伊朗断交开始，美国从未承认过伊朗伊斯兰政权的合法性。"伊朗人质危机"成为美国对伊朗制裁的导火索，导致其对伊朗采取了包括禁止进口伊朗石油、冻结伊朗政府资产和存款等一系列措施。

1987 年里根政府宣布全面禁止来自伊朗的进口活动。1995 年克林顿政府开始禁止所有美国公司投资伊朗的石油领域，颁布《伊朗交易监管条例》，全面禁止美国与伊朗的一切贸易来往。1996 年颁布《伊朗—利比亚制裁法案》，开始实施"次级制裁"的政策，在全球范围内禁止各国企业与伊朗和利比亚在油气领域进行贸易。通过限制伊朗开采、勘探和精炼石油，或是通过管道输送伊朗石油，以削弱伊朗支持国际恐怖主义行为的能力，以及反战、获取大规模杀伤性武器及其运载系统的能力。[②]

2005 年伊朗强硬派内贾德上台后采取对抗政策推动伊朗核发展进程。2009 年 11 月 29 日，内贾德宣布在伊朗境内再建 10 座铀浓缩工厂。2010 年 2 月 7 日，他又下令伊朗原子能机构着手生产纯度更高的浓缩铀，由3.5% 提高到20%。内贾德在庆祝伊斯兰革命 31 周年时表示，第一批纯度达 20% 的浓缩铀已经生产出来，伊朗已经是"核国家"，这些重要核设施的建立，标志着伊朗基本建立起完整的核工业体系。

2001 年"9·11"事件发生后，美国认为伊朗拥有核武器将破坏中东

---

① 庞广廉等：《近期美国制裁伊朗相关项目对中国石油行业的影响分析》，《国际石油经济》2021 年第 10 期。

② "Iran and Libya Sanctions Act of 1996," 104th Congress of United States of America at the Second Session, 1996.

地区的稳定性，削弱核不扩散体制，从而威胁美国和以色列等国的利益。因此，美国对伊朗的政策目标是防止伊朗扩散核武器与恐怖主义，并降低伊朗在中东地区的影响。

2010年，奥巴马政府颁布实施单边制裁的《全面制裁伊朗、问责和撤资法案》，该法案规定，任何已获得或希望获得美国政府合同的公司，都必须向美国相关部门证实其自身及其子公司或控股公司没有违反《制裁伊朗法案》中的相关规定，旨在全面打击伊朗的经济命脉。通过遏制伊朗的能源领域，一方面可以切断伊朗发展核武器的资金来源，另一方面可以迅速恶化伊朗的经济状况。2011年，奥巴马政府严厉制裁伊朗石油下游产业，禁止美国人与伊朗进行原油或炼化产品交易，禁止向伊朗石油工业提供金融服务，或向伊朗提供有利于石油工业发展的技术和货物。

2011年12月31日，美国颁布《2012财政年度国防授权法》，重点强化对伊朗中央银行的金融制裁。这是美国政府第一次将金融制裁扩大到所有外国金融机构。该授权法第1245条规定，美国不仅制裁伊朗的中央银行和金融组织，也将处罚同伊朗央行从事交易的外国公司和银行。① 2012年7月12日，奥巴马政府再次下令对能源和石化部门采取额外制裁措施，进一步深化细化制裁措施。同时还对向伊朗国家石油公司、朗蒂夫国际贸易公司和伊朗中央银行提供物质支持，或者向伊朗政府提供金融帮助的个人和实体实施制裁。

2013年10月，奥巴马政府对伊朗实施最严厉的《制裁伊朗法案》，伊朗妥协并开始了与伊核问题六国（美国、英国、法国、俄罗斯、中国和德国）的谈判。经过不懈努力，伊核问题六国在2015年7月14日与伊朗签署了伊核问题《联合全面行动计划》（"伊核协议"），该协议的核心内容是伊朗以在浓缩铀和钚提取等方面10—15年的核暂停换取解除对伊朗核制裁。伊核问题初步得到解决。

随着特朗普的胜出，伊核问题再度升温。经过多次审议和豁免对伊朗制裁之后，2018年1月12日，特朗普发表最后通牒式演讲，认为伊朗核协议违背了美国的初衷。伊朗以极小代价获得极大的利益，但并未在行动上作出实质性改变，继续从事恐怖和地区破坏性活动。在修约的四项原则

① 赵建明：《制裁、反制裁的博弈与伊朗的核发展态势》，《外交评论》2012年第2期。

中，伊朗必须保证永远不能拥有核武器，并且接受国际原子能机构对帕尔钦等军事基地的核设施进行检查。如果在 2018 年 5 月 12 日最后期限时，美国国会和欧盟不能解决核协议的重大缺陷，美国将退出"伊核协议"，并重启对伊朗在金融、能源等领域的各种制裁。伊核问题又重新陷入僵局。

伴随着经济全球化浪潮的深入，全球市场化的趋势也越来越与时俱进。受国际分工的深化、科学技术的进步、跨国公司业务的拓展以及贸易金融国际化的影响，世界各国各地区的经济愈益融合成为一个整体。而美国不断向伊朗施压，必定会打破全球的经济贸易体系，致使伊朗的石油生产和出口都受到极大限制，石油价格面临猛涨的危机，造成国际石油市场供给不足，最终会大幅度提升中国能源的成本，影响中国的能源安全，这对中伊能源合作带来了一定的风险。

三　欧盟对伊朗的能源制裁

自 20 世纪 90 年代初以来，欧盟与伊朗之间的关系一直受到伊朗国内局势的影响。经历十年的战争和革命动乱之后，1989 年当选总统的阿克巴尔·哈什米·拉夫桑贾尼（Akbar Hashemi Rafsanjani）开始推动伊朗在国内和外交政策上走上正轨。1992 年，欧洲理事会正式决定与伊朗接触。但是仍然有许多问题造成了严重的紧张关系。例如欧盟对伊朗的政治政策集中于人权、对恐怖主义的支持以及对中东和平进程的反对和核扩散问题上。因此，欧盟并不是试图通过贸易与合作或政治对话与伊朗建立正式关系。这也导致在随后几年里，欧盟与伊朗关系的再次恶化。

1997 年，穆罕默德·哈塔米（Mohammad Khatami）当选总统，改变了伊朗国内外的政治环境。他的新改革议程使与欧盟的重新接触成为可能。欧盟决定启动新的"全面对话"。欧盟与伊朗官员每年举行两次副国务卿级别的会晤。其中人权和核不扩散问题被提上了更高的议程。哈塔米于 2001 年连任后，欧盟进一步加强了与伊朗的关系。在此期间，欧盟和伊朗的关系在经济、社会和文化等各个层面都蓬勃发展，伊朗国内关于贸易合作和政治对话的协议希望与欧盟进一步接触。但这些努力在 2002 年伊朗在纳坦兹和伊拉克有未申报的核设施被披露后也遭遇到了严重挫折。从那时起，伊朗备受争议的核项目比其他所有政策问题都会受到优先考虑。

2003 年初，伊朗前总统哈塔米宣布已在亚兹德地区发现铀矿并已经成功提炼出铀，伊朗将开采铀矿并建设铀转换和铀浓缩设施，以便建立一个完整的核燃料循环系统。伊朗已经迈进了核门槛，但还未能获得制造核武器所需的武器级浓缩铀或钚。同年 2 月，伊朗反对派组织全国抵抗委员会（NCRI）向新闻媒体揭露伊朗政府在纳坦兹从事铀浓缩加工的核设施和在阿拉克修建重水反应堆[①]，随即美国也公布其侦察卫星拍摄的上述两处核设施的照片，这一发现使得国际社会开始重新审视伊朗的核计划。

欧盟虽然反对美国诉诸武力，主张通过和平外交的渠道解决伊核问题，但出于自身安全和在中东地区的战略利益考虑，欧盟绝不会容忍伊朗拥有核武器和掌握制造核武器的技术。由于浓缩铀提炼是制造核武器的先决条件，因此，欧盟认为，阻止伊朗可能制造核武器最有效的"客观保证"是禁止伊朗从事任何有关浓缩铀加工的活动，并将浓缩铀加工视为一条不可跨越的"红线"。[②]

2003 年美国入侵伊拉克后，伊朗成为欧盟在外交上的一个关键考验。鉴于伊朗核项目的秘密被披露，欧盟决策者担心美国同样可能会对伊朗发动单方面的军事打击。同时，欧盟也担心美国的单边主义会削弱国际原子能机构（IAEA）的控制体系与核查体系。为避免再生战端，10 月 20 日，欧盟"三巨头"英国、法国和德国发起了一项旨在化解伊朗秘密核计划引发的危机的倡议。英国外交大臣杰克·斯特劳（Jack Straw）、法国外长多米尼克·德维尔潘（Dominique de Villepin）、德国外长约施卡·费舍尔（Joschka Fischer）三人应邀访问伊朗，说服伊朗政府采取三个关键步骤：暂停铀浓缩活动；详细说明其核项目和核设施的全部范围，签署《核不扩散条约附加议定书》，该议定书规定国际原子能机构可以进行更深入的核查。伊朗同意暂停纳坦兹燃料浓缩厂所有离心机的运转测试、填料试车以及新离心机的安装。

2004 年 11 月 15 日，欧伊双方再度签署以核暂停为主要内容的《巴

---

① "Remarks by Alireza Jafarzadeh on New Information on Top Secret Projects of the Iranian Regime's Nuclear Program," *Iran Watch*，August 14，2002.

② 李国富：《伊朗核问题的发展趋势》，《思想理论教育导刊》2006 年第 3 期。

黎协定》。《巴黎协定》是证明欧盟联合外交有效性的重大转折点，是伊朗核进程中最重要的暂停协定，欧盟通过道义说服和外交谈判化解了伊朗核危机。欧盟通过和谈与协定来解决核问题避免战争，而伊朗则借助欧盟暂时规避来自美国的军事压力。伊朗签署《巴黎协定》后，核问题成为其众多派系中分歧最大的外交政策问题。强硬派认为，核项目是伊朗技术进步的关键，也是主权和国际地位的象征。他们指责改革派出卖伊朗的国家利益。

2005 年，马哈茂德·艾哈迈迪—内贾德（Mahmoud Ahmadinejad）赢得伊朗总统大选后，外交形势发生了逆转。一方面，伊朗实际上宣布放弃《巴黎协定》。相反，新政府宣布了重新进行铀浓缩的计划，这也成为伊朗核项目中最具争议的一步。另一方面，美国开始调整对伊核问题的政策，而欧盟与伊朗"核谈"正处于僵持的时刻，因此，欧盟更倾向于向美国政策靠拢。内贾德不惜同国际社会对抗也要强推伊朗核进程，加深了欧盟对伊朗的不信任，而伊朗重新启动核转化使欧盟试图通过外交途径解决伊核问题的努力遭受了重大挫折，欧盟中断了与伊朗的谈判。

2006 年初，伊朗因未能提供有关其过去秘密进行核项目的信息而受到联合国安理会的审查。从 2006 年到 2010 年，安理会通过了六项决议，其中包括四轮制裁。2010 年通过第 1929 号决议扩大了武器禁运，并加强了对伊朗与扩散活动有关的金融和航运部门的限制。欧盟根据这些决议实施了制裁。制裁范围包括伊朗核与导弹项目相关的机构和个体，措施包括冻结制裁、限制旅行、军事禁运等。但是联合国制裁并没有遏制内贾德研发核的冲动。由于俄罗斯和中国反对过分削弱伊朗，安理会制裁陷入僵局。

欧盟仍然试图说服伊朗与国际社会合作。索拉纳再次成为与伊朗方面唯一的谈判代表。2006 年和 2008 年，索拉纳提出了谈判解决方案，其中包括一些经济和外交层面的措施，这两次都得到了美国和安理会的支持。但伊朗拒绝了这两项方案，付出的代价是新一轮制裁。2009 年，欧盟和美国在日内瓦的会谈中共同提出了第三次帮助伊朗的提议，这是美国特使首次出席。这一次引入了两步计划。第一步将为伊朗的研究反应堆提供急需的燃料，伊朗用这些反应堆生产医用同位素，作为交换，伊朗将把大约 80% 的浓缩铀转移到国外，再加工成燃料棒。这一计划将为第二步留出时间。第二步的核心是有关伊朗整个核项目的谈判。伊朗最初接受了这个提议，但很快在国内保守派和改革派的压力下让步了。

出于对联合国制裁走向僵局和内贾德可能加快推进核进程的担忧，欧盟开始同美国一起走上了联合制裁之路。2010 年 6 月，欧盟峰会宣布禁止成员国及个人在伊朗石油和天然气工业领域进行投资、禁止向伊朗油气工业提供技术援助和转让涉及炼油、天然气液化、油气勘探和开发所需的基础设施设备、技术和帮助。禁止收购、兼并或参股伊朗石油和天然气工业相关企业和海外公司，禁止同参与伊朗石油和天然气工业的伊朗企业或其子公司、附属机构成立合资公司。①

2012 年 3 月 15 日，欧盟理事会通过决议，禁止欧洲的世界银行间金融通讯协会（SWIFT）向伊朗受制裁的个人和实体提供金融传输服务。SWIFT 随后表示，该协会及其会员银行将不会参与欧盟禁止的金融交易。SWIFT 于 3 月 18 日切断与伊朗相关的国际转账和清算的通信服务。SWIFT 首席执行官拉扎罗·卡莫斯（Lazaro Campos）表示："切断行动对 SWIFT 来说是异乎寻常和史无前例的。这是对伊朗实施国际和多边金融制裁行动的直接结果。SWIFT 作为一家欧洲公司需要服从欧盟的法律，是欧盟决议迫使 SWIFT 采取上述行动的。"②

欧盟的石油禁运和金融制裁对伊朗造成了严重的冲击。欧盟立场的转变壮大了制裁的力量。美国开始向中国和印度施压，要求中印不要因经济利益和对伊朗的同情而放弃核不扩散的义务与责任。③ 美国总统、国务卿、财政部和国务院官员多次要求中国参与美欧的联合制裁，并援引美国法律制裁中国的昆仑银行、珠海振戎公司等。2012 年 1 月，中国从伊朗进口的石油相对 2011 年平均日进口量的 55 万桶削减了 50%。美欧制裁使伊朗压力剧增，伊朗被迫采取措施加以应对。为拉住中国、印度两个大客户，伊朗不得不采取原油折价、软币折算、弹性付款、易货贸易等做法拉住中印客户。2012 年 5 月，中石化公司下属的联合公司和珠海振戎公司

---

① 王冀莲：《联合国及美国、欧盟对伊朗实施制裁相关决议、法律之研究》，《中国航天》2011 年第 5 期。

② Philip Blenkinsop and Sebastian Moffett，"Payments System SWIFT to Cut off Iranian Banks，" *Reuters News*，March 15，2012.

③ Erica Downs and Suzanne Maloney，"Getting China to Sanction Iran the Chinese-Iranian Oil Connection，" *Foreign Affairs*，Vol. 90，No. 2，March/April，2011.

在购买伊朗石油时采用人民币结算。

2013 年 1 月，伊朗石油部长表示，2012 年伊朗石油出口下降 40%，石油出口收益减少 45%。伊朗石油日出口量从 1 年前的至少 220 万桶减少了一半以上，到目前的 100 万桶左右，所对应的石油收入从 2011 年的 1000 亿美元下降到 2013 年的 350 亿美元。[①] 2013 年 1 月，伊朗首次承认，伊朗在 2012 年损失了约 260 亿美元的石油收入。[②] 欧盟对伊朗油气能源领域的制裁，对伊朗油气工业产生巨大的冲击。伊朗在中国能源进口来源国中的名次逐渐划出五名之外。

2009 年开始的美国和伊朗之间的秘密谈判，以及 2013 年 6 月中间派哈桑·鲁哈尼（Hassan Rouhani）当选伊朗总统两个关键因素促成了 2013 年解决核问题的新外交努力。欧盟外交政策负责人凯瑟琳·阿什顿（Catherine Ashton）领导 EU-3+3 与伊朗举行会谈，最终于 2013 年 11 月达成临时协议，也称联合行动计划。伊朗承诺停止其核项目中的核心进程，并允许联合国扩大核查范围，以减轻美国的制裁。从 2014 年 11 月开始，由费代丽卡·莫盖里尼（Federica Mogherini）代表的欧盟继续与伊朗进行谈判。莫盖里尼起草了有关技术问题的过渡性建议，并参与了所有对谈判至关重要的美伊双边核谈判。2015 年 7 月 14 日，伊朗和 EU-3+3 宣布达成最终协议，即《联合全面行动计划》（JCPOA）。作为解除制裁的回报，伊朗同意限制其核项目。2016 年 1 月 16 日，在国际原子能机构确认伊朗遵守协议后，核协议进入实施阶段。欧盟、美国和联合国解除或暂停与核相关的制裁。伊朗重新进入了国际金融体系，并获得了数十亿美元的海外冻结资产。伊朗重新回到了石油市场。

四　伊朗局势

中东地区仍然面临着较大的地缘政治风险，伊拉克、叙利亚、巴以冲突、恐怖主义等难题难以在短期内得到彻底解决，地区动荡不仅会引发国际能源、金融市场的异常波动，而且为世界经济的稳定繁荣增添了不确定

---

① Clara Portela, "The EU's Use of 'Targeted' Sanctions Evaluating Effectiveness," *CEPS Working Document*, No. 391, March, 2014.

② "What Has Been the Effect of the Sanctions in Iran?" *BBC News*, March 30, 2015.

性。而伊朗国内宗教势力与世俗势力复杂的利益竞争，动荡的持续性和战争"后遗症"等将充分影响中东局势的演变，而伊朗被认为是全部挑战的核心。伊朗问题是中东地缘政治的关键，核军事化的伊朗必将对美国在中东地区的威信造成致命的打击。①

目前，伊朗对内遭遇经济衰退，政局动荡，对外面临国际制裁和战争威胁，这种敏感的国内和国际环境极易造成激进的伊斯兰势力重新抬头。新疆地处中国的西北地区，由于在地理上与伊朗较为接近，使新疆地区的伊斯兰文化受到伊朗因素的作用更为独特、深刻和持久。个别境外民族分裂势力将借机发展，对中国国内的稳定产生了潜在的影响。

伊朗自1979年伊斯兰革命以来，就一直是美国打压的对象。冷战结束后，美国各界政府都把伊朗当作"无赖国家""邪恶轴心"。美国认为，伊朗的石油和天然气储备不在美国控制之中以及伊朗不断扩大与外国公司在油气开采等方面的合作严重危及了美国控制中东石油的企图，故美国对伊朗不断采取敌视态度，通过多种途径向伊朗施加压力。伊朗在中东地区面临着较高的安全风险，这也将导致伊朗国内不能创造一个稳定、安全的投资合作环境。

同时，伊朗石油工业在表面繁荣之下隐藏着很多深层次问题。伊朗石油工业缺乏先进的管理和计划，对石油工业再投资严重不足，使得许多设备老化，生产成本很高。伊朗勘探技术落后、财产税务风险高、基础设施陈旧等挑战给世界各国和企业带来新思考和新考验，西方国家的制裁限制了世界各国到伊朗参与投资建厂和引进油气资源开采技术，新油田不能得到及时的发掘，必然会引起伊朗油气资源产量的衰减和下降。目前，伊朗方面希望通过引进外资，与世界上其他国家合作共同开发石油资源，但在短时间内，其石油开采能力很难达到较高的水平。除了石油产量不足外，伊朗国内在石油消费上存在大量的低效和浪费。

石油和天然气产业是伊朗的重要支柱产业，对国内经济快速发展发挥着重要作用。如果伊朗要实现经济良性发展，就必须对陈旧的能源结构进行改造升级，加大石油与天然气的开采与出口。如果美国等西方国家联合对伊朗进行打击和封锁，引发伊朗国内宗教极端势力的矛盾激化，不排除

---

① 金良祥：《伊核问题及其对地区和大国关系的影响》，《国际展望》2011年第2期。

伊朗封锁霍尔木兹海峡的可能性，届时不仅伊朗自身，整个中东的石油生产和出口都会受到极大限制，影响国家能源安全。

2022 年 1 月 15 日中国启动与伊朗签署的 25 年全面合作计划落实工作，加强中伊两国之间的经济和政治合作。中国与伊朗能源合作的根本目的是为实现中国经济可持续发展提供坚实的能源保障。"一带一路"倡议的实施有助于缓解中国能源压力进而保障能源安全。但是，中伊两国能源友好合作需要多方面的努力。

第一，加强政策互联互通，加强能源交通基础设施建设。中国和伊朗应加强交流与合作，积极构建多层次的宏观政策和交流机制，促进区域合作，抓住关键节点和交通基础设施项目。同时，中伊两国要推动建立统一的运输协调机制，推动国际通关、中转、多式联运有机衔接，实现国际运输便利化。第二，推动建立地区安全合作体系，保障能源走廊安全运行。沿线国家应加强地区安全合作，应对沿线反恐和冲突干扰因素，降低走廊面临的风险。依托地区安全组织和安全机制，推动上海合作组织等地区安全合作体系建设。中伊两国共同致力于维护本国和本地区的和平、安全与稳定。沿线走廊国家应该在全面合作的基础上遵循"咨询、共建共享"的原则，促进经济可持续发展。第三，推进能源战略合作机制化。沿线国家政治环境的不稳定主要是由于历史原因产生的国家间的争端或基于现实问题造成的政治不稳定。中国应长期坚持"搁置争议，共同发展"的原则。通过双边或多边磋商加以解决。面对地区有关国家出现的政治动荡，中国应始终坚持"不干涉内政"原则，为推动有关各方和平解决问题、维护地区稳定发挥建设性作用。推进能源战略合作机制化，逐步建立互信，共同应对能源建设所面临的挑战。